普通高等教育"十一五"国家级规划教材

21世纪
经济管理精品教材
工商管理系列

客户关系管理

（第2版）

王永贵　马双◎编著

清华大学出版社
北京

内 容 简 介

《客户关系管理》第 2 版以"ABCDE"(人工智能、区块链、云计算、大数据和新兴技术)为背景,立足于顾客中心战略,把客户关系管理(CRM)前沿理论、相关理论基础和 CRM 最佳实践案例有机地整合在一起,强化了理论、技术、工具、实用性与可操作性,描绘了企业的 CRM 远景与战略,透视了顾客价值、顾客忠诚、顾客互动、顾客赢利性、营销生产率等关键概念,解析了 CRM 实施流程、CRM 系统、数据挖掘技术、CRM 信息整合与运用等核心问题,探讨了网上和云端 CRM 以及 CRM 绩效测评体系等新发展,以便帮助企业成功应对创新颠覆、协同共生和价值共创及顾客中心时代等大趋势所带来的新机遇和新挑战。

本书不仅适合作为国内各高等院校市场营销和其他经济管理类本科生、研究生和 MBA 教材,而且可供有志于从事工商管理(含市场营销)实践的管理人员和从事相关研究的学者参考之用。

图书在版编目(CIP)数据

客户关系管理/王永贵,马双编著. —2 版. —北京: 清华大学出版社, 2021.1(2024.7重印)
21 世纪经济管理精品教材. 工商管理系列
ISBN 978-7-302-56188-0

Ⅰ. ①客… Ⅱ. ①王… ②马… Ⅲ. ①企业管理 – 供销管理 – 教材 Ⅳ. ①F274

中国版本图书馆 CIP 数据核字(2020)第 143462 号

责任编辑: 杜　星
封面设计: 李召霞
责任校对: 宋玉莲
责任印制: 曹婉颖

出版发行: 清华大学出版社
    网　　　址: https://www.tup.com.cn, https://www.wqxuetang.com
    地　　　址: 北京清华大学学研大厦 A 座　　　　　邮　编: 100084
    社 总 机: 010- 83470000　　　　　　　　　　邮　购: 010-62786544
    投稿与读者服务: 010-62776969, c-service@tup.tsinghua.edu.cn
    质 量 反 馈: 010-62772015, zhiliang@tup.tsinghua.edu.cn
    课 件 下 载: https://www.tup.com.cn, 010-83470332
印 装 者: 大厂回族自治县彩虹印刷有限公司
经　销: 全国新华书店
开　本: 185mm×260mm　　印　张: 26　　字　数: 596 千字
版　次: 2007 年 6 月第 1 版　2021 年 1 月第 2 版　印　次: 2024 年 7 月第 8 次印刷
定　价: 75.00 元

产品编号: 056595-02

序言

党的二十大报告指出"当前，世界之变、时代之变、历史之变正以前所未有的方式展开"，尤其是在人工智能等数字技术快速崛起的时代，生成式人工智能、大语言模型等正在席卷各行各业，并不断改变着企业的竞争本质和竞争规则，勾勒着新的竞争蓝图，谱写着新的成功定律，推动着顾客中心时代的来临。相应地，众多企业的经营管理也面临着前所未有的技术突变和社会转型等一系列挑战：如何创造与交付卓越的顾客价值，如何寻求持续高效的客户关系管理模式，如何实现数字化转型与数字创新驱动，如何通过数字化赋能高效应对颠覆性创新、协同共生和价值共创大趋势所带来的新机遇和新挑战……这些问题的解决，对推动企业高质量发展和中国式现代化、进而实现二十大报告中所提出的"人民生活更加幸福美好"的发展目标具有重要意义。

自本书于 2007 年由清华大学出版社和北京交通大学出版社第一次联合出版至今，15年间由于种种原因而未能及时更新，但仍历经 16 次印刷，发行量近 5 万册，并以高质量的客户关系管理自主知识体系架构和颇具创新特色且丰富的教辅材料而赢得了众多兄弟高校及社会各界的广泛支持和友好评价。在各位高校同行和社会各界朋友的鼓励与期待中，作者于 2021 年在总结过去十几年的"客户关系管理"教学与中外典型企业客户关系管理实践的基础上，完成了《客户关系管理》（第 2 版）。本版教材以"ABCDE 新时代"为背景，立足于全面建设社会主义现代化，以中国式现代化全面推进中华民族伟大复兴的新征程，直面成功组织的顾客中心战略前沿实践，从介绍客户关系管理的兴起、客户关系管理的内涵与外延入手，在剖析客户关系管理的误区的基础上，系统阐述了有关客户关系管理的相关理论基础以及客户关系管理的潜在收益、成本和风险。然后，在总结新时代新征程背景下我国成功企业的客户关系管理最新实践的基础上，论述了客户关系管理的远景与目标，进而阐述了客户关系管理战略，透视了具体的实施流程和经营变革。同时，紧紧抓住客户关系管理中的关键问题——顾客价值、顾客忠诚、顾客互动展开了讨论。鉴于人工智能、社交媒体等数字技术对客户关系管理的深刻影响，本书又在上述理论与实践总结的基础上，分别介绍了客户关系管理系统和客户关系管理信息的整合与运用问题，描述了顾客知识管理问题，梳理了顾客知识管理的不同方法和工具，探讨了网上和云端客户关系管理的内涵、特点、具体实施和未来的发展趋势。最后，基于我国企业前沿实践探索重点归纳了几种典型的客户关系管理绩效测评方法，从而为企业更好地实施客户关系管理和考评客户关系管理的实施效果提供了标准、方法和工具。

本书把客户关系管理既作为一门学科、一种哲学，又作为一种战略、一种职能和一个过程，把客户关系管理的前沿理论、不同学科的理论基础和有关企业客户关系管理实践的案例有机地整合在一起，并与经典的市场营销管理框架相结合，强化了理论、技术、工具和实用性，侧重于介绍和论述客户关系管理的理论基础、数据挖掘技术、客户关系管理软件系统和网络技术等新的理论与方法。特别地，本书还把服务质量与关系质量、关系强度与客户忠诚、关系网络与合作竞争、客户关系管理与供应链管理、关系营利性与市场营销生产率、客户关系管理战略与客户关系的细分、客户关系管理过程与绩效测评、关系的获取与维持、关系价值与客户价值、关系满意度与客户满意度、关系资产与客户资产、关系营销道德与伦理、数字技术与客户关系管理系统、网络技术、移动客户关系管理、云端客户关系管理、数字营销和大数据等最新的理论、观念与相关工具融入相应的章节之中，努力形成可以适应中国企业特色管理实践需求的客户关系管理理论体系和实施框架，既体现了客户关系管理的实际实施流程，又囊括了客户关系管理中的核心专题；既富有一定的理论深度，又具有很强的实践性和可操作性；既有利于学员把握重点、分清主次，也形成了完备的体系和明晰的层次。特别地，在客户关系管理和数字技术部分，还提出在人工智能等技术采纳中可能带来的挑战以及企业应该具有的数字责任，这也是推进中国式现代化新征程中切实保障消费者获得感、幸福感和安全感，使其更加充实、更可持续的重要举措。

在各界朋友的支持下，《客户关系管理》（第 2 版）终于跟读者见面了，它是编著者在分析、探索和整合中外最新管理文献和成功企业最佳实践的基础上完成的，同时也是集体智慧的结晶，对外经济贸易大学马双教授、浙江工商大学汪淋淋博士（第 6 章、第 7 章）、对外经济贸易大学博士生刘冬梅（第 8 章、第 9 章）、首都经济贸易大学李霞博士（第 10—12 章并校对全书）、首都经济贸易大学工商管理学院博士生张仪（第 1—3 章）、史梦婷（第 4 章、第 5 章）等在第 1 版初稿的基础上，在书稿更新和资料整理方面承担了大量工作，对外经济贸易大学图书馆张欣也参与了本书的编写工作。书中不少观点，都体现出他们的真知灼见和心血。最后，由国家杰青、国家级人才奖励计划特聘教授王永贵博士总校全书。可以说，没有整个团队的通力合作，本书是无法顺利完成的，借此机会对他们的贡献表示感谢。当然，本版教材的更新和出版，也离不开清华大学出版社领导和编辑的鼓励、支持和努力，在此一并表示感谢。

作为国内为数不多的几部优秀的客户关系管理教材之一，本书不仅适合作为国内各高等院校市场营销专业和其他经济与管理类本科生、研究生和 MBA（工商管理类硕士研究生）的教材，而且可供有志于从事工商管理实践的中高层管理人员、市场营销人员和客户关系管理人员以及大专院校从事市场营销研究工作的学者参考使用。通过本书的学习，学员应该对客户关系管理的基本理论、方法与工具以及在实践中实施客户关系管理形成深刻的认识和理解，并能够在实践中针对特定企业的具体情况加以有效实施。同时，学员还应该认识到：中国企业在实施客户关系管理时还需要考虑的独特因素以及在贯彻新发展理念、加快构建新发展格局、着力推进高质量发展中打造中国特色企业管理理论的大背景下，诸如文化自信自强和践行社会主义核心价值观等无形要素所起的重要作用。此外，通过本书的学习，学员还应该对客户关系管理的最新理论前沿和实践探索（人口规模巨大的现代化、全体人民共同富裕的现代化、物质文明与精神文明相协调的现代化、人与自然和谐共生的现代化对中国特色客户关系管理自主知识体系构建所产生的影响）等形成较深入的了解，并能够应用客户关系管理前沿理论和工具来解决中国式现代化新征程中的实践难题。最后，通过本书的学习，学员应该对客户关系管理中的有关专题形成较为深入的认识和理解。

　　需要特别指出的是，在正文论述、资料卡及案例分析中，本书还引用了一些业内的优秀文章，并尽可能与作者进行了联系。一些未取得联系的作者，请见书后与我们联系，以便我们支付相应报酬。对于这些优秀的作者，我们再次表示最为诚挚的谢意。当然，尽管我们已经做了很多努力，鉴于时间和作者水平有限，本书不当之处在所难免，在此也非常诚恳地希望广大读者和同行不吝赐教，以便我们继续修订和不断提高。

王永贵　马　双

目录

第一部分 客户关系管理导论篇

第四部分　客户关系管理提升篇

第一部分 客户关系管理导论篇

第1章

客户关系管理导论

【学习目标】

本章介绍客户关系管理的产生、发展、应用现状与前景。通过本章的学习，要理解经营环境的变革及其给企业所提出的挑战与机会，理解客户关系管理的内涵、本质与外延，把握客户关系管理的兴起与发展，正确认识客户关系管理的应用现状与发展前景。以此为基础，初步了解客户关系管理的主要内容与逻辑框架，为进一步学习客户关系管理提供总体思路和知识准备。

 引例

万科经过多年的实践与思考，提出了"房地产的第五专业"，即客户关系管理，企业也由传统的项目导向转变为客户价值导向。万科建立了客户中心网络和客户关系系统，在各个工作环节，通过多方渠道系统地收集客户信息和建议，并进行及时准确的分析和响应。这一"第五专业"成为万科持续发展的重要动力。

万科精心打造企业与客户的互动形式，通过以下四种渠道关注客户问题：

（1）处理客户投诉：万科授权各地客户关系中心，及时与客户沟通、协调，按照公司规定处理客户问题。

（2）监控投诉论坛：万科客户关系中心统一监控"投诉万科"论坛，规定必须在 24 小时之内对论坛中的发帖进行答复。

（3）组织满意度调查：万科聘请第三方调查公司全方位了解客户需求和对万科产品及服务的评价，致力于提供更加满足客户需求的产品和服务。

（4）解答咨询：除了万科客户关系中心能为客户解答疑问外，万科创立的"万客会"也是企业与客户沟通的有效渠道。

经过 30 多年的努力，万科 2016 年首次跻身《财富》"世界五百强"，2017 年、2018 年、2019 年连续上榜。

资料来源：客户关系管理案例 [EB/OL]. [2016-12-04]. https://wenku.baidu.com/view/1c945f436bec0975f565e2a8.html，有改动.

思考题：万科为什么如此重视客户关系管理？它采用了哪些措施来实施客户关系管理？你认为万科的客户关系管理实践存在哪些优点和不足？

随着服务经济和客户中心时代的到来，任何产业的任何企业都必须重视客户，重视与客户的密切关系，重视与客户的密切互动，重视客户价值的创造与交付，重视客户满意度与客户忠诚度的提升，重视客户营利性的提高和客户资产的战略运用。可以说，客户关系

（customer relationship）①的有效管理，正日益成为任何企业营造与提升竞争优势的关键途径，成为任何企业成功应对超强竞争的动态方法。

1.1　客户关系管理的产生与发展

在全球化经济与竞争蓬勃发展、政府管制放松、产品技术交叉渗透、信息技术与电子商务快速发展、产品生命周期缩短、知识要素地位不断提升、产业界线与企业边界日益模糊和战略动态调整等因素的综合作用下，企业的经营环境日益动荡复杂，经营活动正面临着前所未有的严峻挑战。与此同时，一个基于客户关系管理（customer relationship management，CRM）的、以差异化优势为战略焦点的客户中心时代已经来临，企业正积极为创造价值而寻求更有效的客户关系管理模式。世界范围内的学术界和企业界人士对客户关系管理的关注都在急剧升温。如何通过营销管理和客户关系管理提高企业的生存能力、成长能力和可持续性的动态竞争优势，正日益成为摆在企业界和学术界面前的重要议程。

1.1.1　经营环境的变化与客户中心时代的来临

在市场的全球化浪潮、日益加速的技术变化、客户需求的多样性、竞争对手之间的互动、企业利益相关者之间的互动、联盟网络与虚拟企业的日益流行等因素的综合作用下，企业经营环境发生或正在发生着根本转变，从而给企业带来了前所未有的机会、风险与竞争压力，迫使其不得不以全新的理念重新思考经营活动的方式。相应地，客户关系管理因其自身的优越性而逐渐备受关注，并获得了快速发展。

1. 经济全球化的强劲趋势和政府管制的放松

世界经济的发展呈现出全球一体化的强劲趋势，出现了国内竞争国际化、国际竞争国内化的倾向。在许多国家和地区，政府管制的放松与私有化浪潮此起彼伏，企业的经营环境正在发生着前所未有的变化。

1）经济全球化的强劲趋势

当前，国别经济与区域经济乃至世界经济正逐渐融合在一起，商品、货币、信息以及人员、技能、服务和思想的跨国自由流动已是大势所趋，锐不可当。国际战略联盟的兴起、全球信息网络的形成和世界贸易组织（WTO）作用的发挥，进一步促进了国家间经济交往与贸易的自由化。跨国公司的国籍特征日益模糊，竞争不断升级，产品生命周期日益缩短，更新换代更加频繁，基于价格和适销对路的产品与服务的竞争变得空前激烈。随着我国劳动力价格不断上涨，价格优势不再明显，制造业也纷纷向人力成本更为低廉的东南亚地区转移，企业要生存，就必须不断探索满足客户需要的新方法，因而在适应性、创新和反应

---

① 按照国内外相关研究的惯例，这里所说的客户关系管理的英文为 customer relationship management，比较科学的翻译应该是顾客关系管理，因为从英文本身的角度看，顾客和客户是两个不同的术语，前者是 customer，后者是 client，只有与企业的关系达到一定的密切程度之后，顾客才可以转化为客户。不过，鉴于近年来不少学者都把 customer relationship management 称作客户关系管理，为了追求一致性，本书也暂时称作客户关系管理，但读者必须时刻牢记顾客与客户是两个不同的概念。

速度等方面向企业提出了越来越高的要求[①]，战略柔性和客户定制化成为企业经营活动的重中之重。同时，在当今日益开放和竞合观念备受关注的社会，各种创新型企业与外界在全新的时空概念下的联系更加紧密，各种创意和知识资源也在其间以前所未有的速度进行传播，模仿与反模仿行为成为竞争的主要形式之一。此外，全球竞争还使企业的质量、成本、生产率、产品上市时间和同步流程作业等绩效标准不断提高，从而要求企业和员工必须在持续改进与激进创新之间求得动态平衡，不断提高其能力与技能，把在当地学到的竞争技能应用于全球市场，进而在全球目标客户市场中充分发挥竞争优势和实现共同利益。互联网背景下，大数据、人工智能、云计算、区块链等新技术使经济全球化环境发生了深刻变革，为全球化向前发展注入了强大动力。

2）政府管制的放松和私有化

伴随经济全球化进程，许多国家对过去由政府管制的产业也开始实施私有化改造，这种情况在电信业、公用事业、航空业、金融服务业和卫生保健业表现得最为突出。政府管制的放松与私有化，大大激发了新的竞争浪潮。例如，美国在1994年放松对出租汽车行业的管制，以规定入行标准取代数量限制。2019年，我国对出租汽车行业放松管制的探索也进入加速阶段。网约车的出现打击了传统出租汽车市场，暴露出出租汽车行业的很多弊病，推动了科学管理的改革。为营造公平的行业竞争环境，专家提出放松政府管制，探索新型经营权制度，实行指导价格。

我国在加入世界贸易组织之后，服务业管制的放松也成为一种趋势，不少国外服务巨头纷纷抢滩中国，使得越来越多的中国企业不出国门就面临着激烈的国际竞争。与此同时，在政府管制放松的过程中，原有的低效率为市场留下了巨大的获利空间，从而为后来的私有化企业竞相攫取超额利润提供了强大动力。此外，在这些企业通过内部成长和外部并购实现全球化的同时，又出现了反垂直一体化的倾向（de-verticalization）。一些企业开始收缩经营范围、剥离非核心业务，力图从根本上增强竞争实力与反击力度。例如，百度在2015年启动"航母计划"，聚焦Feed流和人工智能两大业务，剥离非核心业务，减轻负担。同时，这种私有化浪潮正在世界范围内呈现出愈演愈烈之势，迅速波及印度、智利、波兰、法国、德国等许多国家和地区。公共部门的私有化也产生了巨大的社会震荡，一些低效的公共部门开始抛弃失去时效的资产，合并其经营业务，调整企业规模，从而加速了资本流动，促进了企业成长，促使企业逐渐把注意力转移到持续地为其提供收入源泉的客户身上。

3）国内企业面对的挑战

同样，国内企业在这风云变幻的经济大潮中也很难置身事外。随着中国的改革开放和国际化，人们对市场、营销、服务等概念都不再陌生，对商业、资本、管理从无知到有知，从默然到重视，这是我们过去40多年来所取得的最重要的进步之一。时至今日，我们从来没有与世界脉搏的跳动如此接近，我们的企业和国家从来没有如此深切地感受到全球化竞争和各种各样的文化影响。在中国正式加入世界贸易组织之后，我们感受到世界对我们的承认，也感受到了生存的巨大压力。例如，通信行业的垄断格局在逐渐打破；制造、电子、零售等领域已经直接受到跨国公司的蚕食和挤压；金融业虽受到政府一定程度的保护，但

---

① 王永贵. 客户关系管理：精要版[M]. 北京：高等教育出版社，2018.

外资银行和保险公司已经开始在国内设置分支机构，并已经在一定的限制条件下开展业务；中外合资证券公司不断增多，外资券商呼之欲出。可以说，随着我国加入世界贸易组织后政策保护期限的临近，以金融业为代表的、受国家保护的产业也将和其他行业一样，直接面对国际财团的冲击。另外，人口红利逐渐消失，企业人力成本提升，价格优势不再明显，在国际竞争中面临更严峻的挑战。同时，政府管制的放松与民营企业的大发展也给企业带来了前所未有的挑战，并引发了巨大的变化，许多以前局限于当地的产业逐渐成为地区性、全球性产业。这些行业的利润也发生了相应的变化，资产被大规模重组，也伴随有大量失业。同时这些行业更加注重产品与服务的差异化，也更以品牌和客户为核心。

2. 技术与产业交融的发展和企业边界的日益模糊

多项技术的交叉渗透和企业网络的迅猛发展，致使产业与企业边界日趋模糊，从而对企业竞争提出了更高的要求，迫使其不得不重新思考在新的经营环境中求得持续发展的核心理念和管理工具。

1）技术与产业交融

目前，技术与产业交融的特征在计算机、通信、电子消费品和娱乐等领域最为典型，但实际上这种趋势已相当普遍。可以说，技术与产业交融正导致国家之间、产业之间、企业之间、部门之间的壁垒逐步消失，一体化、全球化、协同、网络、授权、高技术、合作、合资企业和战略联盟等正日益成为企业经营中的普遍现象。举例而言，传统的零售、餐饮、住宿等行业越来越多地依托网络平台，借助第三方平台的技术和流量提升自身竞争力。个人护理用品行业则与医药技术相融合，推动了药妆产业的兴起。在这种背景下，原有的相对独立的"企业孤岛"已经不再利于更好地为客户提供服务，从而使得企业间合作的战略价值日益凸显，于是许多企业纷纷突破组织边界和产业界限的束缚，并力争把自己的优势与他人的优势结合起来，为客户提供独特的产品与服务。例如，华为和英特尔开展技术合作。在华为公布其物联网战略计划后，英特尔为其计划落地提供了协助。借助英特尔强大的计算能力，华为完善了物联网的连接功能，数据收集、分析能力大大提升；英特尔通过华为 FusionShpere 技术为用户提供高性价比的云服务和多样化的解决方案，最终实现了双赢。

2）企业经营受到的影响

技术的交叉渗透和产业与企业边界的日趋模糊，不仅进一步加快了企业经营环境的变化，加剧了产品与服务需求的波动，为更多、更强大的潜在竞争对手的出现提供了可能，而且将企业间围绕客户而展开的竞争的强度推升到了前所未有的水平，主要表现在：第一，竞争对手已经远不像过去那样固定而明确，原来毫不相干的企业同样可能变为现实的竞争对手。例如，共享单车和网约车的出现严重冲击了出租汽车行业的发展，出租汽车行业载客量大大减少。第二，基于技术与产业交融实现经营领域的扩张，已经成为赢得有利竞争地位的重要途径。例如，近 10 年来，美团运用融合之道，已从简单的团购业务发展成为包含外卖、住宿、出行、生鲜等多种业务的综合性平台。第三，价值创造的传统判定标准及其分析工具，已不再适合这种崭新的产业环境。例如，传统的战略观认为，规模与市场影响力密切相关。但在当今的动态环境中，庞大的规模未必能够给企业带来更大的产业影响力。同样，企业在某一产业处于主导地位，也未必意味着拥有优势，有时反而会成为其致命的弱点。可以说，产业结构的不断变动和供应商、竞争者、互补品厂商、客户与合作者的角色的动态转化，对企业的柔性水平和快速反应能力提出了更高的要求。

因此，企业必须努力提高自身的柔性，以便为更有效地满足客户需求提供相关的多项业务，并努力促使供应商对企业最终产品市场的多变性（适应客户需求的多样化趋势）作出及时反应，从而与供应商和客户建立起良性互动关系，在新一轮竞争中取得有利地位。

3. 信息技术的进步与通信工具的冲击与影响

基于信息技术的数字化浪潮，是当前对所有产业产生最重要、最深刻影响的因素之一，并成为不少企业进行投资的热点领域，信息技术已经成为经济活动的载体。例如，2018年网络零售额超过9万亿，占总零售额的23.6%。根据艾媒咨询调查数据，超五成中国消费者认可线上购物，并期待双线购物平台的出现，68.8%的消费者表示未来愿意使用融合双线的购物平台①。过去，经济是建立在制造业基础上的，以标准化、规模化、模式化、追求效率和层次化为特点；而现在和未来的经济则是建立在信息技术基础之上，追求的是差异化、个性化、网络化和速度。

1）信息技术的进步与通信工具的冲击

在某种程度上，无论是航空公司、工业企业，还是农场和商业企业，几乎所有类型的企业的经营活动都要依赖电子网络进行快速的信息处理和数据交换来完成。同时，信息技术和互联网的广泛应用极大地提升了信息的丰富性和信息交换的速度，使得在更广泛的领域公开近乎免费的丰富信息成为可能。可以说，信息技术的进步和通信工具的冲击，使企业经营的方方面面都发生了深刻变革。例如，有线通信和无线通信，如电话、传真的交流，在许多情况下一般仅限于"一对一"模式。相对而言，数字网络的兴起，在许多情况下使信息和信息的载体断裂开来，诸如信息媒介、产品和产品相关的信息流、信息价值链和物质价值链、信息经济和实物经济等传统链接都断裂了。同时，有了互联网等信息技术，企业及其利益相关者（如供应商、客户、竞争者、经销商、消费者、社区、政府和媒体等）的信息交换渠道正在被重新界定，原来那种范围狭小、依赖于物资设备的交流渠道的作用大打折扣。更多的是，原来创造这些渠道并凭此获得竞争优势的企业将面临极大的考验，不能及时转变的企业就会被市场无情地抛弃。可以说，信息技术的发展，不仅加剧了企业之间的竞争、缩短了产品的生命周期，而且引发了企业经营活动的变化，促使人们对新型商业行为（包括竞争行为）、兼并与收购和供应链以及客户角色的态度都发生了改变。越来越多的人乐于在家中、工作场所甚至在旅途中利用电子手段进行各种交易。以零售业为例，购物方式的转变推动新零售越来越多地取代传统零售，实体零售店关门的新闻并不少见。Coresight Research相关调查数据显示，2018年美国零售共有5 524家企业关闭②。中国零售也不例外，如沃尔玛中国自2012年以来累计关闭了近100家门店，华联超市2017年则关

---

① 2019中国零售购物双线购新模式发展白皮书[EB/OL]. [2019-07-23] https://www.iimedia.cn/c400/65412.html.

② Coresight Research. Reviewing 2018 U.S. and U.K[EB/OL]. [2020-01-27] Store Closures. https://coresight.com/research/reviewing-2018-u-s-and-u-k-store-closures/.

闭 197 家门店。在这样的闭店浪潮下，零售业应主动调整经营模式，将线上与线下相结合，以提高竞争力。

要实现长期利润的最大化，利用现代信息和通信技术协调客户关系与营销是必不可少的，且了解客户需求需要与适当的数据相结合。大数据、人工智能和云计算的普及推动了整个业务流程的创新，它们提高了可用数据的数量、种类和速度[①]。企业通过从外部收集来自不同信息源的客户数据，整合、分析以寻找数据价值，理解客户并减少客户等待时间。只有高质量的数据才能为企业正确决策提供支持，数据管理能力在异构数据开发与价值主张创新中显得尤为重要；数据分析能力是快速响应能力的前提，通过数据挖掘、深度学习等技术分析隐藏在客户行为中的有价值信息，促进长期关系的维护。例如，人们通过软件推荐就可以看到自己想要购买的商品、想要阅读的文章、想要观看的视频等。这都对企业提出了更高的技术要求[②]。

2）价值链的拓展与新的价值创造契机[③]

信息技术的快速发展还创造了另一个与现实世界不同的虚拟世界，使企业不仅需要关注现实世界的构造——实体价值链，还必须强调虚拟价值链在企业竞争中的重要价值。通过在互联网上操作，虚拟价值链不仅可以用于实体价值链的各个阶段，水平地实现价值增值，而且可以为企业创造价值或开辟新市场。例如，供应商通过互联网销售产品可以取得新市场，而客户通过互联网也可以提出对产品或服务的具体要求，为价值创造提供了新的契机。因此，企业不得不把实体价值链上的每个环节结合到虚拟价值链上，以便进一步提高效率。同时，信息技术的先进性也使得通过服务实现价值增值成为主要的利润来源之一。

信息时代的来临使价值越来越多地建立在信息和知识的基础之上。通过互联网，企业可以用一种前所未有的方式管理传统经营活动中的物流、资金流和信息流，并把对企业竞争实力至关重要的利益相关者——股东、客户、经销商、供应商和员工等结合在一起。因此，信息技术对企业价值链的影响可概括为：改变了传统的采购、营销与售后服务的方式，改变了企业的生产方式，推动了传统行业的革命，减少了价值链的环节，并为价值创新提供了便利和工具。同时，信息技术使生产商与最终消费者之间的距离不断缩短，多步分销逐渐缩减成单步分销，从而对产成品、库存和应收账户以及传统产业的成本结构，特别是销售成本和管理费用产生了重要影响。例如，各行各业的许多企业都投入巨资建立功能强大的网站甚至微信公众号、官方微博或微信小程序等，为客户提供在线咨询或在线交易等服务，既实现了与客户的即时互动，又为成本结构的改善创造了有利条件。此外，信息技术的大发展，为企业推进"虚拟经营"这一富有柔性的动态经营方式和与客户的灵活合作奠定了基础。一方面，通过功能强大的通信网络，散布在不同地区的企业或单位可以交流经验、解决问题或互相配合、统一行动；另一方面，利用客户在使用电子商务时所提供的信息和更便捷的信息反馈系统，如一体化的零售商—供应商系统，企业可以快速有效地把

① ZERBINO P, ALOINI D, DULMIN R, et al. Big Data-enabled customer relationship management: a holistic approach[J]. Information processing & management, 2018, 54(5): 818-846.
② CHOU T. Exploring relationship quality of user's cloud service: the case study of SaaS CRM[J]. Journal of organizational and end user computing, 2019, 31(3): 17-36.
③ 王永贵. 战略柔性与企业高成长[M]. 天津：南开大学出版社，2003.

被动迎合客户需求转换为有效供给机制或需求创造机制，从而为企业从更多的途径把握市场机会和重新界定细分市场等活动提供更大的空间。

与此相适应，企业的市场、销售和服务的运作模式也正在发生深刻的变化。企业需要对新的经营环境作出反应，客户关系管理正是企业为适应环境变化、保持竞争优势而提出的，是企业管理和信息技术的结合，推动营销理念的进一步发展。

4. 无形资产地位的提升与经营模式的变化

在当今的动态环境里，基于知识要素的无形资产的作用迅速膨胀，并逐渐取代有形资产的主导地位，成为企业资产中最有价值的部分，决定着企业竞争的成败甚至企业的生死存亡[①]。

1）无形资产地位的提升

实际上，无论是在传统的制造业，还是在服务业和新兴产业，在企业的价值构成中，无形资产的比重往往都超过了财务资产、不动产、库存和其他有形资产。无形资产，如人力资本、智力资本、过程资本等，总体上分为两大类——产生收入的客户资本和与成本密切相关的资源运用效率。可以说，客户资本已经成为关系到企业价值的关键要素。世界知识产权组织（WIPD）总干事弗朗西斯·高锐（Francis Gurry）曾表示："当今全球价值链中的无形资本将逐渐决定企业的命运和财富。"例如，根据有关研究，美国客户满意指数与市场价值高度相关，客户满意指数每变动一个单位，就意味着 89 800 万美元的市场价值的变化。如图 1-1 所示，在价值链中，制造产生的附加值比重下降，企业更加强调研发设计和售后价值的提升，更加肯定管理客户能为企业带来巨大的价值。据 2017 年 WIPO 发布的《2017 世界知识产权报告》显示，全球制成品近 1/3 的价值来自品牌价值、设计、技术和员工技能等无形资产[②]。

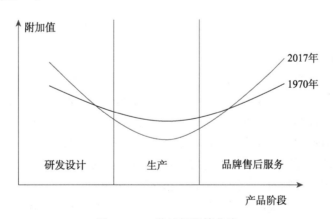

图 1-1　21 世纪新微笑曲线

资料来源：WIPO. 2017 世界知识产权报告[R/OL]. [2017-11-20]
https://www.wipo.int/meetings/zh/details.jsp?meeting_id=45187.

---

① ROOS G, ROOS J. Measuring your company's intellectual performance[J]. Long range planning, 1997, 30(3): 413-426.

② WIPO. 2017 世界知识产权报告[R/OL]. [2017-11-20]. https://www.wipo.int/meetings/zh/details.jsp?meeting_id=45187.

2）企业经营模式的变革

与此同时，不仅企业之间的竞争程度日益加剧，而且竞争的形式、内容、手段甚至竞争的主体都在发生变化，从而促使企业必须在经营模式等方面进行根本性变革。例如，企业不再仅仅强调生产规模，而是更加注重强调服务与知识规模；企业关注的重点不再是市场份额，而是活动份额（activities share），特别是在核心产品份额、客户份额（customer share）和关键服务活动上超过竞争对手的能力；大规模的广告传播已不适应，广告代理将渐渐转变为传播代理；营销人员的职能发生的转变，不仅仅是传播产品信息，更重要的是利用新的营销方式为客户提供全方位的服务；网上商店的商品价格更为公开，竞争更为激烈，传统的店面经销遇到了强劲的挑战；不再强调垂直一体化，而是关键活动内部化和非核心活动外部化，以便把有限的资源集中用于价值链上的关键环节、降低风险和创造出更优异的客户价值等。表 1-1 列示了经营环境变化所引发的企业经营模式的变革。

表 1-1　经营环境变化所引发的企业经营模式的变革

旧模式	新模式	旧模式	新模式
选择决策	兼而得之	效率	效果/寻求机会
命令与控制	教练与团队	财务指标驱动	价值驱动
为他人制造产品	与客户共同创造价值	卓越的职能	独特的竞争能力
满足需求	超越期望水平	降低成本	增强能力
短暂的流行项目	可持续的项目	官僚机构	充分发挥想象力
满足/被动反应	强求/主动行动	竞争优势的保护	竞争优势的更新

资料来源：王永贵. 客户关系管理：精要版[M]. 北京：高等教育出版社，2018.

以供应链系统为例，在信息技术的支撑下，为了迎接环境巨变的挑战和更好地解决供应链管理中的两难困境，如供应效率与供应柔性、低价格与战略伙伴关系、内部化与外部化等，企业的供应链系统在近年来已经发生了重大变化，正朝着更有利于改善客户服务的方向发展，并经历了四个主要阶段：第一阶段是 20 世纪 80 年代的生产需求计划，其特征可以概括如下：①向客户推销的系统；②根据需求订购原材料；③减少安全库存和周转中的库存；④依靠有次序的安排和可靠的需求预测；⑤具有随供应商需求的变化而变化的灵活性。第二阶段是 20 世纪 90 年代早期的准时制生产，具有如下特征：①拉动客户的系统；②来自客户的需求是规则的；③能力与需求相匹配；④常规的产品形式；⑤柔性制造系统；⑥低经济批量；⑦减少供应商的提前订货期。第三阶段是 20 世纪 90 年代中后期的精益生产与精益供应，主要特征如下：①减少浪费与库存；②减少流程的工作量；③在供应链中公开成本；④员工一专多能；⑤缩短工序；⑥减少变更的次数；⑦多品种、小批量；⑧在每个阶段不断地改进。第四阶段是 21 世纪的快速反应供应链，具有如下关键特征：①快速反应与柔性供应；②客户定制生产；③为满足最终需求制订同步计划；④控制供应流程；⑤对合伙企业培训，以整合它们的能力；⑥完全采用电子商务；⑦产品的并行开发等。大数据背景下，供应链各个节点间共同收集、分析、整合、共享客户知识能够促进企业创新和供应链优化。通过各个节点相互协调，整个供应链的性能和效率都能够大幅度提升[①]。正是适应环境变化的上述演变，使现代供应链具有明显的客户导向，在企业竞争制胜中发挥着日益重要的作用[②]。

基于互联网，互动营销的形式变得多种多样。例如，很多品牌借助新型社交媒体，建立自己的企业微信公众号、微博账号等，并通过这些平台发布商品或服务的活动信息，与客户保持高频率、高效果的沟通和响应，开启了基于信息技术的客户革命。实际上，随着经济的发展和科技的进步，企业之间的竞争日益激烈，客户的角色已经发生了根本性的转变，由被动的消费者变为市场的主宰，越来越多的企业开始认识到客户希望自己作出决定和选择。与此相应，面对上述环境变化带来的严峻挑战和机会，企业的注意力正从内部转向外部、从优化转向柔性、从市场转向关系、从缩减成本转向消除客户接触障碍，企业的权力正从企业内部逐步向客户手中转移，产品中心导向战略已经不再适用，企业已经迈入一个以客户为中心的全新竞争时代。

5. 客户角色的转变与客户中心时代的来临

随着经营环境的变化，在上述因素的综合作用下，除人口老龄化、农村城镇化、家庭小型化、越来越多的个性化需求和消费者生活方式多样化等变化以外，消费者的角色也在发生巨大的变化。移动网络和数字技术的发展提升了消费者的能力，他们可以熟练使用工具和信息，因此可以发号施令。一个以客户为中心的时代正在来临，企业不得不寻求更好的客户关系管理方式来成功应对前所未有的严峻挑战。例如，在以前，客户必须在营业时间到商店去购买商品，而现在可以在家里上网购买；过去，客户要拿着邮寄的账单到银行去支付，而现在用手机就可以完成生活及购物账单的支付；过去客户只能购买同一规格的商品，而现在可以自己在网上设计，并要求厂家"定制"；过去厂商致富靠生产和销售产品，而现在它们需要考虑怎样吸引和留住客户。而保持客户忠诚，对企业来说又是一个巨大的挑战，因为客户有太多的选择。一场全球范围内的"客户革命"方兴未艾，不可阻挡，它们正广泛而深刻地改变着企业的竞争本质和竞争规则，勾勒出新的竞争蓝图，谱写着新的成功定律。

同时，客户已经不再是被动的消费者角色，他们专注于得到自己想要的商品或服务，消费需求更加多变、苛刻和个性化：一方面，客户越来越推崇与众不同的个性化产品；另一方面，在同质产品的消费上，客户也有追求个性化消费模式的倾向。客户在产品、服务、渠道、沟通等方面的选择余地空前增大、转移壁垒不断降低、对企业的忠诚日趋下降，市场的控制权和选择权逐渐由企业转移到客户手中。企业面对前所未有的竞争压力，只能更加注重创新和差异化经营，深入了解客户的需求并比竞争对手更好、更快地满足他们，以便通过吸引与挽留客户来赢得竞争优势。在这种情境下，客户关系管理需要更加真实和透明，同时与关系营销和信息技术战略相结合，才能为客户创造价值，以实现长久的、有利

---

① 沈娜利，沈如逸，肖剑，等. 大数据环境下供应链客户知识共享激励机制研究[J]. 统计与决策，2018，34（10）：36-41.

② 王永贵. 客户关系管理：精要版[M]. 北京：高等教育出版社，2018.

可图的关系[①]。实际上，与以前的被动采购者和单纯的交易者不同，当今的客户已经不再是20 世纪七八十年代由企业预先确定的被动群体，也不再是八九十年代的单纯的"交易统计量"，而是超越了 90 年代后期的"独立个人"的角色，并逐渐成为社会与文化构架的重要组成部分和企业增强网络（enhanced network）的关键环节，同时扮演着产品的共同开发者、经营的合作者和竞争者以及价值的共同创造者等多重角色。表 1-2 描述了客户角色的演进和管理重心的转移过程。一方面，客户希望通过与供应商建立不同于传统销售模式的关系来获得更优异的价值；另一方面，企业也迫切需要正视客户角色的变化，把客户纳入自己的价值创造与交付活动中去，尽可能地从客户那里获取新的产品思想、技术、市场准入等非货币收益。一个崭新的时代——客户中心时代正在来临。

表 1-2　客户角色的演进和管理重心的转移过程

过程	吸引事先预定的客户群体	与单个客户进行交易	与单个客户建立起长期而密切的联系	客户是价值的共同创造者和能力的共同开发者
时间	20 世纪 70 年代和 80 年代早期	20 世纪 80 年代和 90 年代早期	20 世纪 90 年代	21 世纪
经营交换与客户角色的本质	把客户视作被动的购买者，认为其拥有预定的消费角色			客户是企业关键网络的一个组成部分，他们共同创造价值，既是合作者、共同开发者，又是竞争者
管理者的心智模式	客户是一个平均统计量，客户群体由企业事先预定	客户是交易中的一个统计量	客户是一个个体，需要培育信任和形成密切的关系	客户不仅是一个个体，而且是社会与文化构架的一个组成部分
公司与客户的互动以及产品与服务的开发	传统的市场调研；产品与服务的开发不需要太多的反馈	从销售转向借助服务台、呼叫中心和客户服务计划等途径来帮助客户；在识别客户问题的基础上，根据反馈信息重新设计产品和服务	认真观察企业的客户，并与主要客户共同寻找问题的解决方案，然后根据对客户的深入理解来重新构造产品和服务	客户是个性化经验的共同开发者，企业和主要客户在培训、预期形成、促使市场接受特定产品和服务方面应该密切配合
沟通的方式与目标	获得客户或进行客户定位的工具，是单向的	数据库营销、双向沟通	关系营销、双向沟通与接触	积极与客户进行对话，以共同影响预期的形成和促使共鸣的产生，多层面的沟通与接触

资料来源：王永贵. 客户关系管理：精要版[M]. 北京：高等教育出版社，2018.

实际上，在 20 世纪 90 年代之后，买卖双方的角色地位就发生了逆转，客户迁就产品的时代已经过去，或者可以说已经完全颠倒过来，客户不再是被猎取的对象，而是得到了特殊的对待和培养，成为消费的主导者。与此相对，供应商所扮演的已非猎人角色，而是需要及时对客户作出反应，预测客户未来的行动趋势，分析客户购买决策产生的路径，从

① GALVAO M B, DE CARVALHO R C, DE OLIVEIRA L A, et al. Customer loyalty approach based on CRM for SMEs[J]. Journal of business & industrial marketing, 2018, 33(5): 706-716.

中寻找潜在价值，这是一种全新的思维方式①。国际品牌的领导厂商越来越难以独自决定谁是客户和它属于哪一类型的客户，营销技巧也逐渐地从以产品需求中心向以客户需求为中心转变。在新经济时代，客户从供应商和服务商那里需要得到的是灵活性、实用性、创造性及价格优势。例如，柔性生产对企业成长和发展至关重要，柔性生产的关键取决于客户需求。当客户需求发生转移，企业唯一能做的就是迎合这一变化。客户最终会根据自己的意志来决定取舍，而不再由厂家支配一切。同时，现在的客户正变得越来越不可预测、越来越难以捉摸，企业几乎不能再用传统的市场细分标准来把握客户及其需求。例如，以前因为电脑的使用而预测会出现无纸办公室的趋势，而现在纸业的行情仍十分乐观。因此，企业争相开发大数据和分析能力，时刻把握客户需求及其未来变化趋势，以夺回控制权。实施客户关系管理，对于想在这个客户的愿望、喜好、行为、忠诚度永远变化着的客户主导时代中取胜的企业来说，是必不可少的。哈格尔（Hagel）等人声称：客户关系管理与产品创新和基础设施管理一道，构成了绝大多数企业必备的三大部门，而且处于核心地位②。由此可见对客户关系进行开发和利用的战略价值。因此，客户对于现代企业具有越来越重要的战略价值，加强对客户关系的有效管理已成为大势所趋，客户中心时代正在来临。

1.1.2 客户关系管理的兴起与发展态势

这场"客户革命"对企业意味着什么？忽视它，就等于在冒险。企业的客户和潜在客户比以前需要得更多，也更加苛刻。为了满足他们的需求，企业必须具备一些新的能力，必须学习怎样按照客户方案重新设计自己的商业模式，必须控制与客户有关的重要环节，必须控制及时的商业事件，必须以客户的价值经营，为客户价值服务。企业必须认识到客户关系对企业经营成败的重要性，必须有效地实施客户关系管理。正如著名管理大师彼得·德鲁克在谈论客户关系时所强调的，"企业经营的真谛在于获得并挽留客户"③。

1. 客户关系管理的兴起

据统计，1989 年，客户关系管理仅在媒体上出现过 1 次，但到 2000 年却上升到 14 000 次④。同时，在里格比（Rigby）等人 2001 年所做的管理工具调研中，有 72%的经理人员计划在 2001 年底彻底实施 CRM，比 2000 年增加了 1 倍⑤。目前，客户关系管理已经成为近年来普及最快的管理工具。更为甚者，《决策支持系统学报》（*Decision Support Systems*）还把 2001 年第三期定为"客户关系管理与互动营销"的特别专期。根据 Gartner 的报告，全球客户关系管理系统市场在 2018 年达到 482 亿美元，是增长最快的软件市场，并在所有软

---

① NAM D, LEE J, LEE H. Business analytics use in CRM: a nomological net from IT competence to CRM performance[J]. International journal of information management, 2019(45): 233-245.

② HAGEL Ⅲ J, SINGER M. Unbundling the corporation[J]. Harvard business review, 1999, 77(2): 133-141.

③ DRUCKER P F. Adventures of a bystander[M]. New York: Harper & Row, 1999.

④ RAGHU T S, KANNAN P K, RAO H R, et al. Dynamic profiling of consumers for customized offerings over the Internet: a model and analysis[J]. Decision support systems, 2001, 32(2): 117-134.

⑤ RIGBY D K, REICHHELD F F, SCHEFTER P. Avoid the four perils of CRM[J]. Harvard business review, 2002, 80(2): 101-109.

件市场中处于领先地位。

尽管我们并不知道是谁最早提出了"客户关系管理"这个概念，但这个术语来源于为更好地理解和迎合客户需求的尝试与失败。人们往往认为客户关系管理是与呼叫中心（call center）、技术驱动型销售、自动化营销/销售、数据库营销和互动营销等相关概念联系在一起的，也有人认为客户关系管理跨越了这些领域，但是不少人更倾向于认为它是技术而不是信念和哲学。实际上，客户关系管理是对客户咨询/服务柜台、客户服务中心、企业资源计划（ERP）、数据挖掘、关系营销和数据库营销等术语进行整合之后的发展，弥补了以前的术语不能很好地覆盖上述话题的不足。

客户关系管理的产生体现了两个重要的管理趋势的变化：首先，企业从以产品为中心的模式向以客户为中心的模式转移。随着各种现代生产管理和现代生产技术发展，产品等差别越来越难以区分，产品同质化的趋势越来越明显，因此，通过产品差别细分市场赢得竞争优势变得越来越困难。其次，客户关系管理的产生还表明了企业管理的视角从由内向外型转换为由外向内型和内外互动型。众所周知，互联网及其他各种现代交通、通信工具的出现和发展催生了全球一体化，企业与企业之间的竞争也几乎变成了面对面的竞争，一个充满竞争与合作的关系型企业时代正在来临。

2. 客户关系管理的应用现状与发展态势

如今，作为时代发展的必然产物，客户关系管理已经成为现代管理技术和信息技术市场上的一个新宠儿。客户关系管理的概念被越来越多人熟知，客户关系管理市场发展迅速。技术驱动下，客户关系管理系统不断升级换代，但是仍然存在很多问题。不过从哲学的角度来看，这完全符合新生事物产生和发展的过程，事物总是在挫折和失败中慢慢成长与发展。因此，我们要保有一种很好的心态，认清其发展的必然性，实实在在、静下心来迎接新环境、新经济的挑战。

1）国际客户关系管理的应用现状

Gartner 公司 2019 年 6 月发布的报告显示，全球客户关系管理软件支出在 2018 年达到 482 亿美元，较 2017 年增长 15.6%，仍是最大且增长最快的企业应用软件。表 1-3 所示为各厂商具体的软件收入。

表 1-3　按厂商的 CRM 软件支出统计的 2017—2018 年全球软件收入总额

公司	2018 年收入/百万美元	2018 年市场占有率/%	2017 年收入/百万美元	2017 年市场占有率/%
Salesforce	9 420.5	19.5	7 648.1	18.3
SAP	4 012.2	8.3	3 474.4	8.3
甲骨文	2 669.0	5.5	2 492.9	6.0
Adobe	2 454.8	5.1	2 017.2	4.8
微软	1 302.0	2.7	1 132.1	2.7
其他	28 371.7	58.8	24 962.0	59.9
总计	48 230.2	100.0	41 726.7	100.0

资料来源：Gartner. Market Share: Customer Experience and Relationship Management, Worldwide, 2018[EB/OL]. [2019-05-20] https://www.gartner.com/en/documents/3913799/market-share-customer-experience-and-relationship-manage.

2）国内客户关系管理的应用现状

在国内，客户关系管理起步于 1999 年，在经历理念宣导、概念普及之后，目前正处于调整上升期。根据中国软件网与海比研究联合发布的《2019 中国 CRM 市场趋势洞察报告》，2018 年中国客户关系管理的市场规模为 73.64 亿元，市场增长率约为 25.92%。其中，客户关系管理市场的国内品牌市场规模约为 53 亿元。未来 3 年，客户关系管理市场还将保持20%以上的高速增长[①]。

从很多方面来讲，中国的客户关系管理市场目前尚处于发展之中。无论是产品结构、区域结构、行业结构，还是营销渠道，都有待发展。同时，很多中国本土的软件厂商都推出了自己的客户关系管理产品，但产品功能的全面性有待加强，有些仅能提供实现客户管理中的几个应用模块，并没有真正实现客户关系系统"以客户为中心"的理念。此外，运营型的客户关系管理产品受到关注。目前市场上大多数的客户关系管理产品关注的焦点主要是运营型的客户关系管理产品，主要涉及自动化管理、销售、营销以及客户服务支持的领域与客户关系有关的业务流程处理，运营型的客户关系管理产品占据了客户关系管理市场上大部分的份额。但是随着企业的不断发展、客户信息的日趋复杂，对于一个企业的长远发展来说，如何使客户关系管理解决方案拥有强大的业务智能和分析能力才是最重要的。

可以预测，在 Oracle、Salesforce、Sibel、SAP 等大型国际客户关系管理厂商和国能科诺、用友公司、金蝶公司和智邦国际等国内客户关系管理厂商，以及以 Gartner Group 为代表的世界级管理咨询/顾问公司的推动下和各行各业的努力下，中国客户关系管理市场必将会有更好的应用前景。

1.1.3 客户关系管理产生与发展的动因

除了如上所述客户角色的变化之外，从企业实践的角度看，客户关系管理的产生和发展还源于许多因素。例如，基于超强竞争环境的需求拉动，互联网等通信基础设施与技术的发展是其得以产生和发展的推动力量（信息技术的推动），源于客户的利润是其迅速得以确立的根源（利润的诱惑）等。无数成功企业的实践已经表明：沿着价值链向下游拓展、充分接近客户，是企业成功的诀窍所在。同时，管理理论重心的转移和发展（管理观念的更新与转换）推动了客户中心时代的来临。"关注客户需求、以客户为中心"，是现代企业的唯一的正确选择。

1. 基于超强竞争环境的需求拉动

在当前的超强竞争环境中，产品不断升级换代，市场和信息沟通渠道日趋饱和，产品质量与服务特征日渐趋同，企业对客户的争夺空前激烈，竞争边界不断变化，网络竞争对手纷纷涌现，单纯依赖产品获得的优势很难持久。相应地，客户也变得日趋成熟，要求更加苛刻而多变。同时，客户在产品、服务、渠道、沟通等方面的选择余地空前增大，转移壁垒不断降低，导致客户忠诚日趋下降。然而，建立在客户需求不断得以满足基础上的客户忠诚却具有相对稳定性，能够在相当程度上消除环境变化给企业带来的冲击，带来更高

---

① 2019 中国 CRM 市场趋势洞察报告[R/OL]. [2020-01-08]. https://www.sohu.com/a/295083635_434604.

的盈利、更好的客户反应、更有利的交易、更强大的中介合作与支持、更有效的营销沟通，还有助于更好地实现客户挽留的经济价值以及更有效地管理客户终身价值。有关研究表明，挽留老客户的成本远远低于吸引新客户的成本（通常相差 5~10 倍）[①]。因此，在这种快速发展和高度竞争的市场空间中，竞争成败在很大程度上取决于企业有效管理客户的能力，取决于企业挽留老客户和获得新客户的能力。未来成功的企业，必定是在客户需求的驱动下，能够借助信息技术智能化地运用客户信息、交付令客户满意的服务方案、实现有效客户挽留并进而构筑起与客户的长期关系的企业。

　　然而，在应对超强竞争所提出的挑战时，企业管理客户的实践现实却不容乐观。综合来看，主要表现在两个方面：一是企业销售、营销和客户服务部门难以获得所需要的客户和信息；二是来自销售、客户服务、市场、制造、库存等部门的信息分散在企业内部，这些零散信息使得企业无法对客户有全面的了解，各部门难以在统一的信息的基础上面对客户，从而要求各部门对面向客户的各项信息和活动进行集成，组建一个以客户为中心的组织来实现对客户活动的全面管理，进而以客户需求拉动企业发展，以在竞争中取胜。基于这些问题，销售人员、营销人员、客户和服务人员、销售经理都反映出很多困惑：①来自销售人员的困惑：从市场部提供的客户线索中很难找到真正的客户，因而不得不在这些线索上花费大量的时间；出差在外，要是能看到公司电脑里的客户、产品信息就好了；当面对一个老客户时，应该怎样报价才能留住他呢？②来自营销人员的困惑：去年在营销上开销了 3 000 万元，但怎样才能知道这 3 000 万元的回报率？在展览会上，向 10 000 多人发放了企业资料，但这些人对企业产品的看法和反应会是怎样的呢？其中有哪些人已经与销售人员接触了？应该和哪些真正的潜在购买者多多接触，但怎么能知道谁是真正的潜在购买者呢？为了防止重复地给客户发放相同的资料，怎么才能知道其他部门的同事和客户的联系情况？③来自客户的困惑：从企业的两个销售人员那里得到了同一产品的不同报价，哪个更可靠呢？以前买的东西出了问题，这些问题还没有解决，怎么又上门推销？一个月前，通过企业的网站发了一封电子邮件，要取得与销售人员的联系，怎么到现在还没有答复？④来自服务人员的困惑：很多客户提出的电脑故障都是由客户自己的误操作引起的，在很多情况下都可以自己解决，如何避免此类型的客户占用工程师的时间呢？为什么其他部门的同事都认为企业的售后服务部门只是花钱而挣不了钱？⑤来自销售经理的困惑：有个客户半小时以后就来谈最后签单事宜，但一直跟单的人最近辞职了，而销售经理对于这个客户联系的来龙去脉却一无所知；有三个销售人员都和这个客户联系过，作为销售经理，却无法知道他们都为客户承诺过什么；现在手上有个大订单，销售经理安排哪个销售人员才放心呢？

　　同时，随着竞争压力的增大，企业在产品质量、供货及时性等方面潜力已经很小，而以上问题的改善将有利于企业竞争力的提高，有利于企业赢得新客户、挽留老客户和提高客户利润的贡献度。不过，在很多企业，销售、营销和服务部门的管理实践越来越不能适应发展的需要，越来越多的企业要求提高对面向客户的销售、营销和服务管理的自动化、

---

① 王永贵，董大海. 客户关系管理的研究现状、不足和未来展望[J]. 中国流通经济，2004（6）：52-56.

科学化和一体化的整合。这是客户关系管理应运而生的需求基础。此外，在需求方面，从20世纪80年代中期开始的业务流程重组（BPR）和企业资源计划建设实现了对制造、财务、物流等环节的流程优化和自动化，但销售、营销和服务领域的问题却没有得到相应的重视，其结果是企业难以对客户有全面的认识，也难以在统一的信息的基础上面对客户。这样，客户关系管理的产生就成了客户中心时代有效解决供求矛盾的强大武器。

2. 互联网等通信基础设施与技术的发展是其得以产生和发展的推动力量

在信息技术方面，我国企业现在的办公自动化程度、联网计算机应用能力、企业信息化水平都有了长足的进步。大数据、云计算、人工智能等技术的发展，使收集、整理、加工和利用客户信息的质量大大提高。信息技术和互联网不仅为我们提供了新的手段，而且引发了企业组织结构、工作流程的重组以及整个社会管理思想的变革。例如，随着互联网等通信技术的发展，下列事情成为可能：企业客户可以通过官网、微博、第三方平台等多种渠道访问企业或进行业务往来；任何与客户打交道的员工都能全面了解客户关系、根据客户需求进行交易、了解如何对客户进行升级销售和连带销售，记录自己获得的客户信息；对产品销路进行实时追踪；对市场活动和销售活动的强大分析与预测能力促进了电子商务的发展，改变了企业做生意的方式。企业通过网络以十分低廉的成本开展营销活动、实时收集客户信息、分析消费者行为、向客户销售产品、提供售后服务等。实际上，客户关系管理并不是什么新概念，它只是在新形势下获得了新的内涵。例如，家门口的小吃店老板可以记住特定客户喜欢吃辣这种信息，当该客户要一份炒面，他会征求意见"要不要加辣椒"。但如果到一个大型的快餐店，就不会得到这种待遇了。究其原因，如果要识别每个客户，快餐店需要收集和处理的客户信息量是小吃店的无数倍，超出了企业的信息收集和处理能力，而在大数据技术如火如荼的今天，这种信息应用已成为可能。

可以说，信息技术进步和智能设备的普及，为企业实施"以客户为中心"的管理模式提供了强大的推动力量。以复杂的电话应答系统、传真、电子邮件、网页等为代表的交互技术已不适用于当前的竞争环境，企业需要利用大数据、云计算、人工智能等技术对客户进行更复杂的分析，提升企业和客户接触与交互的价值。越来越多的企业开始寻求新的价值增值途径，并从整体的角度来考虑客户关系管理，精心管理每个客户接触点，实现和客户的良好沟通与互动，发展与客户的一对一长期合作关系。同时，技术进步也为更有效地管理客户关系提供了可能，使企业能够通过快速实现产品、客户服务、沟通和定价的个性化。它不仅可以使企业便捷地收集、获取、加工和运用客户信息，提升了数据的数量和质量，还推动着人们更好地分析和解决既有问题的实践。同时，对大数据、人工智能等技术的大量投资，不仅使企业获得了超出管理者整合能力的信息种类和数量，推动其发掘新的战略决策方法，而且使企业可以运用先进技术更好地理解客户经验、了解营销活动对客户的影响，识别最有价值的客户及其购买模式，有效地发掘交叉销售和扩大销售的机会，使客户购买的产品品种更多、数量更多，增加客户生命周期内为公司创造的价值。一家大型超市对客户的购买清单信息进行分析时发现，啤酒和尿布经常同时出现在客户的购买清单上。原来，很多男士在为自己购买啤酒时要为自己的孩子购买尿布，或者为孩子购买尿布的时候会顺便给自己带一些啤酒。而在这家超市的货架上，这两种商品离得很远。因此，这家超市重新分布货架，使得购买一种产品时很容易看到另一种产品，同时提高了啤酒和尿布的销量。

在企业高效地实施客户关系管理的同时，互联网也大大降低了消费者的信息不对称性，帮助消费者在了解大量信息的基础上做出驱动购买行为与非购买行为的各种决策。结果，客户不再被那些不尊重其时间和投资的供应商"锁定"，客户现在控制了一切，客户的需求和行动正深刻地冲击着各个行业。在当今以超强竞争为主导的客户中心时代，客户正变得比以往任何时候都重要，经济权力已经从供应商转移到客户手中，从而对企业管理客户关系的实践提出了更高的要求。

3. 源于客户的利润是其得以确立的根源

以客户为中心，可以为企业带来巨大的现实与潜在利益，如更强的客户忠诚、对市场竞争活动冲击的更大缓冲能力等。实践证明，企业在与客户紧密互动的过程中至少可以获得以下机会：在服务交付中利用客户知识、吸收客户知识、合作开发知识、边做边学及其他动态关系效应。其中，知识开发机会意味着，除了与客户的合作效果以外，与客户的密切互动还会动态影响企业的知识基础。例如，要求苛刻的客户可能促使企业在内部开发知识，以满足这一需求。正如格迪纳（Gardiners）等人所说，"苛刻的客户在鼓励创新中扮演着十分重要而积极的角色"[1]。同时，尽管世界一流企业之间存在着很大差别，不同产业存在着不同的关键成功要素，但如果对哈尼威尔（Honeywell）、通用电气、可口可乐公司等绩优企业进行分析，就不难发现它们成功的路线却是类似的，即向下游扩展，尽可能地靠近客户和有效地管理客户资源。其实，这里的道理很简单，即客户才是利润的真正来源。同时，无数成功企业的实践还表明：连接于成功关系纽带的双向价值流动是成功的关键所在——客户从关系中获取自己期望的价值，而企业则可以把关系转化为以利润形式存在的价值。

此外，根据国外权威机构统计，在使用客户关系管理产品后，企业的收入平均增加12%，客户满意度比以往提高 20%，投资客户关系管理产品的回收期在 10 个月之内[2]。同时，有关研究还表明：只要再多留住 5%的客户，公司的利润就能提高大约 100%；20%的客户往往产生 150%的利润；在获得一个新客户后，需要 3 笔交易才能收回它在这个客户身上的成本；在 5 年之内，大多数企业可能会失去一半的既有客户等。诸如此类的证据和信息，无不从不同角度体现了客户关系管理得以产生并迅速发展的动因。

4. 管理理论重心的转移是其备受关注的催化剂

随着服务营销的日趋成熟，关系营销所带来的潜在利益日益明显，促使越来越多的企业开始重视客户利益，有效实施关系营销和客户关系管理，使营销的重心从"交易导向"向"客户关系导向"转化。相应地，管理的重心也从以产品为中心的交易导向转向以客户为中心的关系导向，企业关注的核心正从价格、产品、促销、渠道等驱动因素，转向"把客户视作战略资产，通过获取、发展、保持有利可图的客户关系来获取利润和实现成长"。

---

① GARDINER P, ROTHWELL R. Tough customers: good designs[J]. Design studies, 1985, 6(1): 7-17.

② 田同生. 中国 CRM 实战[M]. 北京：机械工业出版社，2002.

客户中心型管理，已经形成一场方兴未艾的管理大潮。同样，有关管理理论与管理思潮的发展演进过程表明，理论的重心也发生了根本转移。下面以战略管理领域和市场营销领域为例，加以简单介绍。

1）战略管理领域

在战略管理领域，波特在 20 世纪 80 年代所提出的价值链理论具有举足轻重的地位，并成为后来风行一时的"缩小规模（downsizing）""企业重组（restructuring）"和"业务流程再造（reengineering）"等管理思潮的理论基础之一。价值链理论把企业看作一系列创造价值和支持价值创造的活动的集合，认为企业通过有效管理构成价值链的内部活动可以创造竞争优势。同时，波特发现，无论对于商务机构还是个人客户，都同样存在着价值链，企业的差别优势正是来源于自身价值链如何与客户价值链相连接[①]。按照波特的观点，企业关注的焦点应该从企业内部转向企业外部，其价值链应是包括客户价值链在内的整个价值链系统，而企业应该被视为价值传递的载体。在此基础上，客户价值链成为重要的研究课题，相继出现了从客户价值角度发展价值链的新理论，如"客户活动周期（customer's activity cycle）"[②]、"价值系统（value system）"[③]、"关系管理链（relationship management chain）"[④]、服务差异化（service differentiation）、"价值群（value constellation）"[⑤]、价值网（value net）和服务利润链[⑥]以及客户价值创新理论等，无一不反映了客户中心时代的客观要求。

2）市场营销领域

在市场营销领域，从以零部件的标准化、生产线的采用、科学管理的发展为代表的大规模生产阶段向以营销和市场细分为特征的直接销售、大规模营销阶段的转化，标志着客户地位的初步提升和企业关注客户需求的开始。而近年来目标营销、关系营销、数据库营销、互动营销、客户信息服务、消费者忠诚计划以及客户关系管理等理论的发展，则代表着客户地位的根本改变，反映了企业对目标客户的战略关注。可以说，在企业与客户之间的多层次交换过程中，如产品/服务—货币交换、社会交换和信息交换，关系在复杂市场和成熟市场中扮演着越来越大的角色，直接与企业的收入流密切相关，其重要性远大于市场份额。由于客户获取成本远大于客户挽留成本，较高的退出障碍与重复购买往往能够带来巨大收益，因此关系价值往往远高于交易价值，成为市场竞争优势和杰出绩效的真正驱动因素。营销理论的重心已经从基于精心计划与实施过程、直接管理控制（营销组合）而实现的成功，转向基于关系的营销方法。时至今日，甚至有人开始把企业的真正目的描述为创造和维持彼此的互惠关系，特别是与目标客户的互惠关系。类似地，其他相关理论发展

---

① BUELL V P, HEYEL C. Handbook of modern marketing[M].New York: Buell, McGraw Hill, 1970.

② 范德美. 价值行销时代——知识经济时代获利关键[M]. 齐思贤，译. 台北：时报文化出版公司，2000.

③ JUTTNER U, WEHRLI H P. Relationship marketing from a value system perspective[J]. International journal of service industry management, 1994, 5(5): 54-73.

④ CLARK M, PECK H, PAYNE A, et al. Relationship marketing: towards a new paradigm[M]//PAYNEA. Advances in relationship marketing. London: Kogan Page, 1995: 263-280.

⑤ NORMANN R, RAMIREZ R. From value chain to value constellation[J]. Harvard business review, 1993, 71(4): 65-77.

⑥ HESKETT J L, JONES T O, LOVEMAN G W, et al. Putting the service-profit chain to work[J]. Harvard business review, 1994, 72(2): 164-174.

的前沿动态，也揭示了人们对客户已经和正在给予前所未有的重视。相关研究指出，源于客户关系的利润是任何类型企业的血液，获取新客户、增强现有客户的营利性和延长客户关系已经成为增加利润的三种基本途径，关系营销和客户关系管理浪潮正席卷全球①。

因此，现代管理的重心，无论从理论上还是在实践中，都向客户发生了根本性的转移。正是在上述因素的综合作用下，企业界越来越清楚地认识到更好地理解客户与客户关系在客户中心时代的战略价值，强化客户关系的管理备受青睐，一场强调识别有价值的客户并通过定制化的产品服务来赢得客户忠诚和降低客户服务成本的客户关系管理风潮正方兴未艾。

1.2 客户关系管理的内涵与本质

客户到底如何变化？谁是真正的客户？他们是企业的雇员、合作伙伴，或日常用品及服务的购买者，同时他们也是企业的供应商。其实，他们包含以任何方式与企业发生商务关系的任何人或实体，而且到底什么是客户并没有什么明显的差别，关键在于企业如何对待不同类型的客户和如何管理这种客户关系。

1.2.1 客户关系管理的内涵

在强大的信息技术的支撑和强烈的企业内部需求的驱动下，客户关系管理已经取得了长足的发展，尤其是最近几年中，客户关系管理不仅得到了社会各界的认可，而且已经被很多企业应用到日常的企业管理之中。在摸索中前进的客户关系管理正逐步走向成熟、走向应用。不过，与有关是谁率先提出客户关系管理思想的争论类似，虽然人们像对待其他管理术语一样，试图去解释它、定义它，希望对它有一个基本的概念性的把握。但是，不同的时期、不同的视角对客户关系管理的理解、期望和把握存在着很大的差异性，因此在业界出现了各种各样的关于客户关系管理的定义。而且，目前国内外很多媒体在介绍客户关系管理时，都过多地介绍了其技术特性，使读者产生一种误解，以为可以像财务软件一样购买回来就可以使用，而忽略了客户关系管理的本质实际是一种管理观念、一种管理战略和管理过程，是一种对以客户为导向的系统管理工程。那么到底客户关系管理的内涵是什么呢？为了回答这个问题，让我们先来看看何谓关系。

1. 关系诠释

根据《现代汉语词典》的解释，关系指：①事物之间相互作用、相互影响的状态；②人和人或人和事物之间的某种性质的联系；③关联或牵涉等②。同时，《现代汉语大词典》中对关系也做了类似的界定，并指出"关系网"是由形形色色相互之间提供好处的人或单

---

① GRANT A W H, SCHLESINGER L A. Realize your customers' full profit potential[J]. Long range planning, 1995, 28(6): 125.

② 中国社会科学院语言研究所词典编辑室现代汉语词典[M]. 北京：商务印书馆，1996：462.

位组成的关系网络①。另外，《现代汉英词典》认为关系即相互关系（relation 和 relationship），又指关联、牵涉（concern）②。《朗文当代英文词典》将关系界定为两个人或两群人彼此之间的行为方式和感知状态相互影响、相互作用。由此可见，关系可以发生在人与人之间，也可以发生在人与事物之间，既可以是个体之间的关系，也可以是集体与集体之间或个体与集体之间的关系；关系是双向的行为或感知，具有典型的互动性，而不是单向的；关系既包括行为方面的相互影响与作用，也包括感知或态度方面的相互影响与作用；关系本身蕴含着一定的因果联系和结果……以此类推，客户关系，顾名思义，可能是指客户与企业之间的相互影响与作用或客户与企业之间的某种性质的联系或客户与企业之间的关联。根据美国数据库营销协会（American Database Marketing Association）的定义，客户关系管理就是协助企业与客户建立关系，使得双方都互利的管理模式。遗憾的是，虽然上述有关关系的界定具有很强的确定性，但如前所述，有关客户关系管理的界定尚未形成一个统一的、权威的、达成共识的观点。

2. 客户关系管理的界定与内涵

1982 年，贝利（Berry）率先提出了"关系营销"的概念，正式揭开了理论界研究客户关系问题的序幕③。迄今为止，有关客户关系管理的相关研究可谓数不胜数，但令人遗憾的是，相关研究仍然十分零散，往往倾向于立足于不同背景，从不同视角或不同层面来探讨客户关系管理及其相关问题，在客户关系管理的界定、目标、核心特征、关键构成与影响因素、战略与实现技术等方面得出了相互联系却又存在明显差异的结论。更为甚者，国内外学者竟然对关系营销与客户关系管理的概念都未能达成共识④。

1）客户关系管理的不同界定

最初，贝利把关系营销界定为"培养、维持和强化客户关系"①。斯托巴卡（Storbacka）等人立足于客户关系，认为"关系营销就是通过建立、维持和增强与客户和其他伙伴的关系，利用相互之间的承诺与践诺来获取利润，以满足各方的利益要求⑤；后来，贝利等人通过策略、战略和理念三个层次对关系营销进行了剖析，从而把营销战略的重心从产品和产品生命周期转向客户和客户关系生命周期，并把关系营销描述成"通过满足客户的需要来赢得客户的偏爱和忠诚"⑥；梅林·斯托恩（Merlin Stone）等人于 1996 年开发了由吸引、欢迎、熟悉、账户管理、特别呵护、潜在流失、流失和赢返客户组成的"关系阶段模型"和旨在客户细分的忠诚–价值矩阵（loyal-value matrix），认为价值和忠诚是客户关系管理的

① 《现代汉语大词典》编委会. 现代汉语大词典[M]. 上海：上海辞书出版社，2010.

② 外语教学与研究出版社辞书部. 现代汉英词典[M]. 北京：外语教学与研究出版社，1995：315.

③ BERRY L L. Relationship marketing[M]//BERRY L L, SHOSTACK G L, UPSH G D. Emerging perspectives on service marketing. Chicago: American Marketing Association, 1983: 25-80.

④ 杨永恒，王永贵，钟旭东. 客户关系管理的内涵、驱动因素及成长维度[J]. 南开管理评论，2002，5（2）：48-52.

⑤ STORBACKA K, STEANDVIK T, GRONROOS C. Managing customer relationships for profit: the dynamics of relationship quality[J]. International journal of service industry management, 1994, 5(5): 21-38.

⑥ BERRY L L. Relationship marketing of services—growing interest, emerging perspectives[J]. Journal of the academy of marketing Science, 1995, 23(4): 236-245.

关键所在[①]；鲍尔顿（Bolton）于 1998 年剖析了客户满意与客户关系的互动关系，论证了客户满意程度对客户关系的决定性影响[②]；安德森（Anderson）等人于 1998 年对构建价值模型进行了有益的探讨；罗伯特·邵（Robert Shaw）于 1998 年指出：关系管理是一个互动过程，用于实现企业投入与客户需求满足之间的最佳平衡，从而实现企业利润的最大化，并进而勾勒出投入引发动机、客户行为、形成产出的因果链；派颇斯（Peppers）等人于 1999 年探讨了一对一营销的问题，开发了基于客户识别、细分、互动和定制的关系管理模型。鲍威（Bove）和约翰逊（Johnson）于 2000 年分析了客户与服务员工的互动关系对真正的客户忠诚的影响，揭示出员工在客户关系管理中的战略角色；杜默德（Dumond）于 2000 年探讨了客户价值管理理论模型，派帕德（Peppard）于 2000 年研究了金融服务中的客户关系管理问题，艾伯特（Abbott）等人于 2001 年剖析了数据驱动型客户关系管理战略，本戴普迪（Bendapudi）等人于 2001 年深入剖析了如何避免员工离职对客户关系所产生的消极影响[③]。李盟（Lemon）等人于 2002 年把客户的未来导向（期望的未来购买行为或预期后悔可能性）纳入客户关系管理的框架中来，强调客户对企业的潜在贡献。

格拉哈姆（Graham）于 2001 年把客户关系管理视作企业处理经营业务与客户关系的一种态度、倾向与价值观念[④]。察伯罗（Chablo）则倾向于从系统整合的角度界定客户关系管理，将其视作"把所有与客户接触的领域整合在一起的一套集成方法，并通过人、流程和技术的有效整合来实现"[⑤]。类似地，伊霍夫（Imhoff）等人在 2001 年也基于系统整合角度，但更强调对客户接触的管理，并把客户关系管理界定为"协调公司战略、组织结构、企业文化和客户信息与技术之间的关系的整合方法"[⑥]。帕斯和库雷恩（Pass and Kuijlen）于 2001 年论述了不同类型的客户关系管理，如分析型客户关系管理（A-CRM）、合作型客户关系管理（C-CRM）、电子商务驱动型客户关系管理（E-CRM）和运营型客户关系管理（O-CRM），并力图给出广为接受的、更为综合的客户关系管理定义[⑦]。克里斯托弗（Christopher）等人则强调关系管理实际上是一种跨部门、基于流程的管理，进而提出了囊括内部市场、推荐者市场、影响者市场、员工市场、供应商市场和客户市场的"六市场"模型[⑧]。

SAS 公司是一家著名的统计软件及客户关系管理方案平台提供商，它把客户关系管理

① STONE M, WOODCOCK N, WILSON M. Managing the change from marketing planning to customer relationship management[J]. Long range planning, 1996, 29(5): 675-683.

② BOLTON R N. A dynamic model of the duration of the customer's relationship with a continuous service provider: the role of satisfaction[J]. Marketing science, 1998, 17(1): 45-65.

③ BENDAPUDI N, LEONE R P. How to lose your star performer—without losing your customers too[J]. Harvard Business Review, 2001, 79 (11): 104-112.

④ GRAHAM R P. Customer relationship management: how to turn a good business into a great one[M]. London: Hawksmere, 2001.

⑤ CHABLO E. The importance of marketing data intelligence in delivering successful CRM[M]//SCN Education B V. Customer relationship management. Wiesbaden: Vieweg+Teubner Verlag, 2000.

⑥ IMHOFF C, LOFTIS L, GEIGER J G. Building the customer-centric enterprise: data warehousing techniques for supporting customer relationship management[M]. Hoboken: Wiley, 2001.

⑦ PASS L, KUIJLEN T. Towards a general definition of customer relationship management[J]. Journal of database marketing & customer strategy management, 2001, 9(1): 51-60.

⑧ CHRISTOPHER M, PAYNE A, BALLANTYNE D. Relationship marketing: bringing quality, customer service and marketing together[M]. Oxford : Butterworth-Heinemann, 1991.

界定为一个技术过程，即企业最大限度地掌握与运用客户信息来强化客户忠诚和实现客户挽留的过程。由此不难看出，SAS 公司强调的是客户关系管理的技术方面和客户信息的有效运用。在整个关系管理过程中，企业能够充分运用客户信息并将其转化为客户知识的先进的数据库和决策支持工具，通过对客户知识的有效运用，实现更好地理解和监控客户行为之目的，最终实现客户忠诚度的提升和合理的客户挽留率[①]。类似地，其他客户关系管理厂商也多认为客户关系管理是一种以客户为中心的经营策略，它以信息技术为手段，对相关业务功能进行重新设计，并对相关工作流程进行重组，以达到挽留老客户、吸引新客户、提高客户利润贡献度的目的。同时，几家著名研究或咨询机构也对客户关系管理进行了定义，如 Gartnet Group 认为所谓的客户关系管理就是为企业提供全方位的管理视角，赋予企业更完善的客户交流能力，最大化客户的收益率；Hurwitz Group 指出客户关系管理的焦点是自动化并改善与销售、市场营销、客户服务和支持等领域的客户关系有关的商业流程。客户关系管理既是一套原则制度，也是一套软件和技术；IBM 公司所理解的客户关系管理包括企业识别、挑选、获取、发展和保持客户的整个商业过程，并将客户关系管理分为三类：关系管理、流程管理和接入管理；惠普公司的客户关系管理之道认为，一个企业的客户关系管理流程，应当由四个阶段所组成：信息管理阶段、客户价值衡量阶段、活动管理阶段和实施管理阶段；McKinsey & Company 认为，客户关系管理就通过深入分析客户及其相关资料，为客户提供量身定做的产品与服务，以深耕及拓展客户关系；Authur Andersen 公司指出，客户关系管理是指企业与客户建立一种学习性关系，即获取客户信息与情报，来满足他们的需求；美国赛贝斯公司（Sybase, Inc.）认为，客户关系管理是利用既有的数据仓库，整合所有相关资料，使其容易读取并分析，让组织能够确定衡量现存和潜在客户需求、机会、风险及成本，来最大化企业价值。

在互联网上搜索客户关系管理的定义，也可以发现一些在业界流传的描述。例如，客户关系管理就是为企业提供全方位管理的工具，赋予企业更完善的客户交流能力，是客户收益率最大化的管理工具；客户关系管理是企业用来识别、挑选、获取、发展和保持客户的整个商业过程；客户关系管理就是在正确的时间、使用正确的途径、为正确的客户提供正确的服务；客户关系管理主要聚焦在自动化并改善与销售、营销、服务领域客户关系有关的商业流程；客户关系管理的核心在于它是基于企业范围的业务流程及一系列相关规则，如怎样获取和挽留其服务的客户。客户关系管理是企业利用 IT 技术和互联网技术实现对客户的整合营销，是以客户为核心的企业营销的技术实现和管理实现；客户关系管理是通过选择和管理客户，以实现客户价值不断优化的企业战略。它需要建立以客户为中心的企业文化，必须从企业的战略规划入手，通过信息技术的帮助，实现优化业务流程、提升客户满意度，进而提升企业效益的目标；客户关系管理是企业整合销售、营销、客户服务、线上活动及渠道伙伴的一种系统及策略；客户关系管理包括客户组合管理、价值定位、附加价值角色、报酬与风险分享四大要素；客户关系管理可视为在运用整合性营销与服务策略下，所发展出组织的一致性行动。即企业在结合流程与科技的整合之下，找出客户的真正

---

① 杨永恒，客户关系管理[M]. 大连：东北财经出版社，2002.

需求，同时并要求企业内部在产品与服务上力求改进，以治理和客户满意与客户忠诚度的提升；客户关系管理是一个结合了计算机软硬件，并运用信息技术加以整合营销，企划与客户服务，提升客户"定制"的服务，以提高客户忠诚度及企业营运效益的一连串进程；客户关系管理就是一种聆听客户需求并进而了解客户的一种方式，必须从企业对客户最有价值点开始与客户建立"学习"的关系；客户关系管理是利用软件与相关科技的支持，针对销售、营销、客户服务与支持等范畴，自动化与改善企业流程。同时，客户关系管理的应用软件不仅在于多重企业职能（销售、营销、客户服务与支持）的协调，而且也整合了客户沟通的多重管道——面对面、电话中心、互联网使得组织可以视情况选用不同客户偏好的互动模式；客户关系管理的定义就是其目的：对于具有显著价值的客户策略性地发展及维护互利的长期关系；企业有效利用企业功能支持与资讯化能力，了解客户需求，探寻适合的客户，协助能以最有效的方式购得产品，提供整合性服务，并有效掌握交易信息，以调整营销策略，确保客户满意并开发市场机会，创造更高利润；利用数据库技术，使企业可以收集所有客户相关资料，加以大量转换、加载、分析，并将这些数据加以预测和分析，以作为营销策略制定的参考，使其执行成功的概率提高，而达到提高利润以降低成本的目的的系统；客户关系管理是指透过信息科技，将营销、客户服务等加以整合，提供客户量身定制的服务，并增加客户满意度与忠诚度，以提升客户服务品质，达到增加企业经营效益的目的等。

2）客户关系管理的内涵

客户关系管理首先是一种管理理念，其核心思想是将企业的客户（包括最终客户、分销商和合作伙伴、潜在客户与现实客户）作为企业的战略资源，通过完善的客户服务和深入的客户分析来满足客户的需求，保证实现客户的终身价值。客户关系管理也是一种管理软件和技术，它将最佳的商业实践与大数据、云计算、人工智能等技术结合在一起，为企业的销售、客户服务和决策支持等方面提供自动化的解决方案。

实际上，有关客户关系管理的研究既有一定的共同点又各有侧重。综合目前众多有关客户关系管理的经典文献，大致可将其分成两大阵营。第一阵营是学术界和实业界对有效客户关系管理及其运用的探索，主要包括四种主要流派：①客户关系管理是一种经营观念，是企业处理其经营业务及客户关系的一种态度、倾向和价值观，要求企业全面地认识客户，最大限度发展客户与企业的关系，实现客户价值的最大化[1]；②客户关系管理是一套综合的战略方法，用以有效地使用客户信息，培养与现实的客户和潜在的客户之间的关系，为企业创造大量价值；③客户关系管理是一套基本的商业战略，企业利用完整、稳固的客户关系，而不是某个特定产品或业务单位来传递产品和服务；④客户关系管理是通过一系列过程和系统来支持企业总体战略，以建立与特定客户之间的长期、有利可图的关系，其主要目标是通过更好地理解客户需求和偏好来增大客户价值[2]。第二阵营则是以 SAS、SAP 和

① GRAHAM R P. Customer relationship management: how to turn a good business into a great one[M]. London: Hawksmere, 2001.

② LING R, YEN D C. Customer relationship management: an analysis framework and implementation strategies[J]. Journal of computer information systems, 2001, 41(3): 82-97; STORBACKA K, LEHTINEN J. Customer relationship management: creating competitive advantage through win-win relationship strategies[M]. Singapore: McGraw-Hill Companies, 2001.

IBM 等为代表的客户关系管理方案平台开发商，侧重从技术的角度来定义客户关系管理，认为客户关系管理是一个过程，企业通过这个过程，最大限度地掌握和利用客户信息，以增加客户的忠诚度，实现客户的终身挽留，并通过客户关系管理应用软件的形式加以实现。

基于上述有关客户关系管理的界定与内涵的探讨，结合客户关系管理研究与实践的新特点，我们对客户关系管理的界定如下：客户关系管理是企业的一种经营哲学和总体战略，它采用先进的互联网与通信技术来获取客户数据，运用发达的数据分析工具来分析客户数据，挖掘客户的需求特征、偏好变化趋势和行为模式，积累、运用和共享客户知识，并进而通过有针对性地为不同客户提供具有优异价值的定制化产品或服务来管理处于不同生命周期的客户关系及其组合，通过有效的客户互动来强化客户忠诚并最终实现客户价值最大化和企业价值最大化之间的合理平衡的动态过程。这个定义包括以下几个层面的含义。

（1）客户关系管理不是一种简单的概念或方案，而是企业的一种哲学与战略，贯穿于企业的每个经营环节和经营部门，其目的是以有利可图的方式管理企业现有的客户和潜在的客户。为了使企业围绕客户有效地展开自己的经营活动，客户关系管理涉及战略远景、战略制定与实施以及过程、组织、人员和技术等各方面的变革。

（2）客户关系管理的目的是实现客户价值最大化与企业价值最大化的合理平衡，即客户与企业之间的双赢。无疑，坚持以客户为中心，为客户创造优异价值是任何客户关系管理的基石，这是实现客户挽留和客户获取的关键所在。而另一方面，企业是以盈利为中心的组织，实现利润最大化是企业生存和发展的宗旨。但二者之间不可避免地会存在一定的"冲突"：不惜代价地为客户创造价值，势必增加企业的成本和损害企业的盈利能力，势必无法保证企业长期持续地为客户创造最优异的客户价值的能力。不过，二者之间又存在一定的统一关系。为客户创造的价值越优异，越有可能提高客户的满意度和忠诚度，越有可能实现客户挽留与客户获取的目的，从而有利于实现企业价值的最大化。

（3）对客户互动的有效管理是切实保证客户关系管理的有效性的关键所在。无论是创造优异的客户价值，还是实现企业价值的最大化，一个至关重要的前提就是企业必须有效地管理与客户接触的每个界面，在与客户的互动中实现全情景价值的最优化，创造一种完美的客户体验和最大限度地捕捉有关客户的任何信息，既包括有关客户需求与偏好及其变动的信息，也包括客户特征及其建议的信息。

（4）以互联网、大数据和人工智能等为代表的信息技术是客户关系管理的技术支撑。无论是要创造最优异的客户价值和实现有效的客户互动，还是要制定和实施切实可行的客户关系管理战略及其相关措施，都需要强大的信息技术的支持，以便企业能够以整合的方式收集、分析、运用、共享和更新有关客户的任何信息，最大限度地产生、运用和共享客户知识。同时，这些信息技术也是进行客户细分的重要工具。

（5）在不同客户表现差异性的偏好与需求的同时，他们也往往具有不同的价值，企业必须把主要精力集中在最有价值的客户身上。一般而言，那些低价值的客户在数量上往往占有绝大部分比重，但对企业的贡献可能却很小。客户关系管理并不是主张放弃那些低价值的客户，而是主张在客户细分和深入剖析的基础上加以区别对待。不过，这里需要特别强调的是，这里所说的价值，虽然都是指相对于企业而言客户所具有的价值，但人们需要从多个层面来理解其内涵，其中，既包括潜在客户价值，也包括现实的客户价值；既包括客户的经济货币价值，也包括客户的非货币性的社会价值。

实际上，虽然客户关系管理是最近几年才提出的，但它并不是什么新概念，在这个词出现之前，基本的营销理论已经发展得非常成熟，营销管理的基本思想已经定型。在引入客户关系管理之后，客户关系管理中的营销管理思想与传统营销思想是保持一致的，只不过相应的营销方法可能发生了一定的变化。它是信息技术与传统的营销、销售、质量管理、知识管理和服务管理整合的产物，是营销理论的进一步拓展和升华。不过，正如上面的界定所描述的，客户关系管理已经超越了营销管理的狭隘范畴，而是企业的一种经营哲学和总体战略，是多个学科交叉发展的产物。

1.2.2　客户关系管理的本质

从以上分析不难看出，以客户为中心、为客户创造价值是任何客户关系管理战略的理论基石，企业必须突破局限于营销部门和客户服务部门的传统模式，实施跨部门的、贯穿于整个组织的客户关系管理战略，把客户中心型战略与强化客户忠诚和增加利润的流程整合在一起。就客户关系管理的本质而言，主要表现在以下几个方面。

1. 客户关系管理的终极目标是客户资源价值的最大化

企业发展需要对自己的资源进行有效的组织与配置。随着人类社会的发展，企业资源的内涵也在不断扩展，从早期的土地、设备、厂房、原材料、资金等有形资产，扩展到现在的品牌、商标、专利、知识产权、商誉、信息和独特能力等无形资产。在当今的后工业经济时代——"信息时代"，信息经过加工处理后所产生的知识，成为企业发展的战略资源。在人类社会从"产品"导向时代转变为"客户"导向时代的今天，客户的选择决定着企业的命运。相应地，客户与客户关系以及相关的客户知识和客户相关能力，成为当今企业最重要的战略资源之一。例如，在很多行业中，癌症的客户档案和数据库就是企业颇具价值的资产。

企业实施客户关系管理，就是要对企业与客户发生的各种关系进行全面管理，以实现客户资源价值的最大化。企业与客户之间的关系，不仅包括单纯的销售过程所发生的业务关系，如签订合同、处理订单、发货、收款等，而且包括：在企业营销及售后服务过程中发生的各种关系、企业服务人员对客户提供报道活动、各种服务活动、服务内容、服务效果的记录等；在企业市场调查活动和市场推广过程中与潜在客户发生的关系；在目标客户接触过程中企业与客户接触全过程所发生的多对多的关系。对企业与客户之间可能发生的各种关系进行全面管理，将会显著提升企业的营销能力和关系管理能力、降低营销成本、控制营销过程中可能导致客户抱怨的各种行为，促进目标营销、交叉营销和追加营销策略的有效实施，提升客户忠诚和客户的终身价值，提高客户挽留率和客户的利润贡献率，实现客户资源价值的最大化。

2. 客户关系管理在本质上是企业与客户的一种竞合型博弈

客户关系管理在本质上是企业与客户的一种竞合型博弈。一方面，社会的发展离不开企业的发展，而企业要稳步发展，必须得不断注入用于扩大再生产的资金，而想获得扩大再生产的资金，企业就必须盈利。因此，企业便会想方设法地获取更多的利润。为此，首先需要创造和交付让客户满意的产品或服务。另一方面，为了在剧烈变化的环境中获得利润，企业必须寻求一种新的平衡点——投入与收益的平衡点；而客户为实现高层次需求，也必须寻找一种新的平衡——需求满足与支出的平衡点。同时，还存在着一种全局平衡，即在信息完全与信息不完全的条件下，企业与客户之间的需求平衡。在这种既竞争又合作的大背景下，企业与客户之间实质上是一种竞合型博弈。客户关系管理的管理理念也指出：客户与企业之间不再是供需矛盾的对立关系，而是一种竞争条件下的合作型博弈，是一种持续型的学习关系。它把"双赢"作为关系存在和发展的基础，供方提供优良的服务、优质的产品，需方回报以合适的价格，供需双方是长期稳定互惠互利的关系。

3. 客户关系管理以企业与客户的双向资源投入与管理为特征

客户关系管理以企业与客户的双向资源投入与管理为特征，是旨在影响和塑造客户投资于企业中的资源类型与数量的一种努力[1]，从而通过提供满意的客户资源回报来成功地影响客户投资于企业的资源组合——经济投资与社会投资（如声誉资源和友谊、忠诚与信任等社会资源）的组合。在进行了科学的客户定位与细分之后，企业需要针对不同客户群体，实施相应的客户资源管理策略，以便努力推动和优化客户对企业的资源投入和保证企业面向客户投入相应的资源。借鉴道池（Dorsch）等人对客户权益所做的界定[2]，客户权益是客户投资于企业中的所有资源的价值（企业的所有客户的折现终身价值的总和），具体包括有形资源和无形资源两种。一方面，企业管理者可以强调经济资源的交换，并利用企业的资产负债表确定有关经济交易的记录；另一方面，管理者需要对资产负债表上无法明显体现的客户投资——客户对企业所进行的无形投资（非经济投资）给予特别的关注。这些未被明显记录的无形资源（如企业与客户的社会联系）往往比企业的有形资产更具有价值。不过，也并非所有交易都代表着客户对企业的资源投资。例如，一笔以现金结算的销售交易就不是"客户的投资"。而且，每笔客户资源投入在企业中也不可能处于同等重要的地位，当企业不能为客户的资源投入提供理想的收益时，客户很可能会把投入该企业中的资源"抽离"出来，并投入其他企业，从而发生客户转移。例如，对某企业不满意的客户，在未来存在同类需求并从事购买活动时，很可能完全忽视该企业的存在。同时，创造和影响客户的资源投入，要求管理者必须通过配置或重新配置企业的相关资源，为现有客户和潜在客户对企业的经济与社会投资创造条件，并持续地提供强有力的投资动因。为此，企业可以作出提供经济与社会"红利"的承诺，并努力履行诺言。但是就其实质而言，为了刺激客户投入，企业必须同时对客户进行投资。

因此，客户关系管理的一项关键任务就是明确客户投入企业中的资源类型及其希望从企业那里得到的资源回报类型。根据斯托巴卡等人的研究成果，客户和企业之间进行着三

① DORSCH M J, CARLSON L. A transaction approach to understanding and managing customer equity[J]. Journal of business research, 1996, 35(3): 253-264.

② DORSCH M J, CARLSON L, RAYMOND M A, et al. Customer equity management and strategic choices for sales managers[J]. Journal of personal selling & sales management, 2001, 21(2): 157-166; ZEITHAML V A, LEMON K N, RUST R T. Driving customer equity: how customer lifetime value is reshaping corporate strategy[M]. New York: The Free Press, Simon and Schuster, 2001; BLATTBERG R C, DEIGHTON J. Manage marketing by the customer equity test[J]. Harvard business review, 1996, 74(4): 136-144.

个层次的资源交换，分别是情感层面、知识层面和行为层面[①]，而且这三个层面的资源交换还存在密切的联系并相互影响。例如，在一定程度上，知识决定了行为。客户采取的任何行动，大都是在对自己所掌握的信息进行分析的基础上进行。一般而言，企业所提供的产品或服务越复杂，客户决策所需要的信息也就越多。类似地，在某种程度上，情感决定着知识的运用和具体行为。一方面，情感因素决定了人们对不同知识的重视程度；另一方面，情感因素也决定了人们的行为。相应地，人们的行为又有助于知识的积累和情感的形成。因此，仅仅依靠知识的增加，未必能够给客户或企业带来利益，要想从中受益，还需要情感因素和行为要素。实际上，如果从客户的角度看，客户行动/资源投入可以包括购买行为、口碑沟通、产品与服务咨询、提高购买量与频度、交叉购买与追加购买等；从企业的角度看，企业的资源投入/行动可以包括定价、促销决策、实施忠诚项目、改进质量和交付优异客户价值等，从而对客户的资源投入产生影响。也就是说，通过有效的管理客户关系，企业可以成功地影响客户投资于企业的资源组合，从而激发出彼此双方营造一种"双赢"局面而持续投资的欲望，企业与客户之间的相互资源投入组合及其匹配关系如图 1-2 所示。

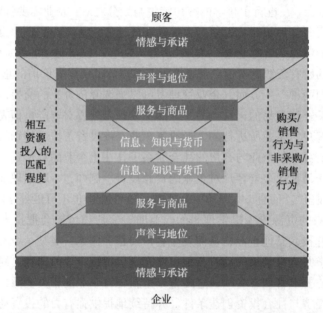

图 1-2　企业与客户之间的相互资源投入组合及其匹配关系

资料来源：王永贵. 客户关系管理：精要版[M]. 北京：高等教育出版社，2018.

1.2.3　客户关系管理的分类

最初，人们倾向于把所有的客户关系管理都称为运营型客户关系管理。随着客户关系管理厂商的日益增多，而且产品的功能有所侧重，美国一家著名的信息技术分析公司 Meta

---

① STORBACKA K, LEHTINEN J. Customer relationship management: creating competitive advantage through win-win relationship strategies[M]. Singapore: McGraw-Hill Companies, 2001.

Group 和帕斯（Pass）等人[①]把客户关系管理分成运营型客户关系管理、合作型客户关系管理和分析型客户关系管理三种。

1. 运营型客户关系管理

运营型客户关系管理也称作"前台"客户关系管理，如营销自动化、销售自动化和客户服务管理等与客户直接发生接触的部分，目的是确保企业能够与客户进行沟通交流，通过各种客户交互渠道收集到所需的客户信息，以便建立起客户档案并将其存储在中央客户数据库中。各种技术的发展与成熟为企业提供了通过不同渠道与客户交货的能力。互联网、智能移动设备的普及，从根本上改变了企业与客户的互动渠道和互动方式。运营型客户关系管理对销售、营销和客户服务三个部分业务流程和管理进行信息化改造，注重客户连接点（销售、市场、客户服务方面）的业务流程自动化，其作用在于跟踪、分析和驱动市场导向，提高日常的前台运作的效率和准确性，主要是销售自动化（sales automation，SA）、营销自动化（marketing automation，MA）和客户服务的自动化（customer service & support，CS&S）。这种客户关系管理主要面向与客户接触的业务或营销人员、存在着与其他系统部分数据进行整合的需求、客户数据中包括未曾交易的潜在客户、注重目标客户细分与潜在商机的追踪管理、所提供的数据比较能够支持分析型客户关系管理需求、历史互动数据的再使用（reused）、达成一对一的营销模式和比较适用于产品销售与业务管理的企业等。它适合于客户关系管理建设的中期，常常用作部门整合的工具。

2. 合作型客户关系管理

合作型客户关系管理又称作协作型客户关系管理，旨在实现客户沟通所需手段（包括电话、传真、网络、电子邮件等）与客户互动渠道（例如，对于银行而言，有营业网点、网上银行、银行客户服务中心等）的集成和自动化，强调客户、员工、商业伙伴之间的协作，主要有业务信息系统（operational information system，OIS）、联络中心管理（contact center，CC）和 Web 集成管理（Web integration management，WIM）。通过协作界面的使用，客户、员工、商业伙伴实时交流，都能得到完整、准确、可靠而统一的信息。例如，客户在浏览网页和进行资助服务时，可以单击"帮助"进入在线服务功能，这样就可以与企业服务人员进行诸如网上交谈和 IP 电话等实时互动。这种客户关系管理主要针对第一线的服务人员、需要结合前端的话务系统（如交换机）、提供自动转接与分配工作机制以及整合语音互动服务、实时提供客户的基本数据、定时提供处理成本与效率的相关数据（如报表）、实时处理客户的疑问或问题、客户资料多为公司现有客户和比较适用于服务企业等。它适用于客户关系管理建设的中后期，常常用作信息交互的工具。

3. 分析型客户关系管理

分析型客户关系管理是对上面两部分的应用所产生的信息进行加工处理和分析（商务管理数据分析和特殊客户的数据分析），产生相应报告和客户智能，为客户提供个性化服务，

① PASS L, KUIJLEN T. Towards a general definition of customer relationship management[J]. Journal of database marketing & customer strategy management, 2001, 9(1): 51-60.

为企业的战略、战术决策提供支持，包括数据仓库（data base/warehouse，DB）和知识仓库（knowledge base，KB）建设及依托管理信息系统的商业决策分析智能。企业通过把收集到的客户数据进行科学的分析预测，把数据转为信息，把信息化为客户知识，然后将客户知识应用到相应的目标营销、"一对一"营销和追加销售等管理活动中去。因此，分析型客户关系管理具有非常重要的角色，是企业成套客户关系管理发挥功效的前提，适合于客户关系管理的建设初期，常常用作现有应用系统和数据集的整合、多维数据分析、预测和优化。

综合而言，其主要功能包括现有应用系统的整合、存放在不同数据库中的相互关联的原始数据的整合、关联性查询、客户价值评估和客户细分、利用分析数据和商业智能方法验证行业经验、分析和考察客户的消费行为和数据挖掘、建立数据模型和预测市场活动效果、调整重要参数和估计对收益和利润的影响、知识发现与知识库、产品定位和市场决策、数据模型的优化和确定营销策略等。这种客户关系管理主要针对企业高层主管或市场营销分析人员、常常与数据仓库的作业平台结合使用、需要产业相关的经验累积来辅助、提供对企业经营方向具有参考价值的分析数据、注重前端客户资料的收集与正确性、注重历史资料的挽留与涵盖广度并与 OLAP 数据结合起来提供 DSS 或 EIS 的前端支持等。

除上述以外，客户关系管理的分类还有许多其他不同方法，如客户关系管理还包括在线客户关系管理（E-CRM），指基于互联网平台和电子商务战略下的客户关系管理系统；知识型客户关系管理（KCRM），指应用于电子商务关系管理的知识管理原则，它是知识管理、合作关系管理和电子商务。另外，还有人提出了客户智能系统（intelligent-CRM，I-CRM）的概念。同时，必须指出的是，按照其应用环境，可以粗略地把客户关系管理分为消费市场客户关系管理（B-TO-C CRM）和产业市场客户关系管理（B-TO-B CRM）。其中，产业市场客户关系管理不应该只经营与企业客户采购部门的关系，更应该深入部门和员工，经营与内部使用者之间的关系。只有这样，才能有效掌握客户采购时可能出现的变量。由于在产业市场客户关系管理环境下，企业的往来对象通常只有少数几家，每次交易的金额较高，且所销售的产品的复杂性也比较高。诸如此类的交易形态的差异、产品差异、买方差异与卖方特征（表 1-4），使得产业市场客户关系管理无法适用消费市场客户关系管理企业可以运用的客户行为统计分析。

表 1-4 消费市场环境与产业市场环境的关键特征比较表

市场中的关键特征	消费市场	产业市场
买方特征		
买方居住分散度	高	低
买方知识水平	低	高
买方忠诚度	低	高
买方购买参与度	低	高
买方购买动因与技巧	感性/自我满足	理性/专业
买方购买量	小	大
购买中心复杂程度	低	高
购买中心规模	个人	组织/集团

市场中的关键特征	消费市场	产业市场
市场结构	大量消费者 采购者与消费者是同一个人或比较密切，常常具有血缘或友谊关系	较少的关系——最终用户需求高度集中 不同角色的人出于不同原因进行采购
卖方特征		
关键客户管理	相对不太重要	很重要
卖方市场人员基数	大	小
卖方知识水平	低	高
产品与服务特征		
产品种类	标准	个性化
购买流程	简单	复杂/竞标
购买风险度	低	高
服务要求	低	高
系统销售	偶尔	经常
技术复杂度	简单	复杂
决策标准	主要是情感型的	主要是理性的、经济的
交易特征		
平均销售量	小	大
买方对卖方的依存度	低	各异
买方权利	低	高
买方购买量与卖方销售量比	小	各异
买方/卖方交易	交易型	关系型
买卖双方互惠度	低	高
买方转换卖方难易度	容易	比较难
契约协定水平	低	高
异质投资	低、策略性	高、战略性
讨价还价水平	低	高
买卖关系控制	卖方	各异
购买频率	高	低
卖方对买方的依赖度	低	各异

1.2.4　客户关系管理的理念、系统（软件）与实施

　　无论是经营什么业务的企业，大都已经意识到客户和客户关系管理的重要性。据统计，目前在中国从事 CRM 软件开发、销售、咨询实施的国内外公司至少有 50 家，许多专家、媒体和研究机构也从不同角度仁者见仁、智者见智。但无论对于企业，还是 CRM 软件厂商、咨询公司和企业，理念、软件与实施都是客户关系管理的三个关键要素，是成功的客户关系管理所不可或缺的，但它们彼此之间又不可以等同，共同构成了客户关系管理三角（三角形最稳固）的三条边，如图 1-3 所示。

图 1-3　客户关系管理三角

1. 客户关系管理理念

客户关系管理理念源自传统营销学、关系营销学、数据库营销和其他管理学理论，其核心思想是为提供产品或服务的企业发现、留住并提升客户价值，进而提高企业的盈利能力（包括经济效益和社会效益）并加强竞争优势。因此，对于客户关系理念的理解，是企业能够建立"以客户为核心、以市场为导向"的经营管理模式的基础，企业必须据此确定广为接受和认可的客户关系管理远景和明确客户关系管理的理论基础与战略目标。当然，任何组织都存在一定的惯性，需要逐步调整和一定的适应期，且并非每个企业都能顺利过关，要充分考虑到各利益相关者的利益及其要求。对于客户关系管理的万能论或无用论，都是不可取的，应该考虑到企业所面对的市场主体及发展阶段，在适合的时间、适合的地点以适合的手段引入客户关系管理理念。

2. 客户关系管理实施

客户关系管理实施是结合软件与企业状况，在调研分析的基础上形成的解决方案，实施之初就要确定实施的目标与范围，确保在有限的资源与时间内完成项目、规避风险或将风险降到最低点。实施的目标不是越高越好，实施的范围也不是越大越好。客户关系管理的实施是一个艰苦而渐近的过程，立竿见影、拔苗助长和一蹴而就的做法都是危险和错误的。不过，为了确保成功，企业必须形成明确的客户关系战略、实施业务流程重组并设定分阶段的目标，在理念和软件的支持下分步加以实施。信心建立、经验增加、工作扎实，是实施成功的必备要素。目前，许多厂商缺乏客户关系管理的实施能力，且不重视这一能力。不少企业在购买客户关系管理软件前期，作出了谨慎的选择，开展了激烈的竞标，但在购买之后却没有认真实施或是认为没有必要花费人力和物力加以实施，使得客户关系管理软件没有经过多长时间就束之高阁。因此，准备引入客户关系管理系统的企业不但要评价其软件本身，也要从实施能力的角度进行考虑，在软件与实施两方面具有优势的厂商才是企业的首选。

3. 客户关系管理软件

目前市场上有各种类型的客户关系管理软件，如运营型、合作型和分析型，或是针对某个行业的专版，甚至是定制开发。但企业购买或使用客户关系管理软件，并不等于经营管理模式已经以客户为核心。客户关系管理软件从销售自动化诞生时起到现在，功能越来越多，企业前端管理是其重点，但越来越多地融入知识管理、商业智能和电子商务等理念与技术，外延与分支也不断扩大。需要强调指出的是，客户关系管理软件并不等于客户关系管理理念，它是先进理念的反映与体现，但客户关系管理理念要比客户关系管理应用系统广得多；客户关系管理软件吸纳了当今先进的软件开发技术、企业经营管理模式、营销理论与技巧，是一个纯技术概念——利用最新的信息技术，针对"销售、服务、营销、客户交互、客户分析"等业务领域而设计的各种软件功能模块组合，是把客户关系管理理念具体加以贯彻并实现其目标有效的有形工具与平台，包括互联网和电子商务、多媒体技术、呼叫中心、大数据、云计算和人工智能等。比较而言，完整的客户关系管理至少包括两个层面的含义：一层含义就是我们上面所说的客户关系管理软件或计算机应用系统；更重要的另一层含义是客户关系管理的管理层面，指与营销、销售和服务领域有关的"以客户为中心"的理念和为实施客户关系管理而建立的客户中心型业务流程。同时，客户关系管理软件不是一种交付即用的工具，往往需要根据企业的具体情况加以实施。

1.3 客户关系管理的相关概念辨析

为了准确地把握客户关系管理的概念及其内涵，下面就对客户关系管理与伙伴关系管理、业务流程再造和企业资源计划等相关概念的异同进行比较分析，以便突出客户关系管理在现代企业管理中的定位。

1.3.1 伙伴关系管理与客户关系管理

伙伴关系管理（parterner relationship management，PRM）与客户关系管理一方面在功能上存在许多相同的地方，如客户和分销商管理及其相关信息、联系人信息、销售机会管理（新的合作伙伴和新客户）和活动管理等。另一方面，在面对合作伙伴和最终客户时，企业所需要的管理功能不尽相同。在非伙伴关系管理系统中，没有招募合作伙伴和激励基金管理的功能。伙伴关系管理所特有的管理功能有合作伙伴活动管理、合作伙伴能进入伙伴关系管理系统（联合的营销、销售、物流和服务提供）、合作伙伴资格的跟踪和合作伙伴额度的跟踪等。在传统的销售自动化系统中，供应商不提供对合作伙伴进行管理的功能。现在，有些客户关系管理软件供应商已经开始提供新的伙伴关系管理模块，成为与传统的销售自动化和客户关系管理产品不同的解决方案。当然，对不同的企业来说，伙伴关系管理软件应用的深度和广度都会有所差异。如果企业强迫合作伙伴使用伙伴关系管理软件，可能会给它们带来额外的工作量，合作伙伴可能会提供竞争性的产品，或者倾向于销售竞争对手的产品。

1.3.2 业务流程再造与客户关系管理

业务流程再造的着眼点是流程，由一系列任务或功能组成，关注的是企业的业务和支持这些业务的流程，其作用在于帮助企业识别那些可以改善客户活动的关键业务领域，并对流程进行改造，从而为客户创造价值。作为一项技术，它能帮助企业更好地理解客户及其偏好，并跟踪每一个客户活动，有利于企业向客户提供定制化的个性化服务。比较而言，客户关系管理的首要关注点是客户，其次是成本和流程。同时，二者之间又具有一定的联系，彼此之间相互影响和相互制约。一方面，如果仅关注业务，可能会因为对前台的客户期望关注不够而使竞争力下降；如果仅关注客户，可能会产生后台运作效率低和后台过于臃肿等问题。另一方面，在进行业务流程再造时，企业可以利用客户关系管理系统来简化流程，涉及的流程要考虑到软件系统实现的可能性；在客户关系管理系统的实施过程中，往往需要大量的客户化工作，企业可以通过业务流程再造对原有的营销体系进行重新设计，对原有部门、分公司、办事处岗位和职能重新定位，理顺企业的管理方法、业务流程、岗位设置和管理制度等。实际上，客户关系管理的应用能否取得成效，在很大程度上取决于业务流程再造阶段或与之类似的工作阶段。对于运用客户关系管理的企业或提供相关方面的咨询服务机构来说，业务流程再造方面的经验将给业务流程再造与客户关系管理的结合带来很多帮助。此外，在业务流程再造和客户关系管理这两个领域中，信息技术都扮演着重要的角色。

1.3.3　企业资源计划和客户关系管理

大多数企业资源计划软件都是在 20 世纪 80 年代晚期作为大型机系统开发出来的，仅适合于 90 年代中期的客户端/服务器模式，因而其架构难以满足当前线上系统操作的要求。相应地，不少传统的企业资源计划厂商已经在改善这种情况，使企业资源计划更类似于传统的后台处理系统（如订单管理和财务系统）。通过企业资源计划建设和管理改造，很多企业实现了制造、库存、财务、销售、采购等环节的流程优化和自动化，而与客户有关的管理活动却是企业资源计划所涉及但功力薄弱的地方，如销售队伍、销售机会的管理、市场活动的组织和评价以及客户服务请求的处理等。但在当今的竞争中，随着客户的重要性日益凸显，企业越来越有必要对面向客户的各项信息和活动进行集成，组建以客户为中心的企业，实现对客户活动的全面管理。同时，日趋复杂多变的不可预测环境，也对企业资源计划的思路提出了挑战。因此，企业资源计划的出路在于充分地利用人性化的新技术，突破对企业内部的管理，致力于提高企业从合作伙伴和客户进行联合与协作的能力。换句话说，企业资源计划软件同客户关系管理软件之间存在着相互影响和相互渗透的关系，图 1-4 列示了企业资源计划与客户关系管理之间的关系。

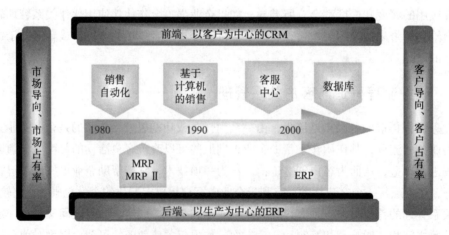

图 1-4　企业资源计划与客户关系管理之间的关系

资料来源：王永贵. 客户关系管理[M]. 北京：清华大学出版社、北京交通大学出版社，2007.

比较而言，企业资源计划理念建立在满足企业的内部客户上，对最终的产品交付和外部的客户满意度有重要影响，旨在实现采购、生产、库存、质量、分销、财务的信息化。其主要管理理念是提高内部资源的计划和控制能力，目标是通过提高内部运转效率，提升产品质量和服务质量，在满足客户需求的同时实现成本最小化。而客户关系管理作为一个前台系统，包含市场、销售和服务三大领域，以客户关系的建立、发展和维护为目的，与企业资源计划这个后台系统各有分工、互为补充。客户关系管理要真正满足企业内、外两种客户的要求，着眼点是完成对用户的承诺，强调的是产品或服务的交付时间、速度、方式以及交付产品或服务的质量和功能。从商务解决方案设计者的观点来看，理想的客户关系管理需要企业资源计划的功能。企业资源计划负责协调企业内部资源的使用，销售订单产生后，需要后台制订原料采购计划、生产加工计划等，如果没有企业资源计划系统，不仅销售订单的处理速度下降、待处理的工作量大大增加、工作质量降低，而且有可能影响企业对客户需求的满足程度。例如，在客户已经很了解产品配置并期望在网上下订单时，他可能希望能够看到期望的产品配置、物流情况和价格信息，而只有有了支撑网上销售的企业资源计划系统，这种期望才能实现。另外，由于客户关系管理原理适合于所有实体（如供应商、渠道合作伙伴、投资者、员工等）的关系，某种角度上说，他们都是企业的客户：向供应商提供了市场，向投资者提供了赚钱的投资机会，向员工提供工作职业生涯和工作环境，这就为客户关系管理与企业资源计划的结合与匹配奠定了基础。在实践中，如果能把客户关系管理与企业资源计划集成起来，将使二者变得更加强大，二者的集成将覆盖前后台的所有功能，更好地实现。

1.3.4　电子商务与客户关系管理

总起来说，电子商务（electronic business，EB）与客户关系管理的关系在于：电子商务是充分利用信息技术（特别是互联网）来提高企业所有业务运作和管理活动的效率与效益，以商品交换为中心，侧重于方便快捷的交换方式的商务活动；而客户关系管理则专注于同客户密切相关的业务领域，主要是客户中心、服务自动化、销售自动化、市场自动化、企业网站等，通过在这些领域内提高内部运作效率和方便客户来增强企业竞争力。作为软件来讲，为使更多的企业购买自己的产品和服务，企业应该高度重视企业网站（狭义的电子商务）这个工具。也就是说，应该具有网上商店、网上服务、网上营销和网上支付等方面的功能。如果客户关系管理没有最大限度地利用互联网这个有力的工具与客户进行交流和建立关系，应用客户关系管理的效果就会大打折扣。实际上，许多产业的生产和服务的方式正经历着从"大规模生产"到"大规模定制"的转变。也就是说，这些业务流程的每个环节都要设身处地地为客户着想。为此，企业范围的电子商务建设不可缺少。其中，企业范围的电子商务平台是跨越企业的产品线、业务块（如生产、销售和服务）、管理层次（总部和各分支机构，业务运作和商业智能）和各种媒介（如内部网、互联网、电话、传真、电子邮件和直接接触）的立体化管理系统，是企业的数字神经系统。从这个意义上讲，客户关系管理是电子商务平台的重要组成部分；同时，客户关系管理需要电子商务平台获取客户数据，为企业生产与销售提供决策支持。

1.3.5　商业智能与客户关系管理

商业智能（business intelligence，BI）是一种帮助企业更好地利用数据提高决策质量的技术，也是一个将分散的数据转换为支持企业行动的分析过程。商业智能关注的是从各种渠道（软件、系统和人等）发掘可执行的战略信息，目标是支持企业决策，包含提供数据、分析数据、准备和评估结果等功能，应用于财务管理、供应链管理、绩效管理和客户关系管理等行为之中。客户关系管理把客户和合作伙伴的接触点及其互动过程作为竞争优势的源泉之一，保证与目标对象的每次活动都能最大限度地增加价值。比较而言，商业智能是为产生可执行的信息而管理数据，客户关系管理是靠创造支持决策的实时数据来改善客户互动。同时，商业智能允许根据需要进行数据汇总和集成，对数据进行各种方式的分析；客户关系管理允许在各个领域捕捉详细信息。这样，通过客户关系管理捕捉数据，通过商业智能分析数据，它们具有强烈的互补关系[①]。

实际上，许多企业对于客户关系管理的内涵和外延都没有达成共识，在很多时候所看到的仅仅是客户关系管理这幅美丽图画的一部分，当真正展开客户关系管理应用时，却只能头痛医头、脚痛医脚。因此，有必要把客户关系管理放在企业信息化和管理改造的整体框架中进行分析、调研、论证和实施，而不是就客户关系管理而论客户关系管理，从而对深入了解客户关系管理的外延提出了要求。目前，越来越多的企业开始认识到了这一点。

1.4　客户关系管理实践误区

尽管有关客户关系管理的研究与实践已经取得了突飞猛进的发展，但也存在着许多不足和问题，并把不少企业导入客户关系管理误区或陷阱。例如，近年来，不少企业在客户关系方面做了很大努力，但却由于难以对客户期望作出有效反应，无法有效地在企业的目标与资源分配和客户的目标与资源投入之间求得合理平衡，客户满意度在不断下降。

1.4.1　对客户关系管理的狭隘理解与片面认识

由于客户关系管理可以从不同的角度来定义，有些厂商过度强调其分析特性，认为"客户关系管理要花上半年时间来分析企业资料模型，再花下半年来构建数据库，当这些资料完整后就一劳永逸、天下太平了"，好像客户关系管理就是一个庞大的数据库。也有另外一些人从流程自动化的角度来看，认为客户关系管理就是"营销、销售和服务"的自动化，好像只要把销售自动化弄好，让业务员把每次拜访记录下来，就是客户关系管理了。更有些电话交换机厂商，强调服务中心的功效，认为只要用 CTI（电脑电话整合）技术建成呼叫中心或客服中心，就是客户关系管理。其实，这些观点都只看到了客户关系管理的一部分，顾名思义，客户关系管理包括客户、关系和管理，而不仅仅是数据库、软件、客户服务或销售。可以说，狭隘地理解客户关系管理，仅仅将其看作一种管理软件或硬件，是许

---

① ZABY C, WILDE K D. Intelligent business processes in CRM[J]. Business & information systems engineering, 2018, 60(4): 289-304.

多客户关系管理实践遭受挫折的罪魁祸首。事实上，客户关系管理更主要的是一种新的营销理念、新的企业文化、新的管理范式和与此相适应的新的管理流程，而客户关系管理软件只是实施这种新的管理范式和流程的一种技术手段。因此，企业在实施客户关系管理的过程中，应该首先把客户关系管理看作一种经营理念，第一步，制定好客户关系管理远景与战略；第二步，通过对员工的培训和对业务流程的再造等途径实施上述战略，然后在此基础上实施客户关系管理技术和软件系统，从而妥善处理好人、流程和技术三者之间的关系。

1.4.2　缺乏明确的客户关系管理远景与战略

目前，大多数客户关系管理项目的失败并不是因为技术问题，更多的情况是由于与企业的目标不一致或根本就没有明确的目标与战略。和大多数新技术一样，客户关系管理也因天花乱坠的宣传而被蒙上一层面纱。在供应商的大肆宣传和企业不切实际的期望下，许多企业在没有形成清晰的客户战略之前，就已经开始实施客户关系管理，不是由厂商根据客户所描述的需求来度身定做，而是购买了太多的功能，但这些功能却根本不适合具体的客户管理需求。同时，有些企业已经制定了客户战略，却太宽泛，没有形成明确的客户关系管理远景和目标。如果要求客户关系管理系统完成太多的任务，满足各种不同的需求，这一项目的失败也就不足为奇了。也有的企业虽然确定了高度具体的目标，但却脱离了企业的全局战略，为其后来的失败埋下隐患。实际上，客户关系管理工具可用作多种目的，企业应该先确定自己的目标，而不能不分青红皂白就开始购买和实施客户关系管理。例如，企业的目标是希望降低处理客户查询的费用，还是希望获得新的客户？是希望将精力集中在挽留重要客户上，还是想销售具有更高价值的产品？是希望最大化客户的当前价值，还是实现客户终身价值的最大化？是希望实现货币价值的最大化吗？如果没有回答这些问题，企业往往只能是选择错误的客户关系管理工具。例如，目前在多数客户管理的研究与实践中，过多地强调了客户的货币价值（share of wallet），忽略在客户在情感（share of emotion）、思想（share of mind）和能力等方面的价值（如产品与过程的创新开发效果和预测市场发展趋势的侦察员效果等），也忽视了客户的推荐价值（reference value）。换句话说，在考虑客户对企业的所有资源投入中，过分关注货币性投入，而忽视了客户在情感、时间和精力等方面的无形资源投入，而后者往往是导致客户最后作出购买决策和诱发购买行为的最关键因素，是在互动接触中产生高度信任和真正客户忠诚的基础。

1.4.3　缺乏必要的准备和支持

即使制定了合理客户关系战略，如果不对企业进行调整以服务于该战略，那么客户关系管理项目仍然会以失败而告终。在实施客户关系管理之前，企业必须在倡导客户导向价值观的基础上，为必要的业务流程再造和员工培训做好准备，时刻准确解决其他一系列与客户策略相关的问题。关于客户关系管理的一种常见错误是：由于客户关系管理是面向客户的，所以只解决表面业务流程问题就可以了。结果，忽视了客户关系管理所要求的企业内部的深层次调整。根据罗比等人（Rogby 等）所做的研究结果：大约有 87%的客户关系管理由于无法成功实施足够的流程重组变革而失败，从而进一步反映出变革准备不足在客户关系管理实践中的危害性。同时，企业内部业务流程方面的深层次调整，往往要求有高层的支持。但由于认识和准备方面的不足，不少客户关系管理实践都缺乏高层的支持，有人认为这是客户关系管理的头号杀手。事实上，只有高层人员才有权力来确定客户关系管理的战略远景和方向，并将之有效地传达给员工。同时，也只有他们，才能推动企业内部结构的调整，打破部门间的隔离状态。

1.4.4　缺乏有效的测量标准

　　客户关系管理原本旨在实现客户和企业的双赢，但客户感知价值最大化和企业收益最大化之间不可避免地存在着对立和冲突，这就使客户关系管理的战略制定处于两难困境，结果很少有企业能够真正采取基于资产的管理方法来管理客户关系，科学而有效地测度客户关系管理绩效。许多企业仍然沿用传统方式来测量客户关系管理的效果，如客户满意与客户忠诚等指标。但这些指标不仅无法实现客户价值与企业价值的统一，而且也难以准确、客观地表现出来。同时，诸如投资回报和市场份额等传统指标，则主要是事后反映，结果往往会对客户关系管理的实践产生误导。此外，由于缺乏有效的绩效测评体系和难以实现必要的平衡，出于成本等方面的考虑，多数相关研究和企业实践都在某种程度上忽视或抑制了客户获取的作用，而片面强调客户挽留。即使那些认识到客户获取的战略价值的企业，也往往因实践中缺乏有效理论的指导，从而无法在客户挽留与客户获取方面求得最佳平衡。更为甚者，有些企业虽然使用了测量标准，但却没有运用得当。例如，如果某企业的客户关系战略是挽留现有客户，却仅通过呼叫中心来测量现有客户数量，那就说明该企业的测量标准实际上并不支持其客户关系战略。该企业应该在实施客户关系管理之前测量其客户管理效度，得到一个基准线，这样才能决定项目是否取得了成功。

1.4.5　对客户知识的研究基本空白

　　目前有关客户关系管理的研究与实践对客户知识的研究和重视程度还很不够，基本局限于数据挖掘技术的简单运用，而对客户情境（scenarios）和存在于客户头脑中的客户知识的重要性则缺乏足够的认识。例如，根据塞博尔德（Seybold）的研究结果，尽管许多企业都适应了客户关系管理的艺术，探索并运用了许多客户关系管理工具，却很少考虑更广泛的背景——客户选择、购买和使用产品与服务的大背景（客户情境），从而使企业无法获悉自己的产品与服务是如何适合客户的实际生活的。换句话说，许多企业都缺乏对客户真正需求及其偏好的认识和深入理解，客户知识管理能力较弱，无法通过整合的互动渠道来积累、运用和更新客户知识。实际上，客户关系管理在某种程度上就是基于客户知识的企业与客户的互动过程，目的是在客户知识的指导下提升客户忠诚，并进而提升客户权益（customer equity）[①]。

　　[①] 客户权益的内涵十分丰富，根据王永贵概括，客户权益是指企业当前客户与潜在客户的货币价值潜力，即在某一计划期内，企业的现有的与潜在的客户在忠诚于企业的时间里，所产生的盈余的折现价值之和，即根据企业现值角度计算的、所有客户终身价值的总和。从这个意义上说，可以把顾客权益理解为我们经常听到的顾客资产。感兴趣的读者，请参阅王永贵，韩顺平，邢金刚，等. 基于顾客权益的价值导向型顾客关系管理：理论框架与实证分析[J]. 管理科学学报，2005（6）：27-36。

1.4.6　忘记了客户关系管理中"C"的真实含义

关于客户关系管理，十分具有讽刺意味的是，许多企业有时竟然忘记了其中的"C"代表客户。令人吃惊的是，许多公司在不收集、也不评估客户信息的前提下就制定了企业的客户关系管理战略。经常有这种情况，企业使用客户关系管理来提高的是运作效率，而不是客户服务的效率与效果，无法让消费者满意。显然，这两者是不同的。例如，企业要求呼叫中心的工作人员处理尽可能多的电话，但不要求他们真正有效解决客户的问题，也不去测量流失了多少客户。看似节省了电话费，但是企业需要多次通话才能比较满意地处理一个客户投诉或咨询，因而实际上可能是在浪费电话费。也许是出于对效率的关注，许多企业错误地认为解决客户问题的最佳答案永远是技术。然而，技术本身并非总是问题的关键，真正的关键是客户。

1.5　本书的内容框架

本书是典型的以理论与实践的结合为导向，其章节与内容结构的安排，力求既反映理论发展和逻辑思维的脉络，又尽可能地符合企业管理者的思路和企业实践的步骤。按照客户关系管理的理论框架，本书在参考国内外学者的大量研究成果和企业实践经验的基础上，一共包括四个主要部分，系统全面地研讨了客户关系管理产生与发展、客户关系管理的内涵与理论基础、客户关系管理的远景、战略制定、战略实施与变革、客户价值与忠诚、客户互动管理、客户关系管理系统、客户关系管理信息的整合与运用、新技术与客户关系管理以及客户关系管理的绩效测评等问题，如图 1-5 所示。

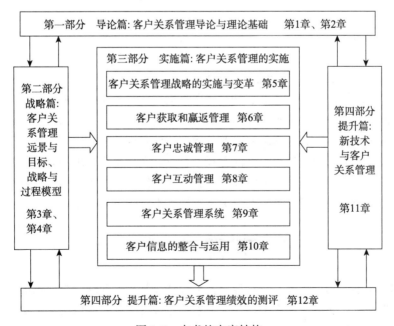

图 1-5　本书的内容结构

有效管理客户关系，首先要明确为什么要管理客户关系，为什么现在更需要重视客户关系的有效管理，理解客户关系管理的内涵与外延，把握客户关系管理研究与实践中的误区等。

本书第一部分客户关系管理导论篇（第 1 章和第 2 章）就提供了这方面的基本知识。在第一部分，本书剖析了经营环境的变化与客户中心时代的来临、客户关系管理的兴起与发展态势、客户关系管理产生与发展的动因、客户关系管理的内涵与类型、客户关系管理的外延（客户关系管理与伙伴关系管理、业务流程再造、企业资源计划、电子商务与商业职能的联系与差异）、客户关系管理理论与实践中的误区、客户关系管理的相关基础、客户关系管理诠释、客户关系管理的收益与成本以及关系组合等内容。该部分是对客户关系管理的重要性及其基本内涵与理论基础的阐述，使读者对客户关系管理形成基本的认识，为后面全面把握、设计和实施客户关系管理奠定了基础。

本书第二部分（第 3 章和第 4 章）是客户关系管理战略篇，重点描述了客户关系管理的战略，即远景与目标和客户关系管理的过程模型。作为启动客户关系管理的首要环节，确定客户关系管理远景与目标以及相应的客户关系管理战略，对于客户关系管理的成败至关重要，是把一系列复杂的客户关系管理相关活动整合起来的关键所在。只有根据内部与外部环境分析确定了合理的客户关系管理远景、目标与战略并因应环境变化而进行动态调整，才有可能真正有效地实施客户关系管理。

本书第三部分（第 5~10 章）是客户关系管理实施篇，重点论述了客户关系管理战略的实施与企业变革、客户获取和赢得管理、客户忠诚管理、客户互动管理、客户关系管理系统和客户信息的整合与运用。只有把客户关系管理的实施与变革（业务流程再造）整合起来，才能真正确保把客户关系管理战略转化为实际的客户关系管理行动，其中客户价值与忠诚管理、客户互动管理、客户关系管理系统和客户关系管理信息的整合与运用，都是客户关系管理实施的核心要素。

本书第四部分（第 11 章和第 12 章）客户关系管理提升篇，重点阐述了新技术与客户关系管理以及客户关系管理的绩效测评问题。一方面，在当今的"ABCDE"时代——人工智能（artificial intelligence）、区块链（block chain）、云计算（cloud）、大数据（big data）和新兴技术（emerging technology），新技术既推动着客户关系管理的变革，又给客户关系管理实践赋能，对客户关系管理的成功正变得越来越重要；另一方面，科学系统地监测客户关系管理的绩效测评，深入理解客户关系管理绩效测评的转变、基于战略平衡计分卡的测评体系以及关系质量的测量等，不仅有利于企业对客户关系管理的有效性进行评价，而且可以为企业实施客户关系管理的实践提供必要的反馈信息，为企业实时监控客户关系管理实践的进度以及全面系统地提升客户关系管理水平提供重要依据。

本 章 小 结

本章作为全书的第一部分，是对客户关系管理及其相关问题的综合扫描。作为企业的一种经营哲学和总体战略，客户关系管理是采用先进的信息与通信技术来获取客户数据，运用发达的数据分析工具来分析数据、挖掘客户的需求特征、偏好变化趋势和行为模式，积累、运用和共享客户知识，进而通过有针对性地为不同客户提供具有优异价值的定制化产品或服务来管理处于不同生命周期的客户关系及其组合，通过有效的客户互动来强化客户忠诚，并最终实现客户价值最大化和企业价值最大化之间的合理平衡的动态过程。它是经济全球化的强劲趋势和政府管制的放松、技术与产业交融的发展和企业边界的日益模糊、信息技术的进步与通信工具的冲击与影响，以及无形资产地位的提升与经营模式的变化等因素共同作用的结果，是客户角色转变的产物，是企业在客户中心时代适应上述挑战的必然选择，是基于超强竞争环境的需求拉动、互联网等通信基础设施与技术的推动、源于客户的利润的诱惑和管理理论重心转移的催化下产生的新的经营模式。

客户关系管理在客户中心时代具有十分重要的战略价值，是企业动态地获取竞争优势和应对竞争挑战的战略武器，它与伙伴关系管理、业务流程再造、企业资源计划、电子商务和商业智能等概念有着明显的差异和显著的联系。不过，目前有关客户关系管理的研究与实践存在着严重的误区，如对客户关系管理的狭隘理解与片面认识、缺乏明确的客户关系管理远景与战略、缺乏必要的准备与支持、缺乏有效的测量标准、缺乏对客户知识的研究和忘记了客户关系管理中"客户"的真实含义等，对从科学的角度、全面而系统地认识和理解客户关系管理提出了迫切要求。如上所述的知识，为读者全面把握和实施客户关系管理奠定了基础。

关 键 概 念

客户关系管理：是企业的一种经营哲学和总体战略，它采用先进的互联网与通信技术来获取客户数据，运用发达的数据分析工具来分析客户数据，挖掘客户的需求特征、偏好变化趋势和行为模式，积累、运用和共享客户知识，并进而有针对性地为不同客户提供具有优异价值的定制化产品或服务来管理处于不同生命周期的客户关系及其组合，通过有效的客户互动来强化客户忠诚并最终实现客户价值最大化和企业价值最大化之间的合理平衡的动态过程。

运营型客户关系管理：也称"前台"客户关系管理，如营销自动化、销售自动化和客户服务管理等与客户直接发生接触的部分，目的是确保企业能够与客户进行沟通交流，通过各种客户交互渠道收集到所需的客户信息，以便建立起客户档案并将其存储在中央客户数据库中。

合作型客户关系管理：又称协作型客户关系管理，旨在实现客户沟通所需手段与客户互动渠道的集成和自动化，强调客户、员工、商业伙伴之间的协作。

分析型客户关系管理：通过对运营型客户关系管理和合作型客户关系管理的应用所产生的信息进行加工处理和分析，产生相应的报告和客户智能，为客户提供个性化服务，为企业的战略、战术决策提供支持。

业务流程再造：着眼点是流程，由一系列任务或功能组成，关注的是企业的业务和支持这些业务的流程，其作用在于帮助企业识别那些可以改善客户活动的关键业务领域，并对流程进行改造，从而为客户创造价值。

企业资源计划：建立在满足企业的内部客户上，旨在实现采购、生产、库存、质量、分销、财务的信息化。主要管理理念是提高内部资源的计划和控制能力，目标是通过提高内部运转效率提升产品质量和服务质量，在满足客户需求的同时实现成本最小化。

电子商务：充分利用信息技术、特别是互联网来提高企业所有业务运作和管理活动的效率和效益，以商品交换为中心，侧重于方便快捷的交换方式的商务活动。

商业智能：是一种帮助企业更好地利用数据提高决策质量的技术，也是一个将分散的数据转换为支持企业行动的分析过程。

客户权益：是指企业当前客户与潜在客户的货币价值潜力，即在某一计划期内，企业的现有的与潜在的客户在忠诚于企业的时间里，所产生的盈余的折现价值之和，即根据企业现值角度计算的、所有客户终身价值的总和。

互联网 + 资源

海尔公司的客户关系管理

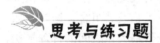

 **参考文献**

1.4

 **客观题**

扫描此码

1

自学自测

第2章
客户关系管理的理论基础

【学习目标】

本章主要介绍了客户关系管理的相关理论基础。通过本章的学习，理解客户关系管理的产生和发展以及与客户关系管理相关的理论基础，掌握各个理论学派对客户关系的诠释，正确认识客户关系管理的类型。并以此为基础，初步了解关系组合的概念，为后续制定客户关系管理的远景与目标以及客户关系管理战略的制定和实施奠定基础。除此之外，还应熟悉客户关系管理给关系各方带来的收益、成本与风险。

 引例

20多年来，海底捞公司已经发展成为众所周知的全国连锁火锅品牌，并在美国、新加坡、韩国和日本等地设有直营店。在餐饮业的激烈竞争背景下，海底捞公司是如何做到脱颖而出的呢？答案当然是跟海底捞公司的客户关系管理密不可分的。

一方面，海底捞公司建立了客户档案，包括客户生日、产妇产期等具体信息。在客户生日时，海底捞公司会送上礼物和祝福或者打电话进行问候，真正做到了关怀客户；另一方面，海底捞公司的会员制也会记录下每个会员客户的消费习惯，并在客户再次消费时提供极致的个性化服务。例如，客户使用iPad点餐时，登录自己的会员账号，就会出现根据其个人偏好而定制的推荐页面。另外，海底捞还会根据客户的就餐次数和消费金额，将客户分为不同的星级会员。当三星级以上客户进店消费时，系统会主动提醒门店经理，使员工能够更好地为忠诚客户提供卓越的服务，强化海底捞公司与重要客户的关系……

综合来看，我们可以毫不夸张地说：在与客户的交互过程中，海底捞公司将服务做到了极致。关注细节、满足需求、给客户带来超出期望的价值，为海底捞公司培养了一批又一批的忠诚回头客。

资料来源：根据客户关系管理案例[EB/OL]. https://wenku.baidu.com/view/a9eb6771f524ccbff02184ce.html.整理。

思考题： 客户关系管理能为企业带来哪些收益呢？你所了解的海底捞公司，其客户关系管理还有哪些值得其他企业借鉴的经验或教训呢？存在着哪些相关理论可以指导企业的客户关系管理实践呢？

如前所述，客户关系管理的产生是经营环境发生变化的结果。信息与通信技术的发展、客户中心时代到来、客户挽留重要性和服务互动质量提升等因素，正驱动着关系营销和客户关系管理的快速发展[①]。

---

① PALMER A. The evolution of an idea: an environmental explanation of relationship marketing[J]. Journal of relationship marketing, 2002, 1(1): 79-94.

2.1 客户关系管理的演进

如前所述，近年来，客户关系管理得到了学术界和企业界大力的推崇与应用，客户关系管理这一议题已经成为社会各界共同瞩目的焦点问题，但事实上客户关系管理并非一个全新的领域。有关关系的观点相当久远，甚至比当代以交易为焦点的营销方式更早存在于市场营销当中[①]。谢思（Sheth）和帕维提亚（Parvatiyar）两位学者根据历史记载提出，早期商业贸易与商务往来大多是靠关系来维持，直到工业革命后基于关系的营销观点才渐渐陷入低谷。然而，随着市场逐渐成熟，大量营销（交易营销）的效益与利润也随之减少，维持与现有客户的关系、强化彼此间的长久关系，对企业而言显得越来越重要[②]。正如戴伊（Day）曾经提出的，企业为有价值的客户创造及维持关系的能力，正日益成为新市场中最基本、也是最持久的竞争优势[③]。

2.1.1 客户关系管理的产生

实际上，客户关系管理的观念是基于关系营销的观点，而关系营销有许多相似的名词，如数据库营销（database marketing）、直复营销（direct marketing）、客户定制化营销（customized marketing）、大量客户定制化（mass customization）和一对一营销（one-to-one marketing）等。虽然名词不一，但其观念和实质内涵却是相近的，即均围绕在"将个别客户视为焦点"与"利用各种营销努力来维持与现有客户的关系以获取客户终身价值"两大重要焦点[④]。

1. 关系营销与客户关系管理

格罗鲁斯（Grönroos）针对关系营销提出互动关系为营销核心的观点：客户不是一次交易的对象，而是关系伙伴。透过双方关系的管理，达到促进交易机会、持续购买的效益，这种营销方式称为关系营销[①]。另外，也有学者指出，关系营销是建构在关系、网络和互相作用的基础上，是全面性的管理网络、组织推销，且市场与社会经由被管理，可长期创造客户与企业双赢的关系，而双方的价值是共同成长的，关系超越了专门功能与控制的界限。

综合相关学者的观点，不难发现，客户关系管理的发展可回溯到关系营销的理论基础。随着信息科技的进步与发展，可以将客户关系管理定义为企业借由与客户合作和互动来发展长期关系，并通过运用信息技术将客户数据仓储、整合、分析和共享，以便用于制定更有效率的营销整合策略，达到维系客户忠诚和提升企业利润的目的。客户关系管理首次把

---

① GRÖNROOS C. Service management and marketing: a customer relationship management approach, England: John Wiley & Sons, 2000.

② SHETH J N, PARVATIYAR A. Relationship marketing in consumer markets: antecedents and consequences[J]. Journal of the academy of marketing science, 1995, 23(4): 255-271.

③ DAY G S. Managing market relationships[J]. Journal of the academy of marketing science, 2000, 28(1): 24-30.

④ 顾客终身价值（CLV）的含义是指来自某个顾客的所有未来收益的净现值。

客户和客户关系作为研究的核心对象，从而将客户资源管理理论向前推进了一大步，是一划时代的创举。

2. 从交易营销到关系营销

1949年，直复营销之父——莱斯特·伟门（Lester Wunderman）在与客户的交流中，最早使用了"关系营销"这一术语。可以说，与客户中心时代相适应，在日益复杂和成熟市场上，关系正变得越来越重要，一种新的营销范式——关系营销逐渐成为主流的营销观念。表2-1围绕资源流动性假设、交易摩擦假设、时间范围假设和关注焦点四个方面，对传统营销观念和关系营销进行了简单的比较。

表2-1　传统营销与关系营销的比较

比较对象	传统营销概念	关系营销概念
资源流动性假设	完全—不存在专用资产	不完全—资产专用性
交易摩擦假设	交易各方无摩擦（总成本＝生产成本）	摩擦导致成本
时间范围假设	周期观（时滞性）	客户生命周期观
关注焦点	销量、产品特性、很少强调客户服务、产品质量的提高	有利可图的客户挽留、客户价值、长期导向、密切的客户联系、关系质量的提升

资料来源：王永贵，客户关系管理：精要版[M]. 北京：高等教育出版社，2018.

可以说，在营销的发展历程中，每一个进化阶段都是对环境适应的结果。当产品本身日益同质化，很难形成差别化竞争的来源时，关系开始引起学术界和产业界的高度重视。相应地，企业也纷纷调整自身的战略导向，开始关注对客户关系的培养和强化，产生了关系营销的理念。在环境变化的"挤压"下，这无疑是一种必然，是一种革命性的进展。表2-2基于多个角度，对交易营销和关系营销进行了简要比较。

表2-2　交易营销和关系营销的对比

交易营销	关系营销
管理4P营销组合	4C理论为基础
市场导向	关系导向
关注吸引客户和唯一交易	关注提高客户忠诚度
看中短期利益和绩效	看中长期关系利益
双方缺乏沟通	营销组合支持下的互动式沟通
源于产品利润最大化	双方合作实现互赢
有限的客户服务和承诺	高度的客户服务和承诺
生产部门关注质量	所有部门关注质量
适度的客户联系	客户联系频繁、是合作性的
消费包装品和耐用品	工业品和服务
与客户的联系主要是促销	内部营销具有独特的战略重要性
客户价格敏感度高	客户的价格敏感度低
市场份额作为客户满意指标	关注的是收益与解决方案

交易营销	关系营销
客户信息来源于定期的客户调研	通过管理商业关系确保客户满意水平
很少关注内部营销、面向客户的投入营销与作业及人力资源的界面	客户信息来自实时计算机、电话整合系统 职能界面具有战略重要性

资料来源：王永贵. 客户关系管理：精要版[M]. 北京：高等教育出版社，2018.

关系营销是构建和维持"有利"关系的艺术，旨在把潜在客户转化为现实客户、把现实客户转化为企业的"挚友"。事实上，"关系营销"这一术语可以追溯到 20 世纪 80 年代的产业与服务营销文献。例如，在产业营销文献中，李维特（Levitt）的早期成果指出：买卖双方的关系价值常常发生在销售完成之后[①]。虽然发展至今，有关关系营销的文献已经数不胜数，但综合相关研究成果和企业的实践经验，大体上可以把关系营销与管理分成三个学派，分别是英澳学派、北欧学派和北美学派。

其中，英澳学派以克里斯多弗（Christopher）、佩恩（Payne）和拜勒特恩（Ballantyne）的研究工作为基础，强调质量管理、服务营销概念和客户关系经济效果的整合；北欧学派以格罗鲁斯等北欧学者的研究为基础，以产业营销的互动网络理论、服务营销概念和客户关系经济效果为基础；北美学派以贝利和李维特等人的研究工作为基础，强调的是组织内部的采购者和销售者之间的关系。

尽管存在上述细微差异，但现代的关系营销与关系管理则越来越强调企业的营销活动应该基于跨职能流程而不是组织职能加以展开，并把营销视作一种价值交换活动，而不是单纯的交易关系；理解客户挽留的经济性，以确保货币和其他资源合理地分配在挽留与吸引客户上；强调内部营销在外部营销获得成功中的战略角色；把关系营销的原则延伸到客户市场之外的其他市场；认识到对质量、客户服务和营销进行整合的必要性等；关系营销开始向另一个崭新阶段演进——客户关系管理。图 2-1 描述了从交易营销向关系营销的转化以及客户关系管理的定位。

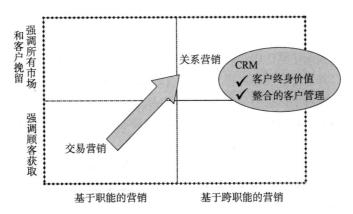

图 2-1　从交易营销到关系营销：客户关系管理的定位

资料来源：王永贵，客户关系管理：精要版[M]. 北京：高等教育出版社，2018.

[①] LEVITT T. After the sale is over[J]. Harvard business review, 1983, 61(1): 87-93.

3. 从关系营销到客户关系管理

客户关系管理是一种旨在提升企业价值的战略方法，其实现途径为开发和维持与关键客户与细分客户群体之间的关系。客户关系管理把信息技术与关系营销战略整合在一起来构建和维持有利可图的长期关系，包括客户终身价值、多市场和跨职能三个关键要素。同时，作为实施关系营销的一种有效平台，客户关系管理并不是关系营销的终结。事实上，我们可以把客户关系管理视作关系营销发展的一个特定阶段，图 2-2 从时间和演进的角度，描述了营销理论从 20 世纪 50 年代的消费者营销、60 年代的产业营销、70 年代的非营利组织与社会营销发展 80 年代之后的服务营销、关系营销和客户关系管理的不同发展阶段以及客户关系管理的定位。

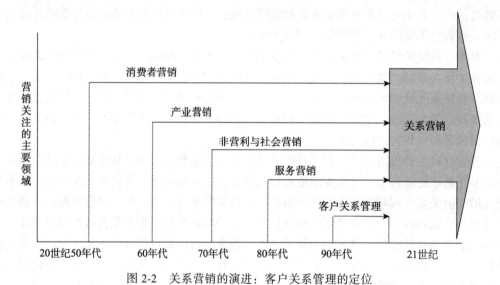

图 2-2　关系营销的演进：客户关系管理的定位

资料来源：CHRISTOPHER M, PAYNE A, BALLANTYNE D. Relationship marketing[M]. Routledge, 2013.

可以说，从关系营销到客户关系管理的发展过程中，数据库营销（database marketing）的出现起到了过渡和承接的作用。事实上，数据库营销吸收了关系营销、直复营销及目标营销的某些思想，并通过信息技术和手段进一步加以应用和实现。数据库营销是建立在准确的客户信息、竞争对手信息和公司内部信息基础之上的一种互动的营销沟通方式，其根本目的是提高营销的针对性和有效性，在了解客户需求的基础上去满足客户需求，以构建长期稳定的主客关系。

数据库营销主要由三种子系统组成：客户信息服务（customer information & service，CIS）、直接响应营销（direct response marketing，DRM）和计算机辅助销售（computer-aided sales support，CASS）。

1）客户信息服务

允许客户与企业之间便捷、有效地沟通，为客户提供尽可能多的信息支持，如账单查询、质量抱怨、技术问题、产品服务信息等，以便客户能够加深对本企业的了解，从而更好地使用本企业的产品和服务。

2）直接响应营销

直接响应营销是数据库技术与目标营销的结合，在数据库辅助下，企业可以实现与现有客户或潜在客户的沟通，如直接邮寄、电话营销和直接响应广告等，以激发客户的迅速响应——发出订单或进一步的信息索求。

3）计算机辅助销售

采用互联网技术、共享数据和信息，使得身处不同地域的销售队伍或销售支持队伍能够通过移动终端直接访问企业的数据库，获取实时更新的客户或潜在客户的相关信息、竞争对手信息和企业自身信息。同时，在企业的内部网络中，该子系统的应用也使得内部的电子沟通更加有效，以辅助销售管理。

在客户关系管理实践中，我们仍然能够看到数据库营销的三个子功能或子系统，只是存在形式或实现方式已经发生了变化。如果说关系营销是客户关系管理的理念基石，那么数据库营销则可堪称客户关系管理的技术基石。当然，数据库营销的理论同样来源于关系营销的思想，并以此为基础实现了技术塑造和应用。与数据库营销相比，客户关系管理的技术手段更加先进，不仅运用了更为先进的数据库技术，还包括其他新兴技术，如大数据、云计算、人工智能、区块链等。这些新技术的应用大大提升了企业对各种数据的获得、分析、运用和共享效率与效果，使得企业对客户关系的管理更加科学化和智能化。随着信息技术的发展和实践探索的不断深入，人们对信息的把握或运用能力越来越强，对关系问题的研究逐渐突破营销的范围，开始考虑如何从企业整体的角度出发，通过有效地设计组织流程和信息系统，实现对各种信息的识别、收集、分析和共享，从而有效地支持关系营销和关系管理。客户关系管理正是在这种背景下产生的。而在理论方面，尽管客户关系管理在实现技术和形式上有所超越，但其所坚持的根本理念无异于传统的关系营销和关系管理。

2.1.2　客户关系管理的发展

如果对客户关系管理的相关研究，特别是有关客户满意和服务质量的发展历程进行考察，不难发现相关研究已经进入第三代：第一代诞生于 20 世纪 80 年代，关心的主要问题是识别和测度客户满意并谋求其最大化；第二代是 20 世纪 90 年代早期至中期，重心转向了客户满意与主要客户行为（如再购买、口碑）的关系；第三代是 20 世纪 90 年代后期出现的，关心的是客户满意、服务质量与利润的关系，企业开始把客户关系投资与客户营利性联系在一起。实际上，上述发展历程体现了客户关系管理相关的理论研究关注重心从客户满意最大化向客户挽留最大化的转变。相应地，企业营销与管理实践也经历了一个从以前的直接销售到 20 世纪 60 年代的大量营销（mass marketing）、20 世纪 80 年代的目标营销（target marketing）、数据库营销、电话销售（tele-marketing）、直邮（direct-mail campaigns）、互动营销、直复营销、关系营销以及新时代的大数据营销、智慧营销、数字营销，再到当前的新型客户关系管理的发展过程。概括而言，客户关系管理演进中各主要阶段的关键特征和缺点如表 2-3 所示。

表 2-3   客户关系管理进化过程中各阶段的比较

进化阶段	时间	特征	缺点
直接销售	很久以前	小商店；熟客；重视关系；增加对客户的了解，培养客户的忠诚度和信任感	缺乏成本效益；经营规模普遍较小
大规模营销	20世纪60年代	集中化大规模生产，大面积分销，单向沟通为主；成本效益高；大众化媒体促销；品牌认知和市场份额是衡量成功的主要指标	客户缺乏与企业的沟通渠道；客户忠诚度普遍较低
目标营销	20世纪80年代中期	通过邮件或电话等信息技术手段，联系特定的目标客户；与目标客户直接双向沟通；具有获得客户直接回应的潜在可能；回应率对于营销成功十分重要	市场份额是衡量成功的主要指标；与客户的互动仍然很肤浅
关系营销与客户关系管理	20世纪90年代	在维持大规模生产和分销体系的同时，发展与客户的亲密接触；客户知识和个人接触都是为了赢得客户的信任感和忠诚度；客户份额是衡量成功的主要指标	难以实施；需要多个职能部门的参与；主要面向最终消费者，而不是工业用户

资料来源：改编自杨永恒. 客户关系管理——价值导向及使能技术. 大连：东北财经大学出版社，2002：28.

综上可知，客户关系管理是营销管理演变的自然结果。在围绕客户而进行的营销活动中，企业管理者发现传统的以4P为核心、由市场部门实现的营销方法越来越无法实现营销的目标，越来越多的企业开始采用4C、4R或4V的营销策略来代替传统4P或与之相结合。营销重点开始由满足客户需求向保持客户关系转变，这一过程也体现出传统营销向客户关系管理的过渡。对客户关系管理应用的重视来源于企业对客户长期管理的观念，这种观念认为客户是企业最重要的资产，并且企业的信息支持系统必须在给客户以信息自主权的要求下发展。从企业层次看，企业能够实施某种价值创造战略，而任何竞争对手都不能实施同样的战略，那么我们就说该企业具有竞争优势，即企业能够创造出优异于竞争对手的卓越客户价值；从产业层次说，如果一个企业能够获得超出产业平均利润水平的超额收益（经济学上通常称为租金），那么我们就说该企业具有竞争优势。成功的客户自主权将产生竞争优势，并提高客户忠诚度，最终提高企业的利润率。同时，客户关系管理在近年来大行其道则应归功于信息技术的进步，尤其是互联网和移动互联网技术的进步。

实际上，在营销管理的演变过程中，总是渗透着客户关系管理的思想根源，对客户的重视、对关系的重视、对保持和维护客户关系的技术的重视等均在营销管理的阶段性历程中有所体现。近年来，信息技术的快速发展催生了许多新时代的营销模式和营销方法。在此，我们列举几种比较常见的营销思想和营销方法。

1. 多元化市场营销

企业、产品服务、客户三者间的利益相关，主要有功能利益、流程利益、关系利益。大多数客户较多地关注功能利益，较少关注流程利益和关系利益，但这三种利益的价值取向分布却又并不完全相同。功能利益、流程利益和关系利益构成了多元化市场营销中的三维。

2. 当代整合营销

当代整合营销与传统营销的最大不同在于整合营销将整个计划的焦点置于现实的消费者和潜在的消费者身上，而不是放在公司的目标利润上，也就是始终坚持一切以客户为中心。研究消费者的需要，销售消费者想要购买的产品，而不只是出售自己所能制造的产品；了解消费者为满足其需要与欲望愿意付出的成本，而不是采用"一刀切"的产品定价策略；考虑如何为消费者购得商品提供方便，而放弃以往产品的销售渠道策略；与消费者建立良好关系的关键是沟通，而不仅仅是促销。在整合营销中，凡是与消费者相关的活动均纳入营销体系，扩大了传统营销的范围。

3. 伙伴营销

伙伴营销是一种完全建立在互联网技术基础之上的新型商业模式，这种模式克服了传统营销的缺陷。简单地说，这种方式是在营销人员与客户进行促销交谈时，把客户作为平等的合伙人来看待。伙伴营销涵盖了互联网技术的两大特点。首先，互联网的发展使得企业和客户之间可以迅速沟通，同时又降低了成本；其次，互联网信息技术的发展弱化了企业和客户之间的信息不对称，而这也在一定程度上保证了客户在关系中的自主权和主动权，使得客户从传统营销关系中的被动消费转向主动决策，这也充分反映了客户中心时代的到来。

在伙伴营销模式中，不再是企业寻找目标客户，而是客户选择企业。老练的消费者会同时与几家同类公司保持联系。因此，企业应该通过设计满足客户需求的广告和促销活动来影响客户的行为，这样可以与客户保持更为紧密的关系；相反，没有采取有效行动的公司将与消费者更为疏远。

4. 网络营销

网络营销是随着互联网的产生和发展而产生的新的营销方式。网络营销不同于传统的营销方式，并非简单的营销网络化。但它并未完全抛开传统营销理论，而是与传统营销的整合。简单地讲，网络营销是利用互联网等电子手段进行的营销活动。网络营销与传统的营销方式在营销的手段、方式、工具、渠道以及营销策略等方面都有本质的区别，但两者的目的都是销售、宣传商品及服务，加强与消费者的沟通和交流等。

5. 移动营销

随着互联网技术的发展和移动设备的普及，移动互联网市场迅速发展。中国互联网网络信息中心第 44 次调查数据显示，截至 2019 年 6 月，我国网民规模为 8.54 亿，互联网普及率达 61.2%。其中，手机网民规模达 8.47 亿，网民中使用手机上网的比例由 2018 年底的 98.6%提升至 99.1%，手机上网已经成为网民最常用的上网渠道之一。因此，企业通过网络对持有移动设备的消费者进行移动营销，不仅即时有效、方便快捷，还有助于企业巩固与客户的关系，根据客户的动态信息建立一对一的定制化营销方案，提高营销活动的准确性和到达率。

美国移动营销学会将移动营销定义为基于定位的、由移动设备或网络进行的，通过个性化定制与消费者建立互动关系，使企业与消费者能够沟通交流的一系列（营销）实践活动。该定义认为移动营销是基于消费者所处的地理位置和环境状况进行品牌传播和营销沟通等商业活动行为①。尚卡尔（Shankar）和巴拉苏布拉马尼亚恩（Balasubramanian）则侧重企业与消费者的双向沟通，将移动营销定义为"企业使用移动媒介、设备或技术与消费者进行双向或多向沟通，并对其产品进行促销（的营销活动）"。不难发现，以上定义均强调了移动环境下的营销，即企业通过移动设备将营销信息传递给消费者。但并非使用移动技术的企业就能够认为它们进行了移动营销，企业还必须能对消费者进行实时定位并推送个性化信息，并且这些营销活动能够为企业带来实际利润。

移动营销的特点可以用下面的 5I 来概括，即分众识别（individual identification）、即时信息（instant message）、利益诱导（interest）、互动沟通（interactive communication）和个性化（individualization）②。

（1）分众识别。由于不同的消费者对于移动互联网的使用和企业的营销内容具有不同的偏好，企业只有识别出不同类型的消费者，才能以此为基础进行有效营销活动。移动营销就是在识别客户的基础上，根据他们不同的网络使用习惯、消费行为、兴趣偏好和忠诚度等定制营销内容，提高了营销内容的有效性，实现了更好的营销效果。

（2）即时信息。与电脑相比，移动设备具有便携和高效的优点。这些特征使企业营销信息可以不受时间和空间限制，在合适的时间和情境下推送至消费者的移动设备，消费者也能及时看到企业营销信息。

（3）利益诱导。毋庸置疑，利益永远是不容忽视的。天下熙熙，皆为利来；天下攘攘，皆为利往。移动营销面对的一个信息与服务相对泛滥的市场，其营销活动如果不能为目标受众提供利益并创造价值，显然寸步难行。将自己变身一个消费者，设身处地扪心自问"我要参加这个营销活动，为什么呢？"然后立足于功能（产品和服务）、信息、心理、体验、荣誉和物质回报等多个视角进行设计，努力让参与其中的客户有更大的获得感和成就感。

（4）互动沟通。利用传统媒体进行的营销活动往往只提供单向的传播渠道，即企业主动输出、消费者被动接收。这种单向互动形式的最大缺点就是缺少消费者与企业的沟通，消费者的参与度较低，企业也很难了解消费者对营销内容的反馈。移动营销强调的是双向沟通，互动是其最突出的特点。企业营销人员将连接性强、娱乐性强的影响内容推送至接触性强的移动设备，更容易吸引消费者互动，实现更好的沟通效果。

（5）个性化。关注消费者的个性化需求和偏好，然后利用消费者个人专属的、集私人化、个性化和时尚化为一身的智能移动终端，为消费者提供个性化的营销信息，使消费者可以随时随地了解符合自身偏好的企业活动，更有利于满足消费者的个性化需求。

6. 数字营销

大数据时代，消费者生活方式和消费习惯的变化使企业不得不作出调整，采用与之相

---

① COLTON D A. Antecedents of consumer attitudes' toward corporate blogs[J]. Journal of research in interactive marketing, 2018, 12(1): 94-104.

② 黄丽娟，夏筱萌. 移动营销研究述评与展望[J]. 外国经济与管理，2015，37（10）：58-68.

适应的营销手段。消费者花费在网络上的碎片化时间越来越多，这为数字营销的产生提供了契机。数字营销是借助互联网、电脑、手机等数字交互媒体来帮助企业实现营销目标的一种营销方式，企业通过数字化的传播渠道进行品牌传播、产品推广和营销交流，利用最有效、最省钱的方式实现新市场的开拓和新消费者的开发，并以即时、高效、快捷、廉价的方式与消费者保持沟通，在维护企业利益的同时实现了最好的营销效果[①]。数字化营销具有如下特点。

（1）数字化。数字营销是基于数字化技术的营销。数字化是一种手段，以此调动企业资源进行营销活动，以实现企业产品和服务的价值过程，即通过数字网络实现传输，实现物流、资金流和信息流的有效协调和统一，从而达到客户满意和企业盈利的目的。

（2）集成化。数字营销通过消费者前端收集动态数据、企业后端依据反馈定制营销内容，实现了前后端的紧密集成，是一种全过程的营销方式。

（3）个性化。大数据背景下，企业通过各种渠道全方位了解消费者，即时动态更新消费者数据库，并以此依据制定营销决策，提供满足消费者需求的个性化产品和个性化服务。

（4）信息对称。利用互联网和数字技术，企业可以获得更多、更全面的客户信息，消费者也可以获得更详细的企业和产品信息。消费者可以随时随地查询企业产品或服务的相关信息，提高了营销活动中的信息对称性。

（5）成本低。首先，与传统媒体营销相比，数字化营销活动成本较低，受众更加准确，到达率更高；其次，企业可以节省开设店铺的费用，且经营活动不受时间地点限制，受众范围也更广；最后，企业直接通过网络连接客户，减少了中间环节，提高了价格竞争力。

2.2　客户关系管理的理论基础

如前所述，在当今的客户中心时代，随着权力从企业手中向客户手中转移，买卖双方权力失衡的状态已经有所改善，从而直接显示出客户关系的重要性。与客户关系管理相关的理论包括关系营销理论、新古典微观经济理论、交易成本理论、代理理论、关系契约理论、社会交易理论、互动理论、资源依赖理论和资源基础理论等，它们都有助于对客户关系的理解。例如，根据代理理论，建立起合作型关系有利于降低交易风险；根据互动理论，网络的相互依赖性要求参与者之间的协调和适应性[②]。限于篇幅，下面仅对相关理论加以简要概括和剖析。

2.2.1　关系营销理论

1982年，贝利首次提出了"关系营销"的概念，正式揭开了理论界研究客户关系问题

---

① 康婷婷. 数字营销在中小企业中的应用现状研究[C]// 第九届中国管理学年会——市场营销分会场, 2014.

② DONALDSON B, O'TOOLE T. Strategic market relationships: from strategy to implementation[M]. Chichester: John Wiley & Sons, 2007.

第 2 章　客户关系管理的理论基础

53

的序幕。贝利最初将关系营销定义为培养、维护和强化客户关系[①]，后续又将其重新定义为通过满足客户的想法和需求来赢得客户的偏爱和忠诚[②]。简而言之，关系营销重视买卖双方之间的接触，通过维持营销、质量和客户服务之间的联系来赢得和挽留客户[③]。麦克肯纳（McKenna）将关系营销的目的归纳为"将客户、供应商和其他合作伙伴整合到企业的发展和营销活动中"[④]，即发展与供应商、客户或价值链上的其他成员之间紧密的互动关系。

　　一般来说，关系营销的基本思想就是企业应该培养长期的客户关系，实现对客户的有效挽留[⑤]。事实上，一些学者发现以往的营销著作往往重视对新客户的吸收而忽略了对现有客户的挽留[⑥]，而越来越多的证据表明挽留一个现有客户比吸收一个新客户更合算[⑦]。美国学者雷奇汉（Reichheld）对美国信用卡业务的研究发现，客户挽留率每增加 5%，可带来公司利润 60% 的增长[⑧]。基于这样的理念，许多企业采用关系营销来最大化收益，同时减少客户的叛逃和流失。克莱姆（Cram）在对银行业客户关系进行研究后指出，通过建立与客户之间的稳定关系而成功挽留的客户能为企业创造更多的利润。因为这些客户除了不断购买该企业的产品或服务以外，还能够充当推荐角色，为企业争取更多的新客户。同时，客户关系所持续的时间越长，（银行）越容易为客户提供定制化的服务，从而更能增强客户的满意度，实现良性循环[⑨]。

　　关系营销的出现，对营销学科的发展产生了积极而深远的影响，"使营销的焦点从交易转向了关系"[⑩]。佩恩曾指出"20 世纪 80 年代的交易型营销把重点放在每笔销售业务上；而 20 世纪 90 年代的关系营销却着眼于单个客户，寻求建立客户与企业之间的长期关系。"[⑪]他认为关系营销是通过创建、培养和延续客户关系来长期拥有客户，增加销售量和实现交叉销售（Cross-selling），从而最大化企业从客户手中获得的价值。同时，他指出了关系营销的几个关键特征：从交易驱动转向关系驱动、从单部门转向跨部门和从产品中心导向转向客户中心导向。杰勒德（Gerard）则认为，关系营销的目的是获得顾客的信任感和忠诚度，而顾客的信任感和忠诚度取决于两个变量：信息分析（企业必须知道顾客的想法、需

① BERRY L L. Relationship marketing[J]. Emerging perspectives on services marketing, 1983, 66(3): 33-47.

② BERRY L L. Relationship marketing of services—growing interest, emerging perspectives[J]. Journal of the academy of marketing science, 1995, 23(4): 236-245.

③ CHRISTOPHER M, MCDONALD M. Relationship marketing[M]. London: Palgrave, 1995.

④ MCKENNA R. Relationship marketing: successful strategies for the age of the customer[M]. New York: Basic Books, 1993.

⑤ TURNBULL P W, VALLA J P. Strategic planning in industrial marketing: an interaction approach[J]. European journal of marketing, 1993, 20(7): 5-20.

⑥ SCHNEIDER B. The service organization: climate is crucial[J]. Organizational dynamics, 1980, 9(2): 52-65.

⑦ PEPPERS D, ROGERS M. The one to one future: building relationships one customer at a time[M]. New York: Currency-Doubleday, 1997.

⑧ REICHHELD F F. Loyalty-based management[J]. Harvard business review, 1993, 71(2): 64-73.

⑨ CRAM T. The power of relationship marketing—how to keep customers for life[M]. London: Pitman Publishing, 1994.

⑩ KOTLER P. Marketing's new paradigms: what's really happening out there[J]. Planning review, 1992, 20(5): 50-52.

⑪ PAYNE A. Relationship marketing—making the customer count[J]. Managing service quality: an international journal, 1994, 4(6): 29-31.

求和价值）和互动需求（个人接触以及顾客需求的沟通方式）①。基于以上观点，我们把关系营销看作一种企业与客户建立并维持长期关系，通过提升客户的信任度和忠诚度来成功地挽留客户，以获得更多利润的营销方式。

随着外部环境和社会的变化，学术界和企业实践者开始注意到可持续性对企业生存和发展的重要性。亚历山德鲁（Alexandru）指出，关系营销战略的实施有利于企业可持续发展和长期的组织变革，应该将其纳入同一体系②。除此之外，互联网技术催生下的网络关系营销的发展，学者们开始转向对网络营销和移动营销的探究，如克伦科瓦（Kozlenkova）在对在线关系营销的探究中发现，企业最大的收益来自与客户建立关系的数量和客户关系管理策略的数量。在线关系的建立基于企业能够主动披露产品信息，为消费者创建便捷的购物渠道，致力于提升用户体验并维持客户关系，此时客户也会在忠诚度、购买量/频率和口碑等方面回报企业③。

2.2.2 其他相关理论诠释

1. 新古典微观经济理论

该理论强调利润最大化在解释竞争市场上相对价格、市场均衡和收入分配中的作用。交易双方是价格的接受者，在价格均衡市场中寻求效用的最大化。它假设个体在明确而稳定的偏好结构中独立地关注价值的创造。该理论认为企业从事市场交易的目的是资源，这些资源是生产将来在竞争市场上出售的产品和服务所必需的。这种市场交易发生与支付价格、搜寻成本、谈判成本、契约成本、供应商绩效监控成本相关的各项成本密切相关。营销管理传统以微观经济的最大化为基础，把营销组合中的交易环境和可控决策变量区分开来。因此，它在解释价值在各个营销参与者之间的分配方面扮演着十分重要的角色。

然而，仅仅关注成本、职能差异和市场结构的微观经理理论能否充分解决当代问题尚存在疑问。由于无法为分析交易各方的交易结构与交易过程提供有效的工具，微观经济理论在交易型交换中的运用相当有限，许多相关理论假设在现实中都是不成立的。例如，与微观经理理论的有关假设相反，消费者天生就具有减少选择的倾向。同时，理性行为的假设也常常并不合乎现实。经济学家常常把市场视作一种"社会真空"，买卖双方仅仅知道市场所规定的各自角色，但实际情况并非如此。

2. 交易成本理论

交易成本理论借用了来自微观经济和制度经济学、契约法和组织理论中的有关观点，对于企业销售的决策、市场路径的选择和分销渠道结构的选择以及买方关系管理具有一定帮助。最初的交易成本理论按照发生在企业内部或发生在企业之间而对交易进行分类。后

① GERARD G. Dialogue: rediscover the transforming power of conversation[M]. John Wiley & Sons Incorporated, 1998.

② AL POP N, ROMAN M, SANIUTA A, et al. Relationship marketing, engine of sustainable development and organisational change in the romanian business environment[J]. Amfiteatru economic, 2012, 14(32): 349.

③ STEINHOFF L, ARLI D, WEAVEN S, et al. Online relationship marketing[J]. Journal of the academy of marketing science, 2019, 47(3): 369-393.

期的发展主要关注交易成本优势问题，即在有限理性和机会注意行为的约束下，不同的外部与内部组织形式所具有的交易成本优势。其核心是某些交易特征会导致交易困难，不同治理机制具有不同的减少成本的特性。

　　由于有限理性和机会主义（追求个人私利）等人为因素的影响，以及不确定性与经济集中的投入或产出市场等环境因素的影响，市场交易成本可能会变得很大。在信息分布不对称的情况下，机会主义可能会盛行，从而使交易活动面临很大商业风险。为此，交易各方可以通过进行大量交易专有投资来保证彼此的利益。如果双方都进行了这种投资，双方的可信性就会提高，进而促进特定关系的维持。同时，这种面向特定交易而进行的投资也使各方形成相互依赖的交易关系。每项市场交易都包括导致低效率的交易成本，如信息搜寻成本、达成满意协议的成本、关系监控成本和契约调整与实施成本等。在既定的资产专用性、不确定性和罕见的情况下，通过选择最佳的关系治理模式可以实现交易成本的最小化。其中，治理模式包括正常的市场治理（外部治理机制）和垂直一体化交易（内部治理机制）。在正常的市场治理机制中，为了获得最低的成本，买方常常把卖方置于对立的地位；而在垂直一体化交易的情况下，买卖双方可以通过目标的一致性和内部体系实现交易成本的降低。在存在资产专用性、不确定性和机会主义的情况下，正常市场交换的交易成本往往高于长期关系交换中的交易成本。一般而言，伴随着从外部治理到内部治理机制的转化，交易成本也随之增加。

　　该理论假设：当企业从事活动的成本较低时，它们会倾向于使活动内部化；否则，它们会选择利用市场机制（如资源外取）。在存在异质的交易专有资产投资时，该理论有助于识别可能出现的问题。然而该理论也存在一定的缺陷。例如，对异质投资相关的潜在成本的过度强调，可能忽视了这些投资所带来的潜在价值；片面强调唯一的成本效率标准，使其他微观经济标准得不到应有的重视，忽视了权力依赖理论的潜在贡献、治理结构与成本的动态演化、人员因素在交易治理中的作用和信任行为对关系治理结构的影响；机会主义行为的假设过于简单且具有一定的误导性；虽然交易专有投资可以通过创造依赖性对关系产生重要影响，但这并不足以解释关系的长期导向。

3. 关系契约理论

　　该理论主要以规定交易各方法律权利的契约法为基础。传统的契约法认为交易由唯一的、独立的静态交易构成，而现代的契约法则试图剖析中长期交易的动态本质，关注的是交易计划、契约的制定和现有契约关系的调整以及契约冲突的解决。关系契约理论提供了一种丰富的理论框架，有助于人们理解交易关系本质的内涵和动态以及成功交易关系所必需的信仰结构与活动。麦克尼尔（MacNeil）在 1980 年区分了离散交易和完全内部交易，将中间交易形式视作契约交易或关系交易，并指出交易各方在或多或少受到契约约束的同时，保持着一定的独立性。由于单纯依靠法律机制往往意味着过高的时间与资源成本，以及不可预测的环境可能会影响交易关系，交易各方需要一种超出法律的治理方法。这样，从广义的角度看，契约就是交易各方期望长期维持的一种关系。麦克尼尔运用一组决策者共同遵循的行为预期规范来界定关系的类型。例如，规范可以是离散导向的，也可以是关系导向的，关系规范可以转换为灵活性、相互性、一致性、团结性、创造性、权力的运用和信息的交换等不同行为。关系规范的一般特征是描述旨在维持关系的行为和阻止个体目标寻求行为。在交易过程中，买方和卖方常常确立以前交易中并不存在的规范。

契约可以建立在契约法的传统承诺（约定规范）或基于关系的承诺（非约束规范）的基础之上。麦克尼尔认为约束规范所规定的正式契约并不在多数关系中扮演重要角色。比较而言，非约束规范所规定的隐性契约或交易各方的理解才对关系产生重要影响。而且，基于隐性契约的交易参与各方，往往不太需要对交易伙伴进行监控或不太需要关系保证。关系契约理论在一定程度上弥补了交易成本理论的缺陷，引入了交易的社会维度，并明确指出层阶关系治理机制并非唯一的调节机制。但该理论也存在不足之处，没有指明应对特定交易特征的最佳治理类型。直到现在，该理论仍主要用于描述性和概念性研究。

4. 社会交易理论

人们常常利用认知模式对社会互动和关系感知进行组织。社会交易理论源于婚姻理论、讨价还价理论和权力理论。实际上，在心理和社会心理领域，人们已经对人际关系的质量进行了广泛探讨。该理论以互动视作关系发展的核心，并促进了产业市场与采购组织（Industrial Marketing and Purchasing Group，IMP）中互动方法的发展。IMP学派探讨了互动的动态本质，并把重心放在关系情境上。在这种情境中，交易各方彼此相互适应，努力实现互惠收益。按照产业市场与采购组织的观点，互动的内涵在于一系列短期社会互动，后者受到把交易各方联系起来的长期过程的影响。这种互动方法认为主要存在七种联系类型，分别是社会联系、技术联系、逻辑联系、知识联系、计划联系、法律联系和经济联系。同时，根据克罗鲁斯的观点，营销是发生在社会环境中的互动过程，关系管理是其中最核心的部分。

当按照社会规范采取行动时，关系各方往往期待着互惠收益，并以个人情感、信任、感激和经理回报的形式体现出来。其中，社会规范常常指对行为的预期。例如，巴戈齐（Bagozzi）把互惠视作关系中的自我控制和相互协调的核心特征。正是由于这种社会机制，关系一方的行动才会导致另一方的补偿行为。实际上，自我利益和关系结果评价是维持和发展关系的基础。人际关系中交易各方的目标是从关系中获得自己无法得到的关系收益。这些收益包括非经济回报和为对方带来价值的利他收益。总之，按照社会交易理论，关系是一种社会结构，存在于控制契约安排的规范之中。不过，该理论无法解释与关系终结相关的过程。

5. 公平理论

公平理论与社会交易理论、相对缺乏理论和公平分配理论具有一定的相关性，具有相同的前提：必须在特定的参照系中，从相对的意义上对结果进行评价。公平理论关注的是对以经济生产率为目标的关系结果进行评价。当交易关系中的感知投入与产出与参照系中的投入与产出不一致时，不公平就会产生。由于交易各方往往需要在交易前对彼此进行评价，角色预期在决定潜在的交易关系的公平水平方面发挥着重要作用。实际上，交易各方都对自己的角色和对方的角色存在着一定的预期。根据角色理论，每个参与者都学会了一组适合于特定交易环境的行为，从而增加了彼此目标达成的概率。如果角色预期不太清晰或实际行为背离预期，角色压力就会影响长期关系。

感知的不公平会导致交易方认为回报过少的认知，产生不满或愤怒情绪，进而会促使其在下一轮活动中改变对关系的投入，导致交易各方的相互猜疑与不信任。通过与对方的投入产出进行比较，或与同一水平上的其他交易伙伴的投入产出进行比较，或与其最佳潜在交易伙伴的投入产出进行比较，交易一方可以确定是否公平。同时，交易关系越密切，交易方感知到不公平的可能性就越大。

虽然公平和否定确认（disconfirmation）都是比较过程，但它们却相互独立且互为补充。一方面，一方的投入产出要与其他伙伴的投入产出进行比较；另一方面，产出也要在预期否定确认过程中与其期望结果进行比较。同时，公平理论与认知失调理论（cognitive dissonance）也存在根本差异。认知失调主要关注人与产品的关系，公平研究则关注群体过程与利益在人员之间的公平分配。相对而言，公平理论更适合于商业交易环境的关系，而不是社会交易环境中的关系。该理论的致命缺陷是缺乏一个统一的框架来解释回报过多的积极与消极影响。

6. 资源依赖理论

资源依赖理论源于组织行为学、经济学、战略管理学，并且超越了对传统的微观经理学范式所强调的内容。这些思想以平衡权力理论、双边垄断和独占理论、集体冲突的相对缺乏理论为基础，假设交易各方追求各自利益并存在"不平等性"，旨在揭示关系控制的提高与依赖程度降低的过程。

许多理论家都把依赖和权力视作解释组织与人际行为的核心。然而，市场营销中有关交易的传统讨论一般都不关注谈判权力的差异和交易中的"不平等性"与不满本质，而资源依赖理论则把资源的影响力和交易关系的依赖程度作为关系研究的重点。交易各方建立关系的目的是提高彼此依赖程度和减少追求短期的个人利益的行为。通过投资于特定资产可以提高依赖程度，但依赖程度的提高可能也会带来风险。只有交易各方权力保持平衡时，他们才可以和平相处，否则可能会带来更多的潜在冲突。例如，当行动者努力控制稀缺资源的时候，权力的不平衡性就会导致冲突。

因此，该理论可以用于分析交易各方关系的互动。交易者往往倾向于增大控制范围和控制权力，同时减少对其他参与者的依赖[1]。在下列情况下，企业的依赖程度变得更大：交易结果十分重要、交易量和比例增加、业务集中在少数交易方、难以找到替代方[2]。不过，由于过度强调影响力和权力，该理论无法有效解释基于信任与合作的长期关系交易行为，而信任与合作往往是关系管理的关键所在。

7. 资源基础理论

资源可以使企业更具效果和效率地生产对一个或多个细分市场具有价值的产品或服

---

① DABHOLKAR P A, JOHNSTON W J, CATHEY A S. The dynamics of long-term business-to-business exchange relationships[J]. Journal of the academy of marketing science, 1994, 22(2): 130.

② KRAPFEL R E, SALMONDD D, SPEKMAN R. A strategic approach to managing buyer-seller relationships[J]. European journal of marketing, 1991, 25(9): 22-37.

务。资源比较优势使企业在最终产品市场上处于优势地位。在社会资源和控制经营规则的社会机构、竞争者行动、消费者行为和公共政策决策等环境因素的约束下，这最终会导致卓越的财务绩效。按照这种观点，企业可以通过基于竞争过程的学习实现创新。

相关理论认为有些合作型关系可以强化竞争优势，这为关系管理提供了理论支持。在新古典理论中，关系并不是资源的组成部分，但今天"关系"却在生产—消费过程中具有越来越大的价值。新古典思维认为，关系是不可销售的（关系是稳定的），具有独特特征（关系是异质的），所以不能视作资源。亨特（Hunt）的资源优势理论认为资源包括财务资源、实体资源、组织资源、信息资源和关系资源。这样，关系被视作一种组织资本以及特殊的、稳定的领先优势资源。随着企业价值要素的重要性日益提高，关系正日益成为许多企业的最重要资产。

虽然上述理论都从特定的视角解释了关系的存在，但它们多是从企业的角度来剖析成本节约、效率提高、利润最大化和关转换成本等，而没有从客户角度来展开研究。实际上，如前所述，关系是一种双向行为与态度，而不是单向的，其构建目的是双方利益的最大化，而不是一般意义上的零和游戏。后续内容将在对客户关系生命周期和客户关系组合管理进行介绍的基础上，从关系双方的角度来剖析构建关系的动因、关系收益和成本与风险。

2.3 客户关系生命周期

在实践中，企业常常会反省和认识客户关系管理的得失要素。例如，在客户关系的发展中，是否会呈现生命周期现象？企业过去投入维系客户关系的资源与客户反应之间有没有密切的关联？在多大的程度上会出现这种关联？其中有哪些因素会影响到客户关系发展的紧密程度？表现出不同关系强度的客户，对过去企业投入的影响因素是否会呈现出一定的差异性？企业是否能满足客户真正的需要？客户对影响关系发展的因素是否存在期望落差？可否成为企业进一步提升管理效果的重点？关系发展的结果是否会为企业带来直接的价值收益？不同的关系强度在未来是否具有不同的客户价值，企业投入的、用来维系客户关系的努力，是否在未来能够产生更高的收益？这些都是在实践中具有深刻影响的关键问题。

当企业相信这种投资可以使其完成目标时，消费者、买方和供应商就会寻求确立和维持特定的关系。这时，人们就可以使用生命周期的概念来描述关系的发展。一般而言，具有比较牢固的关系基础和稳定的关系联结的关系表现出的生命周期较长，它可以为企业提供更多的机会来进一步发展和巩固客户关系。客户关系的生命周期如图 2-3 所示，企业通过识别客户的需求，采用特定的营销手段来吸引客户的注意，使得客户逐渐对企业及企业提供的产品或服务形成一种知晓。在持续认知的基础上，客户开始考虑是否购买企业的产品或服务，关系进入探测阶段。在探测阶段，参与者尝试吸引对方的注意，讨价还价，理解对方的期望、规范和权利。一旦客户决定购买该企业的产品或服务，那么潜在的客户就成为实际的客户。如果企业能够实现有效的挽留，则客户会不断地选择购买该企业的产品，关系得以长期延续并不断拓展。相应地，企业对特定的客户关系的投入也不断增加，并趋于平稳。不过，如果客户对该企业的感知质量水平和满意水平下降或面对其他有吸引力的产品或服务供应，可能会发生一定程度的流失，那么关系生命周期就会进入思异阶段，之后可能在企业的关系强化努力下进入稳固阶段，当然也可能扶摇直下进入终止阶段。

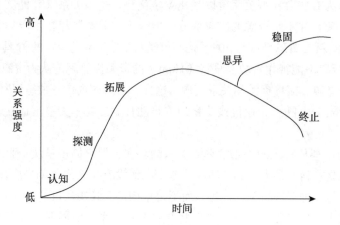

图 2-3　客户关系的生命周期

资料来源：王永贵. 客户关系管理[M]. 北京：清华大学出版社，北京交通大学出版社，2007.

2.3.1　客户关系生命周期的内涵

在传统的市场营销理论中，有关生命周期（life cycle）的观点多以产品生命周期（product life cycle）（包括投放、成长、成熟和衰退）及客户生命周期（customer life cycle）（包括出生、就学、就业、结婚、生子和退休等）发展最为成熟。但对客户关系生命周期的看法却不尽相同，简单来说，客户关系生命周期就是企业与客户之间关系发展的不同阶段。在以前有关客户关系分类管理的文献著作中，如穆勒（Moller）等人通过文献回顾发现[1]：客户关系管理可以立足于不同的关系生命周期阶段（如启蒙、发展、维持与终结等），分别探讨关系营销的利益与机会成本，并可针对各个阶段客户的不同期望与回馈，对各项关系活动进行整合管理。类似地，科特勒等人从客户购买意愿与能力的视角，把客户分为潜在客户、首次客户、常客、主要客户、忠诚客户、事业伙伴及在发展过程中的疏离者或流失客户等，并认为客户关系营销的重点和企业所面临的挑战主要是赢返对企业不满的客户，并强调需要对各种类型的客户给予不同的管理。另外，格雷芬（Griffin）也从客户购买行为的视角，把客户分为八大类，分别为非客户、有效潜在客户、可能的买主、初次购买者、重复购买者、忠实主顾、品牌鼓吹者和沉寂客户[2]。普拉苏拉曼（Parasuraman）利用客户购买行为的发生频率，把客户区分为初次购买者，短期客户（重复购买者）、长期客户（忠实客户）与沉寂客户（流失的客户）四大类[3]。

① MOLLER K, HALINEN A. Relationship marketing theory: its root and direction[J]. Journal of marketing management, 2006(16): 29-54.

② GRIFFIN J. Customer loyalty: how to earn it, how to keep it[M]. New York: Lexington Books, 1995.

③ PARASURAMAN A. Reflections on gaining competitive advantage through customer value[J]. Journal of the academy of marketing science, 1997, 25(2): 154.

类似地，斯托思和伍德科克根据客户关系管理步骤，提出了关系管理的七阶段模型：招募阶段、欢迎阶段、开始了解阶段、账户管理阶段、加强影响阶段、潜在流失阶段和恢复阶段，并依各个阶段提出管理的内容、问题与机会[1]。除此之外，也有人把客户关系的发展划分为关系初识期、矜持期、平稳期、思异期和稳固期五个阶段。实际上，客户关系生命周期对客户集中度和企业盈利能力具有重要影响。把握大客户对企业来说十分重要，但是，帕塔托卡斯挑战传统观点提出客户集中会损害企业盈利能力，需要对客户关系进行更全面的理解[2]。进而有学者提出客户集中对企业盈利能力的影响会随着客户关系生命周期的变化而变化[3]。在客户关系早期，企业为了获得客户，需要对客户进行大量的投资。由于这些投资具有极大的不确定性，对集中的客户进行投资很有可能带来负向收益。但是随着客户与企业关系走向成熟，企业对大客户的了解也不断加深，能够根据其需求进行协调，维护成本降低的同时，大客户对企业产生的价值也大幅提升，客户集中度与企业盈利能力呈现出正相关。由此可见，在客户关系生命周期内动态把握客户对企业的影响十分重要。

2.3.2　客户关系生命周期的管理

在客户关系的不同生命周期阶段，客户的关注重点和企业的管理重点是存在差异的，如表 2-4 所示。一般而言，初识期的客户群往往会关注商品品牌的丰富性、产品与服务质量，与企业对商品、服务或价格的价值观认知的一致性，以及提供商品以外的免费服务等非物质利益；矜持期的客户群一般重视商品品牌的丰富性，产品与服务质量及提供产品以外的免费服务等；平稳期的客户群对商品品牌的丰富性、间接的互动和沟通接触等方面十分关注；思异期的客户群十分重视间接的互动和沟通接触机会等；稳固期的客户群对商品品牌的丰富性、人员服务、企业对商品、服务或价格的价值观认知的一致性、间接的互动、沟通接触以及提供商品以外的免费服务等十分关注。

表 2-4　客户关系管理生命周期的管理重点

阶段	集群特征	管理重点
初识期（认知、探测）	信任与投入程度都相对较低，追求消费习性的一致性和心理品位追求的一致性	重视商品品牌的丰富性 重视产品与服务质量 重视与企业对商品、服务或价格的价值观认知的一致性 提供商品以外的免费服务等非物质利益
矜持期（拓展、投入）	心理与行为因素的平均水平不高，仅比初识期略高，该客户群在心理因素方面的得分相对高于其行为表现，从而显示出内心深处已经对企业形成高度认同，只是消费行为的表现仍趋保守	重视商品品牌的丰富性 重视产品与服务质量 提供商品以外的免费服务等非物质利益

① STONE M, WOODCOCK N. Relationship marketing[M]. London: Kogan Page, 1995.
② NEWMAN J W, WERBEL R A. Multivariate analysis of brand loyalty for major household appliances[J]. Journal of Marketing Research, 1973, 10(4): 404-409.
③ BLATTBERG R C, SEN S K. Market segmentation using models of multidimensional purchasing behavior: A new segmentation strategy designed to provide better information to the marketing decision maker[J]. Journal of Marketing, 1974, 38(4): 17-28.

续表

阶段	集群特征	管理重点
平稳期	在行为和心理因素方面均明显高于初始期与矜持期的客户群，而且与企业的关系已经达平稳状态，愿意提供建议和实际参与合作	重视商品品牌的丰富性 重视间接的互动与沟通接触机会
思异期	在行为和心理因素方面均明显高于初始期与矜持期的客户群，而且与企业的关系已经达平稳状态。但有些客户有尝试作出改变的心理，消费行为可能有妥协倾向	重视间接的互动与沟通接触机会 防止客户转换供应商
稳固期	关系建立最长久，心理与行为因素都表现出很高的客户忠诚，是关系强度最高的阶段，愿意提供建议和实际参与合作，对商品和企业形成了高度的信任	重视商品品牌的丰富性 重视人员服务 重视与企业对商品服务或价格的价值观认知的一致性 重视间接的互动和与沟通接触机会 提供商品以外的免费服务等非物质利益

资料来源：王永贵. 客户关系管理[M]. 北京：清华大学出版社，北京交通大学出版社，2007.

此外，斯托巴卡等人的研究表明：关系生命周期取决于客户挽留[①]。客户关系管理所追求的客户挽留应当是建立在客户忠诚之上的客户挽留，只有这样的客户挽留和赢返才具有稳定性和持续性，而建立在客户转换障碍等基础上的客户挽留很容易因为障碍功能的丧失而失败。

2.4　客户关系组合管理

在以客户为中心的时代，客户是企业最重要的战略资源，建立和保持与客户的关系是企业营销活动的核心。但是，客户关系存在较大的差异性，不同的客户关系对企业的价值也是不同的。如何才能使客户关系发挥出最大的价值？这就需要用到客户关系组合管理的思想和方法。

2.4.1　客户关系组合管理的必要性

对企业而言，在其经营实践的过程中能否正确认识客户关系至关重要。因此，企业必须意识到以下两个方面：①关系是指事物之间相互作用、相互影响的状态，客户关系管理强调了对这种状态的一种管理，但是关系本身却不是企业所要强调的，企业应该看重这种关系能否为其带来利润和竞争优势。只有把关系内化为企业可盈利的资产，这种关系对于企业才有意义。②一个企业不可能只与一个或少数客户打交道。企业面对的客户往往是数量众多的，同时不同的客户对于企业的意义也是不同的。只有那些能够为企业带来利润或无形价值的客户，才是企业进行资源投入和维系关系的重点对象。这就决定了企业不能用一种模式来对不同类型的客户进行管理，而应该是一种组合管理。

---

① STORBACKA K, LEHTINEN J. Customer relationship management: creating competitive advantage through win-win relationship strategies[M]. Singapore: McGraw-Hill Companies, 2001.

客户关系组合管理是结合企业希望实现的营销目标与不同客户的特征，来对所有客户关系进行类别划分，并为每类客户关系制定不同的管理战略，将其纳入资源分配决策中，为营销活动的开展提供依据①。组合管理强调的是一种整合，促使企业能从一个全局性的高度来把握客户关系。企业应该凸显对这种关系状态的营利性要求，并以组合管理来代替关系管理，这样有利于优化资源配置，同时能够保证客户关系管理策略的针对性和有效性。因此，对客户关系进行组合管理具有重要的现实意义。

2.4.2 客户关系组合管理的思路和方法

具体而言，企业可以借鉴产品组合管理的分析思路和方法来管理客户关系组合。产品组合管理依据产品的相对市场占有率和市场增长率两个指标对产品进行划分，形成明星、金牛、问题和瘦狗四个产品象限。其中，相对市场占有率为静态指标，市场增长率为动态指标。在客户资产组合管理中，也可以借鉴以上两个指标来界定客户关系。

在客户关系组合管理中，客户关系组合管理的静态指标就是要识别和监控客户关系的质量，分析当前的客户关系对于企业的意义，可以通过客户当前营利性和客户忠诚加以体现。其中，客户当前营利性是指客户能够为企业带来的利润，也即客户为企业创造价值的能力；客户忠诚的意义在于情感依赖和重复购买的倾向。将以上两者进行组合，可以将客户关系分为四个维度：优质类客户关系、时尚类客户关系、问题类客户关系和低质类客户关系。其中，优质类客户关系是营利性高、忠诚度也高的客户关系，是企业拥有的最好的客户关系，企业只需要花较少的关系维系费用，就可以带来大量利润。时尚类客户关系是营利性高但忠诚度低的客户关系类型。这类客户由于具有较高的营利性，是企业最应该实施影响的一类客户群体。企业应投入大量资源来改进此类客户关系，通过适当的营销策略增加客户忠诚度，使其能为企业带来持续稳定的利润。问题类客户关系是忠诚度高但营利性较低的客户关系。该类型一般是企业资金损失的重要来源，也即企业为维持此类客户关系投入的资源往往无法获得理想的回报。企业应思考如何通过开发新产品或其他途径来提升客户的营利性。低质类客户关系是营利性和忠诚度都低的客户关系，也即双低资产。大量低质类客户关系会影响企业的利润，企业可结合具体情况作出是否放弃维持此类客户关系的决策。

客户关系组合管理的动态指标是用客户所处的客户关系生命周期的阶段变化来表示，它是对客户关系发展潜力的分析判断，即对客户未来的购买量与购买频率的预测。客户关系生命周期体现了两种动态变化：第一，在客户关系生命周期的不同阶段，客户关系为企业创造的价值是不同的；第二，针对客户关系价值的不同，企业对客户关系的管理方法也应该有所差异。由于客户价值在客户关系生命周期中的规律性变化，企业可以据此判断客户关系未来企业创造价值的能力，并依据分析结果为客户关系组合制定针对性的管理决策。当客户关系成为企业获得核心竞争力的战略资源时，企业应当建立客户关系组合管理模型，

---

① GÖK O. Linking account portfolio management to customer information: using customer satisfaction metrics for portfolio analysis[J]. Industrial marketing management, 2009, 38(4): 433-439.

描述模拟管理客户关系发展的轨迹及客户关系组合健康发展的战略；从战略的角度判断企业的客户关系组合，兼顾短期利益和长期利益，保持健康的客户关系组合，使各种阶段的客户关系占有合适的比例。

2.5 客户关系管理的收益、成本与风险

通过上述有关客户关系的理论剖析，我们不难理解客户关系管理的动因及其给关系双方带来的现实收益与潜在收益以及与此相关的成本与风险。根据德威尔（Dwyer）等人有关买卖关系的研究结果[①]，关系营销与管理可以使双方受益。这些收益包括不确定性的降低、增强信任度、提高交易效率、提升社会满意度和通过沟通与协调增大受益的可能性等。下面将分别从企业（供应商）和客户（购买者）两个角度分别进行剖析。

2.5.1 客户关系管理的动因与收益——企业角度

目前，有许多因素共同驱动着客户关系管理，它们决定了客户关系管理在企业竞争优势中的作用，这些因素包括市场驱动因素、客户驱动因素、企业驱动因素和技术驱动因素。其中，市场驱动因素包括竞争环境、产品与服务的标准化、日益降低的转移成本、激进的价格竞争和市场的日趋饱和与成熟等。可以说，有效的客户关系管理是实现差异化和客户忠诚等目标的关键要素。客户驱动因素包括大众营销的终结和一对一营销的日益重要性。大众营销的终结导致了"客户就是上帝"，客户可以自由地获取个性化的产品与服务，可以更好地评价购买的便利性，并有实力要求更多、更好的售后服务。企业驱动因素包括所谓的80/20规则（80%的利润由20%的客户产生）、获取新客户比挽留老客户成本更高、忠诚客户比新客户更有利可图、较长的客户关系可以带来更多的利润、为客户创造附加价值是企业竞争优势的唯一源泉等。技术驱动因素包括互动沟通工具的发展，如数据挖掘、云计算、人工智能等。互联网信息技术的发展以及新型社交媒体的出现使得新的互动渠道的使用成为可能，从而强化了有利可图的客户的挽留水平，并降低了微利客户的服务成本。具体而言，通过客户获取、客户挽留和客户忠诚的培育，客户关系管理可以为企业带来下列收益。

1. 提高销售额、扩大市场占有率和促使客户份额的增加

企业利用客户关系管理所提供的多渠道的客户信息，确切了解客户的需求，增加销售与交叉销售和互补销售的成功机会，进而提高销售收入和企业财务绩效。其中，客户份额指的是在客户总体的购买需求中，供应商所提供的全部产品供应物在其中所占的百分比。简而言之，就是供应商和客户能够进行的全部潜在交易总额中，目前实际交易总额所占的百分比。事实上，目前企业营销管理的重心已经逐渐从市场份额向客户份额转化。

---

① DWYER F R, SCHURR P H, OH S. Developing buyer-seller relationships[J]. Journal of marketing, 1987, 51(2): 11-27.

2. 降低客户对价格的敏感程度，提高企业利润率

一方面，由于对客户有了更多的了解，业务人员能够有效地抓住客户的兴趣点，进行个性化的产品设计、提升产品与服务质量以及开展个性化营销，避免了盲目降价而导致的利润损失，从而提高销售利润；另一方面，与企业建立起长期关系的客户和忠诚的客户往往对价格表现出较低的敏感水平，企业可以在溢价中获得大量收益，实现较高的利润率水平。

3. 提高客户满意程度和获取客户积极的口碑宣传

客户关系管理可以提供给客户多种形式的沟通渠道，同时又确保各类沟通方式中数据的一致性与连贯性，利用这些数据，销售部门可提高客户的满意度和赢得客户的积极口碑宣传，更好地实现客户的推荐价值。

4. 降低市场销售成本和节约服务成本与新客户开发成本

由于对客户进行了具体识别和群组分类，并对其特性进行分析，使市场营销组合和销售策略的制定与执行避免了盲目性，节省了时间和资金，能够达到降低市场销售成本和相关服务成本的目的。同时，利用诸如数据挖掘技术等先进工具，企业可以对潜在客户的反应概率作出估计，并据此采取有针对性的客户获取策略，从而节约了新客户的开发成本。

此外，客户关系管理还可以增强与客户彼此之间的信任和交流，有助于及时对客户的各种需求作出反应，准确而及时地把握客户需求的变化和客户对企业产品与服务的感知与体验，从而促使客户更倾向于原谅企业的某些失误，而且企业可以在必要时采取有效的服务补救措施，从而有利于企业提升经营绩效。实际上，客户相对于企业的价值既包括现实的货币价值与非货币价值，也包括潜在的货币价值与非货币价值，并主要与客户获取成本及获取率、客户挽留成本与挽留率、单位客户利润和附加销售等因素有关。

类似地，从战略和职能的角度来分析客户对企业的价值贡献，可以对客户资源进行有效管理，从而为企业创造出更多的价值，如成本的降低和收益的增加等。例如，通过产品的标准化、流程自动化和降低渠道成本来降低互动成本。实际上，客户对企业的价值，可以通过剖析客户给企业带来的收益和企业为此而发生的成本这两个维度来加以理解，并进一步在客户的战略价值、知识与学习信息价值、作业与经营价值以及财务价值这几个方面体现出来，如表 2-5 所示。不过，需要特别指出的是，对企业而言，不仅不同客户具有不同的价值，而且同一客户在不同时刻也可能具有不同的价值。因此，必须对客户价值进行区分，从动态的角度深入剖析主要客户的历史价值、当前价值和未来价值。

同时，需要特别强调的是：企业收益与客户收益并不是矛盾的，也不是对立的，而且在很大程度上是一致的。对客户收益的追求往往能够进一步对客户行为产生驱动作用，使其朝着有利于实现企业收益的方向发展。例如，为了实现期望的客户收益，客户常常会表现出较低的价格敏感性、较高的忠诚度、积极的口碑宣传、主动的抱怨与信息反馈、对服务补救的理解与期盼、较低的寻求替代关系的动机、对竞争对手诱惑的较大抵抗力、提高购买份额、增加购买种类和购买频率、减少与企业的摩擦等。

表 2-5   客户对企业的价值

价值类型	收益	成本
战略	产品、价值、客户满意与忠诚和竞争定位的增强、更好的供应链整合	作业与生产
知识与学习信息	客户信息、客户偏好、产品开发与改进、技术与网络效应以及客户获取与挽留能力的提升、对市场条件作出反应的能力的强化	作业、学习与生产
作业与经营	市场营销的有效性、可预测的市场需求（推荐、相关销售、销售溢价、长期合约、上市时间、产品开发）	经营的有效性、供应链与后勤（生产、后勤与运输、分销、循环周期、其他方面的时间节约）
财务	收入与利润的增加，如毛利、单位价格、销售量、客户荷包份额的增加；成本的降低	成本，如变动成本、固定成本/分摊、单位成本

资料来源：王永贵. 客户关系管理[M]. 北京：清华大学出版社，北京交通大学出版社，2007.

2.5.2   客户关系管理的收益及其影响——客户角度

关系实际上是企业与客户之间的联系，包括社会联系（如社会支持）、心理联系（与声誉相关的保证）、知识联系（基于专长的知识）和意识形态联系（如伦理兼容性），客户关系管理倡导的是关系持续性、相互尊敬和双赢战略，关系各方所获得的收益是关系得以维系的主要动因。然而，目前有关关系收益的探讨，几乎绝大多数都强调企业收益[1]，并且主要是从效率和效果的角度来探讨的。然而，关系可以在多个层面上存在，社会就是由关系网络构成的，互动就是在关系网络中发生的。因此，企业不应该把与客户的关系与社会关系割裂开来。一方面，供应商可以实现较高的营利性、更好的库存与成本控制绩效、较高的客户忠诚、更大的经营稳定性和营销效率、买卖双方的信息流动。另一方面，通过参与企业的关系项目，客户可以降低不确定性、实现成本的节约、特殊的认可与特惠收益以及易于获取更好的产品等。

实际上，客户关系管理给客户带来的收益主要表现为有形收益与无形收益两大类。其中，有形收益包括货币收益、额外的产品与服务特征、定制化的产品等，无形收益包括得到信息收益、社会地位和自尊心的强化（如被视作有价值的客户、被认可和被尊重等）、社会收益（友谊）与心理收益（信任、信心和焦虑感的减少等）。对于企业类客户而言，良好客户关系的建立和维持还可以帮助其实现更高的绩效水平、获取更有利的竞争地位、可靠的供应、不断改进的交付计划、较低的生产成本、不断缩短的产品开发周期和产品上市时间、不断改进的产品与服务质量和解决冲突的能力以及稀缺的资源与能力等[2]。

除了上述提及的关系收益之外，格温纳（Gwinner）等人还把关系收益划分为社会收益（包括熟悉感、认知感、友情、亲善和社会支持等）、信心（通常与信任和风险规避有关）、源于特惠价格的经济收益、决策的自由度（时间与精力的节约）、额外服务与特别礼遇（如

① HOSMER B E. The loyalty effect: the hidden force behind growth, profits, and lasting value[J]. Consulting to management, 1998, 10(2): 82-83.

② PECK H, PAYNE A M C, CLARK M. Professional relationship marketing: strategy and implementation[M]. Oxford: Butterworth Heinemann, 1999.

礼品与聚会）等①。其中，信心收益指舒适感、安全感、信任感和减少忧虑等；社会收益指人格的认可与友情以及现在服务业中的客户与员工之间的密切的人际关系；经济收益指价格折扣、免费项目以及非货币形式的时间、精力和学习成本的节约以及替代搜寻成本的节约；特别礼遇收益指别人无法享受的特别服务等特惠待遇（如快捷的服务、较低的信息搜寻成本、避免学习成本和比别人更早获得消息等）。在这些关系收益中，信任度排在第一位，是客户重视的首要因素；其次是社会收益和特别礼遇收益。根据斯威尼（Sweeney）等人对服务企业的研究，客户关系收益主要包括作业收益、共生收益、经济收益、定制化收益、战略收益、心理收益和社会收益②，如表 2-6 所示。

表 2-6　关系收益的类型、定义和例子

关系收益类型	定义	测度指标的例子
作业收益	以增值方式实施的作业系统/流程（与服务的推动、开发、创造和交付有关），如公开沟通、特殊支持、跨组织学习方面的时间节约和寻找新客户的时间缩短等	如果存在错误，对方一定会鼎力相助 我们可以集中力量做自己最擅长的事情 我们可以开诚布公地自由交流 我们可以继续进行例行工作
共生收益	源于共享感、相互感、互惠感、公共性、伙伴关系、联盟关系、归属感和共同理解	对方理解我们要实现的目标 我们彼此非常匹配 我们彼此合作 彼此之间存在着真正的理解
经济收益	源于同另一方交易的经济优势（收入与成本节约或推荐作用）、免费项目与折扣或优惠券	彼此交易有望产生更多业务联系 对方提供额外产品与服务，节约成本 对方向我们推荐更多业务 我们的利润得到一定程度的保证
定制化收益	通过产品与服务的定制化为客户创造额外价值	对方愿意提供帮助 可以得到特殊交易和特惠待遇
战略收益	源于竞争地位的巩固等方面的长期战略收益，包括声誉、专长、战略计划、竞争优势、机会和获取分销渠道等	对方有助于提升我们的声誉、技能和效率 对方确保了业务的可持续性 对方有助于业务的长期稳定性 对方在战略计划方面给予很多帮助
心理收益	组织或个人的信任感、自信心以及因此而降低的焦虑感和压力等	对方有助于我们减少压力 对方使我们生活愉快 彼此信赖而分工合作 一旦出现意外情况，对方很能理解
社会收益	组织或个人对亲和力、友情或熟悉感的感知评价以及与直接发生联系的员工的相似程度	我们的关系绝不仅仅是正式的业务关系 我们已经形成了真正的友谊

资料来源：SWEENEY J C, WEBB D. Relationship benefits: an exploration of buyer-supplier dyads[J]. Journal of relationship marketing, 2002, 1(2): 77-91.

不过，虽然可以认为地将客户收益分成不同的类型，但实践中有时很难具体区分特定

---

① GWINNER K P, GREMLER D D, BITNER M J. Relational benefits in services industries: the customer's perspective[J]. Journal of the academy of marketing science, 1998, 26(2): 101-114.
② SWEENEY J C, WEBB D. Relationship benefits: an exploration of buyer-supplier dyads[J]. Journal of relationship marketing, 2002, 1(2): 77-91.

的客户收益，因为往往多种收益同时并存。例如，在许多情况下，客户需要的是整体解决方案，而不是产品或服务本身。举例而言，从事证券买卖的客户购买计算机系统的目的是获得实时证券交易信息和进行网上交易，他们需要的不仅仅是质量可靠的计算机硬件，更需要软件集成、用户培训、维护保养等。今天的客户正变得越来越苛刻、越来越需要个性化服务、越来越挑剔。企业能承担得起剥夺客户的这些权利的责任吗？吸引这些客户是否有利可图呢？事实上，许多从事客户关系管理的企业已经实现了其中的定性收益与定量收益，如表 2-7 所示。

表 2-7　客户关系管理的定量收益与定性收益

定量收益		定性收益
收入增加	潜在的改进范围	
客户赢返的增加	25%~33%	有利于企业的更有利可图的客户关系
服务与叛离率的降低	30%~80%	作业效率的提高
更新率的提高	5%~15%	在各业务单位范围内围绕客户行为建模的能力
获取/潜在客户的增加	27%~45%	通过更有效地利用客户信息来强化营销、产品和渠道项目的能力
活动循环时间的减少	50%~70%	识别一系列客户关系管理项目并为其确定优先次序的能力
交叉销售/升级购买的增加	3%~25%	提高确定目标潜在客户过程的效率
荷包份额的增加	3%~25%	提高营销沟通过程的效率
总体挽留率的提高	50%~200%	制定战略投资计划的能力
伙伴市场渗透的提高	3%~5%	在公司范围内使稀缺资源密切配合的能力
单位获取成本的降低	30%~60%	
邮寄成本的降低	10%~40%	
营销管理费用的降低	8%~10%	

资料来源：改编自 BROWN S A, GULYCZ M. Performance driven CRM: how to make your customer relation-ship management vision a reality[M]. Toronto: John Wiley & Sons, 2006.

2.5.3　客户关系管理的成本与风险

客户关系管理的成本是指客户生命周期内的各种成本。与客户关系管理相关的成本包括获取成本、关系成本和客户挽留成本等（社会成本、心理成本、机会成本等），其中获取成本与客户的态度与行为密切相关。如果客户对某种产品或服务比较认同，其对企业努力作出积极反应的可能性就大，获取成本就低。相反，如果客户有抵触情绪，获取成本则比较高。资产专用性越高，替代的可能性就小，客户获取成本低。关系成本指客户生命关系周期内的各种服务成本。为了有效挽留客户，客户满意和客户价值必不可少，其中产品、服务、交易量和交易频率和交易特性等都会影响关系成本。

此外，为了获取基于客户关系的潜在收益，管理者还必须对一种特殊的成本——转移成本给予足够的关注。按照波特教授的解释，转移成本是一次性成本，指客户转换供应商所必须付出的代价（包括时间与努力程度）。转移成本与持续成本（与产品使用相联系）的概念相对，同时转移成本与转移过程密切相关，但转移成本未必在转移行为发生时马上产生。根据伯恩海姆（Burnham）等人的研究成果，可以把转移成本分成程序转移成本、财务转移成本和关系转移成本三大类①。如图 2-4 所示，程序转移成本主要由经济风险成本、评估成本、调整成本和学习成本构成，并与时间和精力方面的付出有关；财务转移成本主要包括利益损失和财务损失成本，且是可量化的财务资源损失；关系转移成本包括个人关系损失和品牌关系损失成本，主要指由于关系瓦解而给心理方面或情感方面所带来的不适感。作为对策，企业可以着手从客户对产品与市场特征的感知（如产品或服务的差异性与复杂性等）、客户的资源投入（产品自身的用途和客户购买产品的种类）、转换供应商的经验等几个方面入手来管理转移成本，以便实现提升客户投入和忠诚的目的。

程序转移成本	财务转移成本	关系转移成本
● 经济风险成本 ● 评估成本 ● 调整成本 ● 学习成本	● 收益损失成本 ● 货币损失成本	● 个人关系损失成本 ● 品牌关系损失成本

图 2-4 转移成本的类型

资料来源：BURNHAM T A, FRELS J K, MAHAJAN V. Consumer switching cost: a typology, antecedents, and consequences[J]. Journal of the academy of marketing science, 2003, 31(2): 109-126.

在谈及客户关系管理的风险的时候，还有一个不得不提到的风险就是数据隐私风险。尤其是在大数据环境下，客户的数据隐私正在成为越来越多的企业亟须解决的关键问题。一方面，企业为了建立和维持客户关系，进而更好地展开营销活动，往往会通过各种渠道收集客户信息，通过大数据分析来深入了解消费者，进而勾勒出相关完整的顾客画像。可以毫不夸张地说，任何卓越的贴心服务，一定都是以获取客户更详细全面的信息为前提的。但另一方面，在上述过程中，过度收集客户信息以及信息使用的不透明性，反而会引起客户的不满，甚至给客户带来期望之外的损失。因此，把握好其中的"度"，对企业来说至关重要②。也就是说，在客户允许的范围内收集和分析客户信息，可以帮助企业更好地满足客户的个性化需求、提升客户体验，进而提高企业竞争力，但同时也会带来客户隐私泄露的风险，给客户带来损失。因此，保护客户隐私是企业的责任，在企业内部建立数据隐私文化，防止内部人员泄露隐私是客户关系管理的重中之重。对企业来说，教育员工和客户时刻重视隐私保护，避免自满和侥幸心理，可以大大降低隐私泄露的风险③。此外，加大网络安全维护投入，及时更新数据保护软件更新以防黑客入侵也是必不可少的。塔吉特（Target）、索尼（Sony）等知名公司就是被黑客攻击的受害者。例如，塔吉特 4000 万信用

---

① BURNHAM T A, FRELS J K, MAHAJAN V. Consumer switching cost: a typology, antecedents, and consequences[J]. Journal of the academy of marketing science, 2003, 31(2): 109-126.

② MARTIN K D, MURPHY P E. The role of data privacy in marketing[J]. Journal of the academy of marketing Science, 2017, 45(2): 135-155.

③ FERRELL, O. C. Broadening Marketing's Contribution to Data Privacy. Journal of the academy of marketing science, 2017, 45(2): 160-163.

卡号码被从其数据库被盗，为企业和消费者带来了严重后果[1]。

 **资料卡**

顺丰遭遇客户数据泄露

2018年，快递企业顺丰发生客户数据泄露的消息传出后，引起了客户的信任危机，给企业带来了严重的负面影响。经过警方调查，顺丰快递代理商及多名员工参与了该案件，泄露数据包括客户姓名、联系电话和家庭住址等，数量达千万余条，涉及金额高达200余万元。案件背后是企业对客户数据安全保护缺乏重视，管理存在漏洞，给其他企业敲响了警钟。

资料来源：顺丰20万用户信息遭泄露，信息安全很重要[EB/OL]. [2018-05-24]. http://www.sohu.com/a/232775099_100133369.

本 章 小 结

本章介绍了客户关系管理的相关理论基础及演进过程，并对此进行梳理和概括，如新古典微观经济理论、交易成本理论、关系契约理论、社会交易理论、公平理论、资源依赖理论和资源基础理论。它们都有助于客户关系的理解。另外，我们也了解了关系营销、移动营销和数字营销的产生背景和特点，并进一步认识到了关系营销、移动营销和数字营销与客户关系管理的联系。

同时，本章还介绍了客户关系、客户关系生命周期及其管理问题，剖析了客户关系、关系组合管理，进而从企业和客户两个视角探讨了客户关系的收益、成本与风险，阐述了转移成本的内涵及其影响，从而为帮助读者理解各项影响因素及其给企业所带来的挑战和机会提供了借鉴，为读者系统地深入理解客户关系管理的相关理论和全面理解和应用客户关系管理奠定了基础。

关 键 概 念

移动营销：美国移动营销学会将移动营销定义为：基于定位的、由移动设备或网络进行的，通过个性化定制与消费者建立互动关系，使企业与消费者能够沟通交流的一系列（营销）实践活动。

数字营销：是借助互联网、电脑、手机等数字交互媒体来帮助企业实现营销目标的一种营销方式。

关系营销：企业与客户建立并维持长期关系，通过提升客户的信任度和忠诚度成功挽留客户，以获得更多利润的营销方式。

客户关系生命周期：是企业与客户之间关系发展的不同阶段，包括初识期、矜持期、

---

[1] RILEY M, ELGIN B, LAWRENCE D, et al. Missed alarms and 40 million stolen credit card numbers: how target blew it[J]. Bloomberg businessweek, 2014, 13(3).

平稳期、思异期和稳固期五个阶段。

客户关系组合管理：是指结合企业希望实现的营销目标与不同客户的特征，对所有客户关系进行类别划分，并为每类客户关系制定不同的管理战略，将其纳入资源分配决策，为营销活动的开展提供依据的管理方式。

客户关系管理成本：指客户生命周期内的各种成本，包括获取成本、关系成本和客户挽留成本等。其中获取成本与客户的态度与行为密切相关；关系成本指客户生命关系周期内的各种服务成本；转移成本是一次性成本，指客户转换供应商所必须付出的代价（包括时间与努力程度）。

互联网 ＋ 资源

构建超越对手的能力：华为公司的客户关系管理之道

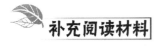

第二部分　客户关系管理战略篇

第3章

客户关系管理的远景与目标

【学习目标】

本章重点介绍客户关系管理的远景与目标。通过本章的学习，读者可以理解客户关系管理远景的要素及其形成过程，正确认识客户关系管理的目标与发展前景，学习客户关系成长的三个维度。在此基础上，初步了解客户资产、客户终身价值及客户营利性等基本概念，为进一步学习客户关系管理提供思路和知识准备。

 引例

北京小米科技有限责任公司于 2010 年成立，是一家专注于高端智能手机、互联网电视以及智能家居生态链建设的创新型科技企业。北京小米科技有限责任公司自成立以来一直保持着快速增长的势头。例如，北京小米科技有限责任公司在 2012 年共售出手机 719 万台，2013 年售出手机 1 870 万台，2014 年售出手机 6 112 万台。在经过 8 年的奋斗之后，在 2018 年，北京小米科技有限责任公司成功在香港交易所上市。在 2019 年，小米手机售出 1.25 亿台，全球排名第四。小米之所以能在竞争激烈的手机市场中立足，其客户关系管理优势功不可没。

"让每个人都能享受科技的乐趣"是北京小米科技有限责任公司的愿景，该公司应用了互联网模式开发产品，并用极客精神做产品，用互联网模式干掉了中间环节。北京小米科技有限责任公司坚信用户就是驱动力，"为发烧而生"是其产品理念，"让每个人都能享受科技的乐趣"是其愿景。小米的客户关系管理正是在这种文化下开展的，具体包括客户识别、客户区分、客户服务和客户忠诚等一系列方案。首先，北京小米科技有限责任公司的目标客户是那些喜欢接受新事物、习惯于网络购物和从网络获取信息的顾客，而且常常对价值有着较高的敏感度。通过与客户建立、培育并维持良好的关系，小米能够贴近市场和用户，及时获取客户的需求信息，并将其迅速转化为定制化产品提供给客户。具体而言，通过数据挖掘技术，小米可以从虚拟社区中所积累的大量客户信息中识别出企业的潜在客户及其需求属性，并以此作为产品研发和小米产品及时升级换代的重要依据。而且，通过对客户潜力、客户价值和客户生命周期进行分析，北京小米科技有限责任公司还将其客户划分为不同的类别，然后为其提供差异化的产品和服务。另外，北京小米科技有限责任公司也格外注重客户回访，善于倾听客户对企业和产品的意见和建议，不断改进自身产品，进而给客户留下了良好印象，提高了客户的满意度和忠诚度，竭力避免发生客户持续流失的现象。

资料来源：根据小米公司的客户关系管理分析[EB/OL]. [2014-11-29] https://wenku.baidu.com/view/73fc23d5f121dd36a22d8246.html.整理。

思考题： 数据挖掘技术在北京小米科技有限责任公司的客户关系管理中发挥了哪些作用？北京小米科技有限责任公司客户关系管理的远景与目标是什么？

在明确了客户关系管理的概念及其理论基础之后，许多企业都会有实施客户关系管理的愿望，并希望借此改进企业的经营绩效，但为了取得成功，企业还必须形成合适的客户关系管理远景、战略、行动计划和实施方案。其中，客户关系管理远景是成功实施客户关系管理的起点。

3.1　客户关系管理远景

客户关系管理可以帮助企业维持长期关系、理解、预测以及管理企业当前与潜在客户的经验并实现其个性化，但这起始于对客户及其需求的清晰理解、对企业及其能力的深入理解和对企业面向内部与外部客户的质量投入水平的评价。换句话说，客户关系管理远景和目标是有效实施客户关系管理的第一步。

3.1.1　客户关系管理远景的重要性

在当今的环境中，有利可图地管理客户关系正变得日益重要，但管理的难度也越来越大：获得越来越多信息的客户具有越来越多的选择，而且转换成本也越来越低，客户忠诚度在不断下降；新的分销渠道和沟通媒体意味着客户互动组合正变得更加复杂、更加难以整合；交付渠道也变得日益复杂；无数强大的技术工具已经出现，但实施起来却相当昂贵；市场和交换正在促使制造商尽可能地靠近客户——抛弃中介环节。越来越多的管理者正在认识到存在诸如此类的问题和挑战，并开始实施相应的对策，从销售自动化到基于网络的客户联系中心等。

首先，建立具有引领性的客户关系管理是企业战略管理的需求。

在实践中，上述那些传统的客户关系管理努力可能是有效的，但它们未必能够为企业带来卓越的绩效。上述措施往往都是策略性的（类似于进行快速的渐进型变化），而不是战略性的或长期的；是对短期客户或成本压力的反应，而不是对长期市场驱动因素的反应。而且，许多企业在管理客户关系实践中，往往会碰到以下难以解决的问题：无法测度客户的价值；缺乏有关客户真实需求的洞察力；缺乏如何以不同方式对待不同相对重要性的客户的战略方法等。显然，如上所述的策略性措施，根本无法系统有效地解决上述难题，企业无法把有限的资源花费在最有价值的客户身上，无法实现客户价值、客户体验质量和交付成本之间的平衡。而一旦无法确保这种一致性和互补性，往往就意味着投资的浪费、重复的努力、不兼容的解决方案和不一致的客户体验，最终严重影响客户关系管理的实际效果。

其次，客户关系管理所要求的测度指标、标准、标杆和创造变革的机制——流程变革、行动变革和组织结构变革和人员能力的变化等——只有在持续改进的努力下，才能够不断完善并得以完美实现。在此过程中，真正可以指导企业走向最终的理想状态并确定相应的行动方案的，显然是客户关系管理的远景和目标。否则，成功实施客户关系管理的道路就会充斥着各种问题和艰险，只能是碎片化的、不系统的客户关系管理，最终也只能是事倍功半。换句话说，如果不能根据企业当前的资源（企业优势和竞争能力）、市场所要求的速度和确保投资合理性所需要的经营收益等因素来建立和调整适合本企业的客户关系管理远景，并使其保持高度一致性的话，客户关系管理实践充其量只能取得有限的短期成功。

最后，客户关系管理远景的重要性已经为众多成功实施客户关系管理的企业所证明。无数企业的成功实践表明：客户关系管理远景不仅可以解决企业所面临的上述问题，而且在回答下列问题方面也扮演着十分重要的角色：企业应该瞄准哪些客户（确定哪些目标客户）？为了更有效地与客户沟通，企业应该如何应对日益严重的、快速的渠道分裂和媒体的复杂性？企业应该如何在客户体验质量、服务成本和客户营利性之间求得平衡？什么是客户洞察力？如何获取和利用这种客户洞察力？企业应该如何对待无利可图的客户？等。事实上，那些成功实施客户关系管理的企业在下列几个方面也都是到位的：确保客户关系管理远景的相关性和活力和一致性，并确保其可以反映不断变化的客户需求；关注实施客户关系管理远景所必需的关键领域，并不断分析绩效信息，以便发现企业是否在有效靠近远景；善于运用绩效信息来监测远景的实现情况，并在新客户需求出现时加以调整；关注企业与其客户关系管理远景一致性的信息：必要的人员变化、企业所取得的进步、改进绩效所需要的内部组织投入、识别变革杠杆要求（如创立变革管理论坛、客户服务培训和新技术解决方案）等。

企业必须从理想的起点——客户关系管理远景开始，而且一定要在具体实施前确保远景与企业的一致性。其中，一致性意味着为了实现这一远景，企业必须存在特定的战略。客户关系管理战略的所有要素都必须符合相同的方向，并共同服务于客户关系管理远景的实现。企业的所有要素/部门也必须以相同的方向前进。而且，这个方向也必须足够清晰，以至于不存在任何疑惑，所有个体都知道企业的努力方向和自己的角色与贡献。

3.1.2　企业远景与客户关系管理远景

管理者可以通过许多方式来界定客户关系管理远景。事实上，单就远景这一主题，就存在着几百本相关论著。下面是有关远景的概括——什么是远景、企业为什么需要远景和如何确定远景，可以为企业建立客户关系管理远景提供指导和参照。

一般而言，远景往往包括以下关键要素：①有关企业未来的远景声明（企业可能具有五年远景，但企业也需要对其进一步细化，以便为企业的短期经营提供指导，明确其在一定时间内可以实现的目标，如一年目标）；②企业使命声明，即期望如何从事经营活动；③核心价值观念的声明（有时或称作指导原则），用来解释完成使命和实现远景的关键所在以及清晰地描述相应的测量标准。

1. 远景声明

远景声明是企业内部（内部客户）和企业外部（外部客户）的参照点。整个企业都要围绕着这一远景展开。没有对远景的强烈投入，企业可能会彷徨并失去目标，也会出现部门孤岛，把各个领域隔离开来；对公司投资形成误导、员工也会缺乏焦点和方向。一旦出现上述问题，可能会导致员工离职、客户服务水平降低和企业收入与盈利水平的降低。

表 3-1 列出了远景的主要构成要素和关键问题。需要注意的是，在客户关系管理远景的建立过程中，企业需要明确关注焦点到底是内部客户还是外部客户以及这种关注的必要性和方向在哪里。

表 3-1　远景的构成要素和关键问题

要　素	关 键 问 题
企业远景	什么是企业最重要的目标和理想的未来状态？ 企业对生存、成长和营利性的投入水平是什么？ 我们从事经营的目的是什么？在从事什么业务？ 应该专注于一个产业，还是多样化？ 如果选择多样化，应该相关多样化吗？
目标客户与市场	企业想要确定的目标市场是什么？ 谁应该是企业的客户，企业希望满足其什么需求？
地理范围	企业应该服务哪些地理区域？ 企业应该在地区、国家还是国际乃至全球的范围内展开经营活动？
主要产品与服务	企业提供的产品与服务范围是什么？
核心技术	企业希望参与什么类型的技术？
竞争优势的基础	企业应该保持哪些独特能力？ 客户在购买产品与服务时，可以获得哪些价值？
价值观	企业拥有的公司价值观和共享的信念是什么？

资料来源：王永贵. 客户关系管理[M]. 北京：高等教育出版社，2018.

2. 使命声明

使命声明是企业核心价值的重要维度，它定义了企业存在的意义，是企业进行所有活动的根本原因。企业在定位自己的使命时，需要尽量以客户为取向，充分体现目标客户需求的满足，如沃尔玛的使命是"使平民大众有机会购买富人购买的商品"，谷歌的使命是"整合全球范围信息，使人人皆可访问并从中受益"。

3. 核心价值观念

企业核心价值观念规定了企业的基本思维模式和行为模式，是企业全体员工衷心认同和共有的核心价值理念。例如，海尔的"真诚到永远"，已经成为海尔的企业文化核心；谷歌的价值观是"永不满足，力求最佳"。相对而言，客户关系管理远景则是客户关系管理的目标和路标，表明客户关系管理的终极目标和努力方向，是企业核心价值观念在客户关系管理领域的真实体现和延伸。

3.1.3　客户关系管理远景的形成过程

首先，客户关系管理远景不能自下而上地产生，它必须与企业当前和未来的客户基础相兼容，并由高层管理者设定和调整，而且保证至少一年定期调整一次。为此，在开始设定这一远景之前，企业需要进行客户需求研究和环境扫描研究。由于远景驱使着各种企业资源（人力资源、财务资源、实体资源、知识产权和竞争能力等）的一致性，上述这些部门的领导必须参与其中。不少企业的成功实践表明：从一个样板企业或其他企业的远景声明为起点，设立企业自身的远景，往往可以起到事半功倍的作用。根据这个样板，结合企业自身的实际情况作出取舍和补充。与此相对，也有一些企业在确定远景声明的时候倾向于一切从零开始，并努力避免受其他企业的干扰。实践证明，上述这两种方法各有利弊，关键是最终能否产生用清晰而明确的语言撰写的、简单的现实的声明。换句话说，远景声明必须具有现实性和可信性。在最终确定科学的远景声明之前，可能要经过多轮的修正和提炼过程。在最终确定之后，才可以启动正式的全员沟通和实施过程。不过，在实践中，沟通并不像听起来那么容易实现。有些企业经常在远景声明的沟通方面投入了大量资金——利用海报、墙报和实时通信等多种手段——但往往在以下方面花费的时间却不够多：解释这种远景声明的重要性、如何利用这样的远景声明、如何对企业整体产生影响，从而影响了最终的效果。不少成功企业的实践表明：小规模的焦点访谈或内部会议是最有效的沟通方式。同时，与自己的客户沟通这样的远景声明也十分重要，具体可以通过特殊的会议/论坛或"一对一"交流等方式来实现。此外，这样的远景声明主要是由高层管理者来确定的，因此他们必须清晰地表示自己对远景声明的大力支持——持续地在自己的演讲和其他沟通机会中展示自己对远景声明的支持，并通过各种手段和运用各种机会向员工展示：这样的远景声明是真正驱动着企业沿着现在和未来方向向前发展的指导方针。当然，他们也需要鼓励那些遵循这种实践的员工，并给予适当的回报。

企业在构建客户关系管理远景和目标的时候，往往遵循如下四个主要阶段：评价当前的经营环境、创建共享的客户关系管理远景草案、尝试变革并建立企业案例、确定重点与计划并进行变革。

1. 评价当前的经营环境

远景确定过程的第一步，是剖析外部市场和竞争环境和企业能力状况。在这种环境分析中，对企业当前的经营状况和现有的竞争能力进行评价。企业是否能够满足客户需要？如果不能，存在的缺口有多大？类似的分析有助于企业根据客户关系管理的外部环境明确现有客户细分的概念、关系及其营利性等。

在这一阶段，对企业当前的客户战略（未必是客户关系管理战略）、竞争环境和现有的细分市场进行评价非常重要。但不幸的是，许多企业似乎对这一阶段并不感兴趣。实际上，他们不想剖析自己目前的处境并确定基准，而是倾向于继续沿着原有的方向发展和快速采用某些技术。这也是为什么有些企业会"突击"进行这种评价，显然这是个明显的错误。在当今"ABCDE新时代"背景下，企业应在该阶段充分利用跟大数据背景相匹配的数据挖掘技术和相应的人工智能技术等，实时收集并分析有关当前市场状况和竞争环境的信息，并通过企业内部会议、访谈和内部信息系统等途径，把定制化的信息传送到企业内部的各级管理者和一线员工，随时做到"知己知彼"。除了提供市场和竞争信息以外，经营环境评价还需要提供有关管理期望的洞察力、战略重点、投入水平和管理人员的专业判断观点等信息，特别是管理人员有关企业应该如何优化客户体验的洞察力信息。而且，在这一阶段虽然并不需要直接进行报告，但企业应该搜寻和记录所有正式的与非正式的有关未来意图的声明，它们往往是高层管理者形成远景的重要输入。

进行客户之音（voice of customers）调查是另外一个重要因素，可以用来获得基于客户本人观点的客户体验感知。一些企业的经验表明：这可能是一项使人畏缩的任务，因为其中常常包括对客户企业的高层经理人员进行访谈。客户之音调查的关键成功标准和分析，应该与访谈方法保持一致，以便提供可供比较的反馈信息。换句话说，所有高层经理访谈都应该运用相同的访谈指南，具有相同程度的客观性。因此，如果是由经过培训的外部咨询人员而不是靠公司员工来完成，那么客户之音调查往往能够更为准确、更加专业。

同时，确保数据收集和分析时刻关注那些对客户关系管理具有重要影响的问题，也十分关键。这样做，有利于确保该团队可以在有限的时间里完成稳健的、基于事实的高质量分析。在这一阶段，应该时刻牢记下列事项：当前的客户关系管理实践是什么？客户关系管理的相关目标和战略是否在整个企业范围内得到了认可和理解？有关客户关系管理的约束因素和经营管理要求有哪些？是否以类似的方式对待所有客户，或一些客户是否比其他客户具有更多的价值？高层管理人员是否对竞争环境有深入的理解？哪些关键驱动因素有可能改变客户关系管理的前景与环境？而且，企业的相关分析还应该有助于解决以下问题。

（1）环境驱动因素——客户关系管理的外部影响因素（外部环境力量、外部环境力量变化的预期影响；企业如何在既定的外部环境力量的影响下开始活动或如何改变外部环境；企业变革的促进因素与阻碍因素；与外部环境力量相关的机会与问题主要有哪些。

（2）企业与职能层次的战略与客户关系管理和当前经营计划的联系（当前的细分客户、企业对客户需求的理解、当前的客户关系管理绩效指标、基于企业视角的客户价值驱动因素、当前的远景、使命和经营计划与预算）。

（3）围绕市场地位和客户关系管理能力的竞争对手分析（竞争对手的优势与劣势、竞争对手的相对财务地位和竞争对手分析）。

（4）客户关系管理伙伴与联盟（供应商和战略经营伙伴与联盟目标、关键的组织界面、与供应商和经验伙伴界面相关的问题与机会）。

（5）客户关系管理组织问题（表明经营单位、服务、位置和人员的组织图；客户关系的治理问题）。

（6）测度指标和回报（能力）（组织绩效管理、个人与团队绩效测度指标与回报与客户关系管理目标的一致性、旨在实现客户关系管理目标的诱因结构的有效性）。

（7）客户关系管理的财务基准（较高客户流失水平分析、客户关系管理组织的成本，如客户获取成本、客户挽留成本和服务成本等）。

除了上述因素以外，企业还需对基于多种渠道和媒体的客户互动的组织和管理能力进行评价。一般而言，如果无法依赖有能力的员工和支持系统来有效地管理客户关系的话，企业最好不要引进过多的渠道来进行客户互动。为此，企业还应该充分考虑以下关键因素：当前与未来的渠道；不同细分客户群体接入各种渠道的差异化问题；现有渠道接入的便利性问题；客户体验的差异化和个性化；企业理解客户需求的程度以及通过所有客户接触点对这些需求作出反应的有效程度（客户、前台员工和管理视角）；企业为实现客户期望而实现的整合程度。在该阶段的后期，企业也需要编写客户关系管理经营环境的摘要，其中包括变革情况、当前客户关系管理的经营环境（市场、竞争环境、客户关系管理战略评价和客户关系管理经营目标等）的评价、详细的客户分析（客户期望、客户细分的主要特征和营利性以及竞争对手定位）、财务基准等。

2. 创建共享的客户关系管理远景草案

这一阶段旨在使企业的利益相关者形成有关客户关系管理未来的共享远景，并开始面向受到变革影响的人员进行深入沟通和交流。在实践中，这一阶段的努力往往有助于企业理解下列情况。

（1）企业应该将哪些客户视为其目标客户？（并非所有客户都具有相同的当前价值与潜在价值，也并非所有客户都偏好复杂关系）。

（2）企业应该如何应对快速的渠道分裂化和媒体的复杂性，以便更有效地与客户进行沟通。目前，交付渠道和新媒体的快速变化（如电子商务），大大地增加了企业和客户所面临的挑战和潜在威胁。

（3）企业应该怎样在体验质量、服务成本和客户营利性之间求得平衡？在实践中，维持与所有客户的高度个性化关系往往是十分昂贵的，企业需要灵活运用 80 : 20 原则（80% 的利润是由 20% 的客户创造的），在对客户进行细分的基础上区别对待不同的客户。

（4）企业所实现的、适当的客户关系管理整合水平，应该随着企业与客户之间的交易和关系的类型而有所调整。渠道、媒体、前台与后台办公系统、职能与业务单位之间的整合往往也是成本高昂的。因此，合理的整合水平，往往有助于企业实现其利润目标。

（5）什么是客户洞察力？企业怎样获得和运用这种客户洞察力？为了持续更新细分客户、感知、需求、客户期望的交付与获取渠道以及公司的交付渠道，企业需要哪些信息？企业可以从哪里获得上述信息？

（6）如何对待无利可图的客户？哪些是无利可图的客户？如何对待他们？企业应该放弃哪些客户？

除此之外，客户关系管理远景还应该包括特定的时间界限，并清晰回答以下问题：企业为什么需要进行变革并实施客户关系管理？客户关系管理远景的战略合理性和市场合理性在哪里？企业的理想客户包括哪些？企业应该如何加以区分向他们提供差异化的服务？企业与客户可能获得的收益分别有哪些？客户未来的体验会是什么样的？客户对这种体验持什么样的态度？等等。

3. 尝试变革并建立企业案例

这一阶段旨在提供结构化的、可重复的过程，以便帮助企业实现和评价客户关系管理转化所带来的价值，并构建起成功的企业案例，以证明这种企业转化的合理性。这一阶段之所以很重要，是因为它可以使企业理解这种转化对企业自身的价值以及对客户的价值所在。同时，它也可以在企业各个层面上激发起变革的动力。一般来说，这里所说的企业案例往往包括如下所述的几个关键要素。

（1）经营理由，阐明为什么要实施客户关系管理？

（2）为了获取相关利益，需要支付的成本有哪些——变革项目的成本是什么？

（3）回报水平——以回收期、折现现金流或内部投资报酬率等表示的总体财务效果。

（4）风险分析——存在的风险的领域和失败的可能性以及如何管理这些风险？

一方面，传统的投资回报率评价方法，如折现现金流或内部回报率等，可以用来评价客户关系管理中的单个项目。另一方面，为了能够赢得持续的努力，企业高层管理者还需要为所有重大收益要素分别配备"所有者"，并由他们专门负责监控相关的进展情况，并及时作出必要的沟通、调整或推广。

4. 确定重点与计划并进行变革

创新变革项目的成功实施，通常会包括一系列具有先后次序的项目与行动方案，以便有效推动客户关系管理远景的最终实现。其中，这里所说的每个项目都应该具有特定的明确范围、人员配备要求和不同的实施方法。

在实践中，这一阶段往往需要与上述第三个阶段密切地协调进行，并充分考量先后次序的重点是否具有合理性。为此，管理者必须切实评价每项活动的相对重要性——主要评价其是否或在多大程度上有助于客户关系管理远景的实现。在此过程中，管理者需要完成如下所述的核心任务。

（1）识别、验证和确定项目的重点，以便实现组织转化并对客户关系管理远景的实现提供重要的支撑。

（2）明确对所识别的项目扮演支撑作用的相关项目和关键要素：界定和确定项目范围、验证该项目确实有助于特定能力的提升并缩小已识别出的缺口、与项目发起人确认项目、最后确定项目范围和估计项目成本。

（3）明确并实际应用重点的确定标准：评价确定重点的一系列标准，在必要时进一步确定各项标准的具体权重，实际运用确定重点的一套标准，统计得分，并反复验证根据上述标准所确定的重点项目。

（4）启动快速实现的项目活动并实施过渡的解决方案。其中，前者指可以在3个月左右时间内完成的项目活动，后者指在长期解决方案付诸实施的时候会被替代或舍弃的中间过渡方案。

（5）以唯一的一体化方式来界定和启动各个重点项目，其中包括项目时机、项目的阶段性、项目组合与治理、倡导人和利益相关者的管理、利益追踪和总成本的核算等。

（6）生成客户关系管理转化项目的集成文档，主要包括具有先后次序的、明确的客户关系管理项目清单、未来客户关系管理的控制和实施路线图以及相应的项目计划——需要细化到具体活动水平的里程碑计划，并进一步思考和明确第一块里程碑、具体的资源要求、成本估计、执行期估算、预期收益、与总体客户管理项目和客户关系管理远景的协调、与企业目标的一致性等。

概括来讲，客户关系管理远景往往包括两项关键因素，分别是最终的理想状态和实现途径。显然，客户关系管理远景应该提供有关解决方案的框架，以便确保它们与其他活动和企业的战略方向一致。具体而言，客户关系管理远景应该清晰地提供以下问题的答案：企业希望同哪些客户群体建立起关系？它们应该是什么样的关系？与这些客户的关系意味着什么？与不同客户群体之间的关系存在哪些差异？这些客户最重视哪些价值要素？特定关系对企业和客户的价值分别是什么？在企业中应该如何实现这一远景？同时，客户关系管理远景还必须能够回答以下问题：企业当前的处境、企业未来的努力方向、两年之后企业将处于一种什么状况？如何实现？在关注焦点、过程和技术、人员以及竞争能力方面存在的主要缺口是什么？为了成功实现转变计划，应该确定哪些重点？

 **资料卡**

客户关系管理失败的原因

许多客户关系管理之所以以失败告终，不是因为客户关系管理作为一种理念或战略存在问题，而是因为高层管理人员对其关注不够或没有以合适的方式加以关注。例如，多数高层管理人员只是在口头中加以强调，但未必真正理解其内涵。

例如，META Group 在预测实施客户关系管理的领先企业的严重失败风险时，对 2 000 家最大的全球公司进行定性访谈（如 Sprint、Nortel network、Eastman Kodak Co.、PNC Bank 等），结果发现：多数企业都没有充分的客户关系管理经营计划，多数企业都对实施客户关系管理项目重视不够。该项研究还揭示出：多数客户关系管理项目都是高度分散的，缺乏共同的远景，存在着许多不相关甚至对立的行动方案，而且多数企业也没有做到以客户为中心或以客户为焦点。META Group 发现多数企业都低估了客户信息的价值、采购完全不同客户关系管理产品与服务，太多地关注电子渠道，没有采用更有价值的测度技术。

该项研究结果还包括如下方面：64%的回答人员缺乏测度客户关系管理经营价值的技术；不到 10%的企业能够测度有形的投资回报；不到 30%的企业开始采取措施来整合运作型与分析型客户关系管理环境;尽管市场上已经把网络——电子渠道——视作主要的客户联系渠道，传统方法如面对面销售、经营伙伴和电话仍然为企业带来95%的收入水平；回答者提供了多种、冲突、常常不完整的客户关系管理界定；78%的回答者把客户关系管理主要描述为客户的要求，22%的回答者认为客户关系管理主要是一组技术和工具。

资料来源：王永贵. 顾客资源管理[M]. 北京：北京大学出版社，2005，有改动.

3.2　客户关系管理的主要目标

关于客户关系管理的主要目标，目前也尚无统一的说法，目前比较公认的是：挖掘、获得、强化和避免流失有价值的现有客户，更好地认识和深入地开发实际的/潜在的客户，避免或及时处理"恶意客户"等。总体而言，实现该目标有三种基本途径：获取新客户、增强现有客户营利性和延长客户关系。本书在总结相关文献的基础上认为：客户关系管理的目标就是要求管理者实现客户关系在更多、更久、更深维度上的发展。

　　如图 3-1 所示，客户关系的发展主要涉及三个维度，进而实现客户关系在多、久、深这三个方面的全面发展。

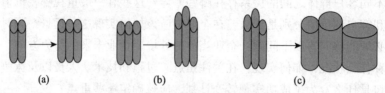

图 3-1　客户关系发展的三个维度

注：一个圆柱代表一个客户关系；圆柱的高代表客户关系生命周期；圆柱的粗细代表客户关系的质量。
资料来源：杨永恒，王永贵，钟旭东. 客户关系管理的内涵、驱动因素及成长维度[J].
南开管理评论，2002（2）：48-52.

　　其中，"更多"意味着客户关系数量的增加，即通过获取新的客户、赢返流失的客户和识别出新的细分市场等来增加企业所拥有的客户关系数量。如图 3-1(a)所示；"更久"表示现有客户的关系生命周期的延长，即通过培养客户忠诚、挽留有价值的客户关系、减少客户叛逃和流失、改变或放弃无潜在价值的客户等方式来延长关系生命周期的平均长度，发展与客户的长期关系，如图 3-1(b)所示；"更深"意味着现有客户关系质量的提高，即通过交叉销售和刺激客户的购买倾向等手段，使客户购买的数量更多，购买的品种和范围更广，从而加深企业和客户之间的关系，提高每一个客户关系的质量，如图 3-1(c)所示。

　　图 3-2 运用坐标图的形式反映了客户关系在上述三个维度上的成长。通过关系在三个维度上的延伸，可以使客户关系朝着更多、更久和更深的方向发展，从而实现客户关系体的不断成长。客户关系体的成长也意味着企业拥有更多、更好的良性客户关系，而这些又都是企业核心竞争优势的重要组成部分。

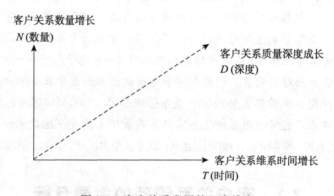

图 3-2　客户关系发展的三个维度

资料来源：杨永恒. 客户关系管理：价值导向及使能技术[M]. 大连：东北财经大学出版社，2002.

3.2.1　"多"——客户关系的数量增长

1. 挖掘和获取新客户是企业增加客户关系数量的重要途径

　　虽然赢得一个新客户的成本要高于挽留一个老客户，但是由于企业不能保证不发生客户流失，因此企业在挽留老客户的同时，也应当发展新客户，补充和稳定客户源。

对大多数企业而言，获取新客户是企业扩大客户基础/实现企业成长的一种重要手段。所谓新客户，指的是以前并不知道企业产品或者以前不消费企业产品的客户，如过去未成年时从未使用过信用卡的客户，在有固定收入后才会考虑办理信用卡业务。

如图 3-3 所示，获取新客户主要包括以下几个步骤：识别潜在客户群、估计客户获取的可能性、制定获取新客户的战略、实施获取有价值潜在客户的营销活动（如促销、电视广告宣传等），最后达到把潜在客户转化为现实客户的目的。

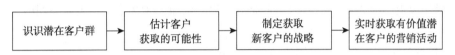

图 3-3　客户关系管理中获取新客户的步骤

资料来源：杨永恒. 客户关系管理：价值导向及使能技术[M]. 大连：东北财经大学出版社，2002.

传统上，识别潜在客户群的一般方法是：营销经理首先根据自己产品的价值属性，选择可能的人口统计特征（如性别、年龄、职业、喜好等）；之后向数据商（Data Vendor）购买符合特征的客户名单、地址和电话；然后再通过信函、电话或其他方式直接与这些客户取得联系，进行产品信息沟通，激发客户的购买欲望，图 3-4 反映了客户关系管理中识别潜在客户的主要步骤。不过，随着潜在客户数量和客户特征的增加，信息和数据量会大大增加，单纯地依靠传统方法已经难以有效辨别目标客户。现代客户关系管理则广泛采用大数据、数据挖掘、人工智能、区块链等技术，探索客户特性与购买行为之间的模式，并据此开展有针对性的精准营销活动，将具有较高潜在关系价值的客户变成公司实实在在的客户。同时，为了获取更多的有关潜在客户的线索，越来越多的企业纷纷尝试通过百度等搜索引擎和微博、微信等社交媒体以及播客、抖音、快手、小红书、企鹅号等短视频平台（如展开内容营销）来引流，然后逐步识别出潜在的客户（群），并实施有针对性的客户获取方案。

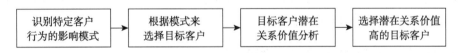

图 3-4　客户关系管理中识别潜在客户的主要步骤

资料来源：杨永恒. 客户关系管理：价值导向及使能技术[M]. 大连：东北财经大学出版社，2002.

2. 赢返流失客户

所谓赢返流失客户，指的是恢复和重建与流失的客户之间的关系，主要针对那些曾经是企业的客户，但是因某种原因而终止与企业关系的客户。对于此类客户，一方面，企业拥有大量关于该客户的数据，便于分析其行为特征和购买偏好等；但另一方面，由于该客户可能是因为不满意企业的产品和服务质量而离开的，因此要改变企业在该客户心目中的形象，使其重新使用企业的产品并非易事。

在决定赢返流失客户之前，企业首先要辨别出拟赢返哪些客户，即企业要从所有流失的客户群中细分出最具有潜在价值的流失客户，根据其价值进行排序，然后再按照排序对有潜在价值的客户重点突破，争取赢返。在这里我们借鉴司道斯（Stauss）和弗雷吉（Friege）提出的细分流失客户的两种方法①。

1）根据流失客户的重生终身价值（second lifetime value）进行细分和排序

对于流失客户，其"重生"后的第二个生命周期的价值将不同于第一个生命周期内的价值，原因主要在于：①流失客户较熟悉企业的产品或服务；②企业能够根据其拥有的大量流失客户的数据，更有针对性地进行产品或服务的设计开发；③与第一次接触的新客户相比，成功赢返的流失客户可以增强企业对客户的认知；④在第二个生命周期内，从潜在客户向实际客户转换的时间会更短。

2）根据流失客户叛逃的原因进行细分和排序

了解流失客户叛逃的原因，有助于进一步分析该客户的赢返前景。司道斯和弗雷吉将流失客户大致分为五类：①蓄意摒弃的客户（intentionally pushed away），即不具有潜在价值而被企业放弃的客户；②并非蓄意摒弃的客户（unintentionally pushed away），即企业努力挽留，但因需求无法得到满足而流失的客户；③被竞争对手吸引走的客户，即因竞争对手提供价值更高的产品（而非价格吸引）而流失的客户；④低价寻求型客户（bought away），即因竞争对手的价格较低，而转向竞争对手的客户；⑤条件丧失型客户，即因客户年龄、生命周期或地理位置的变化而流失的客户①。

在完成上述识别和分类之后，企业需要结合各方面的因素，对流失客户进行综合细分和排序，然后编制完整的赢返计划。一般来说，企业没有必要赢返那些蓄意摒弃的客户、低价寻求型客户和条件丧失型客户②。有关顾客赢返问题，本书将在后面的章节中专门进行深入的探讨。

3. 识别新的细分市场

识别新的细分市场也可以有效地增加企业的客户关系量，如强生公司原来的细分市场是婴儿产品市场，后来经过新的目标定位和市场细分，开始转向给成人推销婴儿用的护肤品，从而开发了新的市场和新的客户。

3.2.2 "久"——客户关系持续时间延长

客户关系管理的首要任务就是构建企业与客户之间的牢固关系，通过培养客户忠诚来实现长期的客户挽留。"久"关注的主要是客户关系的持续时间延长，主要任务就是加强客户忠诚和客户挽留，延长客户关系生命周期。

1. 客户忠诚

很多人经常把客户的重复购买行为视为客户忠诚，实际上客户忠诚可能是形成重复购

① STAUSS B, FRIEGE C. Regaining service customers: costs and benefits of regain management[J]. Journal of service research, 1999, 1(4): 347-361.

② 杨永恒，王永贵，钟旭东. 客户关系管理的内涵、驱动因素及成长维度[J]. 南开管理评论，2002（2）: 48-52.

买行为的一种原因，但重复购买行为并不意味着客户忠诚。真正的客户忠诚，包括行为和态度两个层面上的忠诚，它意味着客户对自己偏爱的产品和服务具有强烈的在未来持续购买的愿望，并且付诸实践，进行重复购买。这种客户不会因为外部环境变化或竞争对手的营销活动而引致行为的转换[①]。关于客户忠诚的概念、维度及影响因素，将在本书第 7 章专门阐述。

格雷芬和劳恩斯坦（Lowenstein）认为忠诚的客户具有五个方面的特征[②]：①有规律的重复购买行为；②愿意购买供应商的多种产品和服务；③经常向其他人推荐；④对竞争对手的拉拢和诱惑具有免疫力；⑤能够忍受供应商偶尔的失误，而不会发生流失或叛逃。

克里斯多弗和佩恩等人提出了"客户忠诚阶梯"模型[③]，如图 3-5 所示。该模型将客户忠诚分为不同的阶段。其中位于客户忠诚梯顶端的是具有伙伴关系的客户；倡导者是积极向他人推荐，为企业做宣传的客户；支持者是喜欢企业，但仅仅被动支持的客户；客户是多次与企业进行交易的客户，这些客户对企业的态度可能是积极、消极或者中性的；采购者指的是只与企业进行过一次交易的客户；潜在客户是企业预期可能会与自己交易的客户。

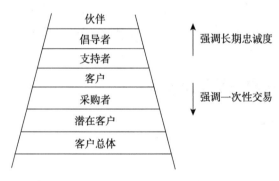

图 3-5　客户忠诚阶梯

资料来源：CHRISTOPHER M, PAYNE A, BALLANTYNE D. Relationship marketing: bringing quality, customer service and marketing together[M]. Oxford: Butterworth-Heinemann, 1991.

企业进行客户关系管理，就是要把潜在客户培养成为采购者、客户、支持者、倡导者，乃至伙伴关系的客户，培育客户忠诚，延长客户与公司的关系生命周期，进而增加客户的终身价值，即增加客户在关系生命周期内为公司创造的利润。

2. 客户挽留

越来越多的证据表明"挽留一个现有客户比吸引一个新客户更经济"[④]。美国学者雷奇

---

① OLIVER R L. Whence consumer loyalty[J]. Journal of marketing, 1999, 63(4): 33-44.

② GRIFFIN J, LOWENSTEIN M W. Customer winback: how to recapture lost customers—and keep them loyal[M]. SanFrancisco: Jossey-Bass, 2001.

③ CHRISTOPHER M, PAYNE A, BALLANTYNE D. Relationship marketing: bringing quality, customer service and marketing together[M]. Oxford : Butterworth-Heinemann, 1991.

④ SCHNEIDER P A. The one to one future: building relationships one customer at a time[J]. Journal of marketing, 1995, 59(4): 108.

汉通过对美国信用卡业务的研究发现，客户挽留率每增加 5%，可为公司带来 60%的利润增长[①]。

客户挽留（customer retention）的一个基本做法就是实时监控和评估客户与企业的关系质量。例如采用每年一次的客户关系调查来探查客户的感知价值、质量和满意度，进而采取相应的客户挽留策略。

客户关系管理系统所提供的客户数据仓库和数据分析技术，可以有效地辅助客户挽留思想的实现。通过对数据库的分析，可以很容易知道企业当前的客户是谁、这些客户的购买行为特征、其为公司创造的收益、相关的服务成本，以及这些客户有怎样的偏好信息。企业通过提供客户决策所需的信息，可以有效地提高客户对企业的信任，培养高度的客户忠诚，实现客户挽留。

格雷芬和劳恩斯坦[②]将客户挽留的对象主要分为两种：留住的客户（retained customer）和危险客户（at-risk customer），其中，前者指的是那些曾经多次购买并且表现出五种忠诚特征中的一种或多种的客户；后者指的是多种迹象表明在未来有可能发生流失或叛逃的客户。对于留住的客户，企业理应通过为客户提供更高价值的产品或服务，培养客户的忠诚度；而对于危险客户，企业则应该积极地探寻客户不满意的原因，针对存在的问题，采用服务挽留或其他措施，力争稳定这种危险关系，将客户拉回企业的怀抱，避免客户流失或叛逃[③]。

3.2.3　"深"——客户关系质量提高

客户关系的深度成长主要是指客户关系质量的提高，即交叉销售（cross-selling）、追加销售与购买升级行为。

1. 交叉销售

交叉销售指的是借助客户关系管理来发现现有客户的多种需求，并为满足他们的需求而销售多种不同服务或产品的一种新兴销售方式；是努力增加客户使用同一家企业的产品或服务的销售方法。事实证明，客户往往会倾向于从同一家企业购买越来越多种类的产品。交叉销售的例子在生活中随处可见，如一家在线书店根据客户的购买记录，向客户推荐其他他们可能需要的相关书籍；一家大型超市把啤酒和婴儿尿布摆放在相邻的货架上，因为当地家里有婴儿的男性客户来购买尿布时，很愿意顺便带瓶啤酒回家。

事实证明，交叉销售是一种培养稳固的客户关系的重要工具。因为交叉销售不仅可以提高现有客户对不同产品的购买率，扩大与现有客户的接触范围，增强与客户关系的支撑力度，分散关系破裂的风险，而且可以大幅提升客户对于企业的忠诚度，减少客户转移到竞争对手那里的可能性，使客户关系更为牢固，从而提高客户关系的质量。

---

① REICHHELD F F. Loyalty-based management[J]. Harvard business review, 1993, 71(2): 64-73.

② GRIFFIN J, LOWENSTEIN M W. Customer winback: how to recapture lost customers—and keep them loyal[M]. SanFrancisco: Jossey–Bass, 2001.

③ 杨永恒，王永贵，钟旭东. 客户关系管理的内涵、驱动因素及成长维度[J]. 南开管理评论，2002（2）：48-52.

2. 追加销售与购买升级

追加销售和购买升级强调的是客户消费行为的升级，客户由购买低营利性产品转向购买高营利性产品的现象。其特点是向客户提供的新产品或服务是建立在客户现行消费的产品或服务的基础之上的。例如，购买海尔计算机的客户，又从海尔公司购买其他计算机外围设备和海尔家庭影院系统等。

必须指明的是，客户关系的三个成长维度并不是严格意义上的划分，而是一种理念上的考虑，以便为客户关系的发展提供清晰的成长方向。事实上，各成长维度之间存在着相互影响和互动。例如关系质量的提高本身就蕴含着关系周期的延长，而关系周期的缩短可能也会导致关系数量的减少。而如果将潜在的客户关系视为一种特殊的客户关系，则新客户的增加可以看作客户质量提高的结果，即关系在数量"多"上的发展是潜在关系在"深"度上发展的结果，将潜在的客户关系变成了现实的客户关系。此外，关系在"深"度上的发展扩大了客户与企业的关系接触范围，你可以分散关系风险，有利于关系在时间"久"上的发展。而且，三个成长方向的实现手段也并非完全独立，为实现某个方向的成长而做出的努力，很有可能促成或阻碍在其他方向上的成长。因此，企业在进行客户关系管理时，应充分考虑各种因素，实现关系在三个方向上的协调发展。

 **资料卡**

施耐德电气：全球能效管理数字化转型专家的客户关系管理秘诀

施耐德电气有限公司（Schneider Electric SA）是总部位于法国的全球顶级电工企业，全球能效管理和自动化领域的数字化转型专家。1836年由施耐德兄弟建立。19世纪，施耐德电气从事钢铁工业、重型机械工业、铁路、轮船建造业；20世纪，从事电力与自动化管理业；21世纪，施耐德电气有限公司为100多个国家的能源及基础设施、工业、数据中心及网络、楼宇和住宅市场提供数字化解决方案。施耐德电气从为企业提供工业产品到智能数字解决方案的制造业数字化服务化战略转型，体现了施耐德电气的客户关系管理秘诀。深挖客户企业行业竞争痛点、管理需求痛点，以智能化产品获取客户，以数字化解决方案挽留客户；施耐德电气不仅拥有稳定可靠的能效管理软件平台，量化精准，透明及时，更有行业经验丰富的优秀技术管理团队，深入客户企业，助力客户企业能效管理和数字化转型。施耐德电气智能的产品和优质的服务在客户企业之间口口相传，有口皆碑，基于优质产品和服务的口口相传成为施耐德电气保持客户关系广度和深度的重要秘诀。

资料来源：施耐德电气官方微信. 改编自：客户解密 | 施耐德电气能效管理口口相传的秘诀？见 https://mp.weixin.qq.com/s/SnHfyxAXuW_JMUqbjRQulg, 2018-08-03.

3.3 客户关系管理的终极目标——客户资产

发展新客户（数量增长）、延长客户生命周期、挽留老客户（持续时间延长）和交叉销售（深度成长），都是客户关系管理的常见策略和方法。实际上，它们都是实现客户关系管理的最终目标——客户资产最大化的有效途径和手段——客户资产的价值提升是实施有效的客户关系管理的关键所在。

3.3.1　客户资产的定义和驱动因素

国外学者在 20 世纪八九十年代就提出了"客户资产"的概念，如 SAS 航空公司的前首席执行官认为：在公司资产负债表的资产栏记录十几亿元的飞机资产价值是不对的，应该在资产栏记录去年企业拥有多少满意和忠诚的客户，因为企业唯一能得到的资产是对企业的服务满意，并愿意再次成为客户的客户。

1. 客户资产的定义

与资产负债表中的股东资产类似，也存在客户资产。所谓客户资产，就是指企业当前客户与潜在客户的货币价值潜力，即在某一计划期内，企业现有的与潜在的客户在忠诚于企业的时间里所产生盈利的折现价值之和[1]。企业要真正实现以客户为中心的经营思想，就必须重视客户的终身价值，把客户作为企业最重要的资产进行经营；通过客户资产的最大化来构建强大的客户忠诚，塑造动态竞争优势和获取持续的超额收益。

2. 客户资产的关键驱动因素

综合来看，客户资产主要受价值资产（value equity）、品牌资产（brand equity）和关系资产（retention equity）这三个关键因素的驱动[2]。其中，价值资产是客户对某个品牌的产品和服务效用的客观评价，主要由产品服务质量、价格、便利性等因素驱动，在客户获取和客户挽留方面扮演着十分重要的角色。品牌资产是客户对品牌的主观评价，是超出客观感知价值的部分，在客户获取中扮演重要的角色。品牌资产在构建认知度、构建情感联系、提高客户重复购买率以及吸引新客户方面作用重大，其构成要素包括客户对品牌的认知度、对品牌的态度和对品牌公司伦理的感知等。关系资产是指客户偏爱某一品牌的商品和服务的倾向，涉及客户忠诚项目、特殊认可项目等，在客户挽留、促使客户购买成熟品牌的产品方面有决定性影响。

客户资产的驱动因素之间相互影响、相互制约，彼此之间有很密切的关系。如图 3-6 所示的"客户资产框架模型"中，价值资产、品牌资产和关系资产三种资产之间相互作用，动态地决定了客户的终身价值，从而决定企业的客户资产。例如，通过创造和交付强大的价值资产，企业不仅可以更有效地挽留客户，促使客户进行种类更多、数量更大的资源投入，不断提升关系资产；同时，还可以帮助企业建立强大的品牌和良好的企业形象，提升品牌资产。

---

① BAYON T, GUTSCHE J, BAUER H. Customer equity marketing: touching the intangible[J]. European management journal, 2002, 20(3): 213-222.

② RUST R T, ZEITHAML V A, LEMON K N. Driving customer equity: how customer lifetime value is reshaping corporate strategy[M]. New York: The Free Press, 2000.

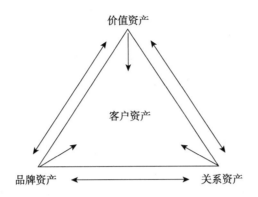

图 3-6　客户资产框架模型

资料来源：拉斯特，齐森尔，勒门. 驾驭顾客资产：

如何用顾客终身价值重塑企业战略[M]. 张平淡，译. 北京：企业管理出版社，2001.

　　但是，对于不同的行业，客户对各种资产及其驱动因素有不同侧重。例如，在汽车租赁市场上，对客户最重要的是关系资产；而对于汽车销售市场而言，客户更看重价值资产，而在价值资产中又最看重质量。因此，企业要能够界定对本行业最重要的客户资产（价值资产、品牌资产和关系资产）及各资产中对本行业最重要的驱动因素，才能制定出有针对性的策略来提升客户资产。

3.3.2　客户终身价值

　　客户资产是所有客户的终身价值折现现值之和。因此，每个客户的终身价值都是影响客户资产的重要因素，本节将介绍客户终身价值（customer lifetime value）的概念及其相关影响因素，并分析客户终身价值与客户资产的关系。

　　1. 客户终身价值的定义

　　近年来，客户终身价值这一概念备受关注，原因在于它是唯一整合了收入、支出及驱动利润的客户行为的、面向未来的衡量尺度。客户终身价值是以客户在其生命周期过程中给企业带来的收入和利润贡献来看待客户价值的概念或计算方法[①]。

　　所谓客户终身价值，就是经过折现的、（某个）客户在未来的整个生命周期内对企业利润的贡献总和[②]，即来自某个客户的未来所有收益的净现值总和。如果不考虑货币的时间价值，客户终身价值就等于客户在生命周期内各个时期客户营利性的简单加总。在计算每一个客户的终身价值时，对该客户的生命周期内不同年度为企业带来的净利润进行折现再加总，就得到该客户的终身价值。通过计算客户终身价值，企业可以有效识别最有利可图的客户群，营销和服务策略也可以相应地作出调整，以获得尽可能多的具有较高终身价值的客户。

---

　　① 泽丝曼尔. 服务营销[M]. 张金成，白长虹，译. 北京: 机械工业出版社，2002.

　　② 拉斯特，齐森尔，勒门. 驾驭客户资产[M]. 张平淡，译. 北京: 企业管理出版社，2001.

2. 影响客户终身价值的因素

客户终身价值具有累加效应，是客户在其生命周期内对企业带来贡献的加总[①]。因此，客户终身价值主要受客户生命周期的长度，以及在生命周期内，每个相关时期的客户营利性和贴现率的影响。

1）客户营利性

现实中从财务营利性的角度看，并非所有客户对企业都具有相同的吸引力，为不同客户服务也未必会产生完全相同的成本。也就是说不同的客户往往会具有不同的营利性，因而在企业现有的客户基础中，未必所有的客户都对企业利润作出直接的积极贡献。实际上，许多公司在客户盈利能力分析之后发现，至少30%的客户是不能为企业创造任何价值的。帕累托定律，即我们常说的"二八"法则也说明，公司80%的利润是由20%的客户带来的。因此，企业有必要计算不同客户的营利性，并据此来制定客户关系管理策略。

（1）客户营利性（customer profitability）的概念。客户营利性指的是"在特殊时期内维护特定的客户关系所能给企业带来的利润"，在数额上等于特定时期内客户带来的收入减去维持成本，反映了特定客户关系的利润创造能力。从定义上我们可以看出，客户营利性是一个绝对的数字。如果企业与客户甲的关系比与客户乙的关系营利性更高，则意味着特定时期内客户甲能够为公司带来更多的正的现金流入。

（2）客户营利性和客户终身价值。客户营利性是决定客户终身价值的一个重要指标，它和客户生命周期结合在一起，就可以计算客户在其生命周期内能够为企业创造的现实的或潜在的价值。在营销文献中，伯杰和纳斯曾经提出了一系列"客户营利性模型"[②]，来计算特定情形下的客户终身价值。不过两位作者并没有提供这些客户营利性模型的实证分析，也没有考虑客户本身的特征和偏好等方面的异质性。韦兰德和科尔总结了计算客户终身价值的方法，将前一期客户营利性作为计算后一期客户营利性的依据。图 3-7 阐述了客户营利性与客户终身价值之间的关系。

在图 3-7 所反映的模型中，存在三个前提假设条件：收入是需求和价格的函数，即在计算收入时要考虑客户的需求量和价格因素；成本是销售、服务和作业的函数，即销售状况、服务水平和作业过程是形成成本的原因；在 t 期的利润等于第 t 期的收入减去第 t 期的成本。根据客户营利性的定义，如果仅仅考虑某个客户，则 P_t 为第 t 期的客户营利性。因此，客户对自身需求的认知程度和对价格的敏感程度也会间接影响客户营利性及其终身价值[③]。

根据图 3-7 所示的模型，前一期的客户营利性和本期企业的投入水平决定本期的客户营利性，如此延续，就可以计算出客户的终身价值。

2）客户关系生命周期

客户关系生命周期（又称关系寿命，relationship lifetime/relationship longevity），指的

① 孙明贵，胡洁云. 基于供应链一体化的客户识别与管理[J]. 软科学，2006（5）：59-62，73.
② BERGER P D, NASR N I. Customer lifetime value: marketing models and applications[J]. Journal of interactive marketing, 1998, 12(1): 17-30.
③ 叶映兰. 基于价值的客户关系管理及其应用[J]. 科研管理，2009，30（6）：172-177.

是企业与客户的关系所能维持的时间，时间周期较长的关系通常具有比较牢固的关系基础和稳固的关系联结，而且为企业提供了更多的机会来进一步发展和巩固这种关系。在第 2 章，我们曾详细介绍过客户关系生命周期及其不同阶段，这里就不赘述。

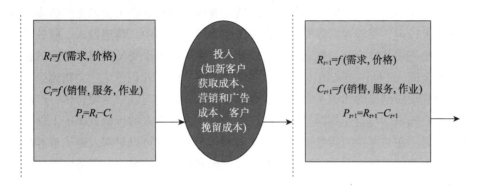

图 3-7　客户营利性与客户终身价值之间的关系

资料来源：WAYLAND R E, COLE P M. Customer connections: new strategies for growth[M]. Boston: Harvard Business School Press, 1997.

3）贴现率

企业的贴现率越高，客户终身价值越小。例如，在通货膨胀率高的国家里，贴现率高，未来销售对企业的贡献就很小，只有当前的销售才能纳入计算，因此当前的销售就是客户的终身价值。在这种情况下，企业就没有动力提高服务质量或加强客户维系，客户终身价值几乎完全由当前的销售所决定。另外，在通货膨胀率低的国家里，贴现率低，在这种经济条件下，未来的销售会形成很大的净现值，这样就会激励企业提高质量，因为未来销售对客户终身价值的影响很大。

3. 客户终身价值与客户资产

客户资产是企业客户终身价值之和，因此常常用客户终身价值来测量客户资产模型，即"客户资产=单个客户的终身价值×客户基础"。而影响客户终身价值的因素除了客户营利性、客户关系生命周期的长度和贴现率以外，还有客户关系的维系成本、口碑效应、营销费用及购买升级等。通过计算客户终身价值，企业可以有效地识别最有利可图的客户群。营销和服务等策略也可以根据客户的终身价值相应地作出调整，以获得尽可能多的具有较高终身价值的客户。图 3-8 提供了一个非常直观的理解客户资产和客户终身价值的模型。在这个模型中，管理者需要关注的绝不仅是以往研究中经常提及的现实客户的货币价值，而是包括不同种类的非货币价值和潜在价值。

如图 3-8 所示，总体上来讲，客户终身价值包括交易价值、推荐价值、成长价值和知识价值四个方面。其中，客户的交易价值是指构成核心交易/关系的产品与服务的现金流，是客户直接购买为企业提供的价值，是企业从客户那里获得的核心价值。推荐价值主要指口碑与推荐等因素而形成的新客户关系所带来的现金流。例如，购买了海尔产品和服务的某些客户，向他人推荐海尔产品或海尔品牌，从而说服他人深信海尔品牌/产品，并在需要时发生购买行为，与海尔公司建立起新的关系。在实践中，口碑沟通在决定和影响消费者的态度和行为方面，扮演着十分重要的角色。例如，卡茨（Katz）等人发现：在影响消费者转换产品与服务品牌方面，口碑的效果往往是报纸与杂志广告效果的 7 倍，是个人销售的效果的 4 倍，是收音机广告效果的 2 倍[①]。实际上，积极的口碑往往把开心的、生动的或新颖的经验联系起来，并向他人推荐，从而给企业带来超出其购买价值之外的推荐价值。为了强化积极口碑，管理者需要充分发掘关键驱动因素。其中，情感投入、服务质量和客户感知价值是三项非常重要的驱动因素。成长价值主要指源于交叉销售和较高的荷包份额等渠道的现金流，又称作交叉销售/追加销售/升级购买价值。知识价值主要指因企业与客户之间的密切互动而创造的知识所带来的现金流。例如，通过与客户密切合作，广泛理解吸收和运用客户知识，与企业共同开发定制化的产品，由此带来的价值就属于上面所说的知识价值。同时，在与客户的频繁而密切的互动中，企业不仅可以更深入地了解客户需要，为客户提供更好的服务，而且可以把这种专长运用到面向其他客户的服务中去，从而使企业的整体服务水平不断提高。此外，企业对客户需求的理解能力和快速反应能力本身也是一种可以运用到不同客户服务过程中去的独特知识，而由此带来的价值，同样也是知识价值的一种体现。

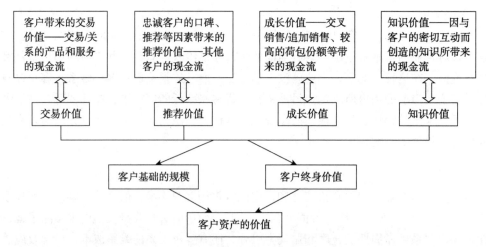

图 3-8　客户资产与客户终身价值结构

资料来源：王永贵. 客户资源管理[M]. 北京：北京大学出版社，2005.

　　客户资产的每一种价值源泉，又是由许多其他因素所驱动。例如，客户对待特定营销活动的反应率，除了与客户自身的偏好和习惯等因素有关以外，还会受到企业产品与服务的质量、竞争情况和企业与客户的关系等因素的影响。无疑，这些都为企业更有效地管理客户资产提供了思路。因此，在计算客户终身价值及企业客户资产的价值时，应该把这些潜在效果及价值计算进去，而非仅仅计算客户的表面货币价值。在实践中，要想提高客户终身价值，可以通过增强客户关系和提高客户营利性等途径来实现。

---

　　① KATZ E LAZARSFELD P F, ROPER E. Personal influence: the part played by people in the flow of mass communications[M]. Illinois: The Free Press, 1955.

3.3.3　客户资产价值最大化管理

企业进行客户资产管理的最终目标是客户资产最大化。因此，企业在作出经营管理的生产、经营、投资等任何一项战略决策时，都必须参考是否能达成客户资产最大化这一标准。有效的客户资产管理是建立在客户细分的基础上，通过扩大潜在的客户基础和充分利用已有的客户基础，以及资源的有效配置，针对每个客户终身价值进行系统的客户资产管理，达到客户资产最大化的目的。具体来讲，要使客户资产最大化，可以从以下几个方面入手。

1. 实施客户基础管理

客户资产主要取决于客户终身价值和客户基础两个方面。因此，企业需要识别新的有价值的客户来扩大企业客户基础，同时充分运用客户基础，深入开发已有客户，提高客户份额。通过数据挖掘、人工智能等技术深入分析客户，为客户细分、客户保留和客户满意度等方面的决策提供支持，在客户关系的多、久、深三个维度上进行客户基础拓展，避免客户流失[①]。例如，现在很多银行常常会通过交叉销售或组合销售来开发已有客户，提高客户份额。银行客户经理不仅可以向个人客户提供储蓄账户服务，还可以同时提供信用卡、消费信贷、保险、住房贷款和财务咨询等业务方面的服务。

2. 实施客户终身价值管理

由于客户在不同生命周期会有不同的需要，客户生命周期阶段的变化往往会影响行业发展趋势。因此，企业可以根据客户的生命周期实施客户终身价值管理。一般客户生命周期包括四个阶段：获取期、成长期、成熟期和衰退期。公司可以通过了解客户不同生命周期的不同需求来开发商品或服务，满足客户在生命周期的不同阶段表现出的事件需求，实现营销和销售的精确化。例如，欧莱雅针对 18~25 岁女性推出了清润天才保湿系列产品，主打补水、滋养、锁水功能；为 25~35 岁女性提供玻尿酸水光充盈系列产品，强调初老期的细纹修复功能；为 35~45 岁的女性提供复颜抗皱紧致系列产品，强调对皮肤修护力；为 45 岁以上女性提供金致臻颜系列产品，强调深层滋养和抗衰老功能。这样一来，客户可以根据自己的年龄选择欧莱雅品牌下不同系列的产品，在整个生命周期内与企业建立更长期的关系，从而为企业带来更多的利润。

3. 实施客户体验管理

在客户中心的时代下，传统交易中的信息不对称性不复存在，客户拥有更多的选择权和主动权，企业难以维护客户忠诚；另外，客户越来越多地根据他们的总体感受来评价为其提供产品或服务的企业，这虽然是客户的主观感知，但并不是不可衡量的。研究表明，平均而言，75%的客户会在下载企业应用程序后 90 天内停止使用该程序。企业想要获得长期成功，不仅需要吸引客户，更要能够留住客户[②]。因此，企业需要对客户体验进行管理，

---

① 李雪菁. 基于数据挖掘技术的电子商务客户关系管理[J]. 计算机与数字工程，2018，46（9）：1834-1838.
② HAMILTON R W, RUST R T, DEV C S. Which features increase customer retention[J]. MIT sloan management review, 2017, 58(2): 79-84.

将客户体验做到极致，这是企业持续盈利的核心优势[①]。实施客户体验管理需要把握企业与客户的每一个接触点，包括怎样设计产品和服务、怎样构建消费场景的每一个细节，提高客户浸入感、怎样与客户沟通等。例如，海底捞对企业客户接触的每一个瞬间进行系统的规划，对客户有求必应，服务无微不至，吸引了大批回头客。

4. 建设以客户需求为导向的差异化营销渠道

随着渠道影响力在消费者购买决策中的作用日益上升，从客户资产管理的角度看，企业还应该从成本、效率、消费者偏好及客户关系建立能力等维度出发，进行渠道差异化建设与整合，实现渠道资源的优化配置，甚至实现卓越的全渠道管理。例如，良品铺子在 2018 年开始转型，整合线下两千多家门店、本地生活（如美团外卖、饿了么外卖等）、电商平台（如淘宝、京东等）、社交电商（如微信、QQ 空间等）和企业 App 这五大渠道，实现了数字化的全渠道营销。在此模式下实现客户数据共享，使企业可以全面了解客户的购买渠道、购买商品、购买频率、利润贡献等详细信息，从而更有效地开展自己的营销活动。2019 年，良品铺子的净收入为 3.34 亿~3.66 亿元，同比增长了 40.02%~53.43%。

5. 以客户为导向的内部业务流程重组

只有实现内部业务流程与客户需求取向，即购买力和消费习惯相匹配，才能使企业获得更高的客户满意度，进而使自己在营销和客户服务上的投资"物超所值"，最大化企业的客户资产。例如，苏宁易购根据客户需求逆向推动企业内部业务结构调整，建立了智慧零售生态圈。最终，苏宁易购形成了以苏宁易购广场为主体、苏宁易购云店、苏宁易购服务站为"两翼"以及苏宁小店、苏宁红孩子母婴、苏鲜生精品超市等专业零售店的"一大、两小、多专"的全业态群。苏宁易购在提高客户购物便利性的同时，提升了客户消费体验，以此增加了客户黏性。

6. 利用数据挖掘技术进行数据库动态管理

利用数据挖掘技术，有助于提高企业识别和满足客户需求的能力，实现客户资产最大化。为此，企业首先要构建综合的、一体化的、动态的客户数据库，这是利用数字挖掘技术的基础。通过构建和维护客户数据库，企业可以不断挖掘现有客户潜力，并且随着客户的成长、演进和变化，不断调整对客户的理解。例如，通过记录客户的购买历史及企业的营销活动，企业就可以生成当前客户的简要信息，如客户的特征、偏好和价值潜力等。这样就可以更好地掌握客户购买情况，识别盈利能力强的客户进行更有效的目标沟通，减少在盈利能力差的客户身上所花费的成本，促成交叉购买和购买升级。

在实践中，数据挖掘是一个周而复始、循环往复的过程。利用数据挖掘技术来分析和管理客户数据库，企业首先需要确定自己的目标，才能为实现该目标而收集全面的客户数据，进而设计有针对性的分析模型。一般而言，对数据进行处理是数据挖掘中最重要的过程，也是花费时间和精力最多的过程，主要包括以下四个步骤：①数据过滤，排除不符合要求的数据。②预处理，这一过程可能需要整合来自不同数据库的数据并将其标准化等操作。③数据分析。在代入模型之前，企业需要初步认识和分析经过预处理的数据。④数据准备。这是最关键的一个步骤，需要选择所需变量、创建新变量以适用于模型，确保分析有效。完成数据准备之后，企业要设计模型并选出最佳模型，并不断解决分析过程中遇到的问题。最后，企业需要对模型进行评价，判断其是否实现了设定的目标①。

按照企业需要挖掘的数据模式的不同，可以将数据挖掘的分析方法划分为以下四种类型。

（1）关联分析。该分析注重挖掘数据之间的隐含关系，例如我们网上购物时，经常可以看到购买了此件商品的其他用户还购买了哪些商品，促成交叉购买和购买升级。

（2）序列模式分析。该分析虽然也关注数据间的关系，但是分析重点是其前后顺序。如果几件商品的购买具有特定的前后顺序，在顺序在前的商品交易完成后，企业就会为客户推荐顺序在后的商品，在节约客户时间的同时，为企业带来了更多利润。

（3）分类分析。该分析的目的在于对不同的对象进行归类。例如，企业会通过分析客户消费行为判断哪种客户对价格更敏感，以帮助企业决策。

（4）聚类分析。该分析是要将客户分成不同的群体，不同于分类分析的是，在聚类分析前，企业工作人员并不知道分类标准和类别数目。因此，聚类分析后往往需要专业人员来解读结果。例如，企业往往会对不同类型的客户采取不同的传播媒介和促销方案，以实现企业利益最大化②。

在当今的"ABCDE新时代"，伴随着人工智能、区块链、云计算、大数据和新兴技术的蓬勃发展，诸如机器学习、数据可视化和专家系统等技术的理论与实践也实现了深度融合，这对数据挖掘技术而言既是机遇，也是挑战。随着应用范围更加广泛，数据挖掘的价值主要体现在以下五个方面。

1）多媒体数据挖掘

随着时代而变化，客户的数据的数量不断增加，结构也变得多元化、复杂化和动态化，传统的数据挖掘方法往往不能满足企业对图片、视频和音频等多媒体数据的挖掘与分析；另外，无人驾驶和无人机的使用、公安天网工程的开展和智慧医疗项目的应用都对数据挖掘的速度和质量提出了更高的要求，需要开发更加快速、高效、智能的算法，以满足即时挖掘、动态管理的需求。

2）金融领域潜在数据挖掘

在信用卡业务中，对于客户违约的预测数据具有很高的实用性和有效性。例如，对于信用卡异常行为的检测、风险控制的预测可以帮助企业提前决策，避免或减少企业损失；对于优质信用客户行为的预测可以帮助企业制订符合其需求的营销计划、客户保留计划等。

3）数据挖掘算法的改进

在使用数据挖掘技术处理海量数据时，算法需要在其精度和速度上进行改进，提高获取和分析效率，并对其结果进行可视化。

---

① 徐光宪，刘建辉，李敏. 数据挖掘在CRM中的应用研究[J]. 科技管理研究，2005（10）：174-176.

② 汪毅，朱顺泉. 数据挖掘技术在客户关系管理中的应用研究[J]. 软科学，2003（2）：47-49.

4）隐私保护

利用数据挖掘技术解决实际问题，难免会涉及客户的隐私数据，如在研究某些疾病与个人特征的关系时，需要很多人们不愿透露的信息。近年来，隐私保护成为热点话题，不泄露客户隐私，对数据进行脱敏、加密等处理，将成为数据挖掘的另一个重要方面。

5）数据挖掘技术与其他系统的集成

数据挖掘不是几个算法就可以实现的，特别是在数据量日益增加、结构日益复杂的今天，它需要其他系统有序地配合与集成才能解决实际问题，实现预计的效果，实现数据挖掘的优势。除自身研发之外，企业还可以通过外部合作来增强自身优势，如中国联通和腾讯展开合作，提高企业客户信息安全保护技术、反金融诈骗技术等；中国联通和中国移动联合建立了大数据实验室，跨平台数据整合提高了企业的数据挖掘能力、网络安全技术和产业链整合水平等。

这是一个"数据为王"的时代，各行各业都需要利用数据挖掘技术来支持决策和减少风险，以增强自身优势，并实现资源的优化配置。

 **资料卡**

屈臣氏的客户沟通之道

屈臣氏注重客户沟通和数据挖掘，是这方面成功的典型。通过不断地互动沟通，屈臣氏能够准确把握客户对产品的需求；通过对客户基本信息及其交易数据进行挖掘，屈臣氏可以了解其目标客户的消费习惯以及其他品牌不同功能的产品的销售状况。基于此，其推出的每一款产品设计都是以客户需求为导向的，从产品功能到包装颜色都是根据客户偏好设计的，大大降低了产品研发的风险。

由此可见，数据挖掘技术可以帮助企业及时捕捉客户需求，为企业带来持续的利润。

资料来源：从客户关系层面看 CRM 发展[EB/OL]. [2019-05-02]. http://www.sohu.com/a/324351681_120109735.

3.3.4 客户资产与客户资源管理

如前所述，客户资源管理以企业与客户的双向资源投入与管理为特征，是旨在影响和塑造客户投资于企业中的资源类型与数量的一种努力；是从扩大潜在的与现有的客户基础和充分利用现有客户基础两个角度，通过实施特定的管理活动，有效地运用相应资源谋求企业期望的客户资源投入组合的过程。由此可见，客户资源管理是为了优化营利性、收入和客户满意而围绕客户细分来进行的培育客户满意行为的战略，是最大化长期客户资产的系统方法。

而客户资产也为有效的客户资源管理决策提供了新的战略思想，为管理者识别出需要发掘、挽留、避免或放弃的客户个体或客户类型奠定了基础，并进而促进了企业期望的客户资产资源投入。根据客户资产的观点，对客户资源进行管理的最终目的在于客户资产的最大化。而具体途径只有一个，即努力增加客户与企业双方的资源投入，并确保二者之间的匹配关系。其中，最重要的是通过适当的企业资源投入，尽可能地刺激客户增加对企业的资源投入，而且这种投入不仅包括可见的、易于衡量的经济资源关系投入，还包括那些无形的、不易衡量的、易被忽略但却十分重要的非货币性投入。因此，客户资源管理的重要一环，就是科学地判断企业所期望的"客户投入资源的组合"和深入理解不同类型资源的可交易性，只有这样，才能在获取和挽留客户资源投入方面处于优势地位。

1. 企业资源投入与客户资源投入

根据夫阿（Foa）等人所开发的"LSISGM"模型，企业的资源投入包括友爱/忠诚、声誉/地位、信息、服务、产品与货币等[①]。而客户资源投入包括购买行为、口碑沟通、产品和服务咨询、提高购买量和购买频率、交叉购买和追加购买等。企业可以通过有效的客户资源管理，成功影响客户在企业中所投入的资源组合，从而达到双赢的效果。企业需要针对不同客户群体，实施相应的客户资源管理策略，以便努力推动和优化客户对企业的资源投入与保证企业面向客户投入相应的资源。借鉴企业资源理论的观点，客户资源管理有助于理解客户的资源投入和企业用来管理这些资源投入的过程。例如有些企业特别强调客户的有形资源投入，如货币等，而另外一些企业可能更强调面向客户的无形资源投入，如客户知识等。因此，为了有效地管理客户资源，企业需要首先清楚自己期望客户投入资源的类型与规模，建立成功吸引客户投入这些资源所需的激励机制。

2. 客户资源投入与企业资源投入的匹配

有关研究已经表明：人们往往更倾向于交换"类型相似的资源"，如以社会资源交换社会资源或以经济资源交换经济资源；而不是用类别相差很大的资源进行交换，如以社会资源交换经济资源或以经济资源交换社会资源。例如，当一个客户对企业进行社会投资的时候，他所期望的很可能并非经济资源的回报，而是从企业那里得到相应的社会资源回报。因此，企业从客户的社会投资中得到的好处并不是没有代价的。例如，尽管企业都希望得到客户的信任和投入，但客户可能因为担心企业的销售人员侵犯其信任或投入而拒绝这些资源的投入。一般来说，当客户在企业中投入多种资源时，客户就会对企业表现出更强烈的忠诚感。

3. 资源投入的无效性

当企业期望的客户资产概况与实际情况出现差异时，"投资的无效性"就有可能出现，即有些客户可能在企业中进行了大量的社会投资，但经济投资却很少，而有些客户可能在企业中进行了大量的经济投资，但社会投资却很少。例如，企业的一个小客户可能要求获得与企业的大客户相同的待遇，但并不购买或没兴趣购买企业提供的营利性最大的产品和服务。在这种情况下，企业可能在该客户身上投入了一定的时间和努力，但却无法从该客户那里得到相应的回报，实际上就是由于该企业没有从该客户那里收到理想的资源组合，

---

① FOA E, FOA U. Resource theory: interpersonal behavior as exchange[M]//GERGEN K J, GREENBERG M S, WILLIS R H. Social exchange: advances in theory and research. New York: Plenum Press, 77–94.

这种情况也是一种企业资源投入的无效性。这种企业与客户关系的维系，主要是靠企业的努力来完成的。此时，企业必须就"接受、转移或终止这种投入的无效性"作出决策，因为对于企业与客户而言，一方的资源投入常常意味着另一方的报酬。不过，需要明确的是，无论是何种资源类型，对于交易各方而言，并不是所有的交易都能够等价或者以相同的数量与规模进行。

本 章 小 结

确立客户关系管理远景和目标是成功实施客户关系管理的起点，它们明确了客户关系管理的目标与路标，表明了客户关系管理的终极目标和努力方向。企业需要确定客户关系管理远景，来更好地进行客户关系管理。在构建客户关系管理远景时，往往必须遵循四个阶段，分别是评价当前的经营环境、创建共享的客户关系管理远景草案、尝试变革并建立企业案例以及确定重点与计划并进行变革。

客户关系成长存在三个主要维度。相应地，客户关系管理目标是客户关系在多、久、深三个维度上的增长。客户关系的"多"即数量增长，指的是新客户的获取、流失客户的赢返以及识别出新的细分市场；"久"即客户关系维持时间延长，包括客户挽留与客户忠诚的培养；而客户关系的深度成长主要指的是交叉销售、追加销售/购买升级、发展新客户（数量增长）以及延长客户生命周期。挽留老客户（维持时间延长）和交叉销售（深度成长）都是客户关系管理的策略方法，而客户关系管理的最终目的是实现客户资产的最大化，这是实施有效的客户资源管理的关键。

客户资源是所有客户的终身价值经过现值折现之和。通常，客户资产受到三个主要方面的因素驱动：价值资产、品牌资产和关系资产。客户终身价值是经过折现的、某个客户在未来整个生命周期内对企业利润的贡献总和，既受客户生命周期的长度和在生命周期内每一个相关时期的客户营利性和贴现率的影响，也受客户的推荐价值与知识价值等非货币价值的影响。根据客户资产的相关观点，对客户资产进行管理的最终目的在于客户资产的最大化，具体途径有实施客户基础管理和客户终身价值管理等。其中，努力增加客户与企业彼此双方的资源投入，并确保二者之间的匹配关系，是最大化长期客户资产的系统方法。

关 键 概 念

客户关系管理远景：是客户关系管理的目标与路标，表明客户关系管理的终极目标和努力方向。客户关系管理远景具有两项关键因素，分别是最终的理想状态和实现途径。

交叉销售：指的是借助客户关系管理来发现现有客户的多种需求，并为满足他们的需求而销售多种不同服务或产品的一种新兴销售方式，是努力增加客户使用同一家企业的产品或服务的销售方法。

追加销售/购买升级：强调客户消费行为的升级，是指客户由购买低营利性产品转向购买高营利性产品的现象，其特点是向客户提供的新产品或服务建立在客户现行消费产品或服务基础之上。

　　客户资产：是指企业当前客户与潜在客户的货币价值潜力，即在某一计划期内，企业现有的与潜在的客户在忠诚于企业的时间里，所产生盈利的折现价值之和。

　　价值资产：是客户对某个品牌的产品和服务效用的客观评价，主要由产品服务质量、价格、便利性等因素驱动。

　　品牌资产：是客户对品牌的主观评价，是超出客观感知价值的部分。

　　关系资产：是指客户偏爱某一品牌的产品和服务的倾向。

　　客户终身价值：是经过折现的、（某个）客户在未来整个生命周期内对企业利润的贡献总和，即来自某个客户的未来所有收益的净现值总和。

　　客户营利性：指的是在特定时期内维持特定的客户关系所能给企业带来的利润，在数额上等于特定时期内客户带来的收入减去维持成本，反映了特定客户关系的利润创造能力。

　　客户资源管理：以企业与客户的双向资源投入与管理为特征，是旨在影响和塑造客户投资于企业中的资源类型与数量的一种努力，也是从扩大潜在的与现有的客户基础和充分利用现有客户基础两个角度，通过实施特定的管理活动，有效地运用相应资源谋求企业期望的客户资源投入组合的过程。

互联网 + 资源

本章案例

远景领导人实现的"世界上最大的书店"

3.1

思考与练习题

3.2

补充阅读材料

 参考文献

 客观题

自学自测  扫描此码

第4章

客户关系管理战略与过程模型

【学习目标】

通过本章的学习，读者需要从两个层面来理解客户关系管理：从管理理念的层面上看，企业需要运用客户关系管理理念来推动管理思想、模式、机制和业务流程的变革，即把客户关系管理上升到企业战略的高度；从技术层面上看，企业需要配置客户关系管理系统来推进新的管理模式和管理方法的运用。这两个层面相辅相成、相互作用。一方面，客户关系管理所蕴含的思想和理念是客户关系管理系统发挥作用的基础；另一方面，客户关系管理系统则是支撑管理模式和管理方法变革的工具。在本章，我们将着重分析企业如何在管理理念层面上部署客户关系管理战略。

 引例

上海通用汽车有限公司成立于 1997 年 6 月 12 日，是由上海汽车工业（集团）、通用企业公司各出资 50%组建而成，是我国汽车工业第一家获得 QS 9000 质量体系认可的汽车制造公司，逐步形成四大品牌、十五大系列、众多品种的产品矩阵。为应对汽车消费市场结构变化以及市场竞争加剧，公司实施 CRM 战略。公司深刻认识到了解客户是成功之本，因此采用 mySAP CRM 实现端到端的全面客户关系管理，推动企业管理全面信息化，助力 CRM 项目的快速实施。

上海通用汽车有限公司利用 mySAP CRM 与后台 ERP 系统（mySAPR/3）的集成，能够实现对各个业务环节的管理，具体如下：①记录客户信息。通过电话、传真、邮箱、手机短信和互联网等多种方式的联系，记录客户的信息。②处理客户信息。通过与相关部门沟通，进行分派任务并获取反馈，并跟踪客户的实际问题的后续解决情况。③利用各类数据。通过分析相关处理数据的结果，考核所涉及人员及部门。

资料来源：CRM 案例分析[EB/OL]. [2012-03-15]. https://wenku.baidu.com/view/ac56691255270722192ef75c.html?sxts=1579068881282，有改动

思考题：上海通用汽车有限公司是如何实施客户关系管理战略的？其实施过程如何？

4.1 客户关系管理战略概述

在过去几年里，供应商与客户之间的接触方式正在发生巨大的变化。没有人敢保证客户一定会保持与企业的长期关系。一旦竞争对手提供的产品更能满足客户的需求，就有可能发生客户叛逃的情况。企业必须更好地理解客户需求，并针对客户需求迅速作出反应。

如果等到客户已经表露出不满的迹象再采取行动，可能已经于事无补或需要付出高昂的挽救成本。因此，要想赢得成功，企业必须选择合适的客户关系管理战略，更加主动地分析和预测客户的需求与想法。所谓客户关系管理战略，就是指企业为了优化管理客户资源，实现客户价值最大化而制定的由管理技术和信息技术所支撑的长远规划与长期目标。因此，客户关系管理在某种程度上就是面向每个细分客户群体而实施的一种定制化战略。同时，其作为一种新的管理理念，既存在着机会，也伴随着挑战。

4.1.1　为什么要把客户关系管理上升到战略高度

处于激烈竞争市场环境中的企业，最危险的莫过于来自外部或内部的机会或威胁已悄然降临，而自身却还木然不能察觉或是没有足够的资源和能力进行调整应对。究其根源，是因为对于"客户关系管理"这一名词，许多企业的管理者都已形成思维定式，固守原有认识和原有意志的状态，而对其新的思想、观念、方法、技术和应用视而不见，犯眼高手低和自以为是的毛病。这种意识在"客户就是最重要的资产，客户价值就是企业价值"的年代无疑是相当危险的因素。我们可以注意到随着商业环境的发展，新的客户关系管理战略本身和实施客户关系管理战略所要求的成功因素都有着相当程度的发展，企业的管理层应当认识到以下几个方面。

1. 理念与技术的结合

如前所述，客户关系管理不仅仅是一种理念或一个项目，而是一种旨在理解、预测、管理和个性化客户需求的经营战略，是一种战略的、流程的、组织的和技术的变革历程。通过这种变革，企业不断寻求更好地围绕客户行为来管理企业的方法。这就要求企业必须获取和运用有关其客户的知识，在不同客户接触点上运用这种信息，以便在收入最大化、利润最大化和客户满意与忠诚之间求得平衡。而且，客户关系管理应用实践的发展，也再次证明客户关系管理绝不是一种简单的软件和技术的采用，而是一种企业管理的新思想和新模式。当然，管理思想和管理模式的实现需要客户关系管理应用系统软件和技术的支持，但客户关系管理绝不能够被狭隘地理解成软件和技术。随着经济环境的发展变化，由于技术的发展和需求相对于供给的较低增量，买方市场逐步成熟，企业的产品质量只是必要条件，竞争更多的是服务等附加产品的营销和销售。如何为企业带来新的契机和新的核心竞争力正是客户关系管理的焦点目标所在。

2. 价值链管理的需要

Gartner Group[①]认为客户关系管理是迄今为止定义最为广泛的信息技术应用理念，但客户关系管理并不等同于单纯的信息技术和管理技术，其真正目的在于使企业根据客户细分进行重组，强化能让客户满意的活动，优化连接企业与客户之间的业务过程，从而提高企业的营利性并有效改善客户满意度。可以说，客户关系管理理念和技术的实施涉及企业与

---

① Gartner Group 是全球 IT 行业的咨询研究机构，网址为 http://www.gartner.com/.

客户及供应商之间的所有互动，贯穿整条价值链，决定了企业在市场上的竞争优势，所以企业必须从战略高度来理解客户关系管理。

3. 客户是企业的重要资产

每个组织无论大小，都要具备有效的战略来确保组织前进的方向性，识别和实施有助于保证组织获得成功的行动方案。在互联网经济出现之前，企业的战略核心主要是内部成本、市场占有率、销售利润率和资产收益率等指标。但随着互联网经济的迅猛发展，获取信息资源的成本不断下降，同时技术与产业的交叉渗透使得传统商业模式甚至商业理念发生巨大变化。客户在某种程度上已经成为真正意义上的主体，具有越来越多的选择权。对企业而言，客户已经成为一种重要的战略资产，以客户为中心、为客户创造价值成为企业长期收益的源泉。正如"二八"原则所表明的①，20%的客户创造了80%的利润。如何找出这20%的客户，并为他们提供定制化的服务，是企业必须重视的战略问题。为此，企业应该制定完善的客户战略，挽留优质的客户。

4. 全员参与

从所涉及的范围来看，客户关系管理是企业整体的系统性调整，其实施不会，也不能仅仅局限于某个部门（如营销部门或服务中心），而应当成为整个企业关注的焦点，需要在全员的参与下才能完成。因此，企业应当从全局的角度来部署客户关系管理，进行整体的战略设计，并分步加以实施。

5. 企业文化的重建

在客户关系管理的实践过程中，企业高层管理者需要从战略高度给予重视。在管理理念层面上，管理者应当始终坚持"客户理念"，在企业中形成这样一种企业文化：在组织内部形成全体成员所共有的价值和信念体系，真正把客户服务意识灌输到每位员工的自我意识之中。无疑，这一灌输过程是一个渐进的再造过程。首先，企业高层管理者应建立远景，并将其传递到中层，使企业各个流程的负责人都理解这种远景。然后，再让具体工作岗位上的员工逐渐形成一种共识——客户意识。这样，就会在企业内部形成一种"客户至上"的价值观念，让所有成员都明确"企业的关注核心就是客户，企业的成长和发展都离不开客户，只有不断改进企业与客户之间的关系、提高客户忠诚度、扩大忠诚客户的数量，企业才会在激烈的市场竞争中取得竞争优势"。

显然，企业要在真正意义上实施客户关系管理，需要一个全方位的变革过程。表 4-1 列举了一系列影响客户关系管理战略的关键因素。

---

① "二八"原则是19世纪末期与20世纪初期由意大利经济学家兼社会学家维弗烈度·帕累托（Vilfredo Pareto）提出来的，核心意思是指"在任何特定的群体中，重要因素通常只占少数，而不重要因素则占多数，因此只要控制了关键的少数因素就能控制全局"。这个原理经过多年的演化，已演变成当今管理学界所熟知的"80—20原则"——即80%的价值来自20%的因素，其余20%的价值则来自80%的因素。

表 4-1　CRM 战略的关键影响因素与支撑

关键因素	支　撑
业务流程	所有企业主要的流程都必须从客户战略的角度来重新定位和再造，流程要能够确定是否能够以及如何满足客户需求的基本问题
组织	组织结构变革包括文化转变，是绝大多数建立客户战略的企业所不可避免的。客户对企业评价好坏的主要因素依然是人际互动，而并不完全是技术能力
资源技术	在一个 CRM 项目中，新的硬件设备、操作系统和操作人员是决定物质资源和人力资源投入的重要因素。因此，在具体制定 CRM 战略时，企业必须仔细考虑技术设计，包括硬件、软件和人员
数据流	对于 CRM 战略，需要收集大量的数据，然后对数据进行加工与处理，再使企业员工和客户在不同程度上共享这些数据与信息
硬件设施	客户所访问部门（如分店）的位置对客户感知有着深远的影响，客户接触中心的设施和网站也会对客户产生间接影响

资料来源：王永贵. 客户关系管理[M]. 北京：高等教育出版社，2018.

4.1.2　客户关系管理战略的选择思考

每一种战略的制定，只有与实施战略的主体的具体情况相契合，才能在真正意义上取得预期的成功。斯托巴卡等人认为：企业在导入客户关系管理之前，就应当理性地认识到实施客户关系管理的机会和挑战是并存的[①]。任何企业在导入客户关系管理之前，都必须率先识别和思考本企业的核心业务以及未来企业的发展方向，思考客户关系管理在实现本企业整体战略过程中发挥什么样的作用。以下列出了企业在制定客户关系管理战略之前必须要明确的一系列问题。

1. 产业分析

（1）企业处于什么行业？

（2）产业组成结构的现状如何？未来可能发生的变化趋势如何？

（3）产业标杆和基准是怎样的？

（4）在所从事的产业内部或外部，是否存在足以瓦解现存市场结构的战略性力量？

2. 企业分析

（1）企业的使命、远景和战略意图各是什么？

（2）企业的资源和能力优势是什么？

（3）企业文化是否以市场为导向，实施服务客户的主题？

（4）企业是否能够把客户的信息作为战略性的资产来管理？

（5）企业是否有能力评估客户持续的价值？

（6）企业是否有人力与流程的跟进且满足客户的期望？

（7）企业的发展战略是否与客户的价值相匹配？

（8）企业是否能跨部门或跨分支机构合作？

---

① STORBACKA K, LEHTINEN J. Customer relationship management: creating competitive advantage through win-win relationship strategies[M]. Singapore: McGraw-Hill Companies, 2001.

3. 竞争定位

（1）本企业的竞争对手具有怎样的行为和描述性特征？

（2）竞争对手会如何展开竞争进攻？

（3）新的竞争对手的进入障碍和未来发展前景如何？

（4）是否有新进入的企业具有某些后发优势，可以不受传统结构的束缚？

4. 市场渠道

（1）不同分销渠道在当前和将来的优劣是什么？

（2）新的分销渠道存在哪些机会？

（3）企业产品如何销售出去？

（4）企业产品对客户的重要性如何？

5. 客户

（1）谁是本企业当前和潜在的客户？

（2）企业的市场主要由哪些细分市场构成？

（3）是否存在进一步市场细分、一对一营销或大规模定制的机会？

（4）本企业与客户存在或准备建立什么样的关系？

（5）如何反馈客户沟通的结果并据此对客户问题解决方案作出调整？

（6）企业准备采用什么样的信息技术平台来满足客户的现有或未来需求？

通过上述问题的自我评述，企业可以对其自身的状况形成较为清晰的认识，这有助于企业制定当前或未来的客户关系管理战略。

4.1.3　客户关系管理战略的内涵

随着信息技术的发展，出现了电子商务和客户关系管理结合的趋势。这有助于实现传统电话技术和 Web 技术向集成的企业技术系统转变，促使企业从"以交易为中心"的经营理念向"以客户为中心"的经营理念转变，并对企业与客户及供应商之间的业务需求进行预测和管理，而这显然离不开客户关系管理战略的制定和实施。

1. 客户关系管理战略的定义

客户关系管理战略是指企业为了更好地管理客户资源、最大化客户价值而制定并实施的长远目标及其长远规划，它离不开信息技术的支撑。客户关系管理战略要求企业从"以产品为中心"向"以客户为中心"的模式转变；管理的视角从"内视型"向"外视型"转变。[1]这一战略目标的实现，需要企业全体员工和所有高层、中层与基层管理者的参与和支持。企业高层和各个职能部门的积极参与，对于整体战略的成功实施非常重要，是实施客户关系管理战略的基本原则之一。要想成为"以客户为中心"的组织，企业就必须对运营管理进行创新并对流程实施变革，以便让企业能够快速地对不断变化的客户需求和行动作

---

① 陈华华. 制造型企业客户关系管理战略模型的构建与应用[J]. 科技管理研究，2013，33（17）：196-199.

出反应。企业要把为客户创造价值和创新作为战略的出发点和落脚点，探究客户的潜在和真实需求。无疑，这需要更多的员工授权、更灵活的产品和服务价格模型，以及更多扩充的产品特征。然而，真正实现 "以客户为中心"并非易事。为了识别客户关系管理的目标领域，企业必须重新界定自己的业务流程和业务方法。

e 时代的客户关系管理不同于传统的客户关系管理，它更加强调与客户之间进行全方位的交互，并实时有效地进行沟通。其中，基于网络的交互性成为增强在线关系的重要驱动因素。[①]相应地，电子客户关系管理（e-CRM）应运而生，它通过互联网为客户提供在线服务，从而帮助企业更快捷地作出响应和进行更有效的客户关系管理。无数成功企业的实践已经表明：使用互联网进行关系营销，往往可以为客户提供更加便捷的、个性化的 "一对一"方案，从而以成本节约的方式增加了与客户沟通的深度和广度。

在当前的数字化营销背景下，数据开放环境和数据模型能力以及数据驱动的社交媒体平台的发展，使企业的营销活动越来越依靠社交平台或社交媒体来发掘新的客户和挽留老的客户，从而使社交化客户关系管理提升到营销自动化战略的地位。其中，社交化客户关系管理战略是一种由传统的客户关系管理演变进化而来的、以更加积极主动的方式识别并创造新的客户价值的新型客户关系管理系统。它以管理客户的社交价值为核心，通过社交媒体与客户参与和互动，利用多种不同工具和技术让客户尽可能地参与其中的一种经营战略。在社交化客户关系管理战略中，社交媒体技术为消费者提供了实时的交互平台，使客户可以通过与服务提供者更加便捷地交互并共同创造宜人的体验成为可能。[②]实际上，在社交媒体时代，消费者除了为企业贡献收入之外，也都有着属于自己的广泛社交网络，消费者不仅是信息的收集者，同时也是口碑的传播者、价值的共同创造者。[③]因此，企业不仅需要把重心放在如何充分利用客户的社交网络价值为自己的业务流程创新和产品创新服务，而且可以利用老客户的数据，并结合其社交关系数据和其他背景的数据，对潜在的新客户展开精准营销。

2. 客户关系管理战略的构成

对大多数企业而言，产品战略比较容易理解。但是，由于对 "什么是客户关系管理"等基本问题有着各种各样的认识，所以相对而言，深入理解并制定科学的客户关系管理战略并非易事。如果企业不清楚什么是客户关系管理，那么企业是否可以实施有效的客户关系管理战略就令人怀疑。[④]本书认为，一项完整有效的客户关系管理战略往往包括以下两个主要方面：定义企业使命与远景以及定义客户战略。

1）使命与远景

一般而言，企业的使命回答的是 "企业为什么存在？"（企业存在的价值和意义）这一

---

① MERRILEES B, FRY M-L. Corporate branding: a framework for e-retailers[J]. Corporate reputation review, 2002, 5(2-3): 213-225.

② CHOUDHURY M M, HARRIGAN P. CRM to social CRM: the integration of new technologies into customer relationship management[J]. Journal of strategic marketing, 2014, 22(2): 149-176.

③ DEWNARAIN S, RAMKISSOON, H, MAVONDO F. Social customer relationship management: an integrated conceptual framework[J]. Journal of hospitality marketing & management, 2018, 28(2): 1-17.

④ PAYNE A, FROW P. Customer relationship management: from strategy to implementation[J]. Journal of marketing management, 2006, 22(1-2): 135-168.

问题，试图为组织描述一个基本的、持久的事实，并以此为组织内部的所有决策提供依据。比较而言，企业的远景回答的是"希望企业发展成什么样子？"（企业组织为之努力的目标）这一问题，能够在特定时期内指导组织的战略和组织的发展。二者构成了企业的核心，是企业自身如何区别于其他企业的核心所在。针对客户关系管理的远景与使命，我们认为企业应当明确以下两点：①企业的客户价值观是什么，这是实现"以客户为中心"观念的关键；②为客户提供什么，包括企业和产品服务的品牌价值和附加价值等。如果同使命与远景这两方面密切相关的问题没有界定清楚，那么企业的客户价值创造和交付必然会存在问题，最终将难以赢得客户满意、建立感情纽带和培养客户忠诚。

2）客户战略

所谓客户战略，就是企业对如何建立和管理客户关系的目标以及目标实现途径的整体性进行把握。一项客户战略至少应该包括以下四个核心要素。

（1）客户细分。客户战略的中心在于把客户群分解为有效的、可以有效管理的细分客户群体，进而形成合理的客户关系组合结构[①]。对于每一种客户细分，企业都应该考虑到客户对产品和服务需求的共性，再细化区分对于每一种产品和服务的需求的积极或被动的需求，即其"推式需求"或"拉式需求"的性质。

（2）客户竞争。在一个竞争激烈的市场环境中，有效客户战略必须能够服务于竞争。企业竞争力应该体现在：既能保持原有的客户份额，又能获得一些新客户，并同时能够对客户的结构构成进行优化，淘汰不合格的劣质客户群，赢取和挽留优质客户群。

（3）客户吸引力。大多数组织的忠诚度计划似乎是其客户关系管理战略的主要组成部分。培育客户忠诚和建立牢固的情感纽带，形成直接吸引力，同时也形成口碑式的间接吸引力是非常关键的。因为这将会是公司能够通过交叉销售和升级销售来保持和提取更大客户价值的重要因素之一，也是尽可能发掘优质客户和吸引有利可图的其他企业的优质客户的重要因素。[②]

（4）客户管理能力。在实际运营中，大多数企业都会面临着某些问题。例如，在企业中，谁来管理客户？谁来负责处理客户的事宜？正确的答案是：企业的每一位员工都应该积极地为客户提供服务，而不是应该仅仅将其归为客户服务部门的责任对象。因此，作为一个有机的整体，企业必须构建强大的全面客户服务与管理能力。

概括而言，有效的客户战略必须能够回答这样几个基本问题：客户是谁？客户想要什么？企业能为客户做什么？对诸如此类问题的回答，有助于确保有效地对客户关系组合进行管理，而不是简单地把客户视作营销活动的对象。事实上，即使某些领先企业已经建立了自己的网站或主页，且技术层面非常完善，但其所提供的客户服务却未必一定是卓越的。我们经常听到客户的抱怨："企业的网站不错，客服电话（呼叫中心）也挺方便，可我总觉得与它们的距离变得更远了，总感觉好像是对着'面具'在讲话，这种状况并不能让人满

---

① 根据科特勒教授的观点，细分的有效性包括可衡量性、可获利性、可接近性、差别性和可行动性。科特勒，凯勒. 营销管理：全球版第 14 版[M]. 王永贵，于洪彦，陈荣，等译. 北京：中国人民大学出版社，2012.

② SOTA S, CHAUDHRY H, CHAMARIA A A. Customer relationship management research from 2007 to 2016: an academic literature review[J]. Journal of relationship marketing, 2018, 17(4): 1-15.

意。"其实，这是许多企业在实施客户关系管理或其他管理信息系统之后经常遇到的问题。出现这些问题的关键就在于：企业过于依赖技术。在客户服务的过程中，由"技术支持"变成过度技术导向了。也许技术可以提高某一环节的效率，但它并不能完全取代企业与客户的接触和交流。

4.1.4 客户关系管理战略的分类

对于客户关系管理战略的区分，斯托巴卡等人认为企业和客户是相对独立、彼此分离的两个部分，需要在两者之间建立起某种联系[①]。通常，企业和客户在关系过程中扮演着不同的角色，并也存在着差异。如果形象地把企业和客户视作相互独立、彼此分离的两块布料，那么可以把企业的客户关系管理战略分为扣钩战略（Clasp Strategy）、拉链战略（Zipper Strategy）和维可牢[②]战略（Velcro Strategy）。在这三种各不相同的关系战略中，分别体现和包含着不同的客户价值观念和行为导向。

1. 扣钩战略

如同将两块布料用扣钩的方式结合在一起一样，扣钩战略通过一系列的接触机会来维系企业和客户（或供应商）之间的关系。

在这种关系战略的实施安排中，企业一般会依据需要来安排与客户之间的接触。在发生接触的时空点或时段，关系会比较融洽；而在两次接触之间的空白时期，关系则会相对较弱一些。显然，这就像两颗扣钩之间会存在一定间距一样，在扣钩附近的地方，两块布料会相对结合得较好，而离扣钩越远则结合程度越差。一般来说，奉行扣钩战略的客户关系，有时并不十分牢固，较易产生"分裂"。概括而言，这一战略的特点主要表现在以下三个方面。

（1）实施扣钩战略，从某种意义上需要客户去适应企业的行为，即客户会相对被动，需要根据企业的行为来调整其自身的行为，使之与企业的行为过程相适应，这样才会使得整体接触及关系管理发展较为平滑顺畅。因此，在这种战略中，企业会扮演较为主动的角色，而客户则处于相对被动的地位。

（2）如同关联的两个扣钩并不要求尺码完全密切吻合一样（只要能扣上即可），实施扣钩战略也并不要求客户与企业的合作过程完全同步吻合。

（3）采用扣钩战略，双方建立的关系接触程度将主要是行为层面的交往。

因此，在实际操作过程中，企业必须不断向客户解释、阐明和示范持续客户关系对双方的好处，以便说服和激发客户的响应，建立起持续的客户关系。在现实中，扣钩战略在许多产业都得到了广泛的运用。例如，超级零售市场就是采用扣钩战略的一个典范，其推出的产品和服务几乎都是标准化的，而客户只能根据其提供的标准来选择满足其自身需求的产品和服务。

---

① STORBACKA K, LEHTINEN J. Customer relationship management: creating competitive advantage through win-win relationship strategies[M]. Singapore: McGraw-Hill Companies, 2001.

② 维可牢是指一种尼龙搭扣，其接触面是一些细微的纤维毛刺或倒钩和纤维细丝。维可牢搭扣应用很广泛，其特点是接触点十分广泛，在整体完好的情况下，即使某些毛刺或倒钩损坏，也仍然不会影响其联结的牢固程度。

2. 拉链战略

拉链战略指的是客户与企业之间相互调整适应，以实现双方业务关系的契合和业务过程的匹配。与扣钩战略相比较，这一战略中的"双方联系"更具互动性，而且接触频率较大。因此，双方的关系更加牢固，并且接触部位之间几乎不存在任何空隙。此外，拉链要求接触双方的"扣齿"高度吻合，并且排列一致。在拉链战略中，基本理念就是客户和企业之间的相互调节与彼此适应，从而使双方的业务过程可以紧密地结合在一起。

因此，想要成功地实施拉链战略，就必须消除企业和客户关系互动过程中存在的所有多余活动，以便确保双方接触过程的相互匹配与适应。同时，在实施拉链战略的过程中，会重点关注双方所构建的长期合作关系，对相互之间的关系收益有着深刻的认识，并愿意为之持续地付出努力，以便保持双方业务的相互适应。可以说，拉链战略是关系双方相互适应的一种战略，也是目前现实中采用较多的一种关系战略。为了成功地实施拉链战略，企业必须做出严格而周详的计划，要考虑到大量的客户接触和交换过程，并与客户进行大量的定制化沟通，从而实现双方关系的啮合和业务过程的匹配。

3. 维可牢战略

维可牢战略的核心就是企业精心设计与客户之间的接触过程，以便尽可能适应与不同客户的接触过程。或许对某个客户而言，企业的整体接触过程中存在着某些多余的活动，但宁可多余，企业也要确保有足够的业务活动可以与不同客户接触过程相匹配。因此，在维可牢战略中，企业会尽力去适应客户的过程；相对而言，客户则不必投入过多的时间和精力去改变自己的行为方式与接触过程。

如果某企业奉行的是完全客户导向，那么它很可能会采用维可牢战略，完全根据客户需求与偏好来实施相应的关系活动，并通过反馈去努力调整自己的活动过程，以便适应客户的需求及整体接触过程。但由于维可牢战略要求企业必须针对客户需求作出全面而迅速的反应，所以对企业的综合能力有着很高的要求，而且最重要的是，它很可能导致企业丧失经营自主性和连贯性。如果企业缺乏实施维可牢战略所必需的能力，没有认真考虑战略制定与实施的先决条件是否能够得到满足，而是单纯地、盲目地加以采用维可牢战略，那么势必会导致经营失败。在目前的情况下，大多数采用维可牢战略的企业，其业务领域主要集中在咨询行业。在现实的操作实践中，管理咨询公司可以运用自身的专业知识和技能，去适应客户的经营模式，并为客户创造价值。不过，如果管理咨询公司无限度地追求对客户经营模式的适应，则很可能会丧失自己的独立立场，从而无法为客户提供客观建议，失去原本的咨询价值。

4. 三种客户关系管理战略的选择与评价

从企业适应度和客户适应度来看，企业与客户在三种关系战略上的适应程度如图 4-1 所示。一般而言，不同的关系战略，往往适用于不同的企业情境或不同的关系情境。毫无疑问，各种客户关系管理战略都有其自身的优点与缺点，而这些优点与缺点的决定因素在于如何与实际经营情况相适应。对处于特定行业中的每个企业而言，行业市场的规模、行业的发展空间等因素都会影响企业的客户关系管理战略选择。

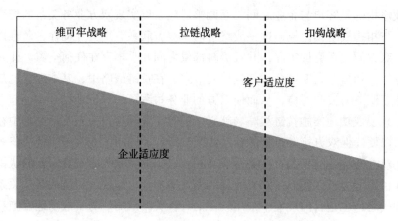

图 4-1　企业与客户在三种关系战略上的适应程度

资料来源：杨永恒. 客户关系管理[M]. 大连：东北财经大学出版社，2002 .

　　在实际的经营过程中，关系的建立往往同企业所从事的行业本身和交易本身的性质密切相关。交易本身的影响维度包括三个主要方面：交易频率、不确定性和资产专用性[①]。在特定环境中，现实的复杂性决定了不确定性不可避免，对于不同性质的商品或服务而言，交易次数的差别和所用资产的专用性水平，决定了企业进行交易的种类、所采用的缔约合同和不同的关系战略选择。因此，评估关系战略的标准，不是具有某种绝对优越的特定战略，而是能够为客户创造的价值和实现的关系价值增长。类似地，适用的关系战略，也取决于企业本身所处的发展阶段。在行业发展阶段和经营环境既定的条件下，企业本身所处的发展阶段同样也会对企业的服务战略模式产生影响。不管是新建企业，还是已建企业；是创业阶段，还是规模效益的扩张阶段；是尝试新的增长点（如介入新的领域），还是固守"本行"等，都是企业判断和选择关系战略的重要因素。

　　此外，客户的某些特征（如客户价值的高低、客户关系生命周期阶段等）也会影响企业的客户关系管理战略选择。因此，可以说，企业是无法脱离所处的行业、自身的发展阶段或客户本身的特点而盲目地选择某种自以为绝对正确的关系战略的。否则，其有效性就会受到质疑。从某种意义上讲，适应任何环境的战略，恐怕是不存在的。

4.2　客户关系战略管理的过程模型

　　客户关系管理战略必须以企业使命和远景为基础。其中，使命是回答"企业为什么存在？"这一问题，并以此作为企业所有决策的前提；远景是回答"希望企业发展成什么样？"这一问题的，可以在特定时期内为组织战略和组织发展提供指导。客户关系管理战略则是对上述问题答案的延伸和发展，描述出企业全局性选择的"价值方案"，在市场分析与客户

---

① 陈郁. 企业制度与市场组织：交易费用经济学文选[M]. 上海：格致出版社，2009.

体验的基础上，通过构建长期客户关系来创造和交付价值的一种战略。

　　就其实质而言，客户关系管理战略的生成是一个逐步完善与改进的循环过程。企业基于对环境的认识和对其自身条件的审视，形成基本的组织使命和远景，进而确定客户关系管理战略目标，确立企业在一定时期内的整体和全局发展目标。同时，企业必须理解，以客户为中心的时代要求企业时刻把客户需求作为企业行动的指导，把企业作为客户需求的"物化通道"。理解客户需求的关键，在于倾听客户，建立起企业和客户之间的多种沟通渠道，以便使企业随时把握目标客户的期望和需求。然后，分析战略制定与实施的内外部环境，评价分析企业行动的影响因素，在企业能力和最大限度地使客户满意、培育客户忠诚之间建立起平衡。在此基础上，根据所确定的标准对所生成的多方面进行评价，进行具体细节的设计并加以实施，然后在效果评价与反馈的基础上，对企业所实施的战略进行调整和改进。客户关系管理战略的过程模型如图 4-2 所示。

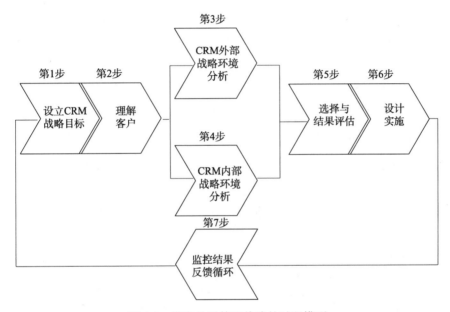

图 4-2　客户关系管理战略的过程模型

资料来源：王永贵. 客户关系管理[M]. 北京：清华大学出版社，北京交通大学出版社，2007.

4.2.1　设立客户关系管理战略目标

　　随着市场营销环境的变化，如微利时代的来临、企业与客户之间的距离缩短，以及客户角色的变化，客户关系得到了越来越多企业的认同，许多企业都希望通过维持长期的客户关系来营造新的竞争优势。对此，卡普斯基（Copulsky）等人认为：应当整合价格、渠道、广告、公共关系及其他营销要素，创造出更具效率的方式来接触客户，并通过一系列相关服务，与客户发展出持续的长期关系，这构成了客户关系战略管理的合理内涵[①]。由此

[①] COPULSKY J, WOLF M. Relationship marketing: positioning for the future[J]. Journal of business strategy, 1990, 11(4): 16-20.

可见，客户关系管理战略制定与实施的主要目的，在于为客户提供超越竞争对手和客户期望的优异客户价值，实现较高的客户满意，与客户维持长期的合作关系，提高客户忠诚。

1. 客户关系管理战略目标制订的影响因素

企业在制订客户关系管理战略目标时，需要综合考虑多种因素，主要表现在：首先，客户关系管理战略目标必须与企业的总体战略目标在方向上保持一致；其次，客户关系管理战略目标的制订需要考虑企业自身的因素，即在客户关系管理战略目标的确定过程中，企业要确认客户关系管理战略将要实现的关键目标与自身要素的契合程度，包括组织远景、客户服务战略目标、经济目标和客户关系管理创新目标等；最后，企业在制订客户关系管理战略目标时，还应该遵循技术服务于管理的原则，必须要考虑企业未来业务发展的战略部署，做到管理软件与企业发展趋势相适应，并具备一定的可扩展性和灵活性。

2. 客户关系管理战略目标制订

客户关系管理战略目标不是一种空洞的理念，需要能够为企业的整体业务的发展提供导向。因此，客户关系管理战略目标应当具有可分解性。在实践中，可以在整体指引组织发展的同时，把客户关系管理战略目标分解成与各个业务流程相对应的战略目标和要求。例如，可以把客户关系管理战略目标划分为核心目标和业务目标，如图4-3所示。

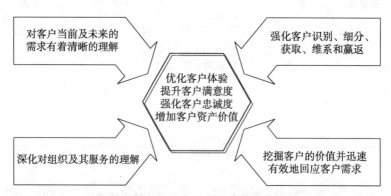

图 4-3　客户关系管理的战略目标

资料来源：王永贵. 客户关系管理[M]. 北京：清华大学出版社，北京交通大学出版社，2007.

在图 4-3 中，企业的着眼点应该在于优化客户体验、提高客户满意度、强化客户忠诚度、增加客户资产价值，以构建起强大的竞争优势和实现企业利润尽可能地最大化；然后，在成本控制的基础上，做好客户的识别和细分，并不断挖掘具有价值潜力的新客户，提高现有客户的满意度，强化客户的忠诚度和实现较高的客户挽留率；牢记客户的价值（经济价值和社会价值）并迅速有效地回应客户的需求。之所以这样，是因为：无论企业的产出是什么，这一产出的价值实现都离不开客户。在这一价值链条中，客户及其需求是企业所有业务的出发点。为了寻求新的差异化竞争优势，企业必须对当前及未来的客户需求形成清晰的认识，实现经营观念从"产品中心观"向"服务中心观"的转变，并对产品与服务的个性化和定制化给予前所未有的战略关注。实际上，已经有越来越多的企业实践证明：

企业成功的关键，在于有效地提供差异化的、有价值的服务，能够针对不同的客户关系和个性化的客户需求提供相应的产品和服务，并在最大化客户满意度的同时实现企业利润的持续稳定增长。

当然，不同行业的不同企业在制订客户关系管理战略目标的时候，必须进行具体分析。更重要的是，企业应当确保目标的层次性和可分解性。不仅企业的最高管理层需要制订长期的客户关系管理战略目标，企业的各个职能部门也必须能够在客户关系管理战略目标中分解出自身的目标，以便指导各自的业务方向和行动。

4.2.2　理解客户

如前所述，在以客户为中心的时代，要求企业时刻把客户需求作为行动的第一准绳。那么，企业应该如何理解客户需求呢？众所周知，倾听是一切关系建立的核心环节之一。倾听来自客户的声音，解析客户表述信息背后的真正动机，进而理解其需求，是建立和管理客户关系的首要步骤。所谓倾听客户，就是指企业对现实或潜在客户的所有相关信息，包括显性信息和隐性信息、语言信息和非语言信息的接收、收集、感知、评价和反馈的过程。其中，客户不仅包括已经与企业产生和建立关系的现实客户，而且包括在未来可能会购买企业产品或服务的潜在客户。通过倾听客户，企业可以了解客户的购买感受、所购产品与客户需求预期的耦合程度，对产品和服务的满意程度等；同时，还可以收集客户的意见、抱怨和合理化建议。因此，在倾听的过程中，企业应该鼓励客户通过各种有效渠道向企业投诉。比较而言，企业倾听潜在客户，往往可以捕捉这些客户中未被满足的需求，探析竞争对手产品的优势和缺陷，从而帮助企业寻找新的市场机会。

1. 定义客户

客户关系管理不仅应当致力于外部资源的整合，如消费者、供应商、经销商或代理商等，同时也需要注意到"外部资源的界定应当是开放性的"；不仅应该把企业的现有外部资源作为考虑范畴，而且也应该把竞争对手的客户纳入企业的客户范畴中。同时，客户关系管理也应当把企业的内部资源纳入资源整合的范畴。对企业而言，客户的概念不再仅仅是外部客户关系，内部客户也应该是客户范畴的一个重要组成部分。具体而言，企业的内部客户往往包括三种类型：职级客户（领导层级之间的关系）、职能客户（职能横向部门之间的关系）和工序客户（前后工序之间的关系）。因此，客户的概念定义必须全面考虑上述这些因素。如果疏忽了职级客户，很可能无法有效地收集到上下级之间的信息，甚至会出现上下级之间的信息不对称性，出现企业内部"寻租现象"；如果不注意职能客户，则部门之间可能无法有效地进行沟通和协调。如果客户关系管理没有解决内部客户的有效沟通问题，在面对外部竞争时，就很可能无法形成合力，难以有效运作，自然也就会导致客户关系管理战略的失败。

2. 倾听客户

倾听客户是企业在市场营销实践中制胜的有效途径，任何企业如果要取得长久意义上的成功，都不能缺乏倾听客户的意识。

　　首先，倾听客户有利于企业识别与捕捉需求及挖掘市场机会。在客户更加趋于崇尚多样化和个性化消费的今天，毫无疑问，如果某个企业能够有效地识别和满足客户多样化与个性化的需求，那么它将会在市场竞争中获得优势。因此，对于企业而言，识别和捕捉客户的需求，至关重要。而企业识别和捕捉客户需求的最佳手段之一，就是倾听客户。通过积极地倾听，企业可以洞察客户的需求，并归结出客户市场的特殊利益点和潜在利益点。

　　其次，倾听客户也有利于提升客户满意度。无数成功的企业实践已经表明：培养忠诚客户的前提，是遵循客户导向，并通过倾听客户来开发和交付定制化的产品和服务，使客户实际感知超过其期望水平，从而实现更高的客户满意。在倾听过程中，一方面企业要识别正面的信息；另一方面也要对客户的不满与抱怨加以抚慰，并及时纠正企业的不当行为，以便赢得客户信任，提升客户满意，进而建立起客户的情感依赖，使其成为更加忠诚的客户。另外，在倾听客户的过程中，还要格外注意信息的反馈，即企业对客户信息进行接收、收集、感知、评价，并及时地把相关信息反馈给客户，以期实现企业与客户的双向沟通和良性互动。

3. 客户分析

　　对通过倾听等途径收集来的信息进行分析，深入理解客户需求和捕捉客户需求的发展趋势，是制定客户关系管理战略的关键所在。

　　在产业与市场的不同发展阶段，客户自身可能存在相当大的差异，而这种差异及由此而导致的关系行为与市场特征的差异，都需要通过具体分析才能获得。在成熟发展的市场应用阶段，这一分析过程显得尤为重要。在成熟市场的发展过程中，由于需求的理性因素居于主导地位这一趋势更为明显，相应地，基于这种理性选择原则下，需求的多样性往往表现为具有明显相互差异的客户需求。企业应该在对所收集的客户信息进行分析的基础上，区分和识别不同客户的特征和行为，分析客户的需求和发展趋势，为满足不同市场和客户的需求而不断改善自己的产品结构，完善销售和服务体系，以便使企业能够在适当的时间，针对特定的客户，推出恰当的产品和服务，提供个性化的服务。例如，京东基于大数据的消费者分析，在平台展示出消费者个性化定制的产品，智能化的推荐系统帮助消费者用更短的时间找到满意的商品。

4. 客户资源

　　在理解客户的过程中，企业还必须对客户资源形成深入的理解，而绝不应该停留在静态和"孤立"的档案这一层面上。随着市场环境的转换、竞争格局的变化，客户资源不仅是静态的档案资料，而且包括动态的客户数据与客户知识，如有关客户的知识和内化在客户头脑中的知识等。为此，企业必须重视多种客户互动渠道（在线网站、电子邮件、电话、市场活动等）中每一项客户请求和需求信息的收集，集中建立和管理企业的客户档案与业务数据记录，并对数据进行综合处理，以便形成通用的客户数据库和知识库。显而易见，在企业内部，各项业务或部门越分散，其专业程度可能会相对越高，对专有知识和技能的掌握可能更为熟练，相应地企业所面临的整合成本也就越高。随着"壁垒"数量的增加，这种彼此分隔的"僵性"，势必会显著性地削弱企业对差异化的客户需求作出有效反应的能力。例如，企业在服务客户的过程中，由于后端基础设施和前台客户接触的分离，企业行为能否保持一致性，各个部门在彼此的沟通与互动中是否掌握有关客户的一致信息，是否会因此而产生背离或冲突等，是客户关系管理成败的关键所在。企业只有不断地收集、更新和剖析有关客户需求与客户行为的信息，并将其融入企业的产品和服务营销策略中去，才能在激烈的竞争中更好地赢得客户的青睐，实现客户忠诚，达到挽留现有客户、发掘潜在客户和提高企业盈利的终极目标。

4.2.3　客户关系管理战略环境分析

现代企业的生产经营活动日益受到外部环境的影响。企业要制定和实施 CRM 战略，首先必须全面、客观地分析和把握外部环境的变化，以此为依据来制订相应的战略目标和部署实现战略目标的具体步骤。

1. 客户关系管理战略的外部环境分析

企业与其外部经营环境、其他竞争或合作的组织及公众等外部因素共同处于一个相互作用、相互联系、相互影响的动态系统之中，所有这些影响企业成败但又在企业外部、非企业所能控制的潜在外部因素或力量，就构成了企业的外部环境[①]。客户关系管理战略的外部环境分析，主要是围绕 CRM 实施的三个主要功能模块来进行的，即营销功能、销售功能和服务功能。

1）营销环境分析

20 世纪 50 年代，市场营销组合、产品生产周期、品牌形象和市场细分等核心概念把市场营销由产品、销售和利润等传统销售哲学带入以客户为出发点、以营销组合为具体途径、以满足消费者需求并获取利润为营销导向的新时代。20 世纪七八十年代，在经历了宏观环境的衰落与复兴之后，微观市场营销理念也发生了巨大变革。市场定位、战略计划、社会市场营销、内部营销、关系营销和大市场营销等众多观念开始受到关注。其中，大市场营销观念更是把市场营销组合从战术营销层面提升到了营销战略层面，开辟了新的学科领域范畴。

自 20 世纪 90 年代以来，随着计算机技术和信息技术的迅速发展以及随之而产生的成本递降，特别是以互联网为代表的信息技术的迅猛发展，信息技术革命的影响已经由科技领域向经济生活的各个领域渗透，从而使企业管理的各个领域都发生了全面的变化，并直接或间接地对营销管理观念和行为产生了深远的影响。例如，"全员营销"理念的出现，就具有这种历史必然性。按照这一观念，企业的营销管理过程绝不仅仅是营销部门的任务，当企业中的任何机构与任何市场（或客户）发生接触时，该机构便产生了市场营销管理的责任。在全员营销中，主要包括市场营销组合的整体性和市场营销主体的整体性。其中，市场营销组合的整体性是指企业对 4P 等可控因素进行组合管理，以便更好地满足客户的各项需求；市场营销主体的整体性是指企业组织架构应该以市场营销为核心，而其他职能则形成必要的支撑并进行营销管理，以便满足客户需求和实现客户与企业的"双赢"。显然，

---

① 罗宾斯. 管理学[M]. 孙健敏，译. 9 版. 北京：中国人民大学出版社，2008.

全员营销模式更加重视市场导向，重视客户导向。无疑，这种营销模式的成功实施，离不开先进的信息技术和领先的管理软件。客户关系管理战略的导入，有助于企业建立统一的客户信息库，并基于信息技术平台让全体员工共享有关客户的数据信息，形成企业内部跨部门、跨地区的员工都能及时了解客户的数据记录和分析结果，以便更好地理解客户需求，从而使全员营销转变为现实。

随着云计算、大数据和物联网及5G的发展，人类即将进入高速互联网特征的新时代：数据转变成企业的重要资源，大数据为企业的客户关系管理带来无限的可能性，如何从海量客户数据中挖掘出可供利用的数据，进而更有效地构建起牢固的客户关系，成为企业谋求核心竞争力的重要途径。在大数据时代，企业可以利用海量的数据来识别目标客户、潜在客户以及预测客户的身份和需求，勾勒更加完美的客户画像，形成对客户的整体认识，全方位构架起企业和客户沟通的桥梁，拉近和强化同客户之间的关系，从而为企业对客户展开精准营销奠定了坚实的基础，提高了营销活动的投资回报率。另外，企业也可以对海量数据进行挖掘，从而为管理者制订方案提供重要依据。通过对客户行为的数据分析，还可以帮助企业更好地理解客户价值、预测客户行为及未来趋势，从而更加有效地指导客户服务工作。[1]

除此之外，随着共享经济的发展，企业和客户之外的第三方主体（共享平台）也将成为客户关系管理过程中不容忽视的关键要素。相关研究发现，用户与用户之间比用户与平台之间的联系可能更为紧密。但随着平台在互动过程中作用的增大，在研究客户及其消费过程中，越来越需要考虑更为复杂的平台以及个人提供者之间的关系。当前蓬勃发展的机器学习及人工智能技术，往往能够帮助共享平台解决客户问题并优化客户体验[2]。例如，基于机器学习，人工智能技术可以帮助企业更好地理解数据和场景，进而更好地理解客户需求、找出客户消费旅程中的痛点并有效识别和预测某些客户行为和具体问题。实际上，越来越多的企业开始应用智能机器人来充当虚拟助理，通过自然的聊天记住消费者、截取与客户聊天的关键信息、为客户完成搜索或获取关键服务。例如，淘宝的阿里小蜜会自动执行付款更新、订单跟踪、退换货等客户服务流程，以便高效地解决经常出现的客户问题；面部识别等技术的应用，则能够实现与消费者的快速互动并减少业务流程时间。[3]

2）销售环境分析

随着经济全球化和信息技术的飞速发展，销售管理领域也发生了前所未有的巨大变化，新市场及其规模不断拓展，销售行为开始转变，信息传播渠道越来越丰富，信息传播速度越来越快，传统销售工作的性质已然发生变化，销售人员必须对客户需求作出快速反应。相应地，对企业而言，这不仅是对销售人员的技能与能力的要求，而且也包括对团队建设和组织协作的要求。同时，企业的销售成本也出现了增长趋势。一方面，由于市场的发展和需求多样性的存在，企业需要更注重需求的差异性和实施市场细分，而细分本身的成本

---

① 周敏，许菱. 大数据背景下企业客户关系管理研究[J]. 经营与管理，2019（7）：44-46.
② ECKHARDT G M, HOUSTON M B, JIANG B, et al. Marketing in the sharing economy[J]. Journal of marketing, 2019, 83(5): 5-27.
③ 七成消费者翘首以盼，为每家公司省下30万美元，聊天机器人能否成为必需品? [EB/OL].[2019-12-06]. https://36kr.com/p/5273057.

和细分市场规模的缩小往往意味着成本的增加；另一方面，客户需求和期望水平越来越高，迫于销售成本增加和竞争的压力，许多企业不得不寻找满足客户需求的新途径，如电话直销、建立网上商店、设立自动售货机等，还有很多企业则选择实施客户关系管理。综合来看，客户关系管理对企业销售环境的影响主要表现在以下三个方面。

（1）客户关系管理使用前后销售模式的变化。客户关系管理的理念和系统的导入，引发了传统销售模式的重大变革，在数据库营销、电话销售和自动化销售工具库的支撑下，销售手段、销售对象等方面正在发生重大变革。在销售手段方面，由传统的人员、直销或电话销售等转变为包含"e 方式"在内的、多种方式整合运用的整体协作销售（包括呼叫中心与服务支持部门等）。在销售对象方面，从基于目标细分市场的市场营销转化为在数据库支持下的"一对一"营销，实时管理客户，实现即时反应。在销售方式方面，由单纯的增量销售转化为基于客户分析的不同销售模式的整合（包括对现有客户的交叉销售与升级销售等）。此外，客户关系管理的导入，也使得销售活动更有可能关注客户满意和销售成本的变化。

（2）客户关系管理的导入引发了销售管理的变革。客户关系管理的导入引起销售管理的变革。这主要表现在两个方面：一方面，销售自动化（SFA）直接加速了这种变革的产生和发展。销售自动化之所以得到快速发展，是由于企业迫切需要信息技术的辅助来改变销售管理的现状，以满足企业不断发展的需要。通过借助通信设备、网络设施和相应管理软件，SFA 可以充分利用信息资源，并获取信息共享和信息实时更新带来的高价值；帮助企业实现多部门、跨地区的客户资源的集中管理，建立多业务、跨地区的统一的销售管理平台；帮助销售人员按照统一的销售规范、分阶段地管理整个销售过程，有效地管理客户信息、跟踪记录、工作日程与时间及自动报警、统计分析和机会挖掘等，从而实现销售过程的自动化与智能化。另一方面，客户关系管理有利于提升整个销售团队的绩效，并使得全员销售成为可能。客户关系管理可以对不同接触渠道（直接销售、电子邮件、呼叫中心和网站等）收集的客户信息进行统一管理，建立跨业务、跨地区的统一的客户资料档案（客户信息数据库）。这样可以让不同层次的销售人员共享客户信息，并对客户及销售机会等进行调整，从而实现团队间的优势互补，提高销售团队的工作效率。这里所说的效率提升包括：实时访问全面动态更新的客户信息，提高团队的应变能力和响应能力；通过信息的掌握，在销售过程的某一阶段针对销售任务的具体特点，选择最贴切的销售人员，灵活组建销售团队，形成"柔性"销售管理平台；通过知识和信息共享实现团队间和成员间的协同运作，从而最终实现团队效用的最大化。

（3）销售趋向多样化、自动化和知识化。我们目前正处在一个快速变革时期。首先，销售渠道日益呈现多样化的局面，包括电话销售、经销商销售、人员直销、电视直销和网上销售等。不同渠道具有不同特征、不同的客户接触点，进而要求企业采取不同的客户管理策略。其次，销售方式趋于自动化①。在这种趋势下，企业注重的是建立销售团队和团队内部的密切合作，在此基础上进行客户资料管理、即时现场管理、产品配置支持与知识共

---

① 这种自动化有别于工程概念的自动化，是指借助移动通信设备[例如个人数字助理（PDA）、掌上电脑、手机等]、互联或局域网络和管理软件（例如 SFA 等）实现销售的协同管理。

享等。最后，销售支持趋于知识化。企业可以通过数据库建设，创建和管理包括产品资料、竞争对手、客户数据和应用方案等与销售相关的业务经验在内的知识库，供企业内部相关人员（包括销售人员）查询使用，以便在知识共享的基础上不断地进行调整和改进，从而实现销售运营效率的提高。

因此，客户关系管理在很大程度上影响了企业的销售模式和销售管理模式，并已成为理论界和实业界共同的关注焦点。

3）服务环境分析

与竞争焦点的转移相适应，企业在服务方面投入了大量的资源。由于许多产品的质量出现了趋同倾向，因此企业之间的差异化通常来自独特的设计、情感诉求、价值区分和个性化的服务等因素。例如，在中国的黑色家电行业，差异化通常来自企业所提供服务的差异性。与普通的有形商品相比，服务具有自己的本质特征并对管理提出了新的要求。例如服务生产与交付的不可分割性，这就给服务质量控制提出了更高的要求。再如，由于客户在年龄、文化教育、生活背景和价值观等方面存在差异，导致客户的服务消费具有复杂多样性，不同个体对同一服务方式的感知和体验均存在着重要差异。以下两种服务理念尤其值得企业注意。

（1）"大服务理念"。现代服务观念提倡的是"大服务理念"，目的在于为客户提供全方位的服务体系，其运作趋势主要表现在以下几个方面：①基于整个产品生命周期的服务。在服务的设计和产品的提供过程中，从创意的产生到可行性研究、制造、检测、销售和维护等的各个阶段，如果忽视服务，就会对客户体验造成影响，而且越是在产品生命周期的前期，越是有可能导致结构性缺陷。②以技术和管理创新作为服务提供的基础。大服务理念要求必须以企业积累的技术和管理能力为基础提供服务，并根据服务的反馈信息迅速实现技术和管理的改进和创新。③大服务理念还包含服务升级思想，但这并不排斥把售后服务作为大服务中不可或缺的一环，而且强调以大服务理念为指导不断地把售后服务升级为对客户的全方位呵护。事实上，服务的本质告诉我们，客户作为服务的直接接受者，是企业服务水平的唯一裁判。

可以说，"大服务理念"是涵盖了产品生命周期的、以卓越产品质量为核心、以技术和管理创新能力为基础、以客户满意为宗旨的一种全新的服务理念，是对传统售后服务的一次根本创新和革命。

（2）服务利润链。根据哈佛商学院赫斯克特（Heskett）教授提出的"服务利润链"①模型，利润、客户忠诚、客户满意、客户感知价值、员工能力、员工满意与员工忠诚及其生产率之间存在着密切的联系，如图 4-4 所示。企业利润和回报的增长来自忠诚的客户，客户忠诚来自客户满意，而客户满意程度受到客户感知价值的影响。客户感知价值是由第一线的满意员工创造的，员工满意则产生于对信息技术和使用培训的投资及对员工进行授权的内部服务质量等，即员工的工作环境建设，它包括人员的选拔培训机制、薪酬激励机制、授权与沟通机制、信息的共享、职业发展和工作设计等。

---

① HESKETT J L, JONES T O, LOVEMAN G W, et al. Putting the service profit chain to work[J]. Harvard business review, 1994, 72(2): 164-175.

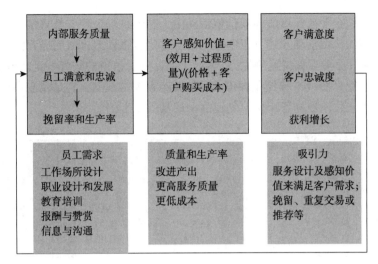

图 4-4　服务利润链

资料来源：HESKETT J L, JONES T O, LOVEMAN G W, et al.
Putting the service profit chain to work[J]. Harvard business review, 1994, 72(2): 164-175.

其中，内部服务质量对应于员工归属感和工作热情。因此，如果能提高企业内部服务质量，势必会激起员工较高的满意度及忠诚度，促使企业形成团结一致的、富有战斗力的有机团队，为企业的长远发展打下坚实的内在基础。相比较而言，外部感知价值是客户对企业的产品与服务的整体心理评价，包括服务质量、服务效率、员工服务的态度、企业能力和客户对企业形象感知与评价等。

从上述有关服务本身的特性、大服务理念和服务利润链模型的介绍中，我们可以看出服务价值的有效实现不仅需要企业具有以客户为中心的思想观念，而且需要相应的组织结构、流程设计及软件工具的支撑。在新的服务环境下，应用CRM系统中的服务功能可以有效地帮助企业提高员工服务的工作效率、缩短问题解决时间并降低成本，从而确保企业在提高服务质量和个性化服务水平的同时最小化客户服务的成本，实现全方位、全天候的定制化服务。

2. 客户关系管理战略的内部环境分析

客户关系管理战略的制定与实施，不仅要客观地分析企业的外部环境，而且要对企业自身素质和能力加以科学的剖析。对自身内部环境的分析，是企业客户关系管理战略制定过程中的重要工作。其中，企业的内部环境是指企业能够加以识别和控制的内部因素，主要包括财务管理能力、采购体系、市场营销能力、知识储备研发能力、人力资源、组织结构及组织文化等。在实践中，正是以企业内部环境为基础的独特能力，最终决定了客户关系管理战略及其实施的效果。

1）价值链与客户关系的动态管理链

迈克尔·波特提出的"价值链分析法"，把价值增值活动划分为基本活动和支持性活动两大类。其中，基本活动涉及企业生产、销售、进料后勤、发货后勤与售后服务等，支持性活动涉及人事、财务、计划、研究与开发及采购等。基本活动和支持性活动共同构成了企业的价值链。在企业所从事的各项价值活动中，并不是每个环节都直接创造价值，实际上只有某些特定的价值活动才能真正创造价值，这些真正创造价值的经营活动也即价值链上的"战略环节"。企业要保持竞争优势，实际上就是在价值链的某些特定环节上保持优势。

借鉴这一思想，图 4-5 描绘了客户关系的动态管理链模型，它是建立在企业内部客户信息类型、关系演化阶段和各项价值创造活动的基础之上的。

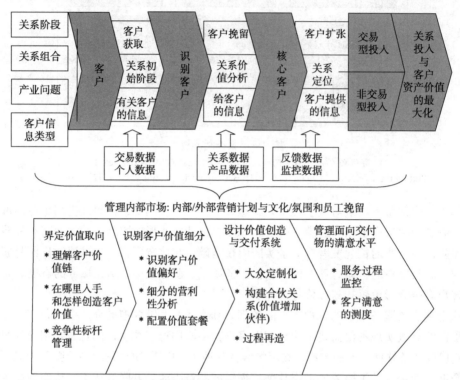

图 4-5　客户关系的动态管理链模型

资料来源：王永贵. 客户关系管理[M]. 北京：清华大学出版社，北京交通大学出版社，2007.

（1）关系的阶段性。如前所述，任何客户关系都具有一定的周期性或阶段性。在关系的初始阶段，企业通过收集和记录有关客户的信息来识别客户。例如，航空公司通过让客户登记成为里程奖励计划或积分奖励计划的会员，就可以很好地实现客户识别的目标。对于识别出的客户，企业有针对性地向其提供有关产品与服务的信息，如特殊促销通知、积累状态信息和定制化客户服务等。在经历一段满意的客户关系之后，有些客户最后演化成核心客户，从而把客户关系推向扩张阶段。核心客户不仅能为企业带来口碑效应，同时，来自他们的反馈或建议还可以对新产品的推出、业务流程的改进和客户需求的满足作出重大贡献。相应地，客户与企业之间的边界也变得更加透明。

（2）特定的产业或行业问题。客户关系管理战略的制定，必须充分考虑源于产业特性的独特问题。在诸多实施客户关系管理的企业，没有根据所在产业的特殊性识别出关键问题，也没有采取有针对性的措施来解决相关问题结果出现了不少问题。例如，在零售业中，基于竞争价格压力，许多企业都把降低交易成本作为一个关键问题，结果不少零售企业关注的是交易速度，而不是交易的有效性；客户很少有机会把自己的数据贡献给这些零售企业，企业也无法有效运用客户信息来改进自己的服务；企业也很少有机会向客户传递有关产品与服务的信息。同时，行业中较高的员工流动性是另外一个关键问题，这种流动性不利于获取和积累客户知识与客户需求信息，还会导致客户信息的大量流失。此外，不少企业关注的是员工和系统在交易中的效率。显然，这些问题和措施都不利于有效的客户关系管理战略的制定与实施。

（3）客户信息的类型。根据客户与企业的互动内容和类型，客户信息可以分成三类：客户的信息、提供给客户的信息和客户提供的信息。第一类是客户的信息，包括个人与交易信息，这是许多企业实施客户关系管理时所收集的信息。企业通过获取个人信息，能够深入了解客户的购买数量、营利性、购买模式、频率、偏好等。例如，银行和信用卡公司通过开始客户数据库系统，积累了大量有关客户的信息，并据此识别出最有利可图和最无利可图的客户。第二类是提供给客户的信息，即客户觉得有用的与服务和组织相关的信息。企业可以通过多种不同的沟通媒体向客户提供这类信息，如短信、直邮、自动反应系统或官方网站、微信公众号、微博等。客户在获取和加工这些信息的基础上作出相应决策。第三类是客户提供的信息，即非交易的客户反馈信息，包括客户抱怨、客户建议、客户索赔等。这类信息必须包含在扩展的客户信息中，因为它可以使客户互动更为有效，并可用来开发新的产品与服务或改进关键业务流程。

（4）客户关系管理活动与价值创造。作为客户关系管理的重要内容，客户价值的创造与交付贯穿于客户关系管理过程的始终。为了更有效地创造与交付客户价值，管理者需要选择目标客户、界定价值取向、识别客户价值细分、设计价值创造与交付系统和管理面向交付物的满意水平。其中，选择目标客户的重要标准为客户的当前与潜在价值，这取决于客户在当前或未来时期向其偏好的产品与服务所愿意支付的价格。但是，这并不意味着客户价值管理只关注高价值客户。由于不同市场上，客户潜在价值的分布是不同的，客户服务成本也会发生变化，从而导致了不同的利润模式。企业需要注意的是，要确保目标客户选择与其自身的经营能力和服务水平保持一致。界定价值取向包括理解客户价值链，思考在哪里入手和怎样创造客户价值，以及客户定制化（按照特定的客户需求来制造产品或交付服务）。管理面向交付物的满意水平包括服务过程监控和客户满意的测度。同时，如图 4-5 所示，企业在界定客户价值时还应充分考虑内部市场与外部市场的有效管理问题。其中，内部市场的管理应该特别注意内部/外部营销计划与文化/氛围及员工挽留，外部市场的管理则应该特别强调外部营销计划与关系管理。

（5）客户价值创造与交付链。为了保证价值交付系统的有效性，其设计工作应当首先从价值选择入手，并与价值的创造与提供直接联系起来，在此基础上才是价值信息的有效沟通。在价值选择阶段，管理者的主要任务包括确定价值定位，理解不断变化的客户需求及其驱动因素、客户经济性和采购过程，深入理解产品、服务和价格等因素是如何满足这些需求的；在价值提供阶段，管理者的主要任务是开发产品与服务套餐和定制化，其中重点关注产品质量与绩效、服务成本和反应性、制造成本与柔性、渠道结构与绩效，以及价格结构；而在价值信息沟通阶段，管理者的任务主要是组织各种促销活动，包括组织销售促销、广告与销售员工管理和提供得到持续认可的优异服务等，具体如图 4-6 所示。

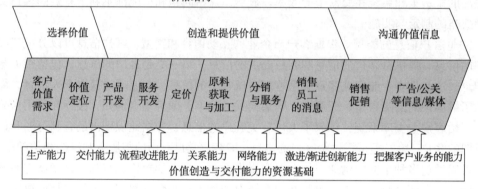

图 4-6　客户价值创造与交付链

资料来源：王永贵. 客户关系管理[M]. 北京：清华大学出版社，北京交通大学出版社，2007.

（6）核心竞争能力与客户关系相关能力。同时，企业需要分析现有的核心竞争能力，特别是生产能力、交付能力、流程改进能力、关系能力、网络能力、激进/渐进创新能力和把握客户业务的能力等客户关系相关能力。然后与满足客户价值需求的能力进行比较，识别出能力差距和相应的支持要素，并采取措施缩小这些差距。其中，核心竞争力是企业在那些影响到自身生存和发展的关键因素上所独有的、比竞争对手更强的、持久优势的技能知识体系。它由许多要素构成，几乎涉及企业管理的方方面面，这些要素共同作用，进而塑造了企业的独特竞争优势。

不过，有关企业竞争优势的来源却有着不同的观点。按照芝加哥资源学派（Resource Based View，RBV）的观点，企业及其竞争战略优势都建立在它所拥有的一系列特殊资源及其特殊资源使用方式上。从竞争战略的角度来看，可以说只有战略资源才能产生和带来企业的竞争优势，战略资源必须具有以下四个特征。①价值性：战略资源是必须指向业务主向的关键成功要素（key success factors，KSF），可以为最终客户创造价值；②优越性：战略资源必须比竞争对手所拥有的资源具有某种相当程度的不可比拟的优势；③独特性：战略资源必须是独特的，难以转移，难以简单复制的；④独占性：战略资源必须为企业所占有，保证企业能获得相应的剩余租金。根据麦肯锡咨询公司的观点，核心竞争力是群体或团队中根深蒂固、互相弥补的一系列技能和知识的组合，借助该能力，能够按世界一流水平实施一项或多项核心流程。这一定义排除了以往常被组织称为核心竞争力的多项技能或特质。从某种意义上讲，传统意义上的专利、品牌、产品和技术都不能算作核心竞争力，单纯包含战略规划、团队协作这些内涵的管理能力也不能算作核心竞争力。核心竞争力是一种动态的独特能力，是创造与交付优异的客户价值的独特能力。

2）客户关系管理战略对内部环境资源的整合

显然，企业的核心竞争力必须从客户需求的角度来加以定义。不符合市场和客户的需求、不能为客户最重视的价值作出关键贡献的能力就不能被称为核心竞争力，甚至不能称为企业能力。有的企业认为关键知识要素与技术能力是最重要的，因而是最核心的能力；也有的企业认为核心竞争力不仅仅是技术能力，而是能创造出可持续竞争优势的能力因素，如资本运营能力和规模制造能力等。但如果从更深远的角度来看，所有这些能力都是建立在客户价值的基础之上的，客户价值的识别、理解和把握是众多能力得以构建的关键所在，也许这才是一种企业的核心能力和技能，是足以建立优势流程的关键。

企业核心竞争力的取得，与企业核心资源的掌握具有相当紧密的关系。企业资源学派认为，那些难以复制、难以模仿并能够为企业带来竞争优势的有形资源或无形资源，包括基础设施、知识产权、销售网络、营销战略及客户信息等，都是创造竞争优势的关键资源。我们认为，客户信息则是其他核心资源发挥作用的基础，而客户关系管理正是收集与处理客户信息的最佳工具。客户关系管理以客户数据的收集、挖掘、处理、更新与共享为中心，使企业全体员工共享统一的、实时的客户信息。企业在客户信息的基础上，可以实现真正的"一对一"营销，从而有助于企业减少营销浪费、提高营销效率、满足客户个性化需求和提高客户满意。同时，CRM可以实现销售自动化与营销自动化等职能自动化，也可以帮助企业有效地简化流程和识别关键客户。

总之，要制定和实施有效的客户关系管理战略，企业就必须能够整合企业的资源，有效识别和培育核心竞争力，关注客户关系动态管理链中的战略环节，以便为具有不同需求和期望的客户提供不同的定制化产品或服务。

4.2.4　客户关系管理战略选择、实施和反馈

不同的客户关系管理战略往往具有不同的"转换和传送效率"，如何进行客户关系管理战略选择和评价呢？无疑，这一工作的先决条件是如何确定标准，如何界定可衡量的目标。很少有实践者把企业的绩效指标视作问题的根源，但在评估问题的关键中，却必不可少地涉及测量指标和标准。

1. 客户关系管理战略选择

在有关客户关系管理最终失败的原因的激烈争论中，有人认为在于错误的软件厂商选择，有人认为是缺乏清晰的客户管理框架，更有人把失败归咎于企业内部人为设计的"孤岛效应"阻碍了客户关系管理思想的实现；但却很少有实践者把企业的绩效指标及其逻辑来源——客户关系管理战略视作问题的根源。在进行战略选择和评估的过程中，企业是否应该通过现有的客户资源来确定标准，定义现有产品的使用率和服务质量，评估信息结构，构建后端的基础设施和前端的应用系统呢？实际上，企业在从事上述活动时，必须时刻注意在预期和现实之间保持平衡。在对现有流程和服务效率、成本和收益进行比较时，应该特别注重为企业发展选择最有潜力的客户群体，选择合理的客户关系管理战略，并围绕"企业和客户之间能够获得双赢"这一理念进行先期的引导。无疑，这需要明确"选择与评估标准"。其中，标准可能来自企业对客户关系管理项目的预期：它能够为企业的竞争力和客

户价值带来哪些变化？如何改善客户关系管理绩效？最终获得的投资回报如何？如何提高客户满意？如何提升客户忠诚和客户份额？如何减少客户流失？如何降低成本和减少坏账？如何提高内部客户——员工的满意度并减少员工流动？在确定客户关系管理战略的期望目标之后，管理人员还要深入地理解支撑这些预期目标的功能，然后再审视企业目标与客户关系管理战略之间的联系程度。

具体而言，企业在选择和评估客户关系管理战略时，关键在于如何界定进行衡量和评估的目标。企业的所有努力，都有可能因为错误的指标设定或者错误的评估对象而前功尽弃。如何对客户关系战略的有效性进行评估，又如何为其设定可量化的指标呢？综合大量企业的成功经验，管理人员首先应当从经济角度而非操作角度来衡量客户关系管理战略。最终而言，财富的增长和客户资产是客户关系管理战略的终极价值取向，即客户价值回报与企业收益应当是重要的评估指标。财务分析的具体性，常常会使企业获得意想不到的效果。可以说，将潜在客户转化为现实客户，把现实客户转化为企业的战略客户，并建立起稳固的价值交付体系，是很多企业制定和实施客户关系管理战略的基本思路。通过这一过程，客户接触到更多的企业信息，使企业所提供的产品或服务更能够满足客户的需求与偏好，努力促进交叉销售和升级销售的实现。在这一过程中，客户需求得到真正意义上的有效满足，客户利益得到有效实现，进而强化企业与客户之间的关系，提高客户的依赖程度与客户挽留率，实现客户终身价值的增加。但除此之外，企业可能还需要考虑非经济指标，如前面所描述的情感因素或情感资源，乃至客户知识资源等。这些可能很难用简单的数字来衡量，但对企业客户关系管理战略的有效性和企业经营成败却至关重要。实际上，无论企业采用什么样的指标，都必须坚持巴恩斯的观点：客户关系管理战略在于了解情感的联系，获得客户的真正信赖，超越职责意义上的忠诚，并建立情感意义上的忠诚[①]。有关客户关系管理战略的评价，请参阅本书第 12 章的有关内容。

2. 客户关系管理战略实施

企业实施客户关系管理战略时，应当清醒地认识到：企业实施战略的过程，也是企业对组织总体方向及总体目标实现方式进行调整的过程，是形成或改变企业的业务方式的过程。当管理当局决定重新制定或修订其战略时，这意味着总会在组织内产生一系列的动荡或变革，产生不确定性。在当今高度竞争的市场空间中，这种不确定性有时会对企业或组织的发展产生致命影响。因此，每个组织在实施客户关系管理战略时，都必须谨慎地意识到战略实施过程中所存在的陷阱，应当遵循整体规划、稳步实施的原则，遵循由点及面的波及效应原则，做到有序、有效和平稳。

企业在推进实施客户关系管理战略时，必须全面考虑业务流程并且据此进行优化。Gartner 公司认为，在客户关系管理战略实施过程中，企业易犯的最大错误就是没有计划。管理层为什么会制订计划？是因为在实施中，计划可以给定方向，减小变化的冲击效应，并使浪费和冗余得以减少。更重要的是，计划可以使企业对战略实施过程和结果加以控制。在客户关系管理战略的实施中，计划也可以扮演一种协调角色，给管理层和非管理层指明

① BARNES J G. Secrets of customer relationship management: it's all about how you make them feel[M]. New York: McGraw-Hill, 2002.

行动的具体方向。同时，在实施客户关系管理战略时，企业不应该过多侧重于技术因素，而应该把重点放到基本的业务流程之中。在推进客户关系管理战略时，通过对原有业务流程的优化来改进企业的业务流程；否则生搬硬套地实施客户关系管理，只会使企业效率更低，使原有的业务流程问题更加严重。客户关系管理项目的失败与"流程"有很大的关联性。

　　一般而言，实施客户关系管理战略的重点在于：导入和应用客户关系管理战略思想，并在其指导之下，开发和应用正确的业务和技术实施流程，以实现企业的整体目标。图4-7形象地列示了一种行之有效的客户关系管理战略实施流程。有关客户关系管理战略实施的详细内容，请参阅本书第5章内容。

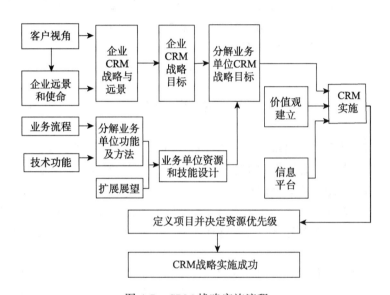

图 4-7　CRM 战略实施流程

资料来源：王永贵. 客户关系管理[M]. 北京：清华大学出版社，北京交通大学出版社，2007.

　　就其实质而言，客户关系管理战略的形成、导入和应用，是一个不断自我革新的循环过程，包括分析与改进、知识发掘、客户互动和客户关系管理战略计划等，如图4-8所示。在日趋激烈的市场竞争、日趋多元和复杂的市场环境因素的作用下，企业实施战略的优势已很难在某个一成不变的战略指导下获得，企业必须基于对环境的认识、对自身企业的审视、自我意识及在实践过程中对战略进行检验，不断地调整和改进企业的客户关系管理战略。通过实践的检测和考验，企业可以持续地对已选选项进行评价。实质上，企业客户关系管理战略实施从来都不是一件一蹴而就的事情，这种循环反馈是战略形成的终结，也是初始。①知识发掘（knowledge discovery）：企业拥有的知识，不仅指其关于生产和经营的知识和技能，还包括对组织设计的理解，对客户资料和个性需求等多方面的知识和技能。这些知识的发掘和利用，可以有效地帮助企业建立起对组织和环境的全面把握。②客户关系管理战略计划（CRM Planning）：有了详细深入的客户资料，即可设计新的客户关系管理战略计划。③客户互动（customer interaction）：企业实时的运作和管理，透过各种互动渠道，和前端客户/潜在的客户之间建立起稳定的信息通道，并实行有效的沟通。④分析与改进（analysis and refinement）：分析与客户互动所得到的信息，并持续了解客户的需求，然后根据该结论来修正以前所制定的客户关系管理战略，以寻求机会。只有不断分析和持续地改进客户关系管理战略，才会使企业更为有效地达成企业与客户的"双赢"远景，实现企业存在的终极价值。

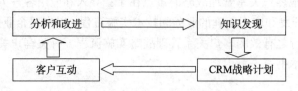

图 4-8　客户关系管理的循环模型

资料来源：王永贵. 客户关系管理[M]. 北京：清华大学出版社，北京交通大学出版社，2007.

本 章 小 结

客户关系管理不是一项简单的软件和技术，而是一种企业管理的新思想、新模式和新战略。当然，其中管理思想和模式的实现，需要客户关系管理应用系统软件和技术的支持，但它绝不能够被狭隘地理解为软件和技术。随着经济环境的发展变化，由于技术的发展和需求的不断增长以及买方市场的逐步成熟，产品质量的提高只是成功的必要条件，企业间竞争更多的是围绕客户服务和客户关系管理能力，后者为企业带来了新的成功契机和新的竞争力。

客户关系管理是一种旨在理解、预测、管理和满足个性化客户需求的经营战略。在战略的实施过程中，企业获取和运用有关客户的知识，并在不同的客户接触点上运用这些信息和知识，实现收入最大化、利润最大化和客户满意与忠诚最大化之间的动态平衡。就其实质而言，客户关系管理战略的生成是一个逐步完善与改进的循环过程。企业基于对环境的认识和对自身的审视，形成基本的组织使命和远景，进而确定客户关系管理战略目标。进而，企业需要对客户进行界定、倾听并分析客户，动态把握客户的期望和需求。在此基础上，对客户关系管理战略生成的外部环境与内部环境进行分析，然后对客户关系管理战略进行选择，对客户关系管理战略的具体细节进行设计并加以实施。一个典型的客户关系管理战略生成与实施包括知识发现、客户关系管理战略计划、客户互动以及分析与改进四大步骤。

关 键 概 念

客户关系管理战略：是指企业为了优化管理客户资源，为实现客户价值最大化而制定的由管理技术和信息技术所支撑的长远规划和长期目标。

企业使命：企业的使命回答的是"企业为什么存在？"（企业存在的价值和意义）这一

问题，试图为组织描述一个基本的、持久的事实，并以此为组织内部的所有决策提供依据。

企业远景：企业的远景回答的是"希望企业发展成什么样子？"（企业组织为之努力的目标）这一问题，能够在特定时期内指导组织的战略和组织的发展。

扣钩战略：是指企业一般依据需要，安排与客户之间的一系列接触机会来维系企业和客户或供应商之间的关系。

拉链战略：指的是客户与企业之间相互调整适应，以实现双方业务关系的契合和业务过程的匹配。

维可牢战略：是指企业精心设计自己与客户之间的接触过程，以便尽可能适应与不同客户的接触过程。

互联网 + 资源

不同行业如何制定 CRM 战略

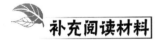

参考文献

客观题

自学自测　　扫描此码

第三部分　客户关系管理实施篇

第5章

客户关系管理战略的实施与变革

【学习目标】

通过本章的学习，读者需要理解客户关系管理战略的实施流程和模型，学会剖析实施客户关系管理战略的关键成功因素以及战略实施中的问题和对策，同时对客户关系管理战略实施的变革进行探讨，分析其与企业业务流程再造、企业资源规划以及供应链管理的区别和联系，从而为学习客户关系管理提供总体思路。在本章中，读者将着重学习企业如何在操作层面上部署客户关系管理战略。

 引例

梅特勒-托利多国际贸易（上海）有限公司成立于 1992 年，是一家由瑞士梅特勒-托利多集团在漕河泾开发区成立的独资公司，主要研发、生产和销售各类精密仪器。为了更有效地管理其客户关系，该公司于 1996 年开始陆续尝试使用不同的营销数据库系统，但效果都不尽如人意。于是，该公司决定选择 GrapeCity（原奥林岛集团）的 CRM 系统，并围绕销售、市场、售后服务三大架构组合重新整理并搭建客户数据库。

以前，该公司的销售管理面临着诸多的难题，如不能快速地管理客户信息、销售机会无法有效监控、销售追款不及时、部门沟通协作不畅等。结果，企业内部工作效率低下，客户满意度整体不高。在该公司选择使用了上述 CRM 系统之后，诸如此类的问题迅速得到了解决。在客户信息方面，该公司使用移动 App 集中管控客户资源，管理客户的分配流程与客户开拓过程，规范业务人员的销售行为并管理整个销售过程；在管控订单方面，打通销售到财务的流程，并管理整个订单流程的执行过程，及时完成收款。

在客户关系管理的实施过程中，该公司还从战略角度进行了一系列培训，让员工充分认识到管理软件的重要性。同时，该公司还结合CRM所提供的数据，在企业内部建立了数字化的决策分析系统。此外，公司还在培训过程中从员工那里收集意见，对客户关系管理的流程不断进行优化。

资料来源：根据客户关系管理（下）——案例集[EB/OL].[2016-11-02]. https://mp.weixin.qq.com/s/uzJ4euC8jd7TjDS8-6bUAQ；Wsie CRM. 梅特勒-托利多集团——打造经销商销售利器[EB/OL].[2016-11-22]. https://www.wisecrm.com/case/900000016. 等整理。

思考题：企业应该如何在操作层面上部署 CRM 战略？企业实施 CRM 的关键成功要素是什么？

通过对客户关系管理战略和相应战略过程的探讨，我们对客户关系管理战略的基本内涵及其生成有了基本的了解。不过，客户关系管理本质上是一个跨部门、涵盖企业全局的战略系统，其成功实施离不开组织系统和流程的支持。本章将着重分析企业如何在操作层面上部署客户关系管理战略。为此，企业必须意识到"任何一项新战略的实施都必须在组织设计和流程设计中得到具体的支持"。没有组织和流程的支撑，任何伟大的战略思想都只不过是一种思想甚至空想。

5.1　客户关系管理战略的实施

客户关系管理本质上是一个跨部门、涵盖企业全局的战略系统，要成功地实施客户关系管理，必须具有战略的支持和系统的实施流程。只有这样，才能高效地管理客户关系，在为客户创造更大价值的同时实现企业绩效的提升。

5.1.1　客户关系管理战略的实施层次

客户关系管理战略对企业实施客户关系管理的方法和能力均提出了要求，也即企业应采取能在整体范围内实施客户关系管理的方法，具备把前端系统与后台基础设施整合起来，并把不同的软硬件产品与整合的多渠道环境协调起来的能力。这意味着：对于企业来说，实施客户关系管理战略需要在不同层面上同步实施。这种不同层次之间的相互支撑，使得客户关系管理战略的实施可以在理念和物质上得到同时实现。从逻辑的角度上看，可以把客户关系管理战略的实施划分为三个不同层次，如图 5-1 所示。

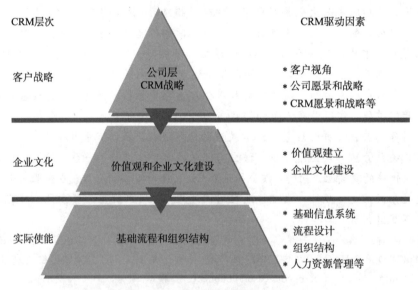

图 5-1　客户关系管理战略的实施层次

资料来源：王永贵. 客户关系管理[M]. 北京：清华大学出版社，北京交通大学出版社，2007.

在客户关系管理战略的实施中，处于第一层次的是公司远景和公司层 CRM 战略，它们扮演着一种协调角色，给管理层和非管理层指明行动的具体方向。在第二层次的实施中，价值观和企业文化是实施的作用对象。其中，所谓企业文化，就是企业在长期发展和成长的过程中形成的、共有的价值体系，是企业成员公认理念的一般性描述，是企业面临问题时思考和行动的基本原则与思路。同时，企业文化是相对刚性的定式，一旦相应的企业文化形成，将成为客户关系管理战略能否发挥效能的前提条件。与客户关系管理战略实施相适应的，是以客户为中心、重视客户利益、关注客户个性需求、建立情感忠诚的企业文化，是立足于客户利益来界定企业经营理念和确定以客户为导向的经营组织。具有以上所述文化的企业，可以为顺利实施客户关系管理战略扫清障碍，快速适应新的经济环境，获得更强的竞争优势。第三层次的实施是实际使能层次，包括基础信息系统、流程设计、组织结构和人力资源管理等因素。为了使客户关系管理的战略思想在实际业务中体现出来，企业必须在CRM战略思想的指引下，以流程为关注的核心，突破固有的分工体系在企业内部所形成的孤岛效应，构建起新战略所需要的业务流程体系。

5.1.2　客户关系管理战略的实施模型

客户关系管理是基于"客户至上"准则的营销理念，强调企业的活动应建立在客户关系的基础之上。为此，企业必须通过识别、分析和细分客户，有效地实行客户关系的定制化，把客户关系管理贯穿客户生命周期的始终，提升客户满意度和忠诚度，真正做到"以客户为中心"。在此基础上，可以把客户关系管理战略的实施看作包含了有关客户主要因素和企业活动的流程循环，如图 5-2 所示。其中，本节将重点阐述客户信息获取、客户分析、战略活动的实施和活动结果的评估与反馈。

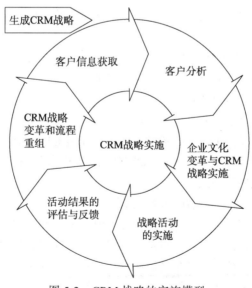

图 5-2　CRM 战略的实施模型

资料来源：王永贵. 客户关系管理[M]. 北京：清华大学出版社，北京交通大学出版社，2007.

1. 客户信息获取

客户的定义是实施客户关系管理战略的第一步。针对客户的定义，其中广义的客户是指任何与企业有关的单位或个人，而狭义的客户则是指与企业的产品或服务有经济互动的企业或个人。需要指出的是，当客户定义过于宽泛时，会使企业决策失去实际操作的可能性；相反，如果定义过于狭隘，将会导致企业忽视某些市场。因此，企业有必要获取不同类型的客户群体的信息，以便清晰地界定市场范围。在客户信息的获取过程中，以下几个方面都需要给予足够的重视。

1）采取主动接触的方式

在很多情况下，客户通常不会主动明确地表达自己的需求，但这并不意味着被隐藏的情感是不重要的，或是不想为企业所知的。这也许只是客户无意识中的一种自我保护措施，抑或是客户自身对需求并未完全了解，而往往这种需求恰恰是客户真实意图的表述。因此，在客户和企业之间构建起整合的沟通渠道，进而形成高度信任并使双方关系发展成为双赢关系，显得至关重要。互联网的兴起和发展，无疑使企业的业务流程可以整合到传统接触点无法实现的程度，数字化技术和社交媒体的不断发展则使企业和客户之间直接沟通的渠道越来越多元化，从而为企业获取客户信息、进而发掘潜在客户、实现对客户的长线经营提供了越来越多的可能。例如，短视频和直播是当下客户和产品之间直接触达和互动的一种新渠道。为了获得用户和扩大用户群体的范围，企业会通过短视频播放、文章推送、抽奖活动等不同的推广活动，并根据不同社交平台（如小红书、快手，抖音、微博、微信等）的不同特性，结合目标群体的特点，精心准备和制作内容，然后导入直播平台并与客户（现实的和潜在的）进行互动和沟通。在这个过程中，客户的潜力得到不断的挖掘，为企业营造出大量的营销机会和可观的销售利润。例如，用了两年的时间，淘宝直播实现了从零到千亿规模的增长[①]；抖音、快手等短视频 App 则通过"视频+直播"的模式，将碎片化的内容与即时互动相融合，增加了与客户的互动以及客户的临场感，进而提高了客户的购买意愿，并成为新的企业变现渠道[②]。

2）必须赢得客户的满意和信赖

在客户关系管理战略的实施过程中，最为重要的就是将一切建立在客户满意的基础之上，而这必须以充分理解客户的需求为前提；而深刻理解客户需求的前提条件，就是双方的相互理解和信任。可以说，和谐关系的确立，是双方共同努力的结果，是企业能够以产品或服务的形式向客户提供关系收益的结果。当企业能够以可靠、负责的态度提供值得信赖的服务，并能够识别经常光顾的客户或最有价值的客户时，企业与客户之间就有可能建立起良好的沟通渠道和信任关系。

3）从客户互动和各种交易资源中收集信息

要获取尽可能多的客户信息，企业需要充分利用从各种客户互动接触点的交易资源中收集详细的数据，如来自销售网点、自动应答机、官方网站、客户跟踪应用系统、呼叫中心档案和呼叫记录、投诉档案等产生的原始信息。在数字化时代，企业与消费者的互动和接触方式更加多元化。例如，银行可以通过与客户的语音系统、官方网站、手机 App、微

① 直播带货，怎么做到让用户买买买？[EB/OL].[2020-02-04]. https://36kr.com/p/5289607.
② 龚潇潇，叶作亮，吴玉萍，等. 直播场景氛围线索对消费者冲动消费意愿的影响机制研究[J]. 管理学报，2019，16（6）：875-882.

信公众号以及销售网点、ATM机途径进行互动和收集交易数据以及客户的其他信息[①]。当然，企业也可以获取第三方的统计信息，如政府和行业的分析信息以及社会人口统计信息。通过整合诸如此类的、有关客户、企业和政府的详细信息，企业就可以对所有不同数据要素之间的复杂关系进行分析，从而精确地勾勒出目标客户的画像。

4）注意从数据中发现有价值的信息

在客户信息的收集获取过程中，企业还要注意从数据中发现有价值的客户信息。例如，企业在交易中的获利程度、针对这类客户的营销和业务的成本数据、客户行为变量与信用状况、隐藏在客户行为背后的需求（包括显现需求和隐性需求），以及满足这些需求对客户满意的影响等。对消费者进行后续差异化的营销，实施定制化的策略，都建立在对消费者的充分了解之上。企业通过对海量的数据资源进行深度挖掘，就能为客户创造更大的价值。例如，随着企业挖掘客户信息维度越来越多，企业利用消费者的地理信息、联系方式、购买记录、浏览记录等来分析其偏好，开展更有效的个性化营销。[②]

2. 客户分析

对于企业而言，并非所有客户都具有同样的价值。不同的客户具有不同的背景、不同的偏好，会表现出不同的行为特征，而且购买力也各不相同，所以，他们对企业的贡献也存在着较大差异。企业应当根据不同客户的不同特征，采取不同的营销策略，这样才会使企业的定位更具有针对性，更有效率地使用相对有限的资源。当企业和客户建立起业务关系时，对方会期望获得某种利益。在实践中，这种期望是否得到满足，具有非常重要的意义。因为这种期望的满足与否，决定了客户是否能够得到企业所交付的价值以及客户是否满意。

1）客户差异分析

不同的客户具有不同的特性，这种特性决定了他们的差异性，决定了企业对应行为的差异性。企业应根据客户差异分析，实行客户分类，以确定不同的市场定向。在信息技术快速发展的当下，如果企业仅仅从整体层面对客户进行细分，忽略其产品或服务适应客户需求的方式，就会面临更多的挑战。客户情境就是指对客户需求的特定情形的关注和理解。由于情境因素的影响，个体对同一行为变量或特征变量的感知或偏好可能存在着相当的差距。因此，需要事先设定不同的营销情境，并据此对所需要的资源、支持流程、决策影响因素进行具体分析。

2）客户细分标准

许多企业往往习惯于采用宏观标准进行客户细分，如地理标准、人文标准（年龄、性别、收入或社会阶层等）、心理标准（个性与价值观念等）、行为标准或混合的多重标准。这类细分标准的共同缺陷是：信息搜寻相对较难、调查范围有限、缺乏对客户价值的感知、不可靠性和非即时性等。

因此，从便于企业实施的角度看，企业可以通过整合企业内部与客户接触的不同部门

① DIETZ M, HARLE P, KHANNA S, et al. 为争夺客户而战: 传统银行如何应对互联网金融挑战[J]. 新金融, 2017（1）: 37-44.

② 曾伏娥, 邹周, 陶然. 个性化营销一定会引发隐私担忧吗: 基于拟人化沟通的视角[J]. 南开管理评论, 2018, 21（5）: 83-92.

的信息系统来实施客户关系管理，从而形成可靠的信息收集与分析处理系统，运用数据挖掘技术对客户数据进行有效处理。在此基础上，深入理解不同客户所重视的关键价值要素，并按客户对关键价值要素的重视程度对客户进行细分，如基于客户的营利性或客户生命周期价值的细分。其中，前者指对目标客户的成本与收益进行核算，后者指客户在整个生命周期内为企业带来的利润总和的净现值。而且，企业也可以根据这些标准的重要性来决定其在客户细分中的权重。经过加权后得到的数据，在一定程度上能够体现出该客户在整个客户基础中的重要性。

3）客户金字塔

任何企业的资源都是有限的。如何将资源的利用效率进行最优安排，将最有价值的客户放在企业经营资源安排的最优先位置，依赖于客户金字塔理念的建立。对于企业来说，随着经济竞争日趋激烈的发展，相对稳定的客户关系是应对外部巨大冲击的缓冲。可以说，稳定忠诚的客户比任何传统意义上的资产都重要，这也是越来越多的企业倾向于把客户视作一种战略资产的原因。客户金字塔有利于引导企业正确地配置营销资源，实现对客户的动态管理[1]。图 5-3 列示了典型的客户金字塔模型，即根据客户对企业价值的大小对客户进行了分类，主要包括钻石级客户、黄金级客户、白银级客户、钢铁级客户和乌铅级客户。一般而言，企业应更加注重管理与金字塔顶端的客户的关系，因为他们能够给企业带来的价值也相对更大。

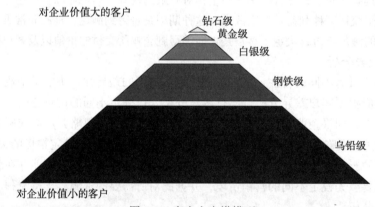

图 5-3　客户金字塔模型

资料来源：CURRY, J. The Customer Marketing Method: How to Implement and Profit from Customer Relationship Management. New York: Free Press, 1989.

4）客户差异矩阵

企业可以根据客户对企业的价值贡献和客户需求的特征对客户进行分类，并针对不同类型的客户确定不同的关系强度目标并制定不同的客户管理战略。通过图 5-4 所示的矩阵，企业可以在识别最有价值的客户关系的基础上，针对客户需求的差异程度对独特的客户关系组合进行管理，实现资源的优化配置和提高客户管理效率。显然，在该客户差异矩阵中，对于坐落在第Ⅳ区块中的客户而言，"一对一"的关系营销策略和客户关系管理是最适合的。

---

① 尹春兰. 基于客户金字塔模型的客户关系管理[J]. 管理现代化，2006（2）：19-21.

实际上，企业可能早已导入与客户建立关系的各种机制，力图通过定制化的产品或服务来满足差异化程度大的客户需求，同时给企业带来较高的盈利水平；对于在第Ⅲ区块中的客户而言，最适合的客户战略应该是努力构建客户忠诚，而未必一定要实施"一对一"的关系营销。此时，企业至少应该找出最有价值的客户，有针对性地实施客户忠诚管理，并引导这些高价值客户发现自身的独特需求，增大彼此之间需求的差异程度，为企业创造和交付满足其特定需求的定制化产品与服务奠定基础，最终促使客户向第Ⅳ区块移动。之所以如此，是因为在该区块中，客户对企业的价值贡献很大，因此很可能是相关竞争对手努力争夺的对象。但由于客户需求的差异程度较小，市场上用来满足这类客户需求的产品或服务却趋于同质化，企业很难通过定制化与竞争对手的产品或服务形成差异。此时，如果企业能够适时地促使客户向第Ⅳ个区块转化并开始提供定制化的产品或服务，无疑可以有效地阻隔竞争并提升客户的转移成本；如果客户落在第Ⅱ区块中，企业最应该采用的客户战略是利基市场战略。此时企业往往需要对客户差异进行分析，然后分别采取相应的客户战略，提高客户管理的效率。相对而言，对于第Ⅰ区块的客户而言，企业采用的往往是传统的大众市场营销战略。

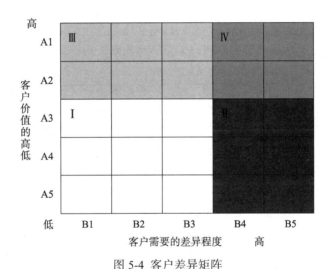

图 5-4 客户差异矩阵

资料来源：王永贵. 客户关系管理[M]. 北京：清华大学出版社，北京交通大学出版社，2007.

3. 文化变革与客户关系管理战略实施

在客户关系战略的实施过程中，不仅涉及经营模式与行为规范的变迁和客户中心观的导入，还涉及产品与服务的个性化与定制化、多个技术领域的融合（如数据仓库、联机分析处理、数据挖掘和其他互补技术等）和客户知识的挖掘与应用等。所有这些迹象都表明，企业的文化变革势在必行。客户知识在企业与客户的互动过程中，以优化企业的营销决策和资源分配为目的对客户信息等进行分析和提炼。其中，这里所说的信息，既包括有关客户的信息，也包括内化在客户头脑中的信息。组织文化是企业在长期发展和成长的过程中形成的共有的价值体系，是企业思考和行动的基本原则[①]。一般而言，企业文化往往呈现出刚性特

---

① 罗宾斯. 管理学[M]. 黄卫伟，译. 4 版. 北京：中国人民大学出版社，2000.

征，一旦形成就很难发生变化，如若进行改变也往往需要一定的内部与外部条件才能完成。

1）企业文化与客户关系管理战略的关系

就其实质而言，在某种程度上可以把客户关系管理理解为在信息技术的冲击下企业管理思想的变革，它是现代企业提高经营绩效的有效途径，其成功实施与企业文化变革有着千丝万缕的联系。企业应该把文化变革与客户关系管理战略实施整合起来进行管理。

（1）企业文化是客户关系管理战略能否实施成功的前提条件。想要确保客户关系管理战略成功实施，离不开具有以下基本特征的企业文化，即以客户为中心、重视客户收益、关注客户的个性化需求等。因此，客户关系管理战略的实施，首先就意味着基于客户的收益来重新界定企业的经营理念，创建客户中心型组织。从这个意义讲，成功实施企业文化变革的企业，可以为顺利实施客户关系管理战略扫清观念上的障碍。

（2）客户关系管理战略促进了企业文化的变革。客户关系管理战略的实施，使传统的"以产品为中心"的企业文化转变为"以客户为中心"的企业文化。当客户关系管理理念导入时，往往会促使企业管理人员和全体员工重新深入地认识企业内部与外部的经营环境，从而给企业的文化变革带来巨大的压力与动力，使旧文化逐步让位于新文化。

因此，企业必须努力实现客户关系管理战略实施与企业文化变革的紧密整合，对原有的企业文化进行改造，培育出有利于客户关系管理战略实施的新的企业文化。

2）基于客户关系管理战略的企业文化变革

企业文化变革是一个长期而复杂的过程。一种新的企业文化应当与企业实施的客户关系管理战略相匹配。企业要把客户关系管理战略思想内化到企业文化之中，使客户关系管理战略思想植根于共同的价值观中，并将其转化为员工的自觉行动。为此，企业应坚持循序渐进的变革原则，构建起基于客户关系管理战略的企业文化。

（1）打破企业固有的价值观体系。企业应当营造相互学习的企业文化，通过学习和交流，进行新旧文化的比较与审核，识别出需要变化的要素，以便打破旧的、固有的价值观体系，并使不同职能部门，同一部门内部的不同职能人员，从不同的角度、不同的层面积极地与客户接触，促使他们互相交流与学习，形成客户知识的共享体系。

（2）塑造和推广基于客户满意的价值观和大客户文化。其中，所谓的大客户主要包括两层含义：一是指客户的范围较大，不仅包括普通的消费者，而且包括企业的供应商、分销商、经销商、批发商、代理商和内部的客户——员工。二是指客户的价值大小。大客户是具有战略重要性的客户，他们购买量大，往往占企业很大一部分的销售量，是具有经济重要性的客户。[①]如前所述，不同客户对企业的贡献存在着较大差异，企业应该通过树立基于客户满意的价值观和大客户文化，通过差异化的产品和附加服务来赢得客户满意和忠诚来获取更多的利润，真正实现企业和客户的"双赢"。

企业应该努力推广以客户为中心的价值观体系，把客户导向观念融入每位员工的心中，并将其转化为可接触、可感知的形式，即使核心价值观对员工和组织的行为进行要求和引导，形成组织成员在客户价值的创造与交付过程中应当遵守的行为准则，并使企业的规章制度与如上所述的新价值观相匹配。在此过程中，会涉及企业各个层面的任务：①高层的推广在企业文化变革中起着至关重要的作用。若要使文化变革达到预期目的，首要问题是

---

① 李文茜，刘益. 国外大客户管理研究新进展探析[J]. 外国经济与管理，2014，36（7）：53-62，80.

企业高层必须大力支持变革。②进行有关文化变革意识本身的培训和适应新变革的技能培训。③角色调整。员工长期以来形成的固有认知、思维定式，很难一时作出改变，角色调整过程一般需要培训的引导和制度的强化与保障。④企业的制度（包括薪酬与奖惩制度）是所有手段中最为关键、最为重要的，它规定了组织成员在企业经营过程中的行为准则，充分体现了新价值观对组织行为的要求。⑤建立企业文化传播的正式渠道和网络，主要包括企业正式的信息流通渠道，如企业简讯、刊物或内部局域网等。⑥打破部门之间的障碍与壁垒，实行无界限的合作。客户关系管理战略的导入，需要对企业内部与外部各种资源进行全面整合，这就要求各个部门突破狭隘的"政治"界限，服从共同的战略利益，具有团队意识、紧密协作、发挥团队的整体效力。

4. 战略活动的实施

实施客户关系管理战略，涉及企业远景、组织与流程等多方面的转型，最终把企业建设成为客户中心型的组织。但客户关系管理战略的实施并不是一些独立活动的简单集合，而是由相互依存的活动构成的系统。因此，打破以产品为中心的组织结构，代之客户中心型组织，切实有效地实施各种客户关系管理活动，是客户关系管理战略实施的重要内容。其中，最重要的工作，就是通过对客户数据的收集和分析，识别客户的偏好和需求特征，在此基础上为客户设计和提供完全个性化、定制化的产品或服务，最大限度地满足客户需求，发展与客户之间的长期关系。

1）客户关系管理活动

根据客户关系管理的阶段理论，可以把客户关系管理区分成三个主要阶段：①获取阶段，即获取可能购买企业产品或服务的潜在客户；②强化阶段，即强化与现有客户的关系并提高营利性；③维持阶段，即维持或挽留具有价值的目标客户，如图5-5所示。

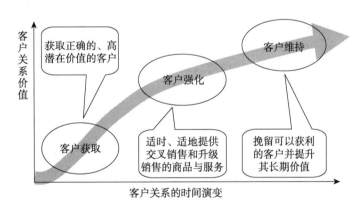

图 5-5　客户关系管理活动的动态模型

资料来源：王永贵. 客户关系管理[M]. 北京：清华大学出版社，北京交通大学出版社，2007.

如上所述，在不同的客户关系生命周期阶段，企业所面临的任务是不同的，应该采取的战略措施也同样存在着差异。在客户获取阶段，企业可以通过差别化、创新和便利性等增强对目标客户的吸引和召唤能力，尽可能以较低的成本获得更多的、高潜在价值的客户；在客户关系的强化阶段，企业应努力降低成本，提高客户服务水平，适时、适地通过交叉销售或升级销售等途径来提高客户关系的深度与广度，增进客户和企业之间的情感联系；在客户维持阶段，企业可以通过增强适应性，借助产品更新换代、客户忠诚项目等方式维持与现有客户之间的关系。

2）客户关系管理的系统框架

实际上，上述有关客户关系管理的三阶段框架是以客户生命周期（如获取、强化和维持）为依据的。在不同的生命周期阶段，企业应该制定和实施不同的功能性解决方案（如部分功能解决方案和完全整合解决方案），以便对客户关系进行整合管理，如图5-6所示。

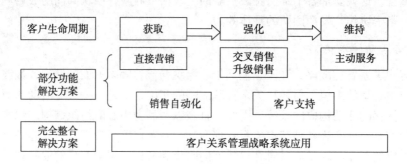

图 5-6　客户关系管理的系统框架

资料来源：王永贵. 客户关系管理：精要版[M]. 北京：高等教育出版社，2018.

（1）部分功能解决方案。部分功能解决方案即通过对客户数据的收集和分析，识别客户的偏好和需求特征，在此基础上为客户设计和提供完全个性化、定制化的产品和服务，最大限度地满足客户的需求，发展与客户之间的长期关系。在实践中，部分功能解决方案可以通过以下途径加以实现：设立呼叫中心或服务台，为客户提供服务支持，并根据客户所阐述的需求提供适当的产品；努力识别出所有客户中值得挽留的目标客户，并将资源和能力投入最重要的客户身上；与客户进行一对一、个性化沟通，运用一系列数据分析来加深对客户需求的理解，通过构建更完整的数据库，有效地寻找目标客户，提高客户管理策略的针对性；更加注重提高数据的质量，并有效地加以管理和利用；进一步识别交叉销售和升级销售的机会，尽可能提高客户营利性；建立复杂、完备的数据平台（如数据仓库系统），并配备相应的分析工具（如数据挖掘软件）。

（2）完全整合解决方案。完全整合解决方案强调采用集成化的客户关系管理系统，帮助企业有效地识别、接触和获得新客户，并进行自动化的客户识别和细分过程，跟踪企业的营销活动，识别客户的需求和偏好，管理与客户的接触过程。首先，企业应该提高潜在客户识别的效率，把有限的营销资源集中在最具有关系盈利潜力的客户身上。其次，监控和管理现有的客户关系，有效地支持企业对交叉销售机会的识别和客户特征的识别，采用特定的营销策略来提高客户的挽留水平。例如，通过跟踪和分析客户的购买行为，客户关系管理系统可以识别出客户的购买模式，寻找实现交叉销售的机会，向现有客户推销具有更高附加值的服务。此外，通过对客户需求和偏好的分析，客户关系管理系统还可以支持客户挽留活动，这对那些客户获取成本十分高昂的行业来说尤为重要。

5. 活动结果的评估与反馈

如前所述，客户关系管理战略是一个不断修正、逐步展开的循环过程。企业对组织的调整和管理转型不仅要有足够的思想准备，而且需要在客户关系管理战略的实施中不断完善基础设施，实现流程重组和确保基础数据的准确性，并注意可能引发的各种变化。一方面，企业在实施过程中不可能没有任何问题，总需要不断地对客户关系管理战略进行改进，以便达到预期结果；另一方面，由于互联网、数据挖掘、决策支持系统和专家系统等技术的不断发展及企业自身的发展需求，也不可避免地需要持续地改进和增加客户关系管理的功能。因此，建立起相应的客户关系管理战略实施评估与反馈机制显得至关重要。一般而言，客户关系管理项目的成败可以从客户价值是否提升、成本是否降低、效率和效益是否增长这三个方面进行评估，并根据对各个阶段的评估结果不断完善和调整客户关系管理战略。

5.2　客户关系管理战略实施的关键因素、问题及对策

在相对自由竞争的大部分市场领域中，客户已经取得了绝对的支配权。作为一种新兴的竞争手段，客户关系管理正备受瞩目。客户关系管理战略的成功实施，需要各个方面具体而一致的协同努力。面对市场所带来的不确定性和组织内部的重重阻力，如果企业可以在战略实施过程的一致性和战略实施主体的积极性等方面卓有成效的话，那么企业实施客户关系管理战略的成功机会势必会得到极大提升。

需要指出的是，成功的项目总是很相似，但失败的项目却各有原因。实际上，尽管人们对客户关系管理已经相当熟悉了，但在现实中，很多企业都是由于对客户关系管理认识不足而导致了失败。因此，也有必要对客户关系管理战略实施过程中容易出现的战略问题进行探讨。

5.2.1　客户关系管理战略实施的关键因素

1. 确保战略实施过程的协调一致

为了实现客户关系管理战略的成功实施，企业应该在组织内部有机整合战略意图，确保组织战略意图的明确性和有效性，以便得到内部成员的理解和认同。

作为企业总体战略的重要组成部分，客户关系管理战略的实施应当而且也必须与企业使命和远景保持一致，与其他相关战略取得协调一致。企业应该将它看作实现远景目标的主要动力来源。企业的远景目标及客户关系管理项目对它的支持应该清楚地传达给企业所有的部门，并且要向整个组织清晰明了地传递实施客户关系管理战略项目的重要性，以及客户关系管理战略本身与组织沿用的战略远景、目标及指导原则的匹配性。

从企业整体角度对客户关系管理战略进行统一规划，首先必须强调战略实施的主体之间、主体与管理流程之间的相互配合、相互适应，它们共同服从于企业整体的客户关系战略的导入和实施。

2. 客户关系管理战略实施的主体因素

客户关系管理战略的实施，不仅与客户关系管理方案供应商的实施经验和技术水平有很大关系，而且与企业自身的主体因素也关系密切。因此，企业应该把更多的精力放在主体因素的建设以及组织架构、制度机制变革建设和企业文化体系的改造中去，使之成为成功实施客户关系管理的支撑。在客户关系管理实施的过程中，以下几点是需要重点关注的主体因素。

1）高层的支持

要成功地在组织内部实施客户关系管理战略，企业首先必须意识到：在任何一个组织内部，导入新的战略，都会形成一种强烈的不适振荡，因为在组织机构和组织成员中都会面临因变革而产生的不确定性。组织不仅需要在组织结构、企业文化和信息技术系统上作出重大的调整，更为重要的是必须协调各部门之间的沟通配合，因此，获得组织高层领导的认同和支持是十分必要的。没有高层的支持和参与，组织内几乎不可能实施任何跨部门职责范围的业务战略，也不可能营造任何有利于客户关系管理战略的组织结构和企业文化，更不可能投入资源来建设客户关系管理信息技术系统。在实施客户关系管理的过程中，应该有高层管理人员负责整个流程，并直接支持客户内涵的界定和相应的运作模式；其次，高层管理人员应当能够对整个客户关系管理战略的实施过程产生积极正面的影响，敦促并引导各部门的跨部门合作；最后，高层管理人员还应当逐步采取措施，确保整个企业高层都能够统一观念，对客户关系管理战略的形成和实施形成全面的理解和认识，以进一步获得整体的支持。

2）各层次成员的参与

在拥有上述高层领导的支持以后，赢得各部门的支持也对客户关系管理成功实施至关重要。没有部门管理人员的积极倡导，即使有可能，但也很难从员工那里直接获得客户关系管理实施所必需的参与程度和投入力度的信息。每一层次的管理人员都应当确保下一层次的人员对客户关系管理实施的支持和参与。缺少各个层面长期一致的参与，都会增加客户关系管理战略实施的难度，甚至带来灾难性后果，导致客户关系管理战略的失败。虽然客户关系管理的成功会给企业带来相当可观的效益，但在具体实施的过程中，相关的组织员工往往既要完成当前的日常工作，又要配合新系统的开发与磨合，从而导致工作量大量增加。同时，由于对新系统的不适应性，员工也会自觉或不自觉地规避不确定性。但通过各层次成员参与到战略实施的决策或流程制定中来，会显著降低成员的不接受程度。另外，成员参与本身也是学习和培训的过程。

3）专家的参与及融合

任何战略系统的建设架构，它的设计都不是一蹴而就的。系统的设计人员、开发人员、管理顾问、组织内培训力量的协调与融合，都是使新系统得以顺利启动的关键。在组织内实施客户关系管理战略，并不是一个立即可以完成的事务性活动。实际上，或更确切地说，这更是一个过程，一个不断调整战略、不断调整系统、不断调整组织机构和制度来适应现实的客观环境和客户需求的过程。所以，在一定程度上引进第三方专家的力量，指导和帮助企业客户关系管理战略的导入和实施，是一项必要之举。

4）高效的指导委员会

在客户关系管理战略的实施过程中，高效团队的组建至关重要。而且，在这种团队中，还应当设立高效的指导委员会。典型的指导委员会是由企业和客户关系管理战略的决策制定者组成的，他们能够确定客户关系管理战略的范围和方向，并确保实施客户关系管理战略的重要变革得以顺利进行；他们要确保客户关系管理战略的实施向既定的方向发展。同时，指导委员会的另一项重要职能是建设沟通渠道。缺乏沟通，是客户关系管理战略实施过程中的一个致命错误。在初始阶段，企业需要就长期远景和短期目标同受到影响的所有员工进行沟通。在具体的实施过程中，实时的沟通可以向整个企业的所有参与者传递相关信息——"我们的位置、我们的成绩、我们的流程下一步会怎么样、为什么要进行流程变革、企业想向什么方向发展、为什么要这样发展等"。指导委员会应该与所有员工就上述信息保持必要的双向沟通，否则，客户关系管理战略实施获得成功的可能性就会降低。

5.2.2　客户关系管理战略实施中的问题与对策

1. 客户关系管理战略的导入和实施缺乏整体规划

能够建立起面向整个企业的客户关系管理，才是成功的客户关系管理导入和实施。但不少企业的客户关系管理战略仅仅注重某一方面的需求，不能从企业整体对客户关系管理的需求进行统一规划，导致企业难以通过实施客户关系管理获取最大收益。制定企业级客户关系管理战略，而不是部门级客户关系管理战略，并由高层管理人员负责各部门之间客户关系管理应用的规划与协调，是成功实施客户关系管理战略的关键所在。

2. 缺乏清晰的远景

如前所述，客户关系管理战略实施应当而且也必须和企业的使命和远景相一致，企业应该把客户关系管理战略看作实现远景目标的主要动力来源。如果没有两者本质上的相互匹配，组织往往很难获得客户关系管理战略成功实施所必需的投入程度。当然，在实施客户关系管理战略时，同时实现所有远景目标也是不切实际的，因此企业必须制订分阶段的目标，并确保每个阶段的目标都有助于远景目标的实现。根据目标管理（MBO）的思想，企业在制订远景目标和客户关系管理战略时，应该尽量让与战略实施相关的人员参与进来，使所有受到影响的部门都获得一定的参与空间，以使他们对整个远景目标的实现作出各自贡献，从而提高员工的积极性和客户关系管理战略实施的顺利性。

3. "最佳实践综合征"

"最佳实践综合征"即如果不能以最佳方式行事，就什么都不做。企业决策者可能怀有理想主义的倾向，努力寻找世间最完美的"金羊毛"，而后才开始实施这种完美战略。但实际上，每一种新战略的实施，都是一个渐进的过程。在这一渐进过程中，最为重要的一点就是企业能够在实践的冲突与磨合中不断地改进战略，使之适合本行业和本企业的实际状况。

4. 缺乏高层管理人员的支持

在实施客户关系管理战略的过程中，最严重的问题在于"缺乏强有力的执行经理的支持"。没有高层的支持，任何项目都不能成功实施。高层领导不仅可以保证和提供持续的资源支持，而且可以协调实施过程中出现的部门间冲突等。所以，客户关系管理战略的实施必须包括一位有足够权力、对客户关系管理战略有深刻认识的高层领导者。这个领导者应能够跟踪与监督变革过程中所投入的资源，并关注各个实施阶段的进展状况，为很多涉及多个部门的综合问题作出最后决策。

5. 责任认识误区

在客户关系管理战略实施受挫的企业中，许多管理者都自觉或不自觉地认为客户关系管理是营销人员的事情，误认为客户关系管理是以客户为核心的营销管理创新，应由营销部门或客户服务部门负责实施。也有管理者从客户关系管理的技术基础出发，认为应该由技术部门具体负责客户关系管理战略的制定和实施。实际上，企业内的所有员工都必须对客户关系管理战略的实施负有责任，客户关系管理的最终目标是"吸引并留住对企业有价值的客户"。从某种意义上讲，员工即是内部客户，他们在战略实施中的重要性绝不亚于外部客户。

6. 蜕变成为报告流程的再造

客户关系管理战略实施不可避免地伴随着业务流程再造和相关变革（将在后续章节中进行详细介绍），但在不少企业中，上述再造与变革却蜕化成为报告流程的再造。无疑，流程的再造是企业客户关系管理战略实施中最为重要的一环。客户关系管理思想在组织中得以实施依赖于科学的业务流程再造，但把这种新的战略思想融入原有的企业组织之中绝非易事，必须对原有的企业制度、业务流程和企业文化等进行变革。

7. 由技术赋能而歪曲为信息技术驱动

虽然信息技术正变得越来越重要，但过分依赖信息技术工具却是企业经常出现的错误。在某种程度上，工具的强大功能远不如人类敏捷的思维。不过，这并不是说"工具没什么用"，客户关系管理战略的实施在很大范围内需要一些工具来支撑。例如，后端数据的整合与清理以及数据传送时的用户界面的友好性，都离不开信息技术工具。在数字化技术环境中，客户与企业互动时，会有不同的融入策略，这是因为：客户拥有了更多的自主控制权。客户能够自主地利用技术来满足自身需求，也能主动表达自身诉求。[1]但是，如果过度关注与工具相关的问题，在没有理解"为什么"的前提下就去一味地依赖工具，就有可能丧失客户关系管理战略的方向性和目的性。在互联网技术背景下，企业可通过网络收集客户偏好信息，甚至便捷地获取全球范围内有关供需双方的信息，但技术的滥用有可能会出现过度定制的问题。[2]而且，随着数据挖掘算法的发展、数据库存储能力的增强、云计算速度的加快以及数据共享环境的开放性的提高，大数据的颗粒度也变得越来越小，企业收集到的客户行为特征和实时销售相关数据也变得越来越多，客户画像也越来越精准，但这也非常

---

① ACAR O A, PUNTONI S. Customer empowerment in the digital age: TABLE 1[J]. Journal of advertising research, 2016, 56(1): 4-8.

② TOLLIN K. Customization as a business strategy—a barrier to customer integration in product development?[J] Total quality management, 2002, 13(4): 427-439.

容易出现客户隐私泄露的问题，如以前出现的"携程积分票"、信用卡 cvv 码泄露等问题[①]，结果对企业和客户造成损失或困扰。在实践中，企业往往可以通过整合数据法、对客户信息重新进行编码、保护样本存储库的信息等途径来保护客户信息。[②]

8. 客户关系管理对象的认识错误

不少企业往往容易将客户关系管理战略导入变成类似于数据库营销的营销战略模式，仅仅把建立的客户关系管理模型看成一个技术系统，却忽略了业务流程的再造和组织的再设计以及管理理念和企业文化变革等软因素的影响，同时也忽略了客户关系管理的真正含义是整合销售、营销和服务系统，构建和强化企业与客户之间的关系。企业应该以数据库应用为基础，借助这些数据了解和预测处于动态过程中的客户关系、客户需求和期望，不断与客户交流，不断向客户提供各种信息，通过各种方式提高客户满意客户忠诚。

9. 缺乏与人力资源的联系

如前所述，不少企业把客户关系管理等同于一套软件系统。有的企业认为实施客户关系管理战略就是软件问题，然后才是管理问题。这种认识上的错误，势必导致许多企业把客户关系管理战略的重点放在客户关系管理系统上，而忽视了对人员的培训和系统流程的调整。这种本末倒置的做法，必然导致客户关系管理收效甚微。低劣的培训计划，甚至缺乏培训计划，将极大地削弱客户关系管理的应用效果。所以，企业应当站在优化客户关系的立场上，对业务流程进行评估检查、优化再造，并重视人员的配合和训练，以便真正发挥客户关系管理的作用。

在现实世界中，成功的客户关系管理战略实施不能简单地归功于某一方面的绩效。当然，失败的原因也不能仅仅归咎于如上所述的一个或几个错误，它常常是众多错误积累和综合影响的结果，通常都是在多个错误持续交错的影响下导致的。

5.3 客户关系管理战略的实施变革

5.3.1 客户关系管理战略实施与企业业务流程再造

伴随着客户关系管理战略的实施以及企业文化的变革，企业将逐步把"以客户为中心"落到实处，逐步向客户中心型企业迈进，以便更好地为客户创造和交付能够满足其独特需求的产品和服务。其中，对原有的业务流程进行再造往往不可避免。例如，尽管许多银行都声明"客户至上"或"以客户为中心"，但大多数企业往往都是围绕着产品而组建的，并未做到真正地以客户为中心，客户很难以自己所偏好的方式从银行那里获得自己需要的各类金融产品。因此，在客户关系管理战略的实施过程中，业务流程再造扮演着举足轻重的角色。

---

① 王春. 便捷客户和隐私保护需要平衡点[EB/OL].[2016-03-14]. http://www.ccmw.net/article/106156.html.

② SCHNEIDER M J, JAGPAL S, GUPTA S, et al. A flexible method for protecting marketing data: an application to point-of-sale data[J]. Marketing science, 2018, 37(1): 153-171.

1. 业务流程再造的概念

业务流程再造（business process reengineering，BPR）由迈克尔·哈默（Michael Hammer）和詹姆斯·尚比（Jame Champy）率先提出[①]，是 20 世纪 90 年代相当盛行的一种管理思想。业务流程再造是一场新的管理革命，有人甚至认为它是继 50 年代财务管理、70 年代战略管理和 80 年代全面质量管理之后的又一场管理革命。

业务流程再造强调以业务流程为改造对象，在企业战略目标的指引下，以客户需求为导向，从根本上重新考虑企业的业务流程，并构建新的业务流程，以期在成本、质量、服务和速度等方面获得巨大的绩效改善。业务流程再造的核心思想是要打破企业按职能设置部门的管理方式，代之以业务流程为中心，重新设计企业管理过程，建立全新的流程型组织结构，从而实现企业在经营成本、质量、服务和速度等方面的戏剧性的改善，以适应现在竞争激烈和多变的复杂环境。

2. 业务流程再造的必要性

作为企业的重要业务流程，客户关系管理往往意味着营销、客户服务、生产或渠道管理等不同层面的活动变化，甚至是组织整体结构的调整，以便共同服务于客户知识库的创建、根据实时信息作出有效的客户决策和实时改善客户关系。[②]在实施客户关系管理战略时，企业不应该过多地侧重于技术因素，而应该把实施重点放在基本的业务流程上，通过对自身原有业务流程的优化来实现改进，而不是生搬硬套别人的客户关系管理战略。否则，可能会使原有的业务流程问题变得更加严重、服务生产率得不到显著提升[③]，从而使企业的经营陷入真正意义上的困境。

因此，业务流程再造往往是客户关系管理战略的客观要求，更是客户关系管理战略实施过程中至关重要的一个不可或缺的环节。一方面，互联网技术的发展使企业和客户之间的信息不对称性发生了前所未有的变化，客户处于越来越主动的位置，而企业则面临着来自更多竞争对手的挑战；另一方面，客户需求日趋个性化，产品生命周期越来越短，企业必须快速向客户提供比竞争对手更好、更加个性化的产品或服务。这些都要求企业改变过去那种粗放型管理模式，倡导精益管理和快速反应管理理念，并对现有的业务流程进行分析，剔除流程中的无效环节和重叠环节，确保其中的每个环节都能以经济有效的方式为客户创造价值，在为企业带来利润的同时，能够尽可能最大化地为客户创造价值。实际上，业务流程再造就是企业重塑自我、提高市场反应速度和管理客户关系的重要途径。

3. 基于客户关系的业务流程再造模型

客户关系管理首先是一种管理理念，企业必须努力把客户关系管理理念贯穿到整个业

[①] HAMMER M, CHAMPY J. Reengineering the corporation: a manifesto for business revolution[J]. The academy of management review, 1994, 19(3): 595-600.

[②] CRUZ-JESUS F, PINHEIRO A, OLIVEIRA, T. Understanding CRM adoption stages: empirical analysis building on the TOE framework[J]. Computers in industry, 2019, 109: 1-13.

[③] 所谓服务生产率，就是服务的投入产出比率，但由于服务的特殊性，服务生产率与制造业中常用的生产率概念存在许多差异。有关服务生产率的探讨，请参阅王永贵. 顾客资源管理[M]. 北京：北京大学出版社，2005.

务流程之中，融入所有员工的意识和行动当中，融入与外部合作伙伴的合作体验当中。在实践中，客户关系管理往往涉及人员、业务流程和技术的整合。因此，在客户关系管理战略的实施过程中，企业应该确保整个企业的策略、流程、组织和技术结构都围绕着客户来重新进行设计和管理，力争改进业务流程中每一个环节的绩效，并通过战略设计和组织管理模式变革，把企业运作中彼此"割裂"的流程重新联结起来，创建出有利于客户价值创造与交付的、通畅的连续流程。同时，通过对业务流程的集成与优化，使其更贴近目标客户，创造出更多的"消费者剩余"，以便进一步增强企业的竞争能力。

一般而言，再造后的业务流程应该以客户满意为目标，并且具有以下两个基本特征：一是面向客户，包括企业的内部客户；二是跨越职能部门和所属单位的现有边界。图 5-7 列示了具体的业务流程再造步骤：①确定业务的发展方向；②识别和判断业务流程；③分析原有流程，科学判断其是否影响核心竞争力的发挥；④分析市场标杆及相应竞争对手流程；⑤以提高企业核心竞争力为目标，充分利用企业长期以来积累的知识和经验，开发新的资源，设计新的流程及活动；⑥实施新流程；⑦判断、反馈和改进新的流程设计。其中，最重要的是确保新的业务流程可以有效地促进和保证客户关系管理战略的实施，特别是在企业的采购、销售、营销、客户服务与支持流程之中。

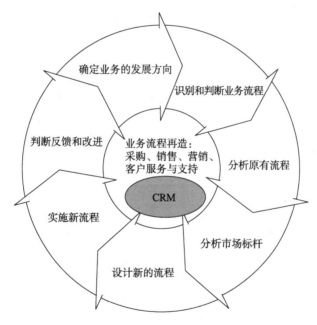

图 5-7 基于 CRM 的业务流程再造模型

资料来源：王永贵. 客户关系管理：精要版[M]. 北京：高等教育出版社，2018.

4. 客户关系管理战略实施中的典型业务流程再造

如前所述，在客户关系管理战略的实施过程中，业务流程再造不可避免。其中，对采购、营销、销售和客户服务四类业务流程的再造是重中之重。

1）采购

企业的采购目标应该是用低成本获取高质量的物料。企业可以从两个方面来实施相关的业务流程再造：①重建与供应商的关系，与供应商建立密切的合作伙伴关系。物料的质量将影响产品的质量，物料供应的及时性和周期长短将影响产品的及时交货率和交货期，物料的采购成本也影响企业的营利性和企业提供物在市场上的竞争力。为此，供应商和企业必须共同关注客户的需求。一方面，供应商作为一种来自外部的战略资源，应该有效地参与到企业的内部流程中来；另一方面，供应商的选择应该以企业的发展战略为依托，并与企业达成长期合作协议。另外，采购人员也应该积极地参加到企业产品（服务）的开发与设计、生产计划和生产制造的流程当中。②实施高效的采购系统。首先，建立供应商认证和测评系统。在选择和评价供应商时，企业应该综合考虑以下因素：物料质量、供应能力、供货价格、供货对象、供货提前期、财务保证和服务水平等。其次，建立数据互换系统，降低因人为因素出错的概率。

2）营销

要想实现以客户为中心，那么关系营销与关系管理无疑是最佳选择。关系营销强调企业应开发和维持与关键客户和细分客户群体之间的关系，而且这种关系是一种相互合作而非相互冲突的关系；通过整合运用客户数据库、呼叫中心、销售自动化（sales force automation，SFA）、营销自动化（marketing automation，MA）和客户服务与支持（customer service and Support，CSS）等现代化营销工具[1]，结合基于客户独特需求的市场定位，制定有针对性的市场营销战略和目标；设计针对性强、效率高的市场推广与促销活动，创造协调一致的客户互动渠道；获得关键客户的互动资料，进行营销活动的市场分析，确保市场营销功能的自动化和高效性，以便设计和实施效果最好的客户关系管理活动。

3）销售

销售过程包括报价、订货、折扣、给付差价、经销商管理和订单管理等一系列内容。客户关系管理要求能够提高销售活动的自动化程度。其中，销售自动化就是要把销售人员每天所从事的各种销售活动尽可能地信息化、标准化和合理化，并使其覆盖到整个销售过程（从销售信息的导入，到市场时机的把握、渠道的选择，一直到订单的管理），为各种不同类型的销售方式（如直销、间接销售、代理销售、电视销售和网络销售等）提供支持，实现对客户信息、后台业务信息的高度共享以及销售流程的规范化，提高企业整体的销售业绩。同时，还要支持不同销售方式的工作人员可以通过多种渠道共享客户信息，高效地实现日程安排、联系和账户管理、佣金管理、商业机会和交付渠道管理、销售预测、建议生成与管理、定价和费用报告等功能。从企业角度来讲，再造后的销售流程还应该能够帮助企业决策者掌握产品在世界各地的销售情况和市场前景，打破目前普遍存在的销售资源专用的现象，强化客户信息及后台业务信息的共享，以及销售流程的规范化，提高企业整体的销售业绩。

4）客户服务

在客户服务环节，客户关系管理要求企业能够提供富有竞争力的售后支持、上门维修

---

[1] ANTON J. The past, present and future of customer access centers[J]. International journal of service industry management, 2000, 11(2): 120-130.

和消耗品维护服务，其中包括维护人员的预约与派遣、备件的管理、后勤保障、服务收费和根据合同提供现场维护等项目。同时，还应当确保客户可以根据自己的偏好自由选择电话或网络等便捷方法与企业取得联系，确保他们可以在最短的时间内得到所需要的、统一的专业服务。企业则通过内部与客户打交道的各个环节，最终得到与客户相关的各种资料，真实地、全方位地把握客户需求，并把这些资料反馈给营销和销售部门。客户关系管理环境下，多渠道整合、移动自助服务和增强的自然语言处理是企业实施客户关系管理战略所应具备的关键能力。为此，企业不仅要建立呼叫中心或网站、App 终端或微信平台等，而且要确保网络技术能够支持跨系统的应用集成，如语音和数据的统一、基于互联网的呼叫代理、自动化的知识引擎以及跨平台的客户互动记录系统等。只有这样，才能适应客户关系管理战略实施所提出的新需求。不过，需要强调的是，再造流程的真正目的并不是流程本身，而是能够生产高效的客户需求预测与满足的流程。

5.3.2　客户关系管理战略实施与企业资源规划

随着外部信息网络技术发展带来的可能性以及企业对客户关系管理的愈发重视，企业对管理模式、组织结构及相关的人员技能产生了新的要求。许多行业内的领先企业都试图将上游供应商和下游客户等纳入企业的虚拟运营系统中来，把关键资源和能力形成链索并整合成虚拟管理的资源规划系统。基于此，企业可以运用信息技术手段，有效地收集、转换和共享资源，在提升企业经营效率的同时，最大化满足供应商和客户的需求。企业资源规划是对企业内部各业务环节的集成管理和优化的管理系统，主要作用体现在企业整体资源的优化、统筹、共享和利用方面，保证了组织内资金流与物流的同步性和一致性，可以实现事先控制和实时分析。这种资源规划系统为企业的长远发展提供了有力支撑，并实现客户价值的最大化和企业收益的最大化之间的平衡，即客户与企业的"双赢"。

企业资源规划系统实质上着眼于企业的后台管理，能提高企业内部流程的自动化程度和有效程度，使员工从日常的繁杂事务中得到解放，但它缺少直接面对客户的前台功能。一线员工，在服务接触中可以直接控制柜台或电话上的客户体验，将交互过程和服务提供单个客户，根据顾客需要，提供个性化产品或服务。[①]比较而言，客户关系管理系统则专注于销售、营销与客户服务，通过管理与客户之间的关系，实现实时的互动，提高客户价值、客户满意度和客户忠诚度，实现经营绩效的提升。一方面，客户关系管理的价值在于它突出了销售管理、营销管理、客户服务与支持的重要性；另一方面，客户关系管理要求企业完整地认识整个客户生命周期，提供与客户沟通的统一平台，提高员工与客户交流的效率和客户反馈率，实现前台业务与后台业务领域的无缝整合。实际上，可以把客户关系管理的功能归纳为"销售、营销和客户服务与支持这三部分业务流程的信息化"。其中，销售管理在客户关系管理中体现为销售自动化，对销售业务给予战术与策略上的支持，同时给出多角度的业务分析报告；营销自动化与销售自动化互为补充，在提高销售活动自动化程度的同时，更注重为营销及其相关活动的设计、执行和评估提供支持；客户服务与支持主要

---

① CHEN R R, OU C X, WANG W, et al. Moving beyond the direct impact of using CRM systems on frontline employees' Service Performance: the mediating role of adaptive behaviour[J]. Information systems journal, 2019, 30(3): 1-34.

是通过呼叫中心和互联网予以实现,可以提供多角度、全方位的客户相关数据,并通过互联网与呼叫中心等把客户服务与支持同销售以及营销结合起来,为企业提供更多发现和满足客户需求的机会。由此可见,客户关系管理的重点是管理客户关系,而企业资源规划的重点是内部资源的整合。所以,企业资源规划与客户关系管理的整合,有助于使市场需求信息、客户资料信息、企业内部资源实现真正的整合优化,从而更为迅捷地满足客户需求。

5.3.3 客户关系管理战略实施与企业供应链管理

1. 供应链管理的系统整合

供应链管理(supply chain management,SCM)是以协同商务、协同竞争和双赢原则作为商业运作模式,注重把企业整个供应链的需求计划、生产计划与供应计划整合在一起,加强对供应链上各个企业的协调和企业外部物流、资金流和信息流的集成与协同,从而将所有企业伙伴连接成一个完整的网链结构。供应链管理系统强调对供应链中组织的集成和对物流、信息流与资金流的协同,实现了事务处理、业务应用和决策支持系统的再优化,使供应链上的所有流程都得以协调,从而使所有企业伙伴连接成完整的网络结构,并最大限度地降低企业的运营成本。具体来看,供应链系统可以实现以下几个方面的协调和集成。

(1)需求计划。在供应链管理系统中,基于网络的解决方案和协同引擎等通信技术,可帮助生成企业间最新的实时协作信息,并提供更为精确的预测结果。

(2)生产计划。供应链管理系统可以分析企业内部和供应商物料与能力的约束,编制满足物料与能力约束下的生产进度计划,并按照给定的条件进行优化。

(3)分销计划。供应链管理系统可以帮助管理分销中心,帮助企业分析原始信息,并帮助确定如何优化分销成本或者根据生产能力和成本对客户服务水平进行优化。

不过,正如普拉哈拉德在《消费者王朝》中所预言的,随着客户中心时代的来临,企业的价值创造模式发生着前所未有的变化,企业不仅需要关注价值链的整合,而且必须把消费者(客户)纳入价值的创造与交付过程中来,客户关系管理与供应链管理的整合趋势日益明显。

2. 供应链管理系统与客户关系管理的整合

独立的供应链管理系统对于产品或服务的有效交付十分重要。在产品同质化的趋势下,领先企业也许有能力在任一时间将大量产品投向市场,但如果不能对市场变化和客户的独特需求作出快速反应,不能结合客户的需要及时地去改进产品,供应链管理系统就会因为缺乏信息沟通和快速响应而呈现出僵化趋势。因此,企业必须通过优化其分销渠道与供应网络来改进自己的供应链体系,努力实现与企业系统以及客户知识、销售、营销和客户服务等前台职能的集成。只有这样,才能实质性地降低经营费用和成本,并切实提高对客户的响应效率,从而确保企业的大规模定制战略能够成功。其中,大规模定制既有助于企业充分了解、捕捉与满足客户的独特需求,又能够根据客户的实际选择而实现按单设计和模块化生产制造，从而减少库存和提高效率。不过，定制化也为供应链管理带来了一定的压力，如果管理不善可能会产生一系列问题。例如，在交付环节上，跟大规模生产相比，可能会出现定制化程度越高，产品或服务的交付质量越趋于下降、产品交付时间越趋于延长等一系列问题。[①]此外，与客户关系管理的整合，还有助于企业真正实现与客户的一对一直接联系，通过个性化服务最大化地满足客户需求，提高客户的满意度和忠诚度，增强企业的市场竞争能力和营利性，从而在提高客户服务质量的同时提高需求的满足效率和效果。

3. 三大系统的区别和联系

企业边界的有效延伸是建立在信息整合环境之中的。对多数制造企业而言，企业的重心可能在内部的企业资源计划系统上，用于履行企业内部职能，跟踪并监管相关的信息流。而当企业的内部信息系统逐渐实现与供应商、分销商和客户等外部各方的有效联结之后，企业的广义边界将会实现有效延伸。例如，通过采用供应链管理系统实现企业边界向上游延伸，通过客户关系管理系统实现企业边界向下游延伸。进入信息经济时代，企业要想在竞争激烈的环境下获得并保持竞争优势，就必须进行基于新技术的系统整合，即整合客户关系管理、供应链管理和企业资源计划三种思想和技术系统。这三种管理思想和技术应用的共性在于：采用新的模式和技术来优化企业的经营，提高企业对整个价值链的管理水平，从而提高企业对市场的响应速度和赢得市场竞争优势。但正如本书第 1 章所论述的，三者又都互有侧重。

其中，企业资源规划侧重对企业内部各业务环节的集成管理和优化，它最主要的作用是在企业整体资源的优化、统筹、共享和利用方面。企业资源规划体系中除了生产计划、材料计划、产能计划和采购计划以外，还纳入销售执行计划、利润计划、财务预算计划和人力资源计划等，从而保证了组织内部资金流与物流的同步性和一致性，可以实现事先控制和实时分析。比较而言，供应链管理则是关注供应链上的所有环节，以协同商务、协同竞争和双赢原则为商业运作模式，注重把企业整个供应链的需求计划、生产计划与供应计划整合在一起，加强了对供应链上各个企业的协调和企业外部物流、资金流和信息流的集成与协同，从而使供应链的上游与下游企业能够以适当方式共享信息资源，减少因需求预测的不准确性而出现的生产过剩或不足现象，最大限度地减少整条供应链的成本。客户关系管理则以客户为中心，侧重于长期利益和关系的维护，在销售、营销和客户服务支持等基本功能上对企业经营进行优化，以便为客户的特定需求提供个性化服务。同时，客户关系管理还可以使前台的信息和后台的基础设施建设有效地联结起来，通过分析销售活动中产生的数据，挖掘其中对企业有价值的信息，并将其反馈到市场营销活动和企业的生产制造系统中去，调动企业一切资源为客户服务，以便提升客户满意度和忠诚度，并提升企业营利性。由此可见，这三大系统各有长短且相互补充，企业必须从整体发展战略出发，以客户关系管理为中心把三者有机地整合起来，具体如图 5-8 所示。

① AKINC U, MEREDITH J R. Make-to-forecast: customization with fast delivery[J]. International journal of operations & production management, 2015, 35(5): 728-750.

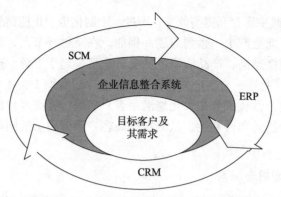

图 5-8　客户关系管理战略实施中的整合

资料来源：王永贵. 客户关系管理：精要版[M]. 北京：高等教育出版社，2018.

　　通过整合三大系统，可以实现从客户到供应商的完全"连通"，实现企业内部流程与外部交易的完全优化。企业通过客户关系管理实现与客户的互动营销，准确把握客户需求；通过供应链管理系统实现交易成本的节约，降低库存水平和采购成本；通过企业资源规划系统实现企业传统业务的网络化和信息化，把前台与后台有机地结合起来。在上述的整合过程中，基于整体客户关系管理经营理念的指引，通过数据库的建设和共享，达到内部运作和外部联系的有效控制，在改善客户关系和优化企业资源与生产流程等方面提高企业的竞争力。而且，经过整合集成之后，企业的数据协同管理和数据分析功能也会得以加强，从而在改进业务流程的同时可以更好地提供客户服务，高效地管理客户关系，赢得竞争优势。

本 章 小 结

　　客户关系管理本质上是一个跨部门、涵盖企业全局的战略系统，要成功地实施客户关系管理，必须具有战略的支持和系统的实施流程。只有这样，才能高效地管理客户关系，在为客户创造更大价值的同时提升企业绩效。作为一项巨大的系统工程，客户关系管理战略的实施主要包括三个层次。

　　客户关系管理是基于"客户至上"准则的营销理念，强调把企业的活动建立在客户关系的基础之上。企业必须通过识别、分析和细分客户，有效地实行客户关系的定制化，把客户关系管理贯穿客户生命周期的始终，提高客户满意度和忠诚度，真正做到"以客户为中心"。在实践中，可以把客户关系管理战略的实施看作包含有关客户主要因素和企业活动的流程循环，主要包括客户信息获取、客户分析、战略活动的实施和反馈机制、企业文化变革，以及战略变革与业务流程再造等环节，并以采购、销售、营销、客户服务支持等为业务流程再造的重点。在实施客户关系管理战略的过程中，企业应该在信息技术的支持下，通过整合 ERP、SCM 和 CRM 系统，从前台系统收集的数据中挖掘出有助于改进客户满意的信息，并将其运用到企业的生产、物流、销售和客户服务等业务职能系统中去。

关 键 概 念

客户金字塔模型：根据客户对企业价值的大小对客户进行分类，主要包括钻石级客户、黄金级客户、白银级客户、钢铁级客户和乌铅级客户五个细分层级，引导企业正确地配置营销资源，实现对客户的动态管理。

销售自动化：就是要把销售人员每天所从事的各种销售活动尽可能地信息化、标准化和合理化，并使其覆盖到整个销售过程，为各种不同类型的销售方式提供支持，实现对客户信息、后台业务信息的高度共享以及销售流程的规范化，提高企业整体的销售业绩。

供应链管理：以协同商务、协同竞争和双赢原则作为商业运作模式，注重把企业整个供应链的需求计划、生产计划与供应计划整合在一起，加强对供应链上各个企业的协调和企业外部物流、资金流和信息流的集成与协同，从而将所有企业伙伴连接成一个完整的网链结构。

互联网 ＋ 资源

 **本章案例**

海尔集团的 CRM 整合方案

 **思考与练习题**

补充阅读材料

参考文献

客观题

自学自测　　　　扫描此码

第6章

客户获取和赢返管理

【学习目标】

本章将介绍有关客户识别、客户区分、客户获取、客户挽留、客户流失和客户赢返的基本知识。如客户识别区分、获取、挽留和流失赢返相关的基本概念、方法步骤、影响因素、营销策略等。通过本章的学习，读者可以对客户获取和赢返的方式、影响因素以及相关策略形成深入的理解，同时，读者还可以跟随本书对移动互联网、数字技术情境下客户获取和赢返的管理进行深入思考。

 引例

2019 年 5 月 18 日，京东公司正式上线京东 App 8.0 版，从视觉到算法再到服务，都进行了全线升级。这次升级使京东公司在用户获取和挽留方面上了一个新的台阶。京东 App 8.0 首页大变脸是京东公司持续推动的"千人千面"的结果，即通过互联网、人工智能、云计算、大数据等数字技术，基于每个消费者的不同需求为其提供个性化、私人定制的页面，帮助消费者更加精准、更加高效地选择自己所需的商品，并基于消费者的个性化特征为其推荐更加适合的商品。京东公司这次 App 升级，在启动页、首页和频道楼层等方面都进行了重新设计，给用户营造了焕然一新的氛围。同时，通过提升数字化技术能力，京东公司精简了频道数量、升级了基于消费者兴趣和场景的聚合页、加强了与用户互动的能力，通过实时分析用户的关注点和兴趣点，将用户关注的焦点以聚合页的方式对用户展开场景化营销，以实现企业对消费者浏览页面时的行为作出快速响应。此外，商品详情页也进行了重新打造升级，重点突显了"放心购"服务。实际上，京东 App 8.0 已经开始探索将消费者的订单详情信息升级成为一个"超级售后服务中心"，并针对购物车和订单列表等进行了优化。

京东公司这次的 App 升级，同时也为品牌和商家带来了更加公平、更富有效率的、由开放生态形成的经营环境，实现了用户推荐流量规模的大幅度提升，并通过更加精准的流量分配机制提升了用户的转化率，使不同的品牌、商品拥有更多的展示机会，"找到"各自适合的消费者。

资料来源：根据京东黑板报. 首页大变脸、服务再升级！京东 618 前上线新版 App[EB/OL]. [2019-05-20]. https://mp.weixin. qq.com/s/WO31mMEOdQuX7LPhR-Mkhg. 整理。

思考题：京东 App 8.0 版是通过什么样的方式来获取和挽留客户？读者从本案例中能够得到哪些客户关系管理的启示？京东公司还可以利用什么样策略或手段来获取和挽留甚至赢返客户呢？

数字技术的发展与应用使企业传统的营销思维、观念和模式发生转变，一些企业纷纷借助（移动）互联网、大数据、人工智能、云计算等技术成功地实施了营销转型。但是，任何时代背景下，企业的客户关系管理都不开这四点：如何识别客户？如何获取客户？如何留住客户？如何赢返客户？可以说，客户的识别区分、客户的获取、客户的挽留以及客户的流失赢返一直都是企业营销的重要环节，一直备受学术界和企业界的高度重视。

6.1　客户识别和客户区分

6.1.1　客户识别

1. 客户识别的内涵和意义

谁会成为我们客户？他们的需求特征是什么？我们能够多大程度上理解自己的客户，明确客户的需求是否是独特的以及这些独特性又表现在什么地方？这是企业发展不得不去面对和思考的问题。客户识别是客户获取的首要环节，有助于企业获取新客户并与客户更好地沟通与互动，进而提升客户满意度以及对企业的忠诚度。

客户识别就是企业通过一定的技术手段，如互联网技术、大数据技术、云计算等，基于广大客户的社会属性特征、行为属性特征以及客户的交易记录等数据，找出企业的潜在客户和现实客户，判断潜在客户的价值大小以及企业获取这些价值的可能性，从而为企业有效获取客户以及成功实施客户关系管理提供保障的管理行为[①]。企业实施客户关系管理并不是针对市场上所有的消费者，有需求、有价值的潜在客户是客户关系管理实施的对象，也是客户识别的第一步。客户识别很好地帮助企业辨别出哪些是企业的潜在客户和现实客户，以便企业了解不同客户之间的差异，掌握客户的具体特征和需求信息。一般而言，客户识别是基于企业在确定其目标市场的前提下，分析目标市场中客户的特征并识别出对企业有潜在价值的客户。不同目标市场客户的特征是存在一定的差异的，客户与企业之间的关系倾向也存在一定差异，对企业的价值贡献也不相同。

随着互联网、大数据、云计算、人工智能、5G 等新技术的发展与应用，企业间的竞争也愈演愈烈，客户获取信息的能力日益增强，客户的需求也日益呈现出多样化、复杂化、个性化等趋势特征。企业的核心竞争优势来自客户为其创造的价值，客户是企业利润的来源，也是企业生命力的源泉，客户的选择决定了企业的前途和命运。任何企业要想在激烈的市场竞争环境中求生存、求发展、求稳定，就必须尽一切可能去吸引潜在客户，使其成为自己的真正客户，并努力建立起稳定、良好的客户关系。识别客户，知道哪些客户是重要的、哪些客户是具有潜力的，能够为企业获取新客户和挽留老客户带来事半功倍的效果。对企业来说，与其耗费大量精力和成本去追逐每一个客户，不如预先识别客户，低成本、高效率地挖掘高价值、高潜力的优质客户。如何把有限的企业资源分配在利润贡献较大以及非常具有开发潜力的客户群体上，放弃那些对企业利润不仅没有贡献，甚至还使企业亏损、浪费企业资源的客户，将成为企业管理者不得不考虑的现实管理问题，对企业的长远发展也具有重大的意义。

---

① 路晓伟，蒋馥，张欣欣. CRM 中客户识别的多维框架[J]. 软科学，2004，18（1）：40-43.

2. 客户识别的步骤

由于客户的社会人口特征、地理特征、个性特征等各不相同，不同属性类型的客户给企业带来的利润也不相同。有的客户不仅能够给企业带来巨大的利润，还是企业很好的口碑传播者，他们会积极把该企业的产品或服务推荐给其他客户，这类客户是对企业有价值的客户，应积极获取并挽留这类客户；有的客户由于购买频率和花费较少，给企业带来的利润还不够抵偿其占用的营销和销售成本。这类客户给企业带来的净价值为负，对企业来说是无价值的客户。如何事先识别企业潜在的有价值的客户，对企业的客户关系管理的成败具有重要意义。一般来说，企业识别潜在客户的步骤主要分为识别特定客户行为的影响模式、根据模式来选择目标客户、目标客户潜在价值分析和选择潜在价值高的目标客户四个步骤[①]，如图 6-1 所示。

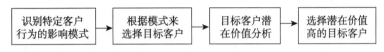

图 6-1　识别新客户的步骤

资料来源：杨永恒. 客户关系管理[M]. 大连：东北财经大学出版社，2002：58.

1）识别特定客户行为的影响模式

在开始识别特定客户行为之前，企业需要根据自身的需求界定所需信息的范围，同时还要根据客户的特点确定收集信息的范围。市场信息繁杂范围辽阔，客户类型也是多种多样，根据客户的自身需求确定目标客户的范围有助于企业降低客户识别的成本，快速开展客户获取工作。企业在明确自身产品和服务的特点与定位的基础之上，衡量哪些因素会影响客户的购买行为，并确定影响特定客户行为的模式。

2）根据模式来选择目标客户

选择目标客户首先需要明确客户的信息，明确哪些是企业潜在客户、哪些是企业有价值的客户。

（1）潜在客户。潜在客户是指可能需要企业产品或服务的潜在购买者，是企业客户获取的重要实施对象。企业在识别潜在客户时，需要注意以下几点：首先应避免不计成本的广撒网行为，重点关注那些对企业长期合作关系感兴趣的客户；其次应注重寻找那些具有稳定持续性特征的客户；最后企业要注意评估客户的态度以及客户与企业建立合作关系的发展前景。

（2）有价值的客户。从客户是否关心产品或价格角度分析，可以将客户大致分为两类：只关心产品或服务价格的交易型客户和更关注产品或服务本身的关系型客户。交易型客户对价格敏感，一般受价格的波动影响较大，缺少忠诚度；关系型客户一般对企业的产品或服务较为满意，注重与企业建立长期稳定的友好合作关系，具备较高的忠诚度。一般而言，交易型客户给企业带来的仅仅是购买行为导致的销售额增加，而关系型客户还会成为企业的口碑传播者，为企业带来额外的利润。所以，企业在识别有价值的客户时，首先要区分

[①] 杨永恒. 客户关系管理[M]. 大连：东北财经大学出版社，2002.

客户的类型，先识别出哪些是交易型客户、哪些是关系型客户，然后再对客户特征进行具体分析。

根据客户价值的大小，又可以将有价值的关系型客户分为三类：第一类是给企业带来最大利润的客户，属于企业的大客户；第二类是给企业带来较大利润并且有潜力成为最大利润来源的客户，属于企业的核心客户；第三类是目前能够给企业带来利润但正在逐渐失去价值的客户。针对不同类型的客户，企业应选择不同的关系营销方式。对于第一类客户，企业应进行关系营销，目的是稳定留住这些大客户。对于第二类客户，开展营销同样重要。这类客户具有一定的忠诚度但是也会在企业的竞争对手那里购买商品或服务，所以针对这类客户开展营销的直接目的是提高企业在他们购买的商品中的份额。第三类客户是企业经过分析后，可以舍弃的无价值客户。

3）目标客户潜在价值分析

客户价值体现在客户给企业带来的利润和销售额的增长，以及客户为企业生存和发展带来的贡献。对于企业来说，客户的价值主要体现在客户购买产品或服务带来的销售额和利润、企业营销成本与服务成本的降低、企业的品牌与声誉的扩大等。一般将客户的价值分为财务价值和非财务价值。财务价值是企业和客户直接交易的体现；非财务价值则是指与直接交易无关的价值，如客户口碑传播给企业带来的品牌推广和品牌溢价。企业通过对目标客户的价值进行衡量分析，估算出目标客户的价值大小。

4）选择潜在价值高的目标客户

根据上步分析，潜在价值高的目标客户是企业重点关注的对象，应基于潜在价值高的目标客户的特征制定对应的营销策略。

3. 核心客户识别

核心客户是企业的重要战略性资源，对核心客户进行识别和管理是企业获取竞争优势的重要举措[①]。现有研究根据客户对企业的利润贡献度、重要性等不同维度，将客户分为核心客户、关键客户、重要客户等概念。核心客户是企业营业收入和利润的主要来源，核心客户的识别和区分，关乎企业能否成功实施客户关系管理。

企业获取一个新客户的成本要远远高于对老客户实施挽留的成本，其主要原因在于企业在新客户开发的过程中，需要投入大量的成本去吸引、识别、区分客户，而且新客户的反馈率也比较低。如果企业能够在开展客户获取之前就有效识别最具潜在价值的客户，并有针对性地开展新客户获取策略，新客户的获取成本就会相应减少，进而提高企业效益。学术界和企业界常将"二八法则"作为指导资源分配的准则，而这一法则也在很多企业实践中得到了验证。基于此，大多数企业都在努力识别这20%的高价值客户，并利用大部分资源建立和维护与这些高价值客户的关系，如采用一对一营销、数据库营销和定制化营销等营销方法了解这些客户的需求和偏好，研究他们的消费行为，挖掘他们的行为模式，用商业智能指导营销策略的合理性。这20%的高价值客户就是企业的核心客户。

---

① 李品睿，许守任，许晖. 基于RFM模型的核心客户识别与关系管理研究——以保险业为例[J]. 现代管理科学，2015（6）：24-26.

核心客户是能给企业带来更多的销售额或利润的客户。随着市场竞争越来越激烈，企业的营销环境越来越复杂，营销难度也逐渐增加，此时核心客户营销在企业整个营销管理过程中就愈发重要。企业在客户识别的过程中，应将核心客户与普通客户区分开来，一旦在识别过程中发现核心客户，需要对这些客户制定专门的定制化营销策略。企业在识别核心客户时应该重点关注以下几点。

（1）信息收集策略：企业应该为核心客户制定专门的信息收集策略，明确规划好信息收集的内容、方式和途径等。在实施过程中，注意客户信息的全面、准备和客观。

（2）决策链影响策略：客户的购买决策会涉及很多主体，其中既有核心客户决策者，也有企业的支持者和竞争对手的支持者。在收集核心客户的信息的基础上，企业需要对核心客户的决策链进行分析，最后确定目标营销人群，并据此制定具体的营销目标和策略。

（3）竞争策略：企业在识别核心客户时，要注意竞争对手对核心客户的抢夺，所以同时也要留意竞争对手的营销策略。

资料卡

从用户生成的内容中识别客户需求

"需要"是我们生活中不可缺少的东西，"需求"则是我们想要得到满足的方面。对企业来说，有需求才有市场，客户的需求在哪儿，企业的边界就在哪儿。在今天市场竞争异常激烈的数字化时代下，客户的需求个性且复杂多样。传统上，企业一般依靠调研访谈和营销团队协作开发的方式来确定客户对营销策略和产品开发的需求。随着移动互联网、大数据、云计算、人工智能等数字技术的快速发展与应用，我们处在一个信息爆炸的大数据时代，每天都产生大量的信息内容，用户生成的内容（UGC）在识别用户需求方面有很好的前景。

然而，现有的技术手段和方法对于分析大型 UGC 语料库既效率低，效果也不好，因为许多内容是非信息性的、低效率性或重复性的。以人工智能为代表的数字化技术催生了一种机器学习方法，通过选择内容进行有效审查来促进用户内容的定性分析，避免重复信息，进而提高了从 UGC 内容识别用户需求的效率，而这也对基于数字技术的客户识别的应用提供了很好的借鉴和启示。

基于 UGC 的客户需求是否与基于访谈的客户需求相同？人工智能以及机器学习是否可以改善客户需求的识别？这是数字时代背景下，基于 UGC 识别客户需求方面的应用需要重点考虑的问题。

资料来源：改编自 Timoshenko, A., Hauser, J. R. Identifying Customer Needs from User-generated Content. Marketing Science, 2019, 38(1): 1-20.

6.1.2 客户区分

1. 客户区分的内涵和意义

在企业管理中，"二八法则"告诉我们企业 80%的利润是由 20%的客户创造的，也就意味着剩下的 80%的客户对企业的利润贡献价值不大，这为企业进行资源配置带来了一定的实践启示：企业应努力识别区分这 20%的客户，并将有限的营销资源重点放在这 20%的核心客户上。知道哪些是有价值的客户，哪些是价值有限或无价值的客户，对企业来说尤其重要。客户价值识别的过程就是企业客户区分的过程。

客户区分能够使企业在一个较高的层次上分析整体数据中的客户信息，同时也使得企业可以用不同的方式对待处于不同客户区间的客户。客户区分是基于客户的属性特征所进行的有效性识别与差异化区分。依据不同客户属性，可将客户进行不同类别的划分，企业因而制定的营销策略和付出的营销努力也有所不同。具体来看，按客户对企业的利润贡献价值，可以将客户分为高贡献客户和低贡献客户，对高贡献客户可以提供高价值的服务，对低贡献客户则提供低价值的服务。按客户与企业联系的时间周期长短，可以将客户分为长期客户和临时客户。长期客户是企业持续跟进关注的客户；对于临时客户，企业可以进行适当的宣传、提供优惠活动等。

客户区分的目的不仅仅局限于实现企业对客户的统一有效识别管理，更在于指导企业在实施客户关系管理时如何配置战略性资源以及如何制定客户服务营销策略。客户区分是客户分析的基础，对区分后的客户数据进行深度挖掘分析，不但能够节省企业的营销成本，还有助于企业对目标客户的消费行为和心理行为进行分析，便于企业把握客户的潜在需求，基于不同的客户，提供个性化、定制化的产品内容和个性化的营销策略。

2. 客户区分的方法

按照一定的标准对客户进行划分，能够帮助企业更好地对各种特征的客户群体进行区别对待并制定个性的营销策略，达到客户价值最大化的目的。客户区分后的市场购买力是否可以衡量、是否可盈利、是否达到目标、市场是否稳定等都是客户区分是否有效的判断条件。

一般来说，在对客户进行区分时，不同的划分标准（如基于客户统计学特征、客户行为、客户生命周期、客户价值以及数据挖掘等）有着不同的区分方法，如电信行业一般根据客户的外在属性（客户区域、客户使用的产品信息等）、内在属性（客户的性别、年龄、收入、信用度等）和消费行为 RFM 分析进行客户的区分和判定。本节将重点介绍两种客户区分方法，分别为行为区分方法和聚类区分方法。

1）行为区分方法

行为区分就是企业根据客户过去和现在的消费行为进行分析，以此预测客户将来的行为。这是一种基于客户行为模式数据，以信息技术、互联网技术为支撑，通过分析数据库中已有客户的消费行为模式对客户进行分类的客户区分方法。常见的行为区分有 RFM 分析和客户价值矩阵分析。

（1）RFM 分析。RFM 分析法由休斯（Hughes）提出，是指以客户的三个行为变量来描述和区分客户[1]。其中，R（recency）指客户上次购买到现在的时间间隔长短，F（frequency）为客户最近一段时间内购买企业产品或服务的次数，M（monetary）则是在

① HUGHES A M. Strategic database marketing: the masterplan for starting and managing a profitable, customer-based marketing program[M]. New York: McGraw-Hill, 2000.

统计时间内客户购买企业产品或服务支付的金额。企业在实施 RFM 分析法时，需要针对每个客户的每个变量指标进行评估打分，然后计算三个行为指标的乘积，按照计算得出的结果进行排序并在此基础上将所有的客户按照 20%、60%、20%的区间分类，最后对处于不同区间的客户制定和实施不同的营销和管理策略。RFM 分析的三个核心变量都涉及客户行为，当企业采用这种方法进行客户区分时，需要事先建立客户管理数据库。同时，RFM 的分析过程也较为复杂，需要耗费一定的时间。

（2）客户价值矩阵分析。客户价值矩阵分析法在设计和应用上回避了 RFM 分析法的一些缺点，马库斯（Marcus）提出用客户购买次数 F 与客户的平均购买额 A（average Monetary）两个维度构造的客户价值矩阵模型来修正 RFM 方法[①]。客户价值矩阵分析法需要提供客户的购买日期、每日购买额等基本信息，其中客户购买次数由不同购买日期的数量来确定，客户的平均购买额等于在特定时间间隔内客户总购买额与购买次数的比值。基于此，企业的客户都会分布于这个二维客户价值矩阵的四个象限中，形成四类不同的客户群，企业进而针对每一个客户群制定不同的营销策略。

2）聚类分析方法

聚类分析也称集群分析，其基本思想是利用一个独立变量矩阵，把性质相近的客户以及性质差别较大的客户归为不同类别，最终实现同一类别客户具有较高的同质性、不同类别客户具有较高的异质性[②]。

企业将客户数据聚类之后，需要对每个类中的客户数据进行分析，然后归纳出每类客户中的同质性或异质性。例如，银行在提供长期的金融服务中，累积了大量的客户数据信息，这些信息包括客户的社会、地理属性基本信息和客户的服务历史、收入、消费支出信息等。这些大量的客户信息资源，需要银行利用大数据、云计算等技术整合起来，从而建立起完善的客户信息系统。在这个庞大的信息系统里，有些客户在存贷款、理财等金融服务上具有较高的相似性，因此这些客户属于有共性的客户群体。银行通过聚类分析，可以发现这类客户在金融服务上的相似行为特征和投资理念，并提供有针对性的金融服务，进而引导这类客户的投资行为，降低银行业务服务成本，提高银行的综合服务水平和银行收益。通过客户聚类区分，可以使企业准确地把握现有客户的基本现状，有利于企业采取不同的服务、推销和价格策略来稳定有价值的客户，转化低价值的客户，摒弃没有价值的客户。

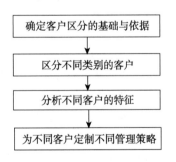

图 6-2　客户区分的步骤

资料来源：根据绍兵家. 客户关系管理[M]. 2 版. 北京：清华大学出版社，2010. 等资料绘制。

3. 客户区分的步骤

客户区分是企业实施客户关系管理的过程中的一个重要环节，图 6-2 揭示了企业区分客户的具体步骤。

1）确定客户区分的基础与依据

客户区分的第一步就是要了解客户的基础特征，这是

① MARCUS C A. Practical yet meaningful approach to customer segmentation[J]. Journal of consumer marketing, 1998, 15(5): 494-504.

② 刘英姿，吴昊. 客户细分方法研究综述[J]. 管理工程学报，2006，20（1）：53-57.

对客户进行区分的标准和依据。一般而言，客户的基础特征包括人口特征、行为特征和心理特征等。其中，人口特征包含了客户展现出来的外部特征，如年龄、性别、教育背景等；行为特征表现为客户的具体购买行为和行为模式；而心理特征则不仅反映了客户行为背后的心理机制，而且包含了客户的偏好和态度等方面。

2）区分不同类别的客户

在确定了客户区分标准之后，企业需要按一定的标准对自己的客户进行分类。一般来说，企业可以根据如上所述的三种客户基本特征（人口特征、行为特征、心理特征）中的一种或几种特征，参照特定的区分方法，对企业的现有客户进行分类，如按照人口特征区分、按照行为特征区分和按照心理特征区分等。

3）分析不同客户的特征

在对客户进行区分之后，并不意味着该项工作的终结。企业还需要根据区分之后的客户特征进行具体分析，并重点分析每一类客户在不同时空情境下具体的行为模式和心理特征。

4）为不同客户定制不同管理策略

在上述分析的基础上，企业需要根据客户关系管理战略，分别为具有不同客户特征的客户确定相应的定制化管理策略，并力争在客户营利性和客户服务成本之间求得适当的平衡。

6.2　客户获取和客户挽留

6.2.1　客户获取

无论企业如何精心地对现有的客户关系进行管理，总是无法实现 100% 的客户挽留率，在不同的关系阶段都会流失一部分客户。所以，企业不仅要维系老客户，还要持续地获取新客户。特别是对创业初期的企业，客户关系管理战略实施需要从获取客户出发。企业获取新客户是实施客户关系管理的首要条件，是对未来客户资产的重要投资。

1. 客户获取的含义

客户获取工作针对的是那些尚未与企业发生过交易的新客户，客户获取就是企业采取一系列方式方法去增加新客户数量的行为。客户是否成功被获取的界定标准并不统一，一种是将客户进行了初次购买的行为视为客户获取，另一种则是认为客户进行了第二次购买才是被获取。从战略层面来看，客户获取与客户挽留是紧密相连的。企业拥有的客户主要经历被吸引—尝试购买—建立忠诚这几个主要阶段，而客户初次购买属于对企业产品或服务的尝试，即便认为已被成功获取，其被获取的层次也较低，客户能否挽留是无法保证的，属于不稳定的状态。实施客户关系管理的企业通常着眼于长期的客户关系，不仅关注单次交易，还要更多地思考如何将每一位潜在客户培养成忠诚客户，并挽留高质量的客户群体。因此客户的成功获取应以再次购买行为作为判断标准，在此之前均需要实施客户获取工作。

不断获取新客户是企业生存和发展的必要条件。持续提升的客户获取能力是企业保持竞争优势的来源之一，企业为保持可持续发展需要紧紧围绕客户需求，从主营业务出发，立足市场、渠道、技术等方面拓展新客户。这些新客户可能对企业的产品或服务不了解，也可能是企业潜在的客户或竞争对手的客户。显然，针对不同类型的新客户需要采用不同的获取策略。

"二八法则"告诉我们企业 80%的利润来自 20%的客户，企业要注重对这 20%的客户进行管理和维护。但在企业实践中，有时候可以完全摆脱"二八法则"的定式思维，而用新的思路去获取更多的新客户。当前已有业界人士对"二八法则"的适用性质疑。他们认为，"二八法则"更适用于那些处于相对成熟的行业、发展相对稳定且有固定客户来源的大企业，而对于发展尚不成熟、处于创业发展期中的中小企业而言却不适用。这些中小企业对市场的开发相对不足，拥有的客户数量较少，其首要解决的问题就是挖掘新客户。虽然广撒网、细搜寻的方法需要投入大量成本，而且存在达不到预期成效的风险，但是对于那些客户群比较分散、已有客户数量远远无法保证营销目标的实现且需要获取更多潜在客户的企业来说，挖掘新客户是企业必须进行的尝试。

2. 客户获取的方法

企业获取新客户的方式或者方法也被称为客户获取途径，随着互联网的快速发展，交互式营销渠道的出现使客户获取途径变得更为复杂。客户获取途径一般包含以下几种方式：大众媒介、直复营销、网络传播、中间商（代理商、经销商和零售商）、人员推销、口碑推荐等[①]。根据企业实践中客户的来源途径，可以将客户获取的方法主要分为以下三种：线上客户获取、线下客户获取和口碑客户获取。

1）线上客户获取

线上客户获取是指企业通过线上渠道，如搜索引擎、购物网站、网络广告和在线直播等方式，获取新客户。随着互联网尤其是移动互联网的快速发展，网络购物已经成为人们的一种生活方式。面对庞大的隐藏在电子屏幕后面的移动互联网用户，不少企业出现难以精准评估客户的特征、广告投入成本高等问题。大数据技术的发展与应用，逐渐解决了线上营销获客不精准、投放成本高的问题，使得线上客户获取成为企业获取新客户的一种重要途径。

2）线下客户获取

线下客户获取是指企业通过线下渠道，如门店、展位、传单、户外广告等方式，获取新客户。这是一种比较传统和常见的客户获取途径，需要企业投入更高的成本，容易受时间和空间的制约，客户转化购买率较低，而且线下交易记录成本较高，难以实时追踪和评估客户的轨迹特征。

3）口碑客户获取

口碑客户获取是指企业通过口碑传播的途径获取新客户，也就是常说的"老带新"，即通过对企业的老客户进行口碑营销，让老客户从企业的消费者转化为消费商，为企业带来新客户。对于服务行业而言，口碑的作用更为重要，"老带新"是其获取客户的关键途径。

---

① 郑浩，赵翔，陶虎. 高技术服务业顾客获取途径与关系粘性的实证[J]. 情报杂志，2010，29（8）：182-187.

基于产品或服务特征的传统口碑营销，即自发"老带新"，虽然有着较高的精准度，但波及范围较小，且涉及的人数较少，效率相对较低。但随着移动社交媒体的快速发展，消费者对产品或服务体验的社群分享逐渐成为一种生活方式，新媒体营销（社群营销、平台营销、短视频营销等）开始受到企业的高度重视。一些企业基于事件、热点、话题等制造营销氛围，以老客户分享裂变的方式，吸引新客户，并收获了可观的营销绩效。

企业需要特别注意的是，基于移动互联网发展和数字化技术应用而兴起的新媒体营销逐渐成为企业获取新客户的重要方式。内容经济下，流量为王，企业只要拥有了大量流量，就不愁变现和利润。基于此，以微博、微信、抖音为代表的社交平台不断发展起来。而短视频营销因其时间短、成本低、制作简单、生动形象、吸引力强等独特的优势，也逐渐发展成为一种新的营销趋势。以抖音、快手为例，由于这些短视频平台坐拥庞大的用户流量，吸引越来越多的企业在该平台上进行产品或品牌推广以获取新客户。

企业在选取客户获取的方法时，需要特别注意以下几点：第一，企业要基于自身的产品或服务特征对应的目标市场，结合自身的经营实际情况，选取适当的营销策略来吸引客户；第二，企业要重点拓展潜在核心客户，从产品或服务"点"的切入实现目标客户群"面"的突破，快速获取核心客户和其他客户；第三，在客户转化提升的阶段，企业要立足于目标市场，深入挖掘客户的需求，以个性化定制化的营销策略，实现客户需求的最大化满足和客户满意；第四，在客户关系经营阶段，企业要做好客户的区分工作，对不同特征类别的客户采取区别对待，努力为客户创造最大价值，通过各种特色营销策略，挽留老客户，吸引新客户。另外，识别新的关系细分市场，也可以有效地增加企业的新客户数量。

 资料卡

数字化平台中的客户触点技术

一个企业在客户生命周期的获知、考虑、购买、留存、传播等不同阶段会产生大量的线上线下触点。随着数字技术的快速发展和应用，客户在与企业的互动过程中的接触点愈发多样化、复杂化。数字化时代下，全渠道成为新常态，企业需要通过多样化的触点技术向客户提供随时随地、连贯一致的客户体验，以高效地获取客户。

在亚马逊书店，客户在线下也能体会到与线上一致的体验，如"一进门的推荐货架"，"每本实体书配有评论卡，可以看到读者评论"，"相似书目的推荐"，"以及与线上的同一价格"等。

而做到线上线下书店拥有几乎完全一致体验的前提是需要整个企业做到以下几点。

（1）建立对企业客户和目标客户唯一、连贯、准确、整体的视图，以便企业更好地了解和服务客户。

（2）结合企业目标客户的不同特征和不同的数字渠道特征建立线上线下统一的内容策略。

（3）在多种渠道之间引导客户消费旅程，与客户在正确时间、正确地点以正确方式的

产生交互。

（4）基于多渠道的客户数据分析，向客户提供个性化、定制化的内容、服务和产品推荐。

（5）以数字技术为必要支撑，所有数字渠道的软件应用（尤其是原生的 Android 和 iOS 应用）都应该实现持续交付，以确保全渠道的快速响应。

资料来源：改编自数字化平台中的客户触点技术.[EB/OL][2017-12-19]. https://mp.weixin. qq.com/s/JGDHxF4WAM08kjRPNL3MXA.

3. 客户获取的步骤

挖掘和获取新客户是企业增加客户关系数量的重要途径。虽然与维持老客户相比，赢得新客户的成本往往要高出很多，但是企业随时都面临着客户流失的风险，因此企业同样需要关注对新客户的挖掘和获取，获取新客户是企业扩大客户基础、实现利润增长的一种重要手段。所谓新客户，指的是以前并不知道或者以前不消费企业产品的客户。

如图 6-3 所示，获取新客户主要包括以下步骤：识别潜在客户群、估计客户获取的可能性、制定获取新客户的战略、实施获取有价值潜在客户的营销活动（如促销、视频广告宣传等），最后达到把潜在客户转化为现实客户的目的。

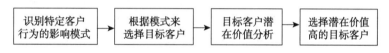

图 6-3　新客户获取的步骤

资料来源：王永贵. 客户关系管理：精要版[M]. 北京：高等教育出版社，2018: 69.

其中，传统上识别和获取潜在客户群的一般方法是：营销经理首先根据自身产品的属性选择可能的人口统计特征（如性别、年龄、职业、喜好等）；之后向数据商（Data Vendor）购买符合特征的客户名单、地址和电话；然后通过信函、电话或其他方式直接与这些客户取得联系，进行产品信息沟通，激发客户购买欲望。但随着潜在客户数量和客户特征的增加，信息和数据量会大大增加，单纯地依靠传统的方法已经难以有效辨别目标客户了。随着数据挖掘技术在客户关系管理中应用的逐渐成熟，企业可以借助此技术来发现客户特征和行为模式，有针对性地选择目标客户，并分析目标客户的潜在关系价值，将高价值的客户发展成企业的现实客户。

客户获取工作需要围绕寻找潜在客户与吸引新客户这两个管理焦点来展开。在客户关系管理战略框架下，依托客户关系管理信息技术的客户获取管理可以从以下几点展开。

1）仔细分析行业特征

不同行业之间的差异对获取战略的制定有着不容忽视的影响。首先是产品特征，不同行业的产品对应着不同的客户消费行为。例如针对快消品和耐用品两种不同属性的产品，目标客户势必会有不同的消费行为，对前者产品使用更换的频率一般要大于后者。其次，不同行业之间的技术特征也会影响消费行为，某些高新技术行业例如移动智能手机，产品迭代频率很高，凸显创新性，客户面临的选择非常多，且有较强的意愿多方尝试新产品。相对而言，在家居建材产业，一旦装修完工，数年内更换的可能性要低得多。因此，企业需要在对所处行业综合分析的基础上，深入地理解客户的消费行为。

2）吸引潜在客户

为了获取客户首先需要让潜在客户注意到企业的产品或服务，这个阶段通常采用广告的方式进行。一方面，企业可直接对可暴露在潜在客户视野的渠道进行广告覆盖投放，引起客户注意，这是传统的做法；另一方面，拥有一定客户信息的企业可通过市场分析技术，细分出潜在客户，更精准地选择广告投放渠道，从而提升广告的有效性，这需要在客户关系管理信息技术的支持下才能实现。当客户注意到企业产品或服务后，企业还需要进一步采取促销策略，适度地加大力度以吸引客户尝试购买使用，所选择的促销方式也可以多元化（折扣、代金券等），以满足客户多方面的选择。需要注意的是，广告宣传虽然以刺激引诱为目的，但不能传播过高甚至是虚假的信息，这会让客户产生过高的期望值，而这势必会影响到后续的产品使用体验；若企业无法兑现服务承诺，会直接影响到后续的客户挽留工作，客户则很可能会因感到受骗而选择永久地离开品牌并带来不可估计的负面口碑影响，在移动互联网时代，企业尤为需要注意口碑影响的深度和广度。

3）促进再购买

客户尝试购买之后不代表就完成了获取工作，在初次购买到二次购买之间，客户仍然处于对产品进行评估的阶段。这个阶段要加强的是产品体验及服务质量而不是继续使用促销策略，因为客户已经选择尝试购买，促销的刺激作用已不及初次购买的情形。在产品使用的过程中，要力求给客户优于其他竞争对手产品的使用体验，否则客户难以再次购买。例如对某些需要客户动手安装或学习使用的产品，企业应给予多种信息展示方式以尽可能地让客户轻松地使用产品，而无须费力地投入精力去学习产品使用方法。此外，对销售给客户的产品配套服务也需要做到优质，至少不低于行业一般水平，若提供的服务不到位，也可能会使客户产生不满从而再也不会选择该企业。企业可依托客户关系管理信息系统持续收集、分析过去客户产品使用和服务体验中遇到的各式各样的问题，解决产品使用过程中特别是竞争对手也存在的问题，并通过提供"一条龙"的配套服务，提升客户的产品体验。在这里，也可以采用促销策略进行适当辅助，例如定期或在产品即将更换的日期之前发送优惠券给客户以刺激再购买；但要注意折扣不能以牺牲品牌形象为代价。若客户选择再次购买，该潜在客户就可被视为成功获取了，可以实施进一步的客户挽留工作了。

4）评估有效性

企业是以建立长期客户关系为最终目的的，在客户获取阶段企业应结合具体的行业背景并在深刻理解客户行为的基础上进行营销策略的制定，布拉特伯格（Blattberg）等系统阐述了客户获取的不同阶段中企业的营销策略与客户获取可能性及获取效率的相关关系[1]，见表6-1。

---

① BLATTBERG R C, GETZ G. THOMAS J S. Customer equity: building and managing relationship as valuable assets[J]. Long range planning, 2002, 35(6): 657-661.

表 6-1　客户获取指标与营销组合关系

市场营销组合变量	获取率（可能性）	获取效率（有效性）
广告		
引起注意	+	
定位/期望	+	
口碑	+	
客户细分/锁定	+	+
定价	+	
促销	+	
产品质量		
质量	+	
类型	+	
渠道	+	+
销售力	+	+
数据库营销		+

资料来源：BLATTBERG R C, GETZ G., THOMAS J S. Customer equity: building and managing relationship as valuable assets[J]. Long range planning, 2002, 35(6): 657-661.

从表 6-1 来看，企业的客户细分、渠道、销售力及数据库营销能力与获取有效性息息相关。在企业实践中，企业可能会过于关注提高获取的可能性指标，而忽视了获取的有效性。实际上，在复杂的市场环境下，企业是不可能达到 100% 的客户获取率的，企业不会、也不可能不计成本地、无上限地提升客户获取率。不过，客户获取率指标的评价，可以依据所处行业的平均水平作为参照。当然，企业还必须特别注意客户获取的有效性，特别是通过不同客户互动渠道获取客户的有效性，以降低平均客户的获取成本。

4. 移动互联网情境下的客户获取

数字时代涌现出许多有助于获取客户的新工具与社交媒体，如移动互联网与大数据技术的结合，催生了具有庞大用户基础的微信、抖音等社交媒体。在移动互联网时代，网络社群的活跃度空前高涨，传统企业多了以微信为代表的社交平台这一新的客户获取渠道。企业可以通过建立公众号、策划朋友圈热点活动等方式尽可能地将产品或品牌暴露在众多的客户视野中，品牌曝光度成为一项重要的指标。互联网的发展催生了众多不同属性的平台，但平台本身也是一把双刃剑，企业一方面可以通过平台渠道获取更多的潜在客户，但与此同时，竞争对手也可以采取获取策略争夺企业现有的客户资源，客户获取的竞争将更加激烈。此外，平台本身是一个双边市场，平台自身也拥有一定数量的客户群，相比之下，平台上的客户面临的选择空间要大得多，因为平台渠道为客户提供了多个企业的信息，大大简化了客户的信息搜寻过程。即便如此，移动互联网为企业带来的价值还是大于风险。

传统的广告渠道（如电视）相对日益缩减的收益率，使企业不得不重新审视广告投入。比较而言，互联网广告渠道则具有社交属性的天然优势。虽然经口碑传递带来的客户可能不属于企业原先获取计划的目标客户，但是这种朋友推荐的潜在客户的转化率一般也较高。这是因为：相对企业单方面主导的电视广告或网络推荐，来自朋友推荐的信息源更容易赢得潜在客户的信任。因此，社交圈渠道往往能够带来高转化率。此外，对推荐者自身而言，通过推荐的行为，推荐者实现了较高的活跃率，对企业认知也更加牢固，更有助于培养现有客户的忠诚。一般而言，客户推荐的理由主要包括产品或服务实际感受好、抽象层面的概念认同如"情怀"等。所以，企业应引导客户分享和推荐，如设计推荐盈利机制（如返现、代金券、礼物等），以促进客户在朋友圈的推荐或转载。但是，企业也应该认识到可能存在的风险，特别是产品或服务体验要足够好，否则即便是引入了客户群，所产生的负面评价也会通过口碑渠道而负向传播。纵然移动互联网有丰富的客户获取潜力，但企业也应该认识到单纯的奖励推荐或许能够引起大量的关注度，但这并不代表能够带来很好的用户挽留率和转化率。归根结底，还是要让客户最大限度地、发自内心地接受产品或服务，最终决定客户去留的，还是卓越的产品和服务质量。

6.2.2 客户挽留

1. 客户挽留的含义

实践证据表明，"挽留一个现有客户比获取一个新客户更具有效益"。美国学者雷奇汉通过对美国信用卡业务的研究提出，"当客户挽留率增加5%，能够给企业带来60%的利润增长"[1]。客户挽留（customer retention）的目的是延长客户与企业之间合作的时间，从而增加客户为企业创造的价值。

客户挽留是对客户与企业的关系质量进行实时监控和评估。企业可借助客户数据仓库和数据分析技术对客户的特征、购买偏好、行为模式、当前价值和潜在价值以及管理成本等内容进行分析，基于分析结果帮助企业明确哪些客户是需要挽留的客户，并促使企业采取一定策略进行挽留客户的行为。格雷芬和苏恩斯坦将客户挽留的对象主要分为两种：留住的客户（retained customer）和危险客户（at-risk customer）[2]。留住的客户是指与企业发生多次购买关系并具有较大忠诚的客户；危险客户是指忠诚较小或不具备忠诚，容易发生流失或者叛逃的客户。对于留住的客户，企业要继续实施一系列挽留策略，通过为这些客户提供更高价值的产品或服务以提升客户的忠诚度；而对于危险客户，企业应该通过各种方式积极探寻客户不满意的原因，针对这些不满意的问题，快速响应并尽快采取应对措施加以解决，力争稳定这种危险关系，将客户拉回企业的怀抱，避免客户流失。

企业开展营销活动是为了将客户与企业联系在一起，双方产生交易。客户获取是企业成功经营的前提，挽留这些客户对企业成功经营更为重要。一句古老的商业谚语这样说道："争取一个新客户的成本是挽留一个老客户的6倍。"尽管这个数字在不同的行业之间会存在差异，并且随着时间的推移成本还会上升，但毫无疑问的是，获取新客户的成本远远高于老客户挽留的成本。成功的企业希望同客户建立长久稳定的关系。客户挽留涉及关系营

---

① REICHHELD F F. Loyalty-based management[J]. Harvard business review, 1993, 71(2): 64-73.

② GRIFFIN H, LOWENSTEIN M W. Customer win-back: how to recapture lost customers—and keep them loyal[M]. San Francisco: Jossey-Bass, 2001.

销或关系管理的内容，它所表达的主要的观点是企业的主要目标是致力于长期与客户之间建立互动，关系营销的目的就是客户挽留。

客户挽留意味着企业通过满足客户或者提供多样化的产品，将客户重新拉回企业身边，进行重复性的多次交易。客户挽留率则是在一定时期结束时仍然与企业保持交易的客户占初期与企业交易的客户的百分比。客户挽留是保持客户的过程，为了保持客户挽留带来的成本优势，企业必须详细制定客户挽留的营销策略，最大化个体客户的终身价值。

2. 客户挽留的影响因素

客户挽留是以两种方式维护企业与客户之间建立的业务关系。一方面，通过设置转换障碍提高转换成本，可以不自觉地维护企业与客户之间的业务关系，从而防止客户流向竞争企业。另一方面，挽留客户可以与企业进行后续交易，企业进而向其提供良好的售后服务[①]。

客户挽留的目的是使企业与客户保持长期稳定的关系，然而在实际中并非所有客户都具有稳定性，愿意或能够与企业维持长期合作关系[②]。客户关系形成阶段的客户是缺乏忠诚度的，在这个过程中，如果企业存在过失或者客户存在不满意行为，客户就会中断与企业的交易关系。再者，有的客户的潜在价值较低，对企业利润贡献较小甚至没有利润贡献，即便能够得以保持与企业的交易关系，但是企业从客户身上得到的价值较低，甚至难以补偿客户保持的成本；有的客户具有较高的潜在价值，也有意向同企业继续发展客户关系，但在更具有竞争力的企业的竞争下，会中断与企业的关系，而转移到竞争企业。

关系营销解决了客户挽留的问题，在探究哪些因素会影响客户挽留时，企业首先需要明确客户现在的需要是什么，客户的满意程度以及客户感知价值的变化[③]。基于学术界和实践界的研究经验，企业产品或服务质量、客户感知价值、客户满意、转换成本、企业竞争、市场环境等因素都会影响企业客户的挽留。

3. 客户挽留的策略

留住客户的核心就是企业提供的产品或服务比客户预想的要好，让客户在与企业的联系过程中获得极致的消费体验。企业应明确客户挽留的最基本策略，学会在值得采取行动的情况下作出正确的决策，一般来说，企业的客户挽留策略可以从以下几个方面考虑[④]。

1）确定核心客户并实施客户分类管理

一项对银行业的调查研究表明，银行整体利润的90%来自20%的客户。所以核心客户是对企业利润贡献最大的客户，企业在制定客户挽留策略时，要先明确哪些是企业的核心客户，基于企业目标市场对客户进行分层分类管理，不同类别客户在营销策略的实施上有所侧重。

① SETH A, MOMAYA K, GUPTA H M. An exploratory investigation of customer loyalty and retention in cellular mobile communication[J]. Journal of services research, 2005(Special issue): 173-185.

② 孙树垒，路晓伟，张庆民，等. 基于客户识别的客户保持决策模型与定价策略[J]. 管理学报，2011，8（10）：1504-1508.

③ FLINT D J, WOODRUFF R B, GARDIAL S F. Customer value change in industrial marketing relationships: a call for new strategies and research[J]. Industrial marketing management, 1997, 26(2): 163-175.

④ 倪自银. 客户挽留：营销管理战略的核心[J]. 江苏商论，2003（11）：57-59.

2）提高客户转换成本并建立预防机制

客户的转换成本与其前期在企业投入的成本（如时间、金钱、精力等）大小有关，客户前期对企业投入越大，转换成本越高，那么客户流失的可能性就小，反之亦然。产品与服务的捆绑销售是最常见的提高客户的转换成本的方式。由购买产品衍生的产品及售后服务将客户与企业继续联系在一起，如联想电脑分布在各地的售后服务中心为客户提供硬件维修、软件升级和系统升级等售后服务，优质的售后服务使得客户难以更换其他品牌的电脑；再如航空公司经常采用的飞行旅程积累优惠的营销策略吸引旅客继续选择该航空公司。当客户选择其他航空公司时，就无法享受优惠旅程的服务。电信公司通过将手机号码与客户的各种社交账号绑定的服务，也增加了客户的转换成本，使得电话号码的更换频率比之前大大减小。

另外，客户处在一个动态变化的过程中，没有一成不变的客户，所以客户的流失是不可避免的，但企业可以通过建立预防机制减少客户的流失。建立客户流失预防机制，首先企业需要明确客户流失的原因有哪些，是主观原因还是客观原因造成的，主观原因怎么预防，客观原因怎么避免，客户流失的应急策略怎么制定；其次，针对流失的原因改善企业的客户关系管理策略，尽可能避免客户产生抱怨和不满；最后企业还要建立相应的服务补救措施，预防服务失败带来的客户不满。

3）加强互动联系并不断改善客户满意

企业与客户的关系是在不断互动的过程中逐步加深的。每一次主客交易的互动，就是企业与客户联系的大好机会。建立企业和客户的良好合作关系对双方都是有益的，对企业来说，与客户密切联系，便于企业获取客户的潜在需求，不断改进企业的产品或服务，从而提升企业的效益；对客户来说，与企业的紧密联系，有助于增加客户的感知价值和对产品或服务的满意。这种良好的互动关系，有利于建立双方之间的信任，是企业和客户共同成长的基础。

另外，客户满意是客户挽留的前提条件。如果企业能够持续地提供比竞争对手更加让客户满意的产品或服务，在很大程度上，客户就不会流失和转移，客户会乐意与企业建立长久且稳定的关系，甚至还是企业的口碑推荐者，为企业带来更多有价值的客户。

6.3 客户流失和客户赢返

6.3.1 客户流失

1. 客户流失的含义

由于企业各种营销手段的实施而导致客户和企业中止合作的现象称之为客户流失[①]。客户流失是指企业原来的客户中止继续购买该企业的产品或服务，转而接受竞争对手的商品或服务。市场的不断增长变化、各种不确定性因素的增多以及竞争的普遍存在，使得越来

---

① 盛昭瀚，柳炳祥. 客户流失危机分析的决策树方法[J]. 管理科学学报，2005，8（2）：20-25.

越多的客户受内外各种因素的影响，如更低的价格或者更好的服务，不断从一个供应商转向另一个供应商。客户流失是企业难以避免且普遍存在的一个问题。企业获取一个新客户，需要在营销、市场、广告、人员以及管理等方面付出很大的成本，然而新客户给企业带来的利润还不及企业流失的老客户带给企业的多。所以，客户流失给企业带来的损失是巨大的，除了直接购买减少的损失，还有企业潜在客户减少、企业声誉受损、获取新客户成本增加等间接损失。挽留住客户，防止客户流失，对提高企业竞争力具有重大的战略意义。

2. 客户流失的原因

雷奇汉和萨瑟（Sasser）基于服务业的调查研究表明，客户流失率下降 5%就意味着利润增长 25%~85%[①]。产品或服务质量低下、客户满意度低、客户感知价值低、低信任、低承诺、客户对高价格感知力强、产品或服务的替代具有较大的吸引力等原因，都会使客户产生产品或服务的转换意向和转换行为[②]，从而造成客户流失。

客户的需要无法得到切实有效的满足是导致企业客户流失的最关键因素[③]，一般表现为：企业产品质量不稳定、客户利益受损、企业缺乏创新、客户移情别恋、企业内部服务意识淡薄、市场监控不力、窜货现象严重、企业短期行为等。接下来从客户需求和市场竞争这两个方面展开分析企业客户流失的原因。

1）客户需求得不到满足

客户需求得不到切实的满足一般体现在以下几个方面：①企业产品或服务质量不稳定，使得客户利益受损；②企业产品或服务缺乏创新，满足不了客户的新意；③企业员工服务意识淡薄，导致客户对购物体验不满；④企业市场监控不力、销售渠道不顺畅导致客户获取企业产品或服务的途径受限。

2）市场竞争带来的客户流失

市场激烈的竞争，是企业客户流失的重要原因，具体体现在以下三个方面：①市场竞争出现新的替代品对企业客户的吸引；②市场竞争带来的价格与感知价值竞争吸引走企业的一部分客户；③市场竞争带来的员工流失，造成员工带走的一部分老客户流失。

3. 客户流失的分类

在这里我们借鉴施特劳斯和弗雷吉（Stauss and Friege）提出的两种方法，对流失客户进行分类[④]。

（1）根据流失客户的重生终身价值（second lifetime value）进行细分和排序。对于流失客户，其"重生"后的第二个客户生命周期的价值将不同于第一个生命周期内的价值，主要原因为：第一，流失的客户因为过去与企业发生过交易而更熟悉企业的产品或服务；

① REICHHELD F F, SASSER W E. Zero defections: quality comes to services[J]. Harvard business review, 1990, 68(5): 105-111.

② BANSAL H S, TAYLOR S F, JAMES S. "Migrating" to new service providers: toward a unifying framework of consumers' switching behaviors[J]. Journal of the academy of marketing science, 2005, 33(1): 96-115.

③ 范云峰. 企业客户流失的原因及防范措施[J]. 中国流通经济，2003（5）：37-40.

④ STAUSS B, FRIEGE C. Regaining service customers[J]. Journal of service research, 1999, 1(4): 347-361.

第二，流失的客户如果被成功挽回，其转换时间较短、成本较低；第三，认真分析流失客户的数据有助于企业更有针对性地进行产品或服务的设计开发；第四，与新客户相比，失而复得的客户更具有客户忠诚。

（2）根据流失客户叛逃的原因进行细分和排序。了解流失客户叛逃的原因，有助于进一步分析该客户的赢返前景。施特劳斯和弗雷吉将流失客户大致分为五类：①蓄意摒弃的客户（intentionally pushed away），即不具备潜在价值或者没有价值而被企业主动放弃的客户；②非蓄意摒弃的客户（unintentionally pushed away），是指因企业无法满足客户的需求或客户不满意而主动流失的客户；③被竞争对手吸引走的客户（pushed away），即在市场竞争中，被竞争对手的高价值感知（非价格）吸引走的客户；④低价寻求型客户（bought away），即对价格敏感或只关心价格、因竞争对手降价而流失的客户；⑤条件丧失型客户（moved away），即因一些客观因素如年龄、身份、地理位置变化而流失的客户。

4. 客户流失的防范策略

客户的流失给企业的利润带来较大的不利影响，所以，企业需要采取一些防范策略以减少客户的流失。

1）实施全面质量营销

为客户提供高质量的产品或服务，是获得客户满意的前提。企业要树立全员质量营销的意识，提高企业的服务质量，尤其是企业一线员工的服务质量。企业一线员工是与客户最直接的交流者，员工的服务态度和服务质量直接影响着客户对企业的印象以及客户的满意。例如海底捞为客户提供的不仅仅是火锅，更是极致的用餐体验。

2）提高企业的市场反应速度

快速的市场反应能够使企业在激烈的市场竞争中保持一定的竞争优势。首先，企业要善于倾听客户的意见和建议，让客户感觉到自己受到重视，从客户的反馈中不断改进创新，为客户创造更多的经营价值。例如，小米公司以客户为中心实施精细化管理，通过小米论坛等各种途径倾听客户的声音，与用户一起设计开发产品，实现产品与市场的高效贴合和客户的高满意度和高度忠诚。其次，企业要建立一个完善的客户监测系统，迅速解决客户的抱怨并深入分析客户抱怨的原因。最后，企业要建立信息化的预测系统，为客户提供有价值的信息，同时企业还要注意制定相应的投诉和建议制度，确保客户的声音能够及时有效地反馈回来。

3）与客户建立关联

企业与客户之间良好的关联机制能够使得企业与客户进行沟通，防止出现误解，同时也便于企业向客户展示企业的愿景、文化等，加强企业对客户、客户对企业的了解。经常进行满意度调查，有助于加强企业与客户之间的关联、优化企业与客户之间的关系。

6.3.2 客户赢返

在企业客户关系管理实践中，新客户获取和现有客户的维系都是企业重点关注的内容。而实际上，因竞争对手吸引或现有企业服务不满等原因，还存在着老客户流失的现象。如果未对这些客户特别是能为企业带来高价值的客户实施赢返工作，对企业来说，将会是重大损失。一般而言，赢返老客户比获取新客户要相对简单，因为企业与老客户之间存在着历史交易关系和信息，企业对老客户更加了解的同时，在关系和信息的优势下，挽回一个老客户成本通常比获取一个新的客户要低。因此对流失的客户挽回是非常有必要的，为恢复老客户与企业已经中断的交易关系而实施的管理行为通常被称为客户赢返。

1. 客户赢返的内涵和意义

流失客户赢返，指的是为了恢复和重建与已流失的客户之间的关系，针对那些曾经是企业客户却因为某种原因而终止与企业关系的客户实施的一系列恢复交易管理的管理行为。在决定赢返流失客户之前，企业首先需要确定要赢返哪些客户，即企业要从所有流失的客户群区分出最具有潜在价值的流失客户，并根据其价值进行排序，而后按排序对有潜在价值的客户重点突破，争取赢返。

对企业而言，获取新客户和维系老客户是客户关系管理中重要的环节，前者带来了新的利润获取途径，后者巩固了现有的利润空间。然而，对待流失客户，多数企业可能采取漠然或消极处理的态度，缺乏系统完善的赢返管理措施。格雷芬等在对零售企业的销售数据的调查研究中发现，20%~40%销量来自赢返客户的重复交易[①]。所以，在管理实践中，企业往往可能低估了客户的赢返管理，未对流失客户投入足够的关注和必要的资源，这主要与其尚未意识到流失客户所能带来的巨大收益有关。实际上，实施赢返管理对企业客户资产乃至客户满意均具有多方面的好处[②]。

1）赢返老客户比获取新客户更容易成功

企业拥有老客户之前的购买记录等相关信息，从这个层面来说，赢返一个老客户比获取新客户的成功概率更高。对于企业而言，当要吸引没有任何先前交易历史的新客户时只能通过经验式的方式实施客户获取的营销策略，即便通过其他客户的交易信息作出预测，也总会与现实存在偏差，这是由不同客户的特征有所差异导致的。而挽回老客户则不存在这种信息不一致的情况，通过其历史交易信息可准确理解该客户的行为特征，以此为基础的营销策略会更有针对性，挽回的成功率自然比获取新客户要高。

2）赢返成本低

从成本角度来看，赢返一个老客户的平均成本也要低于新客户。因为企业已经掌握老客户的相关信息，能够更精准地对目标客户实施赢返策略，从而达到节约营销资源的目的。例如在选择何种渠道投放广告更有效的决策过程中，对习惯于社交媒体的老客户予以针对性投放便更有效率，而对新客户的获取则可能需要通过多种推广渠道组合的方式，以覆盖到尽可能多的潜在客户。

---

① GRIFFIN H, LOWENSTEIN M W. Customer win-back: how to recapture lost customers—and keep them Loyal[M]. San Francisco: Jossey-Bass, 2001.

② 唐小飞，周庭锐，贾建民. CRM 赢回策略对消费者购买行为影响的实证研究[J]. 南开管理评论，2009，12（1）：57-63.

3）赢回的老客户的忠诚度要更高，对企业回报更大

老客户与企业或品牌具有历史交易，其选择暂时离开的因素有很多，有诸如竞争对手吸引的市场因素，也有对服务不满的负面情绪所致，或者就是单纯地受到价格因素的影响。无论何种原因，客户也曾一度选择了该公司的产品服务，就历史认知而言，客户对企业是具备"好感"印象的。通过赢返管理，能重新唤起客户对企业积极的情感方面，可在其基础上进一步增加对企业的认可，例如在赢返过程中，客户能感受到企业对自己的重视。因此，赢回的客户忠诚度通常更高，口碑意愿更强，抵御竞争对手诱惑的能力也更强。这些客户会坚持选择企业的产品或服务，并积极提供建议及反馈，企业甚至还可能享受到额外的产品溢价。

4）通过补救措施，能为客户挽留工作提供借鉴

赢返管理工作能为企业提供一些避免现有客户流失的启示，进一步巩固与现有客户之间的关系。在赢返管理过程中，企业首先要反思老客户为什么会离开，再决定对应的补救决策。在这个过程中企业会发现一些平常忽略或意想不到的服务失误漏洞，因此，这些信息不仅能为赢返策略提供线索，还能为日常客户挽留工作提供重要的参考依据。进一步地，这些经验有助于建立起服务失误预防体系，从而降低客户流失率，达到优化客户关系的效果。

2. 客户赢返策略

美国一家电信公司对 4 万名客户跟踪实施了四种赢返策略，发现不同的策略具有不同的成功率、投资回报以及成本。企业应在战略目标的基础上从多个方面来评估赢返策略，从而选择实施最具有效率和效益的赢返策略，见表 6-2。一般而言，企业可采取的赢返策略主要有三种：价格赢返、关系投资赢返和建立预防机制。

表 6-2　客户赢返策略对比

策　略	细　　　则	人均成本/美元	成功率/%	投资回报率/%
折扣	半年的 20%折扣	120	45	668
升级服务	免费提供 3 个月的电影浏览权限	105	41	793
捆绑	半年的 20%折扣和免费提供 3 个月的电影浏览权限	225	47	302
定制化	对价格敏感性客户实施折扣，对服务需求高的客户实施服务升级	120/105	45	596

资料来源：KUMAR V, BHAGWHA Y, ZHANG X. Wining back lost customers[J]. Harvard business review, 2016, 94(3): 22-23.

1）价格赢返

使用价格促销的形式重新吸引老客户再次光顾。这是最简单的赢返策略，也是企业最常用的策略，如通过制订年度促销计划来挽回老客户。该策略适用于一些对价格敏感的客户，但是也存在较大的局限性，因为低价吸引客户的法则同样也适用于竞争对手。若竞争对手采取更优惠的促销方式，不仅无法达到挽回的目的，还可能损失原有的老客户。在当下激烈的竞争市场中，客户选择面广，进行价格战短期可能会带来一定收益，但价格折扣

不利于建立强力的品牌，长此以往势必会使得品牌价值大打折扣。此外，这种策略最终只会在市场上培养一批只忠实于价格的客户，无法为企业带来长期的盈利价值。

2）关系投资赢返

企业投入人力、财力等资源，力求获取客户情感层面的认同，建立更加强力的关系纽带。这种策略通常采用会员制等定制化的服务方式，如客户生日赠送礼品、依据会员等级提升服务质量等方式，非常注重客户体验的情感因素。通常这种策略能在企业和客户之间建立起黏度更高的关系，因为以情感为基础的客户关系要更加稳定，客户也不易受到竞争对手的价格策略影响。就客户满意而言，通过关系投资，每次接触点累积的满意相比单次交易产生的满意更具有持久性，也更易促进客户忠诚。但与此同时，实行此方法需要耗费的成本较大，对企业综合能力要求也较高，需要从客户感受出发，有针对性地提供定制化服务，注重满意度持续不断地提升。相比之下，实行价格促销要更加具有普适性，操作更简单，而关系投资所耗费的企业资源更多，且相关的满意度等指标也不易衡量，无法评估策略的有效性。因此，在实行关系投资赢返策略时，企业还需要对目标客户进行筛选，尽可能选择那些未来能为企业带来更大价值的客户。

3）建立预防机制

价格促销及关系投资是两种事后赢返策略，而建立预防机制则属于事前赢返。实际上，企业客户关系管理是一个动态、持续、循环的变化过程。在日常客户接触过程中，总会不可避免地出现这样或那样的问题，其中，相当一部分问题则可统一归为日常服务流程中的失误事件。而调查引起服务失误的原因并予以纠偏也是实施客户关系管理的企业所需进行的日常管理事宜。同管理中出现的例外事件的法则一样，对于反复高频出现的服务问题要在流程层面确立更有效率的规章制度，并以标准文件形式固定以便企业员工执行，而例外事件的处理则需区别对待，视事件严重程度及范围予以不同的服务补救措施。虽然客户关系管理能提供高效率的流程管理，依托信息技术的先进性可解决技术流程上的滞留或冗杂问题，但实际业务流程仍需要具体的人员来操作，如涉及接触过程的态度方面，更需要让企业员工特别是与客户接触的一线服务人员树立起"服务意识"。因此，企业一方面要通过信息技术的优化提升流程效率；另一方面还应注重服务人员的培训，在服务问题解决方面形成统一的整体，从而避免可能的客户流失，也进一步促进现有的客户挽留管理工作。

3. 客户赢返管理的思考

客户赢返是基于企业信息技术、专门针对流失客户、优化企业客户资产而实施的长期计划。在实施的过程中，企业上下要从思想上建立起对老客户的价值认知，认识到挽回客户对成功实施客户关系管理战略的重要意义。在客户关系管理的技术背景下，企业能够通过客户关系管理系统建立起客户信息数据库，对大量的客户信息根据管理需求进行处理分类，进而在赢返工作中实施区别管理。通常，在制定赢返策略时要充分考虑以下几点。

1）流失客户分析

在赢返的过程中，首先要做的就是对流失客户进行分析，并了解其流失的主要原因。如前所述，赢返与获取新客户的不同之处在于企业已经拥有老客户的信息，企业可根据这些信息对该客户进行价值分析，并识别客户流失的主要原因所在。在这个过程中，首先要对流失客户的价值进行分析，若客户价值较高特别是核心客户，更需要深入了解原因并对症下药，例如客户是对一次服务接触过程的不满，那么可以采取道歉或补偿的方式予以挽回。采取赢返战略的目的是最大化企业客户关系资产，最终实现盈利。因此，企业不可以也不能对每一个流失客户都采取赢返措施，例如，通过对过去交易及客户信息进行分析，若客户购买能力极其有限或未来可能的投资回报率要低于赢返成本，对此类流失客户不应再花费人力、财力实行赢返策略。此外，对于因客户关系周期规律的影响而流失的客户，还需将客户关系生命周期一并考虑进来。总之，企业通过利用客户关系管理信息技术能对流失客户进行系统的管理以及分析，并对流失客户的价值进行评定，若值得挽回，便采取下一步的赢返策略。

2）策略组合

如上所述，相比两种事后赢返策略，价格赢返策略短期更易见效，能迅速赢回价格敏感的客户，而关系投资赢返策略短期难以见效且需更高的投入成本。企业不应只采取某一种赢返策略，而应取长补短，结合多种策略打组合拳。但值得一提的是，从企业战略视角来看，用关系投资策略赢返的客户满意度及交易份额通常要多于用价格策略赢返的客户，而侧重于价格赢返策略的企业通常绩效要弱于注重投资关系的企业，因此关系投资策略应占据更重要的比例①。此外，通过关系投资赢返的客户情感维系基础要更牢固，虽然前期赢返投入较大，但后期维系的成本将大大降低，这与建立在情感基础上的忠诚度密不可分。但是，价格赢返策略仍是一个重要的盈利渠道，如对于一些具有购买能力但对价格极为敏感的流失客户，对其实施关系投资收效甚微，而对其提供折扣等促销信息则会暂时恢复交易关系，从而为企业带来一定的收益。最后，预防机制的事前赢返策略与客户关系维系紧密相连，区别在于其更关注的是可能导致客户流失的因素而不是如何继续挽留客户的因素。赢返策略通常带有忧患意识的色彩，因为现实中总会有客户流失的情况，如何降低流失率，对客户流失的源头是否理解是事前赢返所关注的重要问题。综上，在企业不同的发展阶段以及不同的行业背景下，应综合性地考量可选择的赢返策略组合，灵活地在客户关系管理战略框架下制定赢返战略，并在实施过程中持续不断地更新、调整。

3）实施与评估

与客户关系管理战略的评估相同，企业也需要对赢返战略实施的效果进行评估。一方面是为了评判之前战略实施的有效性以便总结计划和执行层面的问题；另一方面通过评估效果，能够为整体客户关系管理战略的实施提供调整信息。实行评估首先需要明确评估指标，指标的选择要根据不同的赢返策略组合来确定，如当企业只追求最大化销售利润时，策略上可能会向价格促销倾斜，那么与此对应的指标就以销售报表相关数据为主。在战略层面，企业应更加侧重长期的客户价值实现，绩效评价指标不应仅局限于短期的销售数据，还应包括关系层面的诸如客户满意度、投诉率等；经济效益上也要更加注重长期价值的指标，诸如潜在的投资回报率。因此，企业应在总体战略目标的基础上，在经济收益和优化客户资产之间取得平衡，并确定不同阶段的评估指标，从而为赢返策略的实施提供有指导性的建议。

① 唐小飞，贾建民，周庭锐. 关系投资和价格促销的价值比较研究. 管理世界，2007(5)：73-82.

本 章 小 结

在本章中，我们了解了客户关系管理中客户识别区分、客户获取挽留、客户流失赢返的基本内容。随着互联网、大数据、云计算、人工智能、5G 等新技术的发展与应用，企业间的竞争也愈演愈烈，客户获取信息的能力日益增强，客户的需求也日益呈现出多样化、复杂化、个性化等趋势。客户的选择不仅决定了企业的业绩与利润，更是决定了企业的未来和命运。任何企业要想在激烈的市场竞争环境中求生存、求发展，就必须尽一切可能去吸引客户、留住客户，并努力提升客户满意和客户忠诚。

客户识别与区分是客户分析的基础，是获取客户的前提。客户识别的目的在于判断客户为企业提供价值的大小以及企业获得这些价值的可能性。一般来说，企业按照识别特定客户行为的影响模式、根据模式来选择目标客户、目标客户潜在价值分析和选择潜在价值高的目标客户的步骤进行客户识别。核心客户能够给企业带来更多的销售额或利润，在识别的过程中，我们要重点关注核心客户的识别，基于客户行为分析和聚类分析是常见的客户分析方法。

不断获取新客户是企业生存和发展的必要条件。线上获客、线下获客和口碑获客是三种主要的客户获取方法；客户获取管理可以从仔细分析行业的特征、吸引潜在客户、促进再购买、评估有效性四点展开。客户挽留是对客户与企业的关系质量进行实时监控和评估，企业产品或服务质量、客户感知价值、客户满意、转换成本、企业竞争、市场环境等因素都会影响企业客户的挽留；确定核心客户，实施客户分类管理、提高客户转换成本，建立预防机制以及加强互动联系，不断改善客户满意是有效的客户挽留策略。移动互联网情境下，社交媒体的快速发展应用对客户获取和挽留提供了新的方式和机遇。

在客户关系管理实践中，企业无论如何精心地维系现有客户，总会有一部分客户会流失，从而导致企业盈利空间的缩减。客户流失是指企业原来的客户中止继续购买该企业的产品或服务，转而接受竞争对手的商品或服务。客户的需求得不到满足、市场竞争等因素都会导致企业客户的流失；实施全面质量营销、提高企业的市场反应速度以及与客户建立关联能够有效减少客户流失。企业不仅要关注客户挽留预防客户流失的工作，还需实施客户赢返流失客户的工作，从而保障和优化企业的客户资产，使企业赢得利润和获取竞争优势。其中，常见的赢返策略包括价格赢返、关系投资赢返和建立预防机制。另外，在客户赢返管理中，企业要注重分析客户流失的原因以及赢返策略的组合。

关 键 概 念

客户识别：是企业通过一定的技术手段，基于广大客户的社会属性特征、行为属性特征以及客户的交易记录等数据，找出企业的潜在客户和现实客户，判断潜在客户的价值大小以及企业获取这些价值的可能性，从而为企业有效获取客户以及成功实施客户关系管理提供保障的管理行为。

客户区分：是基于客户的属性特征所进行的有效性识别与差异化区分。依据不同客户属性，可将客户进行不同类别的划分，企业因而制定的营销策略和付出的营销努力也有所不同。

客户获取：是企业采取一系列方式方法去增加新客户数量的行为。

客户挽留：是对客户与企业的关系质量进行实时监控和评估，是企业可借助客户数据仓库和数据分析技术对客户的特征、购买偏好、行为模式、当前价值和潜在价值以及管理成本等内容进行分析，基于分析结果帮助企业明确哪些客户是需要挽留的客户，并促使企业采取一定策略进行挽留客户的行为。

客户流失：是指企业原来的客户中止继续购买企业产品或接受企业服务，转而接受竞争对手的商品或服务。

客户赢返：是指为了恢复和重建与已流失的客户之间的关系，针对那些曾经是企业客户却因为某种原因而终止与企业关系的客户实施的一系列恢复交易管理的管理行为。

互联网 + 资源

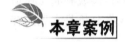

BrexTech 和 RILF 的"爱恨情仇"：B2B 企业客户的赢返

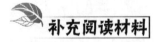

参考文献

6.4

客观题

自学自测　　　　扫描此码

6

第7章

客户忠诚管理

【学习目标】

　　本章将介绍有关客户忠诚的基本知识，如客户忠诚的基本概念、关键影响因素以及如何提高客户忠诚等。通过本章的学习，读者可以对什么是客户忠诚，客户忠诚的关键影响因素与关键驱动因素形成深入的理解，明确客户满意和客户忠诚的区别与联系，了解如何在数字化电子商务环境中赢得客户忠诚。同时，读者还可以对如何通过培育和管理客户忠诚来有效地管理客户关系形成专业的认识。

　　一汽大众汽车有限公司成立于1991年2月6日，是由中国第一汽车集团公司、大众汽车（中国）投资有限公司、德国大众汽车股份公司和奥迪汽车股份公司合资经营的大型轿车生产企业，是我国第一个按经济规模起步建设的现代化轿车生产基地，主要生产大众集团旗下的大众和奥迪两大汽车品牌。

　　在2019年的Chnbrand中国顾客满意度指数中，一汽大众汽车有限公司以83.9的高分稳居汽车行业客户忠诚度排名第一的位置。这得益于一汽大众汽车有限公司在客户忠诚管理工作方面的出色表现——建立了客户服务中心、技术支持中心、电话支持中心、网络支持、投诉处理、客户满意度评估系统和新用户回访系统等。技术的支持和人工的服务，可以确保该公司能够给客户提供全方位的满意体验。通过细致的工作、贴心的服务和无微不至的关怀，每一位客户都会感受到一汽大众汽车有限公司的用心与真诚。

　　资料来源：根据一汽大众官网，见 http://www.faw-vw.com/；中国 C-CSI 研究成果发布平台，见 http://www.chn-brand.org/c-csi/zhuliuch2.html，2020-01-30 整理。

　　思考题：什么是客户忠诚？在数字化时代，企业应该如何提高客户忠诚？

　　随着市场营销的理论和实践日益向以客户为中心转变，客户满意和客户忠诚受到学术界和企业界的共同关注。忠诚的客户是企业价值和收益的源泉，是企业获取利润和持续成长的基石。在客户关系管理的过程中，客户忠诚管理是不可或缺的重要环节。只有不断提升忠诚客户的数量和质量，才能有效地驱动企业与客户关系的持续发展，为企业带来长期而稳定的利润。

7.1　客户忠诚的界定与测量

　　弗雷德里克（Frederick）利用美国贝恩公司（Bain and Company）的数据，分析了客户忠诚对企业经济收益的影响。他发现，服务型企业能够从忠诚的客户那里获得更高的利润[1]。忠诚客户会长期、大量地购买企业的产品和服务，愿意为企业的产品和服务支付较高的价格，进而给企业带来更多的经济收益。对于目标客户不断变化的企业而言，它们往往需要花费大量的营销费用来获取新客户。与此相反，拥有大批忠诚客户的企业，通常可以节省营销费用和新客户的获取费用。此外，忠诚客户的口碑宣传还可以为企业吸引大批新客户，在降低广告费用的同时获得更好的宣传效果。因此，弗雷德里克指出，培育客户的忠诚应当是企业经营管理的重要目标。

7.1.1　客户忠诚的概念

以互联网、云计算、大数据、物联网、人工智能为代表的数字技术的快速发展与应用，标志着数字化时代的到来，企业处在一个高速变革的环境中，在非常激烈的市场竞争中，客户忠诚成为企业的一种重要资产。相应地，客户忠诚的概念也在过去 10 多年里得到广泛关注。在 20 世纪六七十年代，不少学者从行为视角来界定客户忠诚。美国学者纽曼（Newman）和沃贝尔（Werbel）认为，忠诚的客户是指那些反复购买某品牌的产品或服务，并且只考虑该品牌的产品或服务而不会寻找其他品牌信息的客户[2]。类似地，塔克（Tucker）甚至把客户忠诚界定为连续 3 次购买某品牌的产品或服务，劳伦斯（Lawrence）认为客户忠诚是指连续 4 次购买同一品牌的产品，而布莱博格（Blattberg）和森（Sen）则强调应该把购买比例作为忠诚行为的测算基础[3]。然而，诸如此类的客户忠诚定义只强调客户的实际购买行为，而没有考虑客户忠诚的心理含义。

美国学者雅各布（Jacoby）和柴斯那特（Chestnut）[4]率先探讨了忠诚的心理含义，从而对传统的行为忠诚（如重复购买）提供了有意义的补充。按照他们的观点，企业应该综合考虑客户忠诚的行为因素和心理因素。1994 年，美国学者迪克和巴苏（Dick and Basu）在客户忠诚中引入了态度取向的概念，用来描述客户对一项服务表露出积极倾向的程度，它反映了客户把该服务供应商推荐给其他客户的意愿和再次惠顾首选服务供应商的承诺[5]。按照他们的看法，只有当重复购买行为伴随着较高的态度取向时，才会产生真正的客户忠诚。因此，有关客户忠诚度的描述离不开客户的态度特征，需要把客户的态度取向与购买行为相一致的各种情境因素纳入客户忠诚的框架之中。态度的强弱和相对竞争者的态度差异构成了主体对客体所持的态度取向的基础。当主体对客体怀有强烈的、积极的态度时，态度取向达到最高；当态度较弱（虽然是积极的），但与相对于竞争者的态度形成差异时，也会形成较高的态度取向，也同样可能产生客户忠诚[6]，如表 7-1 所示。

---

① FREDERICK F R, THOMAS T. The loyalty effect: the hidden force behind growth, profits, and lasting value[M]. Boston, Mass: Harvard Business School Press, 1996.

② 韩晓芸, 汪纯孝. 服务性企业顾客满意感与忠诚感关系[M]. 北京：清华大学出版社，2003.

③ 韩经纶, 韦福祥. 顾客满意与顾客忠诚互动关系研究[J]. 南开管理评论，2001（6）：8-10, 29.

④ JACOBY J, CHESTNUT R W. Brand loyalty: measurement and management[M]. New York: John Wiley & Sons, 1978.

⑤ DICK A S, BASU K. Customer loyalty: toward an integrated conceptual framework[J]. Journal of academy of marketing science, 1994, 22(2): 99-113.

⑥ OLIVER R L. Whence consumer loyalty[J]. Journal of marketing, 1999, 63(4): 33-44.

表 7-1　态度取向矩阵

		相对于竞争者的态度差异	
		无差异	有差异
态度的强弱	强	较低的态度取向	最高的态度取向
	弱	较高的态度取向	最低的态度取向

资料来源：格里芬. 抓住客户的心：如何培养、维系忠诚的客户[M]. 王秀华，译. 广州：中山大学出版社，1999：29.

实际上，作为一种人类本性，人的情感往往会对行为产生重要影响。具体而言，一个人的积极情绪有使其挽留或保持过去购买习惯的趋势。类似地，消极情绪可能会使其作出相反的决定，如选择离开或更换品牌。在理论探索中，施特劳斯（Stauss）等人也指出情感与忠诚之间存在着显著的相关性[1]。真正忠诚的客户不仅会反复购买企业的产品和服务，而且真正喜欢企业的产品和服务。因此，企业只有综合分析客户的购买行为和客户对企业产品和服务的态度，才能更准确地衡量客户的忠诚程度。鉴于此，奥利佛（Oliver）[2]把客户忠诚定义为"对自己偏好的产品或服务具有的未来持续购买的强烈愿望，以及将其付诸实践进行重复购买的客户意愿"。并且，这些真正忠诚的客户不会因为外部环境的变化或竞争对手的营销活动而出现行为转换（switching behavior）。在此基础上，奥利佛进而界定了"最终忠诚客户"的内涵，即抓住任何可能的机会，不惜任何代价而购买自己所偏好品牌的产品或服务的客户，并根据客户忠诚的形成过程把客户忠诚划分为认知忠诚、情感忠诚、意愿忠诚和行为忠诚四大类。

综上分析，本书拟从行为和态度两个层面来认识客户忠诚，把客户忠诚界定为"客户在较长的一段时间内对企业产品或服务保持的选择偏好与重复性购买"。

7.1.2　培育客户忠诚对企业的影响

培育客户忠诚对企业至关重要。与"初次登门者"相比，多次光顾的客户可以为企业多带来 20%~85%的利润。弗雷德里克等人的研究表明，在调查的 14 个行业中，如果忠诚的客户每增长 5%，那么企业利润的增加在上述所有行业中都保持在 25%~95%的水平上[3]。同时，值得指出的是，客户忠诚的价值不仅在于可以为企业带来稳定可观的销售利润，而且可以促进企业长期的经营和发展，是企业拥有的核心财富和战略资产。例如，客户创新已经成为一种普遍的现象。通过对 9 种不同行业创新情况的考察发现，尽管各行业的创新源泉有很大差异，但在科学仪器、半导体的生产和印刷电路板的组装流程和拉挤流程中，客户创新的比例已高达 77%、67%和 90%。培育客户忠诚对企业有重大影响，本节接下来从企业经济效益、客户信息价值、客户附加价值方面展开说明。

---

① STAUSS B, FRIEGE C. Regaining service customers: costs and benefits of regain management [J]. Journal of Service Research, 1999, 1(4): 347-361.

② OLIVER R L. Whence consumer loyalty?[J]. Journal of marketing, 1999, 63(4): 33-44.

③ FREDERICK F R, THOMAS T. The loyalty effect: the hidden force behind growth, profits, and lasting value[M]. Boston, Mass: Harvard Business School Press, 1996.

1．提高企业经济效益

培养忠诚的客户，可以极大地提高企业的经济效益。实证研究表明设计实施战略性客户忠诚计划可以在短期和长期内显著提高企业绩效[①]。表 7-2 列示了忠诚的客户每增长 5%，在美国不同行业中对企业利润增长的影响。其中，客户忠诚是用客户挽留率来衡量的，指的是每一年挽留的客户数量与企业原有的客户数量之间的比例。

表 7-2   客户忠诚对企业利润的影响

行　　业	客户挽留率每增长 5%时，企业利润的增长
银行分行存取款业务	85%
信用卡	75%
保险经纪业务	50%
专业洗衣店	45%
办公楼管理	40%
软件	35%

资料来源：改编自 REICHHELD F F, SASSER W E. Zero defections: quality comes to services[J]. Harvard business review, 1990, 68(5): 105-111.

然而，忠诚的客户究竟可以在哪些方面为企业增加利润呢？弗雷德里克在 1990 年的研究中给出了相应的结论。研究表明，随着客户购买同一企业的产品或服务的年数增加，企业的利润也逐年增加。不过，任何企业在获取新客户时都要花费一定的费用，即为了获取新客户，企业需要先投入一定的资金成本，这些成本可能包括针对新客户展开的广告推广费用、促销费用、营业成本、客户管理费用和销售人员的佣金等。无论处于什么行业，只有把为获得客户而支付的所有费用都计算进去，才能得出获取新业务所真正花费的前期成本的数额。一般来讲，争取一个新客户的成本，是维持一个老客户的成本的五六倍。一般情况下，在企业与客户的关系尚未建立之前，客户为企业提供的利润在第一年是负值。在之后的几年里，忠诚的客户可以通过基本利润、购买量增加所带来的利润、运营成本的节约、口碑效应和溢价收入等途径为企业的利润增长作出贡献。

1）基本利润

一般来说，客户支付的价格往往会高于公司的成本，其差额就是公司所获得的基本利润，一般不受时间、忠诚、效率或其他因素的影响。显而易见，企业留住客户的时间越长，能够赢取这个基本利润的时间也越长，之前为获得新客户的投资也就更有价值。

2）购买量增加所带来的利润

在大多数行业，客户的购买量会随时间延续而增加，如果客户对第一次购买的产品或服务满意，那么，在再次购买时往往会购买得更多。在第二年、第三年购买同样的产品或服务时，客户的购买量会大大增加，由此给企业带来大量利润增长。根据雷奇汉（Reichheld）等人的研究结果[②]，这一规律被美国几十个行业中 100 多家企业的销售情况证

---

① CHAUDHURI M, VOORHEES C M, BECK J M. The effects of loyalty program introduction and design on short-and long-term sales and gross profits[J]. Journal of the Academy of Marketing Science, 2019, 47(4): 640-658.

② REICHHELD F F, SASSER W E. Zero defections: quality comes to services[J]. Harvard business review, 1990, 68(5): 105-111.

第 7 章　客户忠诚管理　　185

实。在其中一个行业，在企业与某个客户建立良好关系以后，该客户给企业带来的净销售额在之后的 19 年中持续增长。一般而言，购买量的增加，既可以包括重复购买特定品牌的原产品或服务的增加，也包括购买特定品牌的其他新产品或服务的增加。

3）运营成本的节约

随着客户与员工相互合作，日久交流和彼此相互熟悉，往往可以直接导致服务成本的下降。一方面，随着客户与员工接触的时间和次数的增加，客户对企业所提供的产品或服务也会更加了解，因此往往不会要求其提供原本不具备的内容，也不会依靠服务人员来了解情况和熟悉产品或服务，从而节省了员工的时间和精力；另一方面，随着员工对客户越来越熟悉，对客户的需求也会变得更加熟悉，从而更容易满足客户的独特性需求，甚至预见客户需求。随着对客户熟悉程度的加深，企业甚至还可以根据客户独特的需求和偏好为客户提供定制化服务，减少货币性和非货币性的损失，从而实现劳动生产率的提高和运营成本的节约。在运营成本节约方面，在零售业和分销业表现得最为突出。客户稳定有利于协调存货的管理，减少削价处理货的囤积，还可简化存货预测等工作。与客户维持关系的时间越长，成本节约的幅度也就越大。在减少抵御竞争风险成本方面，忠诚客户也起着十分重要的作用。

4）口碑效应

口碑交流是指公众之间对某个企业或组织相关信息的任何非正式的交流或传播过程和状态，而口碑效应是指忠诚的客户通过经常向潜在客户进行口头推荐，为企业带来新的生意。事实显示：每位非常满意的客户会将其满意的感受至少告诉 12 人，其中大约有 10 人在产生相同的需求时，会光顾该企业。早在 1955 年，卡茨（Katz）等人就发现，在影响消费者转换产品或服务品牌方面，口碑的效果大约是报纸与杂志广告效果的 7 倍，是个人销售效果的 4 倍，是收音机广告效果的 2 倍[①]。1971 年，戴伊（Day）的研究结果则表明：在把消费者的消极或中立态度转化为积极态度的过程中，口碑的效果是广告效果的 9 倍[②]。究其原因，最重要的就是大多数客户都觉得，朋友或者家人的推荐往往更具有可信性。因此，长期以来，忠诚客户就是一种免费的广告资源，他们会成为公司的使者，或者成为像某些人称呼的"业余营销人员"。经推荐的新客户，不仅增加了客户的数量，并且提高了客户的质量，因为这些客户一般都很有潜力成为企业的忠诚客户。一般而言，客户口碑价值主要包括两个方面：一是由于客户向所属群体宣传其忠诚的品牌，从而导致所属群体的其他成员购买该品牌的价值总额；二是由于客户宣传其忠诚的品牌而使该企业的品牌形象得以提升，从而导致该企业无形资产的价值总额增加。为了强化积极的口碑效应，管理者需要充分发掘其中的关键驱动因素。其中，情感投入、服务质量和客户感知价值是三项非常重要的驱动因素。

5）溢价收入

在大多数行业，老客户支付的价格实际上比新客户支付的价格要高。这可能是因为老客户对价格不太敏感，并且熟悉企业的产品和服务项目，他们可能会为了购买到自己熟悉

---

① KATZ E, PAUL F, LAZARSFEL D. Personal influence: the part played by people in the flow of mass communication[M]. Glencoe, Illinois: The Free Press, 1955.

② DAY G S. Attitude change, media and word of mouth[J]. Journal of advertising research, 1971, 11(6): 31-40.

并喜欢的产品或服务而愿意支付全价，而不会等到折扣的时候才去购买。这样，就帮助企业提高了产品或服务全价出售的百分比，使企业获得较多的溢价收入，进而提高了企业的盈利能力。比较而言，新客户则大多需要企业利用价格手段或者其他激励方式来吸引。

当然，除了直接提高企业的经济效益之外，忠诚的客户还能在其他方面间接地给企业带来好处。其中，客户的信息价值和附加价值就是两种典型的间接形式。

2. 提升客户信息价值

客户的信息价值指的是客户以各种方式（如抱怨、建议和要求等）向企业提供各类信息，从而为企业创造的价值。忠诚的客户为企业提供的信息主要包括客户的需求信息、产品或服务的创新信息、竞争对手的信息、客户的满意信息和企业的发展信息等。忠诚客户的信息价值与客户忠诚度往往是相辅相成的，忠诚客户更倾向于提供基于企业现状的、合理可行的建议和忠告，而企业对信息的重视程度反过来又会促进客户忠诚度的提升。在数字化时代，由于数字技术的快速发展，企业获取客户信息以及客户提供信息的方式更加智能、高效，企业与客户基于互联互通的信息交流反馈平台，共同创造独特的信息价值，如今，客户信息是企业的重要资源已是不争的事实。例如，在对不同行业的客户进行调查时发现，客户所实现的创新比例相当大：在图书馆信息系统中，客户创新约占 26%；在极限运动设备中，客户创新约占 37.8%；在医疗手术设备中，客户创新约占 22%。同时，客户创新的相关研究还表明，客户往往对自己参与设计和交付的产品或服务表现出更高的满意度，并更愿意为之支付溢价。同时，企业还应该注意以下事实：客户之所以提供信息，可能是希望得到信息的反馈结果。由于企业与客户之间存在信息的不对称性，企业与客户都希望了解对方更多信息以便作出决策。因此，企业是否重视客户信息的价值，对培养忠诚的客户和培育客户忠诚都十分重要。

3. 提升客户附加价值

客户的附加价值是企业在提供客户产品或服务并获取利润的同时，通过联合销售、提供市场准入和转卖等方式与其他组织合作所获取的直接或间接收益。客户的附加价值主要由忠诚客户提供。例如，一些知名商厦对某些新产品的准入收取费用，这是由于稳定的忠诚客户群对该商厦的认同作用可以促进新产品的销售，新产品的生产企业因此获得收益或减少费用而向商厦支付报酬。企业能够获得忠诚客户的附加价值，也可以用人类知觉的选择性来解释。在心理学上，常常把感知过程称为选择性知觉，包括选择性注意、选择性认识和选择性记忆。其中，选择性注意是指人们在接触信息时，只注意到与自己的看法或态度一致的信息；选择性认识是指人们在解释信息时往往喜欢按照自己的理解或看法去做，而不愿意改变已有的认识；选择性记忆是指人们可能只记住自己感兴趣或与自己有关的信息。由于忠诚的客户已经形成了对企业固有的信任和偏好，那么他们在购买决策时更容易接受与自己所忠诚的企业态度相一致的信息。企业正是把握了忠诚客户的这种行为倾向性，从而通过把这种行为倾向性的预期收益"转卖"给他人来获取利润。此外，忠诚客户的价值还表现在营销费用的减少、市场调查成本的节约、对企业意外事故的理解和承受能力的增强、企业的竞争力和抗风险力的增强上。事实表明，忠诚客户的价格敏感度较低，即对于喜爱和信赖的产品，忠诚客户往往对其价格变动的承受能力较其他客户要大。忠诚品牌的价格上涨，或者竞争对手的低价策略，往往并不会导致忠诚客户需求的大幅度减少。因此，忠诚客户对企业利润的贡献还表现在保障企业的稳定高额利润和抵御竞争风险上。可以说，在客户选择企业的时代，客户对企业的态度极大程度地决定着企业的兴衰成败。正是深谙此道，麦当劳公司和 IBM 公司的最高主管才亲自参与客户服务，阅读客户的抱怨信，接听并处理客户的抱怨电话。实际上，他们心中都有这样"一笔账"，开发一个新客户的成本，是留住老客户的 5~6 倍；而流失一个老客户的损失，只有争取 10 个新客户才能够弥补[①]。

7.1.3　客户忠诚的测量

尽管客户忠诚已经引起了许多企业的关注，但有关客户忠诚的测量方法、客户忠诚的维度划分却并不完全相同，下面就从认知忠诚、情感忠诚、意向忠诚和行为忠诚这四个关键维度来分析和测量客户忠诚。

1. 认知忠诚

认知忠诚是忠诚的第一个阶段。认知忠诚一般只是建立在客户先前对某个品牌的认知或最近购买所获信息的基础之上。认知忠诚的客户非常关心他们能够获得的利益、产品或服务的质量和价格，追求物美价廉。但这种忠诚处于很不稳定的层面，非常可能会因为兴趣或环境等因素的变化而发生转移。即便是经常性购买，如果某次购买行为没有带来同样的满意感，客户也有可能更换品牌。与此相对，如果这种满意感能够延续下去，进而形成客户的一种满意体验，则会形成情感忠诚。具体而言，企业可以从以下几个方面来衡量客户的认知忠诚[②]。

（1）客户在购买决策中首先想到本企业产品或服务的可能性。

（2）客户在众多的产品或服务中首先选择本企业产品或服务的可能性。

（3）客户可以承受的产品或服务的价格浮动范围。

（4）与竞争对手相比较，客户偏好本企业产品或服务的程度。

2. 情感忠诚

情感忠诚是客户在累积性满意（不是交易性满意）的消费体验基础上形成的、对特定品牌的偏好。在情感忠诚的客户头脑中，不仅形成了对该品牌的认知，而且加入了情感因素，客户对该品牌（或特定企业）的产品或服务形成了一种愉悦的满足感。与认知因素相比，这种情感因素往往可以在客户头脑中持续更长时间，更加难以忘却。真正忠诚的客户能够感受到他们与企业之间的情感联系，而这种情感联系正是客户保持忠诚、重复购买特定企业的产品或服务并向他人大力推荐该企业的产品或服务的真正原因[③]。正是这种情感联系，促使客户从习惯性购买该企业的产品或服务，逐渐发展为与该企业建立长期的关系。

① 辜红，徐岚. 顾客忠诚的价值[J]. 商业研究，2002（9）：9-11.

② 韩晓芸，汪纯孝. 服务性企业顾客满意感与忠诚感关系[M]. 北京：清华大学出版社，2003.

③ DICK A S, BASU K. Customer loyalty: toward an integrated conceptual framework[J]. Journal of the Academy of Marketing Science, 1994, 22(2): 99-113.

具体而言，企业往往可以从以下两个方面来衡量客户的情感忠诚。[①]

（1）客户对企业产品或服务存有的积极情绪。

（2）客户对企业产品或服务存有的消极情绪。

3. 意向忠诚

意向忠诚产生于客户对特定品牌产生持续的好印象之后，是客户对某个特定品牌的产品或服务的购买意向。但意向忠诚仅仅表达未来购买的一种愿望，而不能代替购买行为本身。客户的意向忠诚既包含客户与企业保持联系的意愿，也包含客户追寻自己所偏好的品牌的动机。企业可以根据客户与企业保持联系的意愿和客户的行为意愿来衡量客户的意向忠诚。

4. 行为忠诚

行为忠诚反映的是客户的实际消费行为。行为忠诚的客户会反复购买某个品牌的产品或服务，他们的购买行为是一种习惯性行为，他们并不留意竞争对手的营销活动，不会特意收集竞争对手的产品或服务信息。企业可以根据客户购买本企业产品和服务的经历，如他们与本企业关系的持久性、购买方式、购买本企业产品或服务的数量、购买频率、在本企业的消费数额占他们在同类消费总额中的百分比（客户份额），以及客户的口碑效应等来衡量客户的行为忠诚。

概括而言，客户忠诚的行为测量主要包括以下几个方面：①客户购买量的多少、客户交易金额平均量的多少，是衡量行为忠诚的重要指标，可以直接明确地表现客户的行为价值[②]。②购买频率。企业维持客户关系的目的，不仅只是降低客户的服务成本，更在于增加客户的重复购买行为。有证据表明，多花费 5%的成本去进行老客户的挽留，将可以获得25%~95%的利益增加。相对而言，重复购买行为可以作为关系发展结果的衡量指标[③]，而互动频率的多少可以作为关系强弱的衡量标准[④]。③第一次消费与最近一次消费的时间。交易持续时间的长短，可以作为客户群体或细分市场的价值评价指标。在实践中，企业常用的测量客户行为忠诚的方法主要有[⑤]：购买份额（share of purchase，SOP）、访问份额（share of visits，SOV）、荷包份额（share of wallet，SOW）（客户在本企业的消费数额在同类消费总额中所占的百分比），基于客户营利性的、以前的客户价值（past customer value，PCV）或购买的经常性、频率和金额，即著名的 RFM 模型（Recency，Frequency and Monetary Value）。

另外，客户行为忠诚的测量步骤一般分为以下四个步骤[⑥]：①识别。通过客户的相关信息反馈，了解客户的需求以及对公司产品或服务的看法。②区分。基于客户的期望感知、

---

① YU Y T, DEAN A. The contribution of emotional satisfaction to customer loyalty[J]. International journal of service industry management, 2001, 12(3): 234-250.

② WAYLAND R E, COLE P M. Customer connections: new strategies for growth[M]. Boston, MA: Harvard Business School Press, 1997.

③ MACMILLAN K, MONEY K, DOWNING S. Successful business relationships[J]. Journal of general management, 2000, 26(1): 69-83.

④ LIJANDER V, STRANDVIK T. The nature of customer relationship in services[J]. Advances in services marketing and management, 1995, 4(141): 67.

⑤ KUMAR V, SHAH D. Building and sustaining profitable customer loyalty for the 21st century[J]. Journal of retailing, 2004, 80(4): 317-329.

⑥ GALVAO M B, DE CARVALHO R C, OLIVEIRA L A B, et al. Customer loyalty approach based on CRM for SMEs[J]. Journal of business & industrial marketing, 2018, 33(5): 706-716.

满意度水平、知识和经验等对客户进行不同的组类和标准区分。③互动。通过社交媒体平台实现企业与客户的互动，如在线评论与投诉等，有助于企业识别商业机会和快速响应市场需求。④定制。对员工进行灵活适当培训，使其根据客户的个性化需求来调整自身行为，以实现客户满意。近几年，国内外开始关注并测量另外一个与客户忠诚密切相关的概念——关系强度，即相关各方固化在关系中的强度，反映的是关系应对内在的和外在的挑战能力。在早期的关系营销领域中，并不存在这样一个概念，人们更多的是使用客户满意和关系承诺或关系投入（relationship commitment）这两个结果变量来描述客户关系的属性。虽然这两者可以在一定程度上从侧面反映关系强度的变化，但这种反映不是核心的，也不是关键的，更不是必需的。石贵成等人在关系营销领域中引入关系强度，并把关系强度划分为情感强度（affective）、认知强度（cognitive）和意动强度（conative）三个维度。[①]。其中，情感强度是指关系伙伴对于保持和发展关系的情感依附。如果客户对于某一销售商或企业有着较强的情感依附，他选择改变供应商的可能性就要小很多，因此客户与企业之间的关系显然就要稳固得多。一般而言，情感依附主要来源于对他人发自内心的喜好并对其或其所在组织的积极情感与态度。认知强度是指关系伙伴觉得值得继续保持关系的信念。如果关系伙伴相信持续的关系非常重要，那么他们就会努力去维持这种关系。相应地，这种关系就相对比较稳固。意动强度是指关系伙伴在各种挑战条件下继续保持关系的意图。如果在面临诸多威胁和机会的情况下，关系伙伴有强烈的保持关系的意图，那么这种关系就是相对稳固的。

7.1.4　客户忠诚的分类

如前所述，企业从不同的客户那里获得的经济收益是不同的，而客户对企业的忠诚也是一个相对的概念。在激烈的市场竞争中，企业很难拥有只购买本企业产品或服务的绝对忠诚的客户。根据恩雷伯格和盎克斯（Ehrenberg and Uncles）在 1995 年的研究结果显示，有 99% 的汽油购买者会同时购买几种品牌的汽油，有 88% 的消费者拥有多家百货商店的会员卡。鉴于客户忠诚只是一个相对的概念，所以对忠诚的客户进行区分就成为一项很重要的任务。目前，存在多种客户忠诚的分类方法，下面就以忠诚客户的分类矩阵和客户忠诚的钻石模型这两种十分常见的方法为例进行重点阐述。

1. 忠诚客户的分类矩阵

狄克和巴苏（Dick and Basu）根据客户对企业的态度和客户的购买行为，提出了图 7-1 所示的忠诚客户的分类矩阵[②]。他们认为，客户忠诚是由客户对特定企业的产品或服务的购买频率以及客户对该企业的相对态度共同决定的。只有那些重复购买率高，且与其他企业相比更喜欢该企业的客户（图 7-1 中的 A），才是对企业真正忠诚的客户。

① SHI G, SHI Y, CHAN AKK, WANG Y. Relationship strength in service industries: a measurement model [J]. International Journal of Market Research, 2009, 51(5): 1-20.
② DICK A S, BASU K. Customer loyalty: toward an integrated conceptual framework[J]. Journal of the Academy of Marketing Science, 1994, 22(2): 99-113.

图 7-1　忠诚客户的分类矩阵

资料来源：DICK A S, BASU K. Customer loyalty: toward an integrated conceptual framework[J]. Journal of the Academy of Marketing Science, 1994, 22(2): 102.

1）忠诚客户

在图 7-1 中，A 类客户往往拥有较高的态度取向（觉得该企业比其他企业好），并且伴随着很高的重复购买行为，代表着态度取向和重复购买行为之间的最佳匹配。这种客户往往不去刻意收集其他企业产品或服务的信息，而只购买该企业的产品或服务，并乐意向其他人推荐该企业的产品或服务。此类忠诚是客户积极情感和重复购买行为的统一，最为稳定，对企业也最有价值。

2）潜在忠诚客户

在图 7-1 中，B 类客户拥有较高的态度取向，但伴随着较低的重复购买行为，反映的是一种潜在的忠诚。这类客户往往觉得该企业比其他企业好，但由于某些因素，购买该企业产品或服务的频率并不高。这些妨碍了客户频繁购买的因素可能是客观的，如收入限制或铺货不到位等，使客户转向其他供应商；也可能是主观的，如客户的转换成本（时间、精力）太大，使得客户继续维持原来的商业关系。潜在的忠诚对企业而言意味着可能的收入来源。

3）虚假忠诚客户

在图 7-1 中，C 类客户拥有较低的态度取向，并伴随着较高的重复购买行为，被称为虚假忠诚客户，也称为"伪忠诚者"。这种客户会经常购买该企业的产品或服务，但他们并不认为该企业提供的产品或服务有特别之处。例如，在垄断市场上，有可能存在尽管客户对服务或产品不满意，但由于选择范围十分有限（甚至没有其他选择），只能反复购买该企业的产品。但是当市场竞争形式发生变化时，由于这些客户态度上对企业低度忠诚，他们会转向其他的提供者；也可能由于交易双方以契约的形式约定了商业关系的持续时间而导致客户不得不维持这种商业关系。显然，当契约失效时，这些客户会转向其他提供者。

4）不忠诚客户

在图 7-1 中，D 类客户拥有较低的态度取向，伴随着较低的重复购买行为，表明缺乏忠诚。此类客户几乎长期不和企业发生业务关系。由此可见，真正的客户忠诚是内在积极态度、情感偏好和外在重复购买行为的统一。单纯的行为取向难以揭示忠诚的产生、发展和变化，高度重复的购买行为可能并非基于某种偏好，是一种虚假忠诚；低度重复的购买也可能是由于社会规范、情境因素或随机因素的作用，是一种潜在忠诚。虚假忠诚很容易受外部条件变化的影响而转变为不忠诚，潜在忠诚则会随着约束条件的解除而转变为忠诚。因此，衡量客户的忠诚，必须考虑态度和行为两个维度。

2. 客户忠诚的钻石模型

西蒙（Simon）根据客户购买产品或服务的品牌数量与客户的投入程度将客户划分为忠诚者、习惯性购买者、多品牌购买者和品牌转换者[①]，如图 7-2 所示。

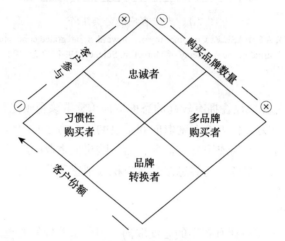

图 7-2　客户忠诚的钻石模型

资料来源：SIMON K. Loyalty-based segmentation and the customer development process[J].
European management journal, 1998, 16(6): 729-737.

其中，忠诚者和习惯性购买者往往只购买少数几个品牌的产品或服务，客户份额较高，表现出较高程度的行为忠诚。因此，对于企业而言，这两种客户服务最能获利。但忠诚者和习惯性购买者的购买方式不同。忠诚者的投入程度较高，愿意花费时间和精力与企业保持关系；而习惯性购买者与企业联系、参与程度不高，每次购买产品或服务仅仅因为这个企业提供的产品能够满足他们的需要，而很少有对企业的情感依赖成分。因此一旦该企业不能提供他们需要的产品或服务，他们就会转向其他企业。而忠诚者由于与企业之间有参与性和情感联系，当企业暂时不能提供他们需要的产品或服务时，他们会不购买或延迟购买，或者只暂时性转向其他企业的产品或服务，而当原来的企业一旦恢复供应，这些忠诚客户还会继续购买原企业的产品或服务。

多品牌购买者和品牌转换者的行为较为相似，他们都购买多种品牌的产品或服务。对于这两种客户，企业一般获利不多。但这两种客户的购买行为动机也不尽相同。多品牌购买者会为不同的消费场合购买不同品牌的产品或服务，他们寻找各品牌产品或服务的态度非常积极，并且对各个不同品牌了解程度较高。而品牌转换者一般是对价格优惠比较感兴趣，他们的购买决策是性价比导向，希望以最优惠的价格购买自己需要的产品或服务，因此他们可能会被竞争对手小小的优惠活动吸引而发生品牌转换。

---

① SIMON K. Loyalty-based segmentation and the customer development process[J]. European management journal, 1998, 16(6): 729-737.

7.1.5　客户忠诚的形成过程

理解客户忠诚的内涵并正确对不同类型的忠诚客户进行划分，是客户关系管理中的重要任务。但如何培育客户忠诚更是一项异常重要的战略任务。一般而言，客户忠诚的形成要经历认知、认可、产生偏好与形成忠诚四个主要阶段。

1. 认知阶段

客户对企业或品牌的认知是客户忠诚的基础。在此阶段，人们倾向于选择已知的品牌，而不愿意选择从未听说过的品牌以减少购买风险，尤其是在可供选择范围很广的情况下。客户对产品或服务认知的途径有线上线下广告、网页信息、商业新闻、口碑传播等。客户获得的产品或服务的信息，只表明产品或服务进入客户购买的备选集，还不能保证客户就会购买。在认知阶段，客户与企业之间的关联很弱，企业只要有优质的产品或服务就有可能把客户争取过来。

2. 认可阶段

客户对企业的情况有了基本了解之后，下一步就是决定是否购买。客户有了第一次的购买，很可能表明客户对该企业的产品或服务是认可的。但这种认可只是一种表面的、脆弱的忠诚。客户购买产品或服务之后，会对这次购买行为进行评估，自问是否作出了正确的购买决策。如果客户认为作出的购买决策达到了自己的期望或超出了自己的期望，就会产生满意，从而对企业产生信任感，那么购买就可能进入第三个阶段——对产品或服务产生偏好。

3. 产生偏好阶段

在客户有了愉快的购买体验之后，会逐渐对产品或服务产生偏好，并进一步产生重复购买的意向。在这一阶段，首次出现了客户承诺再次购买的情感成分，客户已经对特定企业或品牌产生了一定程度的偏好，不再那么轻易"背叛"该企业或品牌了。但是，客户此时还没有对竞争对手产生足够的"免疫力"，可能还在寻找能够为其带来更高价值的产品或服务。

4. 形成忠诚阶段

如果企业加强对产生偏好的客户的管理，巩固第三阶段的成果，让这种重复的购买行为继续下去，那么有些客户就会逐渐形成行为惯性，重复购买某一品牌的产品或服务，并对企业产生情感上的依赖，与企业之间有了强有力的情感纽带。其中，这种联结包括客户较高的重复购买行为、情感的高度依赖和对竞争对手的"免疫力"。

实际上，客户忠诚的形成是一个动态过程，客户忠诚的形成与个人的认知水平和偏好有着密切的关系。客户忠诚总是相对而言的，没有一成不变的客户忠诚。随着企业提供产品或服务的变化，客户的忠诚度也会随之发生变化。从图 7-4 中，我们可以了解到客户忠诚建立的动态过程。对于每一位客户而言，其忠诚的建立大致都经历了这样一个动态过程：首先，客户知道某一产品或服务的存在，这就是产品的认知过程；继而进行初次购买，这是一个认可产品的过程；然后对所购买的产品或服务进行价值评估，如果感到满意，就有可能决定重复购买，进而对产品产生了偏好，形成对产品或服务的情感依赖，进行重复购买，即产生了客户忠诚。多次决定重复购买、实际发生重复购买行为和购买后的价值评估三者形成了一个封闭的循环图，这就是重复购买曲线图，如图 7-3 所示。

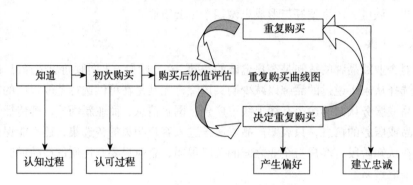

图 7-3　客户忠诚建立过程动态图
资料来源：格里芬. 抓住客户的心：如何培养、维系忠诚的客户[M].
王秀华，译. 广州：中山大学出版社，1999：20.

7.1.6　如何管理客户忠诚

既然忠诚的客户可以给企业带来大量的收益，那么在实践中企业到底应该如何管理忠诚的客户呢？对于这一问题，其中一个比较行之有效的做法就是对忠诚的客户进行层次区分，并针对不同层次的客户分别采取不同的策略。

1. 忠诚客户的层次分类

一般来说，忠诚客户应该有三种层次，如图 7-4 所示，使用后非常满意者、会再次购买者、不但自己购买还会推荐他人使用者。其中，第三层次的购买者往往是客户关系管理需要给予重点关注的目标客户群。这类客户可以比其他两类客户给企业带来更多的利润。第一层次非常满意的客户，往往是停留在认知忠诚阶段的客户，他们可能因为一次购买经历对产品或服务的质量与价格等因素很满意而进行经常性购买，并产生了一定的购买忠诚。但这种忠诚尚比较肤浅，可能会因为竞争对手的价格或促销等策略而消失。如果这种满意能够延续下去的话，那么这类客户就会变成第二个层次的客户，形成情感忠诚，对该品牌形成一定程度的偏好，并逐渐发展为与企业建立起长期的合作关系，长期固定使用该企业的产品或服务。如果这类客户进一步发展就形成持续购买的行为忠诚，就会成为第三个层次的客户。这些客户的购买行为是一种习惯性行为，而不再怎么留意竞争对手的营销活动。除了持续购买，他们还会向亲友介绍该产品，形成良好的口碑效应。这类忠诚客户是企业要着重吸

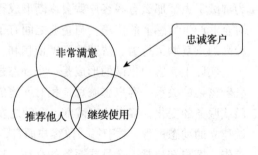

图 7-4　忠诚客户的三个层次

引和挽留的客户。

2. 管理忠诚客户的策略

与上述三个层次的忠诚客户相对应，企业可以分别采取不同的忠诚客户管理策略，即获取新客户、保持现有客户和利用老客户创造新客户。

1）获取新客户

在忠诚客户的管理实践中，企业必须首先通过各种方式获取新客户。只有先获取新客户，才有可能进一步向更高的层次发展。

2）保持现有客户

在获得新客户之后，企业应该千方百计地挽留这些客户，积极与有利的客户构建关系，实施客户关系管理。当然，企业此时的目的并非简单地挽留客户，而是进一步强化与现有客户的关系，同时拓展关系的长度、深度和广度，以期实现客户终身价值的最大化。

3）利用老客户创造新客户

这是客户自身所发挥的波及效果，客户关系管理的效益也从此开始发酵。与企业所期望的保持一致，客户在使用或消费企业的产品或服务之后，不仅继续使用，而且积极地推荐他人购买与使用。显然，只要平均一个老客户让另外一个新客户来购买企业的产品或服务，那么企业的收益就会整整增长 1 倍，这也在某种程度上体现了忠诚客户会带来巨大效益的原因。

 资料卡

亚马逊 Prime：数字化时代最成功的会员机制

亚马逊 Prime 提供了最佳客户忠诚计划列表。作为亚马逊 Prime 会员，可以在会员有效期内无限次享受亚马逊公司海外购商品满额免费配送服务。随着 Prime 会员权益不断丰富，会员将获得越来越美好的在线购物体验。亚马逊 Prime 会员权益目前包括：

逾千万海外购商品免邮，全年无限次！

会员海外购单笔订单满 200 元即可享受（不含预估进口税费）

年度 Prime 会员日，全球扫货不停歇！

同步海量大促好货；每月超级品牌日，会员尽享大牌专属折扣、优惠券等。

免费无限次阅读 Kindle 电子书！

Prime 会员可享免费无限次阅读逾千本热门 Kindle 电子书的服务，包含文学/小说（含网络小说）/社科/经管/历史等中文电子书，以及亚马逊进口原版电子书等。亚马逊 Prime 融入了客户的生活。对于充分利用亚马逊 Prime 会员资格的人来说，收益远远超过年费。由于支付会员费，客户将更频繁地从亚马逊购买。亚马逊还为其网站、音乐、电视和电影等提供相应的应用程序。

资料来源：亚马逊中国官网，见 https://www.amazon.cn/，2020-01-23。

7.2　客户忠诚的影响因素

客户忠诚是受到诸多因素的影响形成的。分析这些影响因素，对于企业理解客户、更准确地满足甚至超越客户需求，具有重要作用。无数成功企业的实践表明，客户忠诚的关键影响因素主要包括客户满意、客户感知质量、客户感知价值、转换成本和关系收益。它们之间的关系如图 7-5 所示。

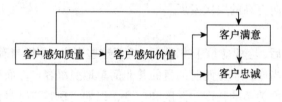

图 7-5　客户感知质量、客户感知价值、客户满意以及客户忠诚的关系

资料来源：根据 WANG Yonggui, LO Hingpo, CHI Renyong, et al. An integrated framework for customer value and customer relationship management performance: a customer-based perspective from China[J]. Managing service quality, 2004, 14(2/3): 169-182. 等资料绘制。

7.2.1　客户满意

1. 客户满意的定义

在不同研究中，人们对客户满意有着不同的描述与侧重，如客户对产品特性的满意程度、对某个销售人员的满意程度、对某次消费体验的满意程度和对特定产品或服务的满意程度等。在实践中，至少存在两种不同界定客户满意的方式：一种是交易导向的客户满意，一种是累积性的客户满意。前者指客户对特定购买交易行为的事后评价，后者指客户基于全面购买与消费体验而进行的总体评价。由于后者考虑了客户在一段时间里的所有购买与消费体验，因而是更基本、更有效的一种界定，并能够对随后的客户购买决策产生十分重要的影响，更有助于准确预测企业的过去、目前和未来的绩效水平。事实上，正是这种累积性客户满意，才促使企业对提高客户满意度进行巨额投资。因此，本书除非特别说明，一般所采用的都是累积性客户满意的概念，并且遵循理查德·奥立弗（Richard Oliver）所提出的并得到普遍认可的"客户满意"定义，认为客户满意就是客户需要得到满足后的一种心理反应，是客户对产品或服务本身或其特性满足自己需要程度的一种评价[①]。具体而言，客户满意就是客户对服务绩效与某一标准进行比较之后产生的心理反应。客户预期某种产品或服务能够满足自己的需要，增加快乐而减轻痛苦，从而才会去购买该种产品或服务。客户的满意度越高，该客户可能就会倾向于购买得更多，对企业及其品牌忠诚也更持久。

2. 客户满意与客户忠诚

迄今为止，已经有无数理论和企业实践证明，客户满意与客户忠诚之间存在着正相关

---

① OLIVER R L. Satisfaction: a behavioral perspective on the customer[M]. New York: McGraw-Hill, 1997.

关系，即客户满意能够带来客户忠诚，客户忠诚又与企业利润息息相关。无论行业竞争情况如何，客户忠诚都会随着客户满意度的提高而提高。因此，可以说，客户满意是推动客户忠诚的最重要的因素之一。不过，也有企业实践表明，客户忠诚与客户满意之间并不总是呈现很强的正相关关系。换句话说，客户满意并不等同于客户忠诚。不少企业的客户满意度很高，但客户忠诚度却很低。在一些企业实践中，客户满意战略的效果达不到预期，而且与客户忠诚之间很难建立起很好的联系。调查发现行业差异、文化特征等因素影响了客户满意与客户忠诚的强弱关系①。根据弗雷德里克等人的研究成果，在声称自己满意或非常满意的客户中，有 65%~85% 的客户会选择"跳槽"，改购竞争对手的产品或服务。在美国汽车行业中，有 85%~95% 的客户声称自己满意或非常满意，但却只有 30%~40%的人会再次购买同一品牌的汽车。因此，对自己消费经历满意的客户，不一定就会忠诚于该企业；不少以"服务所有客户"为宗旨的企业，陷入"满意困境"之中②。

那么客户满意与客户忠诚之间究竟是什么样的关系呢？下面就从静态和动态两个方面对二者之间的关系进行分析。

1）客户满意与客户忠诚关系的静态分析

客户满意是客户在历次购买活动中逐渐积累起来的连续心理状态，是一种经过长期沉淀而形成的情感诉求。因此客户满意是客户的一种心理反应，而不是一种行为，所以难以量化和衡量。客户满意在很大程度上影响客户忠诚，但由于存在时间、地域、购买力和习惯等限制，满意的客户不一定就能转化为长期的客户。而客户忠诚是客户的长期偏好和选择，客户忠诚所创造的价值包括一般客户可能带来价值的所有方面，而且较一般客户价值易于估算和控制，构成了企业的核心竞争力，对企业的生存和发展具有重要的战略意义。表 7-3 从比较的对象、表现形式、可观察程度和受竞争对手影响程度四个方面对客户满意与客户忠诚进行了比较。

表 7-3　客户满意与客户忠诚的概念比较

概　　念	客户满意	客户忠诚
比较的对象	过去期望与现实的感知效果	现实期望与预期利益
表现形式	心理感受	多是行为或偏好选择
可观察程度	内隐的	多是外显的
受竞争对手影响程度	影响小	影响大

资料来源：根据李玉刚. 客户满意和客户忠诚的概念比较与营销实践[J]. 中国流通经济，2004（6）：44. 整理。

2）客户满意与客户忠诚关系的动态分析

究竟客户满意能否导致忠诚，客户不满意是否就一定导致不忠诚呢？对于这些问题，可以通过分析客户满意与客户忠诚的动态互动关系来回答。琼斯和萨瑟（Jones and Sasser）在 1995 年研究了竞争状况是如何影响客户满意与客户忠诚之间的关系的，并创建了基于不

① 郑秋莹，姚唐，范秀成，等. 基于 Meta 分析的"顾客满意—顾客忠诚"关系影响因素研究[J]. 管理评论，2014，26（2）：111-120.

② FREDERICK F R, THOMAS T. The loyalty effect: the hidden force behind growth, profits, and lasting value[M]. Boston, Mass: Harvard Business School Press, 1996.

同市场竞争状况的客户满意与客户忠诚关系的矩阵①。如图 7-6 所示，曲线 1 所在的虚线右下方区域代表着高度竞争区，曲线 2 所在的虚线左上方区域代表着低度竞争区，曲线 1 和曲线 2 分别表示在高度竞争的行业和低度竞争的行业中客户满意程度与客户忠诚之间可能的关系。

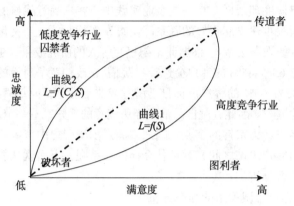

图 7-6　客户满意-忠诚度矩阵

资料来源：改编自 JONES T O, SASSER W E. Why satisfied customers defect[J].
Harvard business review, 1995, 73(6): 88.

在图 7-6 中，把客户忠诚表示为 L（loyalty），把客户满意表示为 S（satisfaction），把影响竞争状况的因素表示为 C（competitive factors）。其中，影响竞争状况的因素指的是企业无法控制的、影响客户感知服务质量和客户忠诚的那些因素，主要包括一些法律与技术上的约束因素。在低度竞争区，影响竞争状况的约束因素较多。比较而言，在高度竞争区，影响竞争状况的约束因素较少。

其中，所谓约束（bonds）是指客户由于法律等其他强制性要素而被迫与企业建立关系。一旦这些约束得以解除，客户就很容易流失。较高的客户忠诚是建立在约束的基础之上的，而与客户感知服务质量没有任何联系。这种"约束"包括法律约束、技术约束、地理约束或成本约束等。以法律约束为例，在中国电信分家之前，由于国家赋予中国电信独家经营的垄断特权，因此在中国电信与客户之间形成了法律约束关系。虽然客户对电信服务投诉较多，意见也很大，但客户唯一的选择就是忠诚地接受中国电信所提供的电信服务，而不管其服务质量如何。技术约束因素对强化服务提供者与客户的关系，也起着非常重要的作用。例如，技术约束因素可以增加客户退出服务的成本，从而形成了退出障碍。相应地，成本约束因素的例子包括：患者在治疗过程中的转院，或企业在广告协议未完成时更换广告，企业将会面临高昂的转换成本。

因此，在高度竞争的行业中，曲线 1 为 $L=f(S)$，即客户忠诚是客户满意的函数，客户满意影响客户忠诚。需要注意的是，这里的客户满意指的是超越客户期望的满意，即愉悦，实际绩效水平应当处于客户期望的产品或服务质量水平之上。实际上，只有在客户感知服务质量优异、客户非常满意的情况下，客户才会再次消费，并保持较高的忠诚水平。

---

① JONES T O, SASSER W E. Why satisfied customers defect[J]. Harvard business review, 1995, 73(6): 88.

根据琼斯和萨瑟的研究，在竞争强度较高的行业里，客户满意与客户忠诚的相关性较小。当客户面对许多选择时，只有最高等级的客户满意程度才能产生客户忠诚。例如，在医疗保健业和汽车业中，"一般满意"客户的忠诚比率为23%，"比较满意"客户的忠诚比率为31%，但当客户感到"完全满意"时忠诚比率会达到75%。类似地，施乐公司对办公用品使用者的满意度调查结果表明，"完全满意"客户在购买后18个月再次购买的概率，是"比较满意"者的6倍[①]。

　　在图7-6中，当客户处于一般程度的满意状态时（曲线1的中间部分），客户未必保持忠诚，不一定会进行重复购买，也没有向家人、朋友或他人推荐所接受服务的意愿，这部分又被称为"质量不敏感区"[②]。这类客户充其量只是"图利者"，目的仅仅是谋求低价格，因此很容易被竞争对手的促销或者低价策略吸引走。只有当客户满意水平非常高时（曲线1右端），客户忠诚现象才比较明显。他们不仅自己会忠实地重复购买同一企业的产品或服务，还会向其他人推荐该企业的产品或服务，从而产生良好的口碑效应，成为企业的"义务推销员"。这种由高客户满意度产生的高忠诚度客户，也可以形象地称为"传道者"。但需要注意的是，此时只要客户满意度稍稍下降一点，客户忠诚的可能性就会急剧下降。因此，企业要加强与这类客户的关系，不断采取措施挽留住这些"传道者"。由此可见，在高度竞争行业里，由于产品差异化程度较低、替代品较多、客户的转换成本较低等原因，挽留忠诚的客户非常困难。一般而言，只有当客户达到高度满意状态时，才会完全忠诚于特定的企业，而一旦出现一点不满就很可能"跳槽"，转而购买其他企业的产品或服务。因此，要培育客户忠诚，防止客户"叛逃"，企业必须尽力使客户完全满意。

　　在低度竞争的垄断行业中，即曲线2中，$L = f(C, S)$，即客户满意和影响竞争状况的约束因素共同影响客户忠诚。此时，客户满意度对客户忠诚度的影响较小。在低度竞争的情况下，影响竞争状况的约束因素较多，如专有技术性强、品牌转换成本高、替代品少、客户的选择空间有限，即使满意程度不高或者不满意，他们往往也会出于无奈继续使用特定的产品或服务，从而表现出一种行为忠诚，这种客户就是所谓的"囚禁者"。他们表现出的忠诚，是一种"虚假忠诚"。最典型的例子包括在全球范围内使用微软公司的Windows操作系统及其他产品的客户。有个客户形容自己是"每月100美元的比尔·盖茨俱乐部"会员，因为他每个月不得不至少花费100美元为其购买的各种微软产品进行一次升级，以便"不落伍"。在中国移动通信业也存在着类似的情况，由于客户只能选择中国移动、中国联通和中国电信，不论客户对服务怎样不满，都会表现出高度的忠诚。但当这种客户一旦有更好的选择时，他们可能会很快"跳槽"。因此，处于低度竞争情况下的企业应该居安思危，努力提高客户满意度，培养忠诚的客户。否则，一旦有新的竞争者进入市场，客户就有可能大量流失，企业就会陷入困境。

　　在曲线最左端的客户，往往是客户中的破坏者。由于他们对企业的产品或服务不满意，忠诚度非常低，很可能会抓住机会表达自己的不满情绪，对企业的产品或服务做负面宣传，成为企业产品和形象的"破坏者"。因此，企业要努力减少和转化这类客户。

---

① JONES T O, SASSER W E. Why satisfied customers defect[J]. Harvard business review, 1995, 73(6): 88.
② 韩经纶，韦福祥. 顾客满意与顾客忠诚互动关系研究[J]. 南开管理评论，2001（6）：8-10，29.

上面的分析表明，客户满意和客户行为忠诚之间的关系，受到行业竞争状况的影响，二者并不总是呈现较强的正相关关系。在高度竞争的行业中 $L=f(S)$，而在低度竞争的行业中 $L=f(C,S)$。而且，情感因素会降低满意度与忠诚度之间的相关性。但毋庸置疑的是，无论在高度竞争的行业还是在低度竞争的行业，客户的高度满意都是形成客户忠诚感的必要条件，而客户忠诚感对客户的行为忠诚无疑会产生巨大的影响。

 **资料卡**

忠诚客户＝盈利客户？

提高客户满意度和忠诚度，是否要提高所有客户的满意度和忠诚度呢？正确的做法是，在对客户进行细分的基础上，采取有针对性的策略，最大限度地让更具有价值的客户满意，而不是取悦于所有的客户。这一观点是在对瑞典银行组织实证性研究的基础上提出的。在该银行，客户满意水平很高，但企业却没有盈利。在研究了客户的存贷行为并将收入、利润同成本进行比较之后，他们发现：一方面，80%的客户并不具有可营利性，而他们对从银行获得的服务却很满意；另一方面，20%的客户贡献了超过该银行100%利润的资金，但却对银行的服务不满意。所以，银行采取措施努力改善对可盈利客户的服务，并取得了极好的成果。因此，企业要注意培养营利性高的满意客户和忠诚客户。

资料来源：王永贵. 客户资源管理[M]. 北京：北京大学出版社，2005.

3. 影响客户满意的关键因素

在服务业中，除了产品或服务的具体特性以及感知质量之外，消费者的情绪、归因以及对公平的感知也会影响客户满意[1]。其中，消费者的情绪既包括稳定的、事先存在的情绪，如对生活的满意程度等，也包括在购买产品或服务过程中产生的情绪，如高兴、幸福、兴奋等积极的情绪和悲伤、失望、气愤等消极的情绪。这些情绪都会在一定程度上影响客户满意。归因指客户认为谁应该对自己的消费结果负责。客户对自己的消费结果的归因，也会影响客户的满意感。一般而言，当因结果比预期太好或太坏而使客户震惊时，客户往往会试图寻找原因，而对原因的评价往往会影响客户的满意度。此外，对公平的感知是指客户在得到结果后会反思自己是否受到与其他同等级别客户平等的待遇。如果感知不到公平，客户就会因此产生不满。

在众多的客户满意理论模型中，最具有代表性的可能就是著名的"期望绩效"理论[2]。该理论认为，在消费过程中或消费之后，客户会根据自己的期望水平评价产品或服务的绩效。如果客户的实际体验或认知质量高于自己所期望的质量，那么客户就会觉得满意；否则，客户就可能会失望。因此，企业可以从以下三个方面来评价客户的满意程度。

（1）客户对自己消费结果的整体印象，即客户对本次消费的利弊的评估及客户由此产

① 泽丝曼尔，比特纳. 服务营销[M]. 张金成，白长虹，译. 北京：机械工业出版社，2001.

② OLIVER R L. A cognitive model of the antecedents and consequences of satisfaction decisions[J]. Journal of marketing research, 1980, 17(4): 460-469.

生的情感反应。

（2）客户对产品和服务的比较结果，即客户对产品或服务实绩与某一标准进行比较，判断实绩是否符合或超过自己的比较标准。

（3）客户对自己的消费结果进行归因，即客户认为谁应该对自己的消费结果负责。

4．客户满意指数

由于客户满意对企业收益和客户的总体生活质量有重要影响，许多国家纷纷编制了国家消费者满意指数，从宏观上评估和追踪消费者的满意情况，如瑞典的客户满意晴雨表、德国的客户满意晴雨表、美国的客户满意指数（ACSI）和中国香港的消费者满意指数等。

其中，美国的客户满意指数是由设在密歇根大学商学院的国家质量研究中心和美国质量协会共同发起的，编制出一种测量客户体验产品或服务质量的度量模型。ACSI 作为衡量美国经济的重要标准之一，涉及了美国 10 大经济领域的 46 个行业，几乎占全美国经济的 1/3。每家企业都要对当前的客户进行大约 250 次采访，相应地也可以生成针对每家企业的客户满意指数，该指数是通过对客户的感知质量、感知价值、满足、期望、投诉和未来忠诚进行计算得到的[①]。ACSI 每年要做 65 000 个市场调查，并且作为每季度衡量美国经济状况的重要指标之一，已成为与消费品价格指数、失业率和通货膨胀率同等重要的参数。1999年，ACSI 指数中增加了对政府满意度的调查；在 2000 年，该指数中又新增了电子商务产业的市场调查。

美国国家客户满意度指数是从国家、部门、行业和公司四个层面的结果进行测度的。表 7-4 列出了 2019 年第三季度美国国家客户满意度指数，由 46 个行业和 10 个部门的指数综合组成。

表 7-4　2019 年第三季度美国国家客户满意度指数

部　　门	2019 年第三季度客户满意度指数	该部门满意度指数最高行业
金融保险部门	77.8	互联网投资服务业 81
电信和信息部门	72.9	计算机软件业 78
制造业/易消品部门	80.4	啤酒业 84
零售业	77.4	互联网零售 80
公共管理和政府部门	68.4	联邦政府 68.9
卫生保健和社会救助部门	74.7	门诊服务 77
制造业和耐用品部门	79.1	电视、视频播放 82
住宿和食品服务部门	78.9	全方位服务餐厅 81
能源公用部门	73.2	合作能源公用事业 75
交通运输部门	75.1	消费者运输 78

注：ACSI 每个季度更新一次，每次测量更新不同行业部门的数据。

资料来源：根据 ACSI. National economic indicator[EB/OL]. [2020-01-23]. https://www.theacsi.org/national-economic-indicator/national-sector-and-industry-results. 整理。

---

① FORNELL C, JOHNSON M D, ANDERSON E W, et al. The American customer satisfaction index: nature, purpose and findings[J]. Journal of marketing, 1996, 60(4): 7-18.

　　从表 7-4 可以看出，美国 2019 年第三季度客户趋向于制造业/易消品部门表现出更高的满意程度，对公共管理和政府部门稍不满意，对制造业和耐用品部门的满意度也比较高。这从侧面也反映了在技术和消费者偏好快速变化的时代下，客户对制造业的满意指数整体偏高，这得益于制造业的数字化转型升级[①]。

7.2.2　客户感知质量

　　尽管理论界和企业界已经围绕质量问题进行了大量的研究和探索，但基于不同目的对质量的定义却不尽相同。在营销与经济学领域，人们往往认为质量依赖于产品特性的水平；在运营管理领域，人们常常认为质量主要由两个维度组成，即合用性和可靠性；在服务管理领域，人们常常把质量视作对产品或服务的总体评价。其中，比较具有代表性的是美国学者加文（Garvin）的"八要素模型"，分别从绩效、特性、可靠性、一致性、持久性、服务性、美观性和客户感知质量八个方面来测量质量。实际上，质量包括产品或服务整体组合的客观质量和主观质量，与此相关的、可能影响客户消费心理的因素既包括产品本身的质量，还包括与产品相关的售后服务、运送服务、服务环境等。许多研究表明质量与客户忠诚有较强的正相关关系，尽管质量不是挽留客户的唯一因素，但肯定是提升客户忠诚的重要因素。提高产品质量要根据客户的需求来设计，不仅满足客户的基本期望，而且要满足客户的潜在期望，并在生产过程中严加控制，以保证生产出来的产品符合设计要求。同时还要为客户提供优质、高效的服务，以保证客户的质量感知。

　　在服务行业，由于服务的特性，例如生产和消费的同时性，涉及大量人际接触，缺乏质量衡量标准等因素，服务质量的界定相对比较复杂。芬兰学者格朗鲁斯（Grönroos）根据心理学的相关理论提出了用客户感知质量来定义服务质量。他认为服务质量本质上是一种感知，是由客户对服务的期望质量和所感知的服务绩效之间比较的结果[②]。普拉苏拉曼（Parasuraman）、泽丝曼尔（Zeithaml）和贝里于 1988 年共同开发出服务质量评价模型SERVQUAL，进一步提出服务质量主要包括：服务的可靠性——准确可靠的执行所承诺服务的能力；响应性——帮助客户并提供便捷服务的自发性；安全性——员工的知识和谦恭态度及其能使客户信任的能力；移情性——给予客户关心和个性化服务；以及有形性——有形的工具、设备、人员及书面材料。不过，后来的相关研究发现，虽然 SERVQUAL 模型具有较好的普遍适用性，但以下三个方面是特别值得注意的：①在不同的产业或消费情境下，服务质量的各个维度在对客户的态度与行为偏好和实际行为的影响方面，其相对重要性是不同的，而且随着时间的推移，上述相对重要性也会发生相应的变化。②在不同的产业中，面对不同的产品供应或服务消费，服务质量所囊括的主要维度可能会存在一定的差异。例如，在对移动通信业务进行的实证研究中，学者们发现网络质量也是一个十分重

　　① GALVAO M B, DE CARVALHO R C, OLIVEIRA L A B, et al. Customer loyalty approach based on CRM for SMEs[J]. Journal of business & industrial marketing, 2018, 33(5): 706-716.
　　② Grönroos, C. Service management and marketing: managing the moments of truth in service competition[M]. Lexington, MA: Lexington Books, 1990.

要的因素①。服务质量与重复购买和推荐意愿也存在着正相关关系②。类似地，泽丝曼尔等研究得出，服务质量与愿意支付更高的价格和在价格上涨情况下继续保持忠诚之间有正相关关系③；普拉苏拉曼等发现在不同的产业之间服务质量—行为倾向之间的关系存在差异④；勒伊特（Ruyter）等对保健业、影剧院、快餐业、超市和游乐园等行业进行研究，发现感知服务质量与客户忠诚度之间存在正相关关系，在不同行业之间服务质量对客户忠诚度的影响是不同的。在转换成本较低的行业，客户忠诚度低于转换成本较高的行业⑤。另外，也有研究表明，服务质量和产品质量的提高可以提高客户满意，并进而提升客户忠诚，如图 7-7 所示。

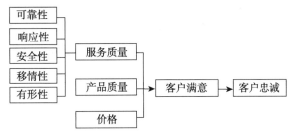

图 7-7　质量与客户满意的关系

资料来源：改编自比特. 服务营销[M]. 张金成，白长虹，译. 北京：机械工业出版社，2001：72.

7.2.3　客户感知价值

目前，理论研究和实践证据都表明，客户感知价值是驱动客户忠诚的关键因素。然而，有关客户感知价值的界定却不完全一致。通过综合的文献分析发现，相关定义仍存在许多共同之处：①客户感知价值与提供物的使用密切相关；②客户感知价值是客户对提供物的一种感知效用，源于客户的判断，并非由销售商等客观决定；③客户感知价值的核心是感知利得（与使用特定产品相关的实体特性、服务特性和特定使用条件下可能的技术支持等）与感知利失的权衡；④客户感知价值是客户对产品属性、属性效能及使用结果的感知偏好和评价。因此，客户感知价值实质就是在考虑到期望水平时，基于客户感知利得与利失的差异而对产品或服务效用的总体评价，即客户感知利得（perceived benefits）与客户感知利失（perceived sacrifices）之间的权衡（trade-off）⑥。其中，感知利得包括物质因素、服务因素以及与产品使用相关的技术支持、购买价格等感知质量要素；感知利失包括客户在购

① 王永贵. 服务质量、顾客满意与顾客价值的关系剖析：基于电信业的整合框架[J]. 武汉理工大学学报，2002，15（6）：79-587.

② BOULDING W, KALRA A, STAELIN R, et al. A dynamic process model of service quality: from expectation to behavioral intentions[J]. Journal of marketing research, 1993, 30(1): 7-27.

③ ZEITHAML V A, BERRY L L, PARASURAMAN A. The behavioral consequences of service quality[J]. Journal of marketing, 1996, 60(2): 31-46.

④ PARASURAMAN A, ZEITHAML V A, BERRY L L. Reassessment of expectations as a comparison standard in measuring service quality: implications for future research[J]. Journal of marketing, 1994, 58(1): 111-124.

⑤ DE RUYTER K, BLOEMER J. Customer loyalty in extended service settings[J]. International journal of service industry management, 1999, 10(3): 320-336.

⑥ 白琳. 顾客感知价值、顾客满意和行为倾向的关系研究述评[J]. 管理评论，2009，21（1）：87-93.

买时所付出的所有成本，如购买价格、获取成本、交通、安装、订单处理、维修及失灵或表现不佳的风险。

鉴于客户感知价值的战略重要性，仅仅简单地从感知利得与利失的角度来剖析和把握客户感知价值并不足以确保企业获得成功。正如斯威尼（Sweeney）等人[①]所指出的，超越价格与质量维度，对感知利得与利失进行更深层次的分解和剖析，系统地探讨客户感知价值的构成维度，无疑将为企业真正地理解客户感知和评价产品或服务的过程提供更富意义的指导。在综合剖析相关文献的基础上，借鉴西斯（Sheth）等人的剖析框架，国内学者超越了斯威尼等人片面强调价格而忽视时间与努力程度等非货币成本在客户感知价值中的作用的固有局限，立足于来自中国的实际数据，对客户价值的关键维度进行了实证研究，识别出社会价值、情感价值、功能价值和感知利失这四个关键维度[②]。其中，情感价值指源于产品或服务中的情感因素所带来的效用，如购买某产品或服务可以使客户觉得开心等；社会价值是源于产品或服务中社会自我概念的强化能力所产生的效用，如购买某产品或服务使客户容易得到社会上的认可等；功能价值是源于产品的感知质量和预期绩效所产生的效用；感知利失是在完成交易或与供应商保持关系时，客户支付或转让给供应商的所有可货币化与不可货币化的成本，如购买价格、获得成本、运输、安装、订货处理、维修保养成本、学习成本、潜在的失效风险、时间与精力花费、努力程度、存在的冲突和其他机会成本等。同时，根据斯威尼（Sweeney）等人的研究成果，客户的选择行为（客户资产的行为驱动因素）实际上是上述不同维度的客户价值的函数。此外，迄今为止，大多成功企业的实践证明，客户感知价值对客户的购买意图具有显著影响，支配着客户的购买决策，从而在很大程度上影响了客户的忠诚。

由于企业和客户之间的关系终究是一种追求各自利益与满足的价值交换关系，所以客户忠诚的实质是企业提供的优异价值，而不是特定的某家企业。在购买过程中，每一个客户都会根据各自认为重要的价值因素，如产品的品质、价格、服务和公司形象及对客户的尊重等因素进行评估，然后从价值高的产品或服务中作出购买选择。因此，要使客户忠诚，必须为客户提供满足他们需要的价值，从而使感知价值对客户的再次购买意愿产生重要影响，如图 7-8 所示。所以，优异的客户感知价值是培育客户忠诚的基础。企业要通过增加感知利得或减少感知利失来提升客户的感知价值以培养忠诚客户。

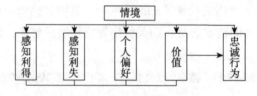

图 7-8　价值–忠诚度模型

资料来源：BLACKWELL S A, SZEINBACH S L, BARNSES J H, et al. The antecedents of customer loyalty[J]. Journal of service research, 1999, 1(4): 362-375.

---

① SWEENEY J C, SOUTAR G N. Consumer perceived value: the development of a multiple item scale[J]. Journal of retailing, 2001, 77(2): 203-220.

② Wang Y G, Lo H P, Chi R Y, et al. An integrated framework for customer value and customer relationship management performance[J]. Managing service quality, 2004, 14(2/3): 169-182.

7.3　提高客户忠诚的方法

我们正在进入一个高速变革的时代，以互联网、云计算、大数据、物联网、人工智能为代表的数字技术的快速发展与应用进一步增大了商业环境的不确定性，改变了传统的商业规则，也颠覆了传统的商业模式。但是，无论在什么时代，留住老客户比赢得新客户需要更少的营销资源，客户忠诚的培养和提高依然是企业重点关注的问题[①]。数字化时代，客户的需求更加模糊多变，O2O（online to offline）购物模式为客户提供了更为广阔的选择空间，客户满意和客户对便利简约的追求（客户惰性）更能显著提高客户忠诚[②]。

7.3.1　提高客户忠诚的方法

如何提高客户忠诚是企业实践和市场营销理论研究共同关注的重要问题。忠诚的客户是企业获取并保持竞争优势的源泉，提高客户忠诚和获取客户忠诚一样重要。大量企业实践表明，提高客户忠诚的方法主要有不断提高产品或服务质量、优先礼遇、有形的回馈、共同的价值观、提高客户转换成本等。

1. 不断提高产品或服务质量

客户与企业产生关系是基于对产品或服务需要的基础上，所以企业提供优质的产品或服务是客户建立忠诚的前提条件、立足之本。基于此，企业要不断对产品提质升级不断满足客户的个性化需求，在保证产品功能价值的基础上，提升客户的社会价值、体验价值等。基于优质产品，提供优质的产品售前、售中和售后服务，与客户建立良好的沟通反馈机制，确保客户满意，从而建立或者提高客户忠诚。

2. 优先礼遇

优先礼遇是指企业在与客户沟通的过程中，客户的差异化独特性感知，即客户能够感知到企业对待或给予的服务比一般的客户更好，并且这种关系的维持可以让客户感受到自己具有相对于其他客户的优先权，如获取额外服务或享受特别的价格等。在企业实践中常见的表示方式就是 VIP 会员制。

3. 有形的回馈

有形的回馈是指从客户立场出发，企业能够提供有关价格或礼物等具体诱因，把有形的回馈作为企业投资于客户关系的做法，从而达到维持客户忠诚的目的。客户忠诚计划中的红利回馈，例如免费赠送的礼品或礼品券、个人会员积分（积分可换取其他优惠产品或服务等），都可以帮助维持和强化客户忠诚。很多企业也经常通过价格优惠诱因来确保客户

---

① HA Y W, PARK M C. Antecedents of customer satisfaction and customer loyalty for emerging devices in the initial market of Korea: an equity framework![J]. Psychology & marketing, 2013, 30(8): 676-689.

② 王金丽，申光龙，秦鹏飞，等. 在线顾客满意、顾客惰性与顾客忠诚的一种动态权变作用机制[J]. 管理学报，2017，14（11）：1681-1689.

的忠诚，但这种做法很容易被竞争者所模仿。

4. 共同的价值观

建立共同的价值观是关系发展的驱动因素中最具效力的一个，并且价值观涉及行为、目标与准则是不是重要、适不适当、对与错的程度，因而可以直接对投入与信任关系产生重要影响。在企业与客户的沟通互动过程中，建立共同的价值观，有利于提升客户对该企业品牌、产品或服务的认可与情感依赖，逐渐提高客户忠诚度。

5. 提高客户转换成本

提高客户转换成本是培育和提升客户忠诚度常见的方法之一，客户转换成本的提高使得客户对该企业的客户感知价值变大，不易被竞争者吸引。以电信运营商为例，它们主要从三个面来培育客户忠诚：一是提高客户的满意度；二是加大客户的转换成本；三是留住有核心客户的员工。据统计，大约有65%~85%的流失客户说他们对原来的供应商是满意的。因此，为了培育客户忠诚，除了努力提高客户满意外，电信运营商还要把工夫花在其他方面，尤其是努力加大客户的转换成本，如网络安全实名制度要求客户的电话号码与银行、网络社交等多个账户绑定，从而把客户留住。

7.3.2 数字化时代客户忠诚的培养

1. 数字化时代客户忠诚的重要性

在数字化时代，随着数字技术的不断创新与应用，万千链接产生的海量大数据赋予企业和客户更强大的信息获取和处理能力，使得企业与客户之间的信息不对称变得越来越小，客户的需求越来越个性化，客户的选择越来越多。互联网技术的应用使得企业与客户购买行为之间的距离打破时空的约束，变得"只有鼠标的一次点击"那么近，传统商业模式中企业与客户的线下互动转换为数字化时代下的线上互动。这种互动下，企业很难感知到客户的意愿和行为表现，但是企业的客户也许在地球的另一边，同时客户也面临着众多竞争对手的诱惑。无疑，在这样的背景下，与这样的客户建立联系，培育客户忠诚，是非常困难的。但是在互联网上提供一个出色的优质服务要比在现实中这么做重要得多。当客户进入一家企业的网站时，这个客户希望得到的是个性化的服务，但是如果企业没有细心观察和预料到客户的需求信息，没有努力帮助客户解决遇到的困难，客户能做的最简单的事就是轻轻点击一下鼠标离开这家企业的网站。

数字化时代，客户面临的选择多样化且个性化，客户与企业间的交互也变得难以捕捉，大数据、人工智能、云计算等数字化技术的应用，使得企业能够快速捕捉，甚至提前预知客户的需求，为客户提供优质的服务或购买体验以培育客户忠诚。数字化时代，企业与客户的沟通与联系大多通过互联网交互界面，客户的个性化、定制化体验、互联网界面的内容体现和流畅性等对培育客户忠诚尤其重要。所以，数字化时代，更需要培育客户忠诚。

2. 数字化时代客户忠诚的培养

根据20世纪90年代初雷奇汉（Reichheld）等人的研究结果，企业需要花费大量费用来吸引新客户[①]，雷奇汉通过对图书、服装、食品杂货和家用电器等电子商务企业经济收益的研究发现，传统商业模式中客户忠诚的"先亏后赢"效应在数字化时代表现得更加明显。在与客户建立关系的初期，从事线上业务的企业为获得一位新客户所支付的费用，比从事传统商务的企业要高得多[②]。例如，对只在线上开展业务的服装销售商而言，它吸引到新客户的成本，往往比传统的服装销售商要高出 20%~40%。这意味着客户忠诚对于电子商务企业显得更为重要。杜根（Dugan）的研究也表明，获得一个在线客户的成本随着行业的不同而存在差异，大约保持在 30~90 美元[③]。因此，让一个客户访问企业网站并进行购买的成本是很高的。与传统的零售企业相比，电子零售商在买卖双方建立关系初期的亏损更大。因此，对于第一次购买的新客户，企业在很多情况下是亏损的。而如果该客户回来再买一次，情况就会发生变化。任何重复性购买都会给企业带来额外利润，并且随着买卖双方之间关系的进展和深化，线上客户往往会向专门的供应商购买自己需要的所有商品。

忠诚的客户不仅会增加购买量，而且往往也会为企业介绍新客户。与传统的客户口碑效应相比较，客户可以在互联网上更快地传播自己的意见。例如，客户可利用微博、微信、抖音、论坛、社区、直播等，向亲朋好友推荐自己最喜爱的产品或服务。这样，企业花很少费用就能争取到许多新客户。因此，这样获得的客户越多，网站就越能尽早结束亏本期，步入盈利期。易贝公司（eBay）就是从忠诚客户的推荐行为当中获取利润方面的成功例证。对于易贝公司而言，50%以上的新客户都是由忠诚的老客户介绍而来的，该公司吸引每名新客户的费用不到 10 美元。同时，由老客户介绍而来的新客户往往会向老客户询问，而未必是直接给该公司的技术支持人员打电话。这样，忠诚的老客户不仅为易贝公司免费做了大量广告和推销，而且免费担任该公司的技术支持人员。

综上所述，与传统的信息化时代相比较，数字化时代下的客户忠诚更具有动态性且更为重要。要在高速变革的数字化时代长期提高经济收益，企业就必须努力赢得客户忠诚。

数字化时代客户忠诚的培养主要是指对互联网客户忠诚的培养，互联网客户忠诚主要来自对电子商务公司的产品或服务的满意程度。因此企业在制定数字化营销策略时，应该从客户的角度出发，建立一个对客户友好的互联网营商环境。具体来说，企业可以从建立客户信任感、提供高质量的客户服务、聚焦目标客户和建立客户数据库这四个方面培育互联网上的客户忠诚。

1）建立客户信任感

信任感是忠诚感的基础。因此，要赢得客户的忠诚感，企业必须首先赢得客户的信任感。与传统的购买方式相比较，线上购物无法像传统交易模式那样眼见、耳闻、手触，实实在在感受产品的存在，所能了解的信息是通过互联网内容呈现的，交易的手段又往往是通过电子支付和物流寄送商品，因此在网上购物的客户面临更大的购买风险和不确定性。雷奇汉的调研结果表明客户是否了解与信任某个互联网平台，是影响他们购买决策的最重

---

① REICHHELD F F, SASSER W E. Zero defections: quality comes to services[J]. Harvard business review, 1990, 68(5): 105-111.

② FREDERICK F R, THOMAS T. The loyalty effect: the hidden force behind growth, profits, and lasting value[M]. Boston, Mass: Harvard Business School Press, 1996.

③ DUGAN S M. The best loyalty program for your web site may be better customer service[J]. InfoWorld, 2000, 22(20):108.

要因素。因此，许多客户在选择和评价网上商家时，最看重的因素是"值得信赖"，而不是"价格低廉"或"产品种类繁多"。而且，信任也可以来自很多方面，如产品或服务的高质量或价格的透明合理等。不过，在网上，至关重要的因素还包括保护客户的网络安全和个人数据隐私安全。因此，要取得客户的信任，企业可以从以下两个方面入手。

（1）保护客户网上数据隐私。互联网客户最担心的问题，是他们的个人账号、密码等被泄露或盗用，因此企业要投入足够的技术来保证客户网上支付的安全。网站在未经客户同意的情况下不可以将客户的身份与地址等信息透露给第三者，或是跟踪客户的网上行为。一般而言，只有客户信任某家企业，才有可能向该企业提供个人信息；而企业只有掌握这类信息，才能根据客户的特殊需要提供个性化定制化产品或服务，进一步增强客户的信任感和忠诚感。例如，亚马逊公司创造了最可靠、最值得信赖的网站，在网上图书市场上取得了支配地位。数以百万计的客户都愿意让该公司在其订货系统中储存自己的姓名、地址和账号卡号等信息。可以说，信任感是他们与亚马逊保持长期关系的主要原因之一。如果客户不信任亚马逊公司，担心个人信息会被泄露，亚马逊公司很快就会丧失其竞争优势。

（2）公开网上交易者信誉。这一点对许多中介性质的企业（如淘宝网）很重要。陌生人进行交易时，对方的信用是人们颇为关注的问题。为了保证每个交易者的信誉，有些网站建立了一套较完善的信用评级制度，每次交易结束后买者和卖者都会互相评价，并在网站上公开每个成员的信誉，这样就加强了交易的公平性和诚信度，整个网站也就赢得了客户忠诚。例如，淘宝网和京东网都已经建立这样一套诚信体系。淘宝网卖家在个人交易平台使用支付宝服务成功完成每一笔交易后，双方均有权对对方交易的情况做一个评价，这个评价亦称为信用评价。这种信用体系能够有效监督交易行为，确保客户的权益得到保障，忠诚的客户自然会越来越多。

数字技术增强产品体验

沃尔沃公司通过提供数字媒体接入技术增强安全性，如检测盲区活动的传感器，从而增强客户的汽车体验。

乐高公司在虚拟社区让客户参加公司设计大赛，研发一个新型机器人产品。

耐克公司生产了带有感应器芯片的鞋子，吸引了很多购买者。

玉兰油品牌推出了一款移动平台，利用人工智能分析用户的数字自拍，执行个性化的皮肤分析，用以提供个性化的产品推荐。

雅诗兰黛则通过将 AR（增强现实）技术融入数字和店内购物旅程，为客户提供独一无二的消费体验。通过使用搭载 AR 和面部映射技术的应用，消费者可以体验各种产品，并进行虚拟试妆。

Under Armour 公司正在从传统的运动服装制造商，发展为数字化健身产品和服务提供商。而且，Under Armour 正在塑造自身能力，支持联网健身，利用数字技术设备和各种应用，帮助客户跟踪、分析和分享他们的健身活动。

2）提供高质量的客户服务

互联网销售说到底既是销售商品，也是销售服务。因为消费者无须走出家门，在家中就可得到其所需要的商品，这里包含商品配送和资金结算等一系列的配套服务。以互联网、大数据、人工智能为代表的数字技术基于客户旅程的各个接触点应用于客户体验的提升，给客户提供高质量的客户服务，从而提高客户的满意和培养客户忠诚[1]。另外，高质量的客户服务也有助于加强客户对企业的信任感，进而增强客户忠诚度。要提供高质量的客户服务，企业可以从以下两方面入手。

（1）提供及时准确的商品配送服务和方便安全的结算方式。一个完整的商务活动，必然要涉及信息流、商流、资金流和物流四个流动过程。电子商务也包括网上信息传递、网上交易、网上结算及物流配送等多个环节。因此对于网络商家而言，实体商品的配送或服务合同的履行是一个很重要的问题。能够及时把客户指定的商品送达指定的地点对客户信任感的形成起很大作用。因此，企业需要将其网上业务与网下的后勤、服务系统相结合。如果配送系统不完善、结算方式太麻烦，客户就有可能因感到购买上的不方便而流失。对大部分企业而言，自建一个配送、服务体系过于困难，因此与专业配送企业结盟是一个很好的选择。

（2）建立方便的客户交流系统。除了配送和结算等服务外，企业还可以在网站上提供清晰简明的商品目录，介绍使用和保养方法等，给客户购买提供充分的信息，使客户便捷地完成购买过程。除此之外，企业还可以提供简便的在线自助服务，像技术支持或故障排除手册等，使客户得以自行解决可能的问题，确保客户拥有满意的消费体验。如果公司的网站上每个月都发生 15 000 多笔业务，公司还可以考虑采用在线答疑、网上社区和信件自动答复等方法来进行管理，方便客户和企业、客户和客户之间的交流。例如，小米科技有限公司的用户和开发者建立了 MIUI 论坛、MIUI 贴吧、小米社区微博、MIUI 论坛 App 等交流平台，在平台可以经常交流使用经验和技巧及其他相关信息，把用户和公司及品牌紧密联系起来，使客户产生一种强烈的归属感，从而与客户建立十分密切的联系。

3）聚焦目标客户

前面的分析表明，由于互联网企业吸引新客户的成本比传统企业要高，客户必须在一个站点停留 2~3 年，公司才开始回收前期的投资。然而调研发现，大约有 50% 的客户不到 3 年就流失了。因此，网站追求抓住尽可能多的客户而忽视建立长期关系是没有经济价值的。但是由于互联网客户的广泛性，企业往往倾向于建立一个大而全的互联网平台来吸引尽可能多的潜在购买者。但这样，就必然很难针对特定客户设计网站形式和内容，很难培育客户的忠诚感。

因此，正确的做法是聚焦特定目标客户，提供满足他们特定需求的产品或服务，并尽力减少客户流失率。例如美国前卫公司多年来就专注于那些喜欢成本低、波动小的指数基金投资的投资者，在网站设计上，从形式到内容一切都以迎合目标客户的需求为主，而不

---

① LEMON K N, VERHOEF P C. Understanding customer experience throughout the customer journey[J]. Journal of marketing, 2016, 80(6): 69-96.

提供像其他站点那样复杂的交易容量。它不懈的努力使它不仅拥有一大批忠诚的客户，而且具有比其他企业更大的成本优势。

4）建立客户数据库

与传统的企业相比较，互联网企业更容易通过记录客户的购买经历来获得大量客户信息，深入了解客户的需要，并根据客户的偏好，为客户提供个性化定制化产品或服务。然而，在实际工作中，很多企业却并没有尽力收集和利用这些信息，技术跟踪常客购买经历，更没有深入地了解客户"跳槽"的原因。

因此，为了解并满足客户需求，培育客户忠诚，企业首先必须建立完整的客户数据库，并以客户数据库为中心，跟踪客户购买方式，分析发掘本企业的客户忠诚感的决定因素来进一步展开营销策略，以便满足客户的需要。只有这样，才能吸引和留住忠诚客户，使企业获得长期收益。"网易考拉"就是一个很好的例子。"网易考拉"充分利用收集到的客户信息来测量客户忠诚度和购买模式，并用这些信息去指导网站建设。在决定促销方案时，公司也是在对不同消费群体的客户挽留率和生命周期分析的基础上先对各种促销方案进行小规模的市场测试，然后才选定那些最能吸引忠诚客户购买的促销方案。戴尔计算机公司也在建立客户数据库和吸引忠诚客户方面花费很多心思。它有专门的部门和负责经理来管理客户忠诚，并用一系列的标准逐月逐季度地跟踪监测客户的经历并研究分析客户挽留数据。

总而言之，数字化时代利用互联网、人工智能、大数据等新型信息化技术进行网上交易的企业必须清醒地认识到，信息技术在很大程度上只是一种工具，而不是战略本身。企业可以利用互联网、数字技术的独特优势加强与客户的沟通，更好地了解客户的需求，增加反应的灵敏度，减少客户交易成本，为客户带来更大的便利。

本 章 小 结

随着市场营销管理和实践日益向以客户为中心转变，客户满意和客户忠诚逐渐受到企业和学者们的关注。培育稳定的忠诚客户不仅可以给企业带来稳定、可观的经济效益，还可以为企业提供宝贵的客户信息价值和其他附加价值。客户忠诚效应给企业带来的利润增长主要由基本利润、购买增加带来的利润、运营成本节约、口碑效应和溢价收入等几个部分构成。建立和维持客户忠诚的策略有不断提高产品或服务质量、优先礼遇、有形的回馈、共同的价值观，以及提高客户转换成本等。

客户忠诚包括态度忠诚和行为忠诚两个方面。真正忠诚的客户不仅会反复购买企业的产品或服务，而且真正喜欢企业的产品或服务。因此客户忠诚是客户在较长的一段时间内，对于企业产品或服务保持的选择性偏好与重复性购买。客户忠诚按其形成过程可以划分为认知忠诚、情感忠诚、意愿忠诚和行为忠诚。在实践中，企业常用购买份额，荷包份额，购买的经常性、频率和金额等来测量客户的忠诚行为。对于忠诚客户的分类，可以用狄克和巴苏的忠诚客户分类矩阵及诺克斯的客户忠诚钻石模型。一般而言，客户忠诚的形成要经历认知、认可、偏好、忠诚四个阶段。但是对于每一位客户而言，忠诚的建立都是一个动态的过程，多次决定重复购买、重复购买行为、购买后价值评估三者形成一个闭环，最终形成稳定的客户忠诚。

　　客户忠诚的影响因素包括客户满意、客户感知质量、客户感知价值、转移成本和关系收益等。其中，客户满意是推动客户忠诚的最重要因素之一。然而，客户满意并不等同于客户忠诚。客户满意和客户行为忠诚之间的关系受到行业竞争状况的影响，二者并不总是呈现较强的正相关关系。但无论是在高度竞争的行业，还是在低度竞争的行业，客户的高度满意都是形成客户忠诚感的必要条件。在服务业中，影响客户满意度的因素除了产品或服务的具体特性及感知质量之外，消费者的情绪、归因及对公平的感知等也会影响客户满意。另外，产品或服务的质量、客户感知价值、转换成本和关系收益等也会影响客户忠诚。客户满意度指数是一种测量客户体验产品或服务质量的度量指数，已经成为衡量许多国家经济的重要指标之一。

　　在数字化时代，企业与客户购买行为之间的距离很近。因此，在互联网上提供出色的服务要比在现实中这么做重要得多。企业可以从建立客户信任感、提供高质量的客户服务、聚焦目标客户和建立客户数据库等方面培育客户忠诚。

关 键 概 念

　　客户忠诚：是客户在较长的一段时间内对企业产品或服务保持的选择性偏好与重复性购买。

　　口碑效应：是忠诚的客户通过向潜在客户进行口头推荐为企业带来新的生意。

　　客户信息价值：指客户以各种方式（抱怨、建议、要求等）向企业提供各类信息，从而为企业创造的价值。

　　客户满意：是客户需要得到满足后的一种心理反应，是客户对产品或服务本身或其特性满足自己需要程度的一种评价。具体而言，客户满意就是客户对服务绩效与某一标准进行比较之后产生的心理反应。

　　客户感知价值：实质是在考虑到期望水平时，基于客户感知利得与利失的差异而对产品或服务效用的总体评价。简单地说，客户感知价值就是客户的感知利得与感知利失之间的权衡。

互联网 ＋ 资源

数字化时代一汽-大众公司的客户忠诚策略

7.1

思考与练习题

 补充阅读材料

 参考文献

 客观题

自　　扫
学　　描
自　　此
测　　码

第8章

客户互动管理

【学习目标】

本章将系统地介绍客户互动及其管理问题。通过本章的学习，读者能够理解客户互动的类型和基本功能，正确认识客户互动的管理技巧、方法与互动渠道的整合。同时，读者还能了解客户互动的最新进展与动态，熟悉企业的客户抱怨管理和服务补救的原则、程序以及预警机制等。

海底捞公司作为一家以经营川味火锅为主、融汇各地火锅特色于一体的大型跨省直营餐饮企业，以创新为理念，一改传统火锅餐饮行业的标准化、单一化的服务，大力倡导个性化的特色服务，致力于营造"贴心、暖心、舒心"的餐饮服务。为了实现这一愿景，海底捞公司建立了以加深与现有客户的联系和吸引新客户为目的，以信息、情感、意见或建议为内容的互动模式。以此为指导，海底捞公司与客户形成了一套独具特色的客户互动关系。

首先，海底捞公司开发了自己专属的 App，在实现客户线上订餐、外卖的同时，还上线了 hi 农场、hi 拼菜、摇摇乐三款游戏，在借鉴当下时新游戏功能的同时成功地融入了海底捞公司的有关元素，以便有效增强客户与企业的联系。

其次，海底捞公司打造了 hi 广场社区文化，充分与客户交流信息，广泛及时获取客户的用餐体验和意见或建议。

再次，海底捞公司举行"海底捞百度直达号杯""海底捞物流"等活动，增加与客户的情感联系。同时，还创设了 O2O 模式——海底捞公司早在 2013 年就与微信合作推广微信支付，并结合移动 App、微信公众号、支付宝钱包等社交媒体和移动支付软件，将产品和需求高度结合起来。

最后，海底捞公司还提供客户期望的额外增值服务。例如，在送外卖订单的同时，海底捞公司也提供食用火锅的其他必需品，让客户有更多的获得感和满足感。此外，海底捞公司还另辟蹊径，以独特的方式与客户进行互动，并且不断创新互动形式，提升客户的信任感、满意度和忠诚度，增强与客户的联系，最终提高自己的市场收益率。

资料来源：根据杨露群. 四川海底捞餐饮股份有限公司网络营销分析报告[EB/OL]. [2018-09-26]. http://www.wutongzi.com/a/397322.html. 整理。

思考题：什么是客户互动管理？海底捞公司是如何有效地实施客户互动管理的？你觉得在客户互动管理方面，海底捞公司面向未来还可以做点什么？

客户关系管理不是什么新兴概念，它是关系营销的延续或者说是关系营销的深化。无论是关系营销，还是客户关系管理，都是建立在服务或商品提供者与购买者（组织购买者和最终消费者）之间互动的基础上的，而且这种互动关系已经成为市场营销中最重要的因素。对这种互动关系的管理，将直接影响到客户的购买行为与非购买行为。因此，在以客户为中心的时代，交易未必是市场营销过程中最重要的要素。相反，最重要的是如何与客户建立起长期的互动关系。即使在虚拟市场上（如互联网上），也必须重视这种互动关系。围绕着这种互动关系，企业可以通过有效的渠道整合——不仅是客户偏好的渠道，而且是能够更好地平衡成本有效性和关系可持续性两个目标的渠道——向客户提供质量好、价值高的产品和服务，从而提高客户满意度和忠诚度。

8.1　客户互动概述

目前，客户可以从不同渠道获取能够支持其购买决策的有效信息，而并不是一味地依靠与企业员工面对面的互动交流。有时，客户可能更相信通过互联网获取的信息，如网络口碑，而不是来自与其实际互动的企业员工传递的信息。不过，从经济学的角度来看，客户与企业的"接触"并非总具有可觉察性和可获性。因此，如何使企业与客户的互动满足客户真正的需求，是企业当前面临的一项重大挑战。例如，一方面，客户不再仅仅依靠从银行营业部获取账单，而可以选择从互联网上获取账单并打印出来；但另一方面，客户仍然需要能够评估其真正财产数额和科学投资的"真知灼见"。那么，到底什么是客户互动呢？

8.1.1　客户互动的内涵

为了在市场上给客户提供能具有优异价值的产品和服务，企业需要充分利用信息的潜在内涵和各种互动技巧，努力在客户的购买流程中发展与客户的合作关系[1]。相应地，企业的经营理念也逐渐从以产品为中心向以客户为中心转变。在实践中，以客户为中心的经营理念不仅包括向客户提供定制化的产品和服务，而且包括客户互动不同的类型和风格。一般来说，人际关系中的沟通与互动常常会对企业财务绩效产生直接影响[2]。除此之外，互动媒体的选择，也会对企业与客户的关系（如客户满意、感知质量和信任度等）产生重要影响。从社会科学的角度来看，人际互动是人与人之间关系的一种表征。正是从这个意义上说，互动不可避免地受到个体特征和人际因素的影响。通过降低互动的复杂程度而专注于互动的实际效果，往往可以帮助企业从中发现有规律性的东西，更有助于企业开发出有效的互动管理模型，并从客户互动中挖掘出潜在规则。不过，任何互动管理都必须以识别和理解客户互动的内涵为起点。

实际上，客户互动的概念十分广泛，产品与服务的交换、信息的交流和对业务流程的了解等都包含其中。客户与企业双方的任何接触，都可以视为互动，例如可以把信息交流视为互动关系的一个组成部分。不过，这里所说的信息是广义的，直接邮寄、广告和销售

---

[1] OSTERLE H, FLEISCH E, ALT R. Business networking shaping enterprise relationships on the Internet[M]. Berlin: Springer, 2000.

[2] WATZLAWIK P, BEAVIN J H, JACKSON D D. Pragmatics of human communication: a study of interactional patterns, pathologies, and paradoxes[M]. New York, London: W. W. Norton & Company, 1967.

沟通等都可以视为信息交流。相应地，客户互动管理指的是当与客户接触时（通过面对面、电话、网络、电子邮件或传真等），如何向客户提供最佳、最适合的服务或支援（如客户服务、后勤支援业务和关怀问候等），并将接触过程中的互动信息记录下来（联系记录交办事项，后续作业等），它是企业进行客户关系管理时面对的重要任务。概括而言，客户互动的内涵主要有以下几个方面。

1. 单方并不能进行互动

互动的本源是建立在双方相互反应的基础之上的。从信息流来看，一次成功互动所显示的信息流是双向的，即双方都有来自对方的信息和发送给对方的信息。无论哪一条信息流的缺失，都不能被称为互动。所以，客户与企业的互动要两方都参与其中，互相沟通，任何一方的缺失都是对互动的否定。

2. 互动包括互动内容和人际关系

每条信息都包含相应的实际内容，以及如何加以解释的"指示"。例如，有关珍珠项链是否是真品的问题，明显地包含了问题提出者和项链佩戴者之间的关系等解释在内。这种解释可能是羡慕、兴趣、嫉妒或蔑视等。因此，互动内容只是互动的表层这一点，是毋庸置疑的。只有对人际关系的解释（地位或威信等）才是互动的深入发展。我们可以频繁地观察到这样一种现象：对现实问题的争论，实际上反映了"对关系的解释尚缺乏共识"。这就造成了互动媒介的选择及其运用形式并不取决于有关现实问题的答案。同时，还必须把对人际关系的解释纳入思考范围。例如，有些客户可能认为在 E-mail 中使用非正式的措辞是不尊重的。

3. 互动过程遵循某种规则

一般而言，互动需要经历互动方所开展的、一系列清晰的、连续的活动。从实际效果而言，这与下述真相更加接近，即对原因与结果之间的关系的认知，往往是主观的。每个互动方都把自己的行为看作对他人行为的某种反应。这可能会导致冲突升级，每个互动方都认为自己是"牺牲品"。因此，互动管理必须对企业与客户之间逐步深入的互动过程加以缓冲。在客户无理取闹的情况下，企业需要展现出自己的善意，而不是坚持自己的立场。

4. 互动利用数据模型和模拟模型

除了以口语和书面语方式的数字互动，也存在着许多模拟（analogous）互动。它们运用了所有的人类感观，如肢体语言、语调、语气、眼神和各种气味等。在实际互动中，人们往往强调数字互动。但在理论上，模拟互动则占据着主导地位。客户与企业之间的基于媒体支持（media supported）的互动，会消除模拟互动因素并改变它们的评价。例如，如果让客户同自己不认识的一位员工通过电话进行交流，那么语调、声音的大小和表达能力等往往比"面对面互动"时要重要得多。模拟互动因素的弱化，往往会导致信任感的大幅度降低。例如，两个互不认识的视频会议参与者之间的信任感，要低于两个面对面交流的互动方之间的信任感。因此，选择合适的互动渠道，是互动管理的重要任务之一。

5. 在互动方对等或互补的情况下都可能发生互动

所谓对等互动，就是互动双方相互之间视作"平等关系"，而且双方努力保持与对方的平等地位。如果互动各方之间是互补的，并且有明确的角色分配（例如家长和孩子、医生和病人等），那么这种互动可以称为互补性互动。对等互动关系会在竞争和权力的争夺中不断深化，而互补性互动关系则通过强调互动双方在互动中处于"上位"还是"下位"而不断得以强化。

客户需要的是强调平等的对等商业关系[①]。例如一位计算机专家拨打某条热线，如果服务人员开始就询问他是否开启计算机，那么即使顺利解决了问题，也可能不会产生较高的客户满意，因为在意识或潜意识中他认为自己的能力遭到了质疑。

6. 互动需要借助技术实现更有效的互动

大数据和人工智能等信息技术的出现与发展，从根本上改变了企业与客户之间的互动方式。传统的客户互动无论是线上还是线下都是发生在企业员工和客户之间，而人工智能技术使得客户可以直接与机器进行互动。人工智能扮演了一个代理的角色，代替企业员工完成大量需要人工互动的任务，如越来越多的企业在服务环节引入人工智能技术，让客户能够通过自助服务解决自己的日常问题。除此，企业还在客户服务中使用人工智能，通过对每个客户的问题进行分类并将其分配到正确的人工客服代表，使其完成对客户问题前期的预处理。这种人工智能自助服务不仅可以帮助企业更快、更有效地解决问题，而且也可以帮助人工客服代表腾出时间，与客户进行更有价值的互动。

8.1.2 客户互动的层次

在企业与客户的关系构建过程中，包含着大量的相互承诺和忠诚，而且在构建关系的过程中不可避免地包含着企业与客户的大量互动。根据玛丽亚·霍姆伦德（Maria Holmlund）提出的互动分析理论[②]，客户与企业之间的互动主要包括以下三个层次，即活动（act）、情节（episode）和片段（sequence）。它们形成了一种连续行为，并共同构成了互动关系，如图 8-1 所示。因此，在企业与客户的互动过程中，企业既可以选择在连续层面上进行，也

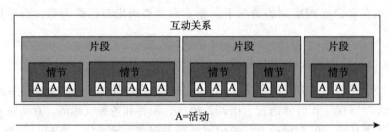

图 8-1　企业与客户互动的三个层次

资料来源：HOLMLUND M. Perceived quality in business relationships[D].
Helsingfors: Hanken Swedish School of Economics Finland/CERS, 1997.

① SCHULTZ D E, BAILY S E. Customer/brand loyalty in an interactive marketplace[J]. Journal of advertising research, 2000, 40(3): 41-52.

② HOLMLUND M. Perceived quality in business relationships[D]. Helsingfors: Hanken Swedish School of Economics Finland/CERS, 1997.

可以选择在间断层面上进行。

8.1.3　客户互动的类型

在互动类型的识别中，有一种基于认知的区分准则，即在一次互动中使用了多少数字和模拟互动因素。这种认知的深入程度不仅影响互动的精确性，同时还影响对互动中传递信息本身的认知[①]。我们将在下面阐述这种区分互动类型的方法。

企业与客户之间的互动可以根据不同的标准加以区分，如表 8-1 所示，互动方可以分为人工和机器，互动方式主要包括线下的个人互动和线上的媒体支持互动。其中，媒体支持互动允许完全独立的个体之间的互动，扩大了潜在的互动人员范围。面对面（face-to-face）互动总是同步的，一个人不可能从与他人互动的空间里脱离出来。相应地，媒体支持互动也可以实现同步互动，但不同的是互动步骤被分散开来，并具有一定的时间跨度，如使用电子邮件、短消息服务（short messaging service，SMS）和社交媒体等进行的互动。可以说，个人接触是最强烈的互动方式。在直接对话中，所有的语言和非语言的表达主要由互动方来掌控。比较而言，媒体支持互动的特征则是缩小了认知范围。

总体来讲，媒体支持互动只能具有相当有限的模拟互动程度。多媒体应用，如视频会议，包含了几种方式的互动（语言、文本、图像等）。由于具有较为广泛的认知范围，它们与个人互动（personal interaction）几乎可以相提并论[②]，但也存在着一定的不足。例如，它们对互动进行调整并使之适应客户类型和行为的能力具有一定的局限性，因此也就难以满足互动的对等性。如果将其应用于客户关系的话也存在一定的不足，较窄的认知范围增加了误解发生的概率，从而可能导致客户关系的终结。

表 8-1 所列示的分类方法，容易让人们产生这样一个问题，即如何对不同互动类型进行成本收益分析。当企业与客户的互动方式由个人互动转变为媒体支持互动、再转变为人工-机器互动时，互动的数量会大大增加，这必将会带来互动成本的降低。尽管如此，个人互动也具有特殊的优势，比如更加直观的语言和情绪表达和及时的反馈等，从而为企业的未来创造出非同一般的卓越绩效。对于客户价值很高的企业来讲，个人互动的价值是不言而喻的。但是，如果面对的是大众客户的话，企业更加适合采用媒体支持互动方式。

企业要想实现与客户之间的完美互动，就需要率先解决以下问题：怎么才能让客户适应与人工沟通的互动方式？对企业的业务流程而言，哪种互动方式更加可靠？谁能将理论知识转变成实践？为了理解互动系统的需求，企业可以对市场和客户进行深入而持续的实证研究。例如，Nass 和 Lee 的实证研究就发现，客户更喜欢与自己有相似"个性特征"的语音计算机系统[③]。

---

① JOHNSTON K M C. Why e-business must evolve beyond market orientation: applying human interaction models to computer mediated corporate communications[J]. Internet research, 2001, 11(3): 213-225.

② SAUER J, SCHRAMME S, RÜTTINGER B. Knowledge acquisition in ecological product design: the effects of computer-mediated communication and elicitation method[J]. Behavior & information technology, 2000, 19(5): 315-327.

③ NASS C, LEE K M. Does computer-synthesized speech manifest personality? experimental tests of recognition, similarity-attraction and consistency-attraction[J]. Journal of experimental psychology, 2001, 7(3): 171-181.

表 8-1　互动类型及其比较

互动方	人工			机器	
互动方式	个人互动	媒体支持互动			
同步性	同步	同步	不同步	同步	不同步
模拟沟通能力	高	中	低	很低	很低
数字沟通程度	中	高	高	很高	很高
提升潜能	中	高	很高	很高	很高
适应能力	很高	高	高	低	低
面向客户类型	高价值客户	大众客户	大众客户	大众客户	大众客户
需要支持类型	咨询与沟通	时间性比较关键的信息与交易	标准化的信息	自助服务	简单信息
举例	个人对话	视频会议、银幕共享、电话、闲聊	书信电子邮件SMS社交媒体	IVR（interactive voice response）即互动式语音应答、自助服务助理和基于网络的自助服务，如人工客服	自动 SMS应答、自动电子邮件应答

资料来源：SENGER E, GRONOVER S, RIEMPP G. Customer Web interaction: fundamentals and decision tree[C]//Eighth America's Conference on Information Systems, 2002.

8.1.4　客户互动的演进及其驱动因素

正如上文在界定互动时所做的阐述，互动并非当前数字经济时代的产物。在社会学领域，互动是人类特有的一种有意识的过程。如果对互动做进一步的细分，其可能完全没有听起来那么神秘，例如互动可以细分为以下五个方面：交换、竞争、合作、冲突和强制。此外，互动一般具有以下两个主要特性：双向沟通和共同利益。

1. 客户互动的驱动因素

在客户互动的演进过程中，有些驱动因素无时无刻不在推动客户互动向前发展与演进。这些驱动因素包括客户角色的转变、营销观念的转变，还有在互动演进中扮演重要角色的技术因素；此外，还包括社会学与传播学理论知识的发展。当然，客户互动演进的驱动要素并非只包括上述几种因素。在本节中，着重前三种驱动因素进行探讨，具体表现在以下几个方面。

1）营销环境的转变

在当今以超强竞争为主导的动荡环境里，营销环境的变化也格外引人注目。例如，从大众消费到个性化消费，每个消费者都变得更加独一无二，以及数字化技术和互动媒体的发展等。

2）营销观念的转变

在交易营销的理念下，在传统的消费品市场中，由于市场规模较大，生产者与客户建立长期的互动关系几乎是不可能的。但随着交易营销观念被关系营销观念取代，企业与客户之间的互动却变得越来越频繁。

3）企业核心价值认知的改变

传统上许多企业都以"利润最大化"为其核心价值观，是以企业为中心的，强调的是企业独立地创造价值。但网络经济的发展正促使企业的核心价值观向"客户价值最大化"转移，开始真正以客户为中心，强调的是与客户共同创造价值。

4）与信息技术相结合的营销方式的转变

信息技术的发展带来营销方式的巨大转变，互联网技术的进步、智能手机的使用以及社交媒体的出现推动网络营销的不断发展，也带来其他全新的营销方式，如有影响力者营销和视频直播营销等，使得企业可以接触新的潜在消费者，为广告深入推广提供新的渠道，同时使得企业更加便利收集消费者信息，从而使企业营销活动更加明确、更具有针对性。信息技术的发展使得营销方式从大规模无差异营销向个性化集中营销转变，并且也使一对一信息交流取代单向信息传播成为可能，从而彻底改变了以前面向大众市场、追求市场份额的营销模式，客户份额和客户终身价值得到了前所未有的关注。

5）信息技术推动的管理方式转变

企业管理软件的引入，使得企业管理的方式发生了翻天覆地的变化，使许多先进的管理理念迅速转化为管理实践，如企业资源计划和客户关系管理等软件的引入。显然，这些都是客户互动演进的驱动因素。正是它们的"合力"，使得客户互动不断地向前发展，使理论与实践不断地产生融合。

6）与自媒体相结合的营销方式的改变

移动互联网的快速发展为企业营销提供了技术支持，同时给企业的营销方式带来了根本性改变。自媒体营销是一种将自媒体运营和网络营销推广相结合的方式，主要利用社会化网络、微博、微信、短视频等平台或者其他互联网协作平台和媒体来传播和发布资讯。利用自媒体营销已经成为大多数企业的必然选择，与传统营销方式相比，自媒体营销在营销策略上更加以消费者为中心，在营销方式上更多地从消费者实际需求出发，并且主要通过移动客户端为消费者提供服务，同时也使得营销成为一种娱乐方式，为消费者带来崭新的购物体验。

2. 客户关系的演进与客户互动

1）客户关系的纵向深化

一般而言，在交换过程的一端是单纯的交易关系，而在另一端则是长期的双向合作关系，处于中间位置的则是增值型交换关系，如图8-2所示。

交易型关系　　　　　增值型关系　　　　　合作型关系

图8-2　关系连续谱

资料来源：改编自王永贵. 顾客资源管理：资产、关系、价值和知识[M]. 北京：北京大学出版社，2005.

其中，交易型交换包括在匿名服务柜台发生的交易以及在企业-企业（business to business，B2B）市场上持续发生的强调价格和及时交付的标准化产品交易。在关系连续谱的另一端是合作型交换，强调的是密切的信息联系、社会联系与过程联系，相互投入和对长期利益的预期。二者之间的是增值型交换关系，企业的重心从获取客户转向挽留客户，强调的是深入理解客户需求及需求的不断变化，然后尽可能根据这些需求提供个性化的产品和服务，并持续地激励客户专注于从特定企业购买所需的产品和服务。不过，这只是为了便于进行理解而进行的理论区分，在实践中则往往呈现出某些综合特征。

2）客户关系的横向进化

企业的营销与实践经历了一个从以前的直接销售到20世纪60年代的大众营销，80年代的目标营销、数据库营销、电话销售、直邮、互动营销、直复营销、关系营销，再到当前的客户关系管理的发展过程。相应地，在每个营销发展阶段中，客户关系都呈现出不同的特征。客户关系和客户互动的横向进化如表8-2所示。

表8-2 客户关系和客户互动的横向进化

进化阶段	时　间	主要特征	客户互动方式
直接销售	20世纪60年代以前	小商店；熟客；重视关系；增加对客户了解，培养客户忠诚度和信任感	个人互动
大众营销	20世纪60年代	集中化大规模生产，大范围分销，单向媒体沟通为主；成本效益高；大众媒体促销；品牌认知和市场份额是衡量成功的重要标志	以人工为主的媒体支持互动，频率低，缺少个性化
目标营销	20世纪80年代	通过邮件或电话等信息技术手段，联系特定目标客户；与目标客户进行双向沟通；具有获得客户直接回应的潜在可能性；回应率对于营销成功十分重要	以人工为主的媒体支持互动，注重反馈
关系营销与客户关系管理	20世纪90年代至今	在维持大规模生产和分销体系的同时，发展与客户亲密的接触；客户知识和个人接触都是为了赢得客户信任感和忠诚度；客户份额是衡量成功的重要指标	以机器为主的媒体支持互动开始出现，互动深度增加，开始对互动进行定制化

资料来源：改编自王永贵. 顾客资源管理[M]. 北京：北京大学出版社，2005.

3. 技术进步对客户互动的影响

现代信息技术的发展与进步对企业与客户之间的互动产生了深远的影响。所有现代形式的客户互动，不管是简单（如写信）还是复杂（如群体解决特定难题），都会受到互联网技术和沟通技术的影响。在过去的几十年里，技术给客户互动带来的革新十分引人注目，不仅增加和提高了客户互动的数量与质量，并且降低了互动的成本。

直到现在，我们处理和加工信息的能力还在限制着我们的沟通和互动水平。尽管如此，我们把许多因素综合在一起并试图改变这种情况。新的互联网技术提高了连通性和带宽（bandwidth），新的网络标准带来了新的应用模式。这二者共同发挥作用，强化了技术渗透的深度。这种强有力的联合，预示着超强互动能力时代的到来。

1）数字技术的发展带来客户互动的爆炸性增长

（1）互联网技术发展对客户互动的影响。计算机技术的发展经历了几个时代：从1960

年到大约 1980 年是数据处理时代，使用主机实现低水平流程的自动化，如工资表的制作、MRP（material requirement planning，物料需求计划）和总分类账等。接着是 20 世纪 80 年代的微处理时代，计算机技术被应用到一般水平工人的日常工作之中。在这一时期，尽管某些方面的生产率取得了突飞猛进的发展，但客户互动并没有因此而获得飞跃式进步。这可能是由于计算技术的应用并没为客户互动带来根本改善。

在 20 世纪 90 年代早期，迎来互联网时代。网络能够让人们通过电子邮件进行交流，通过群组软件共享计划，在全球范围内展开协同工作。在网络中每增加一个节点，企业与客户进行互动的范围就会有所增加。即使现有系统没有增加新的计算机，网络中现有的机器也可以创造巨大的客户互动力。在连通性和带宽方面的改进，也使客户互动能力成倍地增加。接入网络的个人计算机和电视，为网络注入了新的血液；调制解调器的性价比一年提高 55%；光纤在激增并且原有设施的效果也因为新技术的出现而实现了新的飞跃；手机、卫星、光缆和无线技术扩大了能够用于沟通的带宽范围，并且出现了新的应用形式和新的连通性。计算机性能并不会成为互动的瓶颈。处理器和内存将会变得更快、更廉价，容量更大。我们应该关心的是这种改进将会持续多长时间，但至少在未来 10 年之内这一趋势仍将持续下去。在 2001 年，数据传输成本是每千比特 0.31 美分，而在 2005 年则降为每千比特 0.004 美分，下降了 98%。新网络标准的出现，也导致了网络使用的增加和网络应用的发展。新协议和标准的出现，进一步刺激了对信息技术的投资，这是技术创新所展现的不争事实。类似地，GSM 通信标准[①]也使得在 20 世纪 90 年代初的移动电话使用者迅速增加。在 HTTP(hypertext transfer protocol，超文本传输协议)、HTML(Hypertext Markup Language，超文本标记语言)与 IP（internet protocol，网络协议）的推动下，互联网的使用和应用得以迅速发展。

如图 8-3 所示，根据 We Are Social 和 Hootsuite 披露的数据，2018 年全球互联网用户

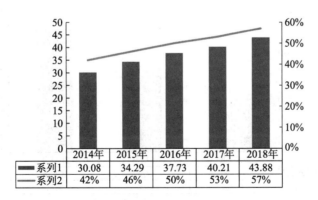

	2014年	2015年	2016年	2017年	2018年
系列1	30.08	34.29	37.73	40.21	43.88
系列2	42%	46%	50%	53%	57%

图 8-3　2014—2018 年全球互联网用户数量以及渗透率统计

注：柱状为全球互联网用户数量（单位：亿人），折线为全球互联网渗透率。

资料来源：2018 年全球互联网用户发展现状：发达国家互联网渗透率普遍高于 80%[EB/OL]. [2019-12-30]. http://news.west.cn/68392.html,

---

① 这里的 GSM 是一种数字式无线电系统，它的名字是来自一个称作 Group Speciale Mobile 的团体。GSM 的主要目的是提供泛欧洲的"漫游"，因此用户能在欧洲的任何地方使用他们的设备，都不必要求地区供应商做特殊的安排。另一项要求是它应该比模拟式蜂窝无线电系统更能有效地使用频谱（spectrum）。

规模为 43.88 亿人，相比 2017 年增长了 9.13%。随着互联网用户规模的快速提升，自 2017 年开始，全球已经有超过一半的人在使用互联网，全球互联网渗透率从 2014 年的 42%增长至 2018 年的 57%，5 年之间提高了 15 个百分点。

随着苹果、华为、三星、小米、vivo、OPPO 等手机厂商在手机研发生产方面的不断努力以及互联网服务企业的高速发展，极大程度地提高了智能手机的使用效率和使用频率，同时也将智能手机出货量从 2010 年的 3 亿台迅速提升至 2016 年的 14.7 亿台出货峰值。2018 年，全球智能手机出货量 14.05 亿台，已经连续 4 年保持全球智能手机出货量在 14 亿台以上。庞大的智能手机出货规模有效提高了全球手机互联网用户的规模数量。2018 年，全球手机网民用户逼近 40 亿人，达到 39.86 亿人，相比 2017 年的 37.22 亿人，增长了 7.09%。全球手机互联网用户渗透率在 2018 年超过 50%，达到了 52%，相比 2017 年提高了 3 个百分点，分别如图 8-4 和图 8-5 所示。

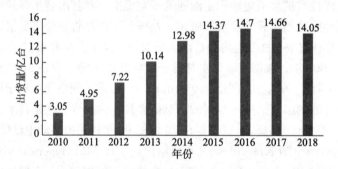

图 8-4　2010—2018 年全球智能手机出货量

资料来源：2018 年全球互联网用户发展现状：发达国家互联网渗透率普遍高于 80%[EB/OL]. [2019-12-30].
http://news.west.cn/68392.html.

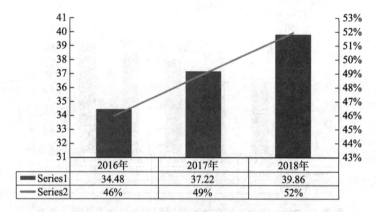

图 8-5　2016—2018 年全球手机网民用户数量及渗透率

注：柱状为全球手机网民用户数量（单位：亿人），折线为全球手机网民渗透率。

资料来源：2018 年全球互联网用户发展现状：发达国家互联网渗透率普遍高于 80%[EB/OL]. [2019-12-30].
http://news.west.cn/68392.html,

（2）人工智能技术发展对客户互动的影响。随着大数据可用性的提高、计算能力的增强以及学习算法的进步，一些信息技术能力发生重大改进，包括计算机视觉、语音识别和自然语言处理等。这些信息技术能力通常被称为人工智能（artificial intelligence）。人工智能技术的发展为企业与客户之间的互动带来根本性的改变。下面将介绍客户与人工智能系统之间互动的影响以及系统、客户和任务或情境特征对这种互动的影响，具体关系如图 8-6 所示。

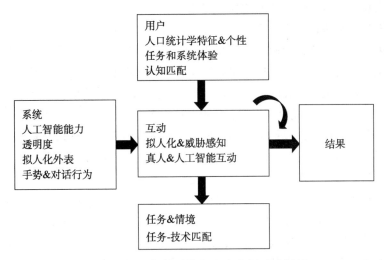

图 8-6　人工智能系统与客户之间互动框架

资料来源：RZEPKA C, BERGER B. User interaction with AI-enabled systems: a systematic review of IS research[C]// International Conference on Information Systems (ICIS), san francisco, california, 2018: 39.

第一，人工智能系统互动的影响。由于人工智能技术使系统融入拟人性的能力，与人工智能系统的互动会引发用户的各种行为反应，包括对系统的人性和威胁的感知，以及与真人交互相比具有冲突的实际行为。客户与人工智能系统的互动过程中，不仅会感知到系统的拟人化能力，并且认为人工智能系统具备一些人类行为和认知情感特征，与真人互动一样可以信任和进行交流。同时，客户在与聊天机器人互动时，会以类似于人与人之间交流的方式调整语法结构和言语表达。

尽管客户对人工智能系统感知到拟人性并且做出相应的行为，但是与真人互动相比，客户与系统的互动方式还是有所不同。举例而言，客户与聊天机器人的对话行为在主体努力、自我表露、信息长度和内容等方面存在较大差异。在与聊天机器人的互动中，客户会表现出更多负面行为和更高的不稳定水平，并且情绪反应也具有差异。客户在第一次使用聊天机器人之后，对这种互动方式的兴趣会大大下降，这表明人工智能系统出现了所谓的"新奇效应"。当客户习惯并熟练使用该项技术或与之建立关系后，这种"新奇效应"就会消失。虽然，与单纯的人与人之间的互动相比，客户与人工智能系统交互过程中的行为表现出明显的负向差异，但是这种互动也能带来某些积极结果。人工智能系统具有的推理、学习和行动等能力使其能够比传统系统或真人更好地执行某些任务，并为客户提供个性化和基于经验的建议。人工智能系统的使用可以提高准确性和决策质量，降低错误发生，提高效率并取得积极的成果。

第二，系统特征的影响。系统特征主要包括四个方面：人工智能能力、透明度、拟人化外表、手势和对话行为。目前人工智能技术的研究使得系统具备如自主行动、了解用户行为、感知和反应环境，以及理解自然语言等能力。系统的自主性、学习性和反应性能力是否提高客户使用人工智能系统的意愿还不确定，因为这些能力同时也会增加客户的感知风险。除了这些能力外，系统功能也会对互动产生影响，如基于语音功能的互动更长、更复杂和更个人化，而基于文本功能的互动则相对简短高效，并且语音识别等功能失误更容易给互动带来负面影响；由于专家和推荐系统是基于自身推理、计划和学习能力为不同的客户作出决策或提供建议，因此系统决策和行为的透明度会大大影响客户的行为；除了人工智能系统拟人化的能力，系统拟人化的外表和实物化身也会对客户与系统的互动产生影响。需要注意的是，虽然外表的拟人化程度可以带来某些积极效果，但是根据"恐怖谷效应"，人形外表可能也会造成负面影响；基于上述人工智能能力，人工智能系统能够进行各种各样的手势和会话行为，包括单纯的行为举止和肢体语言到更复杂的交流。不同交互方式对人工智能技术和客户的互动影响也不同，如聊天机器人在互动过程中融入幽默、关系维护或共情行为，可显著提升用户的感知享受[①]。

第三，用户特征的影响。用户特征包括用户的人口背景、个性、与任务或系统相关经验或系统与用户之间的匹配等，这些都会对客户与人工智能系统之间的互动产生影响。首先，用户的年龄和性别会影响机器人的使用。与机器人的互动过程中，相较于年龄较大的客户，年龄更小的客户参与程度越高并且态度也更加积极。客户的性别也会带来客户对系统的实体化身和交互方式的感知差异。除了个体特征，与任务或系统相关的用户体验也会影响系统的使用。此外，一些学者也研究了用户和系统之间的实际匹配如何影响系统的使用，如霍和波德夫（Ho and Bodoff）[②]表明系统和用户决策过程和结果之间的匹配最终会影响用户的决策过程。

第四，任务和情境特征的影响。任务和情境特征一定程度上也会对客户与系统的互动产生影响，如提摩希-吉尔（Thimmesch-Gill）等[③]提出环境因素如压力环境也会影响用户对机器人的情感感知。此外，昌（Chang）[④]发现，用户使用人工智能系统的意图取决于技术和任务特征之间的契合度，因此，任务特征不仅可以调节系统的使用，还可以显著影响用户的使用决策。

2）技术对客户互动能力的累计效应

在过去 10 年里，通过网络技术等信息技术传输的数据比率增长了 4 倍。我们可以预期，在未来的 10 年里，这个比率将增加到现在的 45 倍。在 1985 年到 1995 年，每 100 千比特数据传输的时间降低了 75%，而 2005 年比 1985 年降低 87%。但是，传输比率的增加

---

① LEE S, CHOI, J. Enhancing user experience with conversational agent for movie recommendation: effects of self-disclosure and reciprocity[J]. International journal of human- computer studies, 2017(103): 95-105.

② HO S Y, BODOFF D. The effects of web personalization on user attitude and behavior: an integration of the elaboration likelihood model and consumer research theory[J]. MIS quarterly, 2014, 38(2): 497-520.

③ THIMMESCH-GILL Z, HARDER K A, KOUTSTAAL W. Perceiving emotions in robot body language: acute stress heightens sensitivity to negativity while attenuating sensitivity to arousal[J]. Computers in human behavior, 2017(76): 59-67.

④ CHANG H H. Task-technology fit and user acceptance of online auction[J]. International journal of human-computer studies, 2010, 68(1): 69-89.

并不能直接反映互动能力的增强。实际上，许多客户互动都包括技术创新所不包含的人为因素在内。技术进步或许会使企业在记录和传输备忘录的时候变得更加迅速，但并不能告诉企业做什么和怎么做。为了估计企业实践中的客户互动能力，企业可以选择客户互动实验方法。

总之，在考虑技术进步影响时，企业必须把人为限制因素纳入进来。企业必须牢记：客户互动的能力并不是单纯的技术因素能够彻底改变的。只有这样，才能使管理者的思考更加全面、更加成熟。

3）客户互动经历的几个阶段

根据成功企业的最佳实践，客户互动主要经历以下几个阶段。

（1）大规模交易下的客户互动。在大规模交易下，客户互动管理并非真正意义上的客户互动管理，而只能叫作客户接触，因为它缺少了满足客户并加以记录的过程。

（2）细分沟通。根据信息传播学的相关原理，为了使传播效果最大化，就必须首先对受众进行细分，然后针对不同细分群体采取不同的沟通策略。这引申到客户互动领域也同样适用。

（3）客户互动渠道整合。许多企业也都拥有不同的客户互动渠道，但是每个渠道中含有的客户信息却是相对独立的。有效的客户互动战略需要把所有的渠道——呼叫中心、总部、分部、互联网和互动电视等进行完美的整合，即企业应当能够在多个客户接触点上灵活地对多种互动渠道进行整合管理。

（4）基于个人许可的互动。企业对传统的"单向传播"方式的应用将趋于减少，通过互联网等信息技术与客户进行一对一的互动将成为主流。但需要注意的是，客户肯定不会喜欢毫不相干的"垃圾"。显然，客户的时间是有限的，他们关注自己想要关注的"信息"正变得越来越重要，以至于企业在与客户进行互动时必须首先征得客户的同意。当然，这是一个共同参与的过程。

（5）传统的呼叫中心正在向客户联系中心演化。技术发展（如互联网）和不断变化的市场需求正促使呼叫中心从企业的成本中心向具有战略重要性的客户联系中心转化。现在，不少企业的呼叫中心已经不只是电话，电子商务的发展正促使越来越多的呼叫中心配备可以自动应用各种沟通方式的技术设施，如传真、电话、电子邮件和互联网，从而为更有效地与客户互动成为可能。同时，这些沟通渠道又常常与整个企业范围的客户数据库连接在一起，从而为进一步提高互动的效果提供了可能。

（6）人工智能带来自助化客户互动。基于大数据、认知技术和机器学习的发展，人工智能自助服务兴起并不断发展。人工智能自助服务是运用机器人流程自动化技术，使企业能够自动执行手动任务，帮助客户创建效率，释放内部资源以专注于其他任务。与传统的企业与客户互动形式相比，这种机器人与客户的互动可以提高服务响应速度，并且保持与客户的跟进沟通，从而改善客户体验。数字化技术的快速发展以及客户对自助服务的高期望驱动着越来越多的企业通过或大或小的规模计划来追随这种认知技术，企业使用人工智能来实现日常运营的自动化开始成为一种趋势。

8.2　客户互动的有效管理

随着客户角色的转变和竞争的加剧，企业必须与客户进行有效的互动。对于客户互动管理而言，客户与企业的互动并不只是简单的信息交换，它可以让企业与客户之间建立一定的联系（connections），并由此实现有效的客户互动。一般而言，客户只愿意与具备最优秀客户互动能力的企业接触，所以成功的客户互动管理可以使企业获得更大的客户份额和更多的营业收入。因此，不管是为了在合适的场所或情境客户互动，还是为员工与客户之间的互动提供必要信息，企业都有必要对客户互动进行有效管理。

8.2.1　有效客户互动管理的特征

表8-3从尊敬、有帮助、移情作用、社会适应、可信任、明确等方面概括出有效客户互动管理的主要特征并列举了失败的共性。可以说，互动渠道的整合与选择、互动技巧、员工培训都是有效客户互动管理的重要组成结构。

表8-3　有效客户互动管理的特征

特　征	评　论	失败共性举例
尊敬的	不浪费消费者的时间，只在需要时才询问客户问题，建议一套方案	网站反复地不接受表格的提交，直到每个领域都完成为止
有帮助的	促使任务完成	在线银行系统要求输入账户号码，而操作员又重复同样的问题
移情作用的	使界面满足不同偏好和个性	网站的设计过于简单和冗长
社会适应	交易交换以是否确实需要为限，可以适应环境	对于不需要邮寄的，可询问电子邮件地址
可信任的	提供可以影响行动的正确数据（没有困惑的）	网站不提供任何联系电话或邮寄地址，根本找不到人
明确的	赋予每个声明或要求唯一的含义	有歧义的承诺和规则
预想的	可以预测需求	第一次接触时注册，然后在所有后来的联系中，要求重新输入相同的信息
有说服力的	应用社会技能来说服客户采取特定行动	网站内容无法引发客户注意或促使其采取进一步行动
反应性	对客户的输入作出反应	绝不对咨询给予回答
情感的	以积极影响客户感情的方式作出回应	自动化的电话问询系统，提供多种选择，给出不可获的选择

资料来源：改编自 BERGERON B P. The eternal e-customer: how emotionally intelligent interfaces can create long-lasting customer relationships[M]. New York: McGraw-Hill, 2001.

8.2.2　有效客户互动管理的关键要素

如前所述，客户互动中心正逐渐取代呼叫中心在企业中的原有地位，企业纷纷构建和完善各种可能的互动渠道体系，并在多个互动渠道进行整合的基础上为客户提供服务或解决客户的问题。虽然存在着众多的影响客户互动的因素，但不管通过何种互动渠道，不管是面对面的交流、电话、电子邮件或网站，还是其他渠道，参与互动的人、技术和流程都是客户互动中的三大关键因素。只有对这三项因素进行整合管理，才能为客户创造出令人满意的、感觉受到重视的客户互动。图 8-7 列示了实现有效客户互动的三个主要的驱动因素及它们之间的相互作用，它涵盖了进行有效的互动管理所需要的三个方面的努力：①有效的人（员工）；②有效的内部流程；③有效的信息技术。

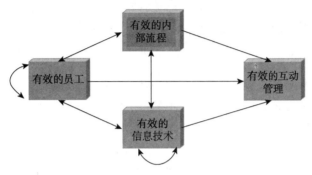

图 8-7　有效的互动管理

资料来源：改编自 EVENSON A, HARKER P T, FREI F X. Effective call center management: evidence from financial services[R]. Center for Financial Institutions Working Papers, 1999.

1. 员工的有效性

企业的人力资源实践对客户互动的绩效有重要影响。具体而言，人力资源实践直接影响着员工对客户互动技术和流程的了解程度，不管这个员工是否被授权实时地解决客户问题。

1）客户互动中有效员工的衡量标准

给员工授权，特别是给客户服务代表（customer service representative，CSR）授权，有助于他们在工作中掌控客户互动的自由度，这构成了决定互动效果的一个重要因素。没有被转给专家或者高级管理人员的客户互动所占的比率越高，说明对客户服务代表的授权水平就越高。其中，在一个企业中，客户服务代表离职的平均数与前一年企业雇用的客户服务代表平均数的比率，就是客户服务代表的流动率。客户服务代表的辞职，会给企业带来重新雇用和培训成本的增加。同时，非接触时间也是一个需要考虑的关键要素，它关系到一个客户服务代表在不与客户进行互动时，在文件处理和培训上花费的时间。此外，客户服务代表是通才还是专家也具有重要影响，在实践中常常使用"没有被转到另一位客户服务代表就直接得到处理的接触的平均数"来衡量。高的百分比，说明了企业的客户服务代表是通才，能够处理不同的客户问题。与此相对，低的百分比，则说明企业的客户服务代表是专才，当接到他们所不熟悉领域的客户"联系"时，就转给其他客户服务代表或其他专家。

2）员工有效性的驱动因素

人力资源通常都可以从整体上影响客户互动的绩效，下面就介绍一些影响人力资源实践的关键因素。一般而言，具有较高挽留率的企业通常流动率比较低，这一结果表明短期的强烈变化并不会发生。换句话说，企业新客户服务代表在进入企业初期并不会离开，因此流动率的强烈变化不会发生。如果客户服务代表来自企业内部的自我培养，那么客户服务代表的流动率就比较低。与此相对，如果客户服务代表来自外部招聘，那么客户服务代表的流动率就比较高。对互动中心中的职位作出详细说明，使得员工能够了解企业中的职业机会，客户服务代表的流动率就会相应地降低。授权水平较低的企业往往会呈现出较高的员工流动率[①]。这是因为：多数员工在工作中往往有承担更多责任的偏好；如果他们能够处理问题的范围更宽，那么他们会觉得自己更有能力。同时，员工的非接触时间越长，他们的流动率就会越低，即工作环境越优越，员工流动率可能就越低。

2. 流程的有效性

企业的内部流程对客户互动质量也有着强烈的影响。比较理想的情况是，流程的设计与实施，应该可以最有效地利用互动过程中的每个要素。例如，如果流程设计具有感应客户态度、需求、认知变化的能力，那么企业就可以通过适应行为对这些改变作出反应，从而获得竞争优势。类似地，这些适应行为的速度则反映了流程的柔性。

有效流程的衡量标准基本上都涉及入站（call in）和出站（call out）接触[②]。其中，入站接触与互动需求相关，而出站接触则关系到销售/电话销售以及与客户挽留相关的流程。

3. 信息技术的有效性

信息技术有为企业带来竞争优势的潜力。这些技术可以让企业调整企业行为使之适用于客户需求，还可以显著改变企业的流程和人事。正确使用技术，可以让流程和人事制度更富有柔性、更加快速、更加有效。那么如何来判断技术的有效性呢？这就涉及有效信息技术的衡量标准问题。在实际进行评价时，常常需要考虑以下因素：信息技术的复杂性，包括信息技术使用和学习的难度；信息技术是否以客户为中心，即能用信息技术完全掌控的客户接触在整个客户接触中所占的百分比，这一比率越高，说明技术设计越能满足客户的需求；信息系统的复杂程度，平均年技术投资越多，信息技术也往往就越复杂。这暗示了企业在信息技术上投资越多，那么系统的复杂性可能就会越高；信息系统的复杂性越高，客户与企业接触时遇到的阻碍可能就越大，从而降低了客户与企业互动的驱动力。因此，管理者必须在是否进行大量投资之前作出权衡。

4. 员工、流程、信息技术与互动效果的关联

1）信息技术与员工的关联

如果只靠信息技术就可以应答客户的接触请求，那么客户服务代表就能够处理更具有挑战性的、各类不同的问题。这是因为，此时客户服务代表往往可以处理范围更加广泛的

---

① DOUCET L. Responsiveness: emotional and information dynamics in service interactions[R]. Center for Financial Institutions Working Papers, 1998.

② 入站是指在呼叫中心、客户接触中心、客户互动中心等客户互动系统中，系统或者客户服务代表记录客户同自己的联系并加以响应的过程；而出站过程则正好与之相反，出站接触是指客户服务代表主动联系客户，并记录其响应过程。

问题，所以客户服务代表往往表现出解决不同情境问题的能力。一般而言，每年在信息技术上投资较多的企业，其授权水平也往往较高，这意味着信息技术投资往往可以使客户服务代表的工作环境更加便利，从而使客户服务代表更有效率。在员工流动率较高的环境下，信息技术可以处理更多的客户接触，这意味着企业意识到由于较高的员工流动率而必须重新培训客户服务代表，这往往会给企业带来更高的成本。因此，企业倾向于利用信息技术来替代客户服务代表，以便更有效地完成客户接触的管理。

2）员工与流程的关系

如果入站接触关系到企业销售，那么就很可能要转给专门的客户服务代表来处理。大多数企业都有明确的销售与服务分工，服务人员将有关销售的客户接触转给销售部门。一般而言，客户服务代表的非接触时间越多，那么企业挽留客户的出站接触也就越多；整个客户互动系统的能力越高，那么客户挽留的接触也就越多。如果企业将一部分客户互动职能外包出去（outsourcing），入站销售代表的流动率就有可能降低。在许多企业中，大多数外包都与大型活动相关。入站接触超过了企业互动系统的能力界线，企业就会将部分职能外包出去。这种外包可以增加入站销售代表的满意度，并减少其流失率。

概括而言，企业之所以要对员工、流程、技术等进行有效的管理和改进，其最终目的就是通过这种管理和改进来提升其效率，并促使它们产生积极的相互作用，最终对客户互动效果产生积极的影响。表8-4概括出员工、信息技术、流程与有效的客户互动的联系。

表 8-4　员工、信息技术、流程与有效的客户互动的联系

核心概念	有效客户互动
有效的员工	员工授权减少，企业互动效率提升。如果由高层管理者来控制客户流失的威胁，而不是由客户服务代表来控制，那么接触的平均持续时间将会降低 具有更高水平员工授权的企业，倾向于更高水平的客户关注；允许 CSR 掌控更多客户问题的企业，往往有更高的客户关注水平。之所以会这么做，是因为管理人员深信：客户并不喜欢因为一个问题而被转到互动系统的其他部分 对于更高客户关注水平的企业而言，其平均劳动力耗费可能会更高。客户关注水平提高，可能会带来额外成本与收益 在客户关注水平较高的企业中，CSR 的非接触时间占整个工作时间的百分比可能更高。关心客户的企业，同样关心员工的工作环境
有效的信息技术	在信息技术上投资越多的企业，客户等待的时间将趋于缩短，这说明企业在信息技术上的投资能够在一定程度上提高系统效率 信息技术越复杂，客户关注水平可能越低；由于客户与企业接触难以掌控，所以总体的客户关注水平就会降低；脱离客户的视角而引进新技术，往往会造成客户关注水平的降低 信息技术的应用中，对客户的关注程度越高，互动系统的有效性也就越高
有效的流程	对于那些拥有更多出站接触的企业而言，其客户关注水平往往更低 对将互动管理外包的企业而言，其客户互动效果可能会变差。这一现象有两种可能的解释：一是如果为了降低成本而外包，那么对客户需求的关注水平就会被降低到第二位；二是如果因为难以对接触数量加以有效管理而采取外包，那么对客户需求的关注水平将会被摆脱运营型问题的需求所取代

资料来源：王永贵. 客户关系管理[M]. 北京：高等教育出版社，2018.

8.2.3　客户服务人员与客户互动的能力

1. 及时回应的能力

在实践中，企业必须树立这样的信念：与客户发展关系，关注这种关系，而不是现有的交易；理解客户，并且根据对客户的理解作出承诺，从而建立起彼此双方的信任；在与客户进行接触时，企业员工可以告诉客户，企业更加关注的是客户期望，并讨论怎样才能改善企业与客户的合作能力，在这方面提出问题并与客户展开讨论，这样可以提高企业满足客户期望的能力。与客户关系相关的两个重要方面，也应该在讨论中加以体现：第一，企业（或员工）与客户拥有相似观点的程度；第二，企业（或员工）能否正确地判别出客户眼中的重要价值要素。

客户会觉得自己之所以会发生购买行为，主要是因为关系的建立，而不仅仅是基于对产品的评判。客户会喜欢和特定的企业保持密切的关系，可能是因为他们认为彼此的目标是一致的，并且能够在长期的关系中获得收益。对于企业而言，挽留客户的成本远远低于发展新客户的成本，而长期的客户关系可能就意味着重复购买。因此，企业必须与客户发展人性化关系，并重视他们的情感。如果企业及其员工让每一位客户都感到自己具有特殊性，受到企业的重视并且自己的意见得到倾听，那么他们就会保持忠诚并可能增加购买量，从而给企业带来更高的客户份额。同时，客户也可能会过分依赖某一企业。作为与客户保持亲密关系的结果，客户在出现问题时，可能总是首先想到特定的供应商。例如，企业的员工可能会在深夜接到客户需要进行紧急维修的电话。此时，作出及时回应可能至关重要，毕竟及时回应和让客户使用企业所提供的高质量产品之间还有着一定的区别。因此，及时回应能力是客户服务人员与客户进行有效互动的技能之一[①]。例如，有时你需要迅速回复客户，并在一天之间解决问题。此时，就算知道客户已经下班，也要力争当天就回复客户的电话或者电子邮件。不管发生什么事情，都不可以让客户等待超过一个星期。在收到客户的请求时，尽快给客户答复，并且告诉客户相关的问题解决方案。如果在一个星期内仍然找不到答案，那么就有必要与客户联系，告诉客户问题的最新进展。企业对客户提出问题的重视态度，以及主动告知事情进展水平的行为，可能会给客户留下不可磨灭的正面印象。如果本人不能及时回应，也可以通过某些方式作出预先处理，例如在语音信箱中留下一条信息，并且对邮箱进行设置，让它自动回复邮件。这适用于内部和外部的客户。不过，切忌使快速回应的热情导致过分的承诺。在有些情况下，可能也需要让客户认识到，企业及其员工的时间也是有成本的，并对客户的准入施加一定的限制。最后，鉴于不同客户在不同问题上可能对回应时间有着不同的偏好，企业还必须经常与客户联系确定客户的限期，以此决定适当的回应时间。

2. 理解客户的能力

尽自己的所能来全面深刻地认识客户，并且理解客户需求，努力帮助客户和客户的客户取得成功，这对于成功的客户互动至关重要。因此，企业有必要鼓励客户服务人员深入

---

① MCCARTHY J. It's a relationship, not a sale[M]//Dynamics of software development. Microsoft Press, 1995: 71-73.

理解客户业务的内涵和外延，全面了解客户链上所有客户的需求和参与互动的驱动因素。企业应该把客户看作有血有肉的人，倾听客户真实的意见，积极与客户沟通，并对其需求、偏好和行为特征等进行研究，从而力争在客户意识到之前就成功地预测其需求[①]。在实践中，现场拜访无可取代，这是了解客户及其所面对的问题的有效途径之一。有时，一次拜访可以解决数小时的头脑风暴所不能解决的客户需求问题，并深切地感受客户所处的经营环境和产品使用情境，获悉客户的购买决策过程。需要注意的是，客户服务人员应该事前了解客户的语言习惯，如果客户不能理解和使用专门的术语（如特定的技术与逻辑等），客户服务人员在拜访的过程应该尽量避免使用专业术语，更多地使用通俗易懂的表达。企业一旦建立起与客户之间的信任关系，就可以进一步简化客户互动，提高双方沟通效率，促使问题有效解决，从而强化与客户的关系。

3. 积极倾听的能力

积极倾听客户的心声，是成功进行客户互动的关键所在。提出问题并持续不断地更新有关客户的各种知识，花费时间去倾听客户，给客户一定的空间等，是客户服务人员经常要面对的事情。不过，最重要的是要对客户的谈话表现出真正的兴趣，而不是刻意地花费时间去准备答案。在此过程中，客户服务人员应该具有一些基本的技巧，如跟随客户的思路而不是打断他们的谈话，以温和、积极、支持和动人的态度来面对客户，以便深入地理解客户的真实意图和需求。有时，服务人员可能不仅要了解客户话语的表层意思，还要理解客户话语的深层含义，这样才能真正把握客户的真实意图；有时，服务人员可能需要主动引导客户提供更多的信息，如向客户提出一些较为尖锐的问题等。

此外，客户服务人员还需要深入理解倾听和"装作在倾听"之间的差别。有些人只有盯着"空白"的地方，才能有效地倾听，但这会对想与你目光接触的谈话者造成不良影响；有些人则喜欢在倾听时仍"胡思乱想"，但这会让那些想要听众完全注意的发言者觉得反感。与此相对，如果客户服务人员对客户了解不多，可以提前询问客户偏好的个人风格问题，客户可能会因为这种关注而感到高兴。事实上，没有什么比倾听客户的心声更为重要。通过倾听客户的心声，企业员工可以从中发现自己的想法和做法是否正确，在为新产品或业务寻找新创意并加以检验时，更是如此。一方面，客户在觉得自己的心声得到倾听以后，会觉得自己受到重视；另一方面，企业也可以在倾听客户心声的过程中，不断发现真正的客户需求，并在倾听过程中与客户建立起具有信任感的关系。

4. 终结关系的能力

如前所述，企业必须与客户建立起具有信任感的关系，并深入了解客户。但是，在当今的超强竞争时代，经营环境的变化相当迅速，企业有时不得不投入大量的资源来理解客户的需求。然而，在有限的时间安排和预算约束条件下，完全满足客户期望有时是不可能的。此时，比较理想的方法，就是避免伤害任何一方，客户服务人员可以向客户表明自己的正直和真诚，尽量以让客户满意的方式结束与客户的关系。

---

① COVEY S R. The 7 habits of highly effective people[M]. New York: Simon & Schuster, 1989.

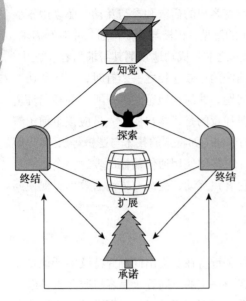

图 8-8　卖方-买方关系的五个阶段

注：关系终结与每一阶段都存在联系，说明了
　　关系的终结在每个阶段都可能发生。

资料来源：DWYER F R, SCHURR P H, OH S.
Developing buyer seller relationships[J].
Journal of marketing, 1987, 51(2): 11-27.

德怀尔（Dwyer）确认了买卖双方关系的五个阶段，即知觉（或感知）、探索、扩展（或强化）、承诺（或投入）和终结，如图 8-8 所示。实际上，关系的终结可能发生在关系持续之间的任何阶段，并与其他阶段相独立。一般而言，在第三个阶段以前所发生的关系终结行为，并不那么让人满意，此时企业和客户之间还没有建立起信任关系。随着关系的深入发展，信任可能会经历产生、成长和强化的过程。可以说，亲密持续的关系，是建立客户信任的关键因素[1]。根据信任的内涵（交换一方对另一方充满信心，并愿意依赖对方的行为）可以知道[2]，只有在第三阶段或者以后阶段，关系终结才是可供客户服务人员选择的策略之一。

在关系终结的过程中，企业需要保持真诚并说服客户相信"结束关系是挽留共同目标并让双方都不受损害的最好的方式"。鉴于此时已经与客户建立起良好的关系，客户往往也会对企业的决策和行为表示理解和支持。这样结束客户关系的方式，就是"完美地以令客户满意的方式终结客户关系"。有时，就算是一项消极的决策，如果在作出决定前，经过深思熟虑，那么它也可能会成为有益的决策。如果企业与客户能够就关系的终结达成共识，那么企业很可能在不久的将来重新与该客户建立关系，并且有可能因为该客户的口碑推荐而与其他客户建立起合作关系。

5. 利用"会议之外"的能力

客户服务人员需要参加客户会议，这是能够建立客户关系的最佳场合之一。而且，服务代表可以考虑尽早到达开会场所，以便确保自己有充足的时间与参会人员见面，认识陌生的潜在客户，并与熟悉的客户加深关系。在会议结束后，还要停留些时间与有共同商业兴趣的客户接触。如果有机会亲自主持会议，还应该对会前和会后的见面与沟通做好准备，时刻牢记自己和客户都存在着时间约束。实际上，既然客户与服务人员都有时间压力，那么企业就需要作出权衡，以便向客户传递合适的信息；提早到达会场，确保会议能够准时开始和重视客户的时间；适当改变会议，而不是完全照搬会议惯例与安排，以便能够为客户带来体验而不是责任。与此相对，敷衍的惯例性会议，往往对建立客户信任和解决实际问题并没有多大帮助。

---

① YOUNG L C. On trust in interfirm relationships[R]. Working paper of School of Marketing, University of Technology Sydney, 1991.

② MOORMAN C, DESHPANDE R, ZALTMAN G. Factors affecting trust in market research relationships[J]. Journal of marketing, 1993, 57(1): 81-101.

6. 个人的正直与坦诚

正直包括诚实，但所包含的内容往往更多。诚实是讲实话，使自己所说的话符合现实；正直是让现实证明自己的话——履行承诺并满足需求。缺乏正直，会阻碍客户信任的建立。然而，正直并非意味着与客户共享所有信息。客户服务人员必须时刻把握合理的界限。一般而言，如果没有紧急需求，不要过度地与客户共享信息。客户不需要了解每个细节，他们只需要了解主要的影响。因此，向客户传达一些隐秘的事情，反而可能会为企业和客户带来烦恼，而且客户可能会因此觉得企业总是还在隐藏什么[①]。

在实践中，为了在个人的正直与坦诚方面取得成功，往往需要在四个层次上保持效率：①让自己可靠，并尽量履行自己的承诺；②让自己保持理性，并依靠理性而非感性作出决策，从而赢得客户的信任；③让自己能够兼听，并愿意接纳有关客户需求的信息，从而为自己赢得信任；④切忌过分推销和夸大，而是尽可能减少承诺并努力履行承诺，从而实现对客户期望的有效管理。有时，对客户直言不讳，公开承认提供给客户的建议中存在的不足或产品与服务解决方案中存在的不足，往往会收到意想不到的效果。此外，正直性与坦诚可以促使客户服务人员在必要时与客户交换重要信息，即使是坏消息，也是如此。如果消极影响过早地出现了，如何更好地向客户解释也是客户服务人员必须考虑的问题。只有这样，才能改善关系，并增强客户对客户服务人员和特定企业的信任程度。实际上，在许多情况下，客户对问题的理解并没有企业所了解的那么多，他们往往很愿意和企业一起寻找满意的问题解决方案。

7. 宽慰客户的能力

客户可能会对特定企业关系的某些方面感到失望。这种失望可能来源于未被满足的期望、产品性能或者是企业对客户的误解，而且这种失望有时会表现为客户抱怨。这时，客户服务人员可以选用以下的语句来回应客户，"我知道这并不是您想要的结果"，然后试图探寻客户业务会受到多大影响。实际上，不管是否由于企业的原因而导致问题的发生，客户服务人员都要切忌试图保护自尊，以至于不愿意为错误而承担责任。客户不会理会是谁的错误，在客户眼中，企业就是企业，而他自己才是客户。

客户服务人员和企业应该把抱怨看作机会，而不是危机。有关资料表明，只有20%~50%的客户愿意告诉企业他们的不满，而有的研究所揭示的这一数字甚至会更少。在客户抱怨的时候，实际上是为企业创造了改善与客户之间的关系的机会。如果企业完美地处理了客户抱怨，就可能把不满意的客户转变为满意的客户，甚至使得该客户比没有不满意的客户更加满意。在此过程中，不要与客户争吵，不要责怪客户。纵使客户犯了错误，客户有时仍会相信自己是对的。因此，客户服务人员必须有良好的态度。一个发怒的非理性的客户，仍然有可能深化客户服务人员对客户的理解。可以说，在很多情况下，改正企业和客户的错误，是企业应该承担的成本。为了节省金钱而失去客户，只会得不偿失。因此，不要试图为了安抚客户而作出你不能履行的承诺，而应该灵活地运用各种客户互动技巧来询问客户并注意倾听，以此寻找到客户到底想要关注什么的答案。如果客户所存在的问题

---

① KOHN L, SALTZMAN J. Selling with honor[M]. New York: Berkley Publishing Group, 1997.

不在客户服务人员的能力或权限范围，应该及时地把问题转给高层管理者。如前所述，在有些情况下，完美地以客户满意的方式终结关系才是最优的选择。

虽然我们强调对客户的要求及时作出回应，但也必须认识到：试图当场就解决问题这个策略也存在着固有的陷阱。例如，很轻易地让步可能会让客户觉得与企业"交往"的最好方式就是对企业发怒；如果过分承诺，客户的期望就会再一次得不到满足，客户对企业和客户服务人员的信任将会土崩瓦解。实际上，客户服务人员可以先让客户尽情地发泄不满，等到他们平静之后，他们自然会发现，问题依然存在，但客户可能会因为客户服务人员理解了问题并采取了恰当的行动而消除愤怒。当然，有时也不能一味忍让，每个人都有其承受的极限。如果客户试图越过这一警戒线，客户服务人员也可以把问题升级，然后交给上级管理者来处理。

8. 注意界限与角色

在与客户进行互动时，客户服务人员所处的位置使其很容易全神贯注于客户的问题。虽然大多数客户服务人员都想尽量满足客户的需求，但是客户可能经常会提出一些不切实际的期望。此时，客户服务人员不能对无法履行的事情进行承诺。认清自己的角色，明确界限之内的事情，时刻提醒自己的位置，是客户互动过程中客户服务人员经常需要思考和面对的问题。换句话说，不要轻易对不属于自己的责任范围之内的事情，如价格、成本、时间安排等，加以讨论并作出承诺。同时，客户服务人员应该把每次与客户的互动都看作一次磋商和销售的机会，并综合运用所收集的客户信息，而不是依靠直觉来作出判断。此外，切忌说极端的话，如"这很容易"或者"这是不可能的"。当然，运用有效倾听的技巧，对不属于自己知识领域的问题加以记录并积极为客户寻找答案，尽自己能力对客户所遇到的问题加以解释（但是不要作出承诺，因为你很可能会在未来无法兑现承诺），也是必要的。

9. 良好的态度

在客户互动过程中，客户服务人员要表现出良好的态度，不仅需要注意礼貌用语和肢体动作，而且也需要注意穿着得体，符合特定的场合和身份的要求。在客户面前与其他人进行互动时，要对自己的态度更加谨慎：声音洪亮而清晰，放慢语速，使用简单的语言，避免使用方言和俗语等。有时，客户服务人员可能需要频繁地询问客户是否已经理解了自己所希望传递的消息。同时，要避免带有宗教色彩和政治色彩的笑话。总之，客户服务人员对自己的幽默要尽量谨慎。在互动过程中，客户通常会根据客户服务人员的穿着和言行加以判断。例如，有关研究表明：一个人的穿着可以为别人带来有关个人价值的信息，而不论客户服务人员是否已经意识到这一点。面对良好的态度，客户可能会觉得客户服务人员十分关心自己与企业互动的所有方面，从而更愿意与客户服务人员分享自己的关注焦点和有关企业产品或服务的信息。

当然，有效客户互动的能力及客户互动中应该注意的因素还有很多，限于篇幅，在此不能一一列出。表 8-5 概括出如上所述的主要客户互动技巧。

表 8-5　客户互动技巧

技巧	内　　　容
及时回应	与客户发展关系，关注客户关系而不是客户交易；收到客户请求以后，尽快地反馈并告知客户有关的计划
理解客户	尽可能多地了解客户信息
客户信任	与客户的每次接触都是增强信任度的良好机会，要加以充分利用
积极倾听	以理解客户为目的，积极倾听客户心声
终结关系	当与客户建立了互相信任的关系以后，可以用对双方都没有伤害的方式结束客户关系
"会外之会"	尽早与与会者见面并进行社交活动；会后与有共同商业兴趣的与会者交谈
正直坦诚	不要刻意对客户隐瞒必要的信息，但不能跨越界限或自己的角色
宽慰客户	不要与客户争吵；了解客户的业务受到影响的程度；不要做自己无法履行的承诺
注意界限	把与客户的每次接触看成一次机会和一种谈判；在交谈中不要掺杂商业要素；在权责范围内对客户作出承诺
良好态度	有礼貌；穿着得体，满足客户期望；展示对别人的敬意（包括竞争对手）；在客户面前进行互动时，也要注意自己的态度

资料来源：王永贵. 客户关系管理[M]. 北京：高等教育出版社，2018.

8.2.4　互动渠道的管理与整合

企业正在朝向多渠道整合的方向迈进。为此，有必要深入认识多渠道客户互动管理的意义及其收益和挑战。下面就对多渠道客户互动管理进行界定，并分析由这种变革所带来的机遇与挑战，分析企业的应对策略和措施。

1. 多渠道客户互动管理的定义

本章把多渠道客户互动管理界定为：运用一个以上的渠道或媒介来管理客户，而且在跨渠道或媒介中表现出协调一致性。需要强调的是，在上面这个定义中，所强调的是各个渠道或媒介应该协调一致，而并没有说是以同样的方式，这是因为：不同渠道有着不同的使用目的，而且使用方式也存在差异。例如，在一个复杂的、技术性的、B2B 环境中，销售人员可能在解释产品性能、满足目标、处理客户疑问、建立首次客户接触方面做得最好。但即使在这种情形下，也可以利用网站或者呼叫中心来记录和检查企业产品与服务的交付能力。类似地，在某些情况下同一互动渠道的使用方式可能会存在差异。例如，如果有人想购买其他客户在最后一刻退掉的飞机票，他可以登录拍卖网站，因为其他互动渠道并不具备这种渠道的成本收益比率。换句话说，多种互动渠道综合运用，往往可以发挥每一种渠道的优势。一般而言，多渠道客户互动战略，可以为许多客户提供众多的接触点，客户可以通过这些接触点与企业进行更有效的互动。

2. 多渠道客户互动的重要性

多渠道客户互动之所以重要，主要有以下两点原因：①新的互动渠道技术的发展：增加的可靠性、存储速度、远程交流技术以及音频、视频和数据的会聚；②客户需求和期望：

有些客户期望可以用更加一致的方式使用技术和流程并对互动加以管理。

尽管现在让每个互动渠道直接与特定的客户保持联系已经变得相当容易，并且可以由此得到客户与企业互动的最新数据，并遵循相关的联系程序，但这么做也是需要成本投入的。那些为多渠道客户互动摇旗呐喊的企业，往往是实现多渠道策略过程中存在困难最多的企业。它们可能拥有庞大的客户基础、最复杂的产品线、最长的系统开发时间，而且这种特征的企业大多为从事金融服务、物流和制造业。

3. 多渠道客户互动的收益和挑战

1）收益

多渠道客户互动管理的收益是巨大的，这包括为客户关系改善和企业效率提升所带来的巨大好处。第一，为客户关系带来的好处主要有：确认和利用增加每位客户价值的机会；增加便利性和改善客户体验，增强客户从企业购买产品的动机；改善企业新品牌运营的能力，为品牌认知创造积极的影响并降低品牌失败的风险，同时还能够诱导客户对品牌忠诚并增加购买率；第二，为企业效率带来的好处主要有：通过共享流程、技术、信息来提高企业效率；增加企业柔性；提高与业务伙伴交易的效率，并削减他们的成本；提升从客户数据中寻找客户需求信息的效率，为企业的增长标明新的路径等；第三，为客户带来的好处主要有：增加客户与企业互动的渠道选择自由度；提升在不同渠道之间进行转换的能力，并轻松地根据情境选择相应的互动渠道。其中，这里所说的情境包括客户的偏好、特定的用途及互动的类型等。对企业而言，渠道整合加深了客户数据在不同渠道之间共享的程度，丰富了客户资料，增加了交叉销售机会，使企业更有可能充分满足客户的需求。

2）挑战

当然，企业在从单一互动渠道向多互动渠道转变或在进行多渠道整合的时候，都存在着风险并面临着特定的挑战。企业可能面对的挑战主要有：对不能令人信服的多渠道进行大量投资，对技术进行投资的 ROI（return on investment，投资回报率）偏低；对客户数据整合并使之标准化的过程存在问题；不能很好地整合具有不同数据模型的不相关系统；削减和废弃企业原有互动限制的困难。

4. 多渠道互动的驱动因素

目前，越来越多的企业开始强调构建完善的客户互动体系，对客户互动渠道进行整合管理。通过对客户互动渠道的设计和管理，企业可以有效地满足客户在不同购买周期阶段与企业进行互动的所有需要。在现代的企业实践中，在每一特定的客户购买周期阶段中都存在着几个互动渠道。概括而言，企业之所以对多渠道客户互动表现出越来越大的兴趣，主要是基于以下几个驱动因素。

1）客户需求

客户对便利性的渴求推动了多渠道整合需求的增长。客户期望进一步提高互动的反应速度，而且可供选择的互动方式也逐渐增加。通常，客户会倾向于为某一特定种类的互动选择特定的渠道。例如，在实际进行采购时，不少客户最可能选择的渠道是亲自去商店。比较而言，在购买前进行选择的时候，可能选择的是比较方便的网络渠道。由于资源的有限性，多数企业可能都无法在每个渠道上都很好地满足客户的需求，企业只需确保在特定的渠道上满足目标客户群体的特定需求。

2）互动渠道成本

通常，企业通过多重结构、管理小组、技术和不同的营销策略对互动渠道进行管理和控制。通过互动渠道战略的整合，企业能够实现对员工能力、技术、流程、营销战略的共享和重新利用，这有助于改善企业的渠道成本结构。例如，通过对高价值客户的习惯和偏好进行研究，往往可以帮助企业认清哪些渠道投资过多，而哪些渠道没有提供最优的投资回报，从而认清哪些渠道需要减少投资或进行资产重组。

3）战略竞争优势与差异化

企业的新产品可能在几天之内就被竞争对手模仿，价格在几分钟之内就可能大幅度削减。诸如此类的策略往往不具有难以模仿性，因而很难给企业带来战略竞争优势。相对而言，品牌和多渠道管理能力等则是可供企业采用的、为数不多的、面向客户的差异化方式。这种差异化，往往可以为企业带来持久的竞争优势。

4）客户使用互动渠道方式的多样化

对于分销渠道实现同步化的企业而言，它们可以保持并获得更多的市场份额或客户份额。有关研究表明，具有多重互动渠道的企业对客户往往更有吸引力。根据波士顿咨询公司（Boston Consulting Group）早期的调查结果，具有非网络互动渠道和整合的互联网互动渠道的零售商O2O，往往可以在市场上获得更大的市场份额或客户份额。而且，在使用网络渠道进行互动的客户中，满意客户的交易次数是不满意客户的2.5倍[1]。企业可以通过分别针对不同细分客户群体的独特偏好，设计多重互动渠道并对其进行整合，这不仅可以有效地挽留客户和提升客户忠诚，而且能够提升客户终身价值。

 **资料卡**

有效的客户互动活动是促进客户满意的重要因素

虽然人们已经对客户满意及其重要性达成了共识，但长期以来，理论界和企业界对"客户互动"的关注却相对较少。所谓客户互动，就是指企业与自己的客户之间的"互动"，这种互动的根本含义在于：企业要了解客户，企业要持续地了解客户，要使客户了解企业，要使客户关注企业，要在企业和客户之间建立起"情感"纽带。也许，有人对"客户了解企业"已经有了一定的认识，因为客户如不了解企业，就不可能成为企业的客户。但很多事实表明，较多企业却对"使客户了解企业"认识不足，或感到无能为力。正是由于这种"无能为力"，使企业在客户满意方面所做的很多努力的效果打了折扣。

"客户互动"的关键是"互动"，这种"互动"表现在企业的"动"和客户的"动"两个方面。可能有人认为企业"动"容易，让客户"动"难。实际上，客户时刻都在"动"，

① RASCH S, LINTNER A. The multichannel consumer: the need to integrate online and offline channels in Europe[M]. Boston USA: Boston Consulting Group, 2001.

只不过是我们没有去关注、没有去利用而已，如所有客户都会很认真地把自己的需要告诉给供应商、所有客户都愿意把自己的不满告诉给供应商、所有客户都更愿意看到供应商在进行改进等。但问题是，有些企业对客户的心态不了解、不关注，也未建立相应的互动渠道去倾听客户的心声，更不愿把自己的努力告知客户，这就产生了认为客户互动相对较难的认识。在实践中，多数企业都会不惜成本地宣传自己的产品或服务，宣传自己的企业，但往往对了解客户、倾听客户的心声投入不够。也有的企业只让客户了解自己的正面，对负面和困难，对自己的改进的努力则闭口不言，甚至纳入"保密"范畴。殊不知，没有一个客户会相信自己选择的供应商是十全十美的企业。大量研究和事实告诉我们，真诚有效的客户互动将产生良好的效果。常见的客户互动活动包括拜访、建立信息沟通渠道、互派培训师、联谊活动、共同组成改进专案组等。在互动活动中，形式是需要的，但内容更为重要。在内容方面，把产品和服务的真实质量水平，把一时难以克服的困难，把自己改进的努力和成效以适当的方式告知客户，这是一个普遍未引起重视的领域。"客户互动"的实施主体应该是企业，但这一互动需要的真正主体实际上是客户。只要每个企业努力了，客户将会乐观其成，将会积极配合，将会促进客户满意的提升。

资料来源：有效的顾客互动活动是促进顾客满意的重要因素[EB/OL]. [2008-07-28]. http://www.mba163.com/glwk/khgl/200807/95250.html，有改动.

8.3　客户互动的进展与动态

随着信息技术的发展、企业管理经验的积累以及竞争的加剧，客户互动的管理也有了新的进展，其中十分重要的表现就是客户管理的互动（customer managed interaction, CMI）、个性化的客户互动和客户互动中心（customer interaction center, CIC）等。

8.3.1　客户管理的互动

新技术的发展和管理理念的演进等，彻底改变了客户与企业之间的关系，使得竞争更加激烈。为了成功应对这些挑战，许多企业实施了客户关系管理系统，通过建立更加密切的联系来挽留客户和探查客户的偏好。但随着客户选择的不断增多，许多客户不再长期忠诚于某一家企业，不少客户关系管理战略的实施也导致获取和管理客户知识的失败。因此，如何解决这一问题，达到获取完整客户信息的目的，成为摆在众多企业面前的一大挑战。在传统的客户关系管理系统中，客户联系中心（或客户互动中心）是客户关系管理系统的三大基本组成要素之一，但企业要获取完整的客户信息，就必须从基本的接触点（touch point）开始来改变并管理客户与企业的互动方式。相应地，客户互动管理（customer interaction management, CIM）也逐渐向客户管理的互动转变[①]。下面就简要地介绍客户管理的互动的起源和客户管理的互动的潜在技术要求，并剖析客户管理的互动对客户和企业的影响。

① WATSON R T, PICCOLI G, BROHMAN M K, et al. Customer-managed interactions: a new paradigm for firm-customer relationships[J]. MIS quarterly executive, 2005, 4(2): 319–327.

1. CMI 的起源——数据完整性的层次和差距模型

1）数据完整性

数据完整性的意义在于企业利用单一的、一致的数据仓库来满足客户的服务期望。其中，一致性意味着信息系统的各个组成要素的协调与统一。在客户管理的互动中，企业之所以需要完整的数据，是为了实现不同的职能部门和多重互动渠道的整合，以便更加有效地支持企业与客户的互动，并实现客户知识的完整与统一。从这个角度上讲，数据完整性主要包括以下几个层次。

（1）企业水平的数据完整性。如果企业对客户互动的看法全面而深入，那么就意味着企业水平的数据完整性的产生。从技术层面上看，这种完整性的形成，需要企业从不同运营系统中抽取信息并建立单一的客户数据库。

（2）行业水平的数据完整性。如果企业对本行业中的客户互动有着全面而深入的看法，那么就出现了行业水平的数据完整性。在实践中，可以把这种客户观念看作行业中各个企业的客户观念的整合。基于对客户在整个行业中行为的了解，企业便可向客户提供高质量的建议和信息支持。

（3）客户水平的数据完整性。客户水平的数据完整性建立在行业水平数据完整性之上，而且需要企业对客户的偏好和未来规划进行深入的理解。这一层次的完整性可以为客户互动提供最全面、最深入的信息基础。客户完整性往往要求客户提供有关个人偏好的完整信息及其他相关信息，以便使企业为其提供最适合、最准确的产品或服务。

2）差距分析（gaps analysis）

一般而言，不同水平的数据完整性，对企业与客户关系有着不同的影响。这可以通过数据差距（data gap）、推断差距（inference gap）和劝告差距（advice gap）来加以描述，如图 8-9 所示。

（1）数据差距。企业当前实有的客户观念与应有的客户观念之间的差距，通常会降低客户服务有效性。为了更好地为客户提供服务，往往要求企业能够尽快获取客户的历史交易数据。如果企业无法及时地向销售人员提供这些数据，就难以确保客户服务水平不低于客户的期望，从而引起客户的不满，进而导致客户期望价值与企业交付价值之间的差异——低服务水平的传统理念[①]。

（2）推断差距。企业水平的数据完整性与行业水平的数据完整性之间的差距，在很大程度上会阻碍客户互动水平的提高。企业试图利用对客户历史行为的推断来实现客户互动管

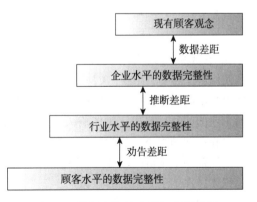

图 8-9　数据完整性水平与差距分析

资料来源：WATSON R T, PICCOLI G, BROHMAN M K, et al. Customer-managed interactions: a new paradigm for firm-customer relationships[J]. MIS quarterly executive, 2005, 4(2): 319–327.

---

① PARASURAMAN A, ZEITHAML V A, BERRY L L. A conceptual model of service quality and its implications for future research[J]. Journal of marketing, 1985, 49(4): 41-50.

理，看似一种客户观念的体现，但其实不然。通常，在行业水平上，通过企业的客户互动所获取的信息其实并不完整，这种不完整的客户信息可能使企业对客户需求、期望以及潜在价值的认知产生消极影响。

（3）劝告差距。行业水平的数据完整性和客户水平的数据完整性之间的差距构成了劝告差距。这种差距限制了企业为客户提供适当忠告的能力。由于企业只知道客户的历史行为而不了解客户的当前和未来的需求，通常无法向客户提供有价值的信息。但与此相反，客户往往希望企业能够展望未来，恰恰信息系统的内部结构却不能提供展望未来所需的完整信息。因此，为了达到双赢的目的，客户必须参与到这一过程中来，自愿给企业提供信息，以便使企业能够向客户提供更加正确的建议和咨询信息。

2. CMI 的优势

在理论上，往往可以把企业与客户之间的关系划分为几个连续的阶段：需求、获取、拥有和终结，即所谓的客户服务生命周期模型（customer service life cycle, CSLC）[1]。在不同的关系阶段，企业可以使用信息技术对客户互动与关系进行优化。但随着互联网和计算机技术的发展，客户的信息访问能力和信息主动权的水平都不断提高[2]，从而为 CMI 的诞生创造了条件。进一步讲，CMI 观念的强化，离不开两种核心理念：①在如上所述的 CSLC 模型的每个阶段，客户都挽留了自己对互动的控制权。其中，这种控制权包括对是否进行互动、互动的时间、互动的方式以及对互动所产生信息的控制。②由于在交易数据产生的过程中自行挽留了控制权，客户便能够收集到与每个行业中不同企业进行互动的信息。因此，CMI 观念就可以在很大程度上缩小推断差距和劝告差距。由此可以看出，在既定的行业中，只有客户才能够勾勒出有关其历史行为和未来偏好的完整画面。显然，在以企业为中心的客户互动情况下，这种客户观念的数据完整性是不可能实现的。

3. CMI 的流程

在最简单的 CMI 中，基本流程主要包括客户与企业之间的一系列彼此分离的销售和服务互动。CMI 记录这些互动，并以一种标准的形式把数据传递给客户，并储存起来以备将来使用。图 8-10 描绘了 CMI 的一般流程，即客户从数据库中的历史记录和当前状况中提炼出自己的需求方向，然后把具体的需求文件发送给不同的企业以寻求企业的建议，在收到企业的回复后再决定具体购买什么和向谁购买。

在有些情况下，客户可能会试图与企业进行谈判，以便获得折扣或优惠价格。例如，一位经常乘坐飞机的旅客[3]，可能会在一段时间内与许多航空公司进行互动。随着客户数据的积累，在达到某个临界点以后，客户觉得自己的数据储备已经达到了航空公司判定有价值客户的标准，可能会给不同航空公司发送一份关于自己旅行历史的数据记录，并促使航空公司通过"投标"来赢得业务。航空公司在接到数据记录以后，开始进行分析处理，并

---

① PICCOLI G, SPALDING B R, IVES B. The customer service life cycle: a framework for improving customer service through information technology[J]. Cornell hotel and restaurant administration quarterly, 2001, 42(3): 38-45.

② PITT L F. The internet and the birth of real consumer power[J]. Business horizons, 2002, 45(4): 7-14.

③ 需要注意的是，CMI 所提供的价格并非总是最低价格。在许多情况下，由于客户的需求及其独特性，客户很可能愿意向能够满足其特殊需求的企业支付溢价。

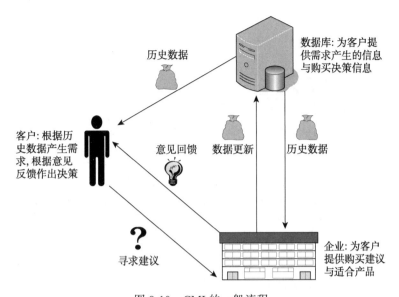

图 8-10　CMI 的一般流程
资料来源：王永贵. 客户关系管理[M]. 北京：高等教育出版社，2018.

尽快为该客户量身定做基于客户未来旅行情况的折扣方案。然后，客户浏览所有回馈并作出恰当的决策。上述流程就是典型的请求建议书（request for proposal，RFP），它已经在复杂性较高的产品和大单项目中得到了广泛的应用。无疑，RFP 为 CMI 提供了更加美好的前景。但鉴于 RFP 的成本较高，大部分 RFP 应用仍旧集中在高成本项目和复杂产品的交易之中。RFP 之所以成本较高，是因为在此过程中要根据需求收集、管理和传播相关的信息。相信在不久的将来，随着计算机和网络技术的普及和发展，相关的交易成本也会随之降低。这样，RFP 就可以应用到更广阔的产品和服务交易领域之中。由此不难看出 CMI 未来的应用价值。

4. CMI 的技术层面

虽然 CMI 有助于提升企业与客户互动的有效性，但 CMI 的设计不可避免地涉及一些技术层面的问题，并主要体现在 CMI 系统的结构设计与系统开发上。下面就以把互动媒介作为基础架构的 CMI 方式为例加以阐述。

在这种方式中，客户使用请求和回应模型来控制互动的方式、互动的内容以及互动的时间安排。如图 8-11 所示，首先是客户提出服务需求，并通过特定的媒介传达给相关的企业。例如，客户把自己所拥有的 CD 清单通过媒介发送给供应商，向供应商寻求购买建议。在接到请求之后，供应商会对客户的清单进行分析，并在此基础上给出定制化的建议。

在这个过程中，媒介一般扮演着以下两种关键角色。首先，保持与销售商的联系。这样，客户就能够确信市场机制仍在发挥作用，而且供应商之间也可以围绕建议的优劣和价格的高低展开竞争。其次，排除客户数据与客户隐私之间的联系。在许多情况下，如果客户需要服务，他们需要向供应商提供自己的信息，其中可能还会包括一些隐私。但媒介的出现，却可以在一定程度上保护客户的隐私。在把信息转发给供应商之前，由媒介负责把

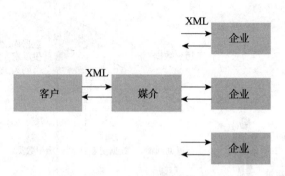

图 8-11　CMI 的请求和回应模型

注：XML，即可扩充的标记语言，是定义数据交换标准的一种计算机语言

资料来源：WATSON R T, PICCOLI G, BROHMAN M K, et al. Customer-managed interactions:

a new paradigm for firm-customer relationships[J]. MIS quarterly executive, 2005, 4(2): 319–327.

其中的客户身份认证信息"剥离"出来，从而很好地保护了客户的隐私。在接到供应商的回应时，只有媒介才能把相关的回应转发给特定的客户。只要有媒介在其中充当调解人的角色，客户的隐私就不会受到侵犯。同时，媒介的存在还为企业服务增加了新的内涵。

8.3.2　个性化的客户互动

随着信息技术的发展，现代的客户互动方式变得更加丰富，以至于许多企业都不得不在众多的互动方式中寻求最适合特定客户的互动方式或几种方式的组合，以便优化整合客户互动渠道，从而产生了个性化的客户互动。个性化的客户互动就是整合深邃的客户理解力和营销执行力，以便为客户提供相关的产品和信息，提高客户的忠诚度。其中，这种个性化是企业成功的关键。例如，个性化可以通过优化企业与客户的网上对话来实现，并对企业交叉销售和升级销售能力的增强产生重要影响。可以说，与客户的每次互动，都是挽留客户、促进销售或失去客户的互动。虽然存在多种可供企业选择的互动渠道，但无论通过何种渠道，企业都必须要理解客户的需求和偏好。只有这样，才能与客户更有效地进行互动——个性化的客户互动，而且这种有效的个性化互动技术是以跨渠道的客户数据为基础的。从消费者的角度看，他们往往愿意为企业提供个人信息以便换取更具有附加值的关系或服务。在当今的数字化经济时代，如果企业能够充分利用大数据、人工智能和机器学习等信息技术来直接或间接地收集客户信息，那么客户与企业之间的关系必将得到巩固，更富有价值。通过优化面向特定客户的互动，企业可以与客户进行个性化和及时的交流与对话。

在大数据和云技术盛行的互联网时代，人工智能技术已被越来越多的企业广泛地应用于个性化互动领域。凭借这项技术，营销人员可以部署更有效的实时和长期的客户体验策略，从而增加营销收益、提升客户忠诚度。例如，智能广告定向就是运用人工智能为驱动，改变客户体验方式的重要典型。例如，宝洁公司致力于打造一个程序化平台，通过这个平台来了解客户群体，并作出如下分析：这些群体是不是我们需要的客户？向他们推广什么样的品牌?付多少广告费?在很短的时间内，宝洁公司便能够获取实时、精确的结论。这与之前的客户互动方式相比，是一种更加与时俱进、兼具成本效益的方式。

由此我们不难看出，新技术的使用可以让营销人员在与客户进行个性化的互动时变得更加灵活、更富有柔性、更具有效率；利用线上和线下的、已知的或匿名的客户数据，并根据客户的个性与消费模式等进行定制，实现完美的整合互动。成功的个性化互动技术有助于确保企业准确地提供客户真正想要的东西。企业的产品或服务越是符合客户的需求与偏好，客户对企业也就越是满意，企业所获的投资回报率和客户忠诚程度也就越高。

1. 个性化互动的驱动因素

个性化互动的驱动因素强调的是信息技术作为客户互动个性化的主要驱动要素，带来营销环境、营销方式、营销观念、管理方式和企业价值认知的改变，这种联动效应的最终落脚点在于个性化互动的有效性。有效客户互动的关键因素是员工的有效性和流程的有效性，把信息技术与员工的有效性和流程的有效性进行高度关联，将更加有助于实现经济、高效的个性化互动，提高企业准确把握客户的需求与偏好的能力，最终将大大提高企业的销售增长率。

2. 个性化互动的障碍和挑战

首先是技术层面。个性化互动在技术上主要依赖大数据和个性算法，而大数据本身具有多样性、复杂性和价值密度低的特点，加之信息过载引起的数据稀疏以及个性化互动对时效性的要求形成了大数据技术上的天然禁锢；个性化算法一般都存在固有的缺陷和漏洞，具有很强的易攻击性、预设性，容易产生算法偏差，加上政策法规的滞后或缺位引起的算法结果得不到有效约束，数据安全便成了个性化互动在技术层面上一大局限，其中个性化推荐就是一个典型的例子[①]。例如，今日头条创立于 2012 年，致力于为用户提供个性化、社会化的移动资讯平台，基于数据挖掘，为用户推荐有价值的、个性化的信息，提供连接人与信息的新型服务，很快在中国手机新闻客户端活跃用户分布榜单中占据一席之地，并高居用户满意度榜单榜首。然而，自 2017 年以来，今日头条因成为低俗内容重灾区而三度遭到约谈，这无疑揭示了个性化推荐在个性化互动中暴露出的潜在问题。

其次是客户层面。客户是个性化互动关系中最重要的主体，其个人偏好的专属性、复杂性和多变性揭示了个性化互动中企业的被动地位，根据企业通过算法获取的历史数据很难捕捉到客户准确实时的兴趣爱好，这在很大程度上降低了客户的体验。企业为了加深对客户的理解，就必须对客户的习惯和实时需求给予足够的战略关注。在此过程中，企业很可能会侵犯客户的隐私，而且企业也要为客户个人信息的收集而付出相应的成本，这构成了个性化互动的主要障碍。

8.3.3 客户互动中心

对企业信息系统进行评价的标准，是这一信息系统能否为企业创造价值和创造多少价值。现在的客户联系中心又有了新的发展方向，而且这种发展深深地影响了企业与客户之间的互动方式，越来越多的企业需要寻找整合客户战略和优化关系价值的有效途径。实际上，原有的客户联系中心（Customer Contact Center）只不过是客户互动中心（Customer

---

① 石易，周神保. 个性化推荐算法的安全风险[J]. 中国电信业，2019，221（5）：70-73.

Interaction Center，CIC）发展的一个初级阶段。只有客户互动中心，才能真正为企业实现实时的、全面的客户互动管理奠定技术基础。而且，客户互动中心的理念可以帮助企业改进原有的客户联系中心，使客户与企业之间的互动更富有效率。一般而言，客户互动中心都是从客户战略开始的，它整合了从特定的客户细分中获取收入和利润的业务流程，从而为企业带来了持久的竞争优势。

1. 客户互动中心的技术组成

客户互动中心是各种互动智能工具集成在一起而形成的交流应用软件套装。客户互动中心的建立可以提升客户接触中心或联系中心的绩效。对于客户导向的企业而言，更是如此。在技术层面上，CIC 主要包含 TDM（technical document management，技术文档管理）和 SIP①（session initiation protocol）协议支持的、以 IP 为基础的数据交换。而且，所有基于 IP 的互动中心软件都使用 Intel®主机媒体处理②（host media processing，HMP）软件产品。同时，CIC 还包括以下技术要素：桌面呼叫软件（能够进行完全的呼叫控制）、基于技术的路由和多媒体排队与路由（可以自动分配呼叫）、带有选择性语音识别的 IVR（interactive voice response，互动语音应答）、传真服务器、屏幕弹出功能（screen-pop）③、网页聊天与呼叫回应、统一信息④以及呼叫管理与记录等功能。图 8-12 描绘了 CIC 的典型技术构成。

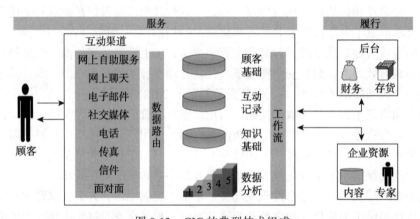

图 8-12　CIC 的典型技术组成

资料来源：改编自 MIKOL T. Progress toward a customer interaction center[R].
Telemarketing & Call Center Solutions, 1997: 10.

2. 客户互动中心的演进

在过去十几年里，企业的客户互动发生了巨大的变化。在许多方面，呼叫中心都不能

---

① SIP 是基于 IP 的一个应用层控制协议，是基于纯文本的信令协议，可以管理不同接入网络上的会晤等。

② 主机媒体处理软件是 Intel 通信技术的一种，可以在基于 Intel 构架之上的普通服务器上进行媒体处理任务，而无须专门的硬件支持。使用该软件提供的媒体服务，可以构建灵活的、可扩充的、低成本的下一代 IP 媒体服务器。

③ 借助屏幕弹出的功能，客服代表可以在接听来电时很快得到客户的相关数据，包括客户的基本档案、过去的来电记录以及其他相关商业记录。

④ 统一信息为电子邮件、语音邮件和传真通信提供不同的存取访问入口，统一信息服务允许用户能够通过电话或者网站途径来接收信息。

满足企业的互动需求。传统的呼叫中心，扭曲了客户的价值并且只关注企业内部的方方面面。结果，随着环境的变化和技术的发展，许多驱动因素都促使传统的互动中心发生转变，如互动量的增加、互动渠道的进化和日益提高的客户期望等。其中，每种驱动因素都驱动了客户互动的转变及互动需求的提高。通过采纳新的技术，客户互动的技术层面也发生了一系列变化，如图 8-13 所示。

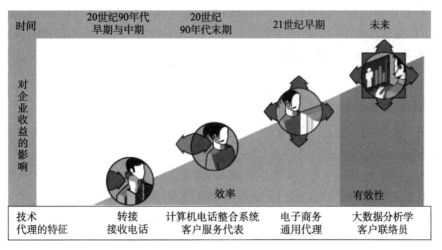

图 8-13　客户互动中心的演进
资料来源：王永贵. 客户关系管理[M]. 北京：高等教育出版社，2018.

在 20 世纪 90 年代早期和中期，入站呼叫中心应用电话交换技术和定向呼叫管理，有效地对呼叫和服务请求进行管理。20 世纪 90 年代末期，呼叫中心更加强调客户护理，更加强调利用计算机电话整合系统更快地认证呼叫者的身份，并以最大化客户服务代理的生产率为目标。在最近几年，随着网络相关技术的采用和服务代理向通用代理的转化，客户服务中心开始向多渠道的联系中心演进。现在，客户联系中心必须与企业的客户战略有机地整合在一起，并随着时间的推移而努力优化企业与单个客户的关系。可以说，客户联系中心实际上已经成为客户互动的枢纽，可以跨渠道提供有关每个客户的、综合的实时信息，从而为客户联系中心的工作人员根据特定的情境和客户特征进行个性化的互动成为可能。面向未来，客户互动中心越来越需要充分重视和利用大数据分析技术，主动精准地预测客户需求及行为模式，扮演着为客户利益代言的客户联络员角色。

8.4　客户抱怨处理与服务补救

对于企业或者对于任何事情来说，完美无缺的状态往往是不可能达到的。在客户互动过程中，服务失误也不可避免。因此，如何看待服务失误，往往是对服务提供者服务导向的真正考验。作为客户互动管理中的重要内容，对服务失误和客户抱怨进行恰当的处理，就成为企业提高服务质量的契机，而且也构成了客户互动管理的一大挑战。

8.4.1　客户抱怨处理

1. 客户抱怨的内涵

客户抱怨是一个复杂的行为和心理过程，涉及原因、动机和行为多个方式等不同角度。首先客户抱怨是由不满的感觉和情绪所驱动的；其次客户抱怨可以分为行为反应和非行为反应；最后客户抱怨中的各种行为可能同时发生，这些行为方式之间并不是彼此对立的。因此，根据辛格（Singh）给出的定义①，客户抱怨是指客户由于在购买或消费商品（或服务）时感到不满意，受到不满驱使而采取的一系列（不一定是单一的）行为或非行为反应。

2. 客户抱怨的原因

引发客户抱怨的原因是多种多样的，最主要的原因来源于客户的不满。客户期望、产品和服务的质量和服务人员的态度或行为是影响客户满意的三大主要因素。其中，客户期望在客户对企业的产品和服务的判断中起着关键性作用，客户把自己所要的或所期望的东西与他们正在购买或消费的东西进行对比，以此评价购买的价值。

1）客户期望

根据伍德拉夫、卡多特和詹金斯（Woodruff，Cadotte and Jenkins）的定义②，客户期望是指客户根据自己消费过的最佳或者平均水平的同类产品或服务，也可以根据自己与某个企业间过往消费经历，对自己未来消费的产品或服务的绩效进行判断与预测。通过将消费前的期望与消费后的感知绩效相比较得出前后之间的差异，这种差异的方向和大小决定了不同程度的客户满意与不满意③。虽然当客户的期望值越高时，购买产品的可能性越高，但是客户过高期望值，也增加消费后与感知绩效之间加大差异的风险，从而降低客户的满意度。相反地，当消费前客户的期望值较低时，消费后客户的满意度可能会有所提高。因此，企业应该适度地管理客户的期望。当期望管理失误时，就容易导致客户产生抱怨。其中，客户期望管理的失误主要体现在以下两个方面：①"海口"承诺与过度销售。例如，有的网上商店承诺包退包换，但是一旦客户提出时，总是找理由拒绝。②隐匿信息。例如，在广告中过分地宣传产品的某些性能，故意忽略一些关键的信息，转移客户的注意力。这样的管理失误往往导致客户在消费过程中产生失望的感觉，从而产生抱怨。

2）产品或服务质量问题

简单来看，产品或服务质量问题主要表现在：①产品本身存在问题，质量没有达到规定的标准；②产品包装存在问题，并导致产品损坏；③产品存在小的瑕疵；④客户没有按照操作说明进行操作而导致故障。

---

① SINGH J. Consumer complaint intentions and behavior: definitional and taxonomical issues[J]. Journal of marketing, 1988, 52(1): 93-107.

② WOODRUFF R, CADOTTE E, JENKINS R. Modeling consumer satisfaction processes using experience-based norms[J]. Journal of marketing research, 1983, 20(3): 296-304.

③ OLIVER R L. A conceptual model of service quality and service satisfaction: comparative goals, different concepts[J]. Advances in services marketing and management, 1993(2): 65-86.

3）服务人员的态度或行为

企业通过服务人员为客户提供产品或服务，服务人员缺乏正确的推荐技巧和工作态度都有可能导致客户的不满，并产生抱怨。这主要表现在：①企业服务人员的服务态度差、不尊敬客户、缺乏礼貌、语言不当、用词不准、引起客户误解等；②缺乏正确的推销方式，缺乏耐心，对客户的提问或要求表示烦躁，不情愿，不够主动，对客户爱理不理，独自忙乎自己的事情，言语冷淡，似乎有意把客户赶走等；③缺乏专业知识，无法回答客户的提问或是答非所问；④过度推销，过分夸大产品与服务的好处，引诱客户购买，或有意设立圈套让客户中计，强迫客户购买等。

3. 树立对客户抱怨的正确认识

过去，在面临客户抱怨时，企业往往认为是他们在找麻烦，从而只认识到客户抱怨给企业带来的负面影响。实际上，这种观念是有失偏颇的。从某种角度来看，客户抱怨实际上是企业改进工作和提升客户满意的机会。对客户的不满与抱怨，企业应该作出积极有效的回应。例如，无数企业的实践表明，对服务、产品或者沟通等原因所带来的失误进行及时补救，不仅能够提高企业美誉度，而且可以提高客户满意度和维持客户忠诚度。

1）提高企业美誉度

客户抱怨发生以后，尤其是公开的抱怨行为，企业的知名度可能会大大提高，企业社会影响的广度与深度也都有着不同程度的扩展。但不同的处理方式，往往会对企业形象和美誉度产生重要影响。在积极的引导下，企业的美誉度往往会经过一段时间的下降之后迅速提高，有的甚至直线上升；相反地，企业一味地回避，采取听之任之、予以隐瞒或不与公众合作的消极态度，会对企业形象和美誉度造成重大的负面影响。

2）提高客户忠诚度

依据"服务补救悖论"（service recovery paradox）可知，成功的客户抱怨处理，可能会使得客户比没有遭遇服务失败客户的满意度和忠诚度更高。因此，由于服务失败是在所难免的，客户抱怨随时都可能会发生，企业应该积极应对和处理。在企业的经营实践中，如果一直没有客户抱怨，可能预示企业存在某些潜在问题。

哈佛大学李维特教授曾说过这样一句话："与客户之间的关系走下坡路的一个信号，就是客户不再抱怨了。"美国的一家消费者调查公司TRAP公司曾进行过一次"美国消费者的抱怨处理"调查，探讨了客户抱怨与重新购买及品牌忠诚等变量之间的关系。一般而言，从客户抱怨处理的结果来看，客户抱怨可能给企业带来的利益是：客户对企业抱怨处理的结果感到满意，从而继续购买企业的产品或服务，即因为客户忠诚的提高而使企业获得利益。例如，根据TRAP公司的调查结果，在可能损失1~5美元的低额购买中，提出抱怨并对企业处理感到满意的客户，重复购买的比例高达70%。相对而言，那些感到不满却没有采取任何行动的客户，其重复购买的比例只有36.8%。而在可能损失100美元以上时，提出抱怨并对企业处理感到满意的客户，其重复购买比例约为54.3%，而那些感到不满却没有采取任何行动的客户，其重复购买比例只有9.5%。由此可见，对客户抱怨的有效处理有助于提高客户的忠诚度，从而保护乃至增加企业的收益。同时，通过上述案例可以看出，企业想要减少客户不满，就必须妥善地处理客户抱怨。此外，其他研究表明：一个客户的抱怨往往代表着另外 25 个没说出口的客户心声。对于这 25 位客户而言，他们认为与其抱怨，还不如出走（转换企业）或减少与该企业的交易数量。这一数字进一步表明正确妥善地处理客户抱怨的必要性和重要性。

3）客户抱怨是企业的"治病良药"

企业的经营成功往往也离不开客户抱怨。从表面上看，虽然客户抱怨可能会使企业员工觉得"难堪"，但实际上却可以给企业的经营服务敲响警钟，如工作中某些地方存在隐患问题等，而消除隐患往往能够赢得更多的客户。同时，有些忠诚的客户可能会有"不打不成交"的经历，他们不仅是企业的客户，而且是企业的亲密朋友。善意的监视、批评或表扬，往往表现出他们特别关注和关心企业的发展。从这个角度来看，客户抱怨能够给企业的发展带来促进作用。

如果企业转换角度来思考，真正地把客户抱怨当作对企业有益的事情，那么企业能够更加充分地利用客户抱怨所传达的信息，实现产品或服务持续的改进或创新。对企业而言，有关客户不满的信息十分容易获取，但是通常并未受到企业的重视，客户不满在实践中未得到充分的利用。客户抱怨是企业不断改善的基础，企业必须真诚地接纳客户的抱怨，并且为客户抱怨提供便捷的途径。

4. 客户抱怨的处理

既然客户抱怨不可避免，而且客户抱怨可以给企业带来收益，那么企业就应该有效地处理客户的抱怨。图 8-14 描绘了客户抱怨的流程，它为企业有效地处理客户抱怨提供了思路。一般而言，企业在处理客户抱怨时应该坚持以下原则。

图 8-14　客户抱怨的流程

资料来源：王永贵. 客户关系管理[M]. 北京：高等教育出版社，2018.

1）重视客户抱怨

有抱怨和不满的客户，实际上是对企业有期望的客户。因此，企业应该对客户的抱怨行为给予肯定、鼓励和感谢，并尽可能地满足客户的要求。为此，在客户投诉或抱怨时，不要忽略任何一个问题，因为每个问题都可能有一些深层次的原因。客户抱怨不仅可以增进供应商与客户之间的沟通，而且可以诊断供应商在内部经营与管理中可能存在的问题。有鉴于此，为了强化对客户抱怨的重视和激励员工正确认识和有效处理客户抱怨，有的企业甚至强调客户永远是对的。

2）分析客户抱怨的原因

在面对客户抱怨的时候，服务人员必须保持平常心态，避免产生情绪或冲动，并对客户抱怨的原因进行分析。为此，就必须要求服务人员站在客户的立场思考问题，"假设自己遭遇客户的情形，将会怎么做呢？"只有这样，才能体会客户的真正感受，找到有效的方法来解决问题。作为一个至关重要的前提，还必须努力做个忠实的倾听者，喋喋不休地解释只会使客户的情绪更差。面对客户的抱怨，企业员工必须掌握聆听的技巧，从客户的抱怨中找出客户抱怨的真正原因及其期望的结果。例如，一个客户在某商场购物，对于他所购买的产品基本满意，但他发现了一个小问题，提出来更换，但售货员不太礼貌地拒绝了他，这时他开始抱怨，投诉产品质量。而实质上，在他的抱怨中，更多的是售货员的服务态度问题，而不是产品质量问题。

3）正确及时地解决问题

企业必须对客户的抱怨正确及时地加以处理。拖延时间，只会使客户的抱怨变得越来越强烈，让客户觉得自己没有得到足够的重视。例如，有个客户抱怨产品质量不好，供应商通过调查研究发现，主要原因是该客户使用不当。在这种情况下，该供应商及时地通知客户维修产品，并告诉客户正确的使用方法，而不能简单地认为与自己无关，不予理睬。如果经过调查发现"产品确实存在问题"，就应该给予赔偿或更换，并尽快告诉客户处理的结果。

4）记录客户抱怨与解决的情况

对于客户的抱怨与解决情况，企业应该做好记录，并定期进行总结。对于在处理客户抱怨中发现的问题，如果是产品质量问题，应该及时通知生产单位；如果是服务态度与技巧问题，应该向管理部门提出并加强对相关人员的教育与培训。

5）追踪调查客户对于抱怨处理的反映

在处理完客户的抱怨以后，企业还应该积极地与客户进行沟通，了解客户对企业处理客户抱怨的态度和看法，以便提升客户对企业的忠诚度。

6）用变革管理的方式来处理客户抱怨

常言道："好事不出门，坏事传千里。"在网络与通信日趋成熟的今天，信息传播的速度，又何止是一日千里可以比拟的。因此，企业对于客户抱怨，更得谨慎小心应对。在管理方法上，企业必须设法实施"形象变革"，以便扭转企业在客户心目中既有的"恶劣"形象。这一过程主要包括三个步骤。

一是解冻阶段，即"先处理心情，再处理事情"。客户抱怨处理的第一阶段，着眼点在于满足客户"感性"的情绪需求。此时，由于客户的情绪正处激动状态，应着重于如何"感性地"化解双方的紧张关系，以安抚客户的不满情绪。在实践中，以下措施往往十分奏效：①让客户远离"抱怨源"。不论客户抱怨的是企业的有形产品还是服务人员，都应让其暂时离开与回避。②倾听与记录。除了让客户充分地宣泄心中的不满外，还可从中撷取消费者的重要信息，作为改善的依据。③向客户致歉。在是非未有公断之前，企业必须对客户在购买或消费过程中的不悦而道歉。

二是改变阶段，即理性地处理问题，针对所提供产品或服务的瑕疵，提供令客户满意的处理方案。在这一阶段，可供企业选择的方案包括：①为客户更换商品或服务，或提供免费的维修；②适当地补偿客户的精神或财务损失；③改进产生客户抱怨的产品或服务，并记录事件发生时的翔实情况，商讨出解决方案，避免重蹈覆辙。

三是再冻结阶段，即从改变阶段的"理性面"回复到"感性面"。在这一阶段，企业可以从事的活动包括：①诚挚地以口头或书面的方式感谢客户所提出的意见；②准备贴心的小礼品或购物优惠等，以感谢客户所提出的宝贵建议，让客户抱怨的处理在客户的意外惊喜中画下完美的句号。此外，企业还应该培训专业的客户抱怨应对小组，以便应对随时可能发生的客户抱怨。通过上述变革管理的基本流程，相信可以弥补大部分客户关系的裂痕，恢复良好的关系，甚至建立恒久的客户忠诚。

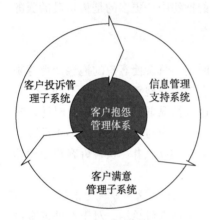

图 8-15　企业客户抱怨管理体系
资料来源：王永贵. 客户关系管理[M].
北京：高等教育出版社，2018.

5. 建立客户抱怨管理体系

客户抱怨管理是一项复杂的系统工程，必须建立客户抱怨管理体系。根据客户抱怨反映的类型，可以将其分为投诉和非投诉两种。以此为基础，如图 8-15 所示，企业客户抱怨管理体系主要包括客户投诉管理子系统、客户满意管理子系统和信息管理支持系统。

1）客户投诉管理子系统

客户投诉的处理是客户投诉管理子系统的核心，主要包括接受客户投诉，然后在企业内部不同部门合作进行分析和处理，最后给客户反馈以使其不满得到平息，以及索赔等多个环节。要使客户投诉得到及时满意的处理，就必须制定一个合理的投诉处理流程，使涉及的跨部门的人员都清楚自己在流程中所处的位置和职责。投诉处理流程可以划分为这样几个阶段：投诉的受理、传递—投诉分析—制定对策—对客户反馈—向相关方索赔。这里一个重要的环节，就是要确定受理部门和人员。为了保证客户的投诉在进入企业时有规范的界面和路径，同时也为了方便客户并得到有效的处理，企业必须确定专门的部门和专职人员来受理客户投诉。

2）客户满意管理子系统

客户投诉反映了客户的不满，企业应该予以重视并加以处理，以达到消除客户不满和了解客户真正需求的目的。但客户抱怨管理仅限于此是永远不够的，因为许多不满意的客户不一定会投诉。根据美国有关专家的统计，在 100 个不满意的用户中可能只有 4 个左右会进行投诉，而其他 96 个不满意的用户则由于怕麻烦或不知道投诉渠道等原因而没有进行投诉。不过，这些不满意的客户虽然没有投诉，但不满意依然存在，采取的态度就是下次不再购买该品牌的产品，而去购买竞争对手的产品，有的还会把个人不满告诉给其他消费者，使企业形象受到损害。因此，企业有必要对未投诉的客户进行调查，通过客户满意研究来全面认识客户的不满和需求，从而使企业的改进更加有效。为此，企业应该建立以非投诉型客户抱怨的调查方案为主要内容的客户满意管理子系统，确立调查方法，设计调查方案并加以实施。

3）信息管理支持系统

通过客户投诉管理和客户满意管理，企业可以获得大量的有关客户抱怨和客户满意状况的信息。对这些信息进行整理、分析和利用，是一项至关重要的工作。实际上，只有通过信息的综合管理，才能真正针对企业的不足，寻找改进的机会，增强企业的竞争力。因此，建立客户抱怨管理的信息管理支持系统，是十分重要的。客户抱怨管理的信息管理支持系统，应针对前面两个子系统所获取的不同信息类型，采取不同的统计分析方法和处理程序。客户抱怨投诉的信息可以直接用于指导企业具体工作的改进，而客户满意的信息在经过统计分析之后也可以对企业的管理决策和发展方向提供指导和参考意见。

通过如上所述的客户抱怨管理体系，企业可以更加充分地了解客户的不满，对投诉进行及时处理，对非投诉型抱怨进行认真分析，最终使客户完全满意。

8.4.2 服务补救

1. 服务补救概念的演变

服务补救既是企业的一种行为，同时又是市场营销学研究的焦点，其概念随着时间的推移逐渐被赋予新的内涵。早在 20 世纪 70 年代，服务补救只是涉及具体事故的处理，或者是从自然灾害中得以恢复。进入 20 世纪 80 年代中期，芬兰学者格罗鲁斯首次提出服务补救的定义，将服务补救定义为服务提供者在服务失误发生后所采取的反应和行动，也称为"对顾客抱怨的处理"[①]。自此，服务补救不仅指处理那些具体的服务问题，也强调补救所带来的长期利润，如提升客户的忠诚度、赢得好的口碑、刺激客户重新购买等。1990 年，哈特（Hart）等学者发表了一篇题为"服务补救的利润艺术"的文章，认为服务失误在所难免，企业虽然不能避免所有失误，但却可以尽力补救，让不满意的客户成为忠诚的客户[②]。从此，服务补救开始备受关注，并在市场竞争中扮演着战略性角色。类似地，布朗（Brown）等人指出，服务补救不仅易于快速提升客户满意度，而且在改进未来的服务设计与服务交付中发挥着主要作用[③]。同时，布朗等人还提出了"内部服务补救"的概念。他们认为，内部服务补救注重在客户抱怨和补救过程中员工所产生的失落、缺乏信心等感受，并对其进行补救，以使员工增加对工作的满意度，有更高的工作热情，并进一步把服务补救分为内部服务补救和外部服务补救。

2. 服务补救概念的界定

迄今为止，学者们从不同角度对服务补救进行了界定。例如，从客户期望的角度来看，如果客户接受的服务恰好与其期望相匹配，那么客户就会满意，否则将不会满意。无疑，客户都希望服务供应商能够尽全力满足自己的需要，并在出现过失时能够及时地进行矫正，

① GRONROOS C. New competition in the service economy: the five rules of service international[J]. Journal of operations and production management, 1988, 8(3): 9-19.

② HART C W, HESKETT J L, SASSER W E. The profitable art of service recovery[J]. Harvard business review, 1990, 68(4): 148-156.

③ BROWN S W, COWLES D L, TUTEN T L. Service recovery: its value and limitations as a retail strategy[J]. International journal of service industry management, 1996, 7(5): 32-46.

这就是"服务补救"①。本质上讲，"补救"就是"返回到正常状态""重新使其完好"。而服务补救是一种积极的管理，它追求的是服务通常所能达到的正常水平。从公平理论的角度来看，期望差距与公平是完全不同的两个概念，它们都是客户满意的驱动因素②。从归因理论角度进行分析，有学者指出服务补救是在内部原因前提下对服务过失负责，并采取行动将类似的失误再次发生的可能性降到最小的行为③。

服务补救有狭义和广义之分。其中，狭义的服务补救是指服务的提供者对服务过失采取的行动。这个意义上的服务补救，强调的是对具体问题与过失实施行动的过程，其与抱怨处理最大的不同在于，前者是一项全过程的、全员性质的管理工作。广义的服务补救是指由全体成员共同参与的，对服务系统中可能出现的或已出现的过失进行矫正，并对客户进行补偿，以维持长远的客户关系和不断完善服务系统为目的的一系列活动的总和。在这里，强调了服务补救的主体不单是一线员工或单个管理者，而是全体成员。之所以如此，主要包括以下几个方面的原因：①服务过失的防范和处理是整个企业管理的系统工作，它的出现和客户抱怨为洞察组织运作失败的深层次原因提供了实践依据；②服务补救的对象既包括对已发生的服务过失进行补救，也包括对可能发生的过失进行预警，其与企业的全面质量管理（total quality management，TQM）和持续质量改进（continuous quality improvement，CQI）有着重要的联系；③服务补救的目的既要让客户满意，也要让员工感到满意，其原因在于提高员工的满意度和忠诚度对服务补救的结果和提高客户的满意度发挥着重要作用。例如，泰克斯等人指出，企业的利润主要来自客户的忠诚，而这种忠诚则源于客户对服务系统的满意度；而客户的这种满意度正是由满意的、忠实的、高效的员工所创造④。至于服务的目的，主要有两个：一个是维持与客户的长久关系，另一个则是不断完善服务系统。因为客户满意能够带来客户忠诚、重复购买和积极的口碑。但这类目标忽视了一点，即服务系统自身的不断完善。因此，维持客户关系需要有不断完善的高质量服务系统作为支撑。这不仅能够提高服务补救的质量，而且可以更好地预防服务过失的发生。

3. 服务补救的原则

一般而言，企业实施服务补救时应当遵循以下几项基本原则。

1）预防性原则

服务补救重在预防，化解客户抱怨的最佳时机是在事前，要坚持"预防为主，补救为辅"的原则。

2）及时性原则

服务补救重在效率，关键是快速反应。一旦发生服务失败，企业做出的反应越快，服务补救的效果可能越佳。

---

① BELL C R, ZEMKE R E. Service breakdown: the road to recovery[J]. Management review, 1987, 76(10): 32-35.

② OLIVER R L, SWAN J E. Equity and disconfirmation perceptions as influences on merchant and product satisfaction[J]. The journal of consumer research, 1989, 16(3): 372-383.

③ MAXHAM J G, NETEMEYER R G A Longitudinal study of complaining customers' evaluations of multiple service failures and recovery efforts[J]. Journal of marketing, 2002, 66(4): 57-71.

④ TAX S S, BROWN S W. Recovering and learning from service failure[J]. Sloan management review, 1998, 40(1): 75-88.

3）主动性原则

服务补救在于主动，而主动解决胜过被动回应。企业在充分发挥主动性的同时，还要为客户提供轻松方便的抱怨环境和渠道，以便于及时发现问题。

4）注意精神补救原则

要关心服务失败对客户精神上造成的损害，照顾客户的情绪。

5）客户知情原则

在未发生服务失败时，要明确告知客户自己的权利和义务，让客户清楚在发生服务失败时的救济途径；当发生服务失误后，要及时向客户报送处理流程和进展。

4. 服务补救程序

为了能够达到服务补救的最佳效果，企业应该在坚持上述原则的基础上，确定企业的服务补救流程，全面系统、有条不紊地对服务进行补救。通常，服务补救应该遵循如下流程，如图 8-16 所示。

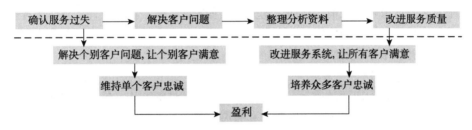

图 8-16　服务补救的一般过程

资料来源：王永贵. 客户关系管理[M]. 北京：高等教育出版社，2018.

1）确认服务过失

要为客户提供优质的补救服务，管理人员首先必须深入了解导致客户不满的原因，发现服务过程中存在的各种问题。确认服务过失，管理人员才能有的放矢，更加精准、有效地展开补救行动。客户不满及抱怨的处理是确认服务过失的重要环节，是发挥企业主动性的重要补充。

2）解决客户问题

对于客户的投诉提供及时、高效的回应，积极着手解决客户的问题，提高客户的满意度，防止抱怨客户的流失，使之成为企业商品或服务的永久购买者，是企业投入在服务补救中的努力获得的最佳回报。

3）整理分析资料

企业应认真收集、整理客户反馈，并将有关资料进行分类、评估，从而有助于企业做好服务补救，提高客户的满意度。导致客户抱怨的原因复杂多样，大致可分为四类：质量问题，服务态度不佳，服务方式不好，对服务设施条件不满意。将客户的抱怨与原因相互对应，有助于提高服务补救的针对性和有效性。

4）改进服务质量

在整理分析资料并找出服务失败原因的基础上，企业必须采取有效措施，持续改进服务质量，提高整体客户的满意度。服务补救致力于解决单个客户的抱怨、维持单个客户的忠诚度，在一定范围内具有直接的效果。但更重要的是，服务补救能否改善整体服务系统、提高服务质量，培养忠诚的客户，实现企业整体的盈利目标。美国哈佛大学的专家在有关服务利润链的研究中，探讨了影响服务利润的变量及其相互关系。他们发现，在有效服务补救的基础上，提高服务质量，可导致较高的客户满意度，进而提升客户忠诚度，最终带来较高的收益增长和利润率。

5. 服务补救的预应机制

有关研究表明，若使客户在无差错服务和高超的服务补救间进行选择，客户还是认为无差错的公司要好一些。与无差错服务所激发的客户满意度相比，出色的服务补救并不是带给了企业一次机遇[①]。任由服务失败的发生，是一种对客户、对企业不负责任的行为，服务补救必须坚持预防在先的原则。下面将从稳健设计（robust design）和内部服务补救（internal service recovery）两个方面来探讨服务失败的有效预防问题。其中，稳健设计是指通过服务设计改进来稳定地消除服务失败的根源，而内部服务补救的目标在于将服务失败消灭于对客户造成损失之前。就前文划分的三种服务失败，稳健设计在预防服务提供系统失败方面发挥更加突出的作用，而在员工不合理言行和客户控制不力的预防方面，主要依靠内部服务补救来予以解决。

1）稳健设计

稳健设计是一种面向产品质量、提高产品性能稳健性的方法。具有稳健性的产品或服务，其质量特性对设计变量（可控因素）和噪声因素（不可控因素）的变差影响不敏感。以预防服务失败为导向的稳健设计，目标是尽可能地消除服务质量差距。服务质量差距可产生于管理层对客户期望的感知过程、将客户期望转化为服务设计的过程、实际提供服务的过程和宣传服务的过程。稳健设计以管理层对客户期望的准确感知为基础，作用于将客户期望转化为服务设计的过程，受实际服务提供和服务宣传过程的影响。在准确把握客户需求期望和顺应于服务实际提供和服务宣传要求的前提下，欲增加服务设计的稳健性以达到预防服务失败的目的，可考虑以下设计思路：①把日常事务和重复步骤自动化；②设备标准化；③流程简化和减少步骤；④快速的信息传递。

2）内部服务补救

内部营销（internal marketing）的概念包括两个最基本的理念：一是组织中的每个人都有客户；二是内部客户在富有效率地为最终客户提供服务之前，必须在工作中得到必要的服务和愉悦[②]。因此，营销工具和理念（如市场细分）可以应用于内部员工。

内部服务补救的对象是心存不满的内部客户，其成功实施应依据一定的原则来进行。一是及时性原则，即一旦服务差错发生，相关人员及部门应及时通知并积极采取补救措施，以免内部客户措手不及或导致外部客户损失的大幅增加。例如，当出现客户邮递物品损坏时，应及时通知前台接待人员，由其及时与客户联系并启动赔偿及二次邮递服务。二是移情性原则，内部员工发生服务失败时，应设身处地地为内部客户着想，考虑他们因此而遭

① MCCOLLOUGH M A, BERRY L L, YADAV M S. An empirical investigation of customer satisfaction after service failure and recovery[J]. Journal of service research, 2000, 3(2): 121-137.

② FISK R P, BROWN S W, BITNER M J. Tracking the evolution of the services marketing literature[J]. Journal of retailing, 1993, 69(1): 61-103.

受的经济损失与社会损失，以及花费大量时间向外部客户解释、道歉及受到外部客户缺乏理性的责骂等。三是协作原则，面对服务失败的发生，内部员工不是礼貌地将其移交给内部客户就万事大吉，还需对内部客户所采取的补救措施予以大力的支持与配合。例如，当需要对服务进行紧急复原时，往往要求内部员工以高度的责任心来保时、保质、保量地完成。

有效开展内部服务补救，及时发现服务差错是问题的关键。首先，失误的员工一般拒绝承认错误，除了习惯将错误归咎于他人及外部因素之外，员工还常常因担心承认错误就会受到处罚而拒绝承认错误。譬如，一个未按客户要求烹饪的厨师会推脱甚至是指责服务生未说清楚、写明白，或者是指责原料准备人员未能做好相关准备工作。其次，令员工坦率地指出组织内其他人的错误，也是一项难度较大的工作，因为多数人为求得一团和气或害怕受到打击而尽量避免与他人直接交锋。最后，后台员工普遍比前台员工职位高和更受重视，也是导致内部服务差错不易被发现的重要因素，因为上级碍于面子不愿承认错误，下级怕受制裁而不敢指出上级的错误。为了有效克服上述服务差错识别障碍，内部补救工作首先需要得到企业最高领导的支持，并将其提升到为客户负责、为企业负责的高度。其次，要为此制订针对性的奖罚措施，对敢于直接指出他人错误或承认自身错误的员工给予奖励，对虚心接受他人批评的员工不追究任何责任，而对隐藏甚至是抵赖自身错误的员工给予严厉处罚。最后，要建立上下贯通的意见反馈制度以补充和监督内部识别机制的正常运行。

对于任何服务组织而言，服务失败不可避免。当服务失败发生后，组织服务补救体系就必须立即做出相应的反应，降低客户的抱怨，并重新挽留客户。但一味地事后反应，效果是有限的，服务补救体系的预应机制就是建立事前预警系统，最大限度地减少服务失败的发生。

6. 服务补救应注意的问题

迄今为止，尚没有服务补救对于提高客户满意度和忠诚度到底具有多大作用的实证性研究。在服务补救研究中，有一些问题必须引起我们的重视。

1）"一次成功"与"二次成功"问题

对于服务企业来说，强调"一次成功"是必要的，但这还远远不够。原因非常简单：服务与实体产品不同。生产与消费的同时性、服务的差异性等决定了服务无法实现高度标准化。从实证性研究角度来看，服务传输过程的失误率远远高于实体产品。所以，在注重"一次成功"的前提下，企业必须关注"二次成功"问题。

2）内部服务补救问题

以前服务补救研究主要局限于对客户的服务补救，而对内部服务补救问题研究得甚少。事实上，随着内部营销理论的兴起，内部服务补救已经成为企业界无法回避的问题。在内部营销过程中，员工感知服务质量对于提高员工满意率和忠诚度起着至关重要的作用。有关的实证研究已经表明，在员工满意、忠诚与客户满意、忠诚之间存在着密切的联系，并将其视为服务利润链上最为重要的一环。因此，企业必须注重内部服务补救与员工满意和忠诚互动关系的研究，以内部服务补救提高员工满意度，并进而提高客户的忠诚度和企业的竞争力。

3）授权问题

虽然以往的相关论著所讲述的都是授权的概念，但事实上，在过去的30多年里，尽管许多管理者都提倡授权，但真正向下属授权的却并不多见。针对这种情况，格罗鲁斯在2000年出版的《服务营销与管理》一书中，提出了所谓"使员工具有解决问题能力"的概念，并将其视作授权取得成功的先决条件。

最后必须明确，服务补救并不总是有效的。在很多情况下，服务产品是无法重新生产的。在很大程度上，服务补救的有效性取决于客户与服务提供者互动关系的类型。如果客户在服务生产过程中的参与程度很高，而且投入的价值很大，那么服务补救只能起到缓解客户不满意情绪的作用，而不会对客户的满意度和忠诚度的提高产生实质影响。例如，当客户投入的是自己的身体或智力因素时，如医疗服务中接受手术的患者，如果出现服务失误，其后果将是无法挽回的。此时，任何形式的服务补救都将是毫无意义的。相反，如果客户投入的是信息或其他，那么服务补救的效果将会远远高于前者，这些都是企业在制定服务补救策略时必须注意的问题。

8.4.3 自助服务补救

1. 自助服务失误的概念[①]

1）自助服务失误的内涵

莫伊特（Meuter）等率先提出自助服务技术（self-service technologies，SST）的定义，指出自助服务技术是在没有服务员工直接参与的状态下通过技术界面经由顾客直接生产的服务生产模式[②]。作者根据技术界面，将自助服务技术分为基于信息亭界面的自助服务技术（如自动取款机、自动售票厅等）、基于电话或其他语音界面的自助服务技术以及基于网络界面的技术服务技术三大类型。目前，有关自助服务失误的学术定义很少。有学者将自助服务失误定义为顾客在使用自助服务科技时，由于自助服务系统所提供的服务没有达到顾客期望而使顾客产生不满的现象。

2）自助服务失误的类型

莫伊特等根据引起顾客不满的原因把自助服务失误分为技术失误、过程失误、界面设计失误以及客户导致的失误四种类型。其中技术失误是指因技术原因引起客户无法达成交易；过程失误是指客户在账目结算或服务过程中传输信息时出现状况；设计失误是指服务或技术的设计问题导致客户在应用时发生问题；客户导致的失误主要是因客户驱动引起的服务失败。另外，巴伦（Baron）等从服务接触的角度把服务失误分为服务传递系统失误、对顾客的需求或请求反应的失误以及员工或顾客的行为引发的失误[③]。

2. 自助服务失误的补救措施

1）传统补救

所谓传统补救方式，顾名思义，就是对自助服务领域采用传统服务的补救方式。泽姆克（Zemke）等人认为线上零售可以通过道歉、承认、倾听、同情、补偿、跟进等传统形式开展服务补救[④]；巴伦等也是以线上零售为对象，提出折扣、纠正、附加的纠正、替换、

---

① 彭艳君. 国外自助服务补救研究述评[J]. 中国流通经济, 2015（2）: 65-71.

② MEUTER M L, OSTROM A L, ROUNDTREE R I, et al. Self-service technologies: understanding customer satisfaction with technology-based service encounters[J]. Journal of marketing, 2000, 64(3): 50-64.

③ BARON S, HARRIS K, ELLIOTT D, et al. Typologies of e-commerce retail failures and recovery strategies[J]. Journal of services marketing, 2005, 19(5): 280-292.

④ ZEMKE R, BACON T R, BELL C R. Knock your socks off service recovery[J]. Amacom Books, 2000.

道歉、退款、商店积分、令人不满的纠正、失误扩大、不作为和线下替换11种补救措施[①]。

2）服务保证

服务保证与传统补救方式都是以企业为主体，普遍运用于传统服务领域。康格里夫和格兰姆勒（Hogreve and Gremle）认为组织作出的传递一定水平的服务来满足消费者的承诺，且当服务失败时给予赔偿，即为服务保证[②]。沃茨（Wirtz）也认为，服务保证对于服务补救作用显著，其通过保证客户的利益来降低客户的抱怨，提高客户的满意度[③]。因此，在自助服务失误时，服务保证有助于实现服务补救。

3）联合补救

联合补救，即客户与企业共同参与的补救。传统补救方式和服务保证都是企业主导下由员工负责执行，而联合补救旨在建立一定的渠道或方式，引入客户对问题服务进行补救。客户可以通过付出一定的努力、时间或其他资源来参与服务补救。

4）其他方式

有学者在感知控制和角色清晰理论的基础上提出通过给消费者创造清晰的角色剧本和提供客户和服务人员的沟通途径等方式来进行补救[④]。

 资料卡

IKEA 如何处理顾客抱怨

根据统计，IKEA 公司（宜家）在中国市场面临的顾客抱怨主要是送货、安装服务收费等问题。在中国市场，大部分家具商都对超过一定购买金额的顾客提供免费送货和上门安装服务。但是 IKEA 公司却反其道而行之，鼓励消费者自己送货、自己安装，并在消费者需要的情况下提供收费服务，这令不少消费者难以接受。针对这些抱怨，IKEA 公司采取了如下两种措施：第一，降低消费者预期。在中国，IKEA 公司仍然坚持不提供免费送货、安装服务的政策。譬如，在产品目录或网站上，说明"送货服务，只收取合理的费用。在 IKEA 公司，运费从未被加进您购买家具的售价中"；第二，改变消费习惯。IKEA 公司为了避免因降低预期引起新的抱怨，试图采取新的措施来改变消费习惯。一方面，IKEA 公司通过产品目录、网站等方式鼓励消费者自己安装产品；另一方面，IKEA 公司的产品均附有详细的指示说明和必要的专用安装工具。

综上所述，IKEA 公司在保有较高顾客总价值的前提下，通过降低顾客的货币成本和时间成本来降低顾客总成本。在此基础上，IKEA 宜家通过降低消费者预期和改变消费习惯来解决顾客抱怨，从而提高顾客交付价值。

资料来源：徐礼召. IKEA 宜家如何处理顾客抱怨的？这两招必须掌握！打造北欧风家居[EB/OL].
[2018-08-28]. https://baijiahao.baidu.com/s?id=1610013761652632254&wfr=spider&for=pc.

---

① BARON S, HARRIS K, ELLIOTT D, et al. Typologies of e-commerce retail failures and recovery strategies[J]. Journal of services marketing, 2005, 19(5): 280-292.

② HOGREVE J, GREMLER D D. Twenty years of service guarantee research: a synthesis[J]. Journal of service research, 2009, 11(4): 322-343.

③ WIRTE J. Development of a service guarantee mode[J]. Asia Pacific journal of management, 1998, 15(1): 15-75.

④ 郑秋莹，姚唐，穆琳，等. 自助服务技术服务失误与服务补救策略研究[J]. 管理观察，2012（23）：186-187.

本 章 小 结

本章主要介绍了客户互动或者说是客户接触，这是整个客户关系管理体系中信息流、数据流、知识流畅通的基本保证。客户互动并不是一成不变的，它有着自己的演进历程，其中的驱动因素也十分复杂。既然客户互动有如此的重要性，对其进行有效管理，并使之与其他系统有效地整合起来就显得至关重要。在管理过程中，要想实现管理的有效性，人、流程和信息技术这三项要素，每一样都不可或缺。

在客户互动的演进和发展中，最为重要的几个方面就是客户管理的互动、个性化的互动，以及在技术层面上的客户互动中心。此外，企业与客户的互动还存在着特殊的形式，即客户抱怨与服务补救。

关 键 概 念

客户互动：客户互动的概念十分广泛，产品与服务的交换、信息的交流和对业务流程的了解等都包含其中。客户与企业双方的任何接触，都可以视为互动，如可以把信息交流视为互动关系的一个组成部分。

客户互动管理：指的是当与客户接触时（通过面对面、电话、网络、电子邮件或传真等），如何向客户提供最佳、最适合的服务或支援（如客户服务、后勤支援业务和关怀问候等），并将接触过程中的互动信息记录下来（联系记录交办事项、后续作业等），它是企业进行客户关系管理时面对的重要任务。

客户抱怨：是指客户由于在购买或消费商品（或服务）时感到不满意，受到不满驱使而采取的一系列（不一定是单一的）行为或非行为反应。

服务补救：服务补救有狭义和广义之分。其中，狭义的服务补救是指服务的提供者对服务过失采取的行动，强调的是对具体问题与过失实施行动的过程；广义的服务补救是指由全体成员共同参与的，对服务系统中可能出现的或已出现的过失进行矫正，并对客户进行补偿，以维持长远的客户关系和不断完善服务系统为目的的一系列活动的总和。

互联网 + 资源

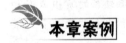 **本章案例**

福特汽车公司的客户互动中心

思考与练习题

 补充阅读材料

 **参考文献**

 客观题

自学自测　　　　扫描此码

【学习目标】

本章重点介绍客户关系管理系统及其相关知识。通过本章的学习，读者可以理解客户关系管理系统的内涵、特征、类型和发展趋势，全面认识客户关系管理系统的通用模型、组成部分、功能模块和技术要求，正确掌握客户关系管理系统开发、设计以及实施的方法与步骤，理解客户关系管理系统的关键成功要素。此外，读者还可以对当下的客户关系管理软件系统厂商及其产品形成初步的了解。

引例

联想公司成立于1984年，是一家极富创造性国际化科技公司，它以"成就客户——致力于客户的满意与成功"为核心价值观，致力于让更多的人获得更新、更好的技术，并顺应潮流提出了"为客户、为员工、为股东、为社会"四项新的发展使命。而且，联想公司也开启了自己的客户关系管理之路。

在正式实施客户关系管理战略之前，联想公司首先围绕"如何改善客户关系以留住老客户和发现新客户、如何在竞争中把握机会以增加收入、如何更好地为客户服务和提高顾客满意度"这三大核心问题展开分析，系统地梳理了实施客户关系管理的企业需求；其次，制订了客户关系管理的推进方案，并大体上通过选择咨询公司、目标设定—范围评估—系统选型、目标细化、业务流程设计、系统配置—用户培训—数据准备、测试交付六个阶段加以分步实施；最后，联想公司客户关系管理实践的最大亮点在于其 Clover CRM 应用和"客户终身价值" + "VIP 模式"的客户策略。其中，联想公司的 Clover CRM 应用实现了数据的高级查询、关联显示、图形化的日程管理、业务单据打印和自定义报表等多项管理功能，并建立了国内规模最大的呼叫中心之一；"客户终身价值" + "VIP 模式"的客户策略则使联想公司实现了"大客户市场"的捆绑式合作模式，其核心是挖掘客户终身价值，既维护了联想公司的利益，也兼顾了渠道成员的利益并发挥了渠道成员的积极性。

作为客户关系管理系统实施的先行者，联想公司切实获得了诸多系统综合实施的红利。这不得不让大家重视客户关系管理的战略价值，并极力发掘有效选择、实施和应用客户关系管理系统的科学与艺术。

资料来源：根据百度文库. 联想 CRM, https://wenku.baidu.com/view/aef4cd6c9b6648d7c1c74629.html, 2012-12-28. 整理.

思考题：什么是客户关系管理系统？联想公司是如何选择和实施客户关系管理系统的？

根据信息技术研究和顾问公司 Gartner 的研究报告①，全球客户体验与关系管理软件支

---

① 中关村在线. 2018 年全球 CRM 软件市场增长 15.6%[EB/OL]. [2020-02-09]. http://cloud.idcquan.com/yzx/165486.shtml.

出在 2018 年增长到 15.6%，达到了 482 亿美元。其中，客户关系管理软件仍是体量最大、增长最快的企业应用软件。由此可见，客户关系管理系统在企业管理者心目中的地位及其在企业管理中的战略价值。

9.1　客户关系管理系统概述

9.1.1　客户关系管理系统的内涵

客户关系管理系统是指利用软件、硬件和网络技术，为企业建立一个客户信息收集、管理、分析和利用的信息系统，它以客户数据的管理为核心，实时记录企业在市场营销与销售过程中与客户发生各种交互行为以及各类相关活动的状态，提供各类数据模型，并为后期的分析和决策提供支持。就其实质而言，客户关系管理系统是现代信息技术和管理思想的结合体，以信息技术为手段，对以"客户为中心"的业务流程进行组合与设计，进而形成一套自动化的解决方案，从而提高客户的忠诚度，最终实现业务操作效益的提高和企业利润的增长。在实践中，集成了客户关系管理思想和先进技术成果的客户关系管理系统，一般包含客户合作管理系统、业务操作管理系统、数据分析管理系统以及信息技术管理系统四个子系统，它们是企业实现以客户为中心的战略导向的有力助手。

9.1.2　客户关系管理系统的特征

客户关系管理系统是一种旨在改善企业与客户之间关系的管理工具，通过利用现代信息技术，在企业和客户之间建立一种数字、实时、互动的信息管理系统。概括而言，一套完整有效的客户关系管理系统主要具有综合性、集成性、智能型和高技术性等基本特征[①]。

1. 综合性

客户关系管理系统是企业各个业务单元的集成，实现了营销、销售、服务与支持职能的信息化和自动化。在实践中，企业的营销和服务业务主要是建立在联络中心以及决策中心运作的基础之上的，并在以互联网、邮件、传真和其他新兴社交媒体等方式进行的客户接触过程中保证沟通的正确性；企业的销售是利润实现的源泉，其功能实现离不开系统对市场、客户、竞争对手、政府政策等方面信息的支持以及对销售计划、销售实施、销售人员、销售定价、销售合同、销售订单以及销售业绩考核等事项的技术支持。因此，客户关系管理系统实际上是管理艺术和信息技术相结合的产物，在组成、功能以及运用上都具有很强的综合性。

2. 集成性

集成性是指不同要素之间的组合。客户关系管理系统的集成性具体体现在以下几个方面：第一，理论与技术的结合。客户关系管理系统是客户关系管理理论与信息技术的融合，

---

① 张晓航，吕廷杰. 客户关系管理系统[J]. 电信技术，2002（8）：6-9.

是客户关系管理理论的信息化和信息技术在企业管理方面的集成应用。第二，信息的集成性。数据库是客户关系管理系统的重要组成部分，其本身就是数据收集和数据挖掘技术的集中运用。从前台获取的信息来看，该系统往往囊括来自客户、竞争对手、企业部门内部和外部的信息。第三，功能的集成性。从业务流程上来看，客户关系管理系统是对营销、销售、服务等重要业务功能的集合，系统设计也主要是实现上述三大功能的自动化和一体化。除此之外，客户关系管理系统在不同功能模块之间、技术与技术之间等方面也呈现出诸多集成现象。

3. 智能性

客户关系管理系统的智能性是随着人工智能等技术的发展而逐渐产生的，其前端仍然是以自动化和信息化为基础的。客户关系管理系统的智能性主要体现在商业智能化方面，系统从前台业务中获取很多有关市场、客户、竞争对手、政府政策等方面的信息以及企业内部运营相关的信息，这些信息数量大、种类多、内容复杂，必须要借助智能化的手段和数据挖掘技术、多维分析和智能报表等工具来分析信息和利用信息，以便最终实现系统在企业经营管理（尤其是客户关系管理）中的重要作用。具体而言，企业将人工智能等相关技术应用于销售、客户服务和市场推销等业务层面，同样是客户关系管理系统智能性的一种体现。

4. 高技术性

客户关系管理系统涉及数据仓库、在线联机分析、数据挖掘、互联网络和多媒体等多种信息工程和数据处理等专业领域的先进技术。一般而言，优质的客户关系管理解决方案必须有效地整合相关技术，并与先进的管理理念和管理模式结合起来，才能最终实现系统管理的目标和企业的价值。

9.1.3　客户关系管理系统的类型

美国研究机构——Metagroup 根据客户关系管理系统的功能，把客户关系管理系统划分为以下三种类型：运营型客户关系管理系统、协作型客户关系管理系统和分析型客户关系管理系统。

1. 运营型客户关系管理系统

运营型客户关系管理系统，也称操作型客户关系管理系统，它以企业前台业务流程的集成和整合为目标，实现以市场、销售、服务与支持为内容的系统流程化、自动化和一体化。一般而言，运营型客户关系管理系统主要发生在企业的前端，通常处在与客户、市场、竞争者的频繁接触中，主要作用在于客户分析和服务支持。以业务流程为基础，运营型客户关系管理系统可以划分成销售自动化、营销自动化和客户服务与支持自动化三大功能模块。其中，销售自动化主要实现对销售业务的管理自动化，包括对客户联系人、销售订单、市场机会、产品报价、销售渠道、对手跟踪、销售预测和统计报表等方面的自动化管理；营销自动化主要是为了实现对营销活动的自动化管理，包括对营销活动、网络营销、任务分派、销售线索和日历日程等方面管理的自动化；客户服务与支持自动化是企业前台业务的重点所在，主要是针对客户的服务请求、咨询、投诉以及客户关怀等功能而实施的管理活动。

2. 协作型客户关系管理系统

协作型客户关系管理系统是指与客户进行沟通所需手段的集成和自动化的客户关系管理，其作用在于帮助企业更好地与客户进行沟通和协作，主要是追求客户互动的直接性、有效性和实时性，缩短企业与客户之间的距离，实现企业与客户在互动关系的构建中的密切协作。通常，员工是企业行为的执行者，反映到客户关系管理方面就是员工与客户共同参与一项任务或流程，从而在实现企业为客户提供全方位客户交互服务的同时，达到系统收集客户信息的目的，其主要功能有电话接口、电子邮件和传真接口、网上互动交流和呼出功能。这是一种较为理想的系统模型，促成了企业的主导作用和客户的能动性的有机结合，从而使企业和客户都能得到完整的、准确的、一致的信息。

3. 分析型客户关系管理系统

分析型客户关系管理系统是指对运营型客户关系管理系统和协作型客户关系管理系统运转过程中所产生的信息进行收集、梳理、分析、利用并生成客户智能，并借助信息技术实现企业信息管理的自动化，为企业的战略决策提供支持的客户关系管理系统。其运行机制是以数据仓库/数据中心为基础，对来自客户、市场、合作伙伴、竞争者以及业务部门的内部和外部数据进行整合、分析和挖掘，然后运用决策支持技术，把完整可靠的数据转化为有价值的信息或知识，最终运用于企业市场预测、经营决策和运营管理，其主要功能是针对客户接触、客户行为、客户沟通、个性化服务等方面展开系统的分析活动。

4. 三种类型的客户关系管理系统之间的关系

客户关系管理系统的分类主要是以系统的功能和业务流程为考量，其分类本身即是企业系统设计、实施和实现的功能载体。虽然客户关系管理系统分为三种不同类型，但它们彼此之间却是紧密联系、相辅相成的。处在企业前台的运营型系统利用其敏锐的触角为分析型系统提供基本的数据支持，而分析型系统的进一步工作则需要协作型系统提供功能支持。在分析型系统给出分析结果之后，系统会自动地将相关的客户联络方式传送到客户呼叫中心，再通过呼叫中心与客户进行互动和提供客户关怀。这样，三大系统彼此之间分工明确、相互支持、互联互通，有机地组成了客户关系管理系统的整体，如图9-1所示。

9.1.4 客户关系管理系统的发展

随着信息技术和移动互联网技术的发展，客户关系管理也面临着个性化和智能化方向的要求与挑战。同时，强大的云基础设施和全球更快的互联网连接以及社交媒体的蓬勃发展，也促使客户关系管理系统不断地为满足以客户为中心的市场选择而持续地把新需求与新技术作为发展的着力点，持续创新并探索新的发展方向和新的应用领域。

1. 社交型客户关系管理系统

当前，社交媒体已成为大部分企业最重要的营销平台之一，并在同客户保持联系方面发挥着越来越大的作用。相应地，社交媒体营销也日益得到全球范围内的投资者和管理者的广泛关注。以微博、微信和推特等为代表的社交媒体软件承载了现代人类交流、工作、学习和消费的重要途径或平台。在这种情况下，集成社交功能的客户关系管理系统可以挖掘客户在社交媒体上流转的诸多信息，对准确把握消费者偏好、竞争对手、竞争产品等趋势具有重大意义。因此，把如上所述的社交功能融入客户关系管理系统的数据库当中，不仅可以帮助企业与客户进行更加密切的交流，而且可以为客户行为和购买模式提供前所未有的洞察力，为最终的产品和市场定位提供重要参考。

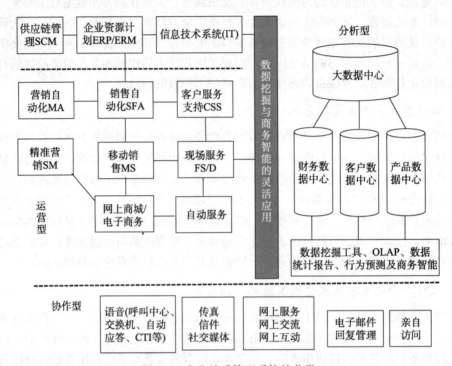

图 9-1　客户关系管理系统的分类

资料来源：余力，吴丽花. 客户关系管理[M]. 北京：中国人民大学出版社，2009，有改动.

2. 基于云的客户关系管理系统

云计算是指在广域网或局域网内将硬件、软件和网络等系列资源统一起来，实现数据的计算、储存、处理和共享的一种托管技术。随着云计算技术的不断发展和广泛应用，基于云的客户关系管理系统对传统客户关系管理系统最大的突破，主要体现在交付和付费方式等方面，但对于降低成本成本和改善用户体验的作用同样不容忽视。基于云的客户关系管理系统是收集客户数据的一种经济有效的方式，它能为企业提供更便利的可访问性、灵活性和可扩展性。随着云计算技术的快速发展，基于云的客户关系管理系统必将成为未来不可忽视的重要手段。

3. 基于人工智能的客户关系管理系统

无疑，人工智能（artificial intelligence，AI）技术将成为客户关系管理系统的新方向和新趋势。这是因为：人工智能具有使每一项业务都变得更加智能的潜力，它能够明显地强化客户关系管理系统，通过机器学习等手段更有效地帮助企业找到顾客问题的解决方案、更准确地预测哪些客户线索最有可能产生积极成果等。换句话说，人工智能技术可以显著地提高客户关系管理系统的智能化水平。

4. 物联网集成的客户关系管理系统

随着物联网（internet of things，IoT）在各种应用方面不断取得重大进展，物联网集成的客户关系管理系统可以更好地根据内容相关数据实现定制化的客户体验，提高企业产品和服务的精准定位能力，改善经营效率和客户满意度及忠诚度。这种集成必将以更好的、更深入的客户洞察力的形式，为企业的客户关系管理实践提供前所未有的发展机遇。

5. 移动型客户关系管理系统

近年来，通过移动终端接入互联网的数量已经超越电脑终端，以智能手机、平板电脑和移动应用等为代表的移动客户端逐步深入相应的工作和生活领域。随着越来越多的客户关系管理系统用户倾向于使用移动设备，移动型客户关系管理系统逐渐得到了管理者的高度关注。在实践中，由于移动型客户关系管理系统能够更好地满足客户交互的"实时性"要求，所以越来越多的企业开始高度依赖移动型客户关系管理系统来保持与客户的连接。从内部任务分配，到外部的客户参与，移动型客户关系管理系统都能更好地帮助企业与客户随时随地保持连接与互动，实时高效地了解客户最新的需求并做出及时响应，从而为企业带来巨大的利润空间。

9.2 客户关系管理系统模型

9.2.1 客户关系管理系统的通用模型

客户关系管理系统的通用模型是客户关系管理理论与最新的信息技术相互融合的一种系统，旨在构建以客户为中心的管理模式，是实现新型客户管理关系的重要工具，如图9-2所示。

从客户关系管理系统的通用模型中可以看出，客户关系管理系统设立的目标主要在于：协调和处理目标客户、主要过程和任务三者之间的关系，将最新的信息技术成果运用到由产品开发到质量管理的整个过程，其中最关键的是实现营销、销售和服务三大流程的信息化和智能化。首先，营销阶段的主要目标是通过市场宣传和推广、对客户进行细分等活动来识别目标客户，并制定整体的市场营销战略和规划；其次，销售阶段的主要任务是实施营销战略和营销计划，采集市场信息、推介产品和服务、接收客户反馈，进而挖掘潜在客户，其直接目的在于签约订单和创造销售业绩；最后，服务支持阶段的核心在于为前一阶段售出的产品和服务提供必要的保障和支持。在实践中，企业往往会设置专门的客户服务部门，专门负责这一阶段的工作。而且，这一阶段往往也被管理者视作"以客户为中心"的客户关系管理的重心所在。

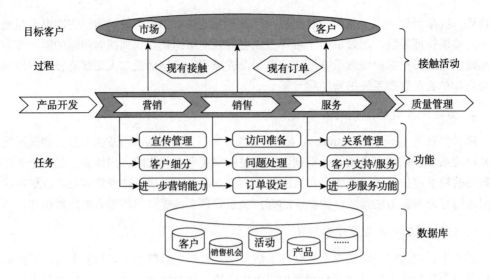

图 9-2　客户关系管理系统的通用模型

资料来源：马刚，李洪心，杨心凯. 客户关系管理[M]. 大连：东北财经大学出版社，2008.

在客户关系管理系统的通用模型中，要求企业必须以客户为中心，以客户需求为导向，不断满足客户的个性化需要。要想实现产品服务与客户需求的完美对接和匹配，企业与客户之间及时、准确的双向沟通是必不可少的。因此，综合运用各种营销渠道至关重要。同时，信息共享也是客户关系管理系统的通用模型的又一特点，它要求建立起共享的数据平台——数据仓库，全方位、全天候地获取市场和客户的相关信息，并以这个数据库为转换接口进行信息的录入和输出。不过，对于卓有成效的客户关系管理系统来讲，要建立起各部门互通互联的数据平台，首先要改变既有的业务割据状态，其次要建立统一的规则以保证所有活动都以相同的方式去进行。这样一来，企业就形成了一个透明、高效的从客户到企业再回到客户的"闭环"，从而可以为面向客户和服务客户提供有效的技术支撑。

9.2.2　客户关系管理系统的组成部分

概括而言，客户关系管理系统的通用模型往往包括接触活动、业务功能和数据仓库及技术功能四个关键组成部分。

1. 接触活动

客户关系管理系统要求企业建立多种与客户有效接触的方式，主要代表有呼叫中心、Internet、移动销售、电子邮件、面对面沟通、传真、社交媒体等接触渠道。在满足客户同企业的接触需求的同时，系统也为各种接触活动提供一定程度的支持。如图 9-3 所示，企业必须做好这些接触渠道的协调，保障客户能够随时随地使用符合客户偏好的便捷方式与企业沟通，并确保不同渠道的信息的准确性、及时性和完整性。随着互联网技术的普遍应用，尤其是电子商务的崛起，客户关系管理系统日益成为基于互联网的集成应用模式。

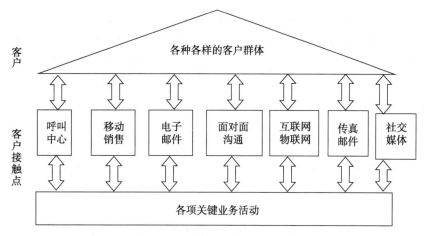

图 9-3　不同层次的接触活动

资料来源：改编自杨路明. 客户关系管理理论与实务[M]. 2 版. 北京：电子工业出版社，2009.

2. 业务功能

企业与客户进行沟通，往往是需要各个部门通过上述方式来实现的，而营销、销售和服务这些部门与客户的接触和沟通则更加频繁。因此，客户关系管理系统主要为这三大部门提供支持。然而，客户关系管理系统很难覆盖企业的所有业务功能。在一般情况下，客户关系管理系统主要为两个至三个功能提供支撑。因此，在系统评价过程中，功能范围可以作为决定性的评判依据。概括而言，客户关系管理系统通常包含销售管理、营销管理、客户服务与支持以及商业智能四项主要的业务功能。而且，上述四大功能并无明显界限，彼此之间是相互辅助、相互协同的，如图 9-4 所示。

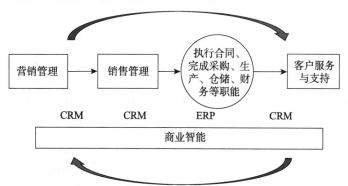

图 9-4　客户关系管理系统的功能关系

资料来源：马刚，李洪心，杨心凯. 客户关系管理[M]. 大连：东北财经大学出版社，2008.

1）销售管理及其自动化

销售管理主要功能是：对市场销售活动加以计划、执行、监督和分析，促使销售人员采取现场销售、线上销售、电话销售、移动销售等多种形式展开营销，并及时获取有关报价、订单、库存和售价、客户回应等相关信息，然后把这些信息存储在数据库中，以方便销售人员的获取、应用和更新。此外，销售管理功能也包括制定销售佣金和奖励计划、掌握销售业绩并借助信息技术来提高销售工作效率。

销售自动化（sales force automation，SFA）是客户关系管理系统最基本的模块，其主要用于实现企业销售业务和活动的管理，其核心目的在于提高销售活动的自动化程度，包括联系人和客户管理、销售佣金管理、销售机会管理、产品销售渠道管理、竞争对手跟踪、销售预测和分析报告等功能。通过人员权限、销售阶段、客户类别、销售区域、行业规范等业务规则和基础信息的设置，销售自动化可以使销售人员在授权范围内，对所管理的客户、联系人、销售机会等按照统一的业务规范进行管理，在销售过程中，通过与具体的客户、联系人、销售机会关联的行动安排和行动记录，生成具体行动的人员日程表和跟踪记录表，实现对销售过程的量化管理，从而改变以往对前台工作的过度依赖，达到优化企业资源配置和提高客户沟通效率的目标。

2）营销管理及其自动化

营销管理主要功能是：宣传产品和服务，获取市场和客户信息，对客户进行细分，确定目标客户和制定营销策略；制定销售人员的预算、计划、执行和控制的工具；寻找市场机会和潜在客户，跟踪和开展市场营销活动、分析总结并改进营销工作。

营销自动化（marketing automation，MA）作为销售自动化的补充，其着眼于设计、执行和评估市场营销活动和其他相关活动，从而赋予市场营销人员更强的开发客户和捕捉客户需求的能力。与销售自动化相比，其提供了一些独有的促销手段和内容管理功能，主要包括：客户线索的跟踪、分配和管理，市场活动管理，促销内容管理，市场宣传资料管理，活动反馈跟踪，计划预算，活动效果评估等。这些功能为企业掌握市场活动的运作提供了便利，帮助企业管理有效了解所有市场营销活动的成效和投资回报。

营销自动化主要运用于高端营销及自动化和网络营销及自动化。其中，高端营销及管理主要应用于企业-客户（business to customer，B to C）营销的企业中。这些企业一般都具有极为庞大的用户规模，应用营销自动化可以帮助这些企业制订营销计划，管理和跟踪计划的执行，同时客户关系管理系统自带的共享数据库，结合相应的数据挖掘技术来管理和支持营销自动化的实现。而网络营销及自动化绝大多数应用在企业-企业（business to business，B to B）市场上，企业拥有的用户数量较少，但目标用户都具有现成的网络联系方式，企业除利用邮寄、传真和电话外，主要还使用互联网作为营销工具。

3）客户服务与支持

客户服务与支持（customer service and support，CSS）是客户关系管理的核心内容之一，而客户的保持和提高客户利润贡献率依赖于提供优质的服务，因此服务质量的高低是决定客户去留的关键。客户服务和支持的主要功能就是通过现场服务与分派管理——"服务交付链管理"，提高那些与客户支持、现场服务和仓库修理相关的业务流程的自动化或优化功能。具体而言，就是配置、派遣、调度和管理服务部门、服务人员和相关资源，以便负责完成高效率的服务和支持活动。它常常借助呼叫管理来获取客户信息——客户的接触信息和交易信息，然后录入共享的数据库当中，并据以发动技术人员对客户的产品使用或消费情况进行跟踪，以便为通过提供个性化服务来满足客户需求提供重要依据。而且，服务自动化也是高效处理客户询问和投诉的重要方式，其中包括有关产品信息、订单请求、订单跟踪、投诉接待和处理、备案等，从而使为客户提供高质量的现场服务成为可能。

此外，随着互联网用户的增加，客户的自助服务的需求增长迅速。同时，客户自助服务技术也不断推陈出新。因此，客户自助服务在同客户的积极主动中正扮演着越来越重要的角色。

实际上，客户关系管理管理系统的核心目标，就是利用信息技术对客户资源进行集中而有效的管理，将分析和处理的客户信息与有关客户的各种业务领域进行结合，让市场营销、产品销售、客户服务和技术支持等部门实现资源共享，使企业可以根据客户的需求和偏好提供有针对性的定制化服务，提高客户满意度和忠诚度，从而吸引和挽留更多客户，最终为企业创造更多价值。

4）商业智能

商业智能是指利用数据挖掘和知识发现等技术，分析和挖掘结构化的、面向特定领域的、存储与数据仓库的信息（如有关客户、产品、服务和竞争者的信息），从而帮助企业认清发展趋势、识别数据模式、获取智能决策支持并作出科学决策。在客户关系管理实践中，商业智能主要是指客户智能。通过客户智能，企业可以收集和分析市场、销售、服务和企业的信息，对客户进行全方位洞察，从而理顺企业资源与客户需求之间的关系。随着信息技术的发展，独立的客户智能系统已经得到了广泛应用。一般而言，客户智能系统主要包括信息系统层、数据分析层、知识发现层，它们可以为更好地制定与客户有关的战略和决策提供良好的应用环境。

3. 数据仓库

数据仓库作为客户关系管理系统的共享信息中心，为企业前台各部门开展业务活动提供有力的数据支持，其功能主要体现在以下几个方面：一是以客户生命周期理论为基础，对现有客户进行区分；二是依据以数据仓库为载体获取的客户信息来寻找目标客户；三是帮助企业实现提供适销对路的产品与服务、降低经营成本和提高经营效率；四是根据数据仓库的实时信息和分析结果来科学地制定营销策略，为客户提供个性化服务，提升客户的忠诚度。凭借数据仓库这一重要平台，企业可以与客户保持长久的、及时的、高效的、双向的、可量化的有效互动，把以客户为中心的管理理念落到实处。正是从这个角度来讲，数据仓库是客户关系管理理论与信息技术相结合的重要产物。

一般来说，优质的数据仓库所存储的信息通常能够全面、准确、详细、及时地反映来自客户和市场的信息。而且，根据用途的不同，可以把上述信息区分成客户数据、销售数据和服务数据三大类。其中，客户数据是指客户的基本信息、联系方式、经营范围、业务信息以及潜在客户、合作伙伴、代理商的有关信息等，它们有助于企业勾勒出更为清晰准确的客户画像；销售数据主要包括销售过程中所产生的客户联系、报价、定价以及订单生成等信息；服务数据主要是有关产品或服务使用情况、客户反馈和售后服务等相关信息。通过数据仓库，企业可以有效地实现上述数据的收集与共享，进而为企业前台部门提供数据支撑。随着数据开发和数据挖掘技术的发展，必将为数据仓库的功能改造和数据分析提供新的技术动力。

4. 技术功能

在客户关系管理系统的通用模型中，除了上述三个功能之外，在技术功能上也有其特殊要求，主要包括信息分析能力、集成客户互动能力、网络支持与应用能力、集成客户信息仓库能力、集成工作流程能力及企业资源规划功能的集成六个方面，如图 9-5 所示。

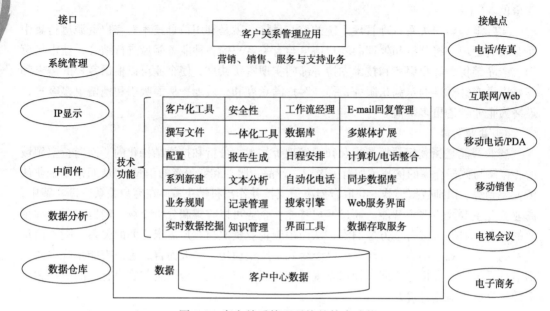

图 9-5　客户关系管理系统的技术功能

资料来源：杨路明. 客户关系管理理论与实务[M]. 2 版. 北京：电子工业出版社，2009.

1）信息分析能力

如前所述，客户关系管理系统是客户关系管理理论与信息技术的有机结合体。在其实现客户互动的自动化和智能化的过程中，卓越的商业情报和信息分析能力不可或缺。数据仓库作为客户关系管理系统的数据收集、储存、分析、共享的信息中心，拥有大量与客户有关的信息。企业必须具备强大的数据分析和处理能力，以便充分利用这些信息来创造价值，并以此为基础，科学高效地制定相关的营销决策。

2）集成客户互动能力

客户关系管理系统要求企业努力丰富客户与企业之间的互动渠道，并开展不同层次的接触活动，以便彼此双方实现及时的、高效的双向互动，这就要求企业必须具备强大的客户互动集成能力，努力提高企业的运行效率。

3）网络支持与应用能力

随着信息技术的不断发展，网络在企业经营管理过程中的应用也越来越广泛。在客户互动和业务处理，如电子商务方面，更是如此。可以说，以网络为基础功能的各种应用的产生，日益使网络充当了一种新的营销渠道，并带来了营销方式和营销理念的创新与变革。同时，从基础结构的角度来看，网络所扮演的角色也愈加重要。为了方便客户的互动和业务的开展，许多企业也都着手研发符合客户偏好的网络浏览器。此外，集中化的业务逻辑和数据维护也进一步降低了系统的运行、更新和改造成本。

4）集成客户信息仓库能力

客户关系管理系统采用集中化的数据仓库，这有助于收集客户接触过程中所获取的全部客户信息，有助于实现各部门和功能模块之间的信息统一。因此，集成客户信息仓库能力是卓越成效的客户关系管理的重要组成部分。

5）集成工作流程能力

工作流程的集成，并不是简单地把某部门或某一任务的工作流程进行管理和维护，而是要站在企业客户关系管理全局的角度，把所有的相关工作流程串联起来，打破部门或职能界限，努力实现各个相关工程流程的密切协同，以便进一步提高对客户需求的响应速度和整体工作效率。

6）企业资源规划功能的集成

客户关系管理系统要与企业资源规划在财务、制造、库存、分销、物流和人力资源等方面实现无缝连接，以便形成相对封闭的客户互动循环。这种集成不仅包括低水平的数据同步，而且也包括业务流程的整合。只有这样，才能在各系统之间维持业务规则的完整性和数据格式的一致性，进而在实时市场预测、客户识别、客户响应的基础上，实现资源的优化配置，最终形成一个支持营销、销售和服务的系统"闭环"。

9.2.3　客户关系管理系统的技术要求

1. 开发语言

根据有关的调查数据，Java 语言[①]已经成为客户关系管理系统生产厂商使用最多的语言，其次是 VB 和 JSP[②]等，但后者的使用比例相对较小。同时，许多客户关系管理系统供应厂商通常不会采用单一的开发语言，而是根据系统对开发语言在简洁性、安全性和实用性的不同要求选择几种语言或语言的组合。

2. 支持的数据库

客户关系管理系统的生产厂商采用的数据库通常以 Oracle 和 Microsoft SQL Server 为主，这是客户关系管理系统生产或供应厂商支持的主流数据库。这两种数据库不仅拥有强大的数据储存、处理和分析功能，而且更有利于实现客户关系管理系统与其他系统的集成。对于开发能力较强的软件公司而言，可以实现支持集合多种语言的数据库愿望。

3. 支持的操作系统

客户关系管理生产厂商支持的操作系统主要是以 Windows 系列为主，但由于 UNIX 和 Linux 操作系统本身固有的一些优越性（如购买费用较低），也受到了越来越多生产厂商的关注和青睐。

4. 采用的技术

管理软件的集成性已经成为各大软件厂商密切关注的焦点之一，所以越来越多的生产厂商纷纷采用了标准化技术。通过采用标准化技术，企业可以便捷地实现与其他管理系统

---

① Java 语言是一种面向对象的语言，它提供最基本的方法来完成指定任务。

② VB（Visual Basic），微软公司开发的一种可视化编程语言；JSP，即 Java Server Pages，是 Sun Microsystems（太阳微系统公司）开发出的一种新 Web 开发工具语言。

的集成。

5. 支持的语言

客户关系管理系统的国际化要求产品具有支持国际主流语言的功能。但有关数据显示，能够支持多国语言的软件厂商主要是外国企业，而国内厂商由于主要立足国内市场，因此许多厂商仅仅能够支持简体中文。当然，也有少部分厂商能够支持繁体中文，而能够支持国际主流语言的国内厂商极少。

6. 安全问题

客户关系管理系统生产厂商大都能够支持数字签名①、数字证书②和 SSL 加密③，以保证数据传输的安全性。安全问题主要表现在以下两个方面：确保数据完整性和保密性，防止外来者入侵；实现系统的授权访问。但是，在客户关系管理系统软件领域，安全问题尚且没有得到足够的重视，目前没有很全面和完善的安全问题解决方案。

7. 软件集成问题

通常，软件集成问题主要表现在两个方面：内部集成能力和外部集成能力。其中，内部集成能力要求客户关系管理系统软件产品的各个模块既可以完成独立运作，又可以实现无缝集成；外部集成能力要求客户关系管理系统软件产品可以与财务软件、ERP、SCM 等应用软件进行集成。而对企业间的系统接口问题，大部分客户关系管理系统生产厂商并未给予足够重视。

8. 客户化问题

这意味着客户关系管理系统生产厂商需要提供客户化工具，即客户关系管理系统的定制化。一般而言，作为管理软件的客户关系管理系统应用软件主要具有两大重要技术要求，即集成性与定制性。因此，客户关系管理系统生产厂商在保证通用功能的基础上，还要确保客户关系管理系统的个性化设计，以实现系统在不同行业、不同企业的定制化。可以说，客户关系管理系统软件厂商的客户化能力，就是其核心竞争力。

9.2.4 客户关系管理系统的差异性

在客户关系管理领域，绝大多数企业使用的都是通用模型。然而，通用模型的诞生往往也离不开对特定行业的分析，并在系统架构、业务流程、功能模块等方面呈现出单一性、特殊性和局限性。譬如，对咨询和技术服务行业来讲，客户关系管理尚且属于一项较新的服务类型，在很多方面都与传统行业存在不同之处。在对客户互动管理和客户需求管理进行研究的基础上，客户关系管理在各行业的不同点也日益为管理者所重视。例如，电信行业与日用品行业，客户获得、服务履行、客户数据的可得性都迥然不同。另外，在考虑技

---

① 数字签名是实现安全电子交易的核心技术之一，它以使用公钥加密算法和散列函数的加密技术为基础。
② 数字证书，也被称为电子证书，是网络上各个实体的网上身份证明。
③ SSL 加密技术，是 secure socket layer (SSL)协议，最初由 Netscape 公司开发的，现已成为网络用来鉴别网站和网页浏览者身份以及在浏览器使用者及网页服务器之间进行加密通信的全球化标准。

术因素影响的情况下，行业知识和经验也是客户关系管理系统实施的关键成功因素。

虽然客户关系管理在不同行业之间并不存在完全的界限，但不可否认的是，不同行业，其千差万别的业务流程确实对系统功能的选择存在很大影响。例如，行业与行业的业务流程存在着很大不同，这就要求客户关系管理系统选择适合自己的特定流程。与此同时，业务流程也会对系统功能产生决定作用。虽然市场、销售和服务功能都是必需的，但不同行业的功能侧重点都是不一样的，如零售行业，销售自动化比客户服务和支持（customer service & support，CSS）更重要；而对于游戏行业而言，客户服务和支持则往往要比营销自动化更重要。此外，不同行业在生产条件、生产工艺和制造过程及市场分布等方面也是不同的，这些差异对某一企业是否能够有效取得定位优势也具有十分重要的影响。例如，石化行业的原材料资源、电子行业的规模生产制造能力、日用品的销售网络和分销体系、大型机电设备和汽车行业的设计能力和销售能力及售后服务、时装行业的设计能力等，都可能成为企业成功与否的关键因素，从而使客户关系管理表现出明确的行业差异。

9.3 客户关系管理系统的设计与实施

9.3.1 客户关系管理系统开发流程

概括而言，客户关系管理系统的设计与开发过程主要包括需求分析、撰写需求规格说明书、总体设计、详细设计、编码实现、测试、试运行、上线、验收、日常维护以及下一个版本的循环开发更新等步骤。在实际操作中，其核心步骤如下所述[①]。

1. 需求分析阶段

一般来说，用户在选择客户关系管理系统时会对其设计、功能和使用约束等方面抱有一些预先想法。需求分析，就是对用户的这些期望进行专业分析。具体而言，需求分析主要包括对应用问题及应用环境的分析、建立围绕问题的设计、功能及系统行为模型，并将用户需求进行精准化挖掘，最终形成需求分析报告等阶段。

2. 撰写需求规格说明书阶段

撰写需求规格说明书，主要是为了把客户复杂多样的需求逐层进行分解，并进一步细化成在一定时间段、在一定技术条件下可以实现的需求。一般来说，需求规格说明书有助于避免或者尽早发现不必要的错误，提高客户关系管理系统的质量，降低系统开发成本。同时，良好的需求规格说明书还是客户关系管理系统设计、实现、测试直到维护阶段的主要基础。

3. 总体设计阶段

在明确了客户关系管理系统的需求之后，项目就进入总体设计阶段。客户关系管理系统的总体设计主要包括确定系统总体框架、划分系统功能模块和设计系统数据库三个部分：

---

① 马刚，李洪心，杨心凯. 客户关系管理[M]. 大连：东北财经大学出版社，2008.

①确定系统总体框架，系统的开发通常采用三层结构，将每个业务功能分为界面层、功能层和支持层三个层次。②划分系统功能模块，即结合用户需求，选择适合自身的功能模块。一般而言，客户管理关系系统主要包括营销管理、销售管理、服务管理、客户统计分析、基础数据和系统管理等功能。③设计系统数据库。

4. 详细设计阶段

客户关系管理系统的详细设计阶段，是立足于总体设计阶段所创建的开发环境基础之上的，目的是详细设计能够支持各模块功能得以实现的数据库操作连接和执行的算法语句。

5. 编码实现阶段

在完成了如上所述的系统设计以后，项目就正式进入编码实现阶段。开发工具的引入，往往有利于提高项目的开发速度，进而缩短项目的开发周期，如将 Java 语言与 Eclipse、JCreater 相结合，美工可以使用 Photoshop 或者 Fireworks 等。

6. 测试阶段

作为客户关系管理系统开发的最后一道流程，测试阶段主要是完成测试计划的制定、测试数据的输入和输出测试、撰写帮助文件和用户操作手册等任务。该步骤用来确保需求计划是否得到了正确实施以及各模块是否能够正常运行。

9.3.2 客户关系管理系统设计

在进行客户关系管理系统设计时，首先需要明确系统建设的目标和系统设计的具体要求，然后进一步明确系统设计所需要的信息源、系统软件和开发工具、系统的功能设计、业务流程设计、数据库设计、输入和输出设计。在设计工作中，主要包括的具体内容有[①]以下几方面。

1. 系统建设的目标

客户关系管理系统旨在建立一个包含各方相关信息的收集、处理和储存及应用的信息综合平台，该平台可以为企业当前业务的运行和未来业务的预测分析提供相应的数据与技术支持。客户关系管理项目的目标包括能够实时掌握与客户有关的信息，加强同客户之间的联系，进而提高客户的满意度和忠诚度；基于对系统所收集的数据的有效分析，科学规划企业的年度指标计划，精准对应企业的客户群，并力争寻求新的突破点，提升企业业绩，最终实现企业目标。在实践中，客户关系管理系统建设的目标可以分为近期目标和远期目标，具体如下。

（1）近期目标。企业应当根据自身的经营情况，以客户关系管理系统为依托，完成数据仓库和客户关系管理系统平台的建设，实现对客户信息的基本管理，包括客户档案管理、客户忠诚度和信用度管理等；分析客户信息，解决重要的客户关系问题；初步建立客户交流的信息平台，以便对客户诉求作出及时响应。

---

① 马刚，李洪心，杨心凯. 客户关系管理[M]. 大连：东北财经大学出版社，2008.

（2）远期目标。企业根据自己当下的综合情况，在设定近期目标的基础上完成远期目标规划。其中，系统的远期目标主要包括：完善客户关系管理平台；实现向现有客户与企业内部与外部信息的综合管理与整合；实现客户的综合信息管理、营销管理、销售管理以及服务管理；完成对客户的营销分析与服务分析等功能，最终把以客户为中心的管理理念落到实处。

2. 系统设计要求

客户关系管理系统设计的首要问题，是实现客户关系管理战略的流程化、信息化以及客户的识别、区分、互动。

（1）流程化。客户关系管理系统的应用必须建立在一套标准的客户信息收集与使用的流程体系之上，这是实现系统自动化的逻辑基础。

（2）信息化。客户关系管理系统的信息化在于有效实现客户信息的收集、储存和分析，实现信息处理和运用的自动化。

（3）客户识别。客户识别是客户关系管理系统的重要功能。有效识别和细分目标客户并掌握客户偏好，是企业产品和服务定位的重要依据。

（4）客户区分。客户区分是在对目标客户实现量化管理和规范化管理的基础上，按照不同阶段和购买价值等标准，对客户进行区分并提供针对性的差异化服务，以便在提供客户满意度和忠诚度的基础上，最终实现客户满足和企业收益的有效统一。

（5）客户互动。客户互动是客户关系管理的核心，而客户关系管理系统的开发价值就在于不断地获取企业与客户互动的信息，并把这些信息融入客户生命周期管理的过程当中。

3. 系统信息源

根据企业信息来源的不同，可以将客户关系管理系统所需的信息分成外部信息和内部信息。

（1）外部信息。来自企业外部的信息主要是那些与企业内部业务流程无关、但对企业整体运营相关的各种信息的总和，主要包括市场需求信息、市场竞争信息、客户信息、合作伙伴、其他外部信息等。其中，市场需求信息主要是指目标客户的数量、收入情况、地域分布以及客户的消费偏好等；市场竞争信息主要是指现实的和潜在的竞争对手、市场份额以及竞争产品和竞争技术等；客户信息的内容主要包括现有客户和潜在客户的基本情况、兴趣爱好、支付能力和信用等；与合作伙伴有关的信息主要是合作伙伴的资产状况、经营效益和商业信誉等有关信息。

（2）内部信息。内部信息是指企业能够从自己的业务部门和业务活动中获取的有关人力、财务、资产、信誉等方面的所有信息。

4. 系统软件和开发工具

系统软件和开发工具是支持客户关系管理系统运营的关键部分，是客户关系管理系统能够实现各种功能的根本保障。以 ASP 和 SQL Server 的组合为例，客户关系管理系统可以使用 ASP 作为前台开发工具，将 SQL Server 作为后台数据库工具，通过 ASP 数据库控件来连接 SQL Server 数据库。

5. 系统功能设计

对于大多数客户关系管理系统而言，系统主要包括客户信息管理、客户评级管理、服务管理、竞争对手分析以及系统管理五大功能。

（1）客户信息管理。客户信息管理是指系统将企业所有部门和人员在同客户接触的过程中所获取的信息进行集中管理的活动。这些信息主要包括客户基本信息、联系人信息、销售人员信息等。与之对应的信息管理措施有：对客户基本信息的更新、修正和删减等基本信息编辑活动；依据掌握的客户信息，按照客户性质和组别等标准对客户进行分类；对销售人员姓名、职位、流程跟踪和绩效考评等信息的管理。

（2）客户评级管理。客户评级管理是系统在对已经掌握的客户信息进行综合分析的基础上，对客户进行信誉度、忠诚度或营利性等的评级。

（3）服务管理。客户服务管理是围绕与客户有关的售后服务、咨询、投诉、意见和建议进行的管理活动。其中，客户投诉、建议和服务档案管理是客服服务管理的三大组成部分：客户投诉管理主要针对客户对产品或服务进行投诉过程中有关客户姓名或名称代码、投诉的内容、分类以及投诉的对象以及处理过程等进行记录、移交、处理、跟踪的一系列活动，包括投诉内容判定、责任部门、处理方案和领导审批等；客户建议管理主要是根据客户建议的内容、分类、责任部门等信息，将其移交给企业有关部门处理并进行跟踪的活动，包括建议处理的责任部门、处理方案和领导审批等方面的管理；服务档案管理主要是记录客户代码或名称、服务请求的时间、服务类型、服务时间、服务人员、服务内容、收费情况、物资使用情况以及客户反馈等信息。

（4）竞争对手分析。竞争对手分析主要负责对竞争对手和竞争产品进行记录和分析活动，包括对竞争对手的基本信息、发展状况、竞争领域、竞争策略、同类产品或近似产品及替代产品和市场反应等信息的收集、处理和归档，并结合宏观环境进行分析，采取应对措施。

6. 系统业务流程

基于不同的业务，业务流程设计的关键环节也有所不同。例如，销售管理基本业务流程包括分析客户及市场状况、寻求销售机会、围绕机会展开活动并分析活动是否有成效、向客户提供产品清单以及价格清单、双方签订销售合同、企业向客户销售产品并跟踪合同的执行情况以及对销售绩效进行分析等。在完成了上述活动之后，整个销售管理业务的流程也就完成了。

7. 数据仓库的设计

数据文件和数据仓库设计是客户关系管理系统设计的重要内容，其设计的好坏直接关系到整个系统的功能和效率。其中，数据文件的设计主要涉及详细规定各记录的每一个数据项的名称、类型和字段宽度等内容；数据仓库的设计则应当充分考虑数据存储的完整性、可靠性、安全性和易操作性等问题。

8. 输入输出设计

不同于系统的实施，由于输出设计直接关联用户的需求，因此系统设计过程应该遵循输出设计到输入设计。

（1）输出设计。输出设计的主要目的，是满足用户对数据和信息的需求。一方面，输出设计需要考虑的主要内容包括输出信息的名称、输出信息的功能、输出信息的频率或周期、输出的文字、输出项目名称以及保密要求等。另一方面，系统的输出方式主要包括查询显示输出、浏览显示输出和报表打印输出等。其中，查询显示输出的信息主要是各种查询结果，这是一种实时性要求很高的输出。

（2）输入设计。在计算机信息系统中，输入数据的正确性决定了整个系统质量的好坏。如果输入数据缺乏精确性和实时性，那么即使计算和处理十分正确，也不可能得到可靠的输出信息。因此，最佳的信息系统往往起始于最佳的输入系统。根据输出信息的要求，输入设计考虑的主要内容包括输入信息的名称、输入信息的功能、输入周期、输入项目名称以及输入用的文字信息等。需要注意的是，数据输入的完成并不意味着可以直接进入系统。在此之前，还需要对输入的数据进行校验，以保证数据输入的正确性。因此，系统应设计多种校验方式，同时对校验出错的数据制订相应的修改及补救措施。

客户关系管理系统的实施是指企业将客户关系管理系统应用到业务流程的过程。要想将客户关系管理系统应用到实处，还必须根据企业管理模式、业务流程、组织结构和企业文化等情况，结合项目管理的要求加以展开。这就决定了客户关系管理系统的实施本身也需要一系列科学、系统的决策，才可以付诸实施。

9.3.3 客户关系管理系统的实施

1. 客户关系管理系统实施的条件

1）高素质人才储备

如前所述，客户关系管理系统是客户关系理论与信息化技术结合而成的信息技术平台，系统的选择、应用和项目实施都需要具备一定客户关系管理理念和信息自动化的技术储备，但最终的落脚点都在管理实施过程。所以，为了开发和实施这种兼顾管理和技术的客户关系管理项目，以管理人员为核心的高素质人才储备是必不可少的。

从一般意义上来讲，客户关系管理项目的人员素质主要包括员工对客户关系管理的理解程度和一致性；营销人员重在分析客户信息的能力以及系统设计技能的水平；销售人员重在对市场和客户分析的把控能力以及销售能力的评估；服务人员重在服务水平以及与其他业务部门之间的协调和沟通能力；财务人员重在根据企业的经营状况和业绩目标选择恰当的计算方式等。概括而言，客户关系管理系统必然会涉及营销、销售、服务、财物等各个业务部门，并贯穿于企业的整个业务流程当中，这就不可避免地对高素质的人才储备产生了刚性的需求。

2）优化的业务流程

业务流程是企业开展经营活动的方式和步骤，是企业创造价值的一系列活动的组合。对这些步骤进行系统的梳理和归纳，并按照客户关系管理理念进行优化，这是客户关系管理系统实施对企业的业务流程设计和再造的要求。而且，这些业务流程都必须是以客户为中心的，同时兼具可靠性、灵活性、高效性和经济性等特征。

在实践中，鉴于客户关系管理系统的实施要求企业以客户为中心，所以有必要认真考虑与客户有关的因素，如客户购买的产品以及购买方式、客户的习惯和偏好、客户的收入水平和消费能力、客户服务的态度和质量等。然后，有计划地谋求业务流程的优化，并把业务流程的优化与分析客户、服务客户、开发客户以及挽留客户联系在一起，加强业务部门之间的协调和配合，为客户关系管理系统的实施提供顺畅和科学的业务流程支持。

3）高信息化管理程度

客户关系管理系统是一种特殊的信息管理系统，它通过对来自企业内部和外部的信息进行收集、控制和集成，并结合互联网、计算机、数据仓库等方面的技术实现对企业信息资源的综合管理，实现数据收集、分析、储存和共享的自动化，提高企业的信息化管理程度，进一步改善企业的开发能力、经营能力和管理水平。如果一个企业的信息化水平不高，往往标志着企业硬件设施较差、软件应用不足、员工素质较低、管理数据缺乏。在这种条件下实施客户关系管理系统，不仅可能达不到预期效果，而且会造成资源的浪费、延迟企业的发展进程。

4）完善的数据仓库

数据仓库作为客户关系管理系统的重要组成部分，可以为客户关系管理系统的实施提供数据保障。在实践中，完善的数据库往往能够及时、高效、完整地收集、分析和储存来自企业内部和外部的数据信息，这些信息将会组成客户关系管理系统的基础数据。一般而言，基础数据根据状态可以分成静态数据和动态数据。其中，静态数据主要是指在企业开展经营活动的过程中直接来自客户、竞争对手、政府等市场主体的信息，如客户的基本信息等；动态数据通常是企业与客户接触过程中所形成的数据，如销售合同等。数据是系统的生命，客户关系管理系统的实施一样离不开数据的支持，能否获取真实、完整的基础数据是系统实施成败与否的关键。

2. 客户关系管理系统实施的步骤

虽然客户关系管理系统的实施没有标准的步骤可供遵循，但以下几个步骤却是任何客户关系管理系统的实施都不可或缺的，如图 9-6 所示，主要包含总体规划、立项启动、产品选型、流程优化、实施应用和持续改进这六个方面[①]。

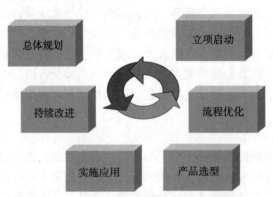

图 9-6　客户关系管理实施的六个步骤

资料来源：孟凡强，王玉荣. 客户关系管理行动手册——策略、技术和实现[M]. 北京：机械工业出版社，2002.

---

① 孟凡强，王玉荣. 客户关系管理行动手册——策略、技术和实现[M]. 北京：机械工业出版社，2002.

1）总体规划

在总体规划阶段，企业主要完成以下工作：基于 KPI 的企业运营诊断；信息化应用现状评估；现状问题分析；"机会页"分析，主要关注支撑企业进行创新的机会；明确总体的规划目标；明确总体规划的 IT 支撑系统；总体切换策略安排。其中，另外一个很重要的方面，就是从客户角度来了解整个企业，理解客户的生命周期，包括潜在客户、合格的潜在客户和现实的客户。

2）立项启动

在获得企业高层领导的支持和做好总体规划的基础上，项目开始进入启动阶段。项目的启动阶段主要包括建立项目组织和职责分工、制订项目培训计划和确定项目目标和评价方法。

（1）建立项目组织和职责分工。项目组织在职能设置上应当包含项目指导、项目咨询、项目实施，每一项功能都应当配备相应的人员支持和技术支持。项目小组是项目实施的最小单位，是客户关系管理系统实施的原动力，需要就客户关系管理的实施提供决策、建议、沟通、实施的功能保障。因此，项目小组的设置是项目启动阶段工作的重点，根据功能可以将其设置划分成实施小组和功能小组。

一般来讲，项目小组应该包括高层领导（如企业副总经理）、销售和营销部门的人员、IT 部门的人员、财务人员及所有的最终用户代言人等。其中，高层领导的作用是支持、领导和推动客户关系管理的实现。通常，高层领导可以从以下几个方面对客户关系管理的解决方案进行评价：此系统能否提供决策所需的信息？此系统能否最大限度改善现有的流程？此系统能否很好地降低成本？同样的解决方案在其他企业是否获得了成功？此系统的投资收益是否合理？相对而言，IT 部门的主要工作则是选择和安装客户关系管理系统，应当充分掌握系统有关信息，并在系统实施的每个阶段提供技术支持。销售、营销和服务等部门的系统用户对系统感到满意和顺手时，意味着客户关系管理的成功概率将大大增加。这些部门的用户往往利用如下所示的标准来评估客户关系管理解决方案：是否容易学会？是否容易使用？能否节约时间和降低管理费用？能否简化客户和潜在客户与企业的互动？能否促进公司和客户的沟通？能否提升销售的效果？财务部门则可以从以下几个方面对客户关系管理方案进行分析：对生产效率改进的评价，对运营费用降低的评估，以后系统扩展所需的费用，系统的投资收益分析等。

除了上述人员外，项目小组还应该包含外部顾问人员。一个合格的客户关系管理咨询顾问，往往具有丰富的项目实施经验，能够在客户关系管理实施之前和实施中提供企业所需的帮助，可以分析并确定企业真正的业务需求、改进对系统功能的设置。对顾问人员的选择、确定何时和怎样引入顾问人员，是项目成功与否的重要因素。

（2）制订项目培训计划。客户关系管理系统是一个兼具管理理论和信息技术的软件平台，具有抽象性、技术性和复杂性，对项目实施人员的素质要求极高。但事实上，一般企业很难储备充足的专业管理人员和技术人员，除了依托供应商技术人员支持外，培训是保障项目实施的重要手段。系统实施是一个长期、复杂的过程，这就决定了培训必须贯穿项目地始终。因此制订科学完备的培训计划的意义不言而喻。

（3）确定项目目标和评价方法。确定系统实施项目的目标是项目实施成败的价值指引和考核基础，必须以实现特定的业绩为内容，兼顾目标的可量化性和可实现性，并且结合实际制订主要目标和阶段目标。在项目实施过程中，企业可以以目标为参照，逐步改进项目实施，追求更佳的实施效果。制定或选取评价方法主要是通过制定制度性安排，确保项目考核的实现，对项目实施结果的科学评估。

3）客户关系管理系统产品选型与系统供应商的选择步骤与标准

（1）产品选型。客户关系管理系统作为一种专业的客户关系管理的软件系统，对于绝大多数企业来讲主要依赖系统供应商提供，如何选择适合自身企业的系统软件是一项关键而复杂的任务，在此对系统的选择方法进行系统介绍。

第一，明确系统实施的目标。客户关系管理系统实施的目标是对企业关系管理的目的和动机的概括，是企业选择客户关系管理系统软件的内在动力，对系统的实施具有重要价值指引和目标导向。系统实施的目标主要有：提高营销、销售和服务的业务水平；增加企业收入；提高客户忠诚度；扩大企业市场份额；改善边际利润；缩短销售周期；支持团队销售；降低运营和管理费用；提高渠道运营效率；降低经营成本等。针对上述目标，企业不能停留在表面，应当结合企业的发展状况的行业背景，分清主次、优化目标结构，努力实现近期目标和远期目标。

第二，改进经营方法。系统实施的最初目标和动机仅仅是阶段性的、暂时性的，而企业价值的增加要立足于最大化目标的实现。企业改进与客户关系管理系统相关的经营措施主要有：提高客户忠诚度；增加客户服务和支持的渠道；扩大营销、销售和服务人员队伍；引进新产品；加强市场预测；获取更多有关营销和销售的信息；提高信息访问的快捷性和简便性。企业应当结合自身情况确定经营措施改进的步骤和方式。

第三，收集软件商解决方案的信息。在确定基础目标和改进措施之后，企业的主要任务就是解决实际问题，而解决问题的关键在于如何寻求问题解决的技术支持。对于绝大多数企业来讲，系统的设计本身难度很大，企业可以选择向系统开发商或供应商获取解决方案的信息，这无疑是一种行之有效的方式。获取供应商解决方案的途径主要有：聘请咨询顾问；咨询专业的咨询公司；寻求客户关系管理方面的理论著作、案例研究和产品剖析等；访问企业管理信息化门户网站、信息化咨询公司以及软件供应商的网站；调查分析系统供应商以及系统实施的投资回报等信息；参加政府、咨询公司、供应商、行业协会等组织的研讨会、座谈会；供应商发布的直邮信息。不同的信息获取方式获取信息的成本和可靠性不同，企业可以综合自身情况自主选择。

第四，注意系统之间的集成。现代企业的运行往往不仅仅依靠个别系统的支持，而是无数系统的集成。其中多个系统之间通常存在系统实施目的、系统兼容，以及系统功能的冲突，而系统集成的目的在于实现企业选择的各个系统之间目标、功能和技术的共通性和兼容性，最好的状态当然是实现系统之间的完善和配合，因此客户关系管理系统购买需求和购买对象之间的匹配至关重要。

第五，建立适当的产品评价体系。产品评价体系主要包括产品技术评价体系和产品功能评价体系，其目的在于：根据企业产品的技术层次和功能层次选择适合企业产品定位的系统选择。在市场上的软件产品往往是分布在各个层次上的，有些是面对大型企业和跨地域企业的，有些则只是在中小企业市场上发展客户。因此，首先要明确自己需要的产品是哪一层次的，然后在这个层次上选择所需要的产品。

除此之外，企业的管理思想和管理模式、行业特性等因素对系统的选择也同样重要。因此，在进行系统软件决策时，还必须考虑系统本身融入的管理思想和模式及其与目标企业的一致性问题，充分考虑系统所涉及的行业是否与其企业的行业特性相一致以及能否满足企业对系统的行业要求等。

（2）客户关系管理供应商的选择。客户关系管理供应商的选择和客户关系管理软件的选择同等重要。现在，客户关系管理是一个热门的话题，很多软件商都在利用这个理念。但是，各软件商的产品和服务的质量却良莠不齐。在进行供应商选择时，供应商已有的经历是重要的评价因素。

总体上讲，那些有多年经验、有许多成功案例、在未来相当长时期内能够生存下来的公司，是值得信赖的。另外，这种公司还应该能够很好地进行沟通，对于企业的要求和需求能够很快地作出回应，并提供良好的售前服务、售中服务与售后服务。一般而言，良好的供应商应该能够满足以下要求：①识别企业的业务流程需求；②培训项目小组；③设计、配置系统；④提供实施和技术支持；⑤培训系统用户、经理人员和维护人员；⑥提供持续的技术支持服务。

客户关系管理供应商的选择，决定了客户关系管理项目的咨询、实施、安装和培训的有效性。如果不能够为系统的持续改进和运行提供可靠的支持，那么最好的软件和最新技术也只能是一种财力的浪费。

4）流程优化

如前所述，客户关系管理的实质是在充分挖掘客户需求的基础上，通过提供差异化的个性化产品和服务来提升客户的满意度和忠诚度，进而提高企业的收益。在此过程中，企业每个部门的业务流程乃至整个企业的业务流程都必须以客户为中心，共同服务于客户价值的创造与交付以及客户体验塑造。这就需要企业在上述几项工作的基础上，重新思考企业的所有业务流程，特别是跟客户有关的全部业务流程，并基于优化思维对业务流程进行重新设计和再造。

5）实施应用

在这个阶段，实现客户关系管理系统的配置和初始化，满足大部分的各种各样的业务要求，所需的软硬件也要在这个阶段进行安装，并且完成对企业员工的使用培训。

（1）完成系统的配置并进行测试。对系统所能实现的功能进行全方位的检验，看其是否充分地满足企业在功能上的需要。

（2）完成系统数据的初始化。客户关系管理系统的分析功能，依赖于系统初始数据量的大小。大量的事实表明，那些管理制度完善、历史资料齐全的企业，在这一阶段结束后，系统就显示出了强大的"商业智能"，可以为企业的决策提供强有力的支持。

（3）使用培训。可以在各部门中选择员工参加由软件商提供的使用培训，使其成为新系统方面的专家，然后再由他们负责对所有系统用户和管理人员进行培训。这也对企业员工的素质提出了更高要求。对于在企业从事销售、营销和服务的员工而言，计算机技能变成了必不可少的条件。但在现实情况下，我们经常会看到，由于销售人员的计算机水平有限，当企业实施客户关系管理系统时，往往不得不再招聘新员工来完成计算机操作，这无疑违背了客户关系管理系统的初衷：提高效率、机构精简和提高管理水平。同时，这也很难保证数据的质量和及时快速地对客户需求作出反应。

（4）局部实施。客户关系管理系统的实施，应该先在小范围（用户小组）进行运行和测试。客户关系管理系统的实施，对业务流程与资源分配等方面造成了很大冲击，所以在最终实现和项目启动之前，应该多方面收集用户反馈的信息：一方面，对系统中存在的问题和需要改进的地方进行修正；另一方面，使用户看到使用该系统可以带来的好处。这样，系统实施的阻力就会减少，可以在更大的范围内得到支持，特别是得到企业高层的支持。

（5）最终实施和项目的展开。这是系统实施的最后阶段，这一阶段对项目组人员提出了时间要求。因此，就有必要给每个成员发放一份实施进度表，并在表中说明项目实施的每一阶段应该完成的工作，以及在此阶段之前应该完成的工作。

在整个项目的实施过程当中，应当按照项目管理的要求组建项目团队，团队的组成人员应该是既有管理素质又熟悉业务的复合型人才。而项目的实施不仅要关注能够量化的最终结果，也应该关心全过程中的定性指标的改进，例如企业可以邀请社会上的专家来进行评估，并制订下一步的持续改进计划。

6）持续改进

客户关系管理系统项目的实施不可能一蹴而就。作为一个管理项目，它的效果是通过不断地改进而体现出来的，即开展"持续改进"（continuous improvement）工作。具体而言，企业可以在内部设置一个全日制的系统管理员，实现技术上的自给自足和便利。同时，为了培养内部的专家，还可以在项目的计划阶段就让其参与客户关系管理系统项目。鉴于客户关系管理系统的技术知识工作是很复杂的，因此要确保解决方案提供商能够向内部专家提供技术上的帮助。从技术方面来讲，很多客户关系管理系统提供了性能指标功能，即系统向相关人员提供相应的数据，或方便地获得这些数据。此外，为了确保系统能够产生预期的好处，应该在系统向全部用户开放前进行测试。如果不能满足需求的话，就要花时间对工具进行改进。在此过程中，用户的反馈往往可以为这种改进提供很好的依据。

在持续改进阶段的主要工作有：①确定持续改进的组织设置，明确人员安排；②持续开展宣传活动，克服"项目已经结束"的思想；③企业与厂商、服务机构经常保持联系，了解最新行业动态和企业应用情况；④可以在媒体上宣传项目的实施情况，同时提升企业品牌；⑤参加一些交流协会和组织，不断获取最新信息等。

3. 客户关系管理系统的实现方式

1）客户关系管理系统实现的几种方式

综合来看，客户关系管理系统的实现方式主要有以下几种：战略结盟、内部半自动化、利用网络、跟大企业合作以及利用客户关系管理系统软件供应商等。

（1）战略结盟。导入客户关系管理，所需的花费往往十分惊人。对中小企业而言，并不是那么容易就能够负担得起的，但仍有许多其他方式可以实施客户关系管理。例如，许多咨询公司建议，如果事前规划清楚的话，不同行业的小企业可以通过结盟的方式共享资源，这不失为一种好方法。

（2）内部半自动化。中小企业可以通过半自动半人工的程序设计来实施客户关系管理。例如，通过 Microsoft 的 Excel 与 Access 软件，配合经验进行分析与检测。

（3）利用网络。提供客户关系管理所需要的数据处理与分析以及在线软件资源共享等服务，这种低成本、高效益的方式受到许多中小企业的青睐。

（4）跟大企业合作。中小企业可以与大企业合作，从局部建立客户数据库来开始实施客户关系管理。

（5）利用客户关系管理系统软件供应商。这种方式有其自身的优点和缺点。其中，优点主要有引进速度快、引进成本低、稳定度高、扩充性高，缺点则是选择性低、整合性低、个性化程度低、风险较高。

2）通过技术实现客户关系管理战略规划

企业在制订明确而清晰的客户关系管理战略规划之后，就需要考虑如何将战略通过相关技术加以实现[1]。在这一过程中，企业需要考虑的问题很多。其中，典型的问题是：如何把业务与相关数据对应起来？如何对现有的 IT 系统与客户关系管理系统进行协同？一般而言，企业要想将客户关系管理战略规划通过技术加以实现，那么获得企业所有人员的认同、建立客户关系管理项目实施团队、商业需求分析、客户关系管理实施计划、客户关系管理软件选择、相关技术、服务供应商的选择、客户关系管理系统的实施与安装以及客户关系管理系统的持续管理等工作，都是至关重要的，如图 9-7 所示。

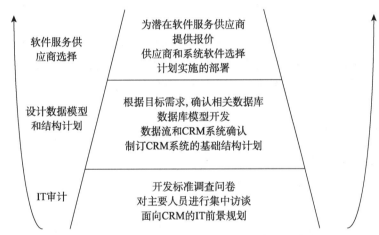

图 9-7　利用技术实现客户关系管理战略的步骤

资料来源：叶开. 中国 CRM 最佳实务[M]. 北京：电子工业出版社，2005.

（1）获得企业所有人员的认同。客户关系管理需要企业各方面专业人才的参与。由于客户关系管理涉及企业内多个不同的领域，因此获得销售、营销、客户支持、财务、制造、货运等各个部门的支持十分重要。通过相关部门成员的参与，企业在正式实施客户关系管理之前就能获得必要的资源支持，并推动相关部门的合作，帮助他们接受客户关系管理。即时将每一阶段的信息传递给有关部门，强调客户关系管理带来的好处，可最大限度地减少各方面的阻力，增加项目成功的机会。

（2）建立客户关系管理项目实施团队。项目获得各相关部门认可后，就可着手挑选客户关系管理项目实施团队的成员。这个团队是项目实施的核心，负责作出重要决策和建议，

---

① BULL C. Strategic issues in customer relationship management implementation[J]. Business process management journal, 2003, 9(5): 592-602.

并将客户关系管理实施过程的细节和好处介绍给企业所有人员。客户关系管理项目实施团队应包括来自销售与营销、信息服务/技术部门、财务部门的相关人员和企业高层管理人员，以及最终系统用户的代表。团队各成员代表企业内不同部门提出对客户关系管理的具体业务需求，客户关系管理的实施将充分考虑到这些需求。另外，可寻求外部的客户关系管理专家（一般是专业咨询公司的客户关系管理顾问）的加入。经验丰富的顾问能在客户关系管理开始实施前及实施过程中提供有价值的建议，协助企业分析实际商业需求及建立项目工作组，并与项目实施团队一起审视、修改和确定客户关系管理实施计划中的各种细节，从而帮助企业降低项目实施风险和成本，提高项目实施的效率和质量。

（3）商业需求分析。项目实施团队成员应就一系列的问题向销售、营销和客户服务高级经理进行了解并进行认真研究，并使他们在"什么是理想的客户关系管理系统"这一问题上达成共识。同时，在每一部门内部确认客户关系管理的主要目标，然后向他们进一步说明客户关系管理将如何影响整个企业及相关部门。在计划目标的确定过程中，可吸收外部客户关系管理顾问的参与。外部顾问站在第三方立场参与调查并协助进行需求分析，从而帮助企业确定最佳的客户关系管理实施目标，并能提供客户关系管理解决方案所需要的技术支持。基于调查结果的商业需求分析将最终保证企业更好地制定和实施客户关系管理蓝图。

（4）客户关系管理实施计划。有了较完善的客户关系管理蓝图后，还必须制订具体的实施计划，该计划应包括将客户关系管理构想变成现实所需的具体程序，并充分考虑以下要素：从哪里开始寻求客户关系管理解决方案？如何判断客户关系管理解决方案是否适合企业需求？在可能适合的几个客户关系管理解决方案中，怎样进一步缩小选择范围？在最终选定客户关系管理解决方案之前，还应该考虑什么？

（5）客户关系管理软件选择。软件的选择应考虑到企业当前的技术基础和实际需求。客户关系管理软件至少要能提供以下主要功能：联系与账户管理、销售管理、远程营销/远程销售管理、客户服务管理、营销管理、商业智能、电子商务。当然，上述功能并未包括客户关系管理软件能为企业做出的所有工作。首先要设法达到企业客户关系管理项目实施团队已经确定的目标，然后再去研究目前或将来能使企业受益的其他因素。

（6）相关技术。企业必须注意相关技术的灵活性和兼容性。没有任何两家企业的需求完全相同，所以并不存在适合所有企业的客户关系管理解决方案。选择的所有技术都必须是开放的，并且可以进行一定程度的定制。此外，还需要能够与企业现有的 IT 基础设施完美整合。

（7）挑选供应商。最好将复杂的客户关系管理计划委托给一个拥有丰富客户关系管理和行业经验的咨询服务商，以帮助选择一个可信赖、拥有强大技术支持能力、便于沟通，并且对你的需要和要求有所反应的供应商。

（8）客户关系管理系统的实施、安装与持续管理。在实施和安装了客户关系管理系统之后，持续管理也至关重要。对于客户关系管理系统基础设施，企业一定要提供业绩衡量标准。该系统必须有效地获取适当的数据，并为接触的每个个体提供途径。为了保证系统能够带来所希望的收益，在将其推广到所有用户之前一定要加以测试。如果它的表现无法让你满意，那么花点时间对其进行修改，直到满意为止。最后，客户关系管理系统还应为监管指导委员会和项目工作组提供反馈信息。这样做，能够使人更好地理解什么有效、什么无效，以及存在哪些可以提高技术投资成效的机遇。

3）通过自主构建实现客户关系管理系统

企业要开发构建客户关系管理系统有两种方式：公司组织人员进行自主开发，委托开发公司进行研发。不管是通过哪种方式，都有其一般过程。如图 9-8 所示，这一过程主要包括以下步骤：①定义需求。对现有业务需求和将来的业务需求进行定义，定义长期的技术架构需求。②整合资源。整合已有的 IT 系统资源、对信息系统软硬件的投资、技术人员和行业资源。③规划。对整个体系进行以下几个层面的规划，包括战略规划、项目规划和系统规划。具体规划内容包括基础结构和需求规划，系统规模和可扩展性规划等。④时间设定和成本决定。确定整个客户关系管理系统的开发、实施、试用周期。确定相关的人力资源、维护、机会成本等成本。⑤选择实现技术。依据技术成本、技术研发时间、技术的生命周期和可扩展性进行选择。⑥选择架构。根据企业的不同需求，对客户端、浏览器、离线的结构进行选择。⑦测试。对客户关系管理系统的技术基础结构、应用、数据、升级等进行测试。⑧培训。为了让相关人员能顺利使用系统，企业必须对技术、使用、数据分析和维护等进行培训。

图 9-8　自主构建客户关系管理系统的步骤

资料来源：王永贵. 客户关系管理[M]. 北京：清华大学出版社，北京交通大学出版社，2007.

4）通过购买系统实现客户关系管理

购买客户关系管理系统，是指企业通过购买成熟的软件包或者软件平台来实现客户关系管理。但在使用时，企业却需要个性化定制。购买客户关系管理系统，往往需要一次性的大规模投资，而且要求高水平的系统实施，因而也必须遵循一定的过程，如图 9-9 所示：①定义需求。与自主构建不同的是，系统购买的需求定义主要瞄准企业内部的需求。②整体规划。这与自主构建的规划相一致。③功能需求报告。形成需求报告，为招标的功能需求作出说明。④客户化定制。与自主构建不同，系统购买通过一个成熟的软件或软件平台进行定制化。⑤系统整合。与企业原有的信息系统进行整合，如数据的整合。⑥制订实施计划。对客户关系管理系统的实施制订计划。⑦效果评估。评估客户关系管理系统的效果，并进行持续的优化。⑧版本升级和系统维护。根据客户关系管理厂商发布的升级包进行升级；企业可以通过自己培养维护人员，当然也可以使用客户关系管理厂商的有偿服务。图 9-9 概括出通过购买客户关系管理系统实现客户关系管理的一般步骤。

4. 客户关系管理系统实施失败的原因和成功策略

1）客户关系管理系统实施失败的原因分析

就客户关系管理系统的实施效果而言，大多数调查和统计显示：80% 左右的客户关系管理系统实施后并未达到企业当初的预期。尽管如此，企业仍有可能在客户关系管理方面作出更大的投入。根据相关调查结果，企业实施一个典型的客户关系管理项目需要花费 0.6

亿～1.3 亿美元，除此之外，企业还需要投入大量的时间来维护项目的运行。在客户关系管理项目实施的失败率如此之高且企业投入又如此之大的情况下，厘清客户关系管理系统实施失败的原因就十分必要。综合来看，客户关系管理系统实施失败的原因有以下几点。

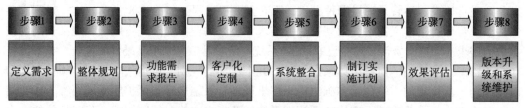

图 9-9　通过购买系统实现客户关系管理的步骤

资料来源：王永贵. 客户关系管理[M]. 北京：清华大学出版社，北京交通大学出版社，2007.

（1）缺乏客户战略。企业可能在缺乏客户战略的情况下就开始实施客户关系管理系统，从而导致企业并没有把客户利益放在首位，却错误地认为客户关系管理系统的实施是为了解决企业的内部问题。因此，在整个企业内部树立正确的客户战略，真正站在客户角度来理解客户服务流程是至关重要的。

（2）没有对企业进行调整。企业在实施客户关系管理系统之前，必须提倡客户导向价值观，开展新的业务流程，进行员工培训并重新定义工作职责，同时解决其他一系列与客户策略相关的问题，以便使组织能够适应所实施的客户关系管理系统并实现真正的整合。例如，在客户索要报价时，销售人员往往不仅需要客户关系管理系统中的信息，而且更需要来自后端系统的准确的产品价格、库存及相关财务信息。如果后端支持不够，而客户接受报价并下了订单，那么事情就会变得更加糟糕。可以说，在信息没有集成、企业内部组织没有实现整合的情况下，接受订单通常意味着一系列跨部门的手工操作，进而导致数据重复输入和错误，最终导致订单履行的延误和客户满意的降低。

（3）数据质量问题。客户关系管理实施能否成功的关键核心在于数据，而数据质量的高低则是决定客户关系管理系统能否得到应有的投资报偿的重要因素。

（4）厂商的选择和关系处理。企业可能会相信一些客户关系管理厂商的"浮夸"，从而导致厂商选择的错误。还有，在完成厂商选择以后，企业可能无法与厂商进行互相支持的合作。

（5）缺乏测量标准。根据 Giga Information Group 的调查[①]，仅有 30％的企业已经或正在为其客户关系管理建立测量机制，55％的企业计划测量客户关系管理所带来的利益，但还没有明确的方法。因此，Giga Information Group 提出建议，企业应该采用诊断性测量标准以便确保员工充分而正确地使用客户关系管理系统。

（6）忽视培训的重要性。如果将客户关系管理系统交给没有经过系统培训的、技巧娴熟的员工，那么客户关系管理系统的实施可能就会发生许多问题。因此，提高企业内部的执行力，是提升客户关系管理实施成功率的保证之一。

2）客户关系管理系统实施的成功策略

如果说客户关系管理源起于销售自动化，那么在前述所归纳的失败原因，就可以理解为使用原有的销售自动化控制方式来管理客户关系管理系统，但这一控制问题又是两方面的。

一方面，客户关系管理系统实施成功与否取决于企业销售团队的能力。一般而言，仅

---

① Giga Information Group, http://www.gigaweb.com，2020-02-12.

仅依靠销售人员来获取客户信息是一项十分冒险的决策。如果销售人员介入信息工作，企业可能会面临把销售人员转变为数据录入员的尴尬境地。但如果他们不介入这一工作，单独雇用一位客户接触管理人员又费用不菲。在这种情况下，不少销售人员都是被迫接受客户关系管理的实施。为了解决这一问题，就必须寻求其他的信息渠道，并向销售团队提供有效的指导，提供有关客户信息、订单状况、使用情况、财务情况及其他历史资料。总之，要尽可能把销售人员纳入客户关系管理系统之中，并帮助他们获得可以提高业绩的相关信息。

另一方面，战略往往关注企业自身而不是客户。但事实上，客户却拥有最终控制权。如果企业不能够满足客户需求，客户很可能转向竞争对手。为了解决这一问题，企业可以塑造完整而统一的客户观念，对企业内部所有系统的信息加以整合并供与客户互动的服务人员随时使用。只有在客户关系管理实施过程中成功地实现诸如此类的转换，才有可能提高客户关系管理实施的成功率和最终实施效果。

从上述两个方面不难识别出使客户关系管理迈向成功的解决办法，即整合并利用现有信息，让客户关系管理系统真正做到有效地管理客户关系。为此，在实施客户关系管理系统之前，首先得到重视的应该是客户关系，而并非管理。这就意味着企业要识别、吸引和获取真正的关系客户，拜访客户，查找客户的购买经历，解释、剖析客户所面临的问题并努力加以解决。可以说，从客户视角了解自己所经营的企业，是成功的客户关系管理系统的第一步。

本书已多次提及客户生命周期的概念。实际上，为了成功地实施客户关系管理系统，企业必须充分理解客户生命周期的内涵并妥善地加以应用。例如，企业可以利用客户生命周期模型（图9-10）来理解客户购买过程的主要方面，而一旦理解了客户的整个购买体验，就可以了解某些客户关系管理系统崩溃的真相。在实践中，不少企业在客户生命周期的一开始就失败了，其销售队伍并没有对潜在客户的询问作出快速而有效的反应。在客户生命周期的第二阶段，企业的销售人员应该积极地与客户进行互动，了解他们的需求并推广企业的产品和服务。在这一阶段的末期，容易发生另一次系统失败：这时，潜在客户往往会对报价作出回应，而销售人员不仅需要客户关系管理系统中的信息，而且也需要系统后台所提供的准确价格、存货水平和会计信息等。如果没有有效地加以整合，订单的处理可能要经历一系列的跨部门的手动过程，从而有可能导致重复数据目录、浪费精力和出现各种错误等。

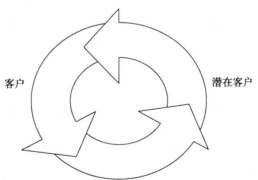

客户　　　　　　　　　　　　　潜在客户

满足条件的潜在客户

图 9-10　客户生命周期模型

资料来源：LI B, YOU W, XUE J, et al. Customer life cycle oriented customer relationship management nodel[J]. Information and control, 2003, 32(2): 160-164.

在实践中，不少企业发现：在客户生命周期中，最大的失误往往是由企业内部系统的局限性所导致的。这类系统的设计都旨在为企业内部的特定流程提供支持，但却并不为客户购买过程提供支持。结果，内部系统中最显著的失败往往发生在一个系统结束工作而另一系统刚刚开始运转之时。然而，取消系统并重新构建往往是不切实际的，企业面临的选择往往是设法对这些系统进行无缝整合，以便能够为客户管理提供支持。正是从这个意义上说，客户关系管理的成功是整合的成功。只有使客户关系管理系统与企业的其他系统，如 ERP 系统、网页和其他应用系统协同地发挥作用，才能挖掘出客户关系管理系统的最大潜能。为了将上述思想付诸实践，可以因循这样的思路：了解了客户的购买过程并加以描述；开发用来描述和反映客户关系管理障碍因素的概念模型；提出相应的整合问题以揭示它们的财务影响和所要实现的目标等。表 9-1 总结了成功实施客户关系管理策略的具体情况。

表 9-1　成功实施客户关系管理策略的具体情况

方面	在客户生命周期中对这些方面加以阐述
整合障碍	阐述整合障碍
问题/机会	阐述你所发现的问题和由于整合阻碍而消失的机会
财务影响	问题和机会的影响：增加收入、降低成本、客户满意、股票价格等 把这些影响用财务方式表示出来
目标	衡量客户关系管理系统成功实施的标准是什么？ 问题解决和机会确认的标准是什么？如何用量表把它们表示出来？
工作流程	在不考虑当前系统限制的前提下，跨越多种应用领域描述流程的步骤 如果用一个系统支持整个流程，这一系统是如何发挥作用的？
战略/战略规划	概括出解决问题和利用机会的方式 如何才能成功实现这种方式？
整合的接触点	找出系统中的各种不同领域 对这些领域中的整合流程加以支持
事件管理	描述触发这类整合流程的事件 发生的频率如何？需要整合的信息有多少？
成功的障碍	为保证实施成功所要避免的陷阱 描述对任何风险的清晰理解以及风险缓冲计划

资料来源：王永贵. 客户关系管理[M]. 北京：清华大学出版社，北京交通大学出版社，2007.

3）客户关系管理系统实施的风险及防范

本书将风险界定为潜在的危险，从理论上对客户关系管理系统的实施风险加以剖析，可以发现客户关系管理系统实施所具有的与其他系统实施不同的几类风险。

（1）系统使用者。客户关系管理系统的使用者与财务系统或者企业资源规划系统的使用者有着本质差异。这个论断的基础是这样的：在心理测量结果中，销售人员往往具有获得更高水平自主权和影响力的倾向，因而往往难以管理——很可能会消极抵抗。比较而言，会计人员则表现出"稳定和顺从"。源于系统使用者的消极抵抗风险主要表现出以下几个关键特征：①使用者并非心甘情愿地支持项目或使用系统；②适应于用户工作风格的用户接口设计不够友好；③加入客户关系管理实施项目的使用者数量与实施时间不成比例；④许多使用者都与变革过程相联系，这可能意味着系统实施初期存在于系统中的数据不足，从而在一定程度上制约了使用者可以从系统中获得的收益，无法快速取得成功和无法有效地提供系统支持。

（2）使用流程。相对于财务和制造系统而言，往往很难精确地界定销售、营销、客户服务和其他客户生命周期组成要素中所使用的流程，而且不少企业在不同部门之间缺乏共同认同的规则和默契。概括而言，与特定的客户关系管理流程相关的风险或误区主要有：①重心放置在技术上，而并非在流程改造上；②由于全面解决方案的界定和设计困难，结果导致系统说明困难或在定义阶段浪费了太多时间；③由于过分强调流程的"计算机化"而导致机会的丧失；④生成许多分离的策略系统，而不是整合的有机系统；⑤把组织文化和人员因素从流程再造中剥离出来。

（3）内部政治冲突和既定利益。在客户关系管理系统的组织动态中，内部政治冲突往往扮演着比在其他业务领域更为重要的角色，这主要归因于变革范围和变革速率。这种特定的风险主要包括：①高层管理者可能流动，系统支持者可能受到损害，这意味着系统也可能遭到损害；②内部政治冲突可能导致项目的拖延；③内部政治争论可能导致承诺支持的失败；④内部政治冲突可能导致产生次优战术系统的妥协。

（4）流动性需求。聚焦于销售的客户关系管理系统，通常会涉及多种销售渠道，如互联网、电话销售、业务伙伴和现场销售团队等。对流动性的需求，使客户关系管理系统在管理或者技术方面与其他系统有着显著的差别。相关的风险主要有：①流动沟通的系统失败或者整合失败；②为流动性使用者提供不适当的支持。

（5）投资不当。在客户关系管理系统中，关于为何投资不当是个很特别的问题。之所以会产生这种现象，原因有很多，如流程再造成本的低估或没有预测到的问题等。与投资不当相关的风险主要包括：①在需求的界定、变革的管理、流程的再造和培训中存在风险；②不适当的系统管理；③没有及时更正错误；④系统升级失败等。

9.3.4 基于云的客户关系管理系统

客户关系管理系统是先进的管理思想、经营理念与信息技术的集成，而云计算技术的发展，则给企业的自动化系统在技术方面带来了重大变革。时至今日，基于云的客户关系管理系统已经成为客户关系管理系统的一个重要发展方向，并将得到更为广泛的应用。

1. 云计算的服务类型

云计算是由网格计算发展而来的，前台采用用时付费的方式，通过 Internet 向用户提供服务。云系统后台通过大量的集群使用虚拟机的方式，经高速互联网络实现互连，组成大型的虚拟资源池。这些虚拟资源可以自主管理和配置，用数据冗余的方式保证虚拟资源的高可用性[1]。通常，云计算服务主要包括基础设施服务、平台服务和软件服务三种基本服务类型，主要为用户提供数据处理、储存以及商业应用功能[2]。

---

① 陈全，邓倩妮. 云计算及其关键技术[J]. 计算机应用，2009, 29(9): 2562-2567.

② CHEN Y, WU C, CHU H, et al. Analysis of performance measures in cloud-based ubiquitous SaaS CRM project systems[J]. The Journal of supercomputing, 2018, 74(3), 1132-1156.

（1）IaaS（Infrastructure-as-a-Service）：基础设施服务。在这种模式下，用户通过互联网取得基础设施提供的硬件支持，并根据用户的需求提供数据运算、数据储存等功能和网络资源等。基于这些基础服务，用户可以安装、调试和运行各种操作系统和应用程序。此外，为了充分利用基础设施服务提供的硬件资源，IaaS 层还采用了虚拟技术，应用 Xen、KVM、VMware 等虚拟工具，为用户提供可靠的、伸缩性强的、个性化的 IaaS 层服务。

（2）PaaS（Platform-as-a-Service）：平台服务。PaaS 为云服务创造应用环境，并提供应用程序部署与管理服务。PaaS 平台主要包括操作系统、编程语言的运行环境、数据库和 Web 服务器，用户可以在平台操作和使用有关程序。但是，因为平台限制，用户通常仅仅能够操作自己的应用，并不能对基础设施产生任何影响或改变。由于互联网平台（如 Facebook、Google、淘宝等）的爆发式的数据增长，PaaS 层应当不断提升庞大数据资源的处理能力，并加快改进资源管理与调度的策略水平以提高处理效率。

（3）SaaS（Software-as-a-Service）：软件服务。SaaS 是以云计算平台为基础开发的应用程序服务，云应用供应商在云端实现应用程序的安装和使用，用户借助 Web 浏览器等客户端实现应用软件的操作和运用。同样，用户无法控制基础设施平台，仅仅能够在一定范围内对应用程序进行设置。

基于云的客户关系管理系统是以云计算为技术支撑，将系统的不同模块组合成多个可任意结合或分散的数据包，并将这些数据包架构在云平台上，最终形成不同软件应用。SaaS 作为其中最常见的服务模式，已经被广泛应用到企业资源计划和客户关系管理实践当中。

2. 基于云的客户关系管理系统优势分析[①]

1）突破物理隔阂并实现云共享

云计算作为一种高端的数据计算技术，将各种资源、数据和应用转化成服务，然后通过网络提供给用户。以"资源共享、按需分配"为理念，通过虚拟化技术打破物理硬件的壁垒，将企业的 IT 基础设施整合为虚拟资源进行统一管理，按照各应用系统的不同需求进行分配，解放传统硬件设施在数据传输和共享方面的束缚，实现数据在云端及时、高效、优质的共享。

2）降低硬件投入和运营成本

云计算技术有助于实现客户关系管理系统中传统硬件、管理、维护和升级的"云"化。一般而言，系统中的基础设施需要的硬件设备和软件实施环境通常由云计算服务商提供，软件服务商只需要承担服务费用，不需要进行硬件的扩充与维护。这对于客户关系管理系统服务提供商以及最终用户来说，在很大程度上降低甚至免除了老式系统的硬件投入。再加上管理、维护和升级的"云"化，无疑为客户关系管理系统的参与各方实现了成本和效率的优化。

3）系统安全性高

传统的客户关系管理系统体现出对物理硬件的依赖以及系统维护、升级的时空局限，

系统盗版和数据泄密、系统瘫痪等情况频发。而基于云的客户关系管理系统拥有庞大的云计算资源支持，即使局部的系统故障，也不会波及整个系统，客户可以通过其他云位置登录继续使用系统资源。加之云计算供应商在维护保障、数据安全等方面更加专业，系统安全性达到历史最高点。

4）便于深度分析

云计算的技术优势主要在于对海量数据与信息实现即时、准确、高效的分析和处理。跟传统系统比较而言，通过云计算技术对现有用户和潜在用户的公开数据资源进行深度分析与挖掘，可以为系统用户提供更加广泛、增值的附加服务。这一点应该是云计算完全不同于传统客户关系管理模式的一个创新点，这一优势必将为服务供应商和最终用户提供更多的机会和更为丰富的体验。

3. 基于 SaaS 模式的客户关系管理系统

在国外，IT 外包已经是降低成本的有效方式，但在国内还没有为企业所广泛接受。实际上，IT 外包在模式上已经从传统的 ASP（application service provider，应用服务提供商模式）模式逐渐发展到当前的 SaaS（software as a service，软件服务）模式。

1）SaaS 成熟度模型

2006 年，Chong 等人首次提出了 SaaS 成熟度模型，从而为 SaaS 的概念明确、软件设计目标和原则提供了理论依据[①]。概括来说，SaaS 成熟度模型提出了四种成熟度层级，具体内容可以概括如下[②]。

（1）特定的/定制的。第一级成熟度与 ASP 模式相似，不同的客户拥有能够满足其各自需求的定制版本的应用实例。

（2）可配置性。与第一级成熟度不同，供应商向客户提供的所有应用实例都实施同样的代码，而满足客户个性化需求的这一功能体现在其所提供的各种各样的配置，客户可以对这些配置进行选择，并基于此实现对应用行为和外观的改变。

（3）可配置性与多用户效率。对于第三级成熟度，供应商依靠单独的个体案例来满足不同客户的需求。它向客户提供的个性化体验，是充分利用了对元数据进行的配置。同时，提供的授权与安全性策略也能很好地区分出不同客户的数据，保证用户使用效率。

（4）可配置性、多用户效率与可扩展性。第四级成熟度最高，关键在于供应商在客户和提供的应用实例之间巧妙地运用了负载平衡的服务器群。同时，SaaS 系统在第三级的基础上还增加了可扩展性功能，通过灵活地调整后端服务器的数量，可以轻松地迎合大规模客户的需求。

2）Saleforce 公司的 SaaS 模式

在建立基于云的客户关系管理系统方面，美国 Saleforce 公司研发的在线 CRM 软件系统走在了技术的前列。该公司主要研发的在线 CRM 软件系统基于 PaaS 和 SaaS 平台，并

---

① CHONG F, CARRARO G. Architecture strategies for catching the long tail[EB/OL]. (2006-08). http://www.Microsoft.com.
② CARRARO G. SaaS simple maturity model[EB/OL]. (2006-03-06). https://docs.microsoft.com/zh-cn/archive/blogs/gianpaolo/saas-simple-maturity-model.

以企业数据结构为整体框架，拆分成无数个数据包，再根据具体企业的不同数据结构进行快速拼装组合的软件平台。Saleforce 公司在亚洲航空关于满意度提升的实践，就是一个成功的例子[①]。

亚洲航空（Air Asia）作为"世界知名低成本航空公司"，拥有广阔的航线网络，覆盖泰国、菲律宾、马来西亚等超过 150 个国家或地区，其客户满意度部门必须运用八种语言和六种沟通渠道完成工作，这无疑是一项艰巨的任务。Saleforce 公司在亚洲航空满意度提升的实践中，综合运用 Service Cloud、Sales Cloud 和 Community Cloud 等产品解决亚洲航空在服务、销售和人员管理方面的问题。其中，Service Cloud 主要帮助亚洲航空将网页表单、实时聊天、社交媒体和电话通信结合起来，清除客户通信的障碍，提供可以使用一种语言集中管理的、全方位的客户服务；Sales Cloud 系统已经部署到了 12 个市场的 120 位销售代理，其帮助亚洲航空建立标准化销售流程，提高销售渠道的可见性，并衡量销售效率以及代表亚洲航空的旅行社的绩效；Salesforce 协助亚航集成 Google 服务，利用 Google Analytics 通过 Salesforce Community Cloud 获取数据，并建成了已有 400 000 多名员工通过注册的、全新的亚洲航空社区知识库。

9.4　现有客户关系管理系统厂商的介绍

为了帮助读者更好地理解客户关系管理系统和更有效地实施客户关系管理系统，下面就简要地介绍一些比较常见的客户关系管理系统，并加以简单评价。

9.4.1　客户关系管理系统厂商分类

近年来，企业服务领域发展趋于平稳，但很多企业仍然在不断突破，寻找新的发展契机。对于客户关系管理系统软件市场而言，面对新的市场环境和技术环境，诸多厂商同样致力于挖掘更具价值的创新点和利润增长点。目前，对于系统厂商的划分主要基于市场细分和技术改造两个维度[②]。

1. 基于市场细分的分类模式

这种分类方式主要围绕系统厂商各自占有的细分市场不同将厂商划分为五种类型：第一种类型是以销售管理、销售漏斗为核心产品的厂商。这些厂商将产品定位于有计划地完成销售业绩，如 Salesforce、Oracle、SAP、销售易等。第二种类型是以帮助销售人员做营销、实现销售人员连接客户为核心产品的厂商。其出发点是帮助销售人员解决销售难题，并收集相关数据和流程，对企业销售预测和销售策略的制定有重要作用，如六度人和 EC、智简、腾讯企点等。第三种类型是以营销渠道管理为核心产品的厂商。这些产品能够帮助

---

① 亚洲航空为新一代乘客全面改进客户支持服务，永无止境[EB/OL]. [2020-02-14]. Salesforce. https://www.salesforce.com/ cn/customer-success-stories/airaisa/.

② 浅析 CRM 软件服务市场的现状[EB/OL]. [2018-09-27]. http://www.sohu.com/a/256484270_251620. 2018 中国 CRM 趋势洞察报告[EB/OL]. [2017-12-25]. http://column.iresearch.cn/b/201712/819061.shtml.

企业实现自有电商平台、线下商店、微店、电话营销、第三方电商平台等多种营销渠道的统一管理，如用友营销云、云徙科技、SAP、Salesforc、Oracle 等。第四种类型是以客户服务为核心产品的厂商，其产品以提升客户服务的效率和满意度为价值追求，并在此基础上进一步地实现销售目标，如小能客户、智齿客服、Udesk、青牛软件等。第五种类型是以数字营销内容及其管理为核心产品的厂商，其产品的最大特点是帮助企业进行数字营销的制作、发布及管理，通过客户信息的收集和反馈实现企业与客户的连接等转化，如易企秀、互动吧等。

2. 基于技术改造的分类模式

这种分类方式依据系统厂商改造或革新的不同技术基础将系统厂商分为四类[①]：第一类是以管理软件套件起家的大型软件企业，如 SAP、Oracle、用友等，这些企业也在不断尝试着向 SaaS、互联网转型。第二类是新兴的 SaaS 模式供应商。这些企业往往具有很强的互联网技术基础，能够实现电脑终端和移动终端之间的灵活应用，如 Salesforce、微软 CRM 等，已经发展成为基于新兴的 SaaS 模式的客户关系管理服务供应商的主力军。第三类是移动端的新型供应商，如纷享销客、销售易等。第四类是以社交网络为价值源头的供应商。这些企业致力于建立以客户为中心、能够满足即时通信的全流程闭环式客户关系管理系统，比如阿里钉钉、腾讯企点等。

9.4.2 客户关系管理软件厂商介绍

1. Salesforce 公司的客户关系管理系统[②]

1）Salesforce 公司的客户关系管理系统

Salesforce 公司提供的客户关系管理系统软件是一款支持客户联系信息存储以及客户活动跟踪功能，帮助企业管理并维系与客户的关系，进而提升客户服务质量以完成更多交易的客户关系管理解决方案。

2）Salesforce 公司的客户关系管理系统功能模块

（1）销售管理。Salesforce 系统使用的销售管理软件 Sales Cloud 支持企业客户通过任何桌面或设备来管理客户联系信息，追踪销售线索并将其转化为销售机会，进而达成更多交易。Sales Cloud 具有以下功能：第一，为客户提供个性化的购买体验。Sales Cloud 将销售、营销、财务、付费和服务团队进行连通，引导潜在客户完成个性化的购买历程。第二，为客户打造个性化的销售策略。Sales Cloud 立足实现流程标准化和手动任务自动化，使得客户可以在任何设备上轻松访问数据，甚至可以离线访问，并借助内置 AI 为客户提供见解、指导和预测。第三，扩大企业影响范围，并随时调整策略。Sales Cloud 支持企业用户查看团队绩效、跟踪销售代表执行情况等，适时调整销售策略，以便进入新行业、新市场。

（2）营销管理。Salesforce 系统打造 Marketing Cloud 软件，借助强大的云端数字营销

---

① 浅析 CRM 软件服务市场的现状[EB/OL]. [2018-09-27]. http://www.sohu.com/a/256484270_251620.

② Salesforce 官网. https://www.salesforce.com/cn/, 2020-02-09 下载.

平台，为客户提供一对一的营销体验。Marketing Cloud 具有以下主要功能：第一，了解客户。通过跨越多个来源和设备连接数据，捕获并激活多方数据，以便获取统一的客户信息，并通过接触新的受众细分市场来推动增长。第二，通过智能方案实现个性化服务。在客户交互过程中充分利用 AI 技术，提供个性化沟通方式，保证客户反馈的有效收集和响应。第三，参与整个历程，逐步建立双向、实时互动，灵活、批量地为每个用户提供下一步最佳行动。第四，分析影响。利用 AI 以及与 Google Analytics 360 的独家合作关系，衡量所有数字渠道和设备的端到端营销效率。然后，针对这些见解采取行动，在客户与品牌联系的每一个阶段提供数据驱动型个性化体验。

（3）企业社区。Salesforce 系统充分利用社交和移动的力量，借助云端应用产品打造内容丰富、参与性强的在线社区。同时通过社区提升员工工作效率和促进员工创新，并且让经销商、合作伙伴和分销商能够更快地完成交易。Salesforce 系统开发出两款专门的社区软件，其中 Community Cloud 是一款基于云端的在线协作平台，旨在实现客户、合作伙伴和员工三者协作互动；Chatter 将员工与其所需的文件、数据和专业知识关联起来，实现员工的协同办公。

（4）分析。Salesforce 系统建立分析功能模块的目的在于转变企业收集、分析和分发客户信息的方式，将多个来源的数据集统一到单个视图中，让企业能够更快速地获得答案，并且采取即时行动。其主要功能如下：第一，连接客户关系管理的分析。通过分析 Salesforce 数据和非 Salesforce 数据，查看见解并获取建议，并使用与业务流程相关联的内置客户关系管理操作轻松执行后续步骤。第二，完整数据视图。使用可自定义的模板、第三方应用程序或定制的仪表板来快速部署分析，并通过企业的业务量身定制分析，获取所需的准确信息。第三，增强分析。通过人工智能增强数据发现和解释以支持企业作出更明智的决策，企业可以自动在数据中查找复杂业务问题的简单答案，了解发生了什么、发生原因、将会发生什么以及如何应对。第四，预测性见解。人工智能增强分析不仅能让企业了解过去发生的事情，还可以帮助指导企业的业务发展。第五，面向企业的分析。人工智能增强分析基于可信赖、安全的可扩展平台，无缝升级能够确保技术始终保持最新并且使企业的数据实时受到保护。

（5）应用程序。通过 Salesforce 系统的应用程序模块，企业的客户能够了解企业的品牌，员工能够相互联络沟通，业务流程能够在企业上下实现精简化、自动化和移动化。Salesforce 系统的应用程序模块主要包括 Salesforce Platform、Force.com 和 Heroku Enterprise，其中 Salesforce Platform 是系统自带的云计算应用一站式商店，提供移动设备、区块链、AI、愿景、语音、安全性、隐私和身份、社区、构建工具、流以及 Customer 360 实情等多种应用，用于构建、运行、管理和优化应用程序；Force.com 是一款用于创建应用程序的极速工具，每个用户只需点击几下或使用代码，即可构建社交和移动应用程序；Heroku Enterprise 立足于构建值得信赖的可扩展应用程序，其所构建的云端应用程序具备企业级功能，能够与本地 Salesforce 实现数据集成。

（6）物联网。通过云平台将物联网与最重要的客户数据连接，主动与客户互动，以便采取更有意义的实时行动。借助云平台上的应用程序，企业可连接任何设备、传感器、产品、网站和事件数据流。

（7）商务。通过系统的内置预测性智能，可以帮助企业整合所有商务渠道（如社交、手机、商店等）以及提供的服务（如购物、订单履行到客户服务），为客户制定一对一的购物体验。

2. SAP 公司的客户关系管理系统[①]

SAP 公司客户关系管理系统的特点是覆盖整个客户关系生命周期，可以提供与日常客户关系管理有关的所有客户信息和信息处理的透明度，不仅包括以客户为中心的处理（如业务到业务、业务到客户），而且包括以其他业务伙伴（如供应商、投资者、战略合作伙伴等）为中心的处理。除此之外，还能与其他执行功能互相作用，实现更完整的客户关系管理（如应收账款、订单履行和运输等）。

1）SAP 客户关系管理系统功能与特点

SAP 客户关系管理系统采用闭环设计，能够实现对市场管理、销售管理、服务管理、渠道管理、分析管理等多功能的综合支持，可以显著提升企业提供客户预期和实际服务的能力，帮助企业更好地完成业务交易。SAP 客户关系管理系统的功能和优势如表 9-2 所示。

表 9-2　SAP 客户关系管理系统的功能和优势

功　　能	优　　势
闭环式互动周期	创建了一个不间断的客户信息流、互动流与交易流 协助企业整合其业务流程与客户
运营形客户关系管理	使用各种销售渠道，更便易地支持新的互动层 透过所有渠道，实现客户互动行为的同步 使得企业更方便地进行业务交易
分析型客户关系管理	获取来自数据仓库和其他信息源的更深入的客户记录、绩效和利率信息 允许分析、预测，驱动客户价值和行为，提高需求预测的准确性 可以处理与客户相关的信息，并提高定制化的服务
协作型客户关系管理	与客户、供应商和合作伙伴进行方便快捷的协作 提高效率，实现与整个供应链和业务网的集成 运用企业外的产品和服务资源，快速响应客户需求
基于角色的门户访问	对所有用户提供适合他们角色和喜好的工具和信息 加强所有员工快速响应客户需求的能力，使其成为真正的客户关注中心 提供可以快速访问和链接所有内部客户与外部客户信息的工具
特殊行业解决方案	提供特殊行业解决方案的最佳实践
因特网产品定价和配置	便利地进行电子销售业务 提供一个高质量、低成本的销售方式

资料来源：王永贵. 客户关系管理[M]. 北京：清华大学出版社，北京交通大学出版社，2007.

2）SAP 客户关系管理系统功能模块

SAP 客户关系管理系统主要包括市场管理、销售管理、服务管理、分析管理、渠道管

---

① SAP_客户关系管理 CRM[EB/OL]. [2018-07-01]. https://wenku.baidu.com/view/a2ed25186edb6f1aff001fec.html.

理、交互中心、电子商务七个主要管理功能模块以及现场应用、应用服务、架构和技术三个辅助模块。

（1）市场管理。SAP 市场管理可以提高市场努力的有效性，能够帮助企业更好地识别、吸引并挽留最有价值的客户，通过为目标客户群体制定个性化策略，最终达成市场目标。该模块的主要功能包括客户细分、互动管理、促销管理、线索管理、个性化管理以及营销分析等。

（2）销售管理。SAP 销售管理可以提供基于客户关系的几乎所有功能，同时支持各种类型的销售，如面对面线下交易、基于互联网的线上交易以及电话交易等，并且允许企业通过简化和自动化销售任务提升销售过程的效率。销售管理重点关注核心客户的满意度和影响销售成功的因素，以便提高客户满意度，其主要功能包括销售计划和预测、地域管理、账户和联系管理、活动管理、机会管理、报价和订单管理、合同管理、奖励和佣金管理以及销售分析等。

（3）服务管理。SAP 服务管理聚焦企业与客户关系的强化，为客户提供了全方位的支持服务工具。SAP 的服务管理几乎覆盖了所有的业务功能，其主要功能包括资源规划及优化、客户关怀与服务、合同管理、企业智能、现场服务与调度、修复与退货以及服务分析。

（4）分析管理。分析管理是将营销、销售、服务和渠道等核心功能与客户关系管理进行协同，进而形成完整的功能分析体系，其主要功能包括产品分析、营销分析、销售分析、服务分析以及渠道分析等。

（5）渠道管理。渠道管理是将 SAP 客户关系管理系统的电子商务、传统客户关系管理和供应关系管理的有效协同，形成一个完整的全渠道解决方案。该模块的主要功能是通过渠道管理门户、合作伙伴门户、渠道经理门户、合作伙伴管理和分析、渠道市场、渠道销售、渠道服务、渠道商务等门户或业务的集成实现对合作伙伴的管理，使公司获取更多来自简介渠道的利润。

（6）交互中心。交互中心是客户关系管理系统的一个关键组件，为系统的运作提供一项重要的技术保障，其主要业务或功能包括电话处理、电子邮件管理、业务活动管理等。该模块以互联网、呼叫中心、电子邮件、短信、在闲聊天、传真、邮件等位接触点，将一个功能齐全的前台系统与企业的后台系统以及整个以客户互动中心的流程紧密联系在一起。

（7）电子商务。SAP 客户关系管理系统的电子商务功能将渠道进行整合和协同，将网络变为销售交互的盈利渠道，遍布客户生命周期的各个阶段，跨越营销、销售、服务和分析各大功能模块，并且能够提供 B2B、B2M、B2C 的商务支持。该模块的主要功能包括目录和内容管理、个性化管理、完整的订单配置环境、准确交付与承诺检查、在线订单状态和订单跟踪、电子拍卖等。

3. 微软客户关系管理系统[①]

1）微软客户关系管理系统的架构

微软客户关系管理系统软件注重行业特性的匹配，系统分为前端的个人工作台，中间

---

①Microsoft dynamics CRM[EB/OL]. [2020-02-12]. http://www.crmsoft.com.cn/wrxs.htm.

包括市场、销售和客户服务三大主要功能模块，底端是系统工具，同时提供系统设置、客户化工具、部署管理器、工作流管理、工作流监控器、工作流导入/导出、客户化导入/导出七项技术支持，通过与企业资源规划系统、呼叫中心等系统的集成，具有易用、灵活、整合的特点，为多个行业提供客户关系管理解决方案。

2）微软客户关系管理系统的功能模块

微软客户关系管理系统主要包括销售管理、服务管理、集成性功能和客户化功能四个模块。

（1）销售管理。销售功能模块可以帮助销售人员跟踪整个销售过程，自动化处理相关销售业务；从客户数据中发现营销机会，衡量并预测销售活动；提供集中、可用户化的视图，用以查看销售和支持活动以及客户的历史信息，从而有助于理解客户的需求、缩短销售周期、提高签单率并提高客户满意度。

（2）服务管理。服务功能模块以提高客户忠诚度为目标，具备支持企业提供出色的客户服务的能力。该模块可以满足服务代表跟踪客户的需求，使其能够管理服务接触过程中的所有事件，并提供对于提升客户满意度至关重要的高效服务。

（3）集成性功能。微软客户关系管理系统能够提供完整的、易于共享的客户信息，对企业的业务流程进行简化，方便其与第三方应用程序和 Web 服务集成。

（4）客户化功能。微软客户关系管理系统利用集中式安装来确保系统实施的速度、维护以及升级的便利，一定程度上可以节约企业使用客户关系管理系统的成本，因此也适用于中小型企业。除此之外，客户化功能还体现在该系统能够根据用户的业务需求进行功能定制。

4. 用友客户关系管理系统[①]

用友公司以"中国最大的企业应用软件与服务提供商"为己任，其客户关系管理软件产品由系统管理子系统、基础信息、客户管理子系统以及销售管理子系统、服务管理子系统和市场营销渠道管理子系统组成。从功能模块来看，用友客户关系管理系统主要包括系统管理、基础数据管理、客户管理、销售管理、服务管理、市场管理、数据交换平台管理七大功能模块。

（1）系统管理。系统管理基于 UAP 统一系统管理平台，包含分级多层的企业目录、用户管理、权限管理、预警管理、编码规则和地理信息设置等功能内容。

（2）基础数据管理。基础数据管理基于 UAP 统一数据平台，包括组织机构、产品管理、审批历程设置、评估模块设置和销售模式设置等功能。

（3）客户管理。客户管理模块通过提供客户信息录入、客户分配、客户变更以及合作等业务，能够满足企业对客户档案信息进行实时、系统管理的需求。企业可以基于对客户信息的分析，识别并管理核心客户群。

（4）销售管理。销售管理是用友客户关系管理系统的核心业务之一，帮助企业管理与

---

① 用友 CRM 系统产品功能[EB/OL]. [2018-07-02]. https://wenku.baidu.com/view/c62faa64783e0912a2162a03?ivk_sa=1023194j&from= singlemessage&isappinstalled=0.

跟踪从销售线索和机会发现到销售完成的全过程，具体包括商机管理、销售预测管理、订单管理和销售分析管理等功能。

（5）服务管理。服务管理旨在提供服务请求管理、客户投诉管理、服务人员和知识库管理等功能，实现企业客户满意度和服务能力的提高。

（6）市场管理。市场管理以信息收集与分类为主，帮助企业应对市场环境变化，发挥自身优势、抓住市场机遇，同时避免风险和提高企业竞争力，主要包括竞争对手管理、合作伙伴管理和市场信息管理等功能。

（7）数据交换平台管理。用友客户关系管理系统提供与用友 U8 的数据接口，将客户关系管理业务与 ERP 业务很好地整合，为企业提供一体化解决方案。

9.4.3 客户关系管理系统厂商评价指标

客户关系管理系统作为客户关系管理理念和信息技术的集成，这就决定了它的实施是一项纷繁复杂的过程，绝大多数企业通常无法实现系统的自力更生，往往需要从专业系统厂商处引进。加之其强理论性、高技术性、高成本的特点往往导致企业实施客户关系管理系统实施的成功率并不高，要想达到系统实施的预期目标，切实改善客户关系、提高经营效率和投资回报率，正确选择与企业经营现状、经营理念和企业资源相契合的系统至关重要。系统实施项目一经企业高层决策，企业最先面临的就是如何选择一个合适的系统厂商。目前，国内已经有诸多较为成熟的系统供应商，并且每个供应商都有自己的特色。如果企业对系统厂商的产品和服务水平知之甚少，盲目选择，这必然造成系统实施失败的风险显著提升，直接导致的是资源的浪费和发展的迟滞。因此，有必要对系统厂商的评价指标进行系统分析，以供企业参考。表 9-3 总结归纳了客户关系管理系统厂商的评价指标。

表 9-3　客户关系管理系统厂商的评价指标

反映客户软件客户化水平的指标	基本功能的满足程度
	通信能力
	业务流程的科学性
	自服务能力
反映供应商服务能力的指标	前期服务水平
	管理理念的先进性
	培训服务水平
	维护服务水平
	二次开发能力
反映供应商实力的指标	组织管理水平
	人力资源状况
	财务稳定性
	客户关系管理实施成功率
	行业案例数

	沟通意识
反映供应商企业文化的指标	团队意识
	客户服务意识
	软件价格
反映价格水平的指标	培训价格
	服务价格

注：通信能力是指软件是否允许使用者共享和访问客户相关数据和内部市场营销及销售支持相关的信息。
资料来源：王永贵. 客户关系管理[M]. 北京：清华大学出版社，北京交通大学出版社，2007.

本 章 小 结

在本章中，我们学习了客户关系管理系统的分类。在实践中，可以粗略地把客户关系管理系统分为三种类型：分析型、运营型与协作型。不过，这种区分的目的不是把客户关系管理系统严格地区分开来，而是为了使三者更好地实现协同。同时，由于企业本身资源各异，对客户关系的技术需求也不相同，所以可以选择不同方式来实现客户关系管理系统，如自主开发、外包或购买等。不过，这些形式的选择，必须整合企业自身的资源以及内部需求与外部需求。

客户关系管理厂商围绕企业的需求，遵循一定的流程和步骤来设计和开发客户关系管理系统。而当企业购买了客户关系管理软件系统以后，客户关系管理系统的实施过程就开始了。一般而言，通过购买方式实施客户关系管理系统的企业都会得到软件提供商的有效指导。不过，虽然这些软件提供商拥有丰富的客户关系管理实施经验，但遵循和重视本章所概括的实施步骤和关键成功因素仍然是成功实施客户关系管理系统所必需的。最后，本章又概要地介绍了一些主要的客户关系管理厂商及其产品的优缺点。在实践中，企业必须结合特定的应用情境等因素进行通盘思考。

关 键 概 念

客户关系管理系统：是指利用软件、硬件和网络技术，为企业建立一个客户信息收集、管理、分析和利用的信息系统。它是以客户数据的管理为核心，记录企业在市场营销与销售过程中与客户发生的各种交互行为以及各类有关活动的状态，提供各类数据模型，为后期的分析和决策提供支持的系统软件。

运营型客户关系管理系统：也称操作型客户关系管理系统，是以企业前台业务流程的集成和整合为目标，实现以市场、销售、服务与支持为内容的系统流程化、自动化和一体化。

协作型客户关系管理系统：是指与客户进行沟通所需手段的集成和自动化的客户关系管理，其作用在于帮助企业更好地与客户进行沟通和协作，主要是追求客户互动的直接性，缩短企业与客户之间的距离，实现企业与客户在构建互动关系中的协作。

分析型客户关系管理系统：是指对运营型客户关系管理系统和协作型客户关系管理系统运用过程中产生的信息进行收集、梳理、分析、利用并生成客户智能，借助信息技术实现企业信息管理的自动化，为企业的战略决策提供支持的客户关系管理系统。

SaaS 模式：全称为软件即服务，是一种伴随着互联网技术的发展和应用软件的成熟而兴起的软件应用模式。

互联网 + 资源

亚马逊（Amazon）的客户关系管理系统

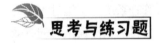

参考文献

9.4

客观题

自学自测　　　　扫描此码

9

第10章

客户信息的整合与运用

【学习目标】

本章重点围绕客户关系管理中的客户信息问题及信息技术要素。在学习本章之后，读者能够对信息技术在客户关系管理中的地位形成清晰的认识。同时，读者还可以结合大数据情境，了解数据仓库、数据挖掘、联机信息分析处理等信息技术的演进与未来发展趋势。

引例

大型零售商——百思买公司（Best Buy）正在北美本地市场遭受着如何制定定价促销策略的折磨。造成这一问题的原因在于：百思买公司在北美市场提供的产品数量庞大，超过了 3 万种，而且由于细分市场的外部条件各异以及公司经常推出促销活动，其产品的价格变化相当频繁。据统计，百思买公司每年可能不得不面对高达 12 万次的价格调整。基于此，该公司成立了一个由 11 人组成的定价团队，以便对消费者的购买数据进行分析，提高定价的准确度和响应速度。

面对消费者购买数据的爆炸式增长，该团队如何才能快速、有效地进行数据分析？其实，关键在于对以下三个维度的把握。

（1）数据数量：需要分析的信息成千上万，应该从购买数据的不同维度来展开分析，以便明确消费者对每种产品类别的最高接受能力，从而确定产品的最佳定价位置。

（2）多样性：需要兼顾结构化数据和非结构化数据。除了对消费者购买记录这种结构化的数据进行分析以外，定价团队还需要从社交媒体和公司网页等平台抓取消费者的点赞、留言或发帖等活动信息。然后，借助情感分析技术对这些非结构化数据进行分析，从而基本了解消费者的情绪分布，判断并预测其对促销活动的满意诚度等。

（3）数据速度：在大数据背景下，数据分析的关键目的在于实现数据价值，而价值的最大化则依赖于对数据的实时处理。对于这一规律，定价团队的成员相当熟悉。例如，通过分析消费者购买麦片的记录，可以及时地为在特定购买情境下的消费者推送优惠券，使顾客惊喜连连。

这个由 11 人组成的团队通过一系列活动，成功地提升了定价的准确度和响应速度，并为公司带来了近千万美元的销售增长。

资料来源：大数据分析应用的案例[EB/OL]. [2018-08-03]. http://www.sohu.com/a/245100724_505852.

思考题：在大数据背景下，客户关系管理中的信息技术受到哪些挑战？百思买公司在客户关系管理中应该如何将大数据与传统信息技术结合起来？

本章将介绍客户关系管理中的客户信息收集、整理、分析与应用。客户关系管理之所以能够成为一种广泛接受的管理思想，其重要原因之一就是信息技术这一管理理念实现了操作化。所以，本章在客户关系管理中处于十分重要的地位。为此，读者首先应该了解什么是信息以及信息与数据和知识的区别。

10.1 客户信息与客户关系管理系统中的商业智能技术

10.1.1 客户信息的基本概念

1. 客户信息、客户数据与客户知识

在第 8 章中，我们已经讨论了客户互动管理问题。与客户进行有效互动的重要目的之一，就是以低成本有效地获取客户数据，进而为客户提供卓越的客户价值。但不幸的是，如果客户数据无法转化为客户信息，投入上述活动中的资源就会被白白浪费掉。尤其是在大数据背景下，面对指数级增长的客户数据，企业只有挖掘出数据背后的规律，才能最大化数据的价值，否则就会深陷"数据汪洋"之中。

客户信息，并不仅仅意味着客户数据，定性的判断及情绪和情感等都是我们所交换的客户信息的一部分，而这些往往微妙地融入我们所交换的客户数据和事实之中。但是，对数据进行整合之后所得到的客户信息，就是我们所要求的全部资料吗？知识型客户关系管理对我们提出了更高的要求。可以确信，无论是简单的客户关系管理，还是任何形式的变种，缺乏对客户知识的了解都会给企业管理带来灾难性后果。单纯地收集客户信息是不够的，企业必须学会分析信息，并把这种信息转化为客户知识，进而依据这些知识制订有效的行动方案，以便对客户行为和购买意向产生重要影响。可以说，把知识管理（knowledge management，KM）和客户关系管理整合到一起，能够增加企业对客户信息进行分析和理解的深度。信息与知识的比较如表 10-1 所示。

表 10-1 信息与知识的比较

信 息	知 识
• 加工过的数据 • 简单给出事实，清晰明了的、简单的、结构化的、方便的、以正式方式书写的 • 通过精简、校正、整理、计算相关数据获得 • 不具有所有者独立性，由信息系统掌握，大量数据处理的主要来源 • 从数据演化而来，形成数据库、手册和文件等正式的、点滴积累的、说明性的、易于形成、可重复应用的形式	• 动态数据 • 可随意组合并用于预测性决策，没有完全结构化，模糊的、直觉的、难以沟通和表达的 • 存在于人们之间的联系、谈话及基于经历与体验的直觉中，反映在人们的比较情境和处理问题的能力之中 • 取决于所有者和需要信息渠道等 • 预测、设计、计划、诊断和直觉判断的主要资源 • 在集体智慧中形成并在集体中共享，随着经历与成败而演化，需要日积月累地通过经历积淀而成

资料来源：改编自蒂瓦纳. 知识管理精要：知识型客户关系管理[M]. 徐丽娟，译. 北京：电子工业出版社，2002：29.

2. 客户信息的类型

在客户关系管理中，按照客户信息来源的不同，可以将客户信息分为以下三种类型：

①描述客户是谁的信息。以客户特征为代表的这类描述信息大多是表单型数据，也就是每个客户信息表中不同数据的字段，主要包括人口和地域等统计特征数据，并具有一定的稳定性。②描述对客户进行营销或者促销活动的信息，主要包括市场活动的类型、预算或描述等。③描述客户与企业交易的信息，主要是过程信息与结果信息的结合，并往往按照时间进行标识。

这些客户信息可能是客户直接告诉给服务人员的，也可能是企业从信息服务提供商那里购买的，还有可能是企业员工利用 Web 技术从网络中获取的。这些客户信息为未来进行客户细分、客户价值的确定、客户生命周期的管理和客户忠诚计划提供了保证。

3. 客户信息的重要性

1）客户信息质量低下的危害性

客户信息质量至关重要，下面从反面加以说明，即如果企业的客户信息质量低下，有可能带来怎样的危害。目前，大多数企业内部由于部门众多且分散，同时各部门之间都有自己的系统，给企业的信息的融合和管理带来巨大挑战。这种"信息无政府主义"的尴尬局面一方面造成无关紧要的资料泛滥成灾，增加企业的信息整合和管理难度；另一方面又使得企业难以有效获得真正重要的信息。具体而言，劣质信息的危害主要体现在以下几个方面：①储存和管理重复资料的高额成本；②无法有效、准确地处理客户联系和活动；③无法深刻分析客户已经发生和未来可能发生的行为、要求以及客户现在和潜在的价值；④无法适当地划分目标客户并勾勒客户画像，难以为不同的客户群提供定制化服务。客户信息质量问题不仅会使企业深受效率低下的困扰，还有可能因此错失市场良机。因此，建立高质量的客户信息储存中心，是客户关系管理得以成功实施的重要基础。

2）客户信息对客户管理系统的重要性

客户信息对客户关系管理系统的重要性主要体现在以下三个方面：①基于较为完善的客户信息，企业能够根据资源效用最大化来细分客户并排出优先顺序；②利用客户信息，企业能够在分析客户需求的基础上对产品或服务进行创新与改进；③完善的客户信息也有利于建立并保持客户忠诚，提高交叉销售的成功率。

3）受客户信息水平影响最大的四个领域

根据麦凯恩的观点，在企业中，以下四个领域往往受到客户信息的影响最大[①]。

第一个领域是开辟新的分销渠道、关闭旧的分销渠道以及重新部署现有的分销渠道等决策。企业可以利用客户信息进行预测模拟，在强化分销渠道基础设施的同时，确定最为有效和高效的领域或环节。

第二个领域是事半功倍的能力——用更少的员工为更多的客户服务。当企业具备较高的信息能力时，用在控制、管理等活动上的时间得以减少，其生产率可以得到极大的提高。此时，卓越的信息能力和自动化水平能够在一定程度上代替员工，企业可以对员工进行重新配置或缩减。同时，信息能力的提升能将员工从日常信息收集工作中释放出来，使其能够将更多精力和时间投入更为关键的事务中，以更好地为客户服务。

第三个领域是提高销售和营销活动的效率，并以较低的成本实现相同的市场效率。企

---

① 麦凯恩. 信息大师：客户关系管理的秘密[M]. 姚志明，史莹如，译. 上海：上海交通大学出版社，2000.

业可以更精确地瞄准特定细分市场，正确处理和理解改变客户特定行为所需要的激励，进而提高激励效果，减少激励数量和对外联系的次数。

第四个领域是如何依据客户需求和客户价值匹配客户服务资源，从而提高客户服务水平。企业拥有的客户服务资源是有限且宝贵的，可以将绝大多数客户服务资源用在那些对企业最有价值的客户身上。

4. 客户信息对其他管理活动的影响

1）减少外部采购的需求

许多企业在成功建立了自己的客户数据库之后，可能会获得意想不到的好处：它们最终向其他企业采购信息的需求减少了。当企业对更高水平的客户信息内涵形成了更深入的理解时，那些曾经花费大量资金向其他企业购买的东西就会变成企业内部的一种能力。

2）对不断变化的经营环境的反应

客户信息可以让企业以更快的速度识别市场中的微妙变化，然后制订相应的计划，以便及时调整经营战略。在某个市场中占优势的企业，通常会率先感知到市场特性的微妙变化，这类变化包括客户行为、价格敏感度、市场份额和物流等问题。企业如果能够比竞争对手更快地理解并处理这些微妙的变化，既能够增加盈利机会，也能够大幅降低运营成本。从这个角度来讲，企业与竞争对手之间的"你争我夺"，实际上就是客户信息的竞争。

5. 客户数据—客户信息—客户知识

图 10-1 把获取客户数据、生成客户信息和提升客户知识的过程连接到一起。例如，企业通过呼叫中心、网上交流、电子邮件、传真和直接接触等多种整合渠道与客户进行互动并收集各种客户数据，构建和更新客户数据仓库，然后再以数据仓库为基础，通过联机信息分析处理（OLAP）和数据挖掘两种方式生成客户信息和提升客户知识，并用于运营分析和市场分析等经营活动。实际上，该图所囊括的内部逻辑贯穿了本章的始终。

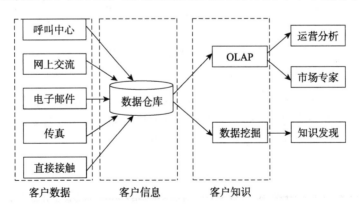

图 10-1　客户数据—客户信息—客户知识过程

从理论上来说，可以在某种程度上把客户关系管理理念看作关系营销的延续。但真正让这一理念能够在企业实践中得到运用的，却是信息技术的飞速发展。如果说客户关系管理是一种构想，那么信息技术就是实现美好蓝图的有力工具。如果信息技术没有在客户关系管理中得到应用，没有数据挖掘和数据仓库等信息技术的支撑，客户关系管理根本就不会有今天的发展。因此，从学习的角度而言，只是理解了客户关系管理理念，并不足以让读者在企业的现实运营中把握客户关系管理的"本质"。

10.1.2 客户关系管理中的商业智能技术

1. 商业智能的概念

商业智能（business intelligence，BI）这一概念最早于 1996 年提出，随着信息技术的不断发展，商业智能开始蓬勃崛起。根据研究视角不同，商业智能具有多种不同的内涵。从知识获取过程来看，商业智能可以界定为来自企业自身和竞争对手的零散数据转化为面向行动知识的分析过程[①]，也即商业智能的最终目的是从数据和信息中获得与业务行为有关的知识，进而提供决策知识。作为信息管理流程，商业智能又可以看作由提供数据、分析数据、准备结果和评估结果四个阶段构成的支持流程[②]。

艾瑞咨询研究机构结合新时代信息技术的发展，将商业智能的概念进行了延伸，指出新型商业智能是基于数据维度进行商业分析，与大数据、人工智能、运筹学等技术与商业智能相结合，围绕业务活动中的关键环节进行洞察分析的过程[③]，如图 10-2 所示。

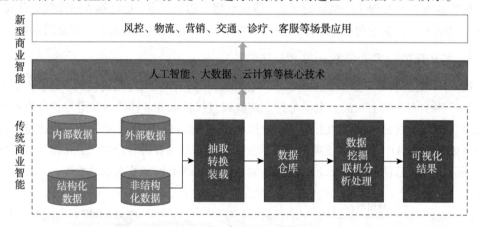

图 10-2　商业智能概念及其延伸

资料来源：2019 年中国商业智能研究报告[R/OL]. [2019-06-28]. http://report.iresearch.cn/report/201906/3398.shtml.

综合来看，我们将获取客户数据、生成客户信息和客户知识的处理过程称为商业智能。商业智能通过将企业现有的数据转化为商业活动所需的知识，保证决策者能够及时、准确地掌握客户知识，并以此制定决策和市场响应策略。

2. 商业智能的系统构成和支撑技术

商业智能的系统架构主要包括数据层、技术应用层和决策层三个方面，其核心主线围

---

① GROTHE M, GENTSCH P. Business intelligence: as informationen Wettbewerbsvorteile Gewinnen. München: Addison-Wesley, 2000.

② ZABY C, WIDE K D. Intelligent business processes in CRM: exemplified by complaint management[J]. Business & information systems engineering, 2018, 60(4): 289-304.

③ 2019 年中国商业智能研究报告[R/OL]. [2019-06-28]. http://report.iresearch.cn/report/201906/3398.shtml.

绕数据处理展开，具体如图 10-3 所示。

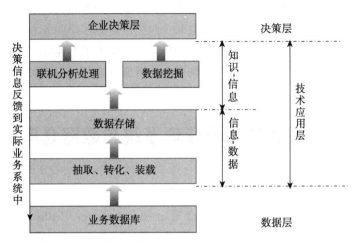

图 10-3　商业智能的系统构成

资料来源：改编自马刚，李洪心，杨兴凯. 客户关系管理[M]. 大连：东北财经大学出版社，2015：189.

（1）数据层，主要包括企业的内外部、结构化和非结构化等多种数据源构成的业务数据库，该层次为商业智能过程提供了基础数据。

（2）技术应用层，强调商业智能技术的应用，即利用商业智能技术来查询、分析和处理企业的数据源。客户关系管理系统中，支撑商业智能的技术包括三种类型，分别为数据仓库（data warehouse，DW）、联机分析处理（on line transaction processing，OLAP）和数据挖掘（data mining，DM）。其中：①数据仓库是在企业管理和决策中面向主题的、集成的、与时间相关的、不可修改的数据集合，具有主题性、集成性、时变性和不可修改性等特征。②联机分析处理是基于多维信息、面向特定问题的数据存储和分析的软件技术。该技术通过为决策者提供了多种观察数据的角度，有利于加深对数据的理解。③数据挖掘则是从大量的、不完全的、有噪声的、模糊的、随机的数据中，提取隐含在其中的、人们事先不知道的但又具有潜在价值的信息和知识的过程。有关这三种技术的详细内容将在本章后续小节中展开介绍。

应用层实现了"数据—信息—知识"的转变过程。具体来看，首先，通过数据的抽取、转化和装载，原始数据源被抽象可以反映企业商业活动的信息并存储在数据仓库中，实现"数据—信息"的转变；其次，利用联机分析处理和数据挖掘技术，对存储在数据仓库中的信息进行查询、分析和处理，形成能够指导企业商业活动、支持决策的知识，实现"信息—知识"的转变。

（3）决策层，也即面向用户。利用联机分析处理和数据挖掘技术得到的知识作为一种决策依据，帮助企业管理者制定、调整经营战略和具体的商业活动。同时，从企业决策层发出的决策信息又能反馈到数据层，实现整个系统的内部循环。

3. 商业智能的未来发展方向

商业智能的核心可以抽象为信息技术和商业分析两个部分。从艾瑞咨询研究机构对新型商业智能的定义不难看出，商业智能未来的发展方向一定是与大数据、人工智能、机器人流程自动化、云计算、物联网等新型信息技术紧密结合并落地到具体的业务场景中来，如广告营销、物流管理、金融风控、零售电商、医疗保健和客户服务等。

同时，随着外部产业互联网的兴起，多种场景之间出现了不同程度的融合，而这种场景共生的新型商业模式和发展生态，能够倒逼企业重新设计商业逻辑，催生商业智能模式的创新和升级。

10.2 客户关系管理系统和数据仓库

10.2.1 数据仓库概述

众所周知，管理信息系统（management information system，MIS）早已成功地应用于全球的各行各业。管理信息系统帮助用户积累了大量的数据和经验，满足了其对数据存储、查询和统计的基本需求。可以说，管理信息系统的成功得益于数据库技术的进一步完善。但是，当用户的需求转变为如何从大量的数据中获得自己（尤其是决策者）需要的信息时，现行的管理信息系统显然已经很难奏效了。

从 1997 年开始，全球数据库市场就流传着不景气的说法，各大数据库厂商为寻找新的增长点，将注意力转向对象关系数据库技术。而到了 1998 年，各厂商又纷纷转向数据仓库（data warehouse，DW），使得数据仓库技术在短时间内从思想走向应用，在积累了大量经验的基础上逐步走向成熟和具体化。

1. 数据库技术的发展

数据库系统是数据库和数据库管理系统的总称，是一种存储和管理大量数据的有效方法。数据库系统经历了由层次型到网络型再到关系型的发展和转变。1968 年，美国 IBM 公司研制的信息管理系统是著名的层次型数据库系统的典型代表。1969 年 10 月，美国数据系统语言委员会（CADASYL）的数据库任务组（Data Base Task Group，DBTG）提出了网络数据库模型的数据规范，并于 1971 年 4 月发表了 DBTG 报告，正式确定了数据库设计的网络方法（DBTG 方法），从而真正把数据库和文件系统区别开来，为数据库技术奠定了基础。1970 年 6 月，Codd 则提出了数据库关系模型，开创了数据库的关系方法和数据库规范化理论研究的新纪元。

自 20 世纪 80 年代以来，关系型数据库理论日益成熟并得到空前广泛的应用，这一阶段数据库理论和技术的发展主要体现在两个方面：一方面是采用新数据模型（如面向对象数据模型等）来构造数据库。数据库系统从传统的事务处理领域扩展到更广泛的领域，如应用在计算机辅助设计/制造（CAD／CAM）[①]、计算机辅助软件工程（CASE）[②]和地理信

---

① CAD 和 CAM 分别是 computer aided design（计算机辅助设计）和 computer aided manufacture（计算机辅助制造）的缩写。

② CASE 是 computer aided software engineering（计算机辅助软件工程）的缩写。

息系统（GIS）^①等领域中，满足了存储和处理复杂对象的要求；另一方面是数据库技术与其他学科的发展高度结合，如数据库技术与分布处理技术结合导出的分布式数据库，数据库技术与人工智能技术结合导出的演绎数据库、智能数据库和主动数据库，数据库技术与多媒体技术结合导出的多媒体数据库等。但是，进入 20 世纪 90 年代后，数据库技术并没有出现革命性的创新，仅是对原有技术进行了革新。

2. 数据仓库的提出、发展与兴起

如何有效地管理企业在运营过程中所产生的大量数据和信息是管理人员一直以来面临的重要问题。20 世纪 70 年代出现并被广泛应用的关系型数据库技术，为解决这一问题提供了强有力的工具。然而，从 20 世纪 80 年代中期开始，随着市场竞争的加剧，信息系统用户已经不满足于仅仅用计算机去管理日复一日的运营数据，而是希望从这些数据中得到用于决策支持的有用信息。这种需求催生了数据仓库思想的萌芽，为数据仓库概念的最终提出和发展垫定了基础。1992 年，因曼（W.H. Inmon）在其代表作 *Building the Data Warehouse* 中提出"数据仓库（Data Warehouse）"的概念，自此，数据仓库的研究和应用得到了广泛关注。

10.2.2 数据仓库的定义、特征与类型

1. 数据仓库的定义

自从数据仓库的概念出现以来，不同学者从不同的角度对数据仓库进行了定义。目前，人们普遍认为"数据仓库之父"因曼对数据仓库的定义最具权威性。他认为，数据仓库是面向主题的、集成的，是随时间推移而发生变化的数据集合，可用来支持管理决策^②。

除此之外，Infomix 公司负责研究与开发的公司副总裁蒂姆·谢尔特（Tim Shelter）把数据仓库界定为：数据仓库把分布在企业网络中的不同"信息孤岛"中的业务数据集成到一起，存储在单一的集成关系型数据库中；利用这种集成信息，可方便用户对信息的访问，更可使决策人员对一段时间内的历史数据进行分析，研究事物发展趋势。SAS（statistical analysis system，统计分析系统）软件研究所把数据仓库界定为一种管理技术，旨在通过通畅、合理、全面的信息管理，达到有效的决策支持。当然，也有人认为数据仓库是一种对不同数据进行过滤和处理而形成的单一的、完整的、一致的数据存储，从而可以在业务范畴内以一种最终用户能够理解和使用的方式向他们提供有效信息。同时，数据仓库也是一套查询、分析和表达信息的工具，是发布所用数据的场所，其数据质量是业务效率提升的原动力。因此，数据仓库能够满足把信息分发给最终用户以支持决策和管理报告的需要。

2. 数据仓库的特征

综合以上有关数据仓库的定义，数据仓库具有如下特征。

---

① GIS 是 geographic information system（地理信息系统）的缩写。

② 伊蒙. 数据仓库[M]. 王志海，林友芳，等译. 北京：机械出版社，2003.

（1）主题性。相对于传统数据库面向于具体应用或功能，数据仓库则从抽象层面上考虑每一个问题域，并对问题域涉及的数据和分析所采用的功能给予同样的重视，典型的主题领域是指顾客、产品、事务或活动、保险单、索赔和账目。

（2）集成性。数据仓库中的数据来自各个不同的数据源（操作数据库）。由于各操作数据库的组织结构和数据存储方式往往是不同的，在这些异构数据输入数据仓库之前，必须经历一个集成过程。例如，不同操作数据库可能采用"男/女""m/f"或"X/Y"对顾客"性别"进行编码，而当这些数据进入数据仓库时，需要对编码方式进行统一转换，消除各种不一致性。

（3）时变性。数据仓库以维度的形式对数据进行组织，时间是数据仓库的重要维度。数据仓库中存储的数据时间跨度大，这些数据随着时间的变化而变化，主要体现为数据仓库会定期接收来自不同操作数据库中的新的集成数据，补充完善数据内容。

（4）不可修改性。数据仓库主要用于支持企业的决策分析，与一般数据库的操作不同，针对数据仓库中的历史数据的操作仅限于初始导入和数据查询，不涉及数据修改。需要指出的是，不可修改性并不意味着无法对数据进行移除。当数据仓库存放的历史数据超出存储期限时，这些数据将会被删除。

3. 数据仓库的类型

根据数据仓库所管理的类型和它们所解决的企业问题范围，一般可将数据仓库分为下列三种类型[①]。

（1）企业数据仓库（enterprise data warehouse，EDW）。企业数据仓库是一种集中式仓库，用于提供决策支持服务。企业数据仓库以统一的方法来组织和表示数据，同时提供根据主题对数据进行分类和访问的功能。

（2）操作数据存储（operational data store，ODS）。当数据仓库和联机分析处理（OLTP）系统都不支持组织报告需求时，操作数据存储只需要数据存储。ODS 可以实施刷新数据仓库，因此广泛用于日常活动的数据存储，如存储员工记录。

（3）数据集市（data mart）。数据集市是数据仓库的子集，主要针对特定业务或功能单元，如销售、财务、人力等。每个独立的数据集市均基于数据仓库的主题数据建立，仅包含与特定业务或功能单元相关的源数据。

10.2.3　数据仓库的体系结构

数据仓库的体系结构主要有三种类型，包括单层架构（single-tier architecture）、双层架构（two-tier architecture）和三层架构（three-tier architecture）。其中，三层架构是使用最广泛的体系结构[②]。一般而言，三层架构由顶部、中间层和底层组成，具体如图 10-4 所示。

---

① Guru99. What is data warehousing? Types, definition & example. https://www.guru99.com/data-warehousing.html.

② Guru99. Data warehouse architecture, concepts and components[EB/OL]. [2020-01-01]. https://www.guru99.com/data-warehouse-architecture.html.

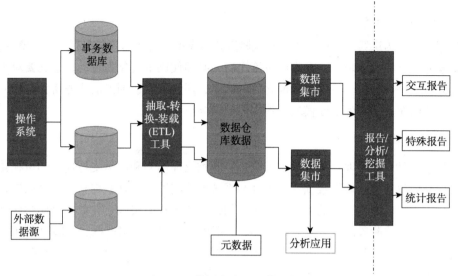

图 10-4　数据仓库三层体系结构

资料来源：Guru99. Data Warehouse Architecture, Concepts and Components[EB/OL]. [2020-01-0].
https://www.guru99.com/data-warehouse-architecture.html.

（1）底层，即含源数据层：数据仓库服务器的事务数据库作为底层，该数据库通常是一个关系型数据库。由于数据的类型、缺失、组织方式等方面存在差异，各数据源中的数据不能直接进入数据仓库，需要通过后端的数据抽取/清洗、转换，并加载到数据仓库中。

（2）中间层，即数据仓库层：数据仓库的中间层是使用关系联机分析处理（ROLAP）或多维联机分析处理（MOLAP）模型实现数据的存储（本书 10.4 节会对 ROLAP 和 MOLAP 进行详细介绍）。该层作为中间层，为用户提供数据库的抽象视图，同时还扮演着最终用户和数据库之间的桥梁角色。

（3）顶层，即数据应用层：顶层是前端客户层，连接并从数据仓库获取数据的工具和应用程序接口。其中，数据工具包括报告工具、查询工具、分析工具和数据挖掘工具等。该层主要通过报告展示、数据分析和数据挖掘，辅助用户决策。

10.2.4　面向客户关系管理系统的数据仓库设计与开发

建立一个数据仓库，一般需要完成以下五个方面的工作：任务和环境的评估、需求的收集和分析、构造数据仓库、数据仓库技术的培训和回顾、总结与再开发。

1. 任务和环境的评估

数据仓库的建立是以原来的数据库系统为基础的，因此必须对业务现状及数据分布情况有所了解。这就需要对数据的数量和质量、建立数据仓库的环境状况及所利用的网络技术状况进行评估。另外，必须对建立数据仓库的目标任务加以阐明，据此评估数据仓库项目实施的可行性，并对项目实施可能会遇到的障碍进行预测。

2. 需求的收集和分析

数据仓库是为决策支持服务的，所以如何获取决策支持所需要的最优、最完整的信息，是数据仓库建立的目标之一。在作出决策之后，必须使决策转化为行动，这就要对工作人员的具体需求进行分析。另外，数据仓库的建立，还必须考虑到当前业务所存在的问题以及解决这些问题所需要的功能模块、数据的数量与质量。

3. 构造数据仓库

数据仓库的构建主要包括数据仓库管理、数据仓库组织和决策支持信息的可视化。其中，数据仓库管理包括增强数据的可用性和系统的稳定性，管理数据仓库生命周期，规划未来容量需求等；数据仓库的组织包括规划数据仓库的初始装载、在数据仓库中建立所需要的索引、建立该阶段的所有管理数据等。一般而言，通过数据挖掘和 OLAP 等工具，可以分析许多常规的信息项目，从而为管理决策提供支持。同时，也可以利用这些工具直接对主题数据进行加工，以便得出新的决策支持信息。

4. 数据仓库技术的培训

为了保证数据仓库项目的成功，在建成数据仓库之后仍需对最终用户进行培训，向用户介绍数据仓库的全部情况。其中，数据是培训的重点内容，包括向用户介绍详尽的数据内容以及系统如何保障数据的质量、完整性和可靠性，同时明确今后使用中需要进一步注意的问题，这很可能是日后进行维护和改进的地方。

5. 回顾、总结与再开发

在数据仓库的开发过程中，要不断地回顾可以持续改善的地方，如业务部门对开发的支持是否到位、双方如何能合作得更好、哪些是开发部门最立竿见影的效益以及如何利用它更好地为用户服务。一旦开发取得了一定进展，就要慎重地思考并研究以下问题：选择的主题的范围是否恰当，应该参与的部门是否积极主动地参与合作，目前取得了哪些阶段性成果，成果发布后有何影响，业务和开发部门对此有何反应，企业高层领导是否看到了初步成果以及若存在问题应如何及时地加以改进等。

在数据仓库开发完成之后，还需进一步总结和检查，包括数据仓库的采用是否对企业的发展有所推进，数据仓库的采用是否提高了公司的竞争优势，投资回报是否达到了预期水平，公司的其他部门是否可以利用数据仓库来获得更大的效益，以及是否可以获得更大的甚至是未曾期望的效益。实际上，数据仓库的开发往往始于简明且急需的主题。而在开始过程中的经验积累会激发出用户新的需求，从而不断扩大数据仓库的内容和规模。只要稳扎稳打、循序渐进，企业一定能够建立起相应的数据仓库，并收获巨大的效益。

10.2.5 如何避免数据仓库建设项目的失败

在数据仓库的建设项目中，如何采取有效措施并极力避免项目失败是管理者必须正视的战略问题。结合数据仓库建设实践的相关研究，数据仓库失败的主要原因可以概括为以下几个方面①。

1. 缺少领导的大力支持和积极参与

领导对数据仓库建设项目的大力支持和积极参与是项目成功与否的关键一环。在实践中，相较于技术因素，组织内部关系的复杂性和行政上的种种阻碍往往是执行一个有效的数据仓库建设策略的最大障碍。

2. 过高的期望值

在项目的最初阶段，最重要的就是界定数据仓库的实现目标和工作范围。过高、过全或任意变化的期望值都会对数据库建设项目造成不利影响。期望值过高会使整个项目无从下手或者难以实现，而期望值任意变化会给项目进度和数据模型带来不可估量的冲击和影响。所以，必须保证企业的开发人员始终了解项目的期望值、当前的进展，以及各自在项目中的职责与时限。

3. 没有以决策支持为核心

为用户提供决策支持是建立数据仓库应用的唯一也是最终目标，企业必须紧紧围绕这一目标开展数据库建设的所有工作。

4. 人员配备不够充分

利用数据仓库挖掘企业数据的价值，需要企业信息工作人员和业务工作人员的紧密配合，规划出对企业实际价值的应用模型。相关人员应根据实际业务发展以及业务经验，不断调整相应参数，最终找到企业运作过程中的规律。

5. 低估了数据清洁、转换、载入的工作量

根据统计，在所有的数据仓库建设工作中，有关数据装载的工作量大约占据 60%～80%。数据装载即利用一定的方法把所谓的操作数据或元数据从生产系统中转换到中央数据仓库中去。数据仓库的出发点是解决业务问题，而不只是提供一个信息转换与访问的工具。因此，数据装载不是简单的数据导出与导入的过程，应予以重视。

6. 低估了用户对系统扩充的需要

当数据仓库投产以后，随着应用的增加，其存储的数据量也会不断增长，必须对系统进行扩充才能满足用户需求。因此，数据仓库本身的扩充能力，是衡量其成功与否的一个重要因素。

7. 对用户界面和前端工具的重视

用户只能看到前端 10%的工作，因此不要花费 100%的时间去做幕后 90%的工作。虽然前端工具可以比较容易进行更换，但它对进度和质量的影响却不可忽视。一旦在前端工

---

① SRIVASTAVA J, CHEN P Y. Warehouse creation: a potential roadblock to data warehousing[J]. IEEE transaction on knowledge and data engineering, 1999, 11(1): 118-126.

具和大纲设计选择上做出了错误决策，那么项目其余部分的质量将不被认可。

10.2.6 大数据时代下的数据仓库建设

得益于数据采集方式的多样化，用户面临的数据体量呈指数级增长，此时传统的数据存储手段、计算能力已经无法满足用户的数据需求。与此同时，大数据、人工智能、云计算等新一代信息技术的发展，为数据的存储和分析提供了新的技术支撑。探索新的数据处理技术以实现数据价值的深度挖掘、开发新的数据产品以更好地为用户服务，是大数据时代下围绕数据管理的新要求①。

1. 数据仓库的未来发展方向

作为一种大数据解决方案，数据湖（Data Lake）被看作大数据时代下数据仓库的下一个发展阶段。2011 年，福布斯（Forbes）发表的 *Big Data Requires a Big，New Architecture* 一文提出了"数据湖"的概念，并将数据湖作为数据仓库的一种补充和发展。根据维基百科的定义，数据湖是指"一种在系统或存储库中以自然格式存储数据的方法，有助于以各种模式和结构形式配置数据，通常是对象块或文件"②。数据湖的核心在于将来自多个数据源的数据（如关系数据库中的结构化数据以及图像、音频、电子邮件、文档等非结构化数据）以其原始形态分类存储到不同的数据池中，同时对数据池中的数据进行优化整合，形成统一的存储方式③。

数据湖与数据仓库的区别主要体现在数据存储结构、数据处理方式、安全性、灵活性、数据加载、存储成本和面向用户等方面，具体如表 10-2 所示。

表 10-2 数据湖与数据仓库的区别

比较维度	数据湖	数据仓库
数据存储结构	结构化、半结构化、非结构化数据	结构化数据
数据处理方式	读模式，批量式处理	写模式，交互式处理
安全性	技术相对较新，安全性较差	成熟的安全体系
灵活性	灵活性强，配置容易	高度结构化，灵活性差
数据加载	无须分类，自由定义，批量加载	预先分类
存储成本	成本较低	成本较高
面向用户	数据科学家	企业专业人士

资料来源：根据 Fang H. Managing Data Lakes in Big Data Era. The 5th Annual IEEE International Conference on Cyber Technology in Automation, Control and Intelligent Systems, 2015；刘子龙. 数据湖——现代化的数据存储方式[J]. 电子测试，2019（18）：61-62. 等资料整理。

2. 新时代下的数据仓库解决方案

大数据时代下，伴随着供应商专注于创新和包括对内存、压缩、安全和使用 Hadoop、

---

① 姚鹏飞. 基于大数据技术的数据仓库体系结构设计[J]. 数字技术与应用，2019，37（3）：141-143.

② 数据湖[EB/OL]. [2020-02-01]. https://en.wikipedia.org.

③ 陈永南，许桂明，张新建. 一种基于数据湖的大数据处理机制研究[J]. 计算机与数字工程，2019，47（10）：2540-2545.

NoSQL、云高级特性在内的更严格的集成，企业级别的数据仓库（Enterprise Data Warehouse，EDW）技术得到了持续稳定的发展。Forrester 研究公司指出企业级别的数据仓库解决方案可以分为以下四个类别[①]。

（1）支持混合工作负载的传统数据库管理系统产品改进，如 IBM、微软、甲骨文等传统数据库的管理系统软件供应商，多年来一直致力于数据库产品的开发和扩展，以支持企业级数据仓库的需求。

（2）提供优化分析功能的企业级数据仓库软件，如 Action、Pivotal Software 和 Teradata 等，已经创建出专门的数据仓库软件来支持复杂的数据集管理。

（3）提供软硬件集成优化的数据仓库设备，如惠普、IBM、微软等，通过提供数据仓库设备帮助用户优化服务器以及预测分析等，同时还可以实现自动化管理、优化和扩展。

（4）利用新的公共云服务（DWaaS），提供更快的时效性和低成本替代的数据仓库解决方案，实现自动补给、配置、安全、协调、优化等功能，包括亚马逊网络服务、IBM、微软、甲骨文、SAP 等。

下面将结合 Forrester 公司有关企业级数据仓库的研究报告，对主要的企业级数据仓库供应商及其数据仓库解决方案进行简要介绍。

（1）甲骨文的 EDW 解决方案专注于云计算、实时和大数据处理领域。甲骨文在数据库市场中占据主导地位，其提供的 EDW 解决方案能够逐步支持数据管理设备和端到端的数据集成平台、完全运行内存的能力、低延迟访问的事务和分析工作负载，这是其取得竞争优势的关键。同时，该解决方案还能够帮助用户提升商业计算方面的能力，保证数据仓库的查询、索引和并行查询等高性能。其扩展平台也可以支持大数据技术，包括利用大数据 SQL 查询、Hadoop 和其他数据存储库等。

（2）Teradata 的 EDW 解决方案致力于扩展功能来支持云服务、内存和大数据分析。Teradata 持续为用户提供最全面和可扩展的 EDW 平台，同时能够在功能分析、分布式查询、查询优化、自助服务、工作负载管理和安全性等方面提供先进的 EDW 技术。

（3）IBM 通过云战略获得了 EDW 发展的动力。IBM 的主要优势体现在其与 Hadoop 平台所集成的先进的数据压缩、数据分析、实时信息流、自动化资源管理、预配置的垂直数据模型、虚拟化以及可扩展的设备。此外，IBM 致力于价格、性能、可扩展性、自动化、灵活性、工作负载管理和总成本方面的改进。

（4）SAP 的 EDW 着眼于 SAP Hana 的实时处理功能。SAP Hana 是一个分布式的多租户数据库，也是能够实现对内存进行大规模并行处理的数据库引擎和应用程序开发平台。企业可将该 EDW 用于管理运营和实施大量的分析工作，以及数据集市和其他数据仓库的集成。SAP Hana 的主要优势包括用于实时分析的无共享分布式内存数据平台、优化的数据流和查询处理、集成的数据服务层、先进的压缩和安全性。

（5）亚马逊网络服务为企业提供中大型数据仓库和数据集市的部署支持。亚马逊Redshift 拥有大型并行处理架构（MPP），可以通过集群中的多个节点分配数据，并高度支持数据仓库的自动化和并行功能。该系统安装无前期成本，允许大多数常见管理任务进行

---

① YUHANNA N. The Forrester Wave™: Enterprise Data Warehouse. Forrester Research Inc. Cambridge, 2015.

自动化管理，帮助用户提高数据仓库群集的可靠性，能够持续监视群集的运行状况。

（6）微软将其数据仓库平台扩展到云上。微软在数据库、OLTP、OLAP、BI 和云中的重要地位使其具有强大的竞争优势。微软的数据仓库平台包括 SQL 服务器、Azure SQL 数据仓库、分析平台系统和基于 Hadoop 的 HDInsight。云中最新发布的 Azure SQL 能够帮助企业将数据仓库规模从数十 TB 扩展到 PB，支持各种 BI、数据查询、OLAP、高级分析和实时工作负载服务。该 EDW 提供了复杂的缓存、压缩、分区、索引、基于成本的查询优化和工作负载管理功能。总体而言，微软的 EDW 平台适用于那些正在寻求低成本、高度自动化、可扩展、安全和混合数据仓库的企业。

（7）Pivotal Software 的数据仓库策略在于扩展其核心功能以满足不断增长的企业需求，尤其是在大数据、可扩展性、自动化和安全性方面。推出的数据仓库工具 Greenplum DB 结合了混合存储和执行（行和列存储），为多种工作提供了一个灵活的平台。Greenplum DB 的优势在于低成本、自动化、可扩展功能和标准化支持。通过与 Hadoop 的集成，Greenplum DB 可以直接操纵包括 Cloudera、Hortonworks 和 MapR 在内的数据存储。更为关键的是，Greenplum DB 是一种开源工具，为数据的查询和处理提供了低成本、高效率平台。

（8）惠普的 Vertica 分析平台是一个并行处理、无共享的数据仓库，具备可扩展性以支持大型工作负载。它的主要优势包括高端规模、先进的压缩和索引、无共享架构、自动化设计和调整以及工作负载管理和分布式查询优化。惠普计划进一步扩展其数据仓库平台，以实现通过最小化的管理支持更大的 PB 级数据仓库，并改善安全性和集成性。

（9）Actian 专注于实时和云部署，其 EDW 解决方案能够在 Hadoop 分布式文件系统（HDF）中运行。Actian 提供的 AAP 分析平台集成了主要的 Hadoop 分布器，具有如下优势：针对分布式内存进行优化，以提供实时分析服务；通过开放式体系结构、集成 ETL 供应商和开放源代码功能，提供本地提取、传输和加载/数据集成功能；可以利用单指令多数据功能，通过流媒体指令集扩展处理数据向量；能够提供良好的自动化和数据集成，安全性和可扩展性表现优异；能够提供实时的业务见解以支持决策。

（10）Snowflake computing 推出可行的云企业数据库选择方案。与传统的 EDW 不同，Snowflake 提供了弹性数据仓库解决方案，同时通过在存储系统中脱耦计算，使得客户能够以更优化和更具成本效益的方式使用资源。目前，Snowflake 仅能在亚马逊网络服务上运行，之后会开发其他支持解决方案。它提供多租户的服务形式，支持标准 SQL，并提供开放性数据库、Java 连接，从而该平台可用于各种访问、管理和开发工具。Snowflake 的高弹性、低成本平台适用于那些想要获得云端高度自动化服务以支持分析工作负载的企业。

10.3 客户关系管理系统和数据挖掘

数据挖掘是利用统计学和机器学习技术创建预测客户行为的模型，简单地说，就是从数据库中自动地发现相关模式。数据挖掘早期，统计学家主要依赖于手工挖掘数据库，寻找符合统计学规律的有意义的模式。技术的发展实现了数据挖掘过程的自动化：将数据挖掘与商业数据仓库相结合，并以适当的形式为目标用户提供数据挖掘的结果。对企业而言，数据挖掘工具的好坏不仅取决于强大的算法建模，同时还应将数据挖掘过程集成到外部复杂的信息技术环境中去。大数据时代下，体量巨大、来源多样化、产生和传输速度快的数据环境，为数据挖掘的应用带来了新的挑战，但同时也催生了新的数据挖掘技术。

10.3.1　数据挖掘概述

1. 数据挖掘的定义

毋庸置疑，大部分数据挖掘工具都来自统计学领域。可以说，没有统计方法的支持，数据挖掘往往很难实现。但统计方法大都需要专业训练，如果想发挥统计方法的效用，就必须降低"使用门槛"并提高解决现实问题的效率。作为多学科融合的产物，数据挖掘工具的出现，则在很大程度上解决了这一问题。得益于对用户界面的包装，普通用户通过很少的训练就能够灵活运用数据挖掘工具。迄今为止，尽管数据挖掘的历史仍然较短，但自20世纪90年代以来取得了飞速的发展，有关数据挖掘的定义也多种多样。例如，SAS研究所认为，数据挖掘就是在大量相关数据的基础上进行数据探索和建立相关模型的先进方法。实际上，数据挖掘就是使用模式识别技术、统计和数学技术，在大量数据中发现有意义的新关系、新模式和新趋势的过程，即在大型数据库中寻找有意义、有价值的信息的过程。因此，本节把数据挖掘界定为：从大量的、不完全的、有噪声的、模糊的、随机的实际应用数据中提取隐含于其中的、人们事先不知道但又具有潜在用途的信息和知识的过程。

早在1763年，英国数学家托马斯·贝叶斯（Thomas Bayes）就发表了一个概率定理——贝叶斯定理，为数据收集和数据挖掘的发展奠定了概念和统计基础。在此之后，数据收集和数据挖掘不断发展，并开始广泛应用于各行各业[①]。表10-3概括出数据挖掘的发展历程：从20世纪60年代的数据收集阶段，到80年代的数据访问阶段，再到90年代的数据仓库与决策支持阶段，一直到现在正在流行的数据挖掘以及大数据分析阶段。

表 10-3　数据挖掘的进化历程

进化阶段	商业问题	支持技术	产品厂家	产品特点
数据收集（20世纪60年代）	过去5年中，总收入是多少？	计算机、磁带和磁盘	IBM和CDC	提供历史性的、静态的数据信息
数据访问（20世纪80年代）	在新英格兰的分部，去年3月的销售额是多少？	关系数据库、结构化查询语言（SQL），开放数据库互联（ODBC）	Oracle、Sybase、Informix、IBM和Microsoft	提供历史性的、动态数据信息
数据仓库决策支持（20世纪90年代）	在新英格兰的分部，去年3月的销售额是多少？波士顿可以据此得出什么结论？	联机分析处理、多维数据库、数据仓库	Pilot、Comshare、Arbor、Cognos和Microstrategy	在各种层次上提供回溯性的、动态的数据信息
数据挖掘（正在流行）	下个月波士顿的销售会怎么样？为什么？	高级算法、多处理器计算机和"海量"数据库	Pilot、Lockheed、IBM、Oracle、SGI、Teradata	提供预测性信息

---

① Eazybi. Data mining—a threat, evolution, or opportunity[EB/OL]. [2020-02-01]. https://eazybi.com/blog/data_mining_threats_and_opportunities.

续表

进化阶段	商业问题	支持技术	产品厂家	产品特点
大数据分析（正在流行）	顾客之后的购买行为如何预测？如何为顾客推荐产品和服务？	Hadoop 技术、MapReduce 技术模型、支持迭代计算的 Spark	IBM、Teradata、SAP、Amazon、Oracle	提供预测性、定制化信息

资料来源：根据 HAN Jiawei，KAMBER M. 数据挖掘概念与技术[M]. 范明，译. 北京：机械工业出版社，2000；Eazybi. Data mining—a threat, evolution, or opportunity[EB/OL]. [2020-01-14]. https://eazybi.com/blog/data_mining_threats_and_opportunities. 等资料整理。

2. 数据挖掘与数据仓库和 OLAP 的区别

数据挖掘不同于数据仓库。有些观点认为，数据挖掘是数学和计算科学的合集，与数据仓库无关，即数据挖掘不需要而且也不可能从数据仓库中受益，但这种观点并不是十分正确[①]。数据挖掘的主要任务是对数据进行分析处理，因此高质量的、完整的、集成的数据是数据挖掘的关键所在，关乎数据挖掘的是否成功。

OLAP（将在后面详细论述，本节只给出简要介绍）是数据仓库与用户之间的接口之一。它的主要作用是面向客户，方便数据仓库用户对有价值数据的位置进行查询。如果将数据比喻为一座矿山，而有价值的数据是其中的金矿，那么 OLAP 可以为我们提供找到金矿的方法。但如何找到有价值的数据，这就需要数据挖掘工具的支持。

3. 数据挖掘和知识发现

知识发现（knowledge discovery，KD）是近年来伴随着人工智能和数据库技术的发展而出现的一门新兴技术。目前，由菲亚德和皮亚特斯基–夏皮罗（Fayyad and Piatetsky-Shapiro）对知识发现的界定被学者们普遍接受，他们指出"知识发现是从大量数据中提取有效的、新颖的、潜在有用的、最终可被理解的模式的非平凡的过程"[②]。其中，非平凡的过程是指知识发现由一系列的重要过程组成，而并非简单的数值统计和计算。发现隐藏于大量客户信息背后的关联性与规律性，是企业花费高昂成本收集和积累客户数据与信息的最终目的和落脚点。

知识发现是从大量数据中提取出可信的、新颖的、有效的信息的高级处理过程，是一个多步骤的处理过程，主要包括识别与诊断问题、数据选择、数据预处理、数据缩减、数据挖掘、结果解释和评估知识等步骤。知识发现可以用于信息管理、查询优化、人工智能、决策支持和过程控制等，也可以用于数据自身的维护。总体而言，数据挖掘虽然仅是知识发现中的一个阶段，但却是整个处理过程中最为重要的阶段。

4. 数据挖掘的未来发展方向

数据挖掘的核心在于从数据中获得隐藏的信息和知识，为企业的经营决策提供可靠的

---

① HAN J, KAMBER M. Data mining: concepts and techniques[M]. 2nd ed. San Francisco: Morgan Kaufmann Publishers, 2006.

② FAYYAD U M, PIATETSKY-SHAPIRO G. Advances in knowledge discovery and data mining[M]. Cambridge, MA: AAA/MIT Press, 1996.

支持。不难看出，数据是进行数据挖掘的前提和关键。互联网信息技术和数据传输技术的发展催生了数据的爆发式增长，大数据时代应运而生。不同于传统意义上的数据，大数据有其基本特征，具体表现为[①]：

（1）数据量（volume），强调数据的体量巨大，从 TB 级别跃升到 PB 级别。

（2）数据速度（velocity），是指数据的产生速度和传输速度，产生和传输速度的增加使得数据内容的变化速度也不断加快，需要引入新的算法来应对这种变化。

（3）数据多样性（variety），即数据的类型，包括从各种数据源中产生的任意类型的数据，如从单纯的文字数据扩展到图像数据、音频数据和视频数据、数据日志等。这些数据既可以是结构化的，也可以是非结构化的。

（4）数据价值（value），强调数据中包含的支持决策制定的信息。通过数据挖掘和分析，提取出有价值的信息，数据价值才能实现，这是大数据时代的独特属性。

（5）数据精确性（veracity），包括信息的正确性和准确性。任何信息管理实践都对数据质量和可信度有所要求。

大数据时代的到来为数据挖掘的应用和发展带来了新的挑战和机遇。未来数据挖掘的发展方向将紧密围绕大数据的 5V 特征，尤其是对数据价值的挖掘[②]。

1）对非结构化数据的挖掘

对文本数据、音频数据和视频数据及多媒体综合数据进行挖掘的方法，是未来数据挖掘的一个发展方向。未来的数据挖掘所要挖掘的数据结构，将变得越来越复杂，而且有可能遇到一些结构独特的数据。对于这些复杂的数据，就必然需要一些更加先进的模型建立方法和挖掘数据的工具。

2）数据挖掘算法的改进

数据结构的复杂化与多样化，必然导致对更加先进的数据挖掘算法的需求。结合最新研究来看，一系列深度学习算法如循环神经网络 RNN、卷积神经网络 CNN、深度神经网络 DNN 以及 2017 年由"深度学习之父"杰弗里·希尔顿（Geoffrey Hinton）提出的 Capsule 等，将成为大数据时代下数据挖掘算法改进和优化的关键方向。

3）安全和数据隐私问题

伴随着大数据、云计算、物联网等信息技术的发展，用户的数据隐私已发展成为企业不得不重视和亟待解决的问题，但如何以及怎样保护数据隐私仍在探究中。未来，研究如何进行数据脱敏处理、保护用户的隐私信息不被泄露，是数据挖掘发展的又一个方向。

10.3.2 数据挖掘的基本任务

数据挖掘是从数据仓库中发现知识的关键途径。概括而言，其基本任务主要有以下方面。

1. 自动预测趋势和行为

数据挖掘可以自动在大型数据库中寻找预测性信息，因此，以前需要进行大量手工分

---

① BELLO-ORGAZ G, JUNG J J, CAMACHO D. Social big data: recent achievements and new challenges[J]. Information fusion, 2016(28): 45-59.

② 刘铭，吕丹，安永灿. 大数据时代下数据挖掘技术的应用[J]. 科技导报，2018，36（9）：73-83.

析工作的问题，现在都可以迅速而直接地通过数据挖掘得出结论。以市场预测为例，数据挖掘可以利用过去的促销数据，帮助企业寻找未来投资回报最大的客户。

2. 关联分析

数据关联是数据仓库中存在的一种重要的可以识别的知识。若两个或多个变量的取值之间存在某种规律性，就称为关联。关联可分为简单关联、时序关联和因果关联等多种类型。关联分析的目的，是找出数据库中隐藏的关联网。当数据库中数据的关联函数难以掌握或不确定时，关联分析生成的规则就具有很好的可信度。

3. 聚类分析

数据库中的记录可被划分为一系列有意义的子集，即聚类。聚类增强了人们对客观现实的认识，是概念描述和偏差分析的先决条件。聚类技术主要包括传统的模式识别方法和数学分类学。20 世纪 80 年代初，出现了概念聚类技术，其要点是在划分对象时不仅考虑对象之间的距离，还要使划分出的类别具有某种内涵描述，从而避免了传统技术的某些片面性。

4. 概念描述

概念描述就是对某类对象的内涵进行描述，并概括这类对象的有关特征。概念描述分为特征性描述和区别性描述，前者描述某类对象的共同特征，后者描述不同类对象之间的区别。生成区别性描述的方法很多，如决策树方法、遗传算法等。

5. 偏差检测

数据库中通常会有一些异常记录的数据，从数据库中检测出这些偏差至关重要。偏差包括很多潜在的知识，如分类中的反常实例、不满足规则的特例、观测结果与模型预测值的偏差、量值随时间的变化等。偏差检测的基本方法是，寻找观测结果与参照值之间有意义的差别。

10.3.3　数据挖掘的技术与算法

1. 数据挖掘的集合论技术

1）粗糙集技术

粗糙集（Rough Set）理论产生于 1982 年，是一种处理含糊和不精确数学问题的新型数学工具。这一理论从新的角度出发，把知识看作定义域的划分，并引用数学中的等价关系来定义知识。经过十几年的发展，该理论已经渗透到人工智能的各个分支，在模式识别与机器学习等方面也都有了成功的运用。

粗糙集理论的某些独特性，表现在它特别适合于进行数据分析。例如，粗糙集将知识定义为不可精确区分的关系的一个族集，这就使知识有了明确的数学含义，易于进行数学分析。而且，在没有任何数据附加信息的情况下，粗糙集技术也能够发现数据的隐藏规则。

2）概念树技术

一个数据库中的不同数据都拥有许多方面的不同属性，根据这些属性可以对数据进行分类，然后对每一个属性进行概念提升。例如，在人口统计中，把年龄作为分类的一个属性，当假定阈值为 60 岁且超过 60 岁算作老年，我们就可以把原数据库中年龄数据超过 60 的组提升为一个元组。在这个过程中，是用更高一层的概念取代了低一层的概念。经过不停的概念提升，每次提升一层（这个过程被称为浓缩），最后就得到了宏元组。概念树一般由领域专家提供，概念树与数据库中的特定属性有关，它将各个层次的概念按照一定顺序排列。

2. 数据挖掘中的仿生物技术

1）神经网络技术

神经网络技术（Neutral Network）模拟了人脑神经元结构，为解决复杂程度高的问题提供了一个比较简便的方法。正因为如此，人工神经网络受到了越来越多的关注。由于生物体内存在的神经网络无比复杂，植根于生物神经网络的模拟程序在处理数以百计的参数时毫不费力。人工神经网络以数学、生理学、计算机科学为基础，在一定程度上解决了智能系统如何进行自我学习的问题。人工神经网络的基本结构是：输入层、输出层和隐含层。输入层的每个节点与每个预测变量相对应，输出层的节点则与目标变量相对应。在输入层和输出层之间是隐含层（对神经网络使用者来说不可见），隐含层的层数和每层节点的个数决定了神经网络的复杂度。图 10-5 给出了一个简单的人工神经网络结构。

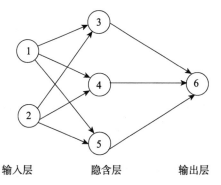

图 10-5 简单的人工神经网络结构
资料来源：王永贵. 客户关系管理：精要版[M]. 北京：高等教育出版社，2018.

除了输入层以外，人工神经网络的每个节点都和前面的节点连接在一起（前面的节点称为本节点的输入节点）。每个连接对应一个权重 W_{xy}；每一个连接对应此节点的值，就是"通过它的所有输入节点的值与对应连接权重乘积的和"作为一个函数的输入而得到的，这个函数被称为活动函数或挤压函数。事实上，如果没有活动函数，神经元网络就等价于一个线性回归函数；如果此活动函数是某种特定的非线性函数，那么神经网络又等价于逻辑回归。调整节点之间连接的权重，就是在建立（训练）神经网络时要做的工作。无论采用哪种训练方法，都需要有一些参数来控制训练过程，如防止训练过度和控制训练速度。一般而言，决定神经网络体系结构的，是隐含层及其所含节点的个数，以及节点之间的连接方式。如果要从头开始设计一个神经网络，就必须决定隐含层和节点的数目、活动函数的形式及对权重进行哪些限制等。当然，这些决定可以借助成熟的软件工具加以实现。图 10-6 给出了带有权重的人工神经网络结构。

2）进化算法

进化算法又称演化算法，其代表性算法为遗传算法。除此之外，进化算法也在不断创新，演化出诸如粒子群算法和蚁群算法等新型算法[①]，本节仅对遗传算法进行详细介绍。

---

① 刘铭，吕丹，安永灿. 大数据时代下数据挖掘技术的应用[M]. 科技导报，2018，36（9）：73-83.

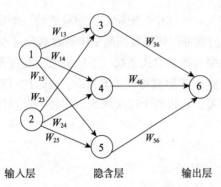

图 10-6　带有权重的人工神经网络结构

资料来源：王永贵. 客户关系管理：
精要版[M]. 北京：高等教育出版社，2018.

早在 1975 年，在对如何生成能够学习的机器进行研究时，美国密歇根大学的霍兰（Holland）等人受到达尔文"进化论"的启发，就首次提出了"遗传算法"这一新概念。美国人德容（De Jong）博士首先将遗传算法用于函数优化，从而为遗传算法的发展奠定了基础。1980 年，史密斯（Smith）教授运用纯遗传算法，将遗传算法应用到机器学习领域，并研制了一种称为分类器的系统。1989年，Goldberg 出版了《遗传算法在搜索优化和机器学习中的应用》一书，对遗传算法的原理及应用做了比较详细全面的论述。此后，学者们纷纷对原来的遗传算法或标准遗传算法进行了改进和拓展，提出了许多成功的遗传算法模型，使遗传算法的应用领域更加广泛。进入 20 世纪90 年代后，遗传算法作为一种实用、高效优化技术，更是得到了极为迅速的发展，在许多领域（如机器学习、模式识别、神经网络、控制系统优化及社会科学等领域）中都得到了广泛的应用，并引起了许多学者的关注。

遗传算法主要借助生物进化中"适者生存"的概念，模仿生物进化中的遗传繁殖机制，对优化问题解空间的每一个个体进行编码，然后对编码后的优化问题解空间进行组合划分，并通过迭代从中寻找含有最优解和较优解的组合。根据目标函数构造的适应度函数，是评测解个体优劣的唯一标准。随机选取解空间的一个子集，实施选择、杂交和变异等遗传操作，使群体以较大的概率包含并获得问题的最优解。鉴于遗传算法借鉴了生物进化的一些主要特征，这里为了便于读者理解，我们把二者进行了简单对比，如表 10-4 所示。

表 10-4　遗传算法与生物进化的比较

生物进化	遗传算法
适者生存	在算法停止时，获得最优解
个体	解
染色体	解的编码（字符串、向量等）
基因	解中每个分量的特征（如数值）
适应度	适应性函数值
种群	根据适应度函数值进取的一组解
杂交	通过变换两个解的对应分量产生新的解的过程
变异	通过变换一个解的某些分量产生一个新解的过程

资料来源：王永贵. 客户关系管理：精要版[M]. 北京：高等教育出版社，2018.

3. 统计分析方法

利用统计学原理对数据库中的数据进行分析，主要方法如下。

1）相关分析和回归分析

相关分析是用相关系数来度量变量间相关程度的数量关系，适用方法主要有线性回归和非线性回归。

2）差异分析

差异分析是从样本统计量的值得出的差异来确定总体参数之间是否存在差异（假设检验）。典型方法是方差分析，即通过分析实验数据中不同来源的变异对总体变异的贡献的大小，确定实验中的可控因素（自变量）是否对实验结果（因变量）有重要的影响。

3）因子分析

因子分析是把多个可直接观测的变量转化为少数几个不相关的综合指标的多元统计分析方法，在医学、心理学和经济学与管理学等科学领域得到了十分广泛的应用。

4）聚类分析

聚类分析是根据事物本身的特征研究个体分类的方法。该方法直接比较样本中各事物之间的性质，并把性质相近的归为一类，而将性质差别比较大的分为不同的类。其基本原则是同一类中的个体具有较大的相似性，不同类中的个体差异很大。根据分类对象的不同可以分为样品聚类［即对事件（cases）进行聚类］和变量聚类。

5）判别分析

判别分析是根据表明事物特点的变量值和它们所属的类求出判别函数，再根据判别函数对未知所属类别的事物进行分类的一种分析方法。与聚类分析的主要区别在于：判别分析要求已知一系列反映事物特征的数值变量值及其分类变量值。

4. 关联规则算法

关联规则是描述数据库中数据项之间存在潜在关系的规则，形式为“$A_1 \wedge A_2 \wedge \cdots \wedge A_m B1 \wedge B_2 \wedge \cdots \wedge B_n$”，其 A_i（$i=1,2,\cdots,m$），B_j（$j=1,2,\cdots,n$）是数据库中的数据项。数据项之间的关联就是根据一个事务中某些项的出现，可推导出另一些项在同类事务中也出现。关联可分为简单关联、时序关联及因果关联等。关联分析的目的是找出数据库中隐藏的关联。关联规则算法可分为两个步骤：①求支持度大于用户指定的最小支持的数据项集，即大数据项集，对于有语义约束的规则，仅求得满足约束的大数据项集；②利用大数据项集产生关联规则，关联规则是挖掘算法的核心。

10.3.4 数据挖掘的流程——技术视角

图 10-7 从技术角度定义了数据挖掘的流程，主要包括选择、预处理、转换、挖掘和分析和同化这五个环节。也就是说，从逻辑数据库开始，经过选择流程获得被选择的数据，然后对这些数据进行预处理，从而得到经过预处理的数据库。在此基础上，对新生成的数据进行某种转换，并利用所获取的新数据进行挖掘，提出其中的有用信息，再加以分析和同化，最终生成经过同化的知识，为企业决策提供支持。

需要指出的是，许多研究机构和企业都整合自己的数据挖掘软件，提出了独特的数据挖掘过程模型。其中，值得借鉴的是 SAS 研究所和 SPSS 公司所提出的解决方案。

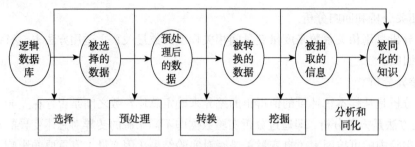

图 10-7　数据挖掘流程
资料来源：改编自唐晓萍.数据挖掘与知识发现综述[J]. 电脑开发与应用，2002（189）：31-33.

　　SAS 研究所认为，数据挖掘是通过对数据进行选择、探索、调整和建模来揭示数据中的未知模式，并进而开发出基于图形界面的 SAS/EM（Enterprise Miner）来进行数据挖掘，其主要步骤如下：①抽样（sample），即从大量的数据中抽取与探索问题有关的数据子集。一般来说，所抽的样本应该包含足够的信息且易于处理。②探索（explore），即对数据子集进行探索，寻找出期望的关系和未知的模式。③调整（modify），即对数据进行探索之后，形成初步的了解，然后在此基础上对数据进行有效的增减、选择、转化或量化。④建模（model），即应用分析工具，建立模型，进行预测。⑤评价（assess），即评价数据挖掘结果的有效性和可靠性。类似地，SPSS 公司也提出了进行数据挖掘的"5A"模型，认为任何数据挖掘方法都是由五项基本元素组成的，分别是：①评价（assess），即正确、彻底地了解业务需求及数据；②获取（access），即获取数据，做出适当的调整；③分析（analyze），即选择适当的分析技术、验证方法和工具；④行动（act），即富有推荐性、有说服力的原型演示；⑤自动化（automate），即提供优秀的自动化软件。

10.3.5　数据挖掘工具及其评估

1. 数据挖掘工具

　　一般来说，可以把数据挖掘工具市场划分为三种类型：通用工具、综合 DSS/OLAP/数据挖掘工具和面向特定应用的数据挖掘工具[①]。其中，通用工具在市场中占据较大比例。从定义上说，该数据挖掘工具面向非特定应用；从本质上说，它的范围是水平的，包括 SAS 公司的 Enterprise Miner、IBM 公司的 Intelligent Miner、SPSS 公司的 Clementine、Oracle 公司的 Darwin 以及 Angoss 公司的 Knowledge Seeker。比较而言，综合数据挖掘工具则满足了企业对多功能和具有决策支持工具的现实需求和迫切需求。与此同时，随着数据挖掘应用的日益成熟，面向特定应用的数据挖掘工具市场也在迅速成长，这一领域的厂商试图提供商业解决方案，而不是单纯的技术，主要包括 KD1（面向零售业）、Options and Choices（面向保险业）、Unica Model1（面向市场领域）以及 HNC（面向欺诈行为）等。

　　除此之外，数据挖掘工具从处理的内容来看，还可以分为数据挖掘（data mining）工具和文本挖掘（text mining）工具[②]。其中，数据挖掘工具主要用于完成关联分析、聚类分

①　贝尔森，史密斯，西瑞林. 构建面向 CRM 的数据挖掘应用[M]. 贺奇，等译. 北京：人民邮电出版，2001：232.
②　马刚，李洪心，杨兴凯. 客户关系管理[M]. 大连：东北财经大学出版社，2015：189.

析以及统计分析等任务，文本挖掘工具则主要用于市场调查以及数据和文档的管理，包括 IBM 公司的 Text Mining、SAS 公司的 Text Miner 以及 Autonomy 公司的 IDOL Server 等。

2. 数据挖掘工具的评估标准

由于数据挖掘工具在类型和应用范围等方面的复杂性，所以一般很难提出统一的标准对其进行评估。不过，以下六个方面通常是其中比较关键的评估要素。

（1）操作的数据类型。一般而言，一套强有力的数据挖掘系统应该能够处理客户数据仓库与文本等复杂的数据类型，即具有广泛的适应性。

（2）结果的有用性和确定性。经过运用数据挖掘工具所挖掘出来的知识，应该能够准确地反映数据库的内容，且能够被用户所使用。而且，在实践中，不确定性的程度往往可以体现在近似规则和定量规则上，所以系统还应该能够处理带有噪声的数据。

（3）知识的表达。运用高层次的语言和图形建立友好界面，以最容易让用户理解的方式来描述所挖掘出来的"知识"。

（4）多层次互动知识。由于事先不知道数据库里可以发现什么样的知识，那么互动发现就成了一种有效手段。它允许用户通过互动来净化数据挖掘要求，动态改变数据焦点，从不同角度和层次审视挖掘结果。

（5）并行分布的数据挖掘算法。由于数据库的规模巨大，数据分布广泛，从而促使客户关系管理系统采用并行的分布技术。

（6）私有保护和数据安全。数据挖掘可能导致对隐私权的"侵犯"，在对数据挖掘工具的有效性进行评价时应该把是否能够采取措施来防止敏感信息的"外泄"作为一个重要标准。

当然，以上所列出的、用于评价数据挖掘工具的标准并不完整。而且，即便在相似情况下，对同一标准所分配的权重可能也是不一致的。从实践的角度看，数据挖掘工具的评价标准还包括产品成熟度和公司力量、数据挖掘经验和水平、产品的数据操作能力、产品的用户界面以及管理复杂程度等。

10.3.6 用数据挖掘优化客户关系管理系统

要解决如何用数据挖掘技术优化客户关系管理系统的问题，首先要理解什么是优化。那么到底什么是优化呢？一个比较契合的定义是：优化是对结果进行明确评价的问题，是在一定的约束和限制条件下，得到最优安排的过程[①]。

根据定义，优化不一定要放在最需要的地方，而是往往用于最容易评价其效果的地方。这就像在一个黑暗街道上走路的老人，在路灯下寻找他刚刚掉了的钥匙。一个过路人想帮助他，问他钥匙是不是掉在路灯附近了。老人回答说："不，它们掉在另一边了，但是那边没灯。因此我到这边寻找，这样我才能看得见。"这个故事很好地表达了优化的本意。如前所述，在优化之前应该确保可以进行评价。然后，还必须确保有能力试验各种不同的方法，以便通过比较发现哪个方法更好。如果不能进行评价，就区分不出优劣，也就无法对客户

---

① 贝尔森, 史密斯, 西瑞林. 构建面向 CRM 的数据挖掘应用[M]. 贺奇, 等译. 北京: 人民邮电出版社, 2001: 221-228.

关系管理系统进行优化。在实践中，使用数据挖掘技术优化客户关系管理系统的一般步骤可以概括为：①评价，即检测发生的结果；②预测，即根据已发生的事情来进行预测；③行动，即进行尝试。其中，第一步就是评价改善客户关系活动的效果，然后根据评价对将要发生的客户关系转变进行预测，推断出对客户关系进行哪些方面的改进是可行的，并且能够得到可衡量的有用结论。当然，在利用数据挖掘技术优化客户关系管理系统的实践中，除了需要一个最佳的、主要由以上三个步骤所组成的业务实践以外，往往还依赖于实现和支持这些步骤的组织架构。

不过，需要特别指出的是，在运用数据挖掘技术对客户关系管理系统进行优化的过程中，可能会出现以下两种不同的优化形式：①存在一种明确定义的数值有待优化；②对复杂的、因果关系不明确的问题进行优化。对于第一种情况，由于与数值相关的流程往往是复杂的但又清晰的，所以这些数值一般可以准确地加以确定和优化；第二种情况则由于因果关系的不明确而变得更加复杂。在很多客户关系管理系统中，优化问题都属于后一种——难以确定因果关系的、复杂的、不可预测的人的行为，使得对这些问题的优化变得异常困难。不过，生物算法的出现，使得第二类问题在某种程度上得到了解决。

10.3.7 在客户关系管理系统中利用数据挖掘所形成的商业价值

前面几节主要对数据挖掘以及如何利用数据挖掘进行了介绍，下面将主要考察这些技术运用之后所形成的商业价值。

1. 客户盈利模型

在许多情况下，了解不同客户的盈利情况，都是企业进行数据挖掘的第一步。通过理解和提高客户盈利能力，将会使数据挖掘在客户关系管理中发挥重要作用。企业需要考虑客户的终身价值，区分有利可图和无利可图的客户，对不同盈利情况的客户提供不同程度的服务或定制化产品，改善自身运营流程或减少成本，这些都需要对客户盈利状况进行全面了解。事实上，有研究显示：较高的客户忠诚度能够降低服务费用，并产生提高营业收入的"复合效应"。一般而言，管理人员可以通过数据挖掘技术，努力尝试实现客户盈利能力最大化的各种途径，并对客户盈利能力进行预测。在实践中，企业可以利用数据挖掘技术对已发生的事实（或消费行为）进行分析和预测。从过去的客户数据中进行挖掘，往往可以发现客户的行为模式与规律，并由此进行预测。通过揭示客户的行为习惯，数据挖掘技术还可以发现一些行为相似的新客户。

2. 客户获取模型

在实践中，市场部经理可以用传统方法来获取新客户。例如，开展一场规模巨大的联合广告活动或者进行直复营销，但诸如此类的传统方式与大规模销售的策略基本一致。与此相对，他们也可以运用数据挖掘技术对潜在客户进行细分，从而提高市场推广活动的回报率。不过，利用数据挖掘技术进行客户获取，与传统方式有着明显的区别。利用数据挖掘在获取新客户时，是以数据为中心的，在已经获取的客户知识的基础上系统地记录和预测客户可能的行为模式，从而大大提高了市场营销的效率，有效地为企业吸引了更多的目标客户。

3. 客户挽留模型

随着市场竞争变得日益激烈，获取新客户的成本也越来越高，因此挽留老客户就显得十分重要。根据哈佛商业评论的研究，客户流失率减少5%，企业的盈利就会增加25%～100%，这取决于企业所在的行业类型和企业的具体情况。由此可见，利用数据挖掘工具对不同客户进行分析，分别构建起有效的客户挽留模型，在整个客户挽留中居于十分重要的地位。同时，通过数据挖掘工具，企业还可以深入剖析客户转换供应商的主要原因以及发生转换行为的客户特征，从而使企业有能力提供不同的方案与诱因，吸引客户继续与企业维持良好的商务关系。

4. 客户细分模型

客户细分就是指将一个大的消费群体划分为不同的客户群，处于同一细分群体的客户具有相似的特性。在客户关系管理实践中，客户细分可以使企业运用不同的方法对待不同细分群体中的客户。一般而言，科学的客户细分常常需要满足以下两个基本条件：①完整性（collective exhaustive），即数据库中的每一个客户都必须被某一个细分群体所包含；②互斥性（mutually exclusive），即数据库中的每一个客户都不能同时属于两个或多个细分群体。在实践中，通过数据挖掘技术进行客户细分，可以促使企业深化对自己所经营业务的理解，更全面地把握和运用客户的人口统计学信息和心理行为信息。此外，企业还可以带有一定的目的性对客户进行细分，如根据转向竞争对手的可能性进行细分。

5. 交叉销售模型

向客户提供新产品和新服务，从而保持现有客户资源、提升现有客户价值的销售方式叫作交叉销售。交叉销售建立在企业与客户双赢的基础之上，一方面客户可以得到更多、更好的产品；另一方面，对于企业而言，可以从增加的销售中获利。如果企业通过交叉销售方式来实现销售的增加，以下两个步骤通常是必须要遵循的：①通过数据挖掘中的聚类分析，锁定交叉销售所要面对的目标客户。通过聚类分析，可以了解某类客户经常购买的产品类型，并向没有购买该种类型商品的客户进行产品推介。②通过关联分析确定最优的销售组合，并向相应的客户展开交叉销售。一方面，对于那些购买频率较高的销售组合，要找出购买了大部分组合商品的客户，并向其推销遗漏商品；另一方面，对于符合特定特征的客户提供相应的商品组合。

10.4　客户关系管理系统和联机信息分析处理

为了在信息经济时代作出正确的决策，管理人员需要从各个角度去考虑充满不确定性的复杂问题。可以说，随着网络技术的发展，数据量已经从20世纪80年代的M字节和G字节猛增到现在的T字节和P字节，而且用户的查询需求也越来越复杂，涉及的已不仅是查询或操纵关系表中的一条或几条记录，而更多的是要对多张表中的千万条记录的数据进行数据分析和信息整合。大数据时代下，关系数据库已无法完全满足用户的需求。

联机分析处理（online analytical processing，OLAP），是专门用来支持对复杂问题进行分析的操作。该技术侧重于为分析人员和高层管理人员提供决策支持，可以按照分析人员的要求快速灵活地进行大量数据的复杂查询处理，并以一种直观、易懂的形式把查询结果提供给决策者，以便他们可以准确地把握企业的经营状况，了解市场需求，制订正确的方案和确保企业健康成长。目前，OLAP 软件以先进的分析能力和多维形式提供数据的能力，正作为一种支持企业关键商业决策的解决方案而迅速崛起。

10.4.1　联机分析处理概述

1. 从联机事务处理到联机分析处理的转变

20 世纪 60 年代，"关系数据库之父"埃德加·弗兰克·科德（E.F.Codd）提出了关系模型，促进了联机事务处理（online transaction processing，OLTP）的发展。OLTP 是一种事务型处理，也称操作型处理，通常涉及改动或简单查询数据记录等重复性、例行性的任务活动。随着数据库技术的应用和发展，科德认为联机事务处理已不能满足终端用户对数据库查询分析的需要，结构化查询语言（structured query language，SQL）对大型数据库进行的简单查询也无法满足终端用户的分析要求。用户的决策分析需要对关系数据库进行大量计算才能得到结果，而查询的结果却未必能够满足决策者所提出的需求。因此，1993 年，科德提出了多维数据库和多维分析的概念——联机分析处理。相较于 OLTP 而言，OLAP 是一种分析型处理，用于管理者的决策分析。通常，OLAP 可以看作对 OLTP 所产生的事务性数据进行处理。表 10-5 概括出了 OLTP 与 OLAP 的主要区别。

表 10-5　OLAP 与 OLTP 的主要区别

比较维度	OLTP	OLAP
用户	操作人员、低层管理人员	决策人员、高级管理人员
功能	日常操作处理	分析决策
DB 设计	面向应用	面向主题
数据特点	当前的、最新的细节的、二维的分立的	历史的、聚集的、多维的集成的、统一的
存取方式	读/写/索引数十条记录	大量的扫描
工作单位	简单的事务	复杂的查询
用户数	数以千计	数以百计
DB 大小	100MB-GB	100GB-TB

资料来源：韩家炜.数据挖掘技术：概念与技术[M]. 北京：机械工业出版社，2006.

2. 作为数据仓库前端接口的联机分析处理

在数据仓库系统构造过程中，先通过数据综合转换过程，将数据有计划地录入数据库之中，然后是配置前端用户接口，以便在用户查询分析时看到清晰的画面。在企业收集了完整的正确数据之后和有效利用这些数据之前，还需要根据用户的不同需求建立不同的数据仓库的前端接口工具，而 OLAP 就是数据仓库前端应用接口之一。图 10-8 列示了数据仓库与 OLAP 的整合图。

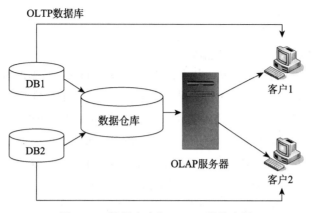

图 10-8　数据仓库与 OLAP 的整合图

注：OLTP 也称作面向交易的处理过程，其基本特征是把前台接收的用户数据实时地传送到计算中心进行
　　处理，并在很短的时间内给出处理结果，是对用户操作做出快速响应的一种方式；DB 代表数据库。
　　资料来源：王永贵. 客户关系管理[M]. 北京：清华大学出版社，北京交通大学出版社，2007.

10.4.2　联机分析处理的定义和特征

1. 联机分析处理的定义

OLAP 是专门为特殊的数据存取和分析而设计的一种技术。比较而言，OLTP 一般主要依靠关系型数据库。而 OLAP 与一般查询和报表不同，它是超越一般查询与报表的下一个逻辑步骤，为决策支持提供更为完整的方案。管理人员可以通过 OLAP 来浏览和分析数据，从而发现变化趋势、抽样特征和一些隐藏的细节信息。那么，到底什么是 OLAP 呢？

OLAP 委员会把 OLAP 界定为具有下列功能的软件技术：使分析人员、管理人员或执行人员能够从多种角度对从原始数据中转化出来的信息（这些信息是能够真正为用户所理解，并且能够真实反映出企业特性的信息）进行快速、一致、互动的存取，从而实现对数据的更为深入的理解。

结合上一节数据挖掘技术的相关内容，对 OLAP 与数据挖掘的异同点进行区分，以加深读者的理解。首先，它们的相同之处在于 OLAP 与数据挖掘都是基于数据库（数据仓库）的分析工具。其次，两者的不同之处在于：①在实际应用中各有侧重。OLAP 侧重于数据验证，是借助数据进行演绎推理的过程；数据挖掘则侧重自动化的挖掘和分析，基于数据得出归纳式结果。②对执行效率和响应速度的要求不同。前者建立在多维视图的基础之上，强调执行效率和对用户请求命令的及时响应，而且其直接数据源一般是数据仓库；后者建立在各种数据源的基础上，重在发现隐藏在数据深层次的对人们有用的模式，一般并不过多考虑执行效率和响应速度。③处理的数据不同。OLAP 仅适用于结构化数据，而数据挖掘还可以分析诸如文本的、空间的和多媒体的非结构化数据[①]。

---

① 杨文灏. 数据仓库、OLAP 和数据挖掘的比较分析[J]. 金融电子化，2008（2）：52-58.

2. 联机分析处理的特征

一般而言，OLAP 的特征主要包括以下两个方面。

（1）能够提供数据的多维视图。其中，"维"专指人们观察数据的特定角度。例如，企业关心产品销售因地理分布而变化的情况，这是从地理分布的角度观察产品销售，所以地理分布就是一个"维"；类似地，如果按照时间进行分析，则时间也是一个"维"。同时，"维"还是一个具有层次性的概念，即人们观察数据的某个角度还可以从某些差异性细节方面进行描述。例如，"时间维"可以包括年、月和日三个层次。数据的多维视图能够使最终用户从多个角度、多个侧面、多个层次系统地分析和利用数据库中的数据，从而深入地理解包含在数据中的信息及其内涵。因此，以多维视图的形式把数据提供给用户，既迎合了人类思维模式的特点，又能够减少数据混淆，降低出现错误解释的可能性。

（2）强大的分析功能。OLAP 系统可以向用户提供强大的统计、分析和报表处理功能。此外，OLAP 系统还具有回答假设分析（what-if）问题的功能和进行趋势预测的能力。综合来看，OLAP 的分析操作主要包括切片（slice）、切块（dice）、下钻（drill-down）、上钻（roll-up）和旋转（rotate）。

10.4.3   联机分析处理系统的一般结构和类型

1. 联机分析处理系统的一般结构

OLAP 具有数据分析和报表功能，是数据仓库中存取和使用的主要模块。OLAP 技术构件存在于存取和使用模块的子模块中；分析和报表子模块中的 OLAP 构件，可以提供 OLAP 的分析和报表功能。图 10-9 概括出 OLAP 系统的一般结构和运作机理：直接从数据仓库中读取数据，并将数据进行多维结构变换，经过分析后递交给前端工具。同时，接受前端转换过来的信息请求，OLAP 服务器做出反应，并使用 SQL 语言对数据仓库进行查询。上述两个过程紧密相连，构成一个闭环的操作过程。

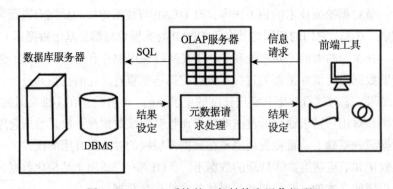

图 10-9   OLAP 系统的一般结构和运作机理

注：DBMS 表示数据库管理系统，是一种操纵和管理数据库的大型软件，用于建立、使用和维护数据库。

资料来源：王永贵. 客户关系管理[M]. 北京：清华大学出版社，北京交通大学出版社，2007.

2. 联机分析处理的类型

OLAP 系统按照其存储器的数据存储格式可以分为关系 OLAP（Relational OLAP，ROLAP）、多维 OLAP（Multidimensional OLAP，MOLAP）和混合型 OLAP（Hybrid OLAP，HOLAP）三种类型。

1）关系 OLAP（ROLAP）

ROLAP 将分析用的多维数据存储在关系数据库中，并根据需要选择性地定义应用频率比较高、计算工作量比较大的查询实视图，将其制成表也存储在关系数据库中。为提高每个针对 OLAP 服务器的查询效率，可以优先利用已经计算好的实视图来生成查询结果。同时用作 ROLAP 存储器的关系数据管理系统也针对 OLAP 做相应的优化，如并行存储、并行查询、并行数据管理、基于成本的查询优化、位图索引、SQL 的 OLAP 扩展（Cube，Rollup）等。

2）多维 OLAP（MOLAP）

MOLAP 将 OLAP 分析所用到的多维数据存储为多维数组的形式，形成"立方体"的结构。"维"是人们观察数据的特定角度，在 MOLAP 中，维的属性值被映射成多维数组的下标值或下标的范围，而总结数据作为多维数组的值存储在数组的单元中。由于 MOLAP 采用了新的存储结构——物理层存储，因此又称为物理 OLAP（Physical OLAP）。相较而言，ROLAP 主要通过一些软件工具或中间软件实现，物理层仍采用关系数据库的存储结构，因此称为虚拟 OLAP（Virtual OLAP）。

3）混合 OLAP（HOLAP）

由于 MOLAP 和 ROLAP 有着各自的优点和缺点，且两种类型结构差异较大，这就为分析人员设计 OLAP 结构增加了难度。基于此，一个新的 OLAP 结构——混合型 OLAP（HOLAP）被提出。HOLAP 结构有机结合了 MOLAP 和 ROLAP 两种结构的优点，能满足用户各种复杂的分析请求。

10.4.4　联机分析处理的典型操作分析

OLAP 对数据仓库中数据的操作是针对多维数据视图（超立方体）进行的，其典型操作包括切片（slice）、切块（dice）、钻取（drill）以及旋转（rotate）等，从而让用户多角度、全面地理解数据所涵盖的信息。

1. 切片和切块

在多维数据结构中，按照二维进行切片，按照三维进行切块，可以得到所需要的数据。在多维数组的某一维上选定一维成员的动作，称为切片，即在多维数组（维 1，维 2，…，维 i，…，维 n，变量）选定维 i，并对维 i 选择一个维成员（维成员 vi），得到了（维 1，维 2，…，维 i–1，维成员 vi，维 i+1，…，维 n，变量），这个操作叫作切片[①]。切块也有相似的操作，只不过切块选择的是对某一区间的维选定维成员。例如，对描述特定市场的市场规模、营利性和地理区域三个维的多维数组进行切片，可以形象地表示为如图 10-10 所示。

[①] 彭先清. 数据仓库中联机分析系统的研究与实现[C]. 成都：电子科技大学，2016：39.

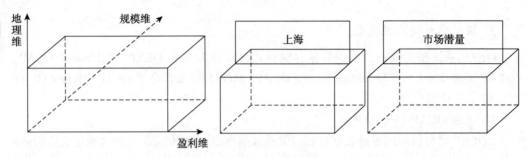

图 10-10　切片操作

资料来源：张维明. 数据仓库原理与应用[M]. 北京：北京电子工业出版社，2002：106.

2. 钻取

钻取主要包含向下钻取（drill down）和向上钻取（drill up 或 roll up）操作。其中，钻取的深度与维所划分的层次相对应，钻取处理可以使用户在数据仓库的多层数据中通过导航信息获得更多的细节性数据。大多数 OLAP 工具都可以让用户钻探至一个数据集中有更好数据细节描述的数据层。

3. 旋转/转轴（pivot）

在操作中，通过旋转可以得到不同视角的数据。所谓旋转，即改变一个报告或者页面的维方向，包括交换行维和列维，以及把页面显示的一个维和页面外的一个维进行交换。上述两种操作可以分别用图 10-11 中的（a）与（b）来表示。

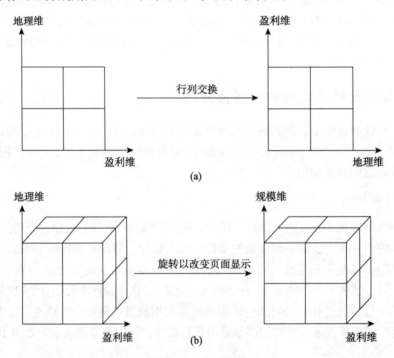

图 10-11　旋转操作

资料来源：张维明. 数据仓库原理与应用[M]. 北京：电子工业出版社，2002：108.

10.4.5　大数据时代的联机分析处理

近年来，计算机技术迅猛发展，随着其在传感器、互联网和科学数据分析等多个领域的广泛应用，数据数量呈现出爆炸性的增长态势，传统的数据管理和分析技术正在遭受着巨大的挑战。无独有偶，面对大数据和互联网的冲击，OLAP 技术也亟须改进和完善，以破解数据存储和分析难题。

1. 大数据时代下联机分析处理技术面临的挑战

OLAP 技术的核心在于多维分析，即通过切片和切块、钻取、旋转或转轴等方式对多维数据视图进行分析，为用户观察、分析数据提供多种视角。然而，当数据是以体量巨大、来源多样、结构可变、可视化等为特征的大数据，运用 OLAP 进行多维分析时，主要存在以下问题[①]。

（1）规模（size），即需要处理的数据异常庞大，大规模的处理结果都要以报表形式呈现，在增加存储和计算难度的同时也造成了大量冗余，这是实际应用中 OLAP 发展的主要瓶颈。

（2）复杂性（complex），由于大数据的高度非结构化特征（如音频数据、图像和视频数据），增加了利用 OLAP 对大数据进行多维组存储的复杂性。

（3）设计（design），基于大数据的 OLAP 多维组数据设计更应关注数据存储和分析的性能。因此，在设计时，应考虑如下问题：多维数据组的整体构建时间，多维数据组的更新和维护以及多维数据组的建设策略。

（4）计算方法（computing methodologies），由于数据规模巨大，基于大数据的 OLAP 多维存储和计算方法需要更新和优化，新兴的云计算可以作为一种考虑。

（5）可视化（visualization），需要设计一种新型的可视化解决方案来应对数据的爆炸式增长，同时还应考虑抽取的核心数据的实时可视化、混合数据的可视化以及在移动设备上的有效可视化等问题的解决方案。

除此之外，建造成本和开放性也是 OLAP 发展需要考虑的重要因素。举例而言，不同于传统制造企业，互联网企业的数据类型以非结构化为主，如网页、数据日志、图片等，利用传统的商业 OLAP 系统进行多维数据分析会增加企业的时间成本和金钱成本。基于此，以 Hadoop 为代表的开源分布式数据系统备受青睐，这些数据系统能够对大数据进行可靠、快速且高效的并行处理。需要指出的是，一些基于 Hadoop 的数据库系统，如 Hive、HBase、MongoDB、OLAP4cloud 等均支持 OLAP 分析，但性能却不尽如人意[②]。

2. 基于大数据的联机分析处理系统

大数据的规模效应冲击了传统形式下的数据存储、管理以及数据分析，为了应对这一

---

① CUZZOCREA A, BELLATRECH L, SONG Y. Data warehousing and OLAP over big data: current challenges and future research directions. DOLAP'13. San Francisco, CA, USA. 2013.

② 宋杰，郭朝鹏，王智. 大数据分析的分布式 MOLAP 技术[J]. 软件学报，2014，25（4）：731-752.

挑战，学术研究者和企业实践家提出了一种基于 Hadoop 技术和 MapReduce 计算模型的 SQL on Hadoop 系统，用以优化面向大数据的 OLAP 性能。以下将对几个典型的 SQL on Hadoop 进行简要介绍[①]。

1）Hive 系统

Hive 系统架构主要包括 Hive 对外访问、Hive 后端、查询引擎、执行引擎和分区表等。早期的 Hive 系统与 Impala 系统等相比性能较差[②]，但随着该系统在 SQL 接口方面增加了数据类型和查询支持、引入新的 Tez 计算模型以及增强初步查询能力、新增查询执行引擎等，Hive 系统的性能得到了优化。

对数据进行管理和分析时，Hive 首先把 HiveQL 查询转换成 MapReduce 任务，然后将这些任务提交到 Hadoop 集群进行处理。在这个过程中，若某些操作（如连接操作）被翻译成若干个 MapReduce 任务，需要依次对这些任务进行处理。以企业实践为例，Facebook 正是利用 Apache Hive 系统对其从平台上获取并存储在 HDFS 的海量数据进行查询和分析。

2）Impala 系统

Impala 是 Cloudera 公司开发的一种支持交互式查询的 SQL on Hadoop 系统。Impala 整体分为 State Store、Impalad 和 Catalog 三个模块。其中，StateStore 为集群状态的服务进程；Imapalad 负责接收外部查询请求；Catalog 以单点形式存在，用于提供元数据服务。除此之外，Impala 还需要依赖于外部系统，包括用于读取数据查询的 HDFS/HBase、获取表存储路径的 Hive Metastore 和查询数据分布位置的 HDFS NameNode。

与 Hive 系统不同，Impala 系统基于 MPP 架构对数据进行查询处理。在具体查询过程中，首先对待执行任务进行分解，然后将这些任务分配给不同的节点。同时，Impala 使用 LLVM 技术，可以直接将查询翻译成指令，提升任务的执行速度。

3）Spark SQL

Spark SQL 是由美国加州大学伯克利分校提出的一种基于大数据的交互式查询系统，归属于大数据处理框架 BDAS（berkeley data analytics stack）。Spark SQL 系统的组织框架主要包括查询机制和文件格式。其中，Spark SQL 通过在 RDD 上构建通用 SQL 组件，实现数据查询和处理功能。Spark SQL 对外部数据源类型进行了扩展，可以是 Text、CSV、Parquet 等格式[③]。通过数据加载后，这些数据源会被抽象成结构化的 Dataset 格式。目前，Spark 与机器学习和数据科学领域紧密结合，将 DataFrame 作为 Spark SQL 的发展方向。

在数据查询和分析的过程中，Saprk SQL 借助 Catalyst 解析器组件，将 SQL 语句由逻辑计划转到物理计划，然后生成 RDD 任务，提交到集群上进行执行，完成数据查询。

① 杜小勇，陈跃国，覃雄派. 大数据与 OLAP 系统[J]. 大数据，2015（1）: 1-13.

② CHEN Y G, QIN X P, BIAN H Q, et al. A study of SQL-on-Hadoop systems[J]. Lecture notes in computer science, 2014, 88(7): 154-166.

③ ZAHARIA M, XIN R S, WENDELL P, et al. Apache spark: a unified engine for big data processing[J]. Communications of the ACM, 2016, 59(11): 56-65.

本 章 小 结

本章主要内容是客户信息的获取、分析和应用，因此应用层面的客户关系管理是本章的基础。它是对客户互动的一个升华，也是客户关系管理系统的重要内容。

本章首先介绍了客户数据、客户信息与客户知识的区别。当然，它们共同构成了一个独特的演进过程。获取的客户数据经过数据仓库的抽取、清洗等操作，形成了客户信息，再经过前端接口的数据挖掘和 OLAP 分析，形成了可视化的结果，呈现给决策者或专家。客户信息正是经过一系列在技术上息息相关、在逻辑上紧锣密鼓的过程，为决策的制定和预测等做出贡献。

从客户数据到客户信息再到客户知识的过程涉及信息技术和客户关系管理理念的结合。在理念上做好客户关系管理，就必然需要两个平台：客户互动平台和客户知识平台。而信息技术与第二个平台的结合，就是本章着重描述的内容。但是，这种结合还在继续演进，如从关系型数据库到数据仓库、从 OLTP 到 OLAP 等。在这方面，两个引起较大关注的演进方向是客户智能和专家系统，有兴趣的读者可以加以关注。

关 键 概 念

客户信息：由客户数据进化而来的、经过加工的客户数据。客户信息并不仅仅意味着客户数据，定性的判断及情绪和情感等都是客户信息的一部分，而这些往往微妙地融入客户数据和事实之中。

商业智能：是指获取客户数据、生成客户信息和客户知识的处理过程。商业智能通过将企业现有的数据转化为商业活动所需的知识，保证决策者能够及时、准确地掌握客户知识，并以此制定决策和市场响应策略。

数据仓库：数据仓库是面向主题的、集成的、随时间推移而发生变化的数据集合，可用来支持管理决策。SAS 软件研究所把数据仓库界定为一种管理技术，旨在通过通畅、合理、全面的信息管理，达到有效地支持决策的目的。

数据挖掘：是从大量的、不完全的、有噪声的、模糊的、随机的实际应用数据中提取隐含于其中的、人们事先不知道但又具有潜在用途的信息和知识的高级处理过程。

联机分析处理：是专门为特殊的数据存取和分析而设计的一种技术，它使分析人员、管理人员或执行人员能够从多种角度对从原始数据中转化出来的信息进行快速、一致、互动的存取，从而实现深入理解数据的目的。

知识发现：是从大量数据中提取出可信的、新颖的、有效的信息的高级处理过程，是一个多步骤的处理过程，主要包括识别与诊断问题、数据选择、数据预处理、数据缩减、数据挖掘、结果解释和评估知识等步骤，数据挖掘只是其中的一个阶段。

互联网 + 资源

 **本章案例**

华为云 **DWS**：新时代下的数据仓库服务

思考与练习题

补充阅读材料

参考文献

10.4

客观题

自学自测

10

扫描此码

第四部分　客户关系管理提升篇

第11章

新技术与客户关系管理

【学习目标】

随着移动互联网、大数据、云计算、区块链等新技术的出现与快速发展，客户关系管理也开始升级转化为新型客户关系管理。通过本章学习，要求了解互联网、移动互联网以及社交媒体的产生和发展对企业和客户带来的影响，掌握社交化客户关系管理的内涵、特征，明确社交化客户关系管理的应用和实施逻辑，了解大数据和区块链技术对客户关系管理带来的影响及在客户关系管理中应用大数据、区块链技术存在的挑战。本章学习完毕后，要求对新型客户关系管理形成初步的认知。

 引例

2019 年 5 月，商务管理云解决方案巨头——Salesforce 公司推出了区块链 CRM 解决方案，成为该领域"第一个吃螃蟹"的新产品供应商。

Salesforce 公司的区块链提供了一种适应复杂应用程序的编程框架，扩展了 CRM 的功能和应用灵活性，使与企业有关的任何一方主体都可以在第三方可信任的网络上共享经过验证的客户数据。同时，借助 Salesforce 公司提供的区块链，企业还可以轻松创建并管理自己的区块链网络，实现与其他合作伙伴的区块链共享。此外，Salesforce 公司还将区块链解决方案定位于开发人员。这样一来，企业可以根据自己的实际情况对代码进行编辑和修改，定制属于自己的个性化解决方案。Salesforce 公司指出，目前第一批的三家客户正在测试这项产品，这为区块链 CRM 解决方案的推广带来了曙光。

资料来源：根据永旗技术研发中心. 链改案例｜Salesforce 的区块链 CRM 有哪些功能 [EB/OL]. [2019-09-06]. http://www.btb8.com/blockchain/1909/66440.html. 整理。

思考题： 区块链技术的发展，为客户关系管理带来了哪些机遇和挑战？企业应该如何将区块链技术应用到客户关系管理战略的实施过程中来？

随着（移动）互联网、社交媒体、大数据、人工智能以及区块链等技术的出现与蓬勃发展，企业和客户的行为模式都随之发生了变化。相应地，客户关系管理也开始向新型客户关系管理发展。要想在新时代下获得更多的忠诚客户和长久的盈利，企业就必须拥抱互联网、拥抱大数据等信息技术，并借此对其客户关系管理实践进行创新和变革。因此，企业需要了解新型客户关系管理的内涵、特征及其对客户关系管理实施所带来的影响，明确新型客户关系管理在未来发展中所面临的机遇和挑战。

11.1 新技术的革命性影响

11.1.1 互联网的出现

互联网将计算机与通信集成为独立的平台，使其成为全球可以访问的统一媒体。毋庸置疑，没有一项发明能够像互联网那样对企业的经营和客户关系管理产生如此深刻的影响。网络的使用，已经极大地改变了客户对于便捷、速度、价格、服务以及可比较性的期望。

互联网为现代社会的各种交易活动提供了一种全新方式。一方面，越来越多的客户通过互联网来搜寻购物信息或者直接在网上购物。例如，有些客户在购买商品或服务之前，会到网上搜寻有关产品、服务、成本和商品特征的信息，挖掘相关商品的价格并比较产品的优劣等。而且，这似乎已经成为汽车等大件商品购买者的典型行为模式。另一方面，互联网也已经渗透到了企业运营的各个方面，为企业的商业活动创造了崭新的渠道和营销模式，进一步拓展了企业与供应商之间的新型伙伴关系。通过互联网直接与浏览者联系，可以使企业更加便利地了解、实施、评估并改善其经营活动，进而制定和实施以客户为中心、面向客户需求的营销战略，而这也是网上客户关系管理的目的所在。同时，为了应对如此重大的变化，企业也必须重新考虑如何通过实施电子商务战略来发展与客户的紧密关系。

基于互联网的电子商务不断地冲击着传统企业的发展，越来越多的企业开始尝试并拥抱这种新技术。值得注意的是，互联网作为交易活动实现的一种途径，改变的可能仅仅是企业运营模式和客户关系管理的方式，而传统环境下的客户关系管理的某些原则仍然在发挥作用。例如，在互联网时代，企业仍然需要以为客户创造价值为使命，采取任何有益于双方长期关系保持和维系的举措。概括来说，互联网为企业形成核心竞争优势提供了新的机遇，具体体现在以下几个方面。

1. 供应链上游和下游范围的扩大带来了无限商机

供应链是围绕核心企业而形成的功能网络结构模式，它通过对信息流、物流和资金流的控制，从采购原材料开始，制成中间产品及最终产品，最后由销售网络把产品送到消费者手中，从而把供应商、制造商、分销商、零售商和最终用户连接成一个有机的整体。因此，这是一个范围更广的企业结构模式，它包含所有加盟的节点企业，从原材料的供应开始，经过"链"中不同企业的制造、加工、组装和分销等流程直到交付给最终用户。从这个意义上来说，供应链不仅是一条联结供应商到用户的物料链、信息链和资金链，而且也是一条价值增值链。

竞争优势可能来源于地理位置所带来的某种便利性或垄断性。经典经济理论指出，在不考虑其他因素的情况下，客户将会优先选择与其最近的企业发生交易行为。企业可以利用这一优势来吸引本地客户，因为他们未必愿意到更远的地方（或企业）去寻求需求的满足。但是，随着互联网和全球快递业务的蓬勃发展，这个优势正在逐渐消失，客户可以在全球范围内寻找到更好的商业机会。当前，互联网的距离往往是由鼠标点击来衡量的。这种虚拟空间上的接近，正促使企业逐渐丧失自己在地理区域上的优势。对于客户（无论是单个顾客还是客户企业）而言，完全可以不受本地区或本国的地域限制，而在全世界范围内选择成本更低或者服务更优的企业作为供应商。同样，伴随着互联网的发展，传统意义上的客户范围也摆脱了地理位置的局限。客户不再由于信息的不对称而受制于供应商，而是可以通过互联网在全球范围内寻找质优价廉、服务优良的商品或供应商。显然，这在传统商业模式下是很难实现的。

2. 规模经济优势弱化带来了新的机遇和挑战

企业传统竞争优势的另一个特征就是"规模"，但这一点在新经济中却受到了严重影响，甚至备受质疑。具有规模优势的企业或许更容易为客户所知晓，企业在产品价格方面的优势会促使其继续利用这种规模经济性。换句话说，在这种情况下，企业的规模越大，其产品价格就越有可能占据优势。但在互联网经济下，这种优势正在遭遇严峻的挑战。互联网的发展把供应方和需求方紧密地聚集在了一起，使各种规模的企业都可以享受到网络经济所带来的好处。基于互联网的、动态的企业对企业（B To B）的电子交易（电子商务），使供应方和需求方之间以及不同产品之间的互动成为可能。这样，企业无须亲自构建和拥有全部资源或进行充满风险性的投资，也可以获取更多利润，进而产生新的竞争优势。

3. 一致的客户体验成为大势所趋

客户关系管理的一个重要特征，就是创造一致的客户体验，即把企业与客户的关系看作正在进行的、永无止境的"互动"，并使客户在互动的体验中获得卓越的价值。无论是与企业员工（如客户服务代表或销售人员）之间构建的关系，还是通过电话销售、直复营销信件和官方网站同企业建立起来的关系，客户都希望能够在密切的关系中享受到"一致的体验"。如果企业无法做到这一点，往往会使自己在竞争中陷入被动。在互联网时代，客户与企业的接触可能会涉及普通员工和具体的消费（或使用）情境。接触的对象不同，客户的感触可能也有所差异。由于企业员工未必都能对特定客户的"过去经历"形成完整的认识和理解，所以也就无法确定应该向该客户提供什么样的服务级别、实施什么样的策略。结果，确保企业所有员工行为的一致性，是一项很艰苦的工作，更不用说为客户提供有效支持了。

比较而言，基于互联网的客户关系管理则可以使客户有更多方式与企业进行互动甚至是实时互动。在网络经济时代，客户比以前拥有更多的信息和选择机会，这就增加了客户的知情权；企业与客户的沟通也更为方便，从而在某种程度上提高了企业满足客户期望的能力。只要可以上网，通过浏览器，企业的任何一个员工都可以准确地识别客户身份，了解客户的交易历史，并以此为基础决定应该为该客户提供什么级别的服务。无数成功企业的客户关系管理实践表明：优秀的客户关系管理系统可以使企业把重点集中在不满意的高价值客户身上，而不是已经满意的或是已决定放弃的高风险客户。得益于基于互联网的客户关系管理，不论客户通过什么样的方式与企业进行互动，管理人员都可以切实保证客户体验的一致性。

4. 由产品驱动向服务驱动转化

互联网技术所带来的更令人吃惊的变化，可能来自由产品驱动向服务驱动的转化。由于产品生命周期越来越短，任何单个产品的优势生命周期也越来越短，互联网技术的发展则使这种转变变得更加明显。一方面，许多产品都在朝大众化方向转变；另一方面，不少产品也开始向个性化方向转变。不过，需要强调的是：无论产品或服务发生怎样的变化，客户关系的重要性却始终不会发生变化。随着某些传统竞争优势的弱化，客户关系在决定企业成败方面的重要性却在不断提升。企业根本无法阻挡技术前进的步伐，甚至也很难控制和把握竞争对手，但企业对客户关系的改善却是自己可以控制的。许多成功的产品中心型企业（如 IBM 公司、通用电气公司、3M 公司、英特尔公司）一直都十分注重研究和开发、革新和最佳实践，现在也开始"伸出手臂"来争夺和挽留客户，并努力与客户建立起密切的关系。

5. 更大范围内实现客户关系管理系统的集成

满足客户的期望，并不是一件容易的事情。企业如何才能有效地实施客户关系管理？在早期，客户关系管理产品往往聚焦自动化和成本节约的功能，而且主要集中在单个的、孤立的企业部门或职能上。"信息孤岛"使客户关系管理的效果十分有限，因为系统的功能并没有扩展到整个企业，更没有扩展到整条供应链。随着"套件"概念在客户关系管理系统中的引进，传统的客户互动职能——营销、销售及服务逐渐集成到统一的系统当中。随着互联网的发展，客户关系管理技术在更大的范围内实现了系统集成，而且技术和维护则变得更加简单、成本更加低廉，这正是互联网为客户关系管理所带来的积极影响。

11.1.2 移动互联网的来临

移动通信于 20 世纪末实现了迅猛发展，并一度颠覆了固定电话的垄断地位。移动互联网通过融合移动通信与互联网技术，借助无线连接设备以实现网络的访问和在移动终端之间的数据交换。5G 时代的到来，更是为移动互联网的发展注入了新的活力，移动互联网已被看作未来信息技术的重要趋势之一。

1. 购买方式的转变

根据 2019 年中国互联网络信息中心（China Internet Network Information Center，CNNIC）发布的第 43 次《中国互联网络发展状况统计报告》（以下简称《报告》）[①]，截至 2018 年12 月，我国网民人数达到了 8.29 亿，比 2017 年同期增加了 5 653 万人，互联网普及率已高达 59.6%。其中，手机网民的规模为 8.17 亿，比 2017 年同期增加了 6 433 万人。如图 11-1所示，从 2008 年到 2018 年底，中国手机网民用户一直呈快速上升趋势，而且手机网民占比也从 2008 年底的 39.5%增长为 2018 年底的 98.6%。这些数字背后意味着移动终端已成为上网硬件设备的首选，而这也是移动互联网迅猛发展的真实写照。究其原因，一方面是移动设备硬件使得上网更加便利、更加快捷，极大地带动了手机网民的持续增长；另一方

---

① 中国互联网络信息中心. CNNIC 发布第 43 次《中国互联网络发展状况统计报告》. [EB/OL]. [2019-02-28] http://cnnic.cn/gywm/xwzx/ rdxw/20172017_7056/201902/t20190228_70643.htm.

面，移动互联网的应用服务越发丰富且越来越贴近用户的工作、生活、消费以及娱乐需求，从而使电脑终端的用户也迅速地、持续不断地向移动端迁移和渗透。《报告》指出，截至2018年12月，国内市场检测到的在架移动App应用数量有449万款，排名前三的应用服务分别为游戏类、生活服务类和电子商务类。

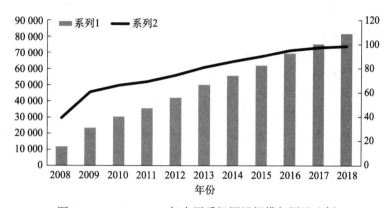

图 11-1　2008—2018 年中国手机网民规模与网民比例

注：系列 1 为手机网民规模（单位：万人）；系列 2 为手机网民占整体网民的比例。

资料来源：中国互联网络信息中心. CNNIC 发布第 43 次《中国互联网络发展状况统计报告》.
[EB/OL]. [2019-02-28] http://cnnic.cn/gywm/xwzx/rdxw/20172017_7056/201902/t20190228_70643.htm.

移动互联网的发展改变了消费者的购买方式，越来越多的消费者选择在手机终端完成从商品或服务的信息搜索到购买支付这一过程，整个社会迎来了一个全新的"指尖上的消费王国"。具体来看，网上支付、网络购物、网上外卖、在线旅游预订等商务交易类应用的增长率较为显著。截至 2018 年底，我国手机网络支付用户规模由 2017 年的 5.27 亿增加至 5.83 亿，占手机网民人数的比例高达 71.4%。再者，在线下消费时使用手机网络支付的用户比例也增加至 67.2%；手机网络购物用户人数增长至 5.92 亿，较之 2017 年底增长 17.1%，占手机网民人数的比例达 72.5%；手机网上外卖用户规模达 3.97 亿，较之 2017 年底增长率为 23.2%，占比达 48.6%；手机在线旅行预订（如网上订购机票、酒店、火车票等）用户规模达 4.0 亿，较之 2017 年底增长率为 17.9%，占比达 49.0%。除此之外，网络游戏、网络音乐、网络文学等休闲应用也开始呈现移动端趋势，手机用户规模分别为 4.59 亿、5.53 亿和 4.10 亿。这些手机互联网服务应用的用户规模增长，无不揭示着消费者购买方式的转变，为企业的客户关系管理带来了新的挑战。

2. 消费者的行为特征

2011 年，KPCB 风险投资公司合伙人——约翰·杜尔（John Doerr）首次提出"SoLoMo"这一概念，也即 social（社交化）、local（本地化）和 mobile（移动化）三个概念的融合[①]。其中，social（社交化）强调企业利用社交网络与消费者进行社会化交往并提供社交化服务；local（本地化）即提供基于本地位置的定位与服务（location based service，LBS），实现了虚拟网络与消费者实际生活的高度融合；mobile 指出消费者能够利用各种移动终端（如手

———————

① 杜尔. SoLoMo 时代正值当下[J]. 通信世界，2011（46）：31.

机、iPad 等），随时随地完成一系列商品或服务的搜索、评价或购买行为[1]。SoLoMo 揭示了移动互联网的本质特征，意味着基于移动终端的各种互联网应用想要获得成功，就必须将消费者需求和体验放到战略的高度来看待，立足于消费者的真实需求，为其提供差异化的个性化服务。为有效应对 2020 年春的疫情而出现的不出门、少聚会模式，更是加快了"指尖上的商业帝国时代"的来临。

在 SoLoMo 背景下，每一位消费者也变成了 SoLoMo 消费者：社交消费者（social consumer），即每个消费者在作出购买决策前，会通过社交化网络平台（如微信、微博、企业在线社区等）向其他消费者、专家、网友或周边的同事、好友等咨询有关商品或服务的口碑信息和使用体验等；本地消费者（local consumer），即消费者可以随时随地搜寻到本地位置周边的各类商品或服务或收到来自基于自己位置周边的商家提供的各种促销信息；移动消费者（mobile consumer），即消费者不再受制于时间和空间的限制，能够随时随地借助移动终端搜寻有关商品或服务的信息、浏览商品价格甚至是完成购买[2]。无数个 SoLoMo 消费者组成了 SoLoMo 消费群，他们正在冲击着传统企业的商业模式。

综上所述，移动互联网时代下，消费者的行为特征主要发生了以下三个方面的变化[3]：①全天候，即消费者可以随时做出购买决策并完成购买行为。②全渠道，即消费者可以在任何地方完成购买行为，如线下实体店、线上虚拟商城、微信小程序等。同时，消费者既可以选择单一渠道，也可以将不同渠道进行自由整合，完成跨渠道乃至全渠道的消费采购。③个性化，即面对时间和空间的不受限以及选择的增多，消费者在作出购买决策时，更为看重自己的独特需求是否能够得到满足，追求消费购买个性化的极致体验。

11.1.3　社交媒体的产生和发展

1. 社交媒体概述

美国学者 Mayfield 于 2007 年首次在 *What is Social Media* 一书中使用了"社交媒体"这一概念，认为社交媒体是一系列具有参与、公开、沟通、社区化和连通性等特点的、在线媒体的总称。其中，给予每个用户创造并传播内容的极大空间，是社交媒体的核心[4]。随后，两位德国学者——Kaplan 和 Haenlein 基于产生机制的视角，对社交媒体进行了界定，即社交媒体是以 Web 2.0 的思想和技术为基础，允许用户对其生成的内容（user-generated Content，UGC）进行创造、交换和分享的应用[5]；芬兰学者——Ahlqvistden 等人在此基础上，提出社交媒体概念还应该包括人际关系网这一核心要素[6]。其中，人际关系网强调用户生成内容的交换和传播依赖于用户自身的关系网络。在这一过程中，原有的关系网络可以

---

① 朱曼曼，朱江. SoLoMo 概念及其在图书馆服务中的应用[J]. 图书馆学研究，2013（12）：57-61，82.

② 齐永智，张梦霞. SoLoMo 消费驱动下零售企业渠道演化选择：全渠道零售[J]. 经济与管理研究，2015，36（7）：137-144.

③ 颜艳春. 电子商务的下一个浪潮：社交购物[J]. 电子商务，2011（4）：12-14.

④ MAYFIELD A. What is social media[EB/OL]. https://www.icrossing.com/uk/ideas/fileadmin/uploads/ebooks/what_is_social_media_icrossing_ebook.pdf.

⑤ KAPLAN A M, HAENLEIN M. Users of the world, unite! The challenges and opportunities of social media[J]. Business horizons, 2010, 53(1): 59-68.

⑥ AHLQVIST T, BACK A, HALONEN M, et al. Social media roadmaps: exploring the futures triggered by social media[M]. Helsinki: Edita Prima Oy, 2008.

得到进一步的扩大和巩固。随着网络应用形态的不断更迭，有学者通过对社交媒体表现形式的深度思考，提出了"社交化"平台的概念①。而平台的平等性、多边性和开放性，呈现出社交媒体回归互联网本质的演化趋势。基于此，本书借鉴田丽等人的研究②，将社交媒体定义为以互动为核心、以 Web 2.0 为技术支持、以个人或组织进行内容生产和交换为主要内容、用户彼此之间相互依存，并能够创建、延伸和巩固人际关系网络的一种开放性的网络平台组织形态。

2. 社交媒体的基础

实际上，社交网络是社交媒体的重要基础，具体表现形式为社交网络（social networking Services，SNS）以及由微博、微信、短视频等众多应用构建起来的社交化网络服务平台，其核心是通信和关系。由于通信基础设施的持续改善、终端设备以及应用平台的不断优化，尤其是以 Web 2.0 技术和移动互联网技术为典型代表的新一代技术的迅猛发展，移动终端用户的基数在不断扩大，从而形成了更庞大的社交网络，并由此催生了广泛应用的社交媒体。

相对于 Web 1.0，Web 2.0 是对全新的一类互联网应用的统一称谓。Web 2.0 是以网络日志、网页标签、订阅、点对点（peer-to-peer，P2P）等社会软件的应用为核心，依据 XML 等技术实现的新型互联网模式。它改变了用户以前单纯、被动地通过浏览网页获取信息的方式（也即 Web1.0 模式），转而由用户主导内容和信息的产生与传播，更加注重用户的交互作用③。如表 11-1 所示，Web2.0 在发展时期、使用信息的模式、信息形态、内容生产者、浏览方式、体现结构以及应用等方面存在着显著区别。Web 2.0 技术的出现和发展，在很大程度上推动了由用户自身创造和生成内容这一模式的发展，联通了从内容创造供应到内容发布分享的网络环境——网络用户对内容的集成生产、交互和共享——创建起新型社交的人际关系网络，从而大大丰富和改善了用户的使用体验。

表 11-1　Web 2.0 和 Web 1.0 的区别

核心指标	Web 2.0	Web 1.0
发展阶段	2003 年至今	1993—2003 年
使用信息模式	生产、交互和共享	阅读
信息形态	动态比较维度	静态
内容生产者	参与的每个个体	后台程序员
浏览方式	各类浏览器、RSS 阅读器、其他	互联网浏览器
体系结构	Web 功能	客户端/服务器
应用	大量成熟应用	初级应用

资料来源：孙茜. Web 2.0 的含义、特征与应用研究[J]. 现代情报，2006，26（2）：69-70.

---

① SCOTT D M. The new rules of marketing and PR: how to use social media, blogs, news releases, online video, and viral marketing to reach buyers directly[M]. New York: John Wiley & Sons, 2009.

② 田丽，胡璇. 社会化媒体概念的起源与发展[J]. 新闻与写作，2013(9)：27-29.

③ 孙茜. Web 2.0 的含义、特征与应用研究[J]. 现代情报，2006，26(2)：69-70.

3. 社交媒体的特征

社交网络和社交媒体的出现与发展，离不开互联网技术的高度发展。全新的社交媒体与传统媒体的最大区别在于：前者具有用户高度参与性、用户自己生产和传播并公开分享内容以及社群化等典型特征。比较而言，传统媒体以媒介为中心，采用单点对多点的传播模式，信息流动是单向、非互动的；而社交媒体则以单独的个体为中心，拥有多点对多点的、高度自由互动的共享空间，而且信息流动是双向的、能够交叉重叠。表 11-2 概括出两者的主要区别。

表 11-2　社交媒体与传统媒体的主要区别

媒体类型	社交媒体	传统媒体
传播结构	信息的生产者、发布者以及传播者甚至接受者均为大众	一般由专家负责生产信息，经过多层级加工过滤后传播给受众
传播内容	极具个性化，用户以其特定方式创造和分享生成内容	内容生产受到一定的约束，内容多具有较强的权威性、公信力和影响力
传播模式	多对多、双向、交互式传播	一对多、单向传播，交互性不强
用户间的关系	形成了社交网络关系	受众规模大，但相互关系并不明显或没有关系

资料来源：孙楠楠. 对社交媒体的传播学思考[J]. 新闻爱好者，2009（17）：16-17.

综上所述，社交媒体的具体特征主要包括以下几个方面[1]。

（1）高度参与性。社交媒体创新了内容的生成和传播方式，激发越来越多感兴趣的用户参与其中，自发生产、交换和传播信息与内容。

（2）开放共享性。大多数社交媒体，如微博、微信等，均免费向用户开放，鼓励用户对生成内容进行分享和传播。

（3）交流互动性。社交媒体强调双向、交互式传播，为用户提供交流互动以及构建关系网络的平台是其核心功能。

（4）社区化。社交媒体的共享、互动以及高度参与性等特征，将无数具有相同或相似兴趣和爱好的用户聚集起来，催生了不同主题的虚拟社区。

（5）连通性。社交媒体具有强大的连通性，能够通过链接等方式将多种不同类型的媒体快速连接起来，如用户可以在微信上浏览来自微博、抖音或知乎等媒体分享的内容。

4. 社交媒体时代客户购买行为模式的转变

在不同时代，媒体市场和消费者表现出的行为模式也会有所差异。因此，企业需要持续地重新思考消费者的实际购买过程，了解购买过程中的每一个阶段，如消费者的购买信息来源以及与企业接触的可能途径和渠道，并进一步影响消费者的购买决策。

在互联网出现以前的传统市场环境下，消费者的购买行为模式通常都遵循着 AIDMA 法则，即消费者从触达企业的相关营销信息到发生实际购买行为，一般会经历以下五个阶段：相关营销信息引起消费者的注意（attention）、消费者对其产生兴趣（interest）、激发购

---

① 王明会，丁焰，白良. 社会化媒体发展现状及其趋势分析[J]. 信息通信技术，2011（5）：5-10.

买需求和欲望（desire）、形成记忆（memory）和产生实际购买行动（action）①。比较而言，在互联网出现并作为全新的媒体工具融入人们的日常生活以后，社交媒体的新特征正在重塑消费者的购买习惯，消费者开始遵循 AISAS 模式。与 AIDMA 模式相比，AISAS 模式中出现了两个全新的阶段，分别为搜索（search）和分享（share）。此时，消费者会开启这样一个互联网情境下的消费购买过程：由于受到某些产品或服务的宣传信息所吸引，消费者开始关注（attention）并对其产生兴趣（interest），接着会使用搜索引擎主动、精准地搜寻（search）相关的产品或服务信息，并在获得充分信息和进行综合比较之后，做出是否购买的决策（action）。当购买行为完成之后，消费者会借助社交平台将整个购买过程中的体验、心得等，分享给更多的消费者（share）②。

随着 3G、4G 乃至 5G 通信网络、手机支付等相关技术的日益成熟，移动互联网促使消费者的行为习惯发生了革命性的变化。丰富多元的媒体终端导致消费者的注意力也越来越分散，移动应用对日常生活需要的全覆盖也极大地提高了消费者的主动性和选择空间，AISAS 行为模型已经不足以有效地解释并应对这些改变③。此时，针对移动互联网消费市场的 ISMAS 模式得到了企业的关注。与 AISAS 不同，ISMAS 增加了口碑（mouth）阶段，即消费者在作出购买决策前会参考相关商品或服务的口碑。例如，一项针对 6 500 名美国消费者进行的调查研究显示，至少有 3/4 的消费者会参考脸书上相关产品或服务的评论之后再决定是否购买，这也是社交媒体的影响力的初步体现。需要指出的是，有 1/2 的消费者会受到社交媒体中新产品推荐的影响，然后做出尝试购买的举动。可以说，社交媒体已成为当代消费者购买决策的核心要素之一，而消费者的购买行为则进一步演变为 SAISAS 模式，即消费者接触到的有关产品或服务的信息是来自社交媒体上朋友或其他网友的分享（share），之后消费者对其产生关注（attention），之后引发兴趣（interest），然后在社交媒体或搜索引擎中搜寻品牌相关的信息（search），在进行对比之后作出是否采取购买行动的决策（action）。最后，以整个购物过程中的体验以及看法等作为素材，在社交媒体上进行内容创造、传播或分享（share）。通过这一模型，企业有机会深入洞察并精确掌握当前消费行为的趋势，并为后续客户关系管理以及客户价值的创造奠定基础。

11.2 社交化客户关系管理

11.2.1 社交化客户关系管理概述

1. 社交化客户关系管理的内涵

如前所述，随着市场上社交媒体数量的增多及其对客户体验、品牌忠诚度等企业关键绩效指标所产生的重要影响，基于社交媒体的社交化客户关系管理逐渐发展成为新的热门主题④。客户关系管理之父——保罗·格林伯格（Paul Greenberg）在 2009 年对社交化客户

① 杨晓燕. 中国消费者行为研究综述[J]. 经济经纬, 2003, 9（1）: 56-58.
② 廖卫红. 移动互联网环境下消费者行为研究[J]. 科技管理研究, 2013（14）: 179-183.
③ 刘德寰, 陈斯洛. 广告传播新法则: 从 AIDMA、AISAS 到 ISMAS[J]. 广告大观（综合版）, 2013（4）: 96-98.
④ DEWNARAIN S, RAMKISSOON H, MAYONDO F. Social customer relationship management: an integrated conceptual framework[J]. Journal of hospitality marketing & management, 2019, 28(2): 172-188.

关系管理进行了定义。他指出，社交化客户关系管理是处于充满信任、透明的商业环境中，基于商业规则、社交化、技术平台以及工作流程的特征，激发客户或消费者参与到合作性互动当中，从而为双方创造价值的一种商业战略或客户经营哲学[①]。

社交化客户关系管理将社交媒体与客户关系管理结合在一起，体现了企业对客户主导权的一种反应[②]。借助社交媒体，企业能够在网络上公开发声、培育网络形象和声誉，通过沟通互动与客户建立起紧密联系，以个性化服务来吸引和挽留更多客户。社交化客户关系管理的核心主体在于：参与的个体和交互的话题。具体来看，企业通过社交化客户关系管理对其社会关系网络进行智能化管理，甄别并衡量网络中每一位个体客户的需求和价值，对这些个体所构成的社会化网络结构形成一定的认知并进行管理，尽可能地选择最合适的社交媒体，通过不断地创造新颖且有趣的话题，凝聚众多的客户跟企业进行互动，最终通过满足个体的个性化需求，实现社会关系的转变和忠诚度的提升。

2. 社交化客户关系管理的特点

传统的客户关系管理往往以消费为导向，主要对客户的相关资料进行整理，并持续跟踪记录后续的消费情况，而对客户和企业之间或客户与客户之间的关系和互动却重视不足。与传统的客户关系管理相比，社交化客户关系管理具有明显的优势，主要表现在以下几个方面。

1）基于互动的双边和网状沟通

借助社交媒体工具或平台，实施社交化客户关系管理的企业与客户甚至是客户与客户之间的实时的、真实的个性化互动日渐增多，进而逐渐交织成复杂的网状结构。相应地，客户也由品牌的关注者开始向品牌的共同创造者这一角色转变；由社交化客户关系管理搭建起的品牌社群，融合了信任、依赖、关系、共享热情、价值和支持，使客户产生了更加强烈的归属感和成就感，使企业品牌的定位与发展始终贴近客户的需求，从而极大地提升了客户对特定品牌和企业的忠诚度。

2）系统开放且规则透明

由于社交化客户关系管理是基于网络的社交媒体，因此要求其必须保持系统的开放性。通过打通与尽可能多的社交媒体渠道的连接，企业能够更加广泛、更加有效地接触客户，并与客户进行及时、高效的互动，从而有助于形成良好的口碑，培养并发展长期忠实的客户。与此同时，社交化客户关系管理中所形成的复杂社会网状结构，还必须依靠透明的规则来保障和约束。只有这样，企业和客户之间才能建立起相互信赖的、长期的、稳定的良好关系。

3）支持客户大规模定制和个性化定制的需求

社会化网络在聚集客户的同时，也形成了具有强大购买力的消费互动平台。社交化客户关系管理的实施，有助于企业更好地了解客户的个性化需求。通过有效管理客户资源的

---

① GREENBERG P. Time to put a stake in the group on social CRM[EB/OL]. [2009-07-06]. http://the56group. typepad.com/pgreenblog/2009/07/time-to-put-a-stake-in-the-ground-on-social-crm.html.

② WITTWER M, REINHOLD O, ALT R. Customer context and social CRM: a literature review and research agenda[C]// BLED 2017 Proceedings. 3.

相关信息，再加上基于 Web 的产品协同设计工具，客户能够真正参与到企业产品的设计和制造过程中来，从而真正高效地实现由客户驱动的大规模定制和个性化定制[①]。

4）基于社群的跨渠道管理

社交媒体的出现，使越来越多的客户在对产品做出评价之前，会选择以各种社交媒体平台中的专家、朋友以及其他网友的已有评价作为决策参考。显然，这些评价在很大程度上会影响客户的实际购买决策。同时，客户在搜寻上述相关信息时，也无形中增加了其与企业在多个接触渠道上的联系。社交化客户关系管理需要对多个渠道的客户数据进行整合，并结合大数据技术和特定算法对客户数据进行挖掘和分享，对多渠道中的同一客户进行细致的分析，以便勾勒出更为清晰的客户画像。此外，通过对客户进行标定、形成画像并细分为不同社群，企业还可以根据所属群组的特征进行资源的最优配置，通过精准的个性化沟通和服务，充分挖掘客户的价值。

3. 社交化客户关系管理与传统客户关系管理的比较

作为一种新型客户关系管理，社交化客户关系管理与传统的客户关系管理并非一般意义上的替代关系，而是对传统的客户关系管理的补充和拓展[②]。如表 11-3 所示，社交化客户关系管理和传统客户关系管理在管理目标、参与人员、企业与客户关系、客户关系维护、沟通渠道、沟通方式、使用工具和客户数据和增长等方面都存在明显的区别。

表 11-3　社交化客户关系管理与传统客户关系管理的区别

核心指标	社交化 CRM	传统 CRM
管理目标	以客户互动为中心，客户需求就是企业的目标	以企业利益和营销管理为导向，客户需求仅为其中的一部分
参与人员	全员参与	特定部门
企业与客户关系	合作且互动	多为主从关系
客户关系维护	着重于企业与客户比较维度以及业务伙伴之间的所有互动关系	着重于企业和客户的关系
沟通渠道	基于客户的全渠道，灵活多变	基于业务的定制渠道
沟通方式	企业与客户的双向、互动式沟通，客户之间彼此相关，密切互动并形成关联	单向沟通，客户之间相关独立
使用工具	整合社群媒体工具至系统当中	内部系统
客户数据和增长	动态且持续丰富；可自发扩散	静态；无自发性增长

资料来源：社会化客户关系管理[EB/OL]. [2022-02-16] https://wiki.mbalib.com/zh-tw/Social_CRM, 2020-02-16.

11.2.2　社交化客户关系管理的应用逻辑

概括而言，社交化客户关系管理的应用主要体现在以下三个方面[③]。

---

① 肖梵. 社会化网络中的客户关系管理[J]. 现代传播，2014（7）：150-151.

② ORENGA-ROGLA S, CHALMETA R. Social customer relationship management: taking advantage of Web 2.0 and big data technologies[J]. SpringerPlus, 2016, 5(1): 1462.

③ 陶勇，刘娟. SCRM 新模式的特点与应用[J]. 商场现代化，2017(8)：20-21.

1. 引导客户参与，提高客户的忠诚度

与传统的客户关系管理不同，社交化客户关系管理引导消费者参与到产品或服务的设计、开发以及市场营销的整个过程中来，通过全方位的沟通互动来建立与客户的良好关系。这种客户参与，一方面能够加强企业对客户真实需求的了解，提升产品或服务与客户需求的匹配程度；另一方面也能够让客户更加了解企业的产品或服务的设计理念及其开发流程，加深客户对产品的了解，从而有利于提高客户对品牌的忠诚度。例如，小米公司历来重视用户的参与感，积极努力地拓展各种可能的互动渠道，把以"小米官网+小米手机官方微博+小米手机微信公众号+小米手机抖音+小米社区"等主流社交媒体的多元组合作为其社交化客户关系管理的平台，鼓励小米发烧友和普通用户参与到小米手机的开发和设计过程中来。而且，除了线上论坛社区，小米公司还会定期组织线下的米粉活动，以多种方式提升用户的黏性和体验感。

2. 借助数据挖掘技术，契合客户个性化需求

数据挖掘、大数据分析、云计算等信息技术的发展，为社交化客户关系管理的应用和实施提供了技术支撑。企业可以借助数据挖掘等技术，对来自多个社交媒体渠道所产生的大量非结构化数据（如图片数据和视频数据等）进行快速、有效的收集和处理。同时，通过对大数据的深入分析，企业能够及时了解和洞察客户的消费需求与行为。然后，以此为依据，企业可以对客户的后续行为进行更精准的预测和分析，进而制定精准的个性化营销和服务策略，以契合客户的个性化需求。

3. 实施全流程数据连接，突出客户中心导向

企业需要明确的是：并非所有数据都有价值。只有那些能够为企业所用、被企业所用的数据才是有价值的信息。社交化客户关系管理可以帮助企业实现整个运营过程的数据连接，对企业内部的不同运营系统中的数据进行聚集和融合，以便确保客户需求数据和信息能够及时地应用到企业产品或服务的生产与交付流程之中。同时，这种全流程数据连接，也有助于企业更加全面地了解客户，真正做到以客户为中心、以客户需求为导向。

11.2.3　社交化客户关系管理的实施

对于不同的企业而言，社交化客户关系管理有着不同的含义，最需要解决的问题也有所不同。那么在企业的生产经营过程当中，究竟如何有效地实施社交化客户关系管理呢？

1. 企业需要做好全局性的变革准备

企业在实施社交化客户关系管理之前，需要从理念层面、战略层面、渠道层面和系统层面做好变革准备。

（1）理念层面。企业需要认识到，社交化客户关系管理系统从前期沟通到安装实施的整个过程中，都是由客户掌握着主动权。企业需要尊重客户，并且一定要创造机会邀请客户参与到整个流程中来，以便为客户提供更加个性化的体验和服务。

（2）战略层面。在战略制定的过程中，除了涉及的采购、生产和考核等基础性问题之外，其余事项均须明确透明的规则，以保障企业与客户之间的信赖关系得以建立和维持。

（3）渠道层面。社交化客户关系管理的核心是由客户主导的互动和沟通，这就需要企业必须提供能够唤起客户沟通意愿的话题，进而引发他们的更多关注，为产品或服务带来更大的影响力。同时，社交化客户关系管理还应该更加注重与客户的沟通、互动以及客户的消费和服务体验。只有这样，才能激发出客户在社交媒体上主动地正面宣传企业产品或服务的意愿和动机，进而强化产品或服务的口碑，帮助企业吸收和获取潜在客户。

（4）系统层面。社交化客户关系管理借助社交媒体作为接口，在其分布式的、多系统集成的系统中保持高度的开放性，并进一步通过云端存储实现多终端的交互访问。而且，服务模式也逐步向平台服务（Platform-as-a-Service，PaaS）转变。

2. 社交化客户关系管理的具体实施过程

企业在实施社交化客户关系管理时，首先需要在社交媒体上建立自己的自媒体窗口，将客户的现有渠道与新型社交媒体渠道整合起来。在选择建立自媒体渠道时，企业要充分考虑自身的实际能力。例如，资源有限的中小企业可以选择目标客户相对集中的一个到两个社交媒体。在具体的实施过程中，企业还可以实施一定的激励机制，引导客户关注企业的官方网站、微博或微信公众号等社交媒体，并基于最初的种子客户逐步进行拓展，进而形成更为广泛的客户群体。当然，企业还应培养利用社交媒体参与互动的主动性和能力。只有积极主动地参与到与客户的沟通互动中来，才能全方位地了解客户的需求以及客户存在的问题，进而通过高效的响应和高品质的解决方案，促使客户与企业建立起长远的关系。

在此基础上，企业还需要选择合适的社交化客户关系管理系统工具，这是实施社交化客户关系管理战略的核心环节。在对社交化客户关系管理系统工具的选择进行决策时，企业应该对社交化客户关系管理系统的提供方（也即供应商）进行筛选与考虑：①供应商是否具有成功的社交化客户关系管理系统应用案例。企业可以以成功的案例应用为基础，判断供应商所提供的系统工具是否与自身的实际需求相匹配，避免资源的无效投入。②供应商是否具备强大的技术能力，以便保障企业运营的社交媒体以及接入的外部系统可以灵活地适应客户的个性化需求，并据此进行更新调整。

最后，在社交化客户关系管理实施之后，企业仍须对经营范围内的每项活动进行实时监控和评估，并根据具体的评估结果，持续改进社交化客户关系管理系统和方案，以便确保实施效果的持续优化。

11.3 大数据与客户关系管理

11.3.1 大数据的内涵与应用

大数据即海量数据的集合[①]。随着当下"互联网+大数据"的广泛应用，大数据已经渗透到客户日常生活的每个角落。重视和运用大数据的意义在于：发掘和理解这些数据以及

---

① OHLHORST, F. J. Big data analytics: turning big data into big money[M]. 1st ed. Indianapolis: John Wiley & Sons, Inc., 2013.

数据之间的联系，以便企业更好地理解客户，实现精准营销。

1. 大数据的定义和基本特征

迄今为止，有关大数据的内涵可谓众说纷纭。例如，维基百科把大数据界定为在可接受的一段时间内无法利用现有常规数据库管理技术或数据处理工具进行获取、存储、分享、分析的、可视化的大型复杂数据集合[①]；Gartner 咨询公司把大数据定义为一种海量的、具备高增长率的、类型多样的信息资产，而且只有利用新处理模式才能发掘出这些信息资产的洞察力和战略价值。结合国内学者对大数据的研究，大数据是海量、异构且动态变化的数据。这些数据除了本身具有高度复杂性的结构、类型及模式外，还涉及数据之间的相互关联[②]。

本书结合如上所述的定义，把大数据界定为一种海量的、高增长率的、种类多样的且具有特定特征的数据集合。需要指出的是，大数据与过去的海量数据不同。通过对以往的研究的整理，可以把大数据的基本特征概括为 7V。

（1）数据量（volume），即数据的体量巨大，计量级别从 TB 跃升到 PB。

（2）数据多样性（variety），即数据的类型繁多，包括语音、图像、视频、地理位置等。

（3）数据速度（velocity），即数据的更新和处理速度快，分析及时、高效。

（4）数据价值（value），即由于数据总类巨大导致数据价值密度低，但蕴含的有效价值和潜在转换价值高。

（5）数据变化（variable），即数据的结构和意义会随着使用情境的不同而不同，强调数据的具体应用场景。

（6）数据波动（volatility），即因数据本身收集、分析的不规范或方法不同造成的分析结果的不稳定性。

（7）数据可视化（visualization），即数据的结构、模式等可以通过图表的形式加以体现，有助于对数据的直观理解以及结果的清晰阐释。

2. 大数据分析的应用

在移动互联网时代，客户无时无刻不在产生大量的数据信息。对企业而言，只有有效地分析和运用所获取的全部数据，通过对客户进行高效、精准的定位，才能为客户提供更好的商品或服务，以满足其个性化需求，进而实现企业和客户的双赢，而这也是大数据分析及其应用价值的根本所在。

大数据分析是揭示大数据本身中各种数据模式的过程，包括数据挖掘、预测分析以及数据管理等内容。在企业经营活动中，大数据分析的一种典型应用就是客户运营方面。通过对数据的处理和分析，可以为渠道开拓、客户活跃度提升、客户信息留存及客户分类等业务提供数据支持。具体来看，企业运用大数据分析进行客户运营时，一般需要注意以下几个方面。

（1）所有的数据都是有用的。企业在进行数据分析时，不能仅仅依赖小部分采样数据，

---

① Big data. [EB/OL]. [2020-02-16]. https://www.dataanalytics.com/?incsub_wiki=big-data-wiki-2.
② 李国杰. 对大数据的再认识[J]. 大数据，2005（1）：5-7.

而是要最大化地利用大数据，并从中分析和预测客户的行为趋势。

（2）不断扩大数据量，保障数据的及时更新。企业只有拥有足够多的数据信息并且能够客观、高效地面对这些多源、复杂的数据结构，才有可能准确地找到并分析目标用户。同时，企业需要根据自身发展的需要，创新数据的获取方式，不断补充数据的分析量，以确保数据分析结果对企业决策的有效性。

（3）打破"数据孤岛"，发掘数据的相关关系。随着数据量的增长，企业处理和分析数据的难度和成本也会相应增加。此时，企业应该尽可能去关注数据之间的相关关系，找出数据之间的内在逻辑，以期更好地为客户决策提供信息服务。

（4）提升数据处理能力。移动互联网和社交媒体等媒介催生了庞大的用户群体以及这些用户所生成的文本数据、图片数据、音频数据和视频数据等非结构化数据。企业要想更快地、更准确地收集、处理和运用这些数据，就需要强大的数据处理能力作为支撑。

11.3.2 大数据时代客户关系管理转型升级的必要性

客户关系管理既是一种策略，也是一种工具，其目的是通过信息技术和自动化流程来管理与客户的互动，以实现可持续的绩效增长和长期稳定的客户关系。任何客户关系管理的成功，都离不开广泛且准确的数据分析来提供支撑，以帮助企业有效地实现客户的识别、获取、挽留和赢返[1]。随着大数据时代的到来，传统客户关系管理正在遭受海量数据所带来的挑战，客户关系管理亟待转型升级。

如前所述，由于大数据具有体量巨大、类型繁多等特征，所以传统的客户关系管理所主张的客户数据收集和分析方法已经很难与之相适应，具体表现在以下几方面。[2]

（1）在传统客户关系管理中，企业收集的数据多为渠道单一且数量较少的结构化数据。随着移动互联网技术和社交媒体的发展，企业面对的更多是来自社交媒体平台的非结构化数据，如图片数据、音频数据、视频数据、地理位置数据等，这些都为企业的数据收集工作增加了难度，进而影响了后续的数据分析和预测。

（2）由于数据体量以及类型的增多，实施传统的客户关系管理的企业在数据更新和分析速度上明显地存在着滞后，难以通过数据分析及时捕捉到客户不断变化的需求，以此分析结果为依据制定的客户关系管理策略势必也会脱离客户的真实需求，进而影响企业与客户的关系建立和维系。

（3）大数据的丰富来源和类型背后蕴藏的是难以估量的商业价值。传统的客户关系管理系统中的数据挖掘技术，往往难以有效地满足对海量复杂数据的深度整合和加工，使企业无法从中发现潜在的商机机会并形成客户的立体画像[3]，从而制约了企业为其目标客户创造价值的活动效果。

因此，在大数据背景下，考虑到以客户为中心、以客户需求为导向的企业发展宗旨，客户关系管理的转型升级有其必要性和紧迫性。

---

① SUN Z, STRANG K, FIRMIN S. Business analytics-based enterprise information systems[J]. Journal of computer information systems, 2017, 57(2): 169-178.

② 鲁晓雪, 李瑞新, 关蕾. 大数据应用于客户关系管理的可行性与必要性[J]. 中国经贸导刊, 2016（14）: 46-48.

③ 田硕. 大数据时代CRM向信息化、智能化的转型发展研究[J]. 中国商论, 2018（26）: 12-13.

11.3.3   基于大数据的客户关系管理

大数据分析技术的发展，催生了新型客户关系管理战略，企业可以利用大数据分析技术为客户提高更好的体验，尤其是实现销售、服务以及客户服务方面的个性化和定制化。图 11-2 为大数据技术如何增强企业的客户关系管理战略提供了一个基本框架①。

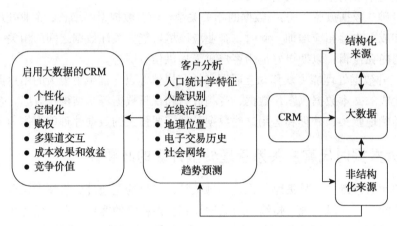

图 11-2   大数据增强客户关系管理战略的基本框架

资料来源：ANSHARI M, ALMUNAWAR M N, LIM S A, et al. Customer relationship management and big data enabled: personalization & customization of services[J]. Applied computing and informatics, 2019, 15(2): 94-101.

（1）大数据的核心价值在于对海量数据的收集、存储和分析，这也是其能够增强客户关系管理效果的关键。随着互联网技术以及社交化媒体的发展，企业与客户以及客户与客户之间可以进行沟通互动的渠道也越来越丰富，而渠道的增加也在一定程度上带来了数据量的进一步增加。例如，一位华为手机用户可能会在华为公司的官方微博、微信公众号或者自己的微博、微信朋友圈以及微信群里，分享自己对华为手机的使用心得或者向周边朋友推荐华为手机，这些行为背后对应的是大量的、跨渠道的、非结构化的数据。通过运用大数据分析技术，企业不但可以获取传统的结构化数据，还能够高效地收集到多源渠道的非结构化数据，而且这些数据往往是涉及客户整个生命周期的心理与行为，从而为企业实施客户关系管理提供了丰富的、全面的数据支持。

（2）由于大数据能够在一定程度上保障客户信息收集与分析的准确度，所以企业可以据此判断并预测客户的需求和行为轨迹。大数据能够为企业提供客户的全方位视图，包括人口统计特征、线上活动行为、地理位置、线上交易的历史记录、社交媒体生成内容等，以便使企业能够更加全面、更加系统地了解客户，更详尽地勾勒出不同客户的 360 度立体画像。也正因如此，企业对客户数据的分析和预测才会更加客观、更加全面。除此之外，凭借大数据分析技术，企业还可以快速有效地从海量数据中找到目标客户的有用数据，然后通过对数据的深度加工和挖掘，从中找出提升客户价值和企业竞争力的方法②。

---

① ANSHARI M, ALMUNAWAR M N, LIM S A. et al. Customer relationship management and big data enabled: personalization & customization of services[J]. Applied computing and informatics, 2019, 15(2): 94-101.
② LIANG Y. H. Customer relationship management and big data mining. In: PEDRYCZ W, CHEN S M. Information granularity, big data, and computational intelligence. Studies in Big 2015, 8.

（3）大数据技术对于改善客户关系管理的实施效果举足轻重。如上所述，借助大数据所提供的、有关客户的全方位信息，企业可以更精准地对客户对相关营销信息和产品的反应趋势进行预测，并以此为基础，加强与客户的互动（例如，为激励客户参与到产品或服务的设计和开发过程中，可以赋予客户更多的权力），打通多元渠道的连接，进而针对客户的独特需求为其提供个性化的定制化服务，实现客户体验的一致性，提升客户的满意度和忠诚度，强化双方之间的长期关系，最终在为客户创造价值的同时也为企业创造利润。另外，诸如此类的有关客户需求和行为偏好的数据，还可以为企业制订经营计划、合理安排预算提供重要依据，以确保最大化资源投入的效率和效果。

不过，在大数据技术凭借其收集和分析海量数据的能力而为客户关系管理带来巨大收益的同时，企业还必须充分认识到大数据给客户关系管理所带来的挑战，主要表现在以下几个方面[①]。

（1）缺乏适当的专业知识和工具对大数据进行获取和分析，可能会导致基于大数据的客户关系管理由于疲于应付和居高不下的管理成本而走向失败。

（2）对企业而言，跟踪客户的整条消费链——从对品牌产生兴趣到最终发生购买行为的全过程有一定的难度。如果上述过程中涉及渠道的转换和跨界的话，那难度就更大了。例如，如果某位客户在网上收集商品信息之后转向到实体店去进行购买的话，这无疑会加大企业对其社交行为和购买行为的跟踪难度与数据收集的难度。

（3）基于大数据的客户关系管理可能需要更多用户友好型的数据分析工具，以便确保客户能够配合并支持企业的数据收集与分析工作。对于无法理解企业行为的客户来说，任何数据的收集和获取可能都会被看作一种不好的消费体验，进而影响客户的满意度和忠诚度。

（4）数据的真实性和安全性是企业实施基于大数据的客户关系管理的另一大挑战。社交媒体的发展，丰富了企业和客户的互动渠道，使企业除了能够获取客户的交易行为数据以外，还能获得有关客户的社交行为数据。例如，在实践中，企业可以通过收集客户在微博上所发布的有关产品使用的帖子及其与其他网友的互动评论，来分析客户对品牌的认知和态度。不过，企业在使用这些多种渠道来源的大数据时，首先要想方设法确保数据的真实性和安全性。

11.4 区块链与客户关系管理

11.4.1 区块链的相关概述

1. 区块链的内涵

2008 年，中本聪（Satoshi Nakamoto）率先提出了"区块链"一词，并将其描述成一种按照时间顺序、以类似链表的方式将独立的数据区块连接起来的数据结构[②]。一方面，有学

① ANSHARI M, ALMUNAWAR M N, LIM S A. et al. Customer relationship management and big data enabled: personalization & customization of services[J]. Applied computing and informatics, 2019, 15(2): 94-101.
② NAKAMOTO, S. Bitcoin: a peer-to-peer electronic cash system[EB/OL]. https://bitcoin.org/bitcoin.pdf.

者从区块链的产生来源出发，认为区块链是一种以比特币为代表的数字加密货币体系的核心支撑技术[①]；另一方面，也有学者从区块链的功能角度，将区块链定义为一种分布式数据库，凭借去中心化、不可篡改、可追溯等特征，把企业原本孤立的多个数据库整合起来并存储在多个分布式节点上[②]。简而言之，区块链是一种集数据加密技术、时间戳、链式结构、分布式共识和奖励机制为一体的新型数据管理方法，可以广泛地应用于财务管理、政府事务、医疗信息维护甚至投票选举等领域。在最近两三年时间里，区块链更是快速地赢得了世界各地的关注，并被认为是继大型计算机、个人计算机、互联网、移动互联网和移动社交之后的第 5 次颠覆式计算范式[③]。

与传统数据管理方法或技术相比，区块链的主要特性包括以下几方面[④]。

（1）去中心化。区块链内不存在任何中心节点，所有数据块都以分布式节点的形式进行链接和存储，从而构建成去中心化、可信任的分布式系统。

（2）不可篡改。由于去中心化的数据块存储方式，区块链上任意节点的数据都不可篡改。同时，这种数据的不可篡改性也保证了区块链内数据的可追溯性、可还原性。

（3）灵活性高。得益于区块链内部的脚本系统和智能合约，用户可以随时对脚本和合约进行编辑和修订，从而提高了区块链的应用灵活性。

（4）安全可信。区块链采用一种特殊的加密技术对数据块进行链接和保护，从而保证了整个系统的安全性和可信性。除此之外，任何一笔点对点交易都需要在签名认证后才能存储到区块链上，以确保交易记录不会被篡改。

2. 区块链的基础模型

如图 11-3 所示，区块链的基础架构模型主要由五个层次构成，分别为数据层、网络层、共识层、激励层、合约层和应用层。具体而言[⑤]：

（1）数据层，该层为区块链的底层结构，包括数据区块、链式结构、时间戳以及非对称加密等部分，对区块链的核心特征具有重要影响。

（2）网络层，该部分主要包括点对点网络分布机制、数据的传播和验证机制。

（3）共识层，主要包括网络节点的各类共识算法，确保区块链的分布式共识机制得以实现。

（4）激励层，包括经济激励的发行和分配机制，这是发挥区块链分布式共识节点作用的保障机制。

（5）合约层，主要包括各类可编程的脚本、智能合约和各类算法机制，为区块系统灵活编程并应用到各种情境中提供了算法基础。

（6）应用层，即区块链的各种应用场景，描述了区块链的适用领域，包括金融领域、数据存储和签证、资产管理、选举投票等核心场景。

---

① 袁勇，王飞跃. 区块链技术发展现状与展望[J]. 自动化学报，2016，42（4）：481-494.

② 邵奇峰，金澈清，张召，等. 区块链技术：架构及进展[J]. 计算机学报，2018，41（5）：969-988.

③ SWAN M. Blockchain: blueprint for a new economy[M]. USA: O'Reilly Media Inc, 2015.

④ 沈鑫，裴庆祺，刘雪峰. 区块链技术综述[J]. 网络与信息安全学报，2016，11（2）：11-20.

⑤ 袁勇，王飞跃. 区块链技术发展现状与展望[J]. 自动化学报，2016，42(4)：481-494.

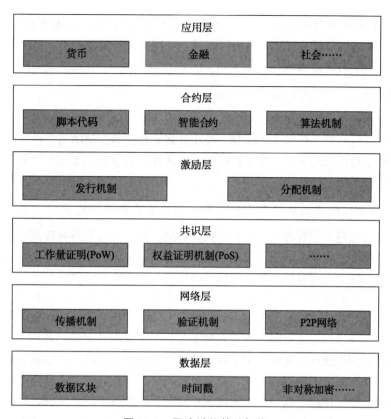

图 11-3　区块链的基础架构

资料来源：袁勇，王飞跃. 区块链技术发展现状与展望[J]. 自动化学报，2016，42（4）：481-494.

11.4.2　基于区块链的客户关系管理应用与挑战

如上所述，与传统数据存储和处理技术相比，区块链技术具备了去中心化、不可篡改性、可追溯性、安全可信性和高灵活性等特征，这使得区块链技术具备改变企业所有应用程序设计方式的极大可能，其中包括对客户关系管理产生重要影响。概括而言，区块链对企业客户关系管理的影响主要体现在以下几个方面[①]。

1. 区块链为客户关系管理提供了强大的数据管理基础

客户关系管理的目的和意义在于收集、存储和分析企业与客户之间的互动信息，并以此为依据提升客户满意度和客户忠诚度，以便实现双方价值的最大化。随着互联网和社交媒体等信息技术的发展，企业需要处理的数据不论是在数量还是在类型上都呈现出日益增加的趋势。但由于企业内部不同部门之间存储和使用数据的方式不同，进而导致了所谓的"数据孤岛"现象——难以便捷地把数据收集起来为企业所用。因此，企业需要更加有效的数据处理方法，以满足基于多源数据的、360 度的立体客户画像的需求。由于区块链的去中心化特征，当数据集成到区块链系统之后，企业内部各个部门都可以作为参与者，对

---

① KLIE L. Don't try to block the blockchain[J]. Customer relationship management, 2018(June): 1-2.

这些数据块共同进行管理和维护，从而从根本上打破企业内部的"数据孤岛"。同时，区块链技术还可以通过改写脚本程序和算法机制等，实现架构的灵活调整，从而为客户关系管理提供丰富且灵活的数据基础。

2. 区块链增强了客户关系管理的安全性

通过特殊加密技术、时间戳以及分布式结构等功能模块，区块链技术使存储在系统内的数据无法被任何外部人员篡改。同时，区块链高冗余式的存储结构，能够将系统自建立之初的数据科学地存储起来，实现了数据的可追溯性，为企业在实施客户关系管理时提供了强有力的安全保障。

3. 区块链通过解决数据隐私问题提升了客户关系管理的效果

客户关系管理是围绕着客户信息和数据展开的，整个客户关系管理战略的实施过程中必然会涉及客户数据的保护问题。当客户感受到自己的个人信息被侵犯之后，客户关系管理的效果和意义将会大打折扣。如前所述，区块链技术的核心优势就在于其不可篡改性、安全可信性。区块链技术的应用，赋予了客户更多的自主权，客户可以自行决定是否将个人信息交付给企业使用。同时，这也在一定程度上约束了企业对客户数据的使用，从而为客户营造了安全可信的互动氛围，进而有利于客户关系管理效果的提升。

尽管区块链技术能够强化客户关系管理的效率和效果，但将区块链技术应用到客户关系管理中也存在着一定的障碍和挑战：首先，区块链技术在客户关系管理中的应用，需要企业的客户或合作伙伴的配合。当企业试图授权合作伙伴或上游供应商，允许其对所收集和存储的数据进行访问和检索以改善客户服务时，还需要供应商或合作伙伴也规划和部署相应的区块链技术、构建区块链网络，这无疑加大了区块链应用的难度；再者，对一些提供基于区块链的客户关系管理软件的供应商来说，由于缺乏熟悉区块链技术开发和应用技术的人才，围绕客户关系管理实践推出区块链解决方案本身就是一项巨大的挑战；最后，尽管区块链技术能够保障数据的安全性，但该技术仍存在一定的隐私和安全问题。以比特币交易为例，虽然交易记录不可篡改，但整个交易记录却是公开可见的，无形中可能加大了客户的隐私和安全担忧，进而影响客户关系管理的效果。

本 章 小 结

随着移动互联网以及社交媒体的兴起和蓬勃发展，客户的行为也发生了不可逆转的变化，经历了从 AIDMA 模式（开始关注—产生兴趣—培养购买需求和欲望—形成记忆—产生实际购买行动）到 AISAS 模式（开始关注—产生兴趣—主动、精准地搜寻信息—作出购买决策—分享购买心得和体验）、再到 ISMAS 模式（产生兴趣—主动、精准地搜寻信息—参考口碑信息—作出购买决策—分享购买心得和体验）、再到 SAISAS 模式（接触到其他客户分享的信息—开始关注—产生兴趣—主动、精准地搜寻信息—作出购买决策—分享购买心得和体验）的演进过程。客户行为模式的变化在很大程度上为客户关系管理提出了新的要求和新的挑战。

与此同时，大数据和区块链等信息技术的不断发展，也为客户关系管理的转型升级带来了不可估量的机会，但也存在不容忽视的挑战。企业应结合自身发展实践，时刻坚持以客户为中心、以客户需要为导向的目标，理性客观地拥抱新技术及其所带来的变革。

关 键 概 念

移动互联网：通过融合移动通信与互联网技术，借助无线连接设备以实现网络的访问和在移动终端之间实现数据交换的信息技术。

社交媒体：社交媒体定义为以互动为核心、以 Web 2.0 为技术支持、以个人或组织进行内容生产和交换为主要内容、用户彼此之间相互依存，并能够创建、延伸和巩固人际关系网络的一种开放性的网络平台组织形态。

社交化客户关系管理：是处于一个充满信任并且透明的商业环境中，基于商业规则、社会化、技术平台以及工作流程的特征，激发客户或消费者参与到合作性的互动中，从而为双方赢得价值的一种商业战略或经营哲学。

大数据：一种海量的、具备高增长率的且类型多样的数据集合。

区块链：可以看作一种集数据加密技术、时间戳、链式结构、分布式共识和奖励机制为一体的新型数据管理方法，可广泛应用于财务管理、政府事务、医疗信息维护甚至投票选举等领域。

互联网 ＋ 资源

本章案例

爱尔康公司的社交化客户关系管理——会员管理

11. 1

思考与练习题

11. 2

补充阅读材料

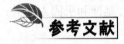 参考文献

 客观题

自学自测  扫描此码

第12章

客户关系管理绩效的测评

【学习目标】

    本章在精练地介绍绩效管理的内容及其评价方法的基础上，重点阐述有关客户管理绩效测评的各种方法。在学习本章之后，要求读者能够对绩效管理在客户关系管理中的重要性形成一定的认识，并可以运用基于平衡计分卡的客户关系管理绩效管理体系、客户关系管理投资回报分析以及关系质量测评等方法对企业实施客户关系管理绩效进行动态的科学测评。

    100多万家聚合酒店、400多万套房型、20亿条房态、每秒达到10 000条的房价变化信息以及每天10亿次的访问量……这些"天文"数字，是携程酒店每天需要面对的庞大数据集。值得一提的是，对于这些数据的响应和处理，携程酒店交出了一张满意的答卷：90%的订单均能在5分钟内获得确认，酒店价格从变价到最终上架仅需1分钟。这种高效的响应能够显著降低消费者的预订时间成本，提升消费者的预订体验，进而使得携程的经济效益大大增加。而这背后，依赖的是携程酒店在客户关系管理技术和关系质量建设上的大量投入。

    技术投入行业领先。作为国内领先的在线旅游服务商，携程酒店目前正通过技术创新，把酒店、消费者紧密联系在一起，不断提升消费者信息的管理水平。事实上，携程酒店在技术上的投入一直占据营收的较大比例。2015年全年，携程酒店研发费用支出为33亿元，占总收入的近30%，远远超出美国在线旅游网站Priceline甚至Google、Amazon等科技公司的研发投入比例。也正是在技术上的投入，携程酒店能够迅速、高效地收集、分析并响应消费者的需求信息，实现对消费者的有效管理。

    创新提升用户体验。基于"一切以消费者为中心"的服务理念，携程酒店致力于改善酒店订购的关键环节，以提升消费者的住宿体验。2016年9月，携程在酒店预订环节投入使用新版客服机器人，这一举措大大提升了酒店运营效率：客服机器人可以在平均一秒到两秒的时间内，回复消费者所提出来的有关酒店、机票预订以及退改签等基础问题。除此之外，智能客服的运用还为收集、存储并分析消费者数据提供了便利。除此之外，携程酒店还推出了多款智能硬件应用到酒店入住环节，全方位为消费者提供更快、更优质的入住服务。

    不论是技术投入还是用户体验创新，携程酒店的出发点永远是消费者，通过技术的加持，以更为有效的方式为消费者提供服务，并在此过程中收获消费者的满意度和忠诚度，与客户建立了持久、优质的关系，进而实现企业价值的最大化。

资料来源：5 分钟确认订单，携程酒店提升客户价值[EB/OL]. [2016-11-30]. http://www.kaixian.tv/gd/2016/1130/836838.html.

思考题： 应该如何衡量客户与企业的关系质量？如何借助大数据等新技术提升客户关系质量以实现企业价值和客户价值的双赢？你接触到的携程酒店是这样的吗？你觉得携程酒店存在哪些需要改进的地方呢？

在市场、客户、企业和技术等多种驱动因素的综合作用下，客户关系管理已经成为企业竞争优势中必不可少的组成部分，能够同时为企业和客户双方带来收益。但与其他任何管理活动一样，客户关系管理活动也伴随着成本的产生。在企业资源有限的条件下，如何测评和提高客户关系管理的效率和效果，就成为企业在客户关系管理实践中亟须关注的战略问题。

12.1 绩效管理的内容及其评价模式

绩效管理是一个相对比较独立的概念，在正式展开对客户关系管理系统实施绩效的评价之前，我们有必要先对绩效管理的概念和相关知识内容有所了解，以便为本章后面讨论的内容做好铺垫。为此，本节在强调客户关系管理实践中必须重视绩效管理之后，首先对绩效和绩效管理的概念进行了简要的介绍，然后简单回顾了绩效管理系统的发展历程，最后顺次阐述了绩效管理的几种常用评价模式。

12.1.1 绩效及绩效管理系统概述

在过去的几年里，已经有无数企业使用了或是正在尝试使用一些客户关系管理工具。虽然许多企业和客户关系管理应用提供商宣扬客户关系管理可能会带来大量收益，但也有相关研究表明客户关系管理却面临着较高的失败率。正是由于产生了上述期望与现实的巨大反差，我们必须找到一种对客户关系管理实施过程与结果进行有效测评的方法，以帮助我们对客户关系管理的实施流程进行更为科学的管理和控制。基于此，客户关系管理成为一种强有力的战略管理工具，甚至成为企业核心竞争力的一个有机组成部分。

1. 绩效和绩效管理的含义

对企业而言，关注和管理绩效在其经营活动中占据重要地位。企业绩效的取得不仅意味着收益、利润和成绩的增加，也意味着成本的减少、费用的压缩乃至企业运营效率的提高等。在管理学中，绩效可分为员工绩效和组织绩效。员工绩效是指员工在某一时期内的工作结果、工作行为和工作态度的总和。组织绩效则是指在某一时期内，组织任务完成的数量、质量、效率及盈利状况。两者之间既有区别又有联系，员工绩效是组织绩效的有机组成部分，而组织绩效必须通过员工绩效才能间接得以实现。

实际上，绩效管理可以看作管理组织绩效的一种体系，该体系由计划、改善和考察三个过程组成。通过这三个过程，企业可以对包括组织范围、经营单位、部门、团队及个人等在内的任何层次进行绩效管理分析[①]。从个人的角度出发，绩效管理则是一系列以员工为中心的干预活动。绩效管理的最终目标是充分开发和利用每个员工的资源来提高组织绩效，即通过提高员工的绩效达到改善组织绩效的目的[②]。从组织的角度出发，绩效应当包括三个相互结合的方面，而它们"将最终决定一个公司的竞争力"：有效性，即满足客户需求的程度；效率，即公司使用资源的节约程度；可变性，即公司适应未来变化的能力[③]。

2. 绩效管理系统的演变

绩效管理系统，又称为管理控制和信息系统，能够确保在实施组织的使命和战略的同时，有效地利用资源，进而帮助管理者影响组织内部的其他成员。

现代化的绩效管理系统包括两部分：管理控制结构和管理控制流程。其中，管理控制结构是指由组织行为、组织结构、绩效衡量与评估标准、计划和控制周期以及管理信息的基本结构组成的联合体。管理控制流程则是在设定目标、分配资源、评价绩效、执行纠偏措施和实现目标时采取的步骤和决策。随着现代工业的高速发展，绩效管理系统经历了四个不同的发展阶段，如表 12-1 所示。

表 12-1　绩效管理系统的发展阶段

发展阶段	相关背景	主要评价方法	绩效衡量内容
19 世纪系统较为简单	企业关注与单一产品线生产流程密切相关的劳动密集型任务；控制组织绩效相关信息，防止外泄	一般财务评价方法	收集与输入和输出转化活动效率相关的财务和非财务信息
19 世纪末 20 世纪初系统较复杂	大规模生产与销售相结合	引进泰勒（Taylor）的科学管理；引进杜邦图和投资回报的概念	除需要衡量销售额和销售利润之外，还要做出预算的投资回报分析
20 世纪 20—80 年代系统复杂程度高	大型组织的规模日益巨大，组织结构也更为复杂	企业引进资本投资评估、预算编制、绩效衡量、偏差计算和 ROI 原理等	更加倾向于利用会计目标来控制操作流程
20 世纪 80 年代以后引入非财务绩效衡量标准与方法	新技术和外国生产商的出现，致使市场竞争日趋激烈；产品导向转变为客户导向，信息充斥，管理成本上升	出现了多种对于财务和非财务指标的综合评价方法、模型与软件的应用，如平衡计分卡	对包含组织与员工个人、财务与非财务、企业与客户在内的全面的均衡的分析与评价
21 世纪以来面对更为复杂和动荡的环境	大数据、云计算、人工智能、区块链和新兴技术的发展正在变革企业的商业模式和经营策略	越来越突出无形资产的经营和评价、多种评价方法的综合应用以及 OKR 的应用	对各类有形资产和无形资产的动态评价以及对关键结果的考核与评价

资料来源：根据德瓦尔. 成功实施绩效管理[M]. 北京爱丁文化交流中心，译. 北京：电子工业出版社，2003：8-9；杜尔. 这就是 OKR[M]. 曹仰锋，王永贵，译. 北京：中信出版社，2018. 等资料整理。

---

① MABEY C, SALAMAN G. Strategic human resource management[M]. Oxford: Blackwell, 1995.
② 陈凌芹. 绩效管理[M]. 北京：中国纺织出版社，2004.
③ BREDRUP H. Performance management: a business process benchmarking approach[M]. London: Chapman & Hall, 1995.

3. 传统绩效管理系统存在的问题

现代组织中，客户导向、产品生命周期短、计算机辅助设计/计算机辅助制造技术的运用和生产组织的流程复杂化等新特征愈发明显，使得传统绩效管理系统的发展面临着众多挑战。

1）管理信息方面存在的问题

（1）超负荷的信息量。传统观念一般认为，更为有效的决策应建立在拥有更多的信息基础之上。然而，根据信息和决策制定的有关研究表明，大量低质量信息通常会给决策的有效性带来负面的影响。另外，缺乏对现有已知信息的深入挖掘和处理，也可能会造成信息价值的降低。

（2）信息质量较低。当信息太过集中时，往往无法满足企业管理层对信息全面性和完整性的要求，同时也会导致管理层在利用已有信息对经营绩效进行衡量的过程中，容易陷入重结果而不看过程的误区。

（3）信息的片面性。信息的片面性体现为两方面：一方面，管理信息大多来自财务指标，缺乏对非财务信息的收集。而且现有的非财务信息在收集和整理过程中往往受到来自人员、项目和外部信息等种种因素的干扰，缺乏客观性和准确性。另一方面，信息主要来自企业自身及内部相关活动，缺少有关企业竞争对手和企业外部环境的信息。

（4）信息陈旧。企业往往比较关注已经取得的绩效，却忽视对现行管理活动或措施的预期绩效进行分析与测度，从而使得企业把注意力更多地放在短期行为的相关信息上，忽视了对企业长期绩效有价值的相关信息。

2）其他问题

（1）根源于制造业的管理控制与信息系统无法全面适应服务企业的具体情况。传统的管理控制和信息系统是针对制造企业进行设计的，因此难以直接应用到服务企业。再者，尽管许多系统为了适应服务经济时代这一外部大环境，作出了相应的调整与改善，但由于对服务企业的关键经营过程和职能没有充分理解，因此这些系统并未作出根本性改变，致使企业无法对战略执行绩效进行准确的评价与衡量。

（2）财务分析方法未能足够重视无形投入。在当前以客户为中心、服务行业迅速崛起的商业时代，诸如品牌价值的提升策略、对员工和客户的培训等非财务的无形投入活动对企业尤为重要。但由于企业过于依赖财务分析的方法，对于企业的有形投入给予足够重视的同时，却忽视了对无形投入的绩效分析与评价。有关绩效衡量结果并未得到及时反馈。在实践中，不少企业往往并未针对所获得的绩效衡量结果及时采取相应措施。即使有时采取了适当的改进措施，但也不排除由于衡量对象和信息的错位而导致的错误行为和举动。

4. 新绩效管理系统的兴起

近年来，为了解决绩效管理过程中出现的种种问题与不足，基于关键成功因素（critical success factors，CSF）、关键绩效指标和平衡计分卡（balanced score card，BSC）的绩效管理系统逐渐吸引了越来越多的管理人员的注意。这些新的绩效管理系统之所以备受关注，主要基于以下几个方面的原因。

（1）信息技术取得了长足的发展。互联网、大数据、云计算等新型信息技术的发展，为基于 CSF、KPI 和 BSC 等新绩效系统付诸实施奠定了基础，解决了它们对收集、存储和报告大量数据的要求。

（2）全面质量管理得到了前所未有的重视。在推动 TQM 的实施过程中，许多企业都试图通过对管理信息的分析与处理来准确地量化 TQM 的成本和收益。

（3）无形资产价值的提升。对传统经济而言，有形资产的多寡往往在企业成长和竞争成败中占有至关重要的地位。相应地，财务衡量足以满足对库存、财产、设备和厂房等相关投资和支出的测评要求。然而，在新兴经济中，无形资产正成为竞争优势的主要来源，企业迫切需要对知识资产及其所能够创造的相关价值形成准确的了解和把握。

实际上，非财务衡量标准并不是一个新概念。早在 20 世纪 50 年代，通用电气公司就曾实施了一组包括非财务标准在内的"平衡的"绩效衡量标准。然而，随后的研究表明，许多组织都遭受了"一个普遍问题"的困扰，那就是缺少管理信息。需要指出的是，管理信息的缺少并非指信息数量不足，而是所获信息与设定目标、编制备选战略、制定决策和针对既定目标的衡量等没有太大的相关性[①]。无数成功企业的实践表明：企业的信息既需要包括财务数据，也需要包括非财务数据，应该综合利用由环境、竞争和内部信息共同构成的综合信息。然而，由于当时计算机信息处理能力的制约，这些观念并未真正得以普及，也没有得到应有的重视。

后来，关键成功因素的概念逐渐得到了企业界的重视。关键成功因素是一种描述改进管理控制和信息系统的新方法。其中，关键成功因素就是能够确保组织成功实现竞争性绩效的重要因素。企业在这些关键成功因素方面的绩效水平，直接决定了企业是否能够取得长足的发展。如果关键成功因素的结果不太理想，那么企业便很难实现预期成果。因此，关键成功因素是应该持续得到管理人员密切关注的活动领域。在这些活动领域中，企业应确保每一个领域的信息都是有效的，而且需要对其绩效现状持续地进行测评。在实践中，为了对关键成功要素进行有效的测评，管理人员往往会借助关键绩效指标。一般而言，一项关键成功因素可以定性地描述企业取得成功所必需的一个战略要素，企业可以利用关键绩效指标来确定关键成功因素的"数量"或"水平"，进而对战略目标进行控制。图 12-1 提供了关键成功因素和相应关键绩效指标的实例。

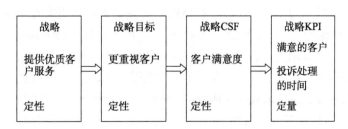

图 12-1　关键成功要素和相应关键绩效指标的实例

资料来源：德瓦尔. 成功实施绩效管理[M]. 北京爱丁文化交流中心，译. 北京：电子工业出版社，2003：13.

---

① 德瓦尔. 成功实施绩效管理[M]. 北京爱丁文化交流中心，译. 北京：电子工业出版社，2003.

虽然关键成功因素可以帮助管理人员重点关注那些对实现更远大的组织目标至关重要的领域，但管理人员在实践中往往还需要一种能够体现"因果关系"的简单方法。也正是因此，关键成功因素的概念在经历了最初的风光之后，曾一度被许多管理人员遗忘。20 世纪 90 年代，卡普兰（Kaplan）和诺顿（Norton）在《哈佛商业评论》发表的文章①及随后的相关论著中提出并发展了平衡计分卡的概念，为企业全面地对财务和非财务绩效进行评价提供了新的方法。利用财务和非财务的综合信息进行管理，往往比单独利用其中任何一种形式的信息都具有优势，管理人员可以利用非财务信息来改进主动控制和预防措施的效用。平衡的关键指标（财务的和非财务的）往往可以使管理人员重点关注那些与经营成败高度相关的重要问题，并对战略目标及其实现过程进行全程监控，将内部结果与外部因素放在一起进行综合测评和权衡。

12.1.2　绩效管理的评价模式

1. 基于目标管理的绩效管理模式

目标管理（management by objective）是由美国管理学家彼得·德鲁克（Peter F. Drucker）于 1954 年提出的一整套管理思想和管理方法，指的是企业内部各层管理人员通过重要工作目标的设定，对工作进度和工作效率进行自我控制与自我评价，使员工在工作完成之后得到满足感，从而激励员工的责任心和荣誉感，发挥其工作潜能，进而提升企业效率。目标管理的主旨在于使组织目标与个人目标结合起来，从而借助个人目标的实现来达到满足个人兴趣与组织需要的目的。美国著名管理学家孔茨（Harold Koontz）认为，目标管理是一种全面的管理系统，它运用系统方法把许多关键管理活动结合起来，并有意识地瞄准和有效地、高效地实现组织目标和个人目标。

基于目标管理的绩效管理通常包括四个主要阶段，即计划、指导、测评和激励，这与目标管理的计划、执行、检查和反馈四个阶段相对应。在实现企业目标的同时，运用过程管理中目标管理的手段，能够对员工个人的活动和成长进行合理的控制和引导。

1）计划——进行目标分解

在基于目标管理的绩效管理的计划阶段，需要经历基于目标管理计划阶段的目标分解过程。目标的分解必须在保证企业目标实现的前提下进行，并在分解过程中确保上下沟通，达成共识。同时，目标的设定要遵循"SMART"原则，即行动明确的（specific action）、可衡量的（measurable）、可实现的（attainable）、相关性的（relevant）、有时限要求的（time-bound）。在此基础上，管理人员可以设计相应的考核指标。其中，考核指标既可以是固定指标，如销售额、员工满意度等，也可以根据每月的具体情况设定，如大型促销活动效果评估和大规模员工培训效果评估等。

2）指导——目标任务分解后的支持

在将目标任务分解的同时，上下级之间需要对完成目标的途径和方案展开讨论，充分

---

① KAPLAN R S, NORTON D P. The balanced scorecard: measures that drive performance[J]. Harvard business review, 1992, 70(1): 71-79.

估计可能出现的问题。通过对问题的分析，上级能够提供有针对性的指导，帮助员工找到问题的关键，以增强其完成目标的信心。在计划执行过程中，管理人员必须加强对关键环节的控制和指导，随时发现问题并加以纠正，以确保目标得以实现。其中，关键环节的控制和指导，既可以通过每日、每周的例会来实现，也可以借助对特殊事件进行重点跟踪，如在重要客户开发过程中的重要环节给予关注等来实现。

3）测评——对计划执行结果的评价

测评环节不是仅仅对照考核指标进行打分的过程，而应该结合月度计划会议或述职会议等，对各项测评结果进行讨论，总结经验与不足，并提出推广和改进措施。同时，测评结果应该完全公开，以便在业务人员之间形成充分的信息交流。除此之外，测评指标应尽量采用量化指标，对于无法量化的测评指标也应吸纳相关部门的意见，力求测评的客观公正性。

4）激励——员工行为结果的奖惩

奖励与惩罚的主要参考依据就是上一阶段的测评结果。测评结果可以直接与员工的经济激励措施挂钩，也可以直接与非经济激励措施相联系。通常情况下，对于员工的奖惩方法和内容应当保持一定的客观性和稳定性。当然，这并不排除对在计划执行过程中作出特殊贡献的员工个人或团队给予特别奖励。

2. 基于关键绩效指标的绩效管理模式

1）关键绩效指标的含义与相关原理

关键业绩指标是通过对组织内部某一流程的输入端、输出端的关键参数进行设置、取样、计算和分析，并以此来衡量绩效的一种目标式量化管理方法。该方法对绩效管理的最大贡献在于：将企业的绩效指标设置与企业的战略结合在一起，所关注的是某一特定发展阶段中企业需要解决的战略性问题。关键业绩指标方法符合"20/80 原理"，即在企业的价值创造过程中，20%的员工创造了80%的价值。在每一个员工身上，这一原理也同样适用，即80%的工作任务是由20%的关键行为完成的。因此，必须抓住20%的关键行为，对其进行分析和衡量。

2）关键业绩指标的特征

关键绩效指标具有以下主要特征：①把员工的个人行为与企业的远景、战略和部门结合在一起，使个人绩效、部门绩效同企业整体效益联系在一起；②使员工的个人绩效和客户价值联系在一起；③依据企业的发展战略和流程来设计员工绩效考核指标，而不是岗位和功能。

3）关键业绩指标的优点与缺点

关键绩效指标体系具有自身特有的长处。一方面，关键业绩指标为企业各层管理人员提供了客观联系的标准和角度，能够辅助制定基于战略、基于支持战略的各级目标；另一方面，关键业绩指标可以使企业各层管理人员意识到自身和本部门在组织战略实现中的位置与职责。同时，关键业绩指标体系也具有系统性特征，不同部门所承担的关键业绩指标代表着不同部门对企业整体的价值，从而促使管理人员从整个企业的角度去思考问题并制定策略，有利于打破部门本位主义。

当然，关键绩效指标也存在不足。虽然提出了一套与战略实施密切相关的关键绩效指标，但该方法未能进一步将绩效目标分解落实到企业的基层管理人员和操作人员。同时，关键绩效指标未能提供一套具有实践意义的、完整的指标框架体系。

3. 基于平衡计分卡的绩效管理模式

1）平衡计分卡概述

平衡计分卡是一套包括财务指标和非财务指标的、较为全面的企业经营绩效评价工具，已经在公司财务、市场营销和人力资源等诸多领域的绩效评价中得到了日益广泛的应用。平衡计分卡最早由卡普兰和诺顿在 20 世纪 90 年代提出，这一基本概念指出在测评标准中不仅应当包括财务指标，还应该包括客户满意、内部作业流程、创新和学习等非财务指标，并进而把评价过程分为三个层面：任务、目标和测量。不同的市场状况、产品战略、企业和竞争环境，需要运用不同的记分卡去对应各自的目标、战略、技术和文化。

2）平衡计分卡的维度

传统的平衡计分卡评价体系从企业视角出发，主要包括四个维度，分别是财务维度、客户维度、内部流程维度及学习与成长维度。

（1）财务维度。财务维度适用于对过去经营行为的测评。有效的财务绩效测评，可以为企业战略提供指导，检验经理层和行政部门是否对基层发展有所贡献。其中，所涉及的财务目标往往与利益（销售收入、资本回报和经济增加值等）的评估相关联。

（2）客户维度。客户维度的指标主要包括客户满意、客户挽留、吸引新客户和目标市场与市场份额，涉及企业将要提供给目标客户的价值主张和相关评估。

（3）内部流程维度。平衡计分卡立足于客户和财务目标，重视从创新到售后服务的整个流程，并注重对研发过程的评估，突出了价值创造与交付在提升绩效中的重要作用。

（4）学习与成长维度。在这一维度中，企业识别出对当前和未来成功最为关键的因素，进而对企业的持续发展能力进行评估。一般而言，对员工、系统和组织能力这些重要方面进行测评并制定相应的指标是至关重要的。

3）平衡计分卡的优势

当企业在客户关系管理（包括远景规划、战略确定和具体实施等）方面投入大量资源时，直接测评客户关系管理所带来的各种收益可能会变得十分困难，管理人员必须对其中的无形收益进行测量，如客户忠诚、服务质量、客户价值的提升、流程的有效性、实施方法的改进、服务改进、竞争、信任和效率等。因此，在衡量客户关系管理绩效时，企业也需要一个既可以评估有形的和无形的要素、又能克服传统测评方法固有缺陷的测评工具。运用平衡计分卡评价客户关系管理具有如下优势：①平衡计分卡在对管理过程进行评价时并无偏倚，它综合测评财务的有形方面和无形方面，同时也兼顾到非财务方面；②平衡计分卡的评价涉及完整的商业领域和技术领域；③平衡计分卡可以评价客户满意，而这在网络经济时代是非常重要的；④平衡计分卡是一个从目标出发的评价系统，在评价客户关系管理绩效时始终保持着一致性，在整个过程中兼顾短期目标和战略目标的实现；⑤平衡计分卡是一个从过程出发的评价系统，它可以控制并改进企业的内部行为。

12.2　基于平衡计分卡的客户关系管理绩效评价

12.2.1　客户关系管理绩效测评模型与关键维度

1. 客户关系管理绩效测评模型

客户关系管理绩效测评是一个动态的循环过程。如图 12-2 所示，测评过程的第一步是率先确定客户关系管理的任务与目标；在确定了任务和目标之后，第二步需要设计出客户关系管理战略框架，以便确定主要的战略因素；第三步是要找出客户关系管理活动与所要实现的商业目标之间的内部联系特别是因果关系分析，通过对这些内部联系进行分析，管理人员可以明确获取收益的关键视角和测量方案；第四步则是通过有效性分析来测评客户关系管理实施的绩效。这一评估过程有助于管理人员对客户关系管理战略形成更深入的理解，帮助其制定和实施合理的客户关系管理战略。在把客户关系管理活动转化为最终收益之前，上述过程将会不断地重复进行。

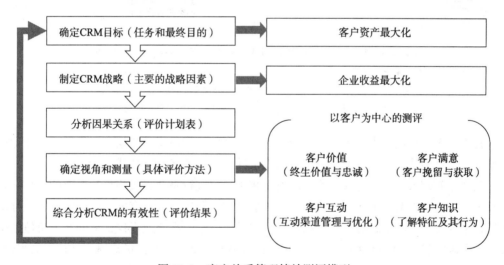

图 12-2　客户关系管理绩效测评模型

资料来源：改编自 JONGHYEOK K, SUH E, HWANG H. A model for evaluating the effectiveness of CRM using the balanced scorecard[J]. Journal of interactive marketing, 2003, 17(2): 5-19.

2. 客户关系管理绩效测评过程中的因果关系和关键维度

1）客户关系管理绩效测评中的因果关系

图 12-3 勾勒出客户关系管理绩效测评过程中的因果关系和关键维度。

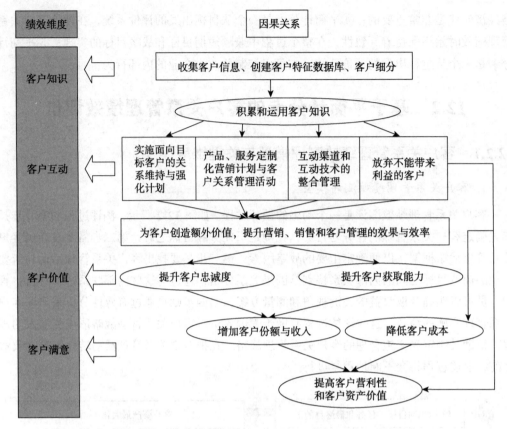

图 12-3　客户关系管理绩效测评过程中的因果关系和关键维度

资料来源：改编自 JONGHYEOK K, SUH E, HWANG, H. A model for evaluating the effectiveness of
CRM using the balanced scorecard[J]. Journal of interactive marketing, 2003, 17(2): 5-19；
王永贵. 顾客资源管理[M]. 北京：北京大学出版社，2005.

　　首先，企业要收集大量的有关客户的信息，并创建客户特征数据库。然后，企业运用数据挖掘工具和其他相关技术从中发掘出大量的、隐藏的客户特征或行为模式。

　　其次，管理人员可以对每个客户的所有相关信息进行整合，实施更为有效的计划、营销和服务活动。需要指出的是，对客户知识的界定和管理，往往有助于企业在与客户互动的过程中发现客户需求，甚至发现满足客户需求的方式。在企业提供优异的客户价值的基础上，当客户需求、期望和客户所感知的实际绩效相一致时，客户的忠诚度往往就会提升。显然，对于任何价值创造与交付活动而言，收集和理解客户需求信息都是至关重要的。

　　最后，如果客户互动渠道能够给客户提供有效和有利的服务，那么企业就可以与客户之间建立起长期的、令人满意的关系。最终，企业必将在提高形象、构建客户关系、创造客户价值和引导客户消费等过程中获取丰厚的收益，最大化客户盈利和客户资产价值。

　　2）客户关系管理绩效测评的关键维度

　　如前所述，平衡计分卡主要包括四个维度。与此相对，以客户为中心的测评维度也包括四个方面，分别是客户知识、客户互动、客户价值和客户满意。

（1）客户知识维度。客户知识维度包括客户细分群体的层次和对客户数据的管理。它关注于技术上的改进、对客户需求的理解和有关客户特征的数据库，这些指标会影响到与客户互动的过程，进而对客户价值和客户满意产生重要影响。可以说，客户知识是探索和满足客户未来需求、改进管理流程的先决条件和重要内容。因此，对于企业而言，充分运用新技术，深入挖掘、理解和运用有关客户的知识是非常重要的[①]。

（2）客户互动维度。客户互动维度包括卓越的运营能力、有关客户服务的互动渠道管理和流程管理。在实践中，对客户接触与互动过程进行有效的管理和持续的改进，直接会对客户价值、运营效率和高质量的客户关系管理服务产生重要影响。因此，企业对客户关系管理流程的管理和维护越有效，就越会实现更高的客户满意、营销生产力以及服务生产力。

（3）客户价值维度。客户价值维度包括企业从客户那里所获取的利益，如客户终身价值、客户忠诚或客户资产等。如果客户对企业的产品或服务表示满意，则客户叛离的可能性就会大大降低。为了保持这种互惠的关系，客户价值维度指标促使管理人员持续地寻找方法，以便赢得客户承诺和客户忠诚。此外，企业也将基于客户营利性等相关指标对客户进行分类，有助于更好地实现定制化。

（4）客户满意维度。客户满意是指一种产品或服务能够符合客户期望从而给客户带来一种心理的或非心理的满足。客户满意维度表明了客户对企业所提供的产品和服务的满意水平，在很大程度上决定了购买者将来是否能够成为企业的长期客户。

3）评价维度对比

为了便于读者更好地理解以企业为中心的平衡计分卡和以客户为中心的平衡计分卡的差异，表 12-2 将两套不同的评价体系所关注的焦点进行了对比。例如，以企业为中心的平衡计分卡更关注为股东创造价值，而以客户为中心的平衡计分卡更强调提升客户忠诚和客户利益；以企业为中心的平衡计分卡更注重提升企业作业流程的效率和效果，而以客户为中心的平衡计分卡则强调增强互动渠道的有效性和追求卓越的客户资产经营方式。

表 12-2　客户关系管理评价维度对比

以企业为中心的 BSC	关注焦点	以客户为中心的 BSC	关注焦点
财务维度	为股东创造价值	客户价值	提升客户忠诚和客户利益
客户维度	为客户创造价值	客户满意	获取商业价值
内部运作过程维度	提升企业作业流程的效率和效果	客户互动	增强互动渠道的有效性和追求卓越的客户资产经营方式
创新与学习维度	通过实施持续的改善措施，保持企业的创新能力和变革能力	客户知识	理解客户和对客户信息进行分析
企业价值	为股东创造价值	顾客资产	经营由品牌资产、关系资产和价值资产构成的顾客资产

资料来源：根据 JONGHYEOK K, SUH E, HWANG H. A model for evaluating the effectiveness of CRM using the balanced scorecard[J]. Journal of interactive marketing, 2003, 17(2): 5-19 等资料绘制。

[①] 王永贵. 顾客资源管理[M]. 北京：北京大学出版社，2005.

12.2.2　基于平衡计分卡的客户关系管理绩效测评

下面主要围绕以客户为中心的四个客户关系管理评价维度展开讨论，即客户知识、客户互动、客户价值与客户满意。然后，给出一个可供参考的客户关系管理绩效综合评价模型，将企业与客户之间的相互关系与上述四个维度放置于同一框架体系内加以评价。

1. 客户知识测评

客户需求、感知及其行为的多样化，使得企业很难按照同质性标准对其进行科学的分类，从而无法制定出能够满足客户对定制化产品或服务需求的有效的营销战略。在客户关系管理的过程中，企业可以运用适当的数据挖掘工具和数据仓库技术来做到这一点。通过对有关客户知识、客户挽留、客户叛离和新客户获取的数据进行分析，管理人员可以准确地把握客户特征的行为模式。

如第 10 章所述，在获取有关客户关系管理活动的信息的过程中，最主要的问题在于对数据进行过滤、分类、处理、分析和运用，而数据挖掘工具可以从大量数据中提取出不同的数据类型并发现相应的规律。因此，从大众化营销转化为一对一的关系营销的过程中，数据挖掘工具使市场营销的功能得到了进一步的提升[①]。不过，在此过程中，技术更新对于更好地理解客户也至关重要。同样，如何培训和发挥员工的个人技能，也是有效处理和运用客户信息的关键所在。需要特别强调的是，在互联网、大数据、人工智能等信息技术高速发展的当下，许多客户非常关心存储于企业数据库中的个人信息及企业运用这些个人信息的方式，保证客户个人信息的安全表现得尤为重要。因此，如何测评企业需要收集的信息，企业分析、处理和运用客户信息的方式等，是客户知识维度必须重点关注的内容。表 12-3 列举了对客户知识进行测评要实现的目标和相应测评指标的例子。

2. 客户互动测评

有效的客户互动，可以促使企业与客户之间构建起良好的关系。在实践中，存在着众多的、可供企业选择的与客户有效互动的渠道，如最新兴起并取得长足发展的微信、微博、抖音短视频等社会化媒体。管理人员应加强企业作业流程管理，以便对众多的互动渠道进行有效的整合管理。综合来看，可以把这些作业流程分为内部流程和外部流程两部分。其中，内部流程管理的重点在于对企业内部的流程进行掌控，它在很大程度上决定了企业内部的经营操作。而外部流程管理则应当注重企业与供应商和客户之间的互动关系，它在很大程度上则决定了互动渠道管理的有效性。

一般而言，成功企业的客户互动主要包括以下几个部分。

（1）与企业一线员工和其他员工相接触。

（2）对接触延伸的有效管理，包括邮件、电话、销售回访和送货等。

（3）服务硬件设施的构建和管理。

（4）服务人员的态度与技能。

---

① SHAW M J, SUBRAMANIAM C, TAN G W, et al. Knowledge management and data mining for marketing[J]. Decision support systems, 2001, 31(1): 127-137.

表 12-3　客户知识测评表

要实现的目标	测评指标举例
收集合适的客户信息	获取客户的数量 现有客户的数量
分析客户数据	客户的心理与行为特征
获取新客户	网络营销与电子商务 每天的网页浏览
理解客户需求	每天的客户访问量
改进员工技巧	网络销售
改进客户关系管理技术	技术能力评级 硬件升级频率 研发投资 • 研发支持 数据仓库、数据维护、数据挖掘、多元数据分析 • 研发服务 个人化的客户细分、推荐、网络服务
安全服务	客户收益与安全等级
与领先客户合作及共创	客户实现的创新（个数）

资料来源：根据 JONGHYEOK K, SUH E, HWANG H. A model for evaluating the effectiveness of CRM using the balanced scorecard[J]. Journal of interactive marketing, 2003, 17(2): 5-19. 等资料绘制。

（5）特定的交易管理与忠诚计划管理，包括定价、收益和期限以及定制化等。

（6）多种互动渠道的整合管理。

（7）员工和客户参与程度的平衡管理以及各自在服务创造与交付中的分工。

（8）员工之间、客户之间以及员工与客户之间的相互影响。

在分析客户互动时，管理人员往往必须考虑到一些重要的评价指标，如营销推广活动的次数、销售推广的总成本、产品目录的更新频率、费用支出、互动渠道的个数和彼此之间的互补程度等。其中，互动渠道不仅包括诸如信件、传真和电话等传统方式，而且应包括呼叫中心、服务中心、网络站点和互联网虚拟分享社区、直播平台等现代方式。同时，对不同互动渠道的有效性和及时性的管理，也非常重要。在企业的内部流程管理中，必须把这些不同的互动渠道进行匹配和整合。

此外，企业在分析作业流程时，还需要注意到下列测评指标：客户支付手段、送货渠道和产品差异性等。归根到底，客户价值的创造和客户满意的提高，都离不开互动渠道的管理和企业作业流程的优化。因此，管理人员必须对在企业送货、答复客户和产品差异化过程中所产生和收集的信息进行分析和研究。表 12-4 列出了客户互动维度要实现的目标和相应测评指标的例子。

3. 客户价值测评

客户价值包括企业从客户关系管理活动中所获取的全部有形和无形收益。为了确定客户价值，企业必须对营销推广活动、客户挽留的数量和互联网销售等信息进行分析。毋庸置疑，任何客户关系管理的实施都应当给企业和客户双方带来利益。计算客户的潜在利益并以此为依据进行管理，往往可以为企业带来巨大的未来收益。表 12-5 列出了客户价值维度要实现的目标和相应测评指标的例子。

表 12-4　客户互动测评

要实现的目标	测评指标举例
对客户请求的及时回复	营销推广活动 销售推广的总成本 产品目录的更新频率
整合企业作业流程	支付方式的数量
改善互动渠道管理	响应客户请求的渠道数量 管理互动渠道的总成本
最大化企业作业的效率和效果	订单完成后的平均送货时间 对客户需求的响应时间
定制化产品和服务	产品分销 产品信息的细化 畅销产品的及时销售
互动渠道的整合与协同 （尤其是线上和线下的跨渠道、全渠道整合）	客户对移情性的感知 客户对互动渠道的满意程度 客户体验旅程

资料来源：根据 JONGHYEOK K, SUH E, HWANG H. A model for evaluating the effectiveness of CRM using the balanced scorecard[J]. Journal of interactive marketing, 2003, 17(2): 5-19. 等资料绘制。

表 12-5　客户价值测评表

要实现的目标	要实现的目标
提高客户挽留率	挽留客户的数量与挽留成本
提高利润率	网络销售/传统销售 资产/员工 利润/员工
提升客户服务和支持	互动渠道层面
建立有吸引力的在线客户社区	• 可用性/吸引力 • 产品搜索/响应效率 • 忠诚度与参与度
客户资产的价值	客户终身价值

资料来源：根据 JONGHYEOK K, SUH E, HWANG H. A model for evaluating the effectiveness of CRM using the balanced scorecard[J]. Journal of interactive marketing, 2003, 17(2): 5-19. 等资料绘制。

4. 客户满意测评

在客户知识、客户互动、客户价值与客户满意四个评价维度中，客户满意是其中最为重要的维度。这是因为客户满意直接与企业利润联系在一起。基于此，客户满意测评也是评价模型中最为重要的一个步骤。客户关系管理的最终目标就是通过实现客户满意来提升客户资产的价值。在实践中，由于企业很难将客户满意进行量化处理，所以对客户满意的测评是很困难的。在以客户需求为导向的时代背景下，对客户满意的重视，能够帮助企业真正形成以客户为中心的管理与文化氛围，为企业提供及时的、有意义的、来自客户行为和期望的客观反馈[①]。

实施客户关系管理，可以有效地影响客户的满意度，并进而适当地引导客户的行为。客户满意的测评指标主要包括客户投诉、响应时间、处理客户问题的平均时间、在投诉问题解决之前客户接触的数量和成功解决客户投诉问题的比率等。在实践中，对客户满意度的管理可以通过借助 SERVQUAL 模型[②]提升服务质量来实现。SERVQUAL 模型从五个维度对客户关系管理实施的所有相关活动进行评价，分别是可靠性、响应性、移情性、有形性和保障性。其中，可靠性指的是可靠且准确地提供承诺服务的能力；响应性指的是乐于帮助客户并提供服务支持；移情性指的是服务提供者给予客户的关怀和特殊的照顾；有形性是指有形的设施、设备和个人仪表等；保障性则强调实施客户关系管理的员工的知识和礼仪，以及他们激发信任和信心的能力。表 12-6 列出了客户满意维度要实现的目标和相应评价指标的例子。

表 12-6　客户满意测评表

要实现的目标	测评指标举例
提升服务质量	品牌形象 服务水平（对客户请求的响应） 每天客户请求的次数 客户满意
构建企业与客户间的关系	服务质量 • 保障性 • 可靠性 • 移情性 • 响应性 • 有形性
客户忠诚水平	重复购买与升级购买等 口碑推荐和知识贡献度

资料来源：根据 JONGHYEOK K, SUH E, HWANG H. A model for evaluating the effectiveness of CRM using the balanced scorecard[J]. Journal of interactive marketing, 2003, 17(2): 5-19. 等资料绘制。

5. 基于平衡计分卡的客户关系管理绩效实施模型

在客户关系管理实施的过程中，为了有效地测评客户关系管理绩效，选择基于平衡计分卡的客户关系管理绩效测评体系是大势所趋。不过，在运用基于平衡计分卡的客户关系管理绩效测评模型时，往往需要立足于整体高度，把与客户关系管理远景制定和战略实施有关的所有要素及客户关系管理绩效测评中四个关键维度整合成有机的整体来加以考虑，具体如图 12-4 所示。

---

① MIHELIS G, GRIGOROUDI E, SISKOS Y, et al. Customer satisfaction measurement in the private bank sector[J]. European journal of operational research, 2001, 130(2): 347-360.

② 服务质量差距模型，是 Parasuraman 等人于 1988 年开发的用来测量服务质量五大要素（有形性、可靠性、响应性、移情性）的方法。SERVQUAL 是一项含有 22 个陈述的标准问卷，可以对服务质量进行量化评价。

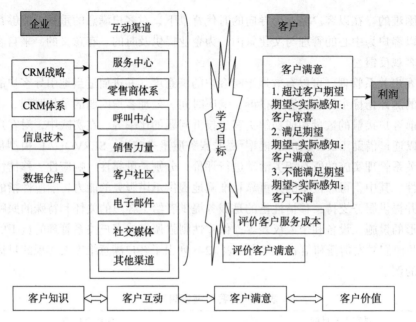

图 12-4　基于 BSC 的客户关系管理绩效实施模型

资料来源：根据 JONGHYEOK K, SUH E, HWANG H. A Model for evaluating the effectiveness of CRM using the balanced scorecard[J]. Journal of interactive marketing, 2003, 17(2): 5-19. 等资料绘制。

　　具体而言，就是要求管理人员把客户关系管理战略、客户关系管理体系、信息技术和数据仓库等因素与企业和客户互动的各种渠道整合起来，努力测评和提升客户满意程度，并分别对处于不同满意水平上的客户采取差别化的措施，以便实现更高的客户盈利水平，进而不断提升客户资产的价值。在实践中，这意味着企业必须采取系统、全面的观点，在兼顾企业与客户利益的同时，妥善处理好客户知识、客户互动、客户满意和客户价值之间的关系。

12.3　客户关系管理效益分析

　　本节将从基于财务指标评价的投资回报分析、基于营销生产率的投入产出分析和基于服务生产力的投入产出分析三个视角，对客户关系管理为企业带来的效益进行分析。

12.3.1　基于财务指标评价的客户关系管理投资回报分析

　　投资回报分析是一种基于财务分析的绩效评价方法。它主要侧重于从财务角度对客户关系管理实施和运行的整个流程作出评价。关于客户关系管理投资回报的分析，有财务的和非财务的两种评价方法。以往的论著多以财务评价方法为主，辅以非财务指标分析，非财务的分析方法并未得到足够的重视。现阶段，非财务的分析方法越来越受到关注，而且越来越多的学术研究和企业实践试图将这两种评价方法结合起来，以便对客户关系管理的投资回报进行全方位的测评。

　　以下将按照客户关系管理流程实施的先后顺序，运用投资回报分析方法对企业客户关系管理项目的整个过程进行评价分析。

1. 客户关系管理的投资

客户关系管理是一种全新的管理理念。在中国，它并非单独起因于经济、技术或管理的发展，而是随着互联网和电子商务的发展而逐渐发展起来的。

客户关系管理的实施，往往要求进行两个方面的投入：一方面是无形的客户关系管理理念。客户关系管理的顺利实施，要求企业中高层管理者的全力支持，以及基层员工与其他相关人员的通力配合。在实施的初期阶段，由于工作量巨大、经验积累不足，往往会遇到各种各样的难题和挑战，这就需要企业各层管理者和员工对客户关系管理的管理理念与基本原理有着较为清晰的认识，并且持有坚定的成功信念。另一方面是有形的客户关系管理系统。这通常需要耗资巨大，包括苛刻的界面（interface）、实施应用方案及员工的重新培训等。随着数据仓储和可以支持数据库的客户关系管理技术及其应用（数据仓库、数据挖掘、联机信息分析处理等）的蓬勃发展，许多企业都在客户关系管理系统方面进行了大量投资[①]。

2. 客户关系管理的成本

客户关系管理项目实施的成本包括显性成本和隐性成本两个方面。客户关系管理系统实施初期可能只需要支出资金用于硬件添置、员工培训、软件的选择和定制。然而，在继续实施的过程中，企业管理者会惊讶地发现，这些方面的支出是远远不够的。在随之而来的系统运行、管理和维护方面，往往需要更多的投入。为了确定所需要的总投资，在实施解决方案前必须做出一个较为全面的预算。虽然许多企业在客户关系管理上投入了大量的资金，但许多客户关系管理工程都以失败而告终。控制成本和避免工程的失败意味着不仅要了解客户关系管理实施过程中的显性成本，更要对隐性成本有所认识和把握。表 12-7 概括出客户关系管理实施成本预算的几个关键领域和相应内容。

表 12-7　客户关系管理实施成本的关键领域

IT 成本		人员培训成本	过程管理成本	
硬件购置成本、安装调试成本、定期维护成本、更新升级成本	软件购置安装成本、客户关系管理软件与企业资源计划系统综合成本、IT 基础设施成本	培训员工如何操作客户关系管理软件、培训员工如何利用这种新型工具营造优势；培训员工如何应用大数据等新兴 IT 技术	对企业内部的管理、销售、定制流程实施再造；实施工程管理	收集、维护客户信息；对大量数据进行分析和识别；保证数据更新和数据质量

资料来源：改编自管政，魏冠明. 中国企业 CRM 实施[M]. 北京：人民邮电出版社，2003：62-63；吕廷杰，尹涛，王琦. 客户关系管理与主题分析[M]. 北京：人民邮电出版社，2002：196-197.

事实上，对于企业应该在客户关系管理实施过程中做出何种水平的预算，至今还没有通用的方法。亚洲市场研究所（AMR）研究机构曾经提出过一个可供参考的建议：通常公司的客户关系管理实施计划预算应该是软件、服务、硬件和培训成本的三四倍。无论在客户关系管理实施的过程中需要投入多少，企业都必须进行周密计划和过程管理。尽管这些

[①] 杨路明，巫宁. 客户关系管理理论与实务[M]. 北京：电子工业出版社，2004.

过程管理需要额外的时间和金钱，但是如果这种做法可以降低客户关系管理的整体实施成本和风险的话，那么这样的投入也是非常有价值的。

3. 客户关系管理的收益

客户关系管理的收益主要包括业务收益和客户服务的成本节约收益两个主要部分。一方面，实施客户关系管理的最大的收益在于：通过跟客户建立友好的关系，提升客户满意度和忠诚度以及客户对企业产品与服务的依赖性，从而获得客户的终身价值，实现持续的收益增长和利润增长。另一方面，企业在与客户沟通过程中所支出的费用明显减少。例如，有研究表明：呼叫中心的费用可能是广告宣传费用的 1/10，是面对面沟通费用的 1/20。相对而言，通过自助服务的网上沟通的费用则仅仅是呼叫中心的 1/20。伴随着人工智能技术的发展，企业可以借助虚拟语音助手、智能虚拟代理等替代员工为客户提供咨询和沟通服务，这在一定程度上减少了人力成本。当然，仅仅依靠在线网络同客户进行沟通是存在局限的，管理人员应结合服务性质综合运用多种沟通渠道，实现快速、高效的客户沟通和响应。

4. 客户关系管理的利润增长点和相应的投资回报指标

客户关系管理实施后的利润增长点通常表现在许多方面：降低了赢得新客户的成本，通过保持相当数量客户的忠诚来维持稳定的业务量，降低了市场营销的投入和成本，赢取更高的客户收益率等。客户关系管理投资回报的相关指标如表 12-8 所示。

表 12-8　客户关系管理投资回报的相关指标

与投资相关的指标	与回报相关的指标	与利润相关的指标
● 显性成本指标　软件许可证费用、硬件建设维护费、咨询费用、工程计划、测试、归档费用 ● 隐性成本指标　培训、数据维护、软件综合、工程管理等费用	● 降低成本的因素指标　市场营销成本、客户服务中节约的成本、赢得新客户的成本、客户流失率、渠道成本、渠道效率、与客户沟通的成本、顾客忠诚计划成本 ● 增加收入的因素指标　客户规模及其增长率、客户收益率、潜在客户源、客户忠诚度、客户关系质量、客户生命周期、客户购买频率、现有客户的回报率、增加价值链的收益率、股东价值、业务收益	提高客户满意度 缩短产品销售周期 最小化库存 节省开支 增加交叉营销的机会 增加升级销售机会 提高客户份额 提升客户资产价值 ……

资料来源：根据吕廷杰，尹涛，王琦. 客户关系管理与主题分析[M]. 北京：人民邮电出版社，2002：199-200. 等资料绘制。

12.3.2　基于营销生产率的投入产出分析模型

营销生产率（marketing productivity）是评价企业在市场营销活动中的营销投入与产出之间相互关系的工具。在对营销生产率进行探讨时，除了关注营销投入与产出的绝对比例关系，更重要的是探讨营销投入对产出的驱动作用。例如，一定的营销投入是否能够导致预期的产出？在不同条件下，相同的营销投入会带来何种不同的营销绩效？

对营销生产率进行探索，有助于提升营销部门在企业中的地位，在衡量营销投入对股东利益提升方面很有帮助。目前，在营销生产率的评价方面，主要存在着以下三个问题：

①如何对营销活动所能带来的长期利益进行评价[①]；②个体所从事的营销活动之间存在着什么样的关系[②]；③仅仅使用财务方法来测评营销投入是不够的，必须充分运用必要的非财务评价方法[③]。

为此，企业应当弄清楚营销投入对短期利益的贡献及其所能带来的潜在的、持续的长期利益。管理人员应当关注营销活动中所支出的费用，以及这些支出是如何对营销绩效产生影响的。因此，管理人员需要深入分析和理解营销支出对客户知识、客户信任和客户感知以及客户行为的影响。营销生产率分析框架的主要目的，就在于明确营销绩效的非财务评价（如客户态度、行为和挽留等）是如何在短期和长期过程中实现对财务评价指标（如销售量或销售额、利润和股东收益等）的驱动。

无疑，以广告、服务改进和新产品投放等为代表的营销活动可以帮助企业提升在品牌与客户等方面的长期资产，这些长期资产又可以为企业带来短期收益。因此，营销活动可以创造并提升基于市场的企业资产。同时，在营销生产率的测评与管理实践中，对效果和效率这两个概念进行区分也是非常重要的。例如，价格促销策略可以带来明显的短期利润和现金流，但这一策略也往往会对企业的品牌形象和长期利润造成某种危害。所以，管理人员必须综合考虑营销活动的相应战略和策略，对其进行整体管理。图 12-5 揭示了营销生产率模型中的关键要素：营销战略和营销策略，以及它们对客户、市场、财务指标和企业价值的影响。

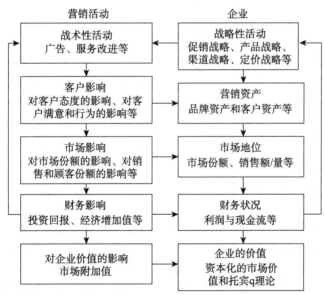

图 12-5　营销生产率评价模型

资料来源：改编自 RUST R T, AMBLER T, CARPENTER G S, et al. Measuring marketing productivity: current knowledge and future directions[J]. Journal of marketing, 2004, 68(4): 76-89.

---

① DEKIMPE M G, HANSSENS D M. The persistence of marketing effects on sales[J]. Management science, 1995, 14(1): 1-21.

② BONOMA T V, CLARK B H. Marketing performance assessment[M]. Boston: Harvard Business School Press, 1988.

③ CLARK B H. Marketing performance measures: history and interrelationships[J]. Journal of marketing management, 1999, 15(8): 711-732.

1. 营销生产率分析模型的主要指标

1）战略与策略

营销战略在企业经营的许多方面都起着关键性的作用。例如，营销战略对赢得客户、客户挽留、业务成长和延伸、构建和维持可持续的竞争优势，以及在经营活动中创造财务绩效至关重要[1]。目前，企业市场价值的主要部分来自那些非资产负债表项目，如品牌、营销网络和智力资本等，这些无形资产所占的比重已经超出了资产负债表中的有形资产[2]。企业管理人员不得不超越传统的营销投入与产出分析，把各类营销活动所引发的财务绩效及其对现金流的影响也考虑在内。在更进一步的策略分析层面上，管理人员可以借助营销活动来提升短期收益。在这方面，营销活动项目如提高客户忠诚计划和交叉营销等都可以用来提升和维持企业的利润。

2）客户影响

为了评估营销投入对客户所产生的影响，首先需要理解以下几个关键维度：①客户意识，包括客户对企业的印象和识别，客户对企业所提供的产品或服务的内涵及其评价等；②客户感知的度量，即企业和品牌在客户心目中的影响力、有利性、独一无二的程度和客户对产品（服务）质量的满意程度，以及客户对企业和产品的整体评价；③客户接触，即如何使客户对企业和产品产生忠诚；④客户体验，即客户对品牌的使用情况、向他人推荐的情况，以及对品牌相关信息和事件的关注程度等。

3）营销资产

在以客户为中心的评价过程中，营销资产可以提升企业的长期价值。其中，品牌资产和客户资产是两种必须给予重点关注的资产。品牌资产开始于产品和服务的销售，同时也是产品和服务售出时所导致的结果[3]。管理人员对品牌资产形成了越来越深刻的认识，他们知道品牌资产是如何影响客户行为的，而且懂得应该如何去测量品牌资产。由于品牌资产还可以对分销渠道提供强有力的支持，所以品牌资产也会对营销渠道产生重要影响。比较而言，客户资产则是指企业当前和未来所有客户的终身价值总和的净现值。伴随着交易营销向关系营销方式的转变，客户资产对企业的重要性日益明显[4]。作为十分有效的营销资产测评指标，客户终身价值和客户资产正为许多企业所使用。

4）市场影响

客户影响及其对营销资产的相应改进会影响到企业的市场份额、客户份额和销售，从而影响到企业的市场竞争地位。企业所构建的优良的营销资产，往往会从多个方面对营销绩效产生积极影响。例如，更为显著的品牌区分程度，往往可以使产品和服务具有更大的价格弹性，降低客户对竞争行为的敏感程度，使企业主动地掌控价格的变动，获取更多的市场份额或客户份额，实施更为有效的营销活动，进而赢得更多的忠诚客户。

① SRIVASTAVA R K, SHERVANI T A, FAHEY L. Marketing business processes and shareholder value: an organizationally embedded view of marketing activities and the discipline of marketing[J]. Journal of marketing, 1999, 63(Special Issue): 168-179.

② LUSCH R F, HARVEY M G. The case for an off-balance-sheet controller[J]. Sloan management review, 1994, 35(2): 101.

③ KELLER K I. Strategic brand management[M]. Upper Saddle River, NJ: Prentice Hall, 1998.

④ HOGAN J E, LEMON K N, RUST R T. Customer equity management: charting new directions for the future of marketing[J]. Journal of service research, 2002, 5(1): 4-12.

5）财务影响

来自某项特殊营销活动的财务利益，往往可以采用多种方法来衡量。投资回报分析是一种传统的评价方法，采用贴现值来投资与回报的百分比。投资回报分析在评价营销绩效的过程中，存在着许多争议。例如，大多数营销投入都是长期有效的，而投资回报分析则通常关注于对短期收益的评价。因此，在评价营销绩效时，必须对未来回报的预期现金流做出预测[①]。此外，对财务影响进行测评的方法还包括关系回报率、净现值、经济增加值（economic value-added，EVA）。不论是上述的哪一种方法，都是在除去营销费用支出之后来衡量营销活动所带来的相应回报的。

6）对企业价值的影响

以前的大多数评价工具往往是衡量企业在过去活动中所取得的绩效，而企业的市场价值却要求把评价过程与企业的成长前景和持续的营利性结合在一起。这就需要运用资产负债表以外的衡量指标（如品牌资产和客户资产），把企业关注的范围从当前绩效拓展到未来绩效。这样，通过客户价值把营销活动和企业的市场价值联系起来，就显得至关重要。一般而言，不同的企业价值的概念会对应着不同的评价方法，通常意义上的企业价值是资产负债表中资产项与负债项之间的差额，而企业价值的资本化则包括企业所有股东市场价值的总和。

2. 营销生产率分析过程的其他影响因素

在营销生产率的主要影响因素中，企业适应环境和竞争的能力对于提高营销绩效水平也是至关重要的。因此，在营销绩效分析框架中，也要引入环境和竞争这两个概念。

1）环境

VUCA（volatility 易变性，uncertainty 不确定性，complexity 复杂性，ambiguity 模糊性）时代的到来，为企业的经营活动带来了众多的不确定性，没有任何一个企业可以在市场中孤立地存在。面对外部市场环境，企业可以在驱动市场（market driving）和市场驱动（market driven）之间作出适合自己的选择[②]，这二者的区别在于：前者具有主动性和先动性，而后者则是被动地对环境变化作出反应。

2）竞争

竞争环境对营销生产率有着深刻的影响。以广告费用支出为例，企业在制定广告营销预算时，通常都要把竞争对手考虑在内。有研究表明，一定数额的广告支出可能会造成两种情形：一种情形是竞争的存在可能会导致广告费用的投入越来越多。如果赢得一定的市场份额会带来利润和企业价值提升的话[③]，不论竞争对手如何反应，企业都会增加营销费用的支出以获取更多的市场份额。另一种情形是即使把竞争对手的反应考虑在内，占有高市场份额的品牌也有可能会导致过度竞争[④]。

① LARRECHE J C, SRINIVASAN V. Stratport: a decision support system for strategic planning[J]. Journal of marketing, 1981, 45(4): 39-52.

② JAWORSKI B, KOHLI A K, SAHAY A. Market-driven versus driving markets[J]. Journal of the Academy of Marketing Science, 2000, 28(1): 45-54.

③ BUZZELL R D, GALE B. The PIMS principles: linking strategy to performance[M]. New York: The Free Press, 1987.

④ CARPENTER G S, COOPER L G, HANSSENS D M, et al. Modeling asymmetric competition[J]. Marketing science, 1988, 7(4): 393-412.

12.3.3　基于服务生产力的投入产出分析模型

在客户关系管理系统的效果与效率评价过程中，服务生产力也是一个不容忽视的战略变量，它是衡量服务管理活动绩效的重要标准之一。根据"二八法则"，企业 80% 的收益来自 20% 的客户，不同客户对企业有着不同的价值。因此，企业可以通过识别和重视关键客户来提高服务生产力。另外，由于企业在特定时期内的能力与资源是有限的，从而使服务生产力的提高对企业有着更高的要求。

1. 服务生产力与制造生产力的区别

生产力这一概念源于制造业的生产职能过程，它是衡量制造企业绩效的有效工具，描述了投入与产出的关系，即"生产力 = 产出/投入"。在制造企业的生产力衡量中，往往存在着这样一种假设：改变投入的资源要素量，并不会影响企业产出的质量[①]。因此，星克（Sink）曾把制造业的生产力归纳为式（12-1）[②]：

$$生产力 = \left.\frac{产出}{投入}\right|_{恒定的产出质量} \tag{12-1}$$

服务业与制造业的显著差异在于：服务生产过程中改变投入之后，产出质量是非恒定的。与制造生产力相比，服务生产力的重要差异是由服务本身的特性——无形性、易逝性、生产与消费的同时性和异质性等特征造成的。在以客户为中心的商业时代，客户不再总是被动地接受，而是成为服务投入的源泉，主动向企业提供独特的需求、提出问题和共享专业知识或参与生产或交付过程。同时，服务的特殊性也导致服务产出可能会随着客户的特定情境而有所改变。相同服务对于不同客户或者对于同一客户在不同情境下，产出都可能是不同的[③]。

如果依据制造业生产力来推算，服务生产力是服务的投入和产出的比率。但如上所述，服务与生产制造大为不同：首先，服务不能用具体的某个单位进行量化处理，即投入客户价值中的服务运作带来的效果不能在单位服务中得以体现；其次，产出的感知质量会随着服务投入的改变发生变化，具体包括成果、技术质量和功能质量维度等；最后，服务的开放性和客户参与性也对服务生产力产生了重要的影响。服务的各种特性使得生产力的提高会进一步影响到产品的质量，因此不少学者将服务生产力与盈利联系在一起来考虑[④]。正是由于上述差异的存在，企业虽然可以借鉴制造生产力的概念和思路来改进服务生产力，如降低成本或投入更多的资源，但有时却适得其反。以餐饮业为例，如果为了控制成本而不增加对人员或空间等服务资源的投入，就会影响客户的体验过程和结果，从而对客户感知质量造成负面影响，最终导致客户流失、企业声誉受损。因此，服务生产力与服务效率并不存在必然的正相关关系。

---

① GRONROOS C, OJASALO K. Service productivity towards a conceptualization of the transformation of inputs into economic results in services[J]. Journal of business research, 2004, 57(4): 414-423.

② SINK D S. Productivity management: planning, measurement and evaluation, control and improvement[M]. New York: Wiley, 1985.

③ ROBERT J, PETER J. Service productivity towards understanding the relationship between operational and customer productivity[J]. International journal of productivity and performance management, 2004, 53(3): 201-213.

④ GRONROOS C, OJASALO K. Service productivity towards a conceptualization of the transformation of inputs into economic results in services[J]. Journal of business research, 2004, 57(4): 414-423.

2. 服务生产力与客户参与

目前，关于服务生产力的研究主要集中于服务生产力的内涵与构成要素等方面，关注的多是内部因素，而不是客户生产力[①]。在客户需求导向下，为了提高服务生产力，企业往往需要更多地关注客户，而不是员工[②]。同时，在马丁（Martin）等人的研究中，以下三个方面得到了前所未有的重视：①客户同时扮演着资源提供者和共同生产者的双重角色；②客户生产力会对服务和总的生产力产生重要影响；③任何评价服务生产力的指标都必须把客户要素包括在内。由此不难看出，客户在服务生产力的提升中具有战略作用。结合艾斯默·沃里纳（Ismo Vuorinen）等人在 1998 年对服务生产力所做的界定，服务生产力是指服务组织所具有的、利用其投入而向客户提供与其期望相匹配的服务质量的一种能力，可以表示为式（12-2）[③]。

$$服务生产力 = \frac{产出数量与产出质量}{投入数量与投入质量} \tag{12-2}$$

1）客户参与及其影响

在服务生产过程中，由于客户也参与了资源投入和价值创造过程，所以会对服务产出的质量和数量产生积极或是消极的影响。图 12-6 把客户角色和客户参与所导致的不确定性因素联系在一起，为有效管理这种不确定性和理解客户对生产力的影响提供了思路。客户对服务生产力的影响模型显示出客户提供的投入类型、客户期望得到的服务，以及他们如何共同生产服务等因素对服务生产力产生重要影响。其中，目标客户本身和客户之间的互动，以及企业与客户之间的互动，都会对服务生产力产生重要影响。

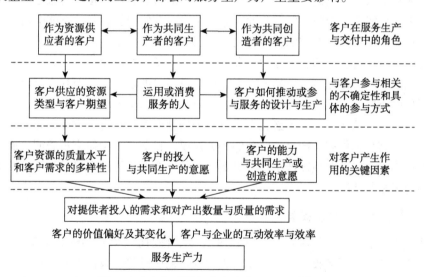

图 12-6 客户对服务生产力产生的影响模型

资料来源：王永贵. 客户关系管理[M]. 北京：清华大学出版社，北京交通大学出版社，2007.

---

① MARTIN C R, HORNE D A, CHAN W S. A perspective on client productivity in business-to-business consulting services[J]. International journal of service industry management, 2001, 12(2): 137-149.

② LOVELOCK C H, YOUNG R F. Look to customers to increase productivity[J]. Harvard business review, 1979, 57(3): 168-178.

③ VUORINEN I, JARVINEN R, LEHTINEN U. Content and measurement of productivity in the service sector[J]. International journal of service industry management, 1998, 9(4): 377-396.

2）客户参与的选择

服务生产的一个重要特征就是服务提供者与客户之间关系的复杂性。一般而言，可以把提供者与客户之间的关系划分成四种基本类型：提供者的生产过程与客户相分离；客户自助服务；提供者与客户在彼此互动中生产服务；客户在彼此互动中生产服务。

从这个意义上来讲，企业正逐步深化成无边界组织，客户既是一种战略资源，也是共同的生产者。相应地，传统界定生产力的方法已经不再适用，在改进服务生产力的实践中，不仅需要关注旨在降低成本和提高企业资源利用率的内部效率，而且应考虑得到客户认可的外部效率。由于客户需求的多样性和不可预测性及客户的现场参与，服务提供者往往会面临着较高水平的投入不确定性。换句话说，在提供具体的服务之前，企业可能并不十分清楚客户投入的数量与质量，从而进一步增加了服务生产过程的不确定性。虽然企业可以有效地控制封闭系统的投入与产出，但服务于客户的投入却很难控制。

正如古德文（Goodwin）所指出的，服务生产力对客户知识、客户体验和客户的动机有高度依赖性[1]。如果客户具有强烈的参与动机，并且可以运用不同的自助服务要素，那么企业就可以投入较少的资源。因此，企业必须深入理解客户对服务生产力的影响。图 12-6 概括出客户对服务生产力的这种影响，它从生产力比率的投入方面——客户的投入入手，揭示出了作为资源提供者、共同生产者与共同创造者的客户角色给服务生产力所增添的不确定性，并进而描述了客户对服务产出的影响。

3）其他客户的影响

除了客户对服务产出的影响外，其他客户也会对特定客户所接受的服务产生影响。首先，其他客户可能会影响服务的可获性。如果客户要等候很长时间，可能会对产出质量产生不利影响；其次，其他客户的行为可能会对服务氛围产生不利影响，并进而影响产出质量；再者服务生产过程中的客户互动也会影响产出质量，并进而对生产力产生积极或消极的影响。例如客户可以充当角色模范，通过模仿有经验的老客户，新客户可以学习自己的角色。诸如此类的客户互动对生产力的影响主要体现在两个方面：一方面，由于新客户可以向老客户学习，从而使员工不必花太多时间来培训新客户；另一方面，客户如意见领袖等可以向其他客户提供有关产品和服务的相关建议。目前，不少研究都表明，服务生产过程中的客户沟通会对企业绩效产生重要影响。此外，企业应该努力确保员工的服务风格与客户的参与风格相匹配。

3. 服务生产力的综合模型

在实践中，服务生产力会受到多个因素的影响，特别是与客户的感知质量和感知价值密不可分。综合来看，服务投入（如信息、人力和自助服务等）及需求和客户抱怨等因素，一般都会影响服务过程和服务产出，我们可以把这些影响因素分为内部因素和外部因素。按照类似的逻辑，我们也可以把服务生产力视为内部效率、外部效率和产能效率的函数[2]。芬兰学者格罗鲁斯（Gronroos）对众多因素影响服务生产力的过程进行了分解，如图 12-7 所示。

[1] GOODWIN C. "I can do it myself": training the service consumer to contribute to service productivity[J]. Journal of services marketing, 1988, 2(4): 71-78.

[2] GRONROOS C, OJASALO K. Service productivity towards a conceptualization of the transformation of inputs into economic results in services[J]. Journal of business research, 2004, 57(4): 414-423.

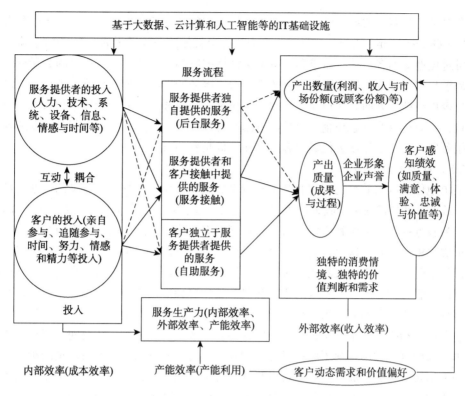

图 12-7　服务生产力综合模型

注：图中的实线箭头表示直接影响，虚线箭头表示间接影响。

资料来源：根据王永贵. 客户关系管理[M]. 北京：清华大学出版社，北京交通大学出版社，2007. 等绘制。

1）服务流程

在图 12-7 中，服务流程被分解为三个部分。一方面，服务提供者在服务流程中运用一组资源，并对服务流程的内部效率和外部效率做出独特贡献。具体而言，服务提供者的投入对服务提供者独自产生的服务和与客户接触而产生的服务有直接影响，对客户独立于服务提供者而产生的服务有间接影响，例如为客户提供交流工具、提高接触效率等。另一方面，客户不仅接受来自企业的产品或服务，而且也对企业的生产流程与结果产生重要影响。已经有研究表明：让客户参与到服务生产流程中来，往往与服务生产力有着十分密切的联系[①]。随着客户参与和影响服务生产的机会不断增加，他们不再是企业产出的被动接受者，而是企业的一个有机组织部分，是价值的共同创造者。

2）服务情境中的客户角色

在服务情境中，客户在生产力改进中扮演的角色与在制造情境中扮演的角色存在很大不同。通过信息、自助服务活动、咨询和抱怨等投入形式，客户积极参与和影响服务流程、相关进展和结果，并对其他客户的参与或质量感知产生影响，从而对服务过程的内部效率与外部效率产生影响。同时，客户与提供者的互动不仅提供了服务生产所必需的投入，而

---

① LOVELOCK C H, YOUNG R F. Look to customers to increase productivity[J]. Harvard business review, 1979, 57(3): 168-178.

且也会对员工和客户的各自活动以及技术发挥作用的过程产生影响。正是基于这种考虑，古姆松（Gummesson）指出，质量与生产力实际上就如同一枚硬币的两个方面[①]，服务生产力不可避免地受到客户动态需求和独特消费情境的影响。例如，服务产出的数量依赖于需求，需求与供给的不匹配会影响到服务生产力。服务产出的质量一部分表现在流程之中，一部分表现在结果方面。客户体验到的服务质量，是服务过程的功能质量和服务结果的技术质量，并通过企业形象和企业声誉的过滤而得以产生。由此可见，在服务的创造与交付中，服务生产力与以质量为代表的客户感知绩效是密不可分的。

3）产能效率及其测量

简单地依据内部效率的管理和产出数量来界定服务生产力是毫无意义的。在内部效率（成本效率）和外部效率（收入产生能力）之外，还存在着第三个重要因素——产能效率。这是因为服务提供者无法利用库存来应对过剩的需求或过剩的产能，从而与实体产品的制造商形成了重要差异。这也是为什么服务生产力虽然可以按照生产制造的生产力概念来理解，但却不能依据产出投入的比率来衡量的原因。一方面，服务投入的产出不容易衡量；另一方面，服务的异质性对服务的质量和生产效率也会产生影响。所以，企业往往倾向于采用多种方法相结合的方式来进行衡量，即物理测量、收入测量和联合测量。其中，物理测量法即传统的投入产出比率，可以用服务的客户数量与服务投入（时间、资源）之比表示，单一采用这种方法忽视了服务过程中的客户参与及服务的异质性对质量的影响；收入测量法采用收入与劳动成本之比，可以弥补物理测量的缺陷，但是单独用来测量服务生产力又很难估计服务过程的产出价值；联合测量法将上述两种方法结合起来，比较收入与劳动力数量。由于服务的特性，人们仍在不断地重新设计服务生产力的测量方法，并依据不同的服务灵活地采取不同形式的测量方法。

12.4 关系质量评价

在进行客户关系管理活动绩效的评价时，对关系质量的测评始终处于整个过程的核心位置。因为在实施客户关系管理的过程中，仅仅持有客户价值导向的理念，对影响关系质量的相关因素给予认知上的重视是不够的。只有把诸如客户满意和客户忠诚这些关键指标进行量化处理并加以表示，才能为客户关系管理的实施和绩效评价指明调整和改进的方向。本节在第一部分先对关系质量的含义和构成进行概述，然后分别从客户行为和企业关注两个角度对关系质量的相关指标进行分析和评价。

12.4.1 关系质量的含义和构成

1. 关系质量的含义

"关系质量"这一概念最早由美国学者劳伦斯·克劳斯比（Lawrence A. Crosby）和南希·斯蒂芬斯（Nancy Stenphens）在 1987 年提出。克劳斯比等人将关系质量界定为顾客对

① GUMMESSON E. Productivity, quality and relationship marketing in service operations: a revisit in a new service paradigm[J]. International journal of contemporary hospitality management, 2014, 26(5): 656-662.

服务人员的信任感以及顾客对买卖双方关系的满意程度。关系质量是关系营销的核心问题，广为理论界和实业界关注。对企业而言，提高关系质量，增强顾客的忠诚感，使顾客成为常客，不但可以提高经济收益，而且能增强企业的竞争实力。与制造型企业相比，为顾客提供专业服务（如会计服务和法律服务）、金融服务（如保险服务）和商业服务（如广告代理服务）的服务型企业更应重视关系质量。这些企业的服务人员不仅应为顾客提供优质的服务，而且应做好关系管理工作，使顾客成为企业的忠诚者。

目前，有关关系质量的相关研究并未对关系质量的含义达成一致结论，多数学者均借鉴了克劳斯比（Crosby）、埃文斯（Evans）和考尔斯（Cowles）在 1990 年所给出的关系质量定义[①]。克劳斯比等人从人际关系角度出发，认为（销售人员与客户之间的）关系质量就是客户基于过去满意的基础上对销售人员未来行为的诚实与信任的依赖程度。以此为基础，利尔詹德（Liljander）和斯特兰德维克（Strandvik）根据客户感知的特点，详细界定了情境与关系的含义，对情境质量与关系质量进行了区分，并将服务业中的关系质量定义为：客户在关系中所感知的服务与某些内在或外在质量标准进行比较之后的一种认知评价[②]。该框架实现了一般质量概念与关系质量概念的对接，为关系质量理论的演进奠定了基础。随后，霍尔姆隆德（Holmlund）沿用上述作者的研究思路，将研究情境进行了泛化，提出了企业与企业情境下的关系质量定义，即感知关系质量是指商业关系中合作双方的决策者依据一定标准对商业往来效果的综合评价和认知[③]。与基于行业的定义不同，亨尼格-索罗（Hennig-Thurau）和克利（Klee）试图提出具有一般意义的关系质量概念。他们认为，关系质量是对客户的关系型需求的满足程度，可以归结为客户对营销人员及其产品的信任与承诺[④]。这里的产品是指广义产品，既涵盖服务，也包括传统产品。

综合众多学者对关系质量内涵的认识，本书对关系质量给出如下定义：作为感知总质量的一部分，关系质量是关系主体根据一定标准对"关系"满足各自需求程度的认知评价，其实质就是指能够增加企业提供物的价值，加强关系双方的信任与承诺，进而维持双方的长久关系[⑤]。

2. 关系质量的构成

许多研究人员和管理人员都认为关系质量是通过信任与满意来反映的，克罗斯比等人在对零售业进行研究时就强调了这两个方面。他们认为，信任是指对推销人员的信任，而客户满意则是指对推销人员的满意。在此基础上，后续有关关系质量的构成要素的探讨主要有两个方向：一个方向是从关系双方的互动角度出发，着眼于关系的管理，增加对承诺、沟通质量、冲突解决及双方关系管理等因素的重视，以减少机会主义行为等现象；另一个方向是从关系盈利的角度考虑关系质量的维度。还有学者把营销关系的变量分为人际交往

---

① CROSBY L A, EVANS K R, COWLES D. Relationship quality in services selling: an interpersonal influence perspective[J]. Journal of marketing, 1990, 54(3): 68-81.

② LILJANDER V, STRANDVIK T. The nature of customer relationships in services[J]. Advances in services marketing and management, 1995(4): 141-167.

③ HOLMLUND M. A definition, model, and empirical analysis of business-to-business relationship quality[J]. International journal of service industry management, 2008, 19(1): 32-62.

④ HENNIG-THURAU T, KLEE A. The impact of customer satisfaction and relationship quality on customer retention: a critical reassessment and model development[J]. Psychology & marketing, 1997, 14(8): 737-764.

⑤ 刘人怀，姚作为. 关系质量研究述评[J]. 外国经济与管理，2005，27（1）：27-33.

和关系两个层次，以示人际交往与关系的区别，并将承诺、共同目标与关系利益等因素作为关系质量的维度。在这一阶段，学者们的研究视野已经从早期的人际关系理论单一层面扩展到人际关系、交易成本和新古典经济学等多理论整合的层面。

作为价值创造过程中的一种无形投入，商业关系不仅涉及社会因素，而且涉及合作双方的技术与经济因素。霍尔姆隆德在早期的服务质量模型的基础之上，把服务质量的过程与结果维度扩展为关系质量的过程与结果领域。每一个领域又均包含技术、社会与经济三个维度。他认为，作为价值创造过程中的两个竞争范围，过程与结果领域代表着商业伙伴对关系质量的感知过程与感知结果。而技术、经济和社会这三个维度则是对关系质量竞争方向的具体划分，代表着对关系质量的结果与过程的不同评价指标。通过领域与维度的组合，霍尔姆隆德进一步将技术维度划分为过程类型（设计、生产、库存控制、运输、维修与补救等）、过程特性（可靠、创新、能力的使用、速度、有形资源的使用、灵活与安全）与技术结果（可靠性、创新性、一致性、美观性与耐久性）三个子维度；在社会维度中，结果被分为个人（感染力、信任、相知、尊敬、亲和力与喜悦）与企业（内部凝聚力、吸引与信任）两个层次。过程的子维度则与个人结果的子维度完全相同；在经济维度中，结果按成本收益被区分为关系利益（具有竞争力的价格、规模、边际利润、生产率提高与隐性关系奖励）与关系成本（直接关系成本、间接关系成本与隐性关系成本）两个部分，而过程则被分为定价、成本计算和生产率三个子维度[①]。

需要指出的是，霍尔姆隆德在其研究中试图纠正关系质量研究过分重视社会因素的问题，力求综合运用多种理论和研究方法，从动态、广泛的角度建立一个更具适用性的模型。但由于其对有关研究领域的界定过于宽泛，导致该研究中的维度描述与其他主流文献的研究存在较大偏差，如经济维度中的关系利益与关系成本，在其他学者的研究中则视为关系质量的先行因素[②]或关系价值的一部分[③]；在技术维度中，几乎所有子维度及其内涵基本上反映的是关系所涉及的产品或服务本身的技术质量，这类质量的好坏会影响客户对产品或服务的质量感知，进而影响客户对关系质量的感知，但能否作为关系质量的维度还有待深入探讨。

12.4.2 从客户行为角度对关系质量进行评价

从客户行为角度来看，影响关系质量的因素有很多，诸如客户满意度、客户忠诚度、客户响应度、客户流失分析与预测、交叉营销分析等。本节将对其中最为重要的因素（包括客户满意度和客户忠诚度）进行较为深入的分析，并给出可供参考的测评思路。

1. 客户满意的分析与测评

1）客户满意度分析

"满意度"是客户满足情况的反馈，保持客户的长期满意度有助于客户关系的建立并最

---

① HOLMLUND M. The D&D model: dimensions and domains of relationship quality perceptions[J]. Service industries journal, 2001, 21(3): 13-36.

② HENNIG-THURAU T, GWINNER K P, GREMLER D D. Understanding relationship marketing outcomes: an integration of relational benefits and relationship quality[J]. Journal of service research, 2002, 4(3): 230-247.

③ RAVALD A, GRONROOS C. The value concept and relationship marketing[J]. European journal of marketing, 1996, 30(2): 19-30.

终提高公司的长期盈利能力。据统计，一个非常满意的客户的购买意愿是一个满意客户的购买意愿的 6 倍，同时如果客户满意度提升了 5%，企业的利润将加倍。客户满意度评价的主要因素如图 12-8 所示。

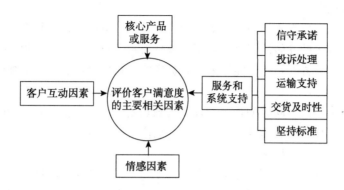

图 12-8　客户满意度评价的主要因素

资料来源：改编自王扶东，李兵，薛劲松，等.CRM 中客户关系分析评价方法研究[J]. 计算机工程与应用，2003（31）：203.

2）客户满意度的测评

（1）测评方法介绍。客户满意度测评分为间接和直接两类方法。其中，客户满意度的间接度量法包括追踪和检测销售记录、利润及客户投诉；直接度量法则通常借助客户满意度调查进行。由于不同企业在收集数据的量表、被访者、资料整理方法等诸多方面存在差异，因此客户满意度调查难以标准化。下面介绍几种常用的测评方法。

①百分制的量表方法，实质是企业邀请客户给出一个分数，但该方法也存在明显的问题。由于不同客户对同一分数可能具有不同的理解，因此客户给出的具体分数并不能提供任何有助于增加客户满意度的改进建议。

②"很不满意/很满意"方法，典型的方式为 5 点量表：很不满意；有点不满意；中性（既不是不满意也不是满意）；有点满意；很满意。这种度量形式把回答"有点满意"和"很满意"的百分比组合起来，得到一个满意度分值。类似地，使用两个端点为"很不满意"和"很满意"的 10 点量表的公司可以将客户满意度定义为满意度高于 6 的客户百分比。但是无论采用的是 100 点、10 点或者 5 点量表，信息的解释含义还是受到了定量性质的限制。

③组合方法。该方法采用由"很不满意/很满意"的方法所得到的定量分值，再辅之对评分值为"很满意"以下的回答者的反馈进行定性分析。组合方法提供了定量的和定性两方面的有价值信息。其中，定量的满意度分值为今后满意度调查的比较提供了高标定位，而且提供了将企业业绩与竞争者进行比较的工具；定性分析的资料则是对定量分析的补充，它提供了诊断信息和需要改进的精确领域。

（2）影响客户满意度评价的几个重要因素。影响客户满意度评价结果的因素有很多，以下将围绕几个关键因素展开叙述。

①客户确实是满意的。客户对于他们通常所购买和消费的产品和服务是满意的——这是其直接作出购买决策的原因。而当客户对企业持中立或者不满意的态度，则其转向竞争

对手的产品和服务的可能性就会增加。

②回答偏差。客户满意度调查结果往往过高，其原因在于企业只了解或重点关注了满意客户的评价。相反，不满意的客户不相信公司的调查会给他们带来任何好处，因此，他们拒绝填写调查问卷表。

③资料收集法。资料收集途径主要包括人员面谈、电话调查、邮寄问卷、自我管理面谈。随着互联网技术的发展，网上问卷调查被越来越多企业所采用。相关研究表明，与人员面谈、电话调查等方式相比，能够采取匿名形式的收集途径更有助于被调查对象表达反对意见。

④调查问题的形式。问题的陈述方式会对满意度的评价产生不同的影响，以肯定形式表达的问题（如"你的满意程度是多少？"）往往会比以否定形式提问的问题（如"你的不满意程度是多少？"）得到更高的满意度。

⑤调查问题的编制。编制所产生的影响，主要是指调查问题的排列顺序是否会影响到问题的答案。例如，在询问对某一具体产品或服务的满意度问题之前，问一个一般性的满意度问题，可能会提高被调查对象对特定问题回答"很满意"这类答案的倾向。

⑥调查问题的时间性。在购买产品或服务后，客户的满意度立即会达到最高，然后可能会开始下降。究其原因，可能的解释为客户会对购买决策的正确性产生怀疑，进而导致满意度的评价随着时间而衰减。相关研究表明，人们对负面事件的记忆往往会更深刻，而这会对满意度评价产生较大的负向影响。

⑦情绪。相关研究表明，保持积极情绪的被调查对象往往更容易对其所拥有的产品做出肯定的、相对更好的评价。因此，心情好的消费者对服务人员和服务公司的评价应当比"心情一般"和"心情不好"的消费者的评价更为正向。

2. 信任与承诺

1）信任与承诺的含义

信任（trust）是指在特定的条件下一方对另一方行为的期望。如果另一方没能按照对方所期望的去做，那么怀有信任的一方（如客户）就会对对方表示失望或者不满①。依据不同来源，可以将信任划分为四个层次，分别是：①一般性信任，即来自对一般性社会准则的信任；②系统性信任，是来自对法律、行业规则、协议和对方职业化程度的信任；③基于个人品德的信任，取决于双方对对方个人品德的事先的肯定；④经验性信任，取决双方所具有的行业经验和过去的经历。

承诺（Commitment）则是指合作关系中的一方在某种程度上有与另一方合作的积极性，即承诺是一种保持双方都非常珍视的关系的长期愿望①。与承诺强调双方的相互性相比，忠诚（Loyalty）更强调单方对与另一方保持长期关系的重视。从某种意义上讲，忠诚就是一种对双方关系的单方承诺。一般而言，关系承诺主要包括三个维度：①经济维度，代表着关系中客户的自私自利动机②。该承诺被视为一种算计性的行为，即权衡成本与收益的行为。

---

① 格罗鲁斯. 服务管理与营销[M]. 韩经纶, 译. 2 版. 北京：电子工业出版社，2002.

② MEYER J P, ALLEN J A. Three-component conceptualization of organizational commitment[J]. Human resource management review, 1991, 1(1): 61-89.

②情感维度，是一种态度性结构要素①，也可称为态度性承诺。这种承诺表示对企业的一种情感性导向，以及与企业价值观的结合性，超越了单纯意义上的功利性价值②。③时间维度，体现了长期关系承诺的本质。在这种关系中，企业嵌入越深，双方关系也就越具有持久性和长期性③。

2）信任与承诺对关系质量的影响及相互关系

摩根（Morgan）和亨特（Hunt）认为信任和承诺（忠诚）对于关系质量非常关键④。主要因为它可以对企业管理者产生以下几个方面的激励作用：①与现有的不同伙伴合作并一同致力于维持现有关系的投入；②抵制短期行为，并有利于同现有伙伴建立可预期的长期互利关系；③对潜在的高风险行为采取审慎的态度，并且相信企业的伙伴没有机会主义的侥幸心理，因此，当双方互相的信任和承诺存在时，就可以带来生产率、效率方面的产出。简而言之，信任与承诺可以直接导致双方的合作行为，从而对营造高质量的关系产生积极的影响。

那么信任与承诺是如何影响到关系质量的？信任与承诺二者之间存在着什么样的关系？我们可以借助关系营销的中介变量模型来加以简要分析。图 12-9 所描绘的是五个关键驱动因素对信任与承诺的差异影响，以及这些影响通过信任与承诺所产生的结果——对另外五个关键变量的影响。

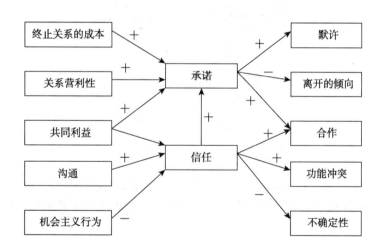

图 12-9　关系营销的主要中介变量模型

注："+"表示有正相关关系的影响作用；"–"表示有负相关关系的影响作用。

资料来源：MORGAN R M, HUNT S D. The commitment trust theory of relationship marketing[J]. Journal of marketing, 1994, 58(3): 20-38.

---

① GUNDLACH G T, ACHROL R S, MENTZER J T. The structure of commitment in exchange[J]. Journal of marketing, 1995, 59(1): 78-92.

② BUCHANAN B. Building organizational commitment: the socialization of managers in work organizations[J]. Administrative science quarterly, 1974, 19(4): 533-546.

③ KIM K, FRAZIER G L. On distributor commitment in industrial channels of distribution: a multicomponent approach[J]. Psychology and marketing, 1997, 14(8): 847-877.

④ MORGAN R M, HUNT S D. The commitment trust theory of relationship marketing[J]. Journal of marketing, 1994, 58(3): 20-38.

这十个关键变量与信任和承诺之间存在着正的或是负的相关关系，而这些关系也对关系质量的高低产生着重要影响。也就是说，一方面，终止关系的成本、关系营利性、共同利益都会对承诺产生积极的影响；共同利益和沟通会对信任产生积极的影响，但机会主义会对信任产生消极的影响。另一方面，承诺会对默许与合作产生积极影响，并有效地防止了客户离开倾向的产生；而信任有助于减少不确定性，并对合作和功能冲突产生积极影响。此外，从图 12-9 中还可以发现，信任也影响着承诺，而且信任与承诺之间存在着正相关关系，即高信任总会伴随着高承诺的产生。

3. 客户忠诚的分析与测评

1）对客户忠诚的分析

客户的忠诚度对企业来说是一个非常重要的因素，一个忠诚的客户不仅自身会进行重复的购买或消费，而且会将相应的产品或服务积极地推荐给周围的人，这种自发推荐的效果要好于任何企业的广告宣传。在考虑能够体现并影响客户忠诚度的因素时，不能仅仅从客户重复购买次数或购买频率这一两个指标来观察，还应对其进行全方位、多角度的认识。评价客户忠诚度的主要参考因素如图 12-10 所示，包括联系的持久性、重复购买次数、支出比例、购买方式、口头宣传（积极的口碑）和购买频率和购买金额等。

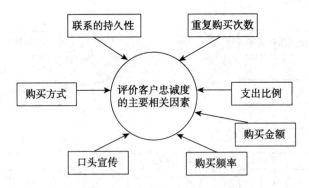

图 12-10　评价客户忠诚度的主要参考因素

资料来源：改编自王扶东，李兵，薛劲松，等.CRM 中客户关系分析评价方法研究[J]. 计算机工程与应用，2003（31）：203.

2）对客户忠诚度的测评

客户忠诚是一个比较理性化的概念，客户忠诚度作为其数量化指标，实际评价起来比较复杂。首先，影响客户忠诚的因素有很多，且难以量化；其次，不同行业之间影响客户忠诚度的因素并不相同，难以形成统一的评价标准；最后，通常使用的一些量化指标，如客户的消费额、消费时间等，并不能完全反映出客户忠诚度的高低，因为这两者之间并非完全正相关，如客户对产品不满意但还不得不购买的情况也时常发生。所以在评估客户忠诚度时，最好采用"定量+定性"的方法。对客户忠诚度进行评价时，可以从两个方面入手：客观可量化的指标和客户的主观忠诚度指标。具体的步骤如下。

（1）明确影响因素和评价指标。在评价之前，管理人员首先需要明确哪些因素真正对客户的忠诚度起到了影响作用，并据此确定出必要的评价指标。不过，在识别影响因素的过程中，应当力求兼顾全面性和必要性，同时确保将非主要因素排除在外。

（2）对影响因素进行分类。对于可以具体量化的因素，如购买量或购物时间等，可以归纳为客观因素；相对而言，对于主观性很强的因素，如客户对价格、服务或产品质量等方面的要求则可以归纳到主观因素当中。最后，需要进一步确定主观因素和客观因素在整个评价体系中所占的合理比重。如果主观因素所占比重为 x，则客观因素的比重为（$1-x$）。

（3）计算忠诚度的客观值。在上述工作的基础上，管理人员可以开始计算客户忠诚度的客观值，具体计算方法如式（12-3）。

$$S_i = S_i' / S_{i0} \qquad I = \sum S_i / N \qquad （12-3）$$

其中，S_i'——客户分配给本企业的消费权值；

S_{i0}——该客户消费的总权值；

S_i——第 i 种评价指标所占的比重，$0 < S_i < 1$；

N——评价指标的数目；

I——忠诚度的客观值。

（4）计算忠诚度的主观值。运用层次分析法对忠诚度的主观值进行分析。例如，管理人员期望从以下三个方面来考察客户忠诚度的主观影响因素：价格方面，即客户对产品或服务的价格要求；质量方面，即客户对产品或服务的质量要求；服务方面，即客户对产品或服务的服务要求。而其中的每个方面都可以从客户性质、生产设备（当前拥有设备情况）、客户行为等方面加以考虑。根据层次分析法的要求，管理人员可以绘制出培育客户忠诚度的递阶层次结构模型，如图 12-11 所示。

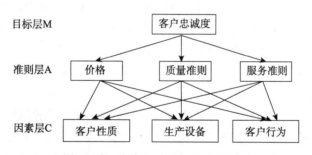

图 12-11　客户忠诚度递阶层次模型

资料来源：吕廷杰，尹涛，王琦. 客户关系管理与主题分析[M]. 北京：人民邮电出版社，2002：137.

根据层次分析法的计算步骤，分别建立各层判断矩阵，并先后进行层次单排序和一致性以及层次总排序和一致性检验，得出因素层各因素对客户忠诚度的权值大小 C_i；然后将各因素的标准化值相对应权值进行加权平均，从而得出客户忠诚度。其中，各因素的标准化值可以通过式（12-4）来确定。

$$DC_i = \frac{x_i}{x_{\max}} \times 100 \qquad （12-4）$$

其中，x_i——因素层 C 中因素 C_i 中各种情况的实际值；

x_{max}——因素 C_i 中各种情况实际值中最大值；

DC_i——因素层 C 中因素 C_i 的标准化值；

$i=1，2，3$。

这样，客户忠诚度的主观值可由式（12-5）得出。

$$M = \sum_{i=1}^{m} DC_i \times c_i \qquad m = 3 \qquad\qquad （12-5）$$

最后，根据第二步中所确定的主观、客观比重，通过式（12-6）计算出客户忠诚度。

$$L = xM + (1-x)I \qquad\qquad （12-6）$$

其中，x——主观因素所占的比重；

I——忠诚度的客观值；

M——忠诚度的主观值。

12.4.3　从企业角度对关系质量进行评价

企业之所以实施客户关系管理，归根结底是想在客户关系的管理过程中有效地影响客户行为，从而创造企业价值，增强自身竞争力，确保或提升企业的市场份额和市场地位。因此，企业更为关注的问题是：什么样的客户能够给企业带来更多的价值？什么样的关系能够促使企业维持长久的高额收益？为了帮助管理人员解决上述问题，需要深入了解客户价值与企业价值的关系以及关系营利性的测量与评价问题。

1. 客户终身价值与企业价值的关系

客户终身价值与企业价值在本质上是统一的。从逻辑上讲，企业价值等于所有过去的、现在的或将来的客户终身价值之和。因此，要追求企业价值的最大化，企业所采取的关系策略就应该是在企业资源允许的范围内，尽可能选择那些具有最大终身价值的客户。

在关系营销和客户关系管理中，一个常用的做法就是在每一个计划期内，预测所有当前客户尚未实现的终身价值，并按照价值的大小排序，根据企业的资源约束选择尽可能多的、价值尽可能大的客户作为企业重点考虑的主要对象。采用这种做法，能够保证企业未来利润的最大化。式（12-7）反映了企业对客户关系的选择策略，同时也反映了客户终身价值与企业价值之间的统一。该式的含义是企业的总利润等于所有客户终身价值之和。第一个约束条件指第 i 名客户的终身价值大于第 $i+1$ 名客户，即在客户群中，客户终身价值是按从大到小的顺序排列的；第二个约束条件是为了确定客户人数 T，即企业服务 T 名客户的资源必须在企业所拥有的资源总和范围内。

$$P = \sum_{i=1}^{T} \text{LTV}_1 \qquad\qquad （12-7）$$

$$\text{s.t.LTV}_i \geqslant \text{LTV}_{i+1}$$

$$\sum_{i=1}^{T} \text{CR}_i \leqslant \text{TR}$$

其中，P——企业的总价值；

  T——客户人数；

  LTV_i——第 i 名客户的终身价值；

  CR_i——服务第 i 名客户所需要的资源；

  TR——企业拥有的资源总和。

图 12-12 是对式（12-7）的变形，反映了基于客户终身价值的企业总价值最大化机制。其中，纵轴代表客户终身价值，横轴代表按照终身价值排列的客户序列。具体来看，客户终身价值曲线是一个递减曲线，表明客户是按终身价值从大到小的顺序排列的；T 代表根据企业资源约束选择的前 T 位目标客户；阴影部分则代表企业的总价值。采用这种方法选择客户和管理客户关系可以实现资源约束下的企业总价值最大化。

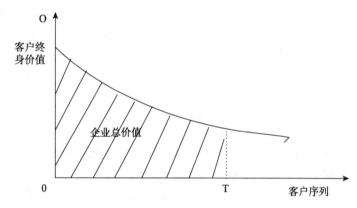

图 12-12 客户终身价值与企业总利润

资料来源：杨永恒. 客户关系管理: 价值导向及使能技术[M]. 大连：东北财经大学出版社，2002：139.

2. 关系营利性和客户终身价值的计算

确定关系营利性是计算客户终身价值的第一步。一般来说，计算历史年度的关系营利性相对较简单，但客户关系管理更重要的目的在于预测客户关系未来的营利性，以更好地指导关系策略。前述章节中提到关系营利性主要有两类，包括当前的关系营利性和潜在的关系营利性。其中，当前的关系营利性是基于客户挽留的一种营利性，即客户维持或自然发展与企业的现有关系所能给企业带来的利润。当前的关系营利性是在成功的客户挽留基础上，假设客户在关系生命周期内每一个时期的消费均遵循可预期的模式，再据此预测客户在未来年度内的关系营利性。而潜在的关系营利性则是基于关系强化策略上的一种盈利性，即如果实现关系在"深"度上的发展，可能给企业创造的潜在价值。

1）当前关系营利性

由于当前关系营利性是基于关系有规律发展的假设之上的，因此，计算的关键在于首先确定当前关系营利性，然后再根据关系发展规律进行修正。当前关系营利性的一种特殊情况就是恒定关系营利性模型，即关系在未来每个年度内创造的利润是保持不变的，均等于客户当前的关系营利性。尼拉佳（Niraj）和古普塔（Gupta）等人提出了一个计算关系营利性的模型，如式（12-8）所示。①

$$RP_i = \sum_{s:s\in S_{iT}} (P_{is} - C_{is}) \cdot m_{is} \cdot N_i \qquad (12\text{-}8)$$

其中，RP_i——第 i 位客户的关系营利性；

P_{is}——第 i 位客户购买第 s 种产品或服务的协议价格；

C_{is}——第 i 位客户提供第 s 种产品或服务的单位提供成本；

m_{is}——单位年度内第 i 位客户在每个服务场所或零售店对第 s 种产品或服务的平均需求量；

N_i——第 i 位客户可能接触的服务场所或零售店的数量；

S_{iT}——第 i 位客户所消费的产品系列，由特定的关系决定；

$S:S\in S_{iT}$——第 i 位客户消费的产品均属于该客户特定的产品消费系列。

在尼拉佳和古普塔提出的关系营利性模型中，其基本思路是：关系营利性等于客户消费各种产品或服务给企业创造的单位利润乘以每种产品或服务的消费数量。在确定消费数量时，该模型使用单位服务场所或零售店的平均需求量乘以服务场所或零售店的数量。本书认为，此举过于繁杂。在当今计算机网络高度发达的社会，任何企业都可以通过集中的数据库统计每个客户光临各分店的情况。因此，可以将模型修订成式（12-9）。

$$RP_i = \sum_{s:s\in S_{iT}} (P_{is} - C_{is}) \cdot M_{is} \qquad (12\text{-}9)$$

其中，M_{is}——单位年度内第 i 名客户对第 s 种产品或服务的消费总量；

其他参数含义同于前述式（12-8）。

当假设关系在未来年度内保持不变时，可以认为客户每年消费的产品或数量保持不变，即关系营利性是保持恒定不变的。在这种情况下，可以运用式（12-9）的模型去计算客户当前的关系营利性，然后以此替代未来的关系营利性去预测客户终身价值。然而在现实生活中，恒定不变的客户关系十分罕见。大多数相对稳定的客户关系往往是那些具有较强的情感和业务连接的供应商客户关系，如移动电话用户、银行服务等。同时，随着竞争的加剧，客户的选择面越来越广，因此，对于大多数行业来说，企业在大多数情况下无法保证能够成功挽留每个客户，而且也无法保证客户每次购买的产品或服务的数量相同。但有关客户重复购买行为的研究表明，客户的品牌选择服从泊松分布。基于此，鲁斯特（Rust）给出了一个模型来计算客户的终身价值。在该模型中，鲁斯特只考虑一种产品或服务，而且假定客户在该产品或服务上的消费习惯是稳定的，即每次购买的数量是一样的，但购买的品牌有所不同。本书从该模型中提取出了计算关系营利性的部分，如式（12-10）所示。

$$RP_{it} = F_{it} \cdot S_{it} \cdot \pi_{it} \qquad (12\text{-}10)$$

其中，RP_{it}——第 i 位客户在年度 t 内的关系营利性；

F_{it}——在年度 t 内第 i 位客户购买某种产品或服务的频次；

S_{it}——在年度 t 内第 i 位客户在本品牌上的预期荷包份额；

π_{it}——在年度 t 内第 i 位客户每次购买给企业带来的利润。

---

① NIRAJ R, GUPTA M, NARASIMHAN C. Customer profitability in a supply chain[J]. Journal of marketing, 2001, 65(3): 1-16.

鲁斯特的模型假设客户对某类产品或服务的消费模式不变，用概率期望的形式来估计关系可能的变化，并将关系中可变的因素归结到钱包份额的变化，弥补了恒定关系营利性模式的不足，使得对关系营利性的探索更加清晰。事实上，可以认为恒定关系营利性模型是鲁斯特模型的一种特例，即在下一个年度内继续选择品牌的概率是100%，而发生品牌转移的概率是 0。虽然鲁斯特模型貌似简单，但背后隐藏着很多概率统计模型，如品牌之间的转换关系等。因此，运用该模型对客户关系管理人员的素质和背景提出了严格要求。综上而言，尽管上述两个基本模型为计算和评估关系营利性提供了基本的考量思路，但是现实中的情况往往更为复杂，管理人员需要根据上述模型反映的基本理念进行修改和扩充，以适应企业的具体实践。

2）潜在关系营利性

潜在关系营利性指的是通过实施特定的关系策略，有效地培养和强化现有的关系状态（包括将潜在的客户关系培养为现实的客户关系）所能给企业创造的价值，是一种潜在的关系价值。由于潜在关系营利性是通过关系在"深"度上的发展而实现的，因此，某个客户关系是否具有潜在的关系营利性，要看该客户是否具有消费得更多、更广的潜力和可能。

挖掘潜在的关系营利性，企业必须采用适当的关系策略去刺激客户的反应。例如，企业推出某个新产品或服务时，并非所有的现有客户或潜在客户都感兴趣。在这种情况下，企业必须探询并明确客户的反应模式，即哪些客户可能作出反应，而这些可能作出反应的客户就具有潜在的关系营利性。知识发现、数据库以及数据挖掘等技术的发展为企业识别特定的反应模式提供了有效的智能工具，有助于企业根据获得的模式去预测客户未来的反应。而当企业能够预测客户对特定关系强化策略的反应态度时，计算潜在的关系营利性也就成为可能。本书提出一个崭新的公式来预测潜在关系营利性，如式（12-11）所示。

$$PRP_{it} = \sum_{z:z \in Z} R_{iz} \cdot EP_{iz} \qquad (12\text{-}11)$$

其中，PRP_{it}——第 i 位客户在年度 t 内的潜在关系营利性；

R_{iz}——0-1 变量，第 i 位客户对第 z 个关系强化策略的反应（反应 = 1，不反应 = 0）；

EP_{iz}——如果第 i 位客户对第 z 个关系强化策略作出反应，可能为企业带来的利润；

Z——在年度 t 内，企业所实施的所有关系策略的集合。

值得注意的是，式（12-11）只是提供了一种计算思路，在具体应用时，还需根据实际情况对公式作出修正和完善。一旦获得了当前的关系营利性和潜在的关系营利性方面的数据，通过加总，企业就可以预测出客户在不同年度的关系总营利性，如式（12-12）所示。

$$TRP_{it} = RP_{it} + PRP_{it} \qquad (12\text{-}12)$$

其中，TRP_{it}——第 i 位客户在年度 t 内的关系总营利性；

RP_{it}——第 i 位客户在年度 t 内的当前关系营利性；

PRP_{it}——第 i 位客户在年度 t 内的潜在关系营利性。

在确定关系营利性的基础上，就可以计算客户的终身价值。

3）客户终身价值的计算

计算客户终身价值的另外一个变量是关系生命周期，但由于关系生命周期的不确定性，有关客户终身价值的大多数文献都采用企业的计划期来表示关系生命周期。举例而言，当企业拟制订 5 年计划时，其所有关系生命周期设为 5 年。假设预测某种关系的关系生命周期不满 5 年，如 3 年，则后两年预测的关系营利性应该是 0；而当预期的关系生命周期超过了 5 年，由于计划期以外的关系营利性不影响计划期内的决策，因此只需考虑计划期内的关系营利性。根据关系营利性和生命周期，能够很容易地计算出客户终身价值。如果考虑货币的时间价值，在计算客户终身价值时，可以采用净现值的方法，将客户在不同关系时期所创造的利润折现到同一个时点。客户终身价值的计算包括以下两种情况。

（1）基于当前关系营利性的客户终身价值。这是一种最简单的情形，仅考虑客户当前的关系营利性，即企业关系策略比较简单，不存在潜在的关系营利性。在这种情况下，客户终身价值可以用式（12-13）来计算。

$$LTV_{NPV} = \sum_{t=1}^{T} \frac{RP_i}{(1+r)^t} \ (t=1,2,\cdots,T) \tag{12-13}$$

其中，LTV_{NPV}——客户终身价值的净现值；

RP_i——客户 i 的关系营利性；

r——折现率；

T——关系生命周期。

（2）基于当前和潜在关系营利性的客户终身价值。如果要完整地衡量客户终身价值，必须同时纳入当前关系营利性和潜在关系营利性，将企业的关系营利性看作当前关系营利性和潜在关系营利性的总和。在此基础上，对客户终身价值的计算就演变成了式（12-14）。

$$LTV_{NPV} = \sum_{t=1}^{T} \frac{RP_i + PRP_{it}}{(1+r)^t} \ (t=1,2,\cdots,T) \tag{12-14}$$

其中，LTV_{NPV}——客户终身价值的净现值；

RP_i——客户 i 在年度 t 内的当前关系营利性；

PRP_{it}——客户 i 在年度 t 内的潜在关系营利性；

r——折现率；

T——关系生命周期。

一旦计算出了客户终身价值，就掌握了关系价值的核心组成部分。在此基础上，企业可以根据对客户关系价值的监控，决定所应采取的关系策略和关系行为，以培养客户的忠诚度，延长客户的关系周期，在满足客户需求的同时，最大化客户为企业带来的收益，实现客户与企业之间的双赢。

本 章 小 结

绩效可分为员工绩效和组织绩效。两者之间既有区别，又有联系。其中，员工绩效是组织绩效的有机组成部分，而组织绩效则必须通过员工绩效得以实现。绩效管理是管理组织绩效的一种体系，该体系由计划、改善和考察三个过程组成。基于目标管理的绩效管理模式通常分为计划、指导、测评和激励四个阶段，这与目标管理的计划、执行、检查和反馈相对应。关键绩效指标对绩效管理的最大贡献在于将企业绩效指标的设置同企业的战略结合在一起，它所关注的是在某一特定发展阶段中企业所要解决的战略性问题。平衡计分卡是一套能使企业高层管理者快速而全面地考察企业的测评指标，具体包括财务指标和非财务指标，从财务、客户、内部作业流程及学习与创新四个方面综合评价企业绩效。显然，这四个维度基本上是从企业角度出发的，而以客户为中心的四个维度则分别是客户知识、客户互动、客户价值和客户满意，它们构成了基于平衡计分卡的客户关系管理绩效测评体系。

客户关系管理投资回报分析包括财务的和非财务的两种评价方法。其中，投资回报率分析是基于财务角度的评价方法；营销生产率所关注的不仅包括营销投入与产出的绝对比例关系，更重要的是探讨营销投入对产出的驱动作用；与制造生产力相比，服务生产力的重要差异是由服务本身的特性——无形性、易逝性、生产与消费的同时性和异质性等特征决定的，服务生产过程往往要求客户的广泛参与。也正是由于客户参与了资源投入和价值创造过程，才会给服务产出的质量和数量带来更多的不确定性。

关系质量是关系主体根据一定的标准对关系满足各自需求程度的认知评价，其实质是通过一组有形收益与无形收益增加企业提供物的价值，加强关系双方的信任与承诺，进而维持长久关系。关系质量包括信任、满意与承诺等主要维度。其中，客户满意是客户获得满足情况的反馈，保持客户的长期满意有助于客户关系的建立并最终提高企业的长期盈利能力。同时，忠诚客户是企业竞争力的重要决定因素，也是企业长期利润的最重要源泉。影响客户忠诚的因素很多，因此在评估客户忠诚度时采用"定量+定性"的方法更为合适。客户终身价值与企业价值是统一的。要追求企业价值的最大化，就必须尽可能努力最大化客户终身价值和扩大顾客基础规模。在测评客户终身价值的过程中，要对当前关系的营利性和潜在关系的营利性进行综合评价。

关 键 概 念

员工绩效：是指员工在某一时期内的工作结果、工作行为和工作态度的总和。

组织绩效：是指组织在某一时期内，组织任务完成的数量、质量、效率及盈利状况。

绩效管理：是包括计划、改善和考察三个过程在内的管理组织绩效的体系，用以对包括组织范围、经营单位、部门、团队及个人等在内的任何层次的绩效进行管理分析。

关键绩效指标：是通过对组织内部某一流程的输入端与输出端的关键参数进行设置、取样、计算、分析，并以此来衡量绩效的一种目标式的量化管理方法。

关键成功要素：定性说明了组织要想取得成功所必须实现的一个战略要素，企业可以利用关键成功要素来确定关键绩效指标的数量，从而对战略目标进行控制。

平衡计分卡：是一套包括财务指标和非财务指标的、较为全面的企业经营绩效评价工具，从财务、客户、内部作业流程及学习与创新四个方面综合评价企业绩效。

投资回报分析：是一种基于财务分析的绩效评价方法，它主要侧重于从财务角度对企业客户关系管理的实施和运营的整个流程做出评价。

营销生产率：是评价企业在市场营销活动中营销投入与产出之间相互关系的工具，不仅评价营销投入与产出的绝对比例关系，更重要的是探讨营销投入对产出的驱动作用。

服务生产力：是指服务组织所具有的、利用其投入向客户提供与其期望相匹配的服务质量的一种能力，与制造生产力不同的是它考虑到了客户参与（客户投入）对服务投入和产出的影响。

关系质量：是关系主体根据一定的标准对关系满足各自需求程度的认知评价，其实质是通过一组有形与无形的收益增加企业提供物的价值，加强关系双方的信任与承诺，进而维持双方的长久关系。

互联网 ＋ 资源

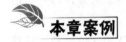

恒丰银行：大数据助力客户关系管理绩效提升

参考文献

12.4

客观题

自学自测　　　　　　扫描此码

12

教学支持说明

▶▶ 课件申请

尊敬的老师：

您好！感谢您选用清华大学出版社的教材！为更好地服务教学，我们为采用本书作为教材的老师提供教学辅助资源。该部分资源仅提供给授课教师使用，请您直接用手机扫描下方二维码完成认证及申请。

任课教师扫描二维码
可获取教学辅助资源

▶▶ 样书申请

为方便教师选用教材，我们为您提供免费赠送样书服务。授课教师扫描下方二维码即可获取清华大学出版社教材电子书目。在线填写个人信息，经审核认证后即可获取所选教材。我们会第一时间为您寄送样书。

任课教师扫描二维码
可获取教材电子书目

 清华大学出版社

E-mail: tupfuwu@163.com	网址：http://www.tup.com.cn/
电话：010-83470332 / 83470142	传真：8610-83470107
地址：北京市海淀区双清路学研大厦B座509室	邮编：100084